Annual Report on
Overseas Humanities
and Social Sciences, 2007

海外人文社会科学发展
年度报告
2007

■ 武汉大学中国高校哲学社会科学发展与评价研究中心 组编

■ 顾海良 主编

WUHAN UNIVERSITY PRESS
武汉大学出版社

图书在版编目(CIP)数据

海外人文社会科学发展年度报告·2007/武汉大学中国高校哲学社会科学发展与评价研究中心组编.—武汉:武汉大学出版社,2007.12
ISBN 978-7-307-06011-1

Ⅰ.海…　Ⅱ.武…　Ⅲ.社会科学—研究报告—外国—2007
Ⅳ.C11

中国版本图书馆 CIP 数据核字(2007)第 173241 号

责任编辑:卢　伟　漆继明　　责任校对:程小宜　　版式设计:詹锦玲

出版发行:**武汉大学出版社**　　(430072　武昌　珞珈山)
　　　　(电子邮件:wdp4@whu.edu.cn　网址:www.wdp.com.cn)
印刷:湖北省通山县九宫印务有限公司
开本:720×1000　1/16　印张:52.375　字数:727 千字　插页:1
版次:2007 年 12 月第 1 版　　2007 年 12 月第 1 次印刷
ISBN 978-7-307-06011-1/C·196　　定价:75.00 元

编 委 会

目　录

1

Contents

Contents

1

西方马克思主义经济学前沿问题述要

顾海良　常庆欣*

（武汉大学经济与管理学院，武汉，430072）

引　言

本文所提到"西方马克思主义经济学"，是指西方国家的各种自称或被称为马克思主义经济学的理论。在西方国家经济学界，不存在统一的马克思主义经济学。这里的"西方马克思主义经济学"也不是"西方马克思主义"的经济学，一般来说，"西方马克思主义"专指具有卢卡奇、葛兰西和科尔施理论传统的马克思主义。

西方国家流行的马克思主义经济学，尽管没有统一的理论趋向，但还是有一些共同的理论特点。在西方权威的《新帕尔格雷夫经济学辞典》（1990 年新版）中，由阿德沃·格利恩撰写的"马克思主义经济学"条目认为："我们所说的马克思主义经济学，是指把其方法论和研究建立在卡尔·马克思基础上的那些较为近期的经济学家的研究成果。"其中心论题大体可以分为以下几个方面：首先，"认为资本主义制度具有本质上的矛盾，这种矛盾指的是由资本主义制度结构产生的根本上的失灵，而不是某些和谐机制上表现出来的'不完善性'"。其次，认为"资本主义制度结构的核心是资本与劳动之间的关系，它在本质上是一种剥削关系。这种在其

＊　顾海良，武汉大学经济与管理学院教授、博士生导师；常庆欣，武汉大学经济与管理学院讲师、博士。

结构上对资本主义制度产生关键性影响的冲突，在各方面都得到了发展，在技术形式方面已发展到采取国家政策的形式"。再次，认为"对作为这一制度动力的资本积累，不能只从量上加以分析，它所引起的经济结构上的变化受到阶级关系的影响，反过来促进阶级关系尖锐化"。最后，认为资本主义制度尽管会发生一些变化，但"资本主义的根本逻辑仍然没有改变，它的历史可以区分为以一系列的特殊的阶级关系、技术、国家政策和国际结构为特征的不同阶段。"① 这大体勾画了西方国家中自称为或被称为马克思主义经济学家或马克思主义经济学的一般理论取向。

即使有了这一概括，在对西方马克思主义经济学前沿问题作出确切述要时，仍然存在着一定的困难。尤其是在学科专业化愈加深入和流派交融日趋频繁的背景下。这一概括只是给我们指明了找寻马克思主义经济学文献的基本方向。一个典型的例子是，有些西方新古典经济学家在研究的论题中，同样关注诸如资本主义分配正义和社会公平问题、资本与劳动的矛盾问题、资本主义体制的局部矛盾问题，他们显然不能因此而归入马克思主义经济学家的范畴。

为了对西方马克思主义经济学前沿问题作出确切述要，文献分析（Document Analysis）是一种核心方法。当然，如果仅仅局限于最新的著作和论文，也可能使文献分析缺乏整体性和内部关联。因此，本文在文献分析的时间段上作了相应的拓展，主要为 2000 ~ 2006 年这一时间段。同时，对于最新的理论研究，在必要时也会简要地提及它的最初来源，在时间上作一些更早时间段的追溯。只有了解了理论的渊源和简短历史，才能真正地了解理论的最新发展，才能把那些只是换了个面貌出现的陈旧的理论观点和研究从前沿追踪中剔除出去。

本文涉及的文献，主要围绕以下五个论题展开：第一，马克思主义经济学的微观基础研究的新进展，为社会科学构建微观基础一

---

① John Eatwell, Murray Milgate, Peter Newman (edited), *The New Palgrave*: *Marxian Economics*, Macmillan Press Limited, 1990, pp. 274-275.

直是一个重要问题，西方马克思主义者在这方面多有著述；第二，对马克思主义经济学进行研究时的时际单一体系方法分析；第三，积累的社会结构理论和资本主义发展的长波，这和马克思资本主义发展和危机理论紧密相关；第四，对马克思利润率下降的理论研究和实证检验问题，这个问题在 21 世纪初再次成为研究的重点；第五，对资本主义全球化和发展阶段的研究，这一研究中包含着对新自由主义的评价，这个问题分为整个资本主义体系和资本主义国家经济现实两个研究层面展开。

在上述五个论题中，前两个论题涉及的是马克思主义经济学研究的方法问题。试图给马克思主义经济学构建一个微观基础，是西方一些马克思主义经济学家长期以来学术探索的目标，其中时际单一体系，就是试图用一种新的分析框架去证明马克思传统命题的理论观点。第三和第四两个论题主要同资本主义宏观经济发展有关，积累的社会结构理论使用综合的分析框架去研究资本主义的宏观经济，这一方法的优点在于能把政治、经济、技术等因素结合在一起，为资本主义宏观经济研究提供一个总体的概览，但缺点也在于此，即对诸多要素内部联系的研究尚显松散或缺乏紧密联系，特别是它们之间是因果性联系还是随机性关联分析的明显不足。利润率下降问题一直是从事马克思主义经济学实证研究的学者关注的重大问题。在这些学者看来，对资本主义利润率下降证明的意义远远超过对马克思主义的一个单一定理的证明，利润率下降的证明既能从某种程度上说明马克思主义经济学的科学性，同时也能使得对资本主义社会未来趋势的预测更有依据。第五个论题实际上是对一种研究背景的探索，使用马克思主义的分析框架和方法对资本主义研究，除了纯理论的研究之外，绝大多数研究都无法避开对资本主义发展阶段和现状的分析，发展阶段的分析可能有更多的主观性，随着不同学者对现状判断和所用术语的差异会有所不同，但在排除某些偏见影响的情况下，对资本主义现实状况的分析不会得出差异迥然的结论。

一、马克思主义经济学的微观基础

马克思主义经济学的微观基础（Marxian Microfoundations，缩写为 MM）可以称为一种运动，这种运动始于 20 世纪 70 年代末和 80 年代早期。这种运动是通过两种没有内在联系的研究得以发展的：一是分析的马克思主义（Analytical Marxism）学派，二是一些独立的理论家。分析的马克思主义一贯保持着对马克思主义经济学的兴趣，但是他们"不是用马克思理论去研究资本主义，而是研究马克思理论本身"。① 分析的马克思主义在马克思主义理论研究中，主要使用的词汇有重建（Reconstruct）、再生（Recycle）、再概念化（Reconceptualize）、重新恢复活力（Rejuvenate）、重新界定（Restrict）、再思考（Rethink）和理解（Make Sense of）等 ②。从这些词汇可以看出，分析的马克思主义对构建马克思主义经济学微观基础尤为重视。独立的理论家被 Goldstein 称为"独立的马克思微观基础（Independent Marxian Microfoundations）"。试图为马克思主义提供微观基础的这类不同的学者，被一个共同的动机所激励，这就是"通过处理逻辑不一致性和逻辑不完全性，通过推翻技术和（或）功能主义者的解释来巩固传统马克思主义者论点的逻辑结构"③。这两类学者通过为宏观或者社会结果寻找内在机制而完成上述任务。这两类学者强调的重点有所不同，分析的马克思主义围绕一些纲领性的问题产生了大量的文献，一部分分析的马克思主义者被称为"方法论个人主义者（Methodological Individualism）"，这部分学者注重使用新古典理性选择模型完全重建马克思主义经济学。其他一些独立的 MM 提倡者，使用非瓦尔拉斯理性

---

① Fabien Tarrit, *A Brief History, Scope, and Peculiarities of "Analytical Marxism"*, Review of Radical Political Economics, Volume 38, Number 4, Fall 2006, p. 596.

② 这些词汇来自"分析的马克思主义"文献。

③ Jonathan P. Goldstein, *Marxian Microfoundations: Contribution or Detour?*, Review of Radical Political Economics, Volume 38, Number 4, Fall 2006, p. 569.

选择模型对资本主义矛盾性发展作出马克思主义的理解。对 MM 文献进行分类，大体可以分为以下一些主要议题：

1. 微观方法论

在 MM 文献中，不同类型的文献在讨论微观方法时，几乎都意识到个体代理人和社会结构之间的辩证关系，个人行为的非目的性结果改变了社会结构，同时社会结构影响了个人行为的可行集。大部分作者认为，这两者是相互决定的。Lysandrou 称之为"方法论二元论(Methodological Dualism)"，Bergh 和 Growdy 更为一般地讨论了从微观到宏观互为因果的"层级方法(Hierarchical Approach)"。Lysandrou 认为，商品是马克思进行微观分析的中心，但是有学者认为马克思的微观分析单位是阶级中的个人。①

2. 积累和危机

在有关马克思资本积累及其矛盾的趋势——经济危机方面，MM 研究者也提出了一些独特的见解。对马克思危机观点的微观分析，主要集中在马克思的两种危机观点上：利润攫取(Profit Squeeze)和利润率下降(Falling Rate of Profit)。Goldstein 认为，"缺乏对消费不足危机的微观基础分析，并不意味着这种理论在理解资本主义经济危机中不重要"。② 事实上，微观基础会提高对消费不足危机的逻辑基础的理解，但是有关消费不足危机与其他危机理论相比，较为有效的解释力在于它的经验研究。很多学者如 Goldstein、Sherman 等，也对周期性利润攫取和与之相应的周期性消费不足危机，以及非劳动成本利润攫取进行了讨论。有关周期性消费不足危机的研究争论的焦点，仍在于消费周期性变化的程度和时间方面。在研究资本主义微观层面和宏观层面效率问题时，一方面垄断定价权力的下降将会提高微观效率，但同时也会导致竞争的加剧，并产生振幅更大的周期；另一方面，利润攫取会导致长期意义上消费不

① Jonathan P. Goldstein, *The Mcrio-Macro Dialectic: A Concept of Marxian Microfoundation*, Research in Political Economy, 9, 1986, pp. 127-155.

② Jonathan P. Goldstein, *Marxian Microfoundations: Contribution or Detour?*, Review of Radical Political Economics, Volume 38, Number 4, Fall 2006, p. 580.

足危机的发生，导致长期利润攫取危机与消费不足危机之间的摆动。激烈竞争的环境会强化过度投资危机（Overinvestment Crisis）的产生。当资本处于优势地位时，恶劣的产业关系会导致劳动收入份额的长期恶化和消费不足的产生。如果劳资双方力量的平衡长期地有利于劳动，所有上述因素又会产生长期的利润攫取危机。20世纪80年代后，劳资的力量对比发生了变化，资本占据了主导地位，竞争加剧和与之相关的全球化的新自由体制，意味着利润攫取危机的缓解和过度投资与消费不足危机变得更加可能。Crotty 的研究对全球化的新自由体制的批评就使用了类似的框架。Crotty 发表在 2004 年《激进政治经济学评论》上的文章《新自由主义时代破坏性的市场竞争和急功近利的融资环境对非金融企业的影响》认为，新自由主义经济政策造成的破坏性市场竞争和追求短期利益的金融部门力量的扩张，使非金融部门如制造业的创新活动由于缺乏稳定的金融保障和预期而受到破坏。因此，新自由主义对世界经济的长期稳定发展有很大的破坏性作用。只有摒弃新自由主义的方针政策，才能使非金融企业带领发达国家和发展中国家走向长期繁荣。

3. 劳动进程分析

MM 在分析劳动进程、劳动力市场分割和劳动榨取与歧视方面做出了较大的贡献。Bowles 认为，围绕着工作强度产生的利益冲突通过资本家设置成本巨大的制裁，如解雇和监督（Sack and Monitoring）得以解决。这种典型的分析包括生产函数、成本函数和劳动榨取函数三个部分。第三个函数引入了马克思劳动过程的分析。资本家把激励函数当成约束条件，通过选择工资水平和监督投入来最大化利润，工资水平和监督投入都对激励函数产生影响。在这一模型中，最优工资成为一种惩戒机制，即通过工人对丧失工作的成本的考虑而导致工人提供成本最小化的努力。[①] 这种工资设计的宏观后果在于它导致劳动市场无法出清。由这种社会关系所产生

---

① 这不同于效率工资，效率工资文献把效率工资当成是一种人际关系投资。

的生产性资源的浪费，因为长期失业的存在而强化了宏观层面的效率低下。Bowles 和不同的合作者深化了这种公司中的阶级冲突分析。① 工人和资本家之间是一种竞争性交换关系，定义这种关系并用它来分析资本主义公司和资本主义交换的其他方面，是其他学者围绕 Bowles 分析进行扩展的地方。

4. 技术变迁

技术变迁的微观经济分析包括两个方面的内容：技术效率和权威（监督）之间的权衡；工作组织和技术变化以及它们与利润率的关系。MM 文献的主要结论是：工人一旦拥有公司的剩余索取权，工作激励问题会得到缓解，自我监督和信息分享②会加强，这就减少了浪费性的监督投资。这之所以和技术变迁紧密相关，是因为技术变迁的成果需要在工人和资本家之间进行分享。效率和控制之间的权衡的宏观经济意义在于有效的工作组织形式和产业关系能够释放出生产性资源，从而产生合意的经济和社会后果。技术变迁和利润率之间的关系在于技术变迁会导致实际工资的变化，从而会影响利润率。Baldani 和 Michl 使用古诺均衡检验了垄断性行业中的技术变迁。资本家在采用新技术时会面临囚徒困境问题，因为个体资本家做出选择新技术的理性决策最终会导致个体公司和整个产业利润率的下降。这和马克思存在广泛争议的"利润率下降规律"相一致。对马克思利润率下降规律进行研究的传统方法采用一般竞争性均衡方法。核心的观点是当使用资本、节约劳动的技术变革在整个经济体系中推广开之后，能引起整个体系广泛范围内利润率的下降。Matthews 把 Baldani 和 Michl 把技术选择博弈模型扩展到无限重复博弈，以此来解释在什么情况下出现合作和积极的阶级意识。③

---

① Bowles, S., and H. M. Gintis. 2001, *Contested Exchange*: *A New Mcrioeconomics of Capitalism*, In *Capitalism in Evolution*: *Global Contentions-East and West*, ed. G. M. Hodgson, M. Itoh, and N. Yokokawa, 21-35. Cheltenham, UK: Edward Eglar.

② 工人和资本家之间信息不对称问题也是 MM 文献关注的一个主要方面。

③ Matthews, P. H. 2000.

5. 阶级和剥削

MM 对剥削和阶级问题的研究主要围绕 Romer 的研究展开。Skillman（1995）对罗默的理论作了高度评价。概括说来，罗默认为剥削来自相对稀缺的生产性资产拥有权方面的差异，从而剥削不再是强制性社会关系的后果。强制性社会关系虽然会影响剥削的程度，但不再是剥削存在的根源。罗默运用新古典主义经济学理论和博弈理论，借助分析哲学的方法，把马克思的古典剥削理论放在更一般化的历史条件下加以考察，从而提出了一般性剥削理论。这一理论可以对任何形式的剥削概念——封建主义的、资本主义的或社会主义的剥削概念——进行解释。Hahnel（2006）在罗默研究的基础上，重新研究了剥削问题。Hahnel 认为，主流经济学家认为剥削只会发生在交易存在于非竞争性市场上，或者拥有稀缺性生产资源的主体被支付了少于自己的边际贡献的报酬时。对资本主义进行批判的经济学家认为，即使是在竞争性劳动市场上，即使是雇佣者仅仅获得了新古典经济学所说的正常利润，雇佣者也存在对被雇佣者的剥削。Hahnel 认为自己的文章提供了 "一个关于剥削的现代理论，从而复兴（Resurrects）了马克思主义的结论：资本家剥削他们的雇员，即使劳动力市场是竞争性的；雇员在资本主义社会中被异化了，而不论他们被剥削的程度如何"①。Hahnel 的理论建立在一个明确的经济正义（Economic Justice）定义基础之上，并把从道德上无法辩护的稀缺资源的不平等分配作为资本主义剥削的根源。Hahnel 区分了三种不同的经济正义概念，保守的（Conservative）、自由的（Liberal）、激进的（Radical）马克思主义经济正义概念。"保守的经济正义指支付以个人贡献的价值和个人所拥有的生产性财产贡献的价值为基础；自由的经济正义指支付仅仅以个人贡献的价值为基础；激进的经济正义指支付以个人努力或

---

① Rboin Hahnel, *Exploitation：A Modern Approach*, Review of Radical Political Economics, 2003, Vol. 38, Number 2, 2006, pp. 175-191.

个人做出的牺牲为基础。"① Hahnel 把激进的经济正义作为研究剥削问题的出发点，从而建立一个简单的基于牺牲而不是基于贡献的经济正义的模型。

二、马克思主义经济学研究的时际单一体系

在过去的 15 年间，在时际单一体系（Temporal Single-system，缩写为 TSS）方法基础上研究马克思经济学的文献越来越多。② 时际方法作为一种非均衡和动态方法，强调建立在历史成本基础之上的价值和价格的相继决定，与建立在当期价值和价格基础上的同时计算相对应；单一体系则同通常的二元方法不同，二元方法中的价格和价值来自各自独立的体系，时际单一体系中的价值和价格在被决定时存在着相互依赖的关系。

从时际单一体系的角度看，没有必要计算单独用来表示物化在个别商品中的劳动时间的劳动价值体系。这种单独的计算在对马克思的价值和价格体系进行二元分析时是必要的，这种二元方法源自博特克维兹（1952），并被塞顿（1957）、斯维齐（1970）、森岛通夫（1973）、Okishio（1972）和罗默（1981）加以发展，正是在这种二元体系的框架下，斯蒂德曼（1977）对劳动价值论提出了破坏性的批评。二元体系分析寻求从概念上看相互独立的价格和劳动价值向量之间的根本性联系。劳动价值和生产价格之间数学联系上的虚弱之处成为萨缪尔森（1971）、斯蒂德曼以及他们的追随者拒绝劳动价值论的逻辑基础。时际单一体系方法被认为是一种严格的一般性的马克思价值理论形式——一种用来分析马克思经济学的不同的范式。根据 TSS 的观点，TSS 模型维护了马克思理论的内部一

---

① Rboin Hahnel, *Economic Justice and Democracy*：*From Competition to Cooperation*, New York：Routledge, Chapter 1；Rboin Hahnel, *Economic Justice*, *Review of Radical Political Economics*, Volume 37, No. 2, Spring 2005, pp. 131-154.

② Lliman and McGlone（1988）；Giussani（1991），Freeman and Carchedi（1996），Kliman and McGlone（1999）等。

致性,并且·证明了"在一种完全和一般的形式上马克思那些经常被批评为错误的命题"① 事实上是正确的。这些特点使得 TSS 与标准方法和新解释相比成为一种"明显值得推荐的更好的解释方法"。② Veneziani 认为,在时际单一方法下,"马克思命题得到了维护:(a) 马克思的总价值—总价格相等是成立的;(b) 价值不可能为负;(c) 利润不能是正的,除非剩余价值是正的;(d) 价值生产不再和价格与利润决定无关;(e) 利润率不随利润的分配而变化;(f) 奢侈部门的生产影响一般利润率;(g) 劳动节约型技术变化会引起利润率的下降"③。

发表在《激进政治经济学评论》杂志上的《动态、非均衡和马克思主义经济学:对时际单一体系马克思经济学的正式分析》④一文中,对时际单一体系作了全面分析。

根据 TSS 支持者的意见,上述(a)到(g)的命题,由时际主义者(Temporalist)对非均衡和价值与价格的连续决定(Sequential Determination)的强调而成立,对非均衡和价值与价格的连续决定建立在历史成本的基础上,这与建立在当前价值和价格基础上的同时主义者(Simultaneist)方法相对应,也与认为价值和价格是相互依赖地被决定、而不像传统二元方法认为的那样来自不同的会计体系(Accounting System)的单一体系方法相对应。考虑到上述(a)到(g)的命题涉及的范围和适当性,TSSI(Temporal

① Freeman A., Carchedi G. (eds) (1996): *Marx and Non-equilibrium Economics*, Edward Elgar, Aldershot. p. xviii.

② Kliman A., McGlone T. (1999): *A Temporal Single-system Interpretation of Marx's Value Theory'*, Review of Political Economy, 11, p. 35.

③ Roberto Veneziani, *The Temporal Single-System Interpretation of Marx's Economics: A Critical Evaluation*, Metroeconomica, 55 (1), 2004, p. 97. 这差不多完全是转述 Kliman A 和 McGlone 的观点,参见 Kliman A., McGlone T. (1999): *A Temporal Single-system Interpretation of Marx's Value Theory*, Review of Political Economy, 11, p. 55.

④ Roberto Veneziani, *Dynamics, Disequilibrium and Marxian Economics: A Formal Analysis of Temporal Single-System Marxism*, Review of Radical Political Economics, Fall, 2005, pp. 516-529.

Single-system Interpretation）引起了激烈的讨论。一些批评者从广泛的哲学视角（Foley 2000，Laibman 2000）和特定的问题①对 TSSI 进行了详细说明。《动态、非均衡和马克思主义经济学：对时际单一体系马克思经济学的正式分析》一文把哲学问题放在一边，对 TSS 对马克思理论进行的数量解释进行了透彻的正式分析，分析了 TSS 价值理论表述的逻辑及其意义和 TSS 方法与它的主张是否成立的问题，试图给有关 TSS 的讨论提供积极的贡献，文章主要从 TSS 再现（Replicate）马克思命题的能力的角度对 TSS 进行了考察。需要指明的是，不像其他一些关于 TSSI 的正式分析集中于离散时间模型（Discrete Time Models）（Skillman 2001；Mongiovi 2002；Veneziani 2004 等），这篇文章分析了连续时间模型（Continuous Time Model）。文章认为从方法论的视角看，TSSI 缺乏连贯的（非）均衡（（Dis）Equilibrium）方法论，也没有严格地设定动态框架。从而，TSSI 是否能为马克思理论中的非均衡和动态研究提供相关的洞察力是不确定的，对于非均衡经济学（Non-euqilibrium Economics）的定义似乎也未能被证明。

考虑到标识的简单性和概念的清晰性，作者提出了一个对 Freeman（1996，1998）模型的修改版本。模型简单转述如下：

对所有的 t，K_t 是 $n \times n$ 矩阵，表示生产出来的全部商品在部门之间的分配，K_{ijt} 表示在时间 t，部门 j 的商品 i 的存量；C_t 是 $n \times n$ 矩阵，表示使用的不变资本（Constant Capital）；V_t 是 $1 \times n$ 向量，表示使用的可变资本（用小时度量）；\$ L_t 是 $1 \times n$ 向量表示可变资本 V 的价值创造能力，即单位时间劳动所增加的总的新价值或每单位时间工作小时的货币表达；X_t 是 $n \times n$ 的对角产出矩阵；W_t 是 $n \times n$ 矩阵，表示工人购买的商品；B_t^c 是 $n \times n$ 矩阵，表示资本家消费的商品；B_t^w 是 $n \times n$ 矩阵，表示工人消费的商品，与 Freeman（1996，1998）不同，作者在存量和流量与 K 之间做了清楚地区分；所有的变量代表瞬时流量（Instantaneous Flows）。p_t 是 $1 \times n$ 阶价格向量，标量（Scalar）μ_t

---

① Mohun 在 2003 年对 TSS 和马克思剥削理论的研究，Foley 在 1999 年和 Laibman 在 1999 年对利润率下降理论的研究等。

是货币的价值，即用一单位当前货币表达的价值数量。作为第一近似（First Approximation），假定对所有的 $t,\mu_t=1$，即一单位货币表示一小时社会必要劳动时间的价值。对于任何 $y\in R^n$，使得 $\overset{\cdot}{K}\equiv\dfrac{dy}{dt}$，$\overset{\cdot}{y_t}\equiv\overset{\cdot}{y_t}1,1=(1,\cdots,1)$，存量会计等式（Stock Accounting Identity）描述总的物质数量的运动：

$$\overset{\cdot}{K}=\overset{\cdot}{X}_t-\overset{\cdot}{C}_t-\overset{\cdot}{B}_t^c-\overset{\cdot}{B}_t^w \tag{1}$$

基于简化的考虑，假定工人不储蓄，因此对所有 $t,\overset{\cdot}{W}_t=\overset{\cdot}{B}_t^w$，$K_t$ 可以被解释为由资本家持有的存货的矩阵，从而可变资本的价值等于工资商品的当前价格，即对所有的 $t,V_t=p_tW_t$。

TSS 的一个基本原则是价格向量的总变化 $\overset{\cdot}{p}_t$ 可以被分解为由于生产导致的变化（价值形成），$\overset{\cdot}{p}_t^p$，和由于流通导致的变化（产生可观察的市场价格）$\overset{\cdot}{p}_t^c$。

$$\overset{\cdot}{p}_t=\overset{\cdot}{p}_t^p+\overset{\cdot}{p}_t^c \tag{2}$$

用 λ_t 表示 $1\times n$ 的单位价值向量，在 TSSI 中，$\hat{K}_t$ 是由 $\overset{\cdot}{K}$ 得到的 $n\times n$ 对角矩阵（Diagonal Matrix），价值会计等式（Value Accounting Identity）表示新增总价值——新生产的价值 p_tX_t 加上总存货的再估价（Revaluation of Aggregate Stocks）$\overset{\cdot}{p}_t^p\hat{K}_t$——等于不变资本转移的价值 p_tC_t 加生产中劳动力增加的价值 $\$L_t$：

$$\overset{\cdot}{p}_t^p\hat{K}_t+p_tX_t=p_tC_t+\$L_t \tag{3}$$

类似地可以得到价格会计等式（Price Accounting Identity）

$$\overset{\cdot}{p}_t\hat{K}_t+p_tX_t=p_tC_t+\$L_t+\overset{\cdot}{p}_t^c\hat{K}_t \tag{4}$$

在每个部门，剩余价值率的生成对应于新生产的价值，加上存货的再估价 $\overset{\cdot}{p}_t^p\hat{K}_t$，减去生产中消费的价值 $p_tC_t+V_t$，从而 $S_t=p_tX_t+\overset{\cdot}{p}_t^p\hat{K}_t-p_tC_t-V_t$ 或者使用等式（3），可得：

$$S_t = \$L_t - V_t + \dot{p}_t^p(K_t - \hat{K}_t) \tag{5}$$

$\dot{p}_t^p(K_t - \hat{K}_t)$ 表示由于资本家之间竞争导致的价值在部门之间的再分配,考虑到流通,利润率的形成(Π_t)类似地来自剩余价值率加转移向量(Transfer Vector)$\dot{p}_t^c\hat{K}_t$

$$\Pi_t = \$L_t - V_t + \dot{p}_t^p(K_t - \hat{K}_t) + \dot{p}_t^c\hat{K}_t \tag{6}$$

积累的价值比率(Value Rate of Accumulation)是 $d(p_t\hat{K}_t)/dt$

$= p_t\dot{\hat{K}}_t + \dot{p}_t\hat{K}_t$。由等式(1)和(4)可以替换 $\dot{\hat{K}}_t$ 和 $\dot{p}_t\hat{K}_t$,$d(p_t\hat{K}_t)/dt = \$\dot{L}_t - p_t(\dot{\hat{W}}_t + \dot{\hat{B}}_t^c)$,或者相同地,考虑等式(5)和 $V_t = p_tW_t$,

$$d(p_t\hat{K}_t)/dt = \dot{S}_t - p_t\dot{\hat{B}}_t^c \tag{7}$$

最后,马克思一般利润率被定义为总剩余价值与总存货价值的比率,$r_t = \dot{S}_t/p_t\hat{K}_t$,它的运动可以由下式给出:

$$\frac{\dot{r}_t}{r_t} = \frac{\dot{S}_t}{\dot{S}_t} - \frac{\dot{S}_t - p_t\dot{\hat{B}}_t^c}{p_t\hat{K}_t} \tag{8}$$

作者认为根据 Freeman 的观点,上述等式(1~8)代表了 TSS 价值理论的连续时间模型,或者更准确地说,是 TSS "形式主义(Formalism)",也就是说,"它不是一个模型。它不产生基于特定限制性假定的预测和问题的解决方法。它是一个自明的体系(Axiomatic System)"。① 这就表明,应当把等式(1~8)解释为仅仅是一套会计恒等式,但即使如此,这些等式的逻辑地位仍存在一定程度的模糊之处,因为有时候 Freeman 会把它们视作决定价值和价格的适当的模型。作者认为这种模糊性之所以无法被解决是因为有些变量没有被定义(比如 $\$L_t$ 和劳动时间的货币表达),有些变量没有明显的经验解释,比如等式(2)所表达的价格的派生问

---

① Freeman 1996, 225.

题。另外，作者突出强调了一些 TSSI 的方法论特征。第一，等式
（1～8）表明 TSS 的主张（a-f）不是被证明出来的，实际上是被假
定出来的，尤其考虑到经验上无法被证明的、分析上无法被保证
的、有时候甚至是相当随意的假定。第二，等式（1～8）无法解
释事实——价值、价格、利润率、积累等，事实上，它们差不多是
同意反复地逃避了估价和证伪（Evaluation and Falsification）。第
三，尽管强调了非均衡和动态，但这两者没有任何一个在模型中扮
演了本质性的角色。比如等式（1～8）的动态纬度只表现为一个
事实，即给变量添加了时间下标，变量可以随着时间以没有被解释
的方式变化，"没有任何事物表明等式（1～8）是内在动态的"。①
上面这三点虽然足以产生对 TSS 主张的怀疑，但作者认为，从方法
论的角度看，模型最令人困惑的特征在于它的不完全性
（Incompleteness）。比如，L_t 未被定义，$\dot{p}_t^l$ 和 $\dot{p}_t^c$ 是如何得到的未被
说明，比如说"给定可观察的经济数据……价值和价格向量的决
定和区别"可以从等式（2～4）中得到是随意的。特别是，等式
（3）是如何被解释为描述价值形成关系的是不清楚的，在 Freeman
看来等式（3）表明新价值以比率 L_t 进入经济体系中。

通过集中于对现存 TSS 模型的分析，文章并没有证明一个更强
版本的 TSSI 模型不能被建立，但作者表明即使是连贯的（非）均
衡方法论、对各种变量的明确定义和价值与价格的清晰的区别存
在，也不意味着所有马克思的结果都能够像在马克思主义经济学中
所知的那样被得到。"事实上，在马克思主义者的视角中无论是在
理论层面还是在经验层面仍有很多事情需要去做。"②

---

① Roberto Veneziani, *Dynamics, Disequilibrium and Marxian Economics: A Formal Analysis of Temporal Single-System Marxism*, Review of Radical Political Economics, Fall 2005, p. 522.

② Roberto Veneziani, *Dynamics, Disequilibrium and Marxian Economics: A Formal Analysis of Temporal Single-System Marxism*, Review of Radical Political Economics, Fall 2005, p. 527.

三、积累的社会结构与资本主义发展长波

"20 世纪 70 年代，马克思主义经济学开始恢复活力（Revive）。"① 20 世纪 70 年代后，美国有两个思想流派：积累的社会结构理论（social structure of accumulation）和分析的马克思主义（analytical Marxism）。这两个流派的学者自称为马克思主义者或自认为与马克思主义非常接近。前者的主要学者有 Gordon，Bowles，Kotz，Edwards，Reich。这个流派和法国调节学派有一定的关联，也从其他非马克思主义的理论流派借鉴合适的理论观点，如凯恩斯主义和制度主义。这个流派研究的主要内容是把政治和意识形态制度与马克思主义的危机理论结合在一起，使用马克思主义的工具分析当代资本主义。

我们从三个方面展开分析：首先研究 20 世纪 90 年代的繁荣是否意味着一个新的上升性长波开始；接着探讨新自由主义是否意味着一种新的积累的社会结构；最后分析资本主义萧条性长波产生的根源与争议问题。

1. 资本主义经济存在一个新的上升的长波吗？

20 世纪 90 年代末到 2000 年间，美国经济变得比以往更加引人注目。许多人将这一时期称为"经济繁荣"。乐观的观点随之产生，认为美国的这种繁荣会持续下去，是资本主义具有恢复其利润率和再生产条件能力的象征。O'Hara 在《严重的衰退和金融不稳定还是美国资本主义经济增长的一个新的长波？——一种调节学派的研究方法》一文中，研究了当代资本主义在技术生产方式、消费调节模式、世界经济金融体系方面的新变化，得出了当前资本主义并不处于长波上升阶段，其积累制度仍然充满不稳定性的结论。

O'Hara 的文章运用调节学派的方法，对美国的政治经济体系作

---

① Fabien Tarrit, *A Brief History, Scope, and Peculiarities of "Analytical Marxism"*, Review of Radical Political Economics, Volume 38, Number 4, Fall 2006, p. 596.

了检验，探索是否有一种新的调节模式正在发展出来。如果一个新的调节模式正处于发展阶段，或者它在很大程度上已经占据了相当重要的地位，那么，美国就有理由期待一个长期持续的、总的长波上升阶段的到来，这种上升阶段具有高经济增长率、衰退占据次要地位和最低程度的金融不稳定性的特点。但如果不存在一种新的调节模式，或者没有占据主要地位，那么，阶段性的严重衰退和较大范围的金融不稳定性可能会在不久的将来出现，而且长波的上升阶段也不会在目前出现。调节学派认为在 20 世纪 20 年代，一种新福特主义的技术类型在美国形成，这种技术类型一直都在推动大多数发达资本主义经济生产率的提高。另外，在大多数资本主义国家，一种理想的消费调节模式出现在 20 世纪 40 年代末和 50 年代初，这种模式是在劳资关系取得一定程度和谐的基础之上产生的，即生产率提高带来的收益在资本家和劳动者之间较为公平的分配，最终工人收入增加导致消费的持续上涨，从而推动了资本主义的扩大再生产。同时受调控的金融体系可以通过提高产业利润率，减少货币资本家和产业资本家之间的矛盾。总之"在 20 世纪 50 年代和 60 年代，福特主义的调控模式有助于持续经济增长和减轻经济衰退与金融不稳定的严重程度"。① 在上述背景下，持长波调节观点的学者认为，在 20 世纪 50 年代和 60 年代期间，在美国和世界经济中存在一个长波的上升时期。

"新经济"是 20 世纪 90 年代美国经济发展的关键词。很多人认为，这是一种新的技术一经济模式。O'Hara 引用一些学者的分析，描述了基于技术和知识的新生产方式的特点。但是他认为，从生产和分配的社会关系的角度看，这种变化向人们展示了一个更复杂的现实。工人阶级的力量受到严峻的挑战，美国的经济环境从工人拥有相对较多权利的状态，变成目前资本家手中拥有优势权力的状态。同时，美国正在建立的灵活的生产系统的作用被夸大了，因

---

① Phillip Anthony O'Hara, *Deep Recession and Financial Instability or a New Long Wave of Economic Growth for U. S. Capitalism?: A Regulation School Approach*, Review of Radical Political Economics, 2003, Vol. 35, No. 1, pp. 18-43.

为在现实中，标准产品、批量生产和泰勒主义的工作方法仍然被广泛使用。O'Hara 的研究表明，生产关系方面的变化并没有发生，"从根本上说，以社会关系为例，目前的事实是，当今世界经济中根本没有什么新要素出现，资本主义经济中的技术是被嵌入一系列社会关系中的……在技术进步的背后，仍然隐藏着传统资本主义中所存在的不稳定因素，资本主义的社会关系也没有变化"。①O'Hara 认为，在 20 世纪 90 年代中期，为了提高商业部门生产率而进行的在信息技术项目上的大量投资的全面失利，是一种生产率悖论。个人计算机市场在经历过 70 年代和 80 年代的繁荣后，其高额回报率已经开始大幅度下降；另外，互联网很大程度上只是用于休闲和消费。所以"出现在 20 世纪 90 年代的经济上升阶段可能只是一个在 20 世纪 90 年代后期到 2000 年期间生产率短期的扩张阶段，而不是一个可以持续的长波上升阶段。这样，20 世纪 90 年代后期出现的生产率增长可以部分地用企业迫使工人在上升阶段更加努力工作来解释"。② 在对消费模式进行分析时，O'Hara 认为，积累制度既需要生产类型变化带来的生产率持续增长的支持，也需要持续的需求扩大为长波上升阶段提供基础。出口需求不可能支持长波的上升阶段，因为在贸易平衡中有很大的赤字。政府开支也不可能对长波上升起到重要促进作用，因为政府投资和政府开支占国内生产总值的比例，在一定程度上有所下降，所以分析的重点应该在个人支出上。O'Hara 从很多关于 90 年代"财富效应"研究的数据中得出结论，认为尽管美国有巨大的国内需求，但是美国经济周期中的繁荣不可持续，因为它主要依靠的消费者支出是以融资超过合理限度为基础的，而不是以新价值创造为基础的。

最后，O'Hara 从制度层面，分析了全球经济制度、国家制度和

---

① Phillip Anthony O'Hara, *Deep Recession and Financial Instability or a New Long Wave of Economic Growth for U. S. Capitalism*?: *A Regulation School Approach*, Review of Radical Political Economics, 2003, Vol. 35, No. 1, pp. 8-43.

② Phillip Anthony O'Hara, *Deep Recession and Financial Instability or a New Long Wave of Economic Growth for U. S. Capitalism*?: *A Regulation School Approach*, Review of Radical Political Economics, 2003, Vol. 35, No. 1, pp. 18-43.

金融制度。在全球经济制度部分，主要分析了 IMF 和 WTO 等组织在新自由主义思想指导下存在的局限性，它们主要是为了维护资本的利益。在国家制度方面，O'Hara 认为，美国推行新自由主义政策显现出三个特点：采用平衡的预算政策，包括削减开支和税制改革；政府采取经济私有化并支持市场的策略；采取优先治理通货膨胀的策略，同时削弱劳工权利。新自由主义政策在美国的主要功绩是"增强了资本对劳动的控制能力"。美国的金融制度已经形成了金融资本支配产业资本的状态，这种状态会妨碍长波上升阶段的出现。

O'Hara 的结论是：美国经济在进入新千年之际并不是处于长波的上升阶段，因为新自由主义调控模式本身是自相矛盾的。第一，积累制度充了现实的矛盾和不稳定性。……第二，在现实中，制度形式也是相互矛盾的。……从根本上说，新自由主义的调控模式无论如何是不可能推动经济长期稳定增长的。从美国和世界资本主义的发展阶段来看，还不能说美国和世界经济在新千年伊始已经进入了长波的上升阶段。

在《美国的长波高涨中存在一个新的金融性积累社会结构吗？》一文中，O'Hara 考察了在美国经济中是否存在一个新的金融性积累社会结构，如果存在，那么它对 21 世纪早期美国经济可能产生的扩张性长波有何贡献？作者研究的 FSSA 要求具备三个重要条件。第一，金融的稳定性；第二，金融产业和其他产业之间冲突的解决；第三，银行业生产率和利润率持续的上升。O'Hara 认为，由于投机泡沫的增长和破灭，当前美国经济体系的主要特点是巨大的金融不稳定性，当前的体系也不足以解决金融产业和其他产业之间的冲突，因为金融产业的发展并没有使实际生产扩展到相应的程度。另外，银行部门的生产率在下降，而且不存在持续的利润。总之，不存在一个已经形成并正在得以发展的可导致扩张性长波的金融性积累社会结构（FSSA）。

在长波理论研究中，学者们在 20 世纪 50～60 年代长波上升和 20 世纪 70 年代以及 90 年代早期的下降的存在及其一般模式上很少发生争议，但是对 21 世纪早期是否正在经历一个扩张性长波的研究上却存在很大争议。O'Hara 的文章正是在这种背景下形成的。

在 20 世纪 50 年代和 60 年代的长波上升时期，金融不稳定性和金融危机几乎从美国经济中消失了，因为通过利率和汇率控制以及其他的制度支持系统危机被限制了。[1] 但是"在 20 世纪 70 年代至 2000 年间，美国的金融危机（Financial Crises）经常发生。这在高技术和网络企业崩溃超过 60%，S&P 修正超过了 30%，加上2000s 的衰退期间达到了顶点。"[2] 这是一个重要的金融不稳定时期。资产—货币传导机制（Equity-Monetary Transmission Mechanism）对美国宏观经济和政策变化显得更加重要。[3] 作者引用了 Mishkin（2001）关于货币政策在资本市场传导的分析对此问题加以说明：

$$\downarrow i \rightarrow \uparrow B_p \rightarrow B \leftrightarrow E \rightarrow \uparrow E_p \rightarrow \uparrow W/P \rightarrow \uparrow C, \ I \rightarrow \uparrow GDP \ (st)$$

O'Hara 认为证据表明在市场利率和资产回报之间存在负相关关系，银行债券与非金融公司债券相比具有更高的利率敏感性。联邦储备系统可能决定减小 i，这和债券价格 B_p 的上升一致。如果利率被认为到了所能达到的最低点，那么债券持有者将会卖出债券而选择资产，这种转变会导致对资产需求的增加，从而提高资产的价格 E_p，通常这会被信贷的增加所支持，进而增加真实财富，导致对消费和投资需求的增加，并通过乘数和加速数的作用使 GDP 增加，至少在短期内如此。证据显示股票价格在消费上产生的财富效应在美国要高于世界上其他国家，因为持有股票（直接或间接）家庭的比例在美国比其他国家高。"从 1985~1989 年之间平均的

① Wolfson, M. H., *The Financial System and the Social Structure of Accumulation*. In D. M. Kotz, T.. McDonough, & M. Reich (Eds.), *Social Structures of Accumulation: The Political Economy of Growth and Crisi*, Cambridge: Cambridge University Press.

② Phillip Anthony O'Hara, *A New Financial Social Structure of Accumulation in the United States for Long Wave Upswing?*, Review of Radical Political Economics, 34, 2002, p. 296.

③ Mishkin, F. S. (2001, December), *The Transmission Mechanism and the Role of Asset Prices in Monetary Policy*. NBER Working Paper, 8617.

11%上升到 1996 年的 20.9%，并在 1997 年股票价格开始繁荣时上升到 24.4%。"① 此时的一个关键问题是在股票市场上存在何种程度的投机泡沫，以及在何种程度上这种泡沫在 2000～2001 年开始破灭，并导致财富的巨大下降。如果一般性泡沫存在，泡沫的破灭会改变消费者信心，减少投资，导致美国国内需求下降，甚至可能是深度的衰退。"如果用市盈率（Price/Earnings Ratio）超过一定水平作为泡沫估算的一个近似指标，那么很可能在 20 世纪 90 年代后期存在巨大的泡沫，并在 2000～2001 年开始下降。"② 概括地说，O'Hara 的基本观点就是：股市泡沫的存在导致了虚假的繁荣，泡沫破灭时，消费者信心下降，投资下降，最终会导致 GDP 的下降。"联邦储备系统使用的资产转换机制导致更大的金融不稳定性。造成这种状况的一个原因是在商业周期的上升阶段，银行资产对利率下降的敏感度十倍于对利率上升的敏感度，在这种情况下利率的改变没有把泡沫调整到适度水平的能力。"③ Mishkin 也持有同样的观点，他认为："中央银行把资产价格作为目标可能会导致更坏的经济后果并破坏对中央银行独立性的支持。"④

　　O'Hara 对积累的社会结构的冲突解决功能进行了分析。他首先对"冲突解决"作了定义，冲突解决是指金融产业和实际产出部门之间权力和报酬的平衡。他认为，"有证据证明，在 20 世纪 70年代和 80 年代晚期，美国经济中的金融部门和实际产出部门之间的关系发生了'结构性破裂（Structural Break）'，在 20 世纪 50 年

　　① IMF. （2001）. *World Economic Outlook*, *May* 2001: *Fiscal Policy and Macroeconomic Stability*. Geneva: International Monetary Fund. p. 98.

　　② Phillip Anthony O'Hara, *A New Financial Social Structure of Accumulation in the United States for Long Wave Upswing*?, Review of Radical Political Economics, 34, 2002, p. 297.

　　③ Phillip Anthony O'Hara, *A New Financial Social Structure of Accumulation in the United States for Long Wave Upswing*?, Review of Radical Political Economics, 34, 2002, p. 297.

　　④ Mishkin, F. S., *The Transmission Mechanism and the Role of Asset Prices in Monetary Policy*. NBER Working Paper, 8617. （2001, December）. p. 1.

代和 60 年代,金融和实际活动方面的回报率存在着紧密的关系,然而,70 年代的制度变化导致 80 年代到 2000 年间新关系的产生,在金融和其他产业之间存在很小的或者不存在什么关系。"① 新的货币和信贷体系减少了对经济的金融约束,互换、期货、期权和证券化掩盖了信贷增加可能产生的明显的危机,从而扩张了公司的债务结构。这导致三个主要问题:第一,货币、信贷和通货膨胀之间的关联发生了明显下降;第二,通货膨胀压力的下降限制了利率的上升,推动了经济中泡沫的产生。上述两点导致了更为关键的第三点,美国金融体系的结构改变和动态趋势增加了金融产业和其他产业之间的冲突。O'Hara 对第三个问题的分析从银行部门与长期增长和积累之间的关系入手,即分析了银行部门的利润和生产率。他认为"证据表明,银行部门的生产率一般说来非常低,20 世纪 90 年代银行的高利润率在很大程度上是上升周期中的风险溢价"。② O'Hara 认为,一个新的金融性积累的社会结构理论的第三个要求并不能被满足,因此一个新的上升性长波并没有在美国出现。

并不是所有的政治经济学家都赞同不存在一个上升性长波的观点。Ismael Hossein-zadeh 和 Anthony Gabb 就持相反意见。在诸多反对意见中,最为著名的三种观点就是:"创新和技术决定的长波理论,这个理论主要与康德拉季耶夫和熊彼特相联系;积累的社会结构理论,主要与戈登及和他合作的其他学者相联系;马克思的利润率理论,主要和 Trotsky 和曼德尔相联系。"③ Ismael Hossein-zadeh 和 Anthony Gabb 采用马克思利润率方法作为自己的理论框架,因

① Phillip Anthony O'Hara, *A New Financial Social Structure of Accumulation in the United States for Long Wave Upswing?*, Review of Radical Political Economics, 34, 2002, p. 298.

② Phillip Anthony O'Hara, *A New Financial Social Structure of Accumulation in the United States for Long Wave Upswing?*, Review of Radical Political Economics, 34, 2002, p. 299.

③ Ismael Hossein-zadeh, Anthony Gabb: *Making Sense of the Current Expansion of the U. S. Economy: A Long Wave Approach and a critique*, Review of Radical Political Economics, Vol. 32, 3, 2000, pp. 388-397.

为"它紧密地把市场经济中的各种主要趋势与动态的阶级斗争结合在一起，从而对资本主义发展提供了一个比其他可供选择的长波理论更加令人满意的解释"。① 根据这种理论，从扩张时期向滞胀时期的转变可以被资本积累的内在规律所解释，但是反向的转变不能用同样的因素来解释。也就是说从滞胀向扩张的转变不能由纯粹的内生因素来解释，"外生的（Exogenous）"或"超经济的（Extra-economic）"因素被用来解释这种从滞胀向扩张的转变。这些超经济的因素不仅包括国内的经济政策、法律、政治和制度的构建，而且包括外部的因素，如外交政策以及其他一些用来开拓全球范围新市场和提高利润率的政策。主流经济学家把这些危机管理的超经济措施简单地称为"重建和调整（Restructuring or Adjustment）"政策。在收缩的长波阶段，资产阶级政府会采用各种类型的重建计划和危机管理措施去挽救整个资本主义经济体系。作者们认为"商业和政府领导的努力结合在一起，使公司的利润率重新上升，并取得了它们渴望的结果：劳动成本在 1976～1995 年之间下降了大约 16%，20 世纪 70 年代长期的生产率、利润率和投资的下降发生了变化并开始扩张"。②

Ismael Hossein-zadeh 和 Anthony Gabb 认为，许多激进政治经济学家没有注意到，或者说没有认识到美国经济从 20 世纪 70 年代的下降到当前扩张性长波的转变。当前的事实和激进政治经济学家的认识之间存在着差异。下述原因造成了这种状况：第一，理论的缺陷。激进政治经济学家不愿把当前的复苏看作是一次扩张性长波，这就导致他们对资本主义发展长波所持的理论视角存在偏误。他们不是从当前的事实出发去看待这种复苏，而是用他们一般性的理论框架去看待这些事实。他们以布伦纳理论观点为例。布伦纳

① Ismael Hossein-zadeh, Anthony Gabb: *Making Sense of the Current Expansion of the U. S. Economy: A Long Wave Approach and a Critique*, Review of Radical Political Economics, Vol. 32, 3, 2000, pp. 388-397.

② Ismael Hossein-zadeh, Anthony Gabb: *Making Sense of the Current Expansion of the U. S. Economy: A Long Wave Approach and a Critique*, Review of Radical Political Economics, Vol. 32, 3, 2000, pp. 388-397.

（1998）认为，从一个下降长波向扩张长波转变需要以下要素：一是导致固定资本发生重大贬值的急剧的收缩；二是一个相对长期的竞争的下降，在这段时期，不同国家的资本不会相互遭遇，能够避免"过度竞争（Over-competition）"、"过度资本化（Overcapacity）和"过度生产（Overproduction）"。从而，1929～1933 年的大萧条和"二战"后美国成为世界市场上独一无二的经济力量，导致 20世纪 50 年代和 60 年代美国经济的黄金时代（Golden Economy）。Ismael Hossein-zadeh 和 Anthony Gabb 认为，布伦纳的这些看法，"并不应当被看作是经济复苏和扩张的必要条件"①。事实上，积累的社会结构理论也持有类似的观点。积累的社会结构理论认为，战后时期的"劳资关系协定"提高了工人的工资，改善了工人的工作条件，从而使工人更加满意并提高了生产率，导致了黄金时期的产生；同样的"资本—市民协议"减少了收入不平等，提高了生活水平，创造了更多的国内需求，导致了黄金时期的产生（Gordon，Weisskopf，Bowles 1996）。"战后的扩张的确和上升的工资相关联，随后的下降伴随着工资的下降和工作条件的恶化，这是真实的，SSA 理论家声称资本—劳动协议的存在对生产率的增长和经济的扩张是必要的，这限制了他们对当前扩张的解释，当前的扩张更多是由被压缩的工资和下降的工作条件——从而利润—工资比率有明显的上升——所导致的。这成为这些专家否认当前美国经济的复苏意味着一个新的扩张性长波的理由。"② 第二，不确定的或可疑的对扩张的测量（Dubious Measures of Expansion）。激进政治经济学家对当前状况的误读，部分原因在于他们对经济的复苏和扩张总是持有疑问。这个问题可以被称作是"资本主义的道德问题（Moralization of Capitalism）"。一些经济学家把生产率、效率和经济

---

① Ismael Hossein-zadeh, *Anthony Gabb*: *Making Sense of the Current Expansion of the U. S. Economy*: *A Long Wave Approach and a Critique*, Review of Radical Political Economics, Vol. 32, 3, 2000, p. 393.

② Ismael Hossein-zadeh, *Anthony Gabb*: *Making Sense of the Current Expansion of the U. S. Economy*: *A Long Wave Approach and a Critique*, Review of Radical Political Economics, Vol. 32, 3, 2000, p. 393.

增长同平等、收入分配与惠及所有人的繁荣结合在一起。也就是说因为观察到真实工资的下降（直到1995～1996年）、收入平等的恶化、社会福利一般水平的下降这些事实，他们很难相信或者承认扩张是真实的。作者认为"当前的扩张是供给方面重建的一个结果，这些措施的确导致了工作的不安全，社会安全度的下降和收入从劳动向资本的巨大转移"。① 第三，低估了信息技术的冲击。激进政治经济学家对当前状况的错误判断是因为他们低估了信息技术对生产率和利润率的冲击。以计算机为基础的高技术产业不仅仅在生产率和利润率方面大大超越了传统产业，而且占据了 GDP 的巨大份额。

作者在分析了一些激进政治经济学家对当前形势的错误判断之后，提出了当前美国经济的扩张有什么主要的社会—经济和政治意义，以及人们能从这种扩张中学到些什么的问题。"20世纪70年代长期停滞之后的成功反弹，意味着资本主义体系比许多激进政治经济学家认为的更有弹性。虽然它不意味着资本主义统治可以永远存在，我们已经达到了'历史的终结阶段'，但是它意味着资本主义能够为利润和再生创造条件，只要这种以失业、经济不安全和环境恶化为表现形式的成本巨大的重建政策仍在人们所能忍受的范围之内。更具体点，这意味着只要工人阶级在资本家渴望并设计的资本主义体系下继续工作，资本的统治就将继续下去。没有其他社会阶层——无论他们如何充满战斗精神，数量如何巨大——有这种唯一的战略位置和能力把资本主义生产引向停滞，使资本主义体系终结。当工人们获得某种必要的意识和决心去占有和利用当前的技术，按照世界上绝大多数人的利益去对世界经济进行更好的组织和管理之前，没有人可以说资本主义将要终结。然而，有一件事情是确定的，为了扮演这样一个角色，工人阶级需要全新的视角和全新的政策。新的劳动政策需要：一是超越贸易工会主义（Trade

---

① Ismael Hossein-zadeh, Anthony Gabb: *Making Sense of the Current Expansion of the U. S. Economy: A Long Wave Approach and a Critique*, Review of Radical Political Economics, Vol. 32, 3, 2000, p. 394.

Unionism）；二是超越国家边界；三是建立独立的劳动组织；四是（独立的劳动组织）通过与非劳动者草根型反对群体（Non-labor Grassroots Opposition Groups）结合和联盟去更好地运作。"①

2. 积累的社会结构与新自由主义

积累的社会结构理论解释了在单个资本主义国家和世界资本主义体系中交替出现的资本积累长期加速与放缓现象。根据这个理论，一系列相互协调的有利于资本积累的制度，将启动一段较长时期的快速增长直至这一积累的社会结构解体，然后资本主义经济将进入较长时期的相对停滞。不同的制度结构可能加速资本积累，也可能无益于资本积累。大卫·柯茨认为制度结构，即一系列相互协调的经济、政治及文化或意识形态，为资本主义经济活动提供了一个框架。制度结构在资本主义历史上有两种形式，一类是自由主义的制度结构，另一类是调节主义的制度结构。这两种制度结构在以下四个方面显示出差别：国家与经济的关系，劳动与资本的关系、资本与资本的关系，居主导地位的意识形态特征。在自由主义的制度结构下，国家在经济活动的调节方面只发挥有限的作用；资本在与劳动的关系中处于进攻的地位，资本间的竞争你死我活，自由市场被奉为圭臬。相反在调节主义的制度结构下，国家积极干预经济活动，劳资关系带有明显合作与妥协的成分，资本之间的竞争较为缓和，居主导地位的意识形态对不受管制的市场行为的危险保持警惕，承认政府在经济发展中所起的作用。柯茨回顾了 1900 年以来的制度结构的交替，在历史回顾的基础上，柯茨认为，"无论是基于理论思考，还是基于历史经验，调节主义的制度结构都比自由主义的制度结构更有利于资本积累。有很多理由可以解释为何自由主义的制度结构无法加速资本积累。第一，因为它具有降低实际工资与公众消费的倾向，因此，从长期来看将产生消费不足的问题；第二，通过一系列措施造成宏观经济的不稳定，这些措施包括反周期的支出和税收政策、缩减社会福利开支、放松金融领域监管等；第

---

① Ismael Hossein-zadeh, Anthony Gabb: *Making Sense of the Current Expansion of the U. S. Economy: A Long Wave Approach and a Critique*, Review of Radical Political Economics, Vol. 32, 3, 2000, p. 394.

三，这种制度结构具有加剧阶级冲突的倾向；第四，在这种制度结构下剧烈的竞争使得公司经济更倾向于短期策略，这与长期投资的实现相违背，而只有长期投资才能迅速提高资本积累率。"①

那么，为什么不利于资本积累的自由主义的制度结构会在 20 世纪 90 年代取得主导地位呢？柯茨从调节性制度结构出现的角度，考察了新自由主义制度结构出现的原因。自由主义的制度结构为资本家的竞争提供了最大限度的自由，同时又削弱了工人阶级的力量，为提高剥削率提供了便利。调节主义的制度结构对资本积累及制度稳定有很大益处，但对于资产阶级来说，很难满足于维持这种制度结构。因为这样做，他们需要控制自己的欲望，对工人做出让步。柯茨认为四种历史性变化导致调节主义制度结构的出现。一是后发资本主义国家，在这些国家因为资本主义发展的比较晚，所以调节主义制度结构被当成一种发展的手段。第二个历史性因素是出现了对资产阶级的重大政治威胁，比如"二战"后调节主义制度结构产生的部分原因就是为了应对来自"国家社会主义"的制度挑战。第三个促进调节主义制度结构产生的历史性因素是严重的经济危机。比如 20 世纪 30 年代美国大萧条之后的政策取向。第四个历史性因素是在某一历史阶段，由于政治或经济的变化，竞争大幅度锐减。上述四个历史性因素导致了调节主义的制度结构的产生，柯茨认为，"事实证明，一旦促使调节主义的制度结构产生的特定历史因素停止发挥作用，将会出现向自由主义的制度结构的转变。20 世纪 80 年代，全球经济一体化日益加强，削弱了美国工业中的寡头垄断结构，大萧条逐渐成为历史，工人运动的力量迅速减弱，以及 80 年代末来自国家社会主义制度威胁的消失，使自由主义的制度结构再次出现。"②

① David M. Kotz, *Neoliberalism and the Social Structure of Accumulation Theory of Long-Run Capital Accumulation*, Review of Radical Political Economics 2003, 35, pp. 263-270.

② David M. Kotz, *Neoliberalism and the Social Structure of Accumulation Theory of Long-Run Capital Accumulation*, Review of Radical Political Economics, 2003, 35, pp. 263-270.

在上述分析的基础上，柯茨对未来的情况作了预测。他认为："当前的新自由主义体制将会继续存在一段时期。尽管目前的新自由主义不利于资本积累，但是还没有理由期望在不远的将来能够自动回到一个新的调节主义的制度结构，如果新自由主义体制继续存在一段时间，我们可以预料，积累将会缓慢且不稳定地进行，不平等以及剥削将会继续增加。那种认为资本主义已经度过了严酷的早期阶段并发展成为一种文明形式的观点将会不攻自破，社会主义替代资本主义的预见，不久就会被提上日程。"

在另一篇题为"新自由主义与积累的社会结构"的文章中，沃尔夫分析了新自由主义社会经济制度和积累的社会结构之间的关系。他首先回顾了积累的社会结构理论，认为早期的积累的社会结构理论强调一个制度结构所能提供的稳定性，而后来的理论更多地集中关注制度结构提升资本的实力。他认为，运用积累的社会结构理论去说明当前的新自由主义是困难的，因为"根据早期范式的特点，新的制度结构应该带来稳定的经济增长，但事实并非如此。根据晚期范式的特点，大公司的实力应带来较高的获利能力和经济增长，但事实并非如此。与战后积累的社会结构时期相比，新自由主义时代的国内生产总值增长率一直要低得多，没有增长，很难说新自由主义时期形成了一个新的社会积累结构"。① 沃尔夫认为，所有资本主义社会的稳定的制度结构，包括带有新自由主义特征的制度结构，都代表了资本主义某些重要矛盾的暂时缓和。这些矛盾包括，资本和劳动之间的矛盾，资本内部和劳动内部的矛盾以及这些矛盾的国际表现。他认为，新自由主义既不是原有积累的社会结构的危机，也不是一个新的积累的社会结构，它是一个体现资本支配劳动的新的制度结构。它不是原有结构的危机，是因为原有的结构已经不复存在，它不是一个新的积累结构，是由于它没有恢复稳定、获利能力或增长，而正在被长期的消费不足问题所困扰。沃尔夫对新经济进行了讨论。他认为在 2001 年经济衰退出现之前，从

27

1995 年开始的新经济不标志着进入了一个新的积累的社会结构，有两个理由：第一，1995 年以来，基本的自由市场制度结构并没有改变；第二，1995～2000 年增长的迅速提升是以相对短暂和不可持续的发展为基础的。

3. 资本主义萧条性长波产生的根源及其争论

Robert Brenner 于 1998 年发表了题为《全球动荡的经济学——1950～1998 年世界经济特别报告》的长文，重新探讨了萧条性长波的产生根源、未来发展趋势等问题。由于 1998 年后世界经济颓势渐显，特别是亚洲金融危机和美国泡沫经济等问题的出现，该文发表后反响强烈，关于萧条性长波的讨论热潮再度掀起。这次讨论的内容很广泛，涉及其根源和发展趋势等问题。Brenner 在他 "全球动荡的经济" 中对 20 世纪晚期的结构性危机进行了分析，他的分析建立在对利润率下降的观察之上，这在马克思主义经济学家中是非常普遍的。不是像通常的那样把注意力放在技术变革的基础之上，Brenner 通过研究制造业利润率的下降解释了在整个经济中利润率的下降，他认为制造业利润率的下降是由世界范围内的过度竞争导致的。Brenner 的基本观点建立在一个可以观察到的事实之上，即 "二战" 后美国制造业利润率巨大，而且下降得也更多。布伦纳认为是过度竞争导致了萧条，他指出："导致下降的主要原因是，在国际制造业生产能力过剩和生产过剩的条件下，生产商不能将成本加到价格上去，这被如下事实所证实：在 1965～1973 年间，西方七大国非制造业利润率总共只下降了 19%，而同期制造业利润率下降了 25.5%，尽管同期非制造业产品成本比制造业产品成本增长快得多。"① Brenner 首先批驳了主流经济学家提出的劳工力量太大，工资增长太快导致萧条的解释。Brenner 认为，"西方七大国合计，从 20 世纪 60 年代中期到 20 世纪 70 年代初期，工资年均增长约 5.45%，同期生产力年均增长 5.15%，前者只是稍微超过后者，而同期产出——资本比率年均只下降大约 0.2%，

① Robert Brenner, *The Economics of Global Turbulence*: *A Special Report on the World Economy*, *1950-1998*. New Left Review, 229, May/June 1998, p. 137.

因此劳工问题不可能导致利润率下降那么大"①。

Gérard Duménil and Dominique Lévy 在《制造业和全球动荡：布伦纳的错误理解和利润率的差异》一文中，对 Brenner 的观点提出质疑，认为布伦纳的解释是错误的。事实上，美国制造业的利润率与其他产业相比并没有很大的不同。除了一些资本密集型产业，比如铁路，占据了总产出的 13%，不同产业之间利润率的差别与全球竞争并无多大关系。② Ajit Zacharias 认为，Brenner 关于美国自 20 世纪 50 年代以来制造业利润率下降主要是由国际竞争导致的观点是错误的。Brenner 的论据存在逻辑上的不一致性，因为观察到的利润率变化行为和制造业贸易平衡不存在一致性。③

John B. Foster 也对 Brenner 作出强烈批评。Foster 认为，垄断仍是当代资本主义的根本趋势，而且垄断正超越国界向全球发展，他指出："（垄断）并不拘于一国之内，资本倾向于超越民族国家界限进行积聚和集中。尽管当代资本主义的矛盾不能简单地解释为根源于资本积聚和集中，但是认为对资本积累及其危机的分析可以无视垄断的趋势无疑是愚蠢的，因为垄断已明显地改变了资本运动的规律。"④ Foster 认为，停滞的根源在于投资出路的枯竭，而这一问题由于"垄断水平"的提高而变得更加严重，垄断趋势将导致资本主义停滞和危机日益严重。无论是绝对水平还是相对水平的剩余的相对不断增长，都表明垄断资本主义的剥削所得的总值越来越大，即存在过度剥削，这导致有效社会需求和投资出路存在减少趋势，正是这种趋势最终导致无法摆脱自 1973 年开始的萧条。

① Robert Brenner, *The Economics of Global Turbulence：A Special Report on the World Economy, 1950-1998*. New Left Review, 229, May/June 1998, p. 136.

② Gérard Duménil and Dominique Lévy, *Manufacturing and Global Turbulence：Brenner's Misinterpretation of Profit Rate Differentials*, Review of Radical Political Economics, Winter 2002, 34, pp. 45-48.

③ Ajit Zacharias, *Competition and Profitability：A Critique of Robert Brenner*, Review of Radical Political Economics, Winter, 2002, 34, pp. 19-34.

④ John B. Foster, *Is Overcompetition the Problems?*, Monthly Review, June 1999, pp. 31-32.

Foster 认为，Brenner 的分析强调竞争忽视剥削，基本上是一种主流方法。Foster 认为："随着新自由主义经济学影响的上升，像'纯粹的'、'充分的'竞争这样幻想出来的特征就被塞进资本主义体系的本质之中，人们不再主要从生产而是从市场分析该体系，这导致人们总是去设想和追求稳定的均衡状态。而生产领域和阶级斗争被打发掉了。"①

资本主义内在的和一再发生的过度生产（Overproduction）危机，为分析国际经济的发展提供了一个很好的框架。Kettell 就是这样的学者，他认为，20 世纪开始以来存在三个主要的过度生产时期：20 世纪 20～30 年代战争间隙的危机、从 60 年代后期到 80 年代后期的战后的危机和新千年之后的当前的危机。Kettell 首先对马克思关于资本主义过度生产和危机理论进行了简单的概述，并运用马克思的框架分析他所划分的三次危机。他认为，就马克思而言，对资本主义生产方式的理解应当从"资本循环（Circuit of Capital）"的角度去理解。资本循环的进程必须采取三种不同的、相继的形式，即货币资本、商品资本、生产资本形式。用公式表达是 $M - C \cdots P \cdots C' - M'$。对资本主义整体进行说明时，所有特定形式资本的循环同时存在，而且每种形式的资本都有其自身的循环过程，分别表示为金融过程 $M - C \cdots P \cdots C' - M'$，产业进程 $P \cdots C' - M' - C \cdots P$，商业进程 $C' - M' - C \cdots P \cdots C'$。随着资本无休止扩张导致的生产规模和程度的持续增长，整体的资本循环在世界经济中得到了最充分的表达。由于个体资本可以通过开辟新的市场、创造新的技术和采用能榨取更高比率剩余价值的方法保证高利润率从而高的积累率，这种发展使得所有其他资本去追随这种方式，因为不这样做就会面临下降的利润率、破产和清算。资本家之间的这种方式的竞争导致生产资料、更高级的生产技术和生产实践持续转型。然而，这种进程并不是顺利进行的，"它受到资本循环经济周期特征

① John B. Foster, *Is Overcompetition the Problems*?, Monthly Review, June 1999, p. 36.

的内在的、系统的扰动（Disturbance）的制约。"① 这被马克思描述为"适度活动、繁荣、过度生产，危机和停滞"。作者认为，在马克思看来，经济的扩张是由独立、自治的个体以一种无计划的和非协调的方式完成的，社会生产力的增长主要不是由实际需求决定的，而是被资本家为了保证"最大可能的剩余价值生产和最大可能的劳动剥削"的愿望所决定的。"这赋予资本主义生产方式一个最基本的矛盾（Most Basic Contradiction）：持续进行的积累依赖于市场持续地消费以有保证的利润率的价格生产出来的商品的能力，这种能力受到创造的剩余价值大于工资所得的劳动阶级有限的购买能力的制约。"② 这个基本矛盾使得资本主义体系产生了大量的超过市场需求的商品，产生了被称为商品过度生产的危机。

过度生产导致的商品无法出售，给价格和利润带来压力，但个别货币资本循环却开始以比以前更快的速度扩张。随着生产性劳动剥削的盈利性变差，许多资本家被迫通过借贷去扩展他们的生产规模，以维持偿付能力或重建建立在更有效的生产基础上的生产进程，而其他一些资本家则被迫放弃生产性投资而储藏货币，或者通过金融活动而不是生产性活动去维持资本积累，这就导致股票市场投机。另外，政府会采取宽松的宏观经济政策，试图通过货币和信贷供给的扩大去帮助维持经济需求从而缓解社会紧张，个体消费者也倾向于转向更高水平的借贷，试图去避免生活水平的下降。然而试图通过这些方式去维持的资本积累是不可持续的。一方面，货币扩张预示了与其相对应的生产率的增加和剥削率的提高，如果生产率的增加和剥削率的提高不能实现，逐渐增加的债务负担就会耗费掉更多份额的被创造出来的剩余价值，从而破坏生产性活动。同时货币供给超过的增长会超过产出的增长，进而导致通货膨胀水平不

---

① Steven Kettell, *Circuits of Capital and Overproduction: A Marxist Analysis of the Present World Economic Crisis*, Review of Radical Political Economics, Volume 38, No. 1, Winter 2006, p. 26.

② Steven Kettell, *Circuits of Capital and Overproduction: A Marxist Analysis of the Present World Economic Crisis*, Review of Radical Political Economics, Volume 38, No. 1, Winter 2006, p. 26.

断上升、经济不稳定和阶级关系的动荡。另一方面，通过削减工资、延长工作时间和重组生产方法来持续强化劳动剥削将不仅加剧阶级对抗和社会与产业风险，而且也内在地受到工作日的自然界限和工人有限劳动能力的制约。更加有害的是，剩余价值榨取的增加在任何情况下都只会使得过度生产的初始问题更加复杂，进而与市场受到限制的购买力相冲突。另外，也可以通过出口增加和资本主义向欠发达地区的扩张而拓展市场的自然界限，从而在一定程度上解决过度生产问题，但是这也只能提供暂时的缓解，最终会受到人口和其他国家增加进口商品供给的能力的制约。每种试图避免过度生产后果的尝试都会在特定的时点遇到限制，当这些事情发生时，货币资本循环越来越脱离生产性和商品资本循环，资产价格和因积累引起的债务水平的投机性上升与支撑它们的生产活动能力的分离使得恐慌随之爆发。

Kettell 对当前的危机进行了分析。他认为，随着 20 世纪 80 年代末世界生产和商品循环条件开始恶化，用于世界货币循环的资本量再次开始加速上升。公司债务水平开始超过工业化国家的投资，作为可支配收入一部分的家庭债务规模也开始稳步增加。在 1987 年末股市繁荣开始急剧崩溃，紧随这种金融下跌发生的是严重的全球经济衰退的开始。作为对这种衰退的反应，西方工业化国家开始放松宏观经济以努力去恢复经济增长。到 20 世纪 90 年代晚期，国际资本循环领域持续的过度生产危机变得非常明显了。世界产出和投资都开始下降，通货膨胀率、生产率和利润率都开始下降，同时真实工资继续它们下降的趋势，随着危机后果开始展现，发达工业国再一次开始转向放松宏观经济政策。到世纪之交时，真实生产性积累的条件和用于世界货币循环的资本量之间的脱离"最终超出了限制"。① 作者认为危机的爆发被"9·11"恐怖袭击后的地缘政治的发展进一步加速，发达工业国开始通过放松宏观经济条件和

① Steven Kettell, *Circuits of Capital and Overproduction: A Marxist Analysis of the Present World Economic Crisis*, Review of Radical Political Economics, Volume 38, No. 1, Winter 2006, p. 40.

进一步的经济自由化去改善状况。"自从 2002 年以来这些措施取得的成功开始被人们所欢呼。"① 作者认为,遵循熟悉的历史模式,"这种乐观主义掩盖了潜在的并不那么令人乐观的图景"。② 事实上,过去几年的"复苏"是建立在不可持续的支柱之上的,这些支柱包括对雇用工人的更大程度的剥削,宽松的宏观经济政策和债务的持续积累,而不是建立在就业的扩张和生产方法的调整上。全球债务水平随着危机的发展而急速上升。另外从 2001 年开始,世界需求增长的关键构成要素——私人消费主要是由廉价信贷(Cheap Credit)推动的。产出的上升和生产力的增长,债务水平的上升与总体工资份额的下降,无法使经济从低迷中持续恢复,或者使过度生产危机得到有效的解决。

作者指出,尽管世界市场上已经存在了过多的商品,上述问题仍然可能通过更高水平的灵活性和效率、就业的扩张和劳动剥削率的提高、新的消费者需求的发展和资本主义自身的扩张得以缓解,这些措施可以使过多的商品被吸收,全球债务水平可能随之降低。但是"事实上,如果过去的事件可以作为一种指导,看起来更可能的是这些措施将只会以将来生产过剩更大程度的爆发为代价而使当前的困难得到暂时的缓解,有关资本主义生产模式继续以这种方式逃避它自己的结果还能保持多长时间这个根本问题,仍然是无法回答的,当前的分析只是倾向于指向一个不祥的结论(Ominous Conclusion),在过度生产占据主导的世界,过分乐观可能仍是所有商品中最奢侈的一种商品"。③

---

① Steven Kettell, *Circuits of Capital and Overproduction: A Marxist Analysis of the Present World Economic Crisis*, Review of Radical Political Economics, Volume 38, No. 1, Winter 2006, p. 41.

② Steven Kettell, *Circuits of Capital and Overproduction: A Marxist Analysis of the Present World Economic Crisis*, Review of Radical Political Economics, Volume 38, No. 1, Winter 2006, p. 41.

③ Steven Kettell, *Circuits of Capital and Overproduction: A Marxist Analysis of the Present World Economic Crisis*, Review of Radical Political Economics, Volume 38, No. 1, Winter 2006, p. 43.

四、资本主义利润率变化趋势研究

马克思主义政治经济学家对利润率变化的研究主要涉及马克思的两个判断：资本主义社会各产业的利润率趋于一致；资本主义社会的利润率在下降。我们首先分析马克思主义政治经济学家对利润率下降规律的研究。我们这里的分析，主要从理论研究和实证检验两个方面展开。

Jeffrey Baldani 和 Thomas R. Michl 在《技术变革和利润率：囚徒困境》一文中，研究了资本家采用新技术是如何导致利润率下降的，这是一种典型的使用新的工具和理论研究传统问题的创新研究。

资本家在采用新技术时会面临囚徒困境问题，因为个体资本家做出选择新技术的理性决策最终会导致个体公司和整个产业利润率的下降。这和马克思存在广泛争议的"利润率下降规律"相一致。对马克思利润率下降规律进行研究的传统方法采用一般竞争性均衡方法。核心的观点是当使用资本、节约劳动的技术变革在整个经济体系中推广开之后，能引起整个体系广泛范围内利润率的下降。传统方法对真实工资变化的依赖非常强。比如说，如果工资得到充分的增加，那么利润率将会下降。如果真实工资保持不变，那么利润率将会上升（Okishio，1961），同时如果工资上升和生产率上升保持一致，那么利润率将会下降（Laibman，1982）。

Baldani 等的研究把重心放在偏重资本的技术变化所产生的一种囚徒困境上。这样的研究在三个方面区别于传统方法。首先，把问题置于一个不完全竞争而不是完全竞争的背景之下，文章在古诺垄断模型下研究可能导致囚徒困境的公司之间的战略互动；其次，使用局部均衡方法，这样做的优点在于把成本作为战略互动的核心而忽略其他重要的一般均衡因素；最后，所考虑的技术变化是增加固定成本、降低可变成本的技术。这和使用资本、节约劳动之间存在着某些差别，Baldani 特别提到，在高度机械化和固定成本增加之间的一致性上肯定存在争议。下面对文章中设计的模型进行详细分析。

文章使用一个典型的古诺—纳什垄断模型,假定存在线性需求函数:

$$P = a - Q \tag{1}$$

Q 为市场总产出,单个公司产物为 q_i,总共有 n 个公司,那么 $Q = \sum_{i=1}^{n} q_i$,假定 n 是固定的。从进入的角度看,可能是因为存在某些障碍阻止新的公司进入市场,从退出的角度看,假定利润仍保持正值,即使采用了新的技术引起利润下降,公司退出的数目也不会上升。每个公司有两种可供选择的技术,两种技术都有各自固定的边际成本 c,和固定成本 f。技术变化前的成本函数为:

$$TC_o = cq + f \tag{2}$$

新技术的总成本为:

$$TC_N = c_N q + f_N \tag{3}$$

假定技术变化减少边际成本,但是增加固定成本。简化模型的概念可以假定:

$$c_N = c - x, x > 0, \text{且} f_N = f + y, y > 0 \tag{4}$$

在模型最终的均衡中,所有公司将采用新技术。为了得出最终的均衡,必须首先检验单个公司转向新的技术和成本结构的动机。因此模型假定开始时一些公司采用新技术,而另外一些继续使用老的技术。假设 $m, 0 \leq m \leq n$ 是采用新技术的公司,从而,$n - m$ 是仍然使用老技术的公司数目。那么每种类型单个公司的利润可以表示为:

$$\pi_{Oi} = (a - Q)q_{Oi} - cq_{Oi} - f, \pi_{Nj} = (a - Q)q_{Nj} - (c - x)q_{Nj} - f - y. \tag{5}$$

两种类型公司利润最大化的一阶条件分别为:

$$\partial \pi_{Oi} / \partial q_{Oi} = a - Q - q_{Oi} - c = 0;$$
$$\partial \pi_{Nj} / \partial q_{Nj} = a - Q - q_{Nj} - c + x = 0 \tag{6}$$

在均衡中特定技术类型的公司将会有同样的产出,市场均衡时的总产出为 $Q = (n - m)q_O + mq_N$,这可以使我们解决一阶条件问题。

$$q_O^* = (a - c - mx)/(n + 1);$$

$$q_N^* = [a - c + (n - m + 1)x]/(n + 1) \qquad (7)$$

假定 x(用边际成本度量的技术变化的程度)足够小,那么两种类型的公司可以共存。或者说使用老技术的公司仍可以继续在正的产出水平上生产。这要求 q_O^* 为正值。

第一种情况:两种技术并存。两种技术可以同时共存,当:

$$a - c - (n - 1)x > 0 \text{ 或者 } x < x_{\max} = (a - c)/(n - 1)$$

共存条件要求边际成本的下降足够小从而老技术仍能在均衡条件下运营。给定两种类型公司的产出,市场产出和价格为:

$$Q^* = (n - m)q_O^* + mq_N^* = [n(a - c) + mx]/(n + 1);$$

$$P^* = a - Q^* = (a + nc - mx)/(n + 1) \qquad (8)$$

把这些解代入利润函数,那么每种类型的公司的利润函数变为:

$$\pi_O = (a - c - mx)^2/(n + 1)^2 - f;$$

$$\pi_N = [a - c + (n - m + 1)x]^2/(n + 1)^2 - f - y. \qquad (9)$$

现在可以进一步考察公司什么时候会采用新技术、最后所有的公司都采用新技术的问题。为此首先需要分析单个公司采用新技术的动力。在分析中将运用比较静态分析方法,把过程分为技术采用和产出选择两个阶段。在第一阶段,一个公司通过对产出的比较做出技术选择,通过比较仍使用老技术的静态产出与转向新技术后均衡状态下的静态产出,做出技术选择的决定。

为了模型化公司 k 的技术选择。假定公司 1 到公司 $k - 1$ 已经采用了新的技术,而公司 $k + 1$ 到公司 n 仍然在使用老技术。公司 k 可以选择继续使用原来的技术并把利润保持在方程式(9) π_O 所给定的水平。当然需要使用 $k - 1$ 替代 m;或者转向新技术获得利润水平 π_N,用 $m = k$。公司 k 将会采用新技术,如果:

$$\pi_N \underset{m = k}{\geq} \pi_O \underset{m = k - 1}{}$$

$$(a - c + (n - k + 1)x)^2/(n + 1)^2 - f - y \geq (a - c - (k - 1)x)^2/(n + 1)^2 - f, \text{ 或者}$$

$$nx((n + 2)x + 2(a - c - kx)) \geq (n + 1)^2 y. \qquad (10)$$

接下来分析所有公司都采用新技术,在式(10)中,让 $k = n$,得到情形二。

第二种情形:采用新技术。所有公司采用新技术,那么:

$$1/(n+1)^2[2n(a-c)x-n(n-2)x^2]\geq y$$

上式左边度量了最后一个公司采用新技术的利润,这种情况要求利润大于固定成本的增加。我们可以从(9)得到采用新技术前($m=0$)和采用新技术后的利润($m=n$):

$$\pi_O=(a-c)^2/(n+1)^2-f;$$
$$\pi_N=(a-c+x)^2/(n+1)^2-f-y. \tag{11}$$

在下述情况下利润下降:

$\pi_O>\pi_N$ 或者

$$(n+1)^2y>x(x(a-c)+x). \tag{12}$$

从而得到情形三:利润下降。

第三种情形:利润下降,新技术将会引起利润下降,如果:

$$y>[1/(n+1)^2][2(a-c)x+x^2]$$

上式中,右边给出了利润收益(所有公司采用新技术),这是由于新技术要求更低的可变成本。情形三表明总体利润将会下降,如果固定成本的增加超过由更低的可变成本所获得的收益。新技术减少了边际成本,但是有了更高的固定成本。情形二表明公司将会采用新技术如果固定成本的增加 y 足够小。情形三表明新技术将是无利可图的,如果固定成本的增加 y 足够大。存在一个 y 值的中间范围使所有公司采用新技术且利润下降。为了说明式(12)中低利润情形的存在。可以重新把式子写为:

$$(n+1)^2y=x(2(a-c)+x)+\varepsilon,\varepsilon>0 \tag{13}$$

把上式代入情形二,可以得到利润下降的技术变化会被采用,如果

$$nx(2(a-c)-(n-2)x)\geq x(2(a-c)+x)+\varepsilon$$
$$(2n-2)(a-c)-(n^2-2n+1)x\geq\varepsilon$$
$$2(a-c)-(n-1)x\geq\varepsilon \tag{14}$$

情形一保证在 ε 足够小时,最后的不等存在。因此,存在一个 ε 的范围导致无利可图的技术被所有的公司采用。尤其是,在 ε 接近零时,从边际意义上衡量无利可图的技术总是被采用。从图1中可

以更清晰地看出上述模型所反映的情况。

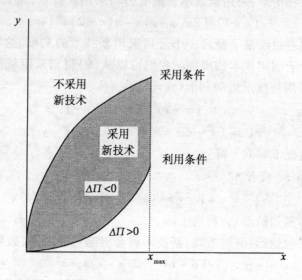

图 1　技术采用与利润空间

　　图中上面的曲线描述了情形二,曲线下面的点代表有足够小的固定成本增加的新技术,将会被所有的公司所采用。下面的曲线是对情形三的描述,在这条曲线上面的点代表足够大的固定成本增加,导致了低下的利润。两条曲线涵盖了两种技术可以共存的范围。曲线中断在 x_{max},中断点表明在超过此点后,两种技术不再能够共存。两条曲线之间的区域表明新技术将被采用,虽然它们导致很低的利润。虽然上述研究不能得出彻底的结论,但是图 1 表示的利润下降的技术变化并不是特殊情况。尤其是,从技术变化接近采用曲线的意义上说这种变化是小的时候,通常导致利润减少。可以用一个数字的例子来说明存在两家垄断厂商时的囚徒困境。参数值如下:

$\Delta \Pi < 0$

$a = 12, c = 6, f = 1, x = 3 (c_N = 3) y = 7, (f_N = 8)$

　　最初每家厂商的产出为两个单位,并且以每单位市场价格 8 美元的价格销售。赢得利润 3 美元。如果一个公司采用新技术并且产出增加到 4 单位,仍使用旧技术的厂商的产出下降到 1 个单位。市场价格下降到 7 美元每单位，厂商分别盈利 8 美元和 0 美元。从而，新技术的采用者取得竞争优势。然而，当两个公司都采用新技术时，每一个的产出都为 3，市场价格下降到 6 美元每单位。利润下降到 1 美元。这个囚徒困境的支付矩阵如图 2 所示：

公司 2

老技术　新技术

公司 1　老技术 $\begin{bmatrix} 3,3 & 0,8 \\ 8,0 & 1,1 \end{bmatrix}$
新技术

图 2　囚徒困境的支付矩阵

上述分析清晰展现了在垄断市场上公司所面临的囚徒困境问题。新技术有低的边际成本，但是有高的固定成本，对单个厂商来说是有吸引力的。从厂商的角度说，低的边际成本能提供增加产出、市场份额和利润的机会。然而，当所有的厂商都追求自己的利益时，市场份额优势成为一种幻想。市场价格必然下降，价格的下降可能会超过产出增长，因此利润会随之下降。Baldani 认为，"这个结果支持了马克思利润率下降规律，或者说，这个规律可以由技术变化所产成的囚徒困境来解释"[①]。

除了上述这种使用新的工具和理论来研究传统问题的做法外，还有一种新的趋势，即把原有研究方法的实证领域加以扩展的马克思主义经济学研究。在利润率研究中，表现为用马克思关于利润率下降的研究用于转型经济和新兴市场经济国家。在具体的研究中，根据研究对象的特征会对传统方法本身进行一定程度的精炼和修正。2005 年《激进政治经济学评论》上发表的题为《新市场经济

---

① Jeffrey Baldani, Thomas R. Michl, *Technical Change and Profits: The Prisoner's Dilemma*, *Review of Radical Political Economics*, Vol. 32, 1 (2000), pp. 104-118.

中的一般利润率：概念问题和评估》① 一文，就是这种类型的研究。对利润率变化的研究是马克思资本主义积累分析的一个核心问题，从它与国民收入的联系的角度看，一般利润率反映了对工人阶级的剥削，从它与资本的技术和有机构成的联系及其与资本产出率（Capital-output ratio）的联系看，它反映了国民经济的技术水平和效率。上面提到的这篇文章，使用国民收入数据对俄罗斯这个经济转型国家的一般回报率的确定性趋势和水平进行评估。作者使用马克思的框架发现，尽管产出急剧下降，但在转型时期俄罗斯的平均利润率水平仍相当的高，这主要可以由高水平的剥削率来解释，作者认为与美国的比较分析表明俄罗斯的剥削率比美国高 1.5 ~ 2 倍。

我们可以着重关注一下作者的分析框架（Analytical Framework）。作者指出，"评估转型经济的回报率时主要有两个问题：方法论问题和相关数据问题。"② 就俄罗斯而言，方法论问题表现为把俄罗斯经济视作"资本主义"的合理性（Legitimacy）问题。虽然差不多进行了十几年的市场转型，这个问题在马克思主义者文献中仍然在被热烈地讨论。一些作者质疑俄罗斯经济的资本主义本质，因为大量收入的产生源自国有资产（State Assets）的再分配和原材料的出口、高比例的实物交易，许多俄罗斯人仍处于只进行简单生产和贸易的生存经济（Survival Economy）状态。其他一些学者虽然承认俄罗斯经济中上述特征的存在，但这些特征并没有否定私有产权（Private Ownership）的主体地位、剩余价值的生产和对工人阶级的剥削。作者认为后一种观点更加现实。"俄罗斯经济体事实上不是一种古典资本主义，然而，它的确展示了资本主义的关键特征（一般性商品生产、劳动—工资关系和为了利润而生

① Alexel Izyumov, *The General Rate of Profit in a New Market Economy*: *Conceptual Issues and Estimates*, Review of Radical Political Economics, Fall 2005, pp. 476-493.

② Alexel Izyumov, *The General Rate of Profit in a New Market Economy*: *Conceptual Issues and Estimates*, Review of Radical Political Economics, Fall 2005, p. 479.

产），从而俄罗斯经济可以从本质上被视为资本主义。"① 另一个与计算一般利润率相关的方法论问题并不仅与转型经济相关，而是反映了把马克思的概念和真实经济指标相匹配时产生的困境。在马克思主义经济学文献中，对一般利润率的估计通常建立在国民收入账户（National Income Accounts）或投入产出表（Input-output Tables）的基础之上。在文章中作者使用国民收入的方法，因为它要求的假设更少并且使数据选择有了更广泛的范围。

为了分析收益率，作者使用了在许多马克思主义者和主流经济学回报率研究中经常被使用的分解分析（Decomposition Analysis）。把收益率定义为：

$$r = \Pi/K \tag{1}$$

Π 是资本产生的收入（利润），K 是对资本存量的度量，两者都用当前的价格表示。从而可以分解为：

$$r = (\Pi/Y)(Y/K) \tag{2}$$

Y 是名义 GDP。（2）中的 Π/Y——GDP 中的利润份额——间接地反映了劳动剥削的强度。Y/K 是资本产出率，反映了生产效率。

在诸如俄罗斯这样的转型经济中，一个重要的问题是资本的度量（Measurement of Capital），俄罗斯的资本计算通常忽视了由市场转型导致的苏联时期的资本存货的折旧，大量的这种资本存货仍存在于俄罗斯企业的账户上，但不再进入生产进程。很明显的一个问题是，把不再使用的资本存货放进回报率计算中会产生一般利润率度量的较大的偏差。解决这个问题的一个方法是假定出总资本存货中活资本存货或有效资本的数量。作者使用了生产能力利用比率（Capacity Utilization Ratio）概念。在转型经济中，这个指标间接的反映了在市场转型后仍然可用的资本存货的份额。由于引入生产能力利用比率，（2）重新表示为：

$$r = (\Pi/Y)(Y/K_u)(K_u/K) \tag{3}$$

① Alexel Izyumov, *The General Rate of Profit in a New Market Economy: Conceptual Issues and Estimates*, Review of Radical Political Economics, Fall 2005, p. 479.

K_u 表示被利用的资本存货，K_u/K 是生产能力使用比率。使用（3）收益率可以被表示为是由利润份额反映的分配要素和由产出—资本比率与生产能力利用比率反映的效率因素相互作用的结果。

以上两种研究，前者使用新的工具对传统结论进行验证，后者对原有框架加以扩展并应用于新的研究对象。下面的实证研究针对的是最重要的资本主义国家——美国的利润率展开的。

Edward N. Wolff 在 2001 年《激进政治经济学评论》上发表的题为《美国近期利润率的上升》一文，认为美国资本有机构成并没有像马克思说的那样在提高，相反是在降低，资本的利润率也没有降低，相反是在提高。他指出："过去 15 年来整个私有部门的盈利一直在提高，1997 年接近 20 世纪 60 年代中期战后的高峰。即使是在公司业务部门，用当前成本来估价的工厂、机器和设备价值的平均收益率，在从战后 1950 年的高点 17% 回落到 1986 年的 5% 以后，1997 年又上升到了 9.6% ……马克思在《资本论》第三卷第 13 章认为，随着资本有机构成的提高，资本的利润率在降低。马克思的理论并没有提出有用的分析框架来分析哪些因素影响利润率的变化，40 年代后期到 80 年代许多美国的经济学家做了这样的分析。……我则使用马克思主义的分析框架，调查了美国 1947～1997 年的情况。我发现利润率从 1947 年到 80 年代初在下降，然后开始回升。前一时期的下降是由于资本有机构成的提高和资本家所分享的利润的减少，近期的回升是因为有机构成的降低和分享利润的增加。"[1] 对 Wolff 的分析肯定会有争议，其实使用不同的分析框架本身就会产生不同的结论。

《激进政治经济学评论》2002 年第 34 期上发表了 Gérard Duménil 和 Dominique Lévy 的两篇文章[2]：《利润率：从哪里下降？

①　Edward N. Wolff, *The Recent Rise of Profits in the United States*, Review of Radical Political Economics 33（2001），pp. 315-324.

②　在进行文献分析时，文献的取舍是一个非常重要的问题，这种取舍必然遵循某种标准。此处选择这两篇文献，主要的考虑是这两篇文章的分析时间跨度大，从经济整体的角度切入，把产业利润率比较引入分析中，数据处理客观。

下降多少? 还能恢复吗?》和《资本流动的领域和利润率的下降》。在《利润率: 从哪里下降? 下降多少? 还能恢复吗?》一文中,Gérard Duménil 和 Dominique Lévy 主要回答了以下问题: 利润率在下降吗? 如果下降,在哪里下降? 下降多少? 利润率正在恢复吗? 如果恢复,是什么引起了利润率的恢复? 对于第一个问题,他们认为,除了一些特殊的产业,几乎所有的部门和产业的利润率都在下降。他们研究的主要结论是,铁路等几个产业部门,由于大量使用固定资本,被定义为高资本密集度产业,无论是利润率水平还是利润率变化趋势在这些产业中都完全不同于其他产业: 这些产业的利润率保持在低水平且没有下降的趋势。由此并不能简单的认为当高资本密集度产业被排除之后经济体的利润率就下降得更多。这些产业只是经济体利润率一般性运动变化中的例外,当它们被排除掉之后,潜藏的运动变化可以变得更为明显。在排除高资本密集度产业后,1982 年的平均利润率与 1956 ~ 1965 年的平均利润率相比下降了超过 50%。到 2000 年,利润率恢复了不到下降的一半,2000 年的利润率仍然只有 1948 年的一半,在 1956 ~ 1965 年平均值的 50% 到 70% 之间。

在《资本流动的领域和利润率的下降》一文中,Gérard Duménil 和 Dominique Lévy 按照马克思关于 "资本在各产业之间自由流动是利润平均化或趋于一致的前提条件" 的观点展开分析思路。首先,他们对如何度量利润率的问题作了解释: "对利润率的度量是困难的,这个变量应该用马克思劳动价值论意义上的价值来度量,还是应该用价格来度量? 对这个问题的回答是明确的,必须采用价格的度量方法,这不意味着劳动价值论没有解释力,而是因为它不能解释所有东西。这里讨论的是经济代理人的行为,资本家的投资决定和随之而来的利润水平。这些机制要求变量用价格来度量。原因在于公司和资本家不是直接被价值变量所影响。"① 在确

---

① Gérard Duménil, Dominique Lévy, *The Field of Capital Mobility and the Gravitation of Profit Rates* (*USA 1948-2000*), Review of Radical Political Economics 34 (2002), pp. 417-436.

定了利润率应当用价格而不是价值表示后，Gérard Duménil 和
Dominique Lévy 对利润率做了详细的描述，利润率即扣除了税收后
狭义的价格利润率。

其次，Gérard Duménil 和 Dominique Lévy 考察了美国 51 个产业
部门中有哪些部门资本可以自由流动。他们首先排除了政府经济部
门和房地产部门，因为这两个部门的收入中夹杂着许多其他因素，
例如与政府关系密切的企业收入和利润率会显著提高，房地产部门
中的租金收入并非纯粹意义上的资本主义利润。这样分析的范围被
缩小到占美国经济 78% 的工商业部门，包括金融产业、个人企业
和非金融的资本主义工商企业（见图 3）。金融产业指的是金融和
保险，个体企业指的是工匠、律师和医生等自我雇佣或股份合作制
企业。金融产业因为其行业的特殊性也被排除出研究范围之外。研
究范围进一步缩小。仅包括工商部门中的个体企业和非金融资本主
义工商业。

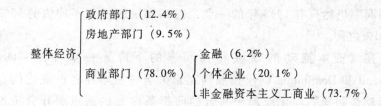

图 3　美国 1948～2000 年经济构成部门

Gérard Duménil 和 Dominique Lévy 使用三个标准考察该产业的
资本主义性质是不是已经成熟到资本可以自由流动的程度。这也是
判断该产业是不是资本主义生产方式已占统治地位的三条标准。

第一，产业内获取工资的雇员人数同该产业全部雇员人数
（包括自我雇佣的人数在内的全部雇员人数）的比例。C1 = 获取工
资的雇员人数/该产业全部雇员人数；第二，该产业资本密集度或
技术水平的指标 C2 = log［扣除通货膨胀因素用不变美元价值计算
的固定资本/该产业全部雇员人数］；第三，公司型企业在该产业
中的地位 C3 = 公司型企业的税前利润/（公司型企业的税前利润 +

自我就业人员的收入)。这三个指标被用来衡量一个产业的资本主义性质。比如，C1 的比例接近 1，那么该产业的生产几乎全部为资本主义的生产。C2 数值增大表示该产业资本积累已经有一段时间，该产业已经发展到较高的水平，个体经济等非资本主义经济已经很难进入。C3 用来度量某产业内资本主义性质公司在该产业内的比重。Gérard Duménil 和 Dominique Lévy 计算了 1948～2000 年美国 51 个产业每年的 C1，C2，C3，并计算了 50 多年来每个产业平均 C1，C2，C3（见图 4）。使用这三个指标对不同产业进行资本主义性质的检验，从而可以确定进一步研究的范围。

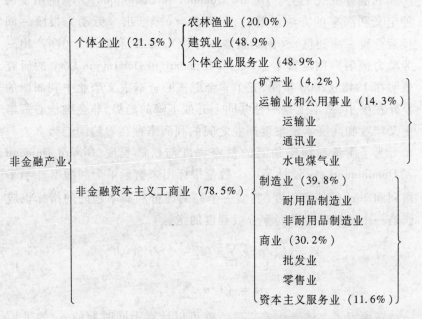

图 4　美国 1948～2000 年的非金融产业部门

在限定了上述研究范围之后，Gérard Duménil 和 Dominique Lévy 开始对利润率的变化进行实证研究。他们首先分析了非金融资本主义工商业中的九个产业 1948～2000 年利润率变化情况。结果发现，这九个产业的利润率变化可以分为两组，第一组包括矿产业、运输业和公用事业的四个产业，第二组包括制造业、商业和资本主义服务业中的五个产业。他们认为，从全球范围来看，第二组的五个产业的利润率在趋向一致。另外，这五个产业在美国非金融资本主义工商业的净产出中占了 81.5% 的比重，在非金融产业中占了 64.0% 的比重，在工商业部门中占了 60.1% 的比重，因此可以定义为非金融核心资本主义产业（NF-Core），非金融核心资本主义产业利润率趋向一致的变动足以说明资本主义利润平均化趋势的存在。第一组产业的利润低下主要是由于巨大的固定资本数量，这组产业，可以定义为高资本密集度产业（HCI）。在进行完上述分析后，他们开始比较不同利润率定义下五个非金融核心资本主义产业利润率变化趋势。Gérard Duménil 和 Dominique Lévy 使用了两种定义利润率的方法。第一，利润率 =（净产出 – 劳动力报酬 – 间接营业税 – 净利息)/（固定资本 + 存货）；第二,利润率 =（净产出 – 劳动力报酬)/固定资本。Gérard Duménil 和 Dominique Lévy 的研究表明在 1948～2000 年间,五个非金融核心资本主义产业中利润率的差异在缩小,基本上是一种共同上升或下降的趋势,非金融核心资本主义产业和高资本密集度产业之间的利润率存在着趋同趋势。

为了衡量利润率趋同的紧密程度与松散程度,Gérard Duménil 和 Dominique Lévy 设计了一个数量指标用来衡量单个利润率 r_i^t 与平均利润率 $\bar{r}^t$ 的偏离程度(其实一个好的评价利润率趋同的指标也应该是一个能够确定利润率分散程度的指标)。

$$\sigma_t = (1/n)\left(\sum_{i=1}^{n}\left((r_i^t - \bar{r}^t)/\bar{r}^t\right)^2\right)^{1/2},$$

$$\bar{r}^t = (1/n)\sum_{i=1}^{n} r_i^t,$$

在确定了上述表达式之后,就可以计算不同时期的 σ_t 的平均值。Gérard Duménil 和 Dominique Lévy 把整个时期按十年为一个单位分成五个时期。并检验了三个产业群的表现。（1）非金融资本主义工商业（NF-capital Business）；（2）非金融核心资本主义产业（NF-Core）；（3）高资本密集度产业（Highly Capital Intensive Industries）。结果如表 1 所示：

表1	不同时期利润率分散程度的数量指标①		
	（1）	（2）	（3）
1950～1959	0.21	0.12	0.28
1960～1969	0.19	0.09	0.38
1970～1979	0.22	0.11	0.24
1980～1989	0.23	0.15	0.44
1990～1999	0.17	0.12	0.28

从表 1 可以看出，非金融资本主义核心产业利润率的分散程度如期望的那样很小，在高资本密集度产业中可以观察到最大的偏离程度。观察整个时期的分散程度，指标并没有随着时间而下降，对三组产业来说，不存在明显的历史收敛性。对于非金融核心资本主义产业的五个产业来说，在第二和第三个时期利润率趋同的紧密性很明显，Gérard Duménil 和 Dominique Lévy 对此进行了解释：1. 投资与资本流动是一致的。在大规模投资和技术持续改进时期利润率趋同性很显著，例如在 20 世纪 60 年代和 70 年代的上半期。在危机时期，利润率趋同性不是很明显。2. 在 1990～1999 年之间发生了很大分散性，这个时期是从 70 年代和 80 年代的结构性危机中恢复的时期。造成这种结果的可能原因是因为产生了深刻的技术冲击，企业之间的差异性在加大。

从两位经济学家的研究可以得出结论：利润率的趋同表现在两个方面，不同产业之间利润率差别的缩小与不同产业之间利润率的共同涨落。虽然文章的最后，用新的指标表明了离散程度在 20 世纪 90 年代的加大，但是这种短期离散程度的增大并不能否定利润率长期下降的根本趋势。

---

① Gérard Duménil, Dominique Lévy, *The Field of Capital Mobility and the Gravitation of Profit Rates* (*USA 1948-2000*), Review of Radical Political Economics 34 (2002), pp. 417-436.

五、当代资本主义发展阶段问题

对新自由主义和当前资本主义发展现状进行马克思主义经济学分析，是西方马克思主义经济学最集中的论题，这是因为，"我们的社会被军事主义、经济不稳定性和危机、国际剥削和分化、公共健康灾难这些在三十年前不可想象的事件所困扰。许多都隐藏在自鸣得意的新自由主义秩序的外表下，因此对当代资本主义潜在的矛盾进行严肃的分析仍是必需的"①。

20世纪90年代，几乎所有的学者都把冷战结束看作是一个被称为全球化的新时代的开始。马克思主义经济学的各个流派也加入了全球化的讨论。一些马克思主义者认为冷战后资本主义的变化只是量上的变化，另一些则认为世界资本主义发生了质的变化。有些学者宣称列宁称之为帝国主义的时代已经结束，典型的是《帝国（Empire）》（2000）的作者 Michael Hardt 和 Antonio Negri，他们讨论了列宁帝国主义概念的终结和新的资本主义阶段的兴起。他们认为，冷战的结束产生了他们称为"Empire"的资本主义新阶段，在这个阶段"单一民族国家（Nation State）失去了它的意义，跨国政治、经济和专业精英在日益国际性的市场中变得越来越重要"。②这种资本主义垄断阶段（帝国主义）终结的观点，遭到了其他许多马克思主义者的反对。Peter Gowan（2001），Bashir Abu-Manneh（2004），James Petras（2003）和 Samir Amin（2004）等学者认为，虽然世界资本主义体系发生了很多变化，但帝国主义仍在持续。一些马克思主义者认为，虽然资本主义在全球范围发生了多方面的量的变化，"但资本主义就其本质而言一直都是一种全球扩张的体系，以

① John Willoughby, *Introduction to the Special Issue*, Review of Radical Political Economics, Volume 38, Number 1, Winter 2006, p. 5.

② Hamid Hosseini, *From Communist Manifesto to Empire: How Marxists Have Viewed Global Capitalism in History*, Review of Radical Political Economics, Volume 38, Number 1, Winter 2006, p. 8.

适应世界范围的积累"。① 在这些学者看来，资本主义全球范围的变化并不足以产生资本主义的新阶段。这些学者坚持，早在1848年《共产党宣言》和随后论述亚洲问题的著作中，马克思已经讨论了资本主义的全球本质。

对马克思主义有关全球化的文献进行分类是比较困难的，Michael Hardt 和 Antonio Negri 的《帝国》出版后，围绕资本主义体系到底仅仅是量上发生了变化，还是发生了较为彻底的质的变化；到底是否进入了一个新的阶段存在很大争议。我们可以在赞同两位作者和反对两位作者的马克思主义者之间做出区分，或者说，可以把判断资本主义发展阶段的文献分成两类，赞同量变的和赞同质变的。根据 Michael Hardt 和 Antonio Negri 的观点，在信息革命的影响下，世界市场（经济）全球化到了一种单一国家没有能力施加影响的程度，这种发展导致了主权国家消失并被一种称为"帝国"的新的全球主权所取代。Michael Hardt 和 Antonio Negri 认为，"帝国"是在一系列没有明显国际等级的国家和超国家组织在同一治理逻辑下结合在一起产生的，帝国是"后殖民和后帝国式的"。他们认为，"世界市场的充分实现必然是帝国主义的终结，使得诸如中心和外围、南和北的概念无关紧要"，"在美国和巴西、英国和印度之间并没有本质的区别，只有程度的差异"。② 一些学者坚持认为量的方面的全球变化，并不意味着资本主义新阶段的产生，它只是一个长期进程的构成部分。Sweezy 认为，新近的全球变化只是资本主义本质的必然结果，"重要的且与全球变化有关的是，资本主义在其最重要的本质方面是一种在内部和外部都扩张的体系"。③

截然分开赞同和支持《帝国》的马克思主义者是不大可能的，有学者处于两种观点的中间地带。McQueen 认为，"作为垄断资本

① Magdoff, H. and J. B. Foster, 2005, *The Failures of Empire*, Monthly Review, Winter.

② Michael Hardt and Antonio Negri, 2000, *Empire*, Cambridge, MA and London: Harvard University Press, p. 335.

③ Sweezy, P. 2001, *More (or Less) on Globalization*, Monthly Review: An Independent Socialist Magazine, 49 (4) (Summer), p. 1.

的帝国主义通过何种路径进入到更新的阶段（Newer Phases）仍然不是很清楚"。① 约翰·B.弗斯特在《每月评论》2006 年 12 月发表的《垄断金融资本》一文认为，垄断资本在 20 世纪 60 年代末至70 年代初陷入危机后，转向依靠金融化进行积累，美国和全球资本主义经济的金融部门极度膨胀，这反过来又对此前由大公司主导的实体经济的结构和功能产生影响，对经济的控制权开始从制造业大公司手中转到金融市场，货币制造逐渐代替货物制造。金融爆炸加深了垄断资本的停滞趋势，使美国国内工人状况恶化，在国际上导致新帝国主义。

在对这一问题的探讨中，大多数学者都赞同全球化是一个美国霸权时代的观点。Michael Hardt 和 Antonio Negri 认为，第一次海湾战争开始形成一种新的宪法政体（Constitutional Regime）、一种新的世界秩序，美国"作为唯一能主宰国际正义的力量不仅作为它自己国家的动机而发挥功能，而且以全球正义的名义发挥功能"。② Amin（2004）认为近些年美国甚至尝试全球化它的"门罗主义"。"通过把自己看作世界的统治者和拯救者（Resort），美国把'门罗主义'拓展到整个地球"，这给了它"独一无二的权力去按照它自己定义的符合自己利益的原则去管理（Managing）全球"。Foster写道："帝国是全球层面的超越主权和宪法主义的斗争的结果，在这个时代一种新的全球杰斐逊主义变得可能——美国宪法形式扩展到全球。"③ Gowan 在描述这种秩序时更加彻底，这种秩序是"世界经济的美国化——一个把世界其他地方的经济和美国经济的节奏和要求相协调的进程"。④ 艾伦·伍德在 2005 年出版的《资本的帝国》中认为，新的军事占领与旧的殖民政府之间存在着重要差别，

① McQueen, H. 2003, *What Happened in Globalization*? The Journal of Australian Political Economy（51），p. 103.

② Michael Hardt, and Antonio Negri, 2000, *Empire*, Cambridge, MA and London：Harvard University Press, p. 232.

③ Foster. J. B. 2001, Imperialism and Empire, Monthly Review,（Fall）.

④ Gowan, P. 2001, *Explaining the American Boom：The Roles of Globalization and United States Global Power*, New Political Economy, 6（3），p. 373.

美国帝国主义的特殊性在于它是通过市场（或资本）的力量而不是军事专制暴政来进行统治。伍德认为在全球资本主义条件下，国家依然是并且更是资本主义权力最集中的体现，美国是资本主义权力的主要集中地。

对资本主义发展阶段的研究往往和导致这种发展阶段产生的思想渊源联系在一起展开。有较多的文献论述了新自由主义和现阶段资本主义特征之间的联系。《新自由主义和帝国：它们是如何关联的》这篇文章具有很强的代表性。在文中作者指出，英国正式的和非正式的帝国在 19 世纪获得实质性的扩展，在那个时候英国的国内和国外经济政策被称为古典自由主义（Classical Liberalism）。英国的目标是一个由自由市场、自由贸易和资本自由流动构成的全球体系（Global System）。作者指出"同样明显的是今天在美国被称为全球化，在其他地方被称为新自由主义的东西和美国试图获得一个帝国相联系"。① 但是这种状况是一种偶然的历史事件，还是有着结构性关系？就这个问题作者认为存在三种答案。第一种认为自由经济政策，通过增强个人在自由市场中的选择，侵蚀了由建立和维持帝国而产生的政治冲动和获得的经济回报。在这种观点中，自由市场毫无疑问支持民主制度和国家间的和平关系。第二种观点认为在自由主义和帝国之间没有必然的关系。这种观点认为英帝国的扩张是偶然事件的结果，比如无意的或无法预料的冲突等。作者持有第三种观点，即自由主义和帝国之间存在因果联系（Liberalism and Empire are causally connected）。这种观点认为在自由主义政策和世界霸权与帝国扩张之间存在着本质关系（Essential Relationship）。在 19 世纪晚期很多经济学家、著名的政治家和有影响的商人，都赞同社会达尔文主义或接受"白人的使命（White Man's Burden）"②。他们坚持自由主义和帝国息息相关，一荣俱荣、一损俱损。得出这一结论的根据在于：第一，自由市场要求特殊的

---

① Robert E. Prasch, *Neoliberalism and Empire: How Are They Related?* Review of Radical Political Economics, Summer 2005, pp. 281-282.

② 白人的使命指的是帝国主义分子向外扩张时，借口对有色民族的责任。

法律、司法和政府结构。没有这种结构，市场或者更广泛的说自由主义必然会失败。在这种观点中作为对外经济政策的自由主义和帝国之间的关系是清晰的。正式或非正式的帝国减少了"政治风险（Sovereign Risk）"，① 进而提高了债券持有者资产组合的期望收益。在这种观点中，自由主义经济政策和管制者以及被管制者的利益在一种特定的被保守派称为"法治"的安排中结合在一起。第二，"过度储蓄"。经济学家提出的过度储蓄的原因多种多样，但他们都赞同储蓄是一种社会利益（Social Benefit），他们主要关注的是世界发达经济的过剩储蓄无法找到（至少在短期如此）有足够盈利的投资机会。紧随其后，出现可能存在的过度生产、市场饱和、价格水平的崩溃和破产与衰退。这些趋势和它们的负面影响，至少部分可以由可靠的、开放的海外市场的发展所产生的存在令人满意的回报的新的投资机会得以抵消。作者认为，这样的观点"使得在全球范围内建立和实施自由主义经济政策成为必要，并进而导致产生正式的或最小程度的非正式的帝国"。② 第三，意识形态进程和"管制俘获（Regulatory Capture）"。作者认为，美国政治体制是由大公司和金融服务公司所主导的看法是一种保守的陈述，事实上，这些公司通过对政治运动的慷慨资助，限定了华盛顿的精英们认为是可接受的和现实的政策选择的范围，这进而影响了政府关键部门的人员配置。在这种情况下，资本主义霸权国家对意识形态和政治日程的主导很可能使得国家去保护和提高小部分知名公司的利益。第四个自由主义经济政策和帝国之间联系的理由可以由发达国家的经济史实表现出来。在 19 世纪的英国、德国、法国和美国，自由市场体制的建立，尤其是劳动和土地自由市场的建立，使得农民和劳动者的经济条件恶化并增加了它们的调整成本。这反过来引起了政治反应，比如英国的人民宪章运动（Chartism），美国的民粹主义（Populism）和进步主义（Progressivism）以及欧洲许多国

---

① 由于政治和产权体制的潜在变化导致的投资风险。

② Robert E. Prasch, *Neoliberalism and Empire: How Are They Related?* Review of Radical Political Economics, Summer 2005, p. 283.

家出现的社会民主党。在精英进行最初的反应后，政府觉得不得不制定新的规章制度、政策和计划去消除一些不平等、社会动荡和不受控制的市场产生的严重后果。在上述情况下，政治结构，尤其是政治结构的反应将决定是否以及如何发展立法控制并将之施加于强有力的经济利益体。很明显的是，压制性（Repressive）政治体制因其有更低的问责性（Accountability）从而能够在更长的时期内为强大的经济体的利益服务，而阻止和拖延基本的改革。考虑到依附国家的同样的历史进程，尤其是这些国家的人民被认为是"劣等种族"（通常被统治人民总是被认为劣于统治他们的种族）。在这种情况下，自由经济秩序的意识形态和它对人民生活影响之间的鸿沟无法被政治地解决。这种张力导致霸权国家更大的控制和镇压。"名义上主权独立的人民开始服从于非正式的帝国，非正式的帝国开始变成正式的帝国等。"①

作者对新自由主义和帝国之间的关系作了进一步的总体分析。作者认为，自由主义政策破坏了形式上独立的国家的财政能力（Fiscal Capacity）和政治主权（Political Sovereignty）。结果，许多独立自主的发展中国家缺乏应对经济混乱的能力。作者认为以华盛顿为基础的机构，比如世界货币基金组织和世界银行，与英国统治印度的结构之间的相似可以很容易的加以确定。在这两种情况下，共同的地方在于"'专家'利用由其他地方发展出来的意识形态框架把政策和议程强加给遥远的人民"。② 世界货币基金组织和世界银行的权利来自世界经济和军事霸权，这些国际信贷机构不需要实际地处理它们错误的政策导致的战争和叛乱。考虑到这种激励结构，它们并不能从重复出现的错误中吸取教训或进行改正。作者指出，"今天，精英和公司驱动的政策的后果有待进一步的研究，但是即使是最热情的支持者也需要关注这一政策的纪录：世界范围内

---

① Robert E. Prasch, *Neoliberalism and Empire: How Are They Related?* Review of Radical Political Economics, Summer 2005, p. 284.

② Robert E. Prasch, *Neoliberalism and Empire: How Are They Related?* Review of Radical Political Economics, Summer 2005, p. 285.

缓慢的增长率、高的极端贫困率、迅速上升的不平等。种族战争，宗教原教旨主义（Religious Fundamentalism）和诸如 AIDS 等致命疾病紧随这些趋势产生。非常明显的是，无论在美国还是其他地方，'现代化'和'进步'的利益主要由小部分精英获得。像以前一样，大量的成本被转嫁给被统治者中的纳税人、士兵和市民，自由主义和帝国在 19 世纪可怜地失败了，今天它们也改变不了同样的命运"。①

　　上述是对整个资本主义体系发展阶段的争论，在进入 21 世纪的前夕，主要资本主义国家的社会现实到底是什么样子呢？这样一个问题涉及的内容是十分广泛的，但马克思主义经济学者关注的主要是工人问题和资本主义的金融垄断问题。

　　1. 关于工人问题

　　20 世纪 90 年代后期，美国经济发生了根本的变化，"新经济"异常寻常地流行起来。对这种根本变化的判断，一般来说，基于三个方面的原因：第一，在 1990～1991 年的衰退后经济出现了长期的持续增长；第二，美国失业率从 1992 年的 7.5% 下降到 1995 年的 5.6%，随后又下降到 2000 年的 4.0%，这被认为是经济复苏的标准征兆；第三，20 世纪 90 年代中期生产力得到的明显发展。但是，应该看到，这些判断及其原因分析主要是主流经济学家提出的。John B. Harms Tim Knapp 在《新经济：什么是新的，什么不是？》一文中，对主流学者认为新经济提高了繁荣程度并提高了工人生活水平的观点进行了评析。他们运用经济扩张中的一些统计数据和指标考察了新经济，认为新经济提高了繁荣程度和生活水平的说法是值得怀疑的。他们认为，"新经济"的话语实际上是一种意识形态的表达方式，是一种偏重于公司利益的具有明确的政治意义的表达方式。② 在 20 世纪 90 年代经济繁荣过程中，工人的境况到

---

① Robert E. Prasch, *Neoliberalism and Empire: How Are They Related?* Review of Radical Political Economics, Summer 2005, p. 286.

② John B. Harms Tim Knapp, *The New Economy: What's New, What's Not*, Review of Radical Political Economics, 2003, Vol. 35, No. 4, pp. 413-436.

底发生了何种变化，他们的实际工资得到了增长，还是在下降？生产率的增长和工人工资的增长是对称的吗？他们在经济繁荣时期与资本家之间的权力关系发生了什么变化？为了回答上述问题，需要对工人的现状做出分析。

（1）关于工作稳定性与工作安全问题

近些年来，工作稳定性和工作安全成了一个美国社会关注的主要问题。许多研究尝试去判断美国长期、稳定的就业关系是否在发生变化。2003 年 10 月 29 日《纽约时报》的一篇文章引用芝加哥金融服务公司经济学家的话说："劳动力市场的巨大变化……不再存在如 30 年前那样终生雇佣的情况。"[1] 工人们越来越担心与自己雇主相脱离的风险（Risk of separating from their employers）。[2] 在关于工作稳定性与工作期限的研究中，"一种强有力的传统智慧是，美国在工作安全或者工作稳定性方面经历了广泛的、实质性的下降"[3]。

（2）关于工作分割与工资差异问题

Judith Hellerstein 和 David Neumark 在《美国的工作空间分割：种族的、伦理的和技术的》一文中提出："我们的结果表明，在工作中存在着明显由教育和语言所导致的分割，种族所导致的工作空间分割和由教育所导致的分割存在着同样的显著程度……只有很小一部分种族所导致的工作空间分割是由黑人和白人之间的教育差异

---

[1]　Connelly, Julie. *Youthful Attitudes*, *Sobering Realities*. New York Times, October 29, 2003.

[2]　Schmidt, Stefanie R. 2000. *Job Security Beliefs in the General Social Survey*: *Evidence on Long-Run Trends and Comparability with Other Surveys*. In On the Job: Is Long-Term Employment a Thing of the Past?, Ed. David Neumark. Russell Sage Foundation: New York.

[3]　Ann Huff Stevens, *The More Things Change*, *the More They Stay the Same*: *Trends in Long-term Employment in the United States*, *1969-2002*, NBER Working Paper Series 11878. 作者在本篇文章中认为工作稳定性并没有发生太大的变化，但是正如前文所说，这和研究者所坚持的显著指标有关。

产生的。"① 在美国社会中，由教育、种族和信仰的差异而形成的
工资差异一直都是理论研究的一个重要内容。在讨论工资差异时，
认为在过去 20 年中主要是因为对教育回报的提高导致了工资差异
是一个主要的论调。许多研究者赞同诸如教育和语言之类的技术差
异实际上能够很大程度上解释由种族和信仰所导致的工资差异
（Trejo，1997）。在技术差异是否能很好解释工资差异上存在着很多
争议，另外，歧视对工资差异的影响是否同技术差异一样重要也是
一个非常突出的问题（Neal and Johnson，1996）。妇女特别是黑人
妇女在就业机会和工资方面的歧视依然存在。Sarah Wilhelm 的文章
《平等就业机会委员会在黑人和白人妇女工资问题上施加的影响：
阶级有没有关系？》中认为，尽管 1964 年民权法第 7 条（Title VII
of the Civil Rights Act of 1964）的设计旨在消除就业问题上的歧视，
尽管平等就业机会委员会（The Equal Employment Opportunity
Commission，简称 EEOC）有责任去贯彻第 7 条款，以消除种族、
性别、肤色、民族和宗教方面的工作歧视，但妇女特别是黑人妇女
因为教育水平低和 EEOC 的工作不力，工资普遍很低。② 无可争议
的事实是，在不同部门和同一部门不同工人之间的工资的确存在着
较大的差异。

（3）关于实际工资水平与生产率水平不对称增长、工资水平
相对下降趋势明显问题

马克思主义政治经济学家认为，这实际上是由资本对劳动的剥
削造成的。Zafirovski 在《测量并理解当前社会中的劳动剥削：一
个比较分析》一文中，考察了发达资本主义国家（尤其是美国）
的劳动剥削问题。文章运用马克思主义者和边际主义者的概念与方
法对剥削进行了详细的说明，新古典学派认为资本主义经济中不存

① Judith Hellerstein, David Neumark, *Workplace Segregation in the United States: Race, Ethnicity, and Skill*, NBER Working Paper Series 11599.

② Sarah Wilhelm, *The Impact of EEOC Enforcement on the Wages of Black and White Women: Does Class Matter?*, Review of Radical Political Economics 33 (2001), pp. 295-304.

在剥削或很少存在剥削的假定被否定了，事实表明在当代资本主义中劳动剥削一直存在，并且在美国经济中近些年劳动剥削在加强。① 福利计划等一些措施并不能改变上述状况。《激进政治经济学评论》2001 年第 3 期发表的《公共就业计划，公平工作和福利》一文指出："1996 年 8 月 22 日生效的《个人责任和工作机会调整法》（Personal Responsibility and Work Opportunity Reconciliation Act，简称 PRWORA），是 1935 年确立联邦对穷人援助的社会保障法后最重大的福利调整。…… PRWORA 的重点是用公共部门来创造工作机会。并用立法手段来消除工作机会创造方面的一些障碍。但是就业者的劳动能力低下和技术的缺乏，使得他们只能在公共部门或者服务部门工作，每小时工资只有 7.5 美元，甚至 2000 年的一份调查说有的只有 6.81 美元。"②

（4）工会力量衰落

工会是社会和收入不平等的制衡力量③。但从历史上看，与欧洲的工业化国家相比，美国的工会在影响政府政策方面的力量是比较薄弱的。20 世纪 90 年代，美国工会的力量更加衰落了，这一方面是由于美国产业结构的变化使产业工人的数量减少了，也就是说，作为工会阶级基础的劳动群体在整个就业人口中比例减少了，另一方面，雇主阶级在政府的支持下对工会变得更加强硬，而工会对雇主阶级的制衡能力和谈判能力都被削弱了。戴维·柯茨对工会势力下降的问题进行了分析，"不论是'旧的'自由主义增长理论，还是'新的'新自由主义增长理论，它们的见解从根本上来讲都可以归为一句话，即增长取决于竞争，而竞争在很大程度上取决于劳动力成本。'旧增长理论'认为，劳动力成本'刚性'，完

---

① Milan Zafirovski, Measuring and Making Sense of Labor Exploitation in Contemporary Society: A Comparative Analysis, Review of Radical Political Economics, 2003, Vol. 35, No. 4, pp. 462-484.

② Nabcy E. Rose, Public Employment Programs, Workfare, and Welfare, Review of Radical Political Economics 33 (2001) 281-286, pp. 281-282.

③ 有关工会势力和工会对经济的影响可以参考戴维·柯茨的著作《资本主义模式》第二部分第四章、第五章的内容。

全是由于工会组织和工会势力造成的。'新增长理论'主张，工会的职责应从工联主义转移到劳动力技能和培训问题上，建立具有弹性的劳动力市场的关键，是劳工权力和工会力量得到保证的一整套以信用为基础的劳资关系……然而，在所有的政策范围中——从削减工会势力以获得经济增长到增强工会势力以取得经济增长，劳工力量和国际竞争之间的关系，仍被看成是核心问题。……可是，对绝大多数评论家和现行政策制订者们而言，他们的偏见还是劳工势力问题。近年来，在政策制定的圈子里，劳工势力和国际竞争一直被看成是难以调和的，并且在政策上总是倾向于压制前者，而优先考虑后者①。"

2. 金融资本问题

在 2004 年 10 月的国际马克思大会上，Gérard Duménil 和 Dominique Lévy 提交了一篇名为《新自由主义的动态：一个新阶段》的论文，认为新自由主义根本不是一个新的发展模式，而是"二战"后一度被削弱的金融资本霸权力量的恢复。金融资本霸权力量的恢复导致金融公司利润大增，而生产性的非金融公司的净利润率和积累率下降，造成世界性的投资崩溃和失业浪潮，美国经济发展的良好态势是以世界其他国家的经济危机为代价的，因此必然需要做出调整。迈克尔·赫德森在 2005 年 4 月再版的《全球分裂》一书的序言中认为，新自由主义是对 20 世纪 70 年代以前第三世界建立国际经济新秩序努力的大逆转，其实质是：美国利用自己的金融霸权在全球以金融手段摧毁第三世界国家自主发展的能力，并以金融手段接管这些国家，从而在全球重建以美国为中心的食利者经济，新自由主义在全球的盛行表明以美国为首的国际金融垄断资本在全球政治经济生活中已取得统治地位。《每月评论》2006 年 5 月发表的左翼经济学家威廉·塔布的题为《美国债务膨胀与经济泡沫》的文章，分析了美国 20 世纪 70 年代以来债务膨胀和经济泡沫的情况，认为美国已从工业生产为核心的经济转变为金融化的、以食利主义为主的经济，美国食利资本家在美国和全球日益获得支配

① 戴维·柯茨. 资本主义模式. 南京：江苏人民出版社，2001：9-10.

地位将导致美国走向新帝国主义。资本主义金融资本问题成为西方马克思主义者关注资本主义现实的一个重要问题。

普赖尔在《美国资本主义未来》第三章《经济波动与金融危机》的一开始就写道："21 世纪伊始，美国经济乌云密布。对外贸易赤字巨额逆差，股票价格泛起泡沫，国内债台高筑，孕育着一场金融风暴。"①普赖尔对事实的判断是准确的。发达资本主义国家的经济的确在发生变化。Doug Dowd 的论述很好的说明了问题的根源。"我们所处的时代与马克思斯所处时代的宏观方面的最大的差别和金融相关。不仅仅是从表面看到的那些令人吃惊的外部债务。美国政府 3 万亿美元，并以每年 400 亿美元的速度增加，美国家庭的负债超过了家庭收入的 100%，金融公司 7 万亿美元，还存在大量的一般性商业负债。然而最重要的是这些负债背后的动机和推理（Motivations and Reasoning）：它主导的短期繁荣，本质上是投机的。"② 罗伯特·布伦纳在《繁荣与泡沫》一书中写道："我试图提出一个兼具理论性和历史性的概念框架，以便把繁荣、泡沫和萧条都纳入进来。……我深信，当今资本主义经济，也包括美国所面临的各种问题不仅是根深蒂固的，而且是长期形成的。……美国经济的两个主要发动机——制造业的复苏和股市的财富效应——现在都出现了故障。"③ 亚洲金融危机是全球化飞速发展年代的一次重要事件，这个事件也成了马克思主义政治经济学家研究全球化金融问题时一个非常便利的分析案例。许多学者对亚洲金融危机进行过研究，但是对于造成亚洲金融危机的原因的争议仍然很多。许多经济学家谴责是"裙带资本主义（Crony Capitalism）"造成了金融危机，因为这种类型的资本主义偏离了自由市场模型。但是这种论调

---

① 弗雷德里克·普赖尔. 美国资本主义的未来——决定美国经济制度的长期因素及其变化. 北京：中国社会科学出版社，2004：64.

② Doug Dowd, *Depths Below Depths*: *The Intensification*, *Multiplication*, and *Spread of Capitalism's Destructive Force From Marx's Time to Ours*, Review of Radical Political Economics 34 (2002) 247-266, p. 257.

③ 罗伯特·布伦纳. 繁荣与泡沫. 北京：经济科学出版社，2003：2-3，270.

很容易遭到反驳，因为就在亚洲金融危机发生前不久，很多人还在鼓吹"亚洲的奇迹（Asian Miracle）"。事实上，亚洲的国家主导型经济发展模式取得了很好的经济效果。还有一些经济学家用"货币危机"解释亚洲金融危机，这种观点认为由于投机性攻击的结果，这些国家丧失了保持币值稳定的能力。马克思主义政治经济学家认为这些解释是无力的，他们尝试着从其他的角度分析问题。他们认为应当在全球背景下讨论危机问题，另外经济全球化背景下的某些制度变化应当为危机负责，这些制度和结构变化是新自由主义的后果。马克思主义政治经济学家的结论是新自由主义和全球化带来了更大的金融脆弱性。

James Crotty 在《新自由悖论：新自由年代破坏性的产品市场竞争冲击和迫不及待的金融与非金融公司》一文中认为，一些大的非金融公司已经被缓慢增长的总需求和破坏性的竞争所伤害，新自由年代金融市场的演化又给它们制造了非常严重的问题，金融市场压力导致短期计划的盛行，股份持有者不再对公司的长期目标感兴趣，大量的现金流被支付给金融市场的代理人，结果产生了新自由悖论：金融市场要求公司获得更高的利润，然而产品市场使这种目标无法实现。新自由主义悖论有助于解释 20 世纪 90 年代晚期金融会计欺骗的产生。① Christian E. Weller 最近的研究推测在当前经济中，金融自由化和金融不稳定性之间存在着联系，但是许多这种研究没有意识到当前的经济就结构方面而言越来越容易受到货币和银行危机的冲击。作者认为经济结构的改变在对资本主义危机进行研究时也有着非常重要的意义。② Christian E. Weller, Ramya Mahadevan-Vijaya, and Laura Singleton 认为在当前经济中为了对付日益增加的金融不稳定性，政策制定者把注意力放在可能的稳定化

---

① James Crotty, The Neoliberal Paradox：*The Impact of Destructive Product Market Competition and Impatient Finance on Nonfinancial Corporations in the Neoliberal Era*, Review of Radical Political Economics, Sep. 2003, （35）: 271 - 279.

② Christian E. Weller, *A Few Observations on Financial Liberalization and Financial Instabilit*, Review of RadicalPolitical Economics, Summer 1999, （31）: 66 - 77.

制度上，工人权利有潜在的稳定化能力，他们有助于生产率增长，并且有助于更加公平地在劳方和资方之间分配经济资源。由于供给和需求变得越来越一起增长，而不是独立增长，金融危机的机会会减少。但实际情况是，工人却面临着越来越大的不确定性，他们的研究结果证实自由化经济更容易经历银行危机。①

今日资本主义与马克思所处年代的资本主义，从表面看来存在很大的差异，资本主义在不同的阶段会表现出不同的特征。这就如Herman 提出的，资本主义仍然在下述框架下发挥着它的功能：一是难以满足的对利润和积累的追求的动力和内在的剥削的本质；二是对于持续的技术和社会变革的需要和制造这种变革的能力；三是对于失业后备军的创造和依赖；四是朝向不稳定和危机的趋势；五是"到处落户，到处开发，到处建立联系"的需要和能力；六是对国家的控制；七是支配上层建筑的所有要素。②

六、对前沿发展的评价

基于文章篇幅和研究期间的限制，本文的"前沿问题"可能是不全面的，"述要"也未必周全。但可以肯定的是，马克思主义经济学在西方的发展与两个因素是密切地联系在一起的，一是经济环境的变化，二是与主流经济学之间的斗争与相互借鉴。

在经济危机和萧条期间，主流经济学遇到难以解决的社会问题时，马克思主义经济学就会变得异常活跃。这是由两个方面的原因造成的：一方面，在这些时期，资本主义制度的一些弊端充分地暴露出来，从而给马克思主义经济学提供了现实的素材；另一方面，在这些时期，马克思主义经济学的批判性及提出的激进性的解决方

① Christian E. Weller, Ramya Mahadevan-Vijaya, and Laura Singleton, *Worker Rights and Financial Stability*, Review of Radical Political Economics, Sep. 2003, (35): 287 - 295.

② Edward S. Herman, *The Reopening of Marx's System*, New Politics 24, Winter 1998, pp. 131-132.

法，在舆论上更容易被大众接受。在经济繁荣期间，资本主义的改良使得社会矛盾得以缓和，社会矛盾与弊端显得不那么突出，批判对象的变化可能使得马克思主义经济学进入平静期。20 世纪 90 年代后，美国的经济繁荣是不争的事实，但是工人并没有得到与他们的付出相对应的回报，社会秩序因为恐怖活动和局部战争而变得更加不稳定，这就使马克思主义经济学或使用马克思主义经济学概念和框架进行经济分析的做法得以流行。对进入 21 世纪以来西方马克思主义经济学文献梳理，可以显著地发现两个基本的征象：

第一，在经济学研究的方法和理论探索上多有创新。近年来，西方马克思主义经济学在理论事业上更为宽广，研究方法上也更为多样，理论构架上则更加多元，如强调与西方主流方法的交流。以上提到的对 TSS 理论框架的分析、使用博弈论分析利润率下降、为马克思主义经济学构建微观基础、使用拓展的框架研究转型经济的利润率等问题的述要，都说明了这一征象。但是，对马克思经济学的一些基本范畴和理论原理的探索和研究则有明显弱化的趋势，与 20 世纪 90 年代以前相比，从对以商品或价值为分析的出发点，在此基础上延伸对资本主义社会经济问题分析的文献，近几年几近消失。

第二，在经济学研究的主题上更趋于现实问题。近年来，西方马克思主义经济学的研究主题，具有更为强烈的现实导向，对资本主义经济进行实证研究的趋势加强。这可以从对资本主义发展的长波、资本主义利润率下降、新自由主义和金融稳定性的关系、是否存在新的积累的社会结构的研究以及对帝国和新自由主义及新帝国主义的研究中得以体现。

这两个基本的征象表明，西方马克思主义经济学的理论趋向是为了证明马克思主义经济学在现时代的科学性和有效性，仅仅使用马克思经济学原有的范畴和理论框架并不是"重建"和"再生"马克思主义经济学的唯一选择，马克思经济学历来强调的总体的研究和开放的体系，表明在经济学研究的具体进程中要把政治、经济、文化等诸多因素结合在一起，在方法上也要不断地丰富和拓展。马克思主义经济学在对它充满敌意的西方文化环境中，在

"经济学帝国主义"日趋盛行的时代能够存在和发展，除了有它自身的特点和价值外，重要的原因还在于它从来不会放弃借鉴和吸引新的思想，从来就是以与时俱进的科学精神来发展和丰富自身的理论和理论体系。当然，对马克思经济学原有范畴和原理，如劳动、劳动进程、劳动组织、价值、剥削、阶级等问题分析的暂时缺乏，肯定会严重影响马克思主义经济学在现时代的持续发展。

"经济学家通常生活在令人感兴趣的时代，但是今天比以往更加迷人。"① 只要经济学家们仍在为美国经济在 20 世纪 90 年代的持续增长而困惑，只要建立在消费主义基础之上的扩张与财富分配的大幅度退步共存，只要经济增长速度的提高仍由持续不稳定的投机洪流所推动，只要在政策制定市场化的年代，只要民主体系中的政治声音仍受新自由主义市场力量的制约，那些认为自己因为资本主义体系制度结构而受到损害的人，必然会在不同领域扩大自己的影响和声音。上述所有问题，除了给马克思主义经济学的新发展提供丰富的现实素材外，也会给马克思主义经济学的创新提供更好的契机。在经济全球化的进一步推进中，在资本主义经济体系步履艰难的行进中，西方马克思主义经济学必将获得"重建"和"再生"的新时机。

---

① Ron P. Baiman, Heather Boushey, Dawn Saunders, edited, *Political Economy and Contemporary Capitalism*: *Radical Perspectives on Economic Theory and Policy*, M. E. Sharpe, 2000, p. 3.

经济学若干理论前沿问题追踪（2006）*

邹　薇**

（武汉大学高级研究中心，经济与管理学院，武汉，430072）

　　各国、各地区经济增长的源泉是什么？为什么不同国家或地区在经济增长的水平或速度上出现了许多差异？如何从理论和实证层面具体评估和测度基础设施等的政府公共支出对经济增长的实际影响效果？如何通过经济计量分析和经验比较，准确地分解和阐释各个地区之间出现增长趋同或趋异的根源？如何解释世界各国在技术水平、技能水平和工资水平方面的巨大差异及其与经济增长的关系？长期以来这些问题不仅引起了经济学家的广泛关注，而且也是过去几年间各国经济学界普遍关注的重要热点问题。围绕这些问题的争论不仅使经济学界就经济增长的源泉展开了更加丰富、更加细致、更加准确的理论研究和实证检测，而且也给世界各国的经济政策的制定带来了新的理论指导。

　　本年度的海外经济学若干理论前沿问题追踪，我们将重点探讨和梳理以下三个重大理论问题研究中的最新前沿进展：基础设施与经济增长关系的实证研究；技术差距、技能溢价与各国工资差距的理论和实证研究；经济增长与经济趋同的计量分析与收入分布动态

　　* 本项研究得到了教育部新世纪人才项目、国家社会科学基金项目（编号06BJL039，06BJL048）和武汉大学海外人文社会科学前沿追踪项目的资助，特此感谢。在本项研究中，张芬、周浩、刘兰等博士生参与收集整理了大量海外研究资料，提供了非常有效的研究助理工作。

　　** 邹薇，武汉大学经济与管理学院教授、博士生导师。

学研究。之所以作这样的选择，是基于以下原因：

其一，公共投资支出是造成国家和地区经济增长差异的因素之一。在公共投资支出中，又以基础建设投资所占比重最大。基础建设投资以其对总需求的直接效应，对私人经济部门生产成本降低的间接效应，以及以其道路网络的溢出效应，对经济发展产生着重要影响。近年来相关理论和实证研究不断涌现，既从理论上深入探讨了基础设施投资与经济增长的关系问题，也对世界各国、尤其是发展中国家的经济发展政策制定起到了重要作用。

其二，伴随着经济增长的推进，世界各国收入水平的差距日益扩大，发达国家与发展中国家之间的技术差距不断扩大，而且许多国家内部的不同地区之间的收入差距也有扩大趋势。不同学者尝试着从不同角度来分析这种现象，近年来，一些学者从技术差距、人力资本积累和技能水平的溢价的角度，阐释不同国家或者不同地区之间的工资差距，这就为分析收入差距的根源，提出有效地缩小收入差距的措施开辟了新的思路。

其三，国家间和地区间的收入差异随着时间变化会呈现怎样的变动趋势？围绕经济增长水平是否趋同的理论和经验分析，是 20 世纪 80 年代后期新经济增长理论兴起以来众所关注的一个重要问题。尤其是近年来迅速发展的关于经济趋同的回归分析和收入分布动态学研究，不仅对新经济增长理论的诸多命题提供了实证检验和经验支撑，而且直接推动了宏观经济学领域中实证研究方法的创新。

为此，我们认为，这些问题的研究较集中地反映了当代经济学界关于经济增长与发展问题的研究前沿成果，而且具有广阔的继续深入研究的前景。

一、基础设施与经济增长的理论和实证研究

基础建设投资是政府公共支出中比重最大的一个组成部分，政府公共支出对长期经济增长的影响一直以来都是经济学家研究的热点。新古典增长模型（Solow，1956）认为政府支出对经济增长只

有水平效应，而无增长效应。与之相反，在内生增长理论框架内，人均收入和增长率方面的跨国差异主要来源于人力资本投资、知识外溢和对物质资本和基础建设投资方面的差异。罗默（Romer，1986）和卢卡斯（Lucas，1988）坚持人力资本和实物资本的投资（包括私人资本和公共部门的资本积累，以及政府对商品和服务的支出流量）具有增长效应，能够影响稳态的增长率，从而影响经济的长期增长。

无论是新古典增长模型还是新增长理论，在分析公共支出时，要么把它与私人资本合并在一起统作为资本存量进入总量生产函数，要么把它单列开来，作为对私人资本的一种互补性投资，是除技术、知识和研发外，作为总量生产函数中的另一种具有外溢性、能带来规模报酬递增效应的投入要素来加以考虑的。最后的结论往往都归结到宏观层面对财政政策的分析，考察公共部门赤字对个体经济的影响，以及是否通过发行政府债券或通过税收来达到一定支出水平的财政决策的效力分析。而且，他们并没有区分非生产性的政府消费性支出和生产性的投资性支出。更不用说从微观角度考察公共基础建设投资支出对生产绩效的影响。

按照政府支出的经济影响的不同，国际货币基金组织把政府公共支出分为资本性支出（用于购买或生产使用寿命超过一年的耐用品的支出，包括物质性基础设施、人力资本计划的投资，以及政府支助的研发活动）和经常性支出（如工资和各种补助，用于非耐用品的支出）。人们一般认为前者是生产性的，后者是消费性或非生产性的。例如，巴罗（Barro，1990）就曾经指出，增强人们当前享受的政府公共支出是消费性支出，由于税收会减少投资收益、挫伤投资积极性，这类支出的增加会损害经济增长；而政府用于诸如基础设施方面的公共投资有利于提高私人部门的生产率，促进经济增长。

但在 20 世纪 80 年代末之前，无论在理论经济学领域还是实证经济学领域，都很少有人直接将作为政府公共投资一部分的交通基础建设投资与生产率的增长或产出的增长相联系，并从微观角度考察公共基础建设投资支出对生产绩效的影响。经济学家们对基础设施资本有两类不同的定义方式（Grimlich，1994）。最常见的定义方式是：它是由大的资本密集型自然垄断行业所构成，如高速公路、其他交通设施、水利和下水管道设施，以及通讯系统等。另一种是从所有权角度来进行定义：从广义来看，它包括公共部门拥有的所有有形资本存量，以及政府对人力资本投资和对研发资本的大量投资。狭义定义只包括投资形成的有形资本存量。大多数对公共基础建设投资进行计量分析的研究，习惯于采用狭义的公共部门所有权的定义，在实证研究中，将基础设施资本作为解释变量加以分析。

（一）基础建设投资与经济增长关系研究的背景

在1947年到1969年间，美国的劳动生产率（定义为实际GDP除以总劳动小时数）每年的平均增长率为2.7%，而从1970年到1992年，这一速度下降为不到1%。为了找到这种"生产率减速"（productivity slowdown）的原因，经济学界进行了大量的理论研究。而与此同时，从20世纪60年代晚期开始，美国的公共资本投资出现下降趋势。在对生产率增长速度下降的原因进行探究的最初15年里，经济学家们并没有将基础设施投资与生产率增长速度下降联系起来，而是关注70年代的石油危机带来的高能源成本、政府管制对企业生产成本的提高、研发支出比例的下降、私人资本存量下降、人口构成的变化带来劳动力质量下降等因素。甚至还有学者（Edward N. Wolff，1996）认为，自大萧条和"二战"后的20年间，美国经济的飞速发展，生产率的大幅提升是一种反常，而70年代初期生产率的下降才是一种向"正常状态的回归"。

早在20世纪80年代末，Aschauer（阿肖尔）就认为公共投资支出比公共消费支出对私人产出的影响更大。非生产性公共消费支出对产出只有微小的正面影响，其产出弹性不到一个单位。而公共投资支出的增加能带来私人部门产出四到七倍的增加幅度（Aschauer，1989）。随后，Aschauer（1989）分别从存量和流量角度考察了非军事性公共资本支出和军事性支出对私人部门生产率的不同影响：总的来说，军事支出与生产率之间联系甚微，而非军事公共资本存量对生产率的影响比非军事或军事的流量支出更重要。

更进一步地，Aschauer 对非军事性政府公共资本进行了分类。总的来说有五类：核心基础设施（高速公路、大运量客运、机场、电力和电气设施、水利和下水道等）、其他建筑（办公楼、警局和消防所、法院等）、医院、对原有设施的保护和发展以及教育性建筑物。其中，核心基础设施占总非军事资本存量的比重最大（55%），对生产率的影响也最强（产出弹性为 0.24，且高度显著）。对教育硬件设施的投资比重其次（16%），但由于此类投资的滞后效应较强，所以显示结果产出弹性为负，且不显著相关。其余各类公共资本对生产率都存在较小且不那么显著的正面影响。一般认为，Aschauer（1989）的实证分析开启了经济学界对公共资本支出，尤其是公共投资支出中的基础设施投资与生产率之间实证关系研究的先河。

Aschauer 的研究也得到了理论上的支持。Barro（1990）建立了第一个有关公共支出对经济增长作用的内生模型，他以公共支出流量为研究对象，将公共支出引入到具有固定规模报酬的企业生产函数中，在区分了生产性公共支出和消费性公共支出后，他从理论上证明了政府消费性支出增加会扭曲资源配置，导致人均 GDP 增长率下降。而具有生产性的公共支出对经济增长则有着持久而显著的作用，而且影响方向决定于公共支出规模的大小。若其尚未达到最佳规模，公共支出增加对经济增长产生正面影响，当超过最佳规模后，会产生负面影响。

对发展中国家的实证分析也证实了 Barro 的结论。Devarajan、Swaroop and Zou（1996）把公共支出分解为生产性的和非生产性的，他们利用 1970 ~ 1990 年 69 个发展中国家的数据进行经验分析，指出在最优状态下，生产性公共支出与非生产性公共支出的比值，应该取决于这两项支出对生产的贡献度（产出弹性）之比。生产性公共支出与经济增长是正相关的，然而当其所占的比例过高时，它对经济增长的效应在边际上就成了负值。也就是说，存在着一个公共投资性支出的最优规模。

此外，Munnell（1990a, 1990b），Holtz-Eakin（1994）Hulten & Schwab（1991）、Aaron（1990）、Evans & Karras（1993, 1994）、

Tatom（1991，1993）、Gramlich（1994）、Fernald（1999）等人也相继在实证分析领域作出了自己的贡献。

与阿肖尔对公共投资的分类不同，Holtz-Eakin（1994）在分析美国公共投资的形成与增长时，将公共投资按照其最终用途分为四类：第一类是教育投资；第二类是道路以及高速公路投资；第三类是污水处理设施投资；最后是公用事业投资。按照 Holtz-Eakin 的估计，在美国，1988 年上述四项公共投资在公共投资总额中的比重分别是：教育类占 20.2%，道路及高速公路类占 34.5%，污水处理占 7.5%，公用事业类占 13.2%（注：按照 Holtz-Eakin 的估计方法，四项总计不到 100%）。

可见，无论是按照 Aschauer 还是 Holtz-Eakin 的统计，在公共投资支出中，道路基础建设的比重都是最大的。一般来说，以公共基础建设投资为代表的公共投资支出对私人经济的作用体现在两个方面：直接效应和间接效应。所谓直接效应是指，基础设施投资能直接进入生产函数，作为企业一种"无需进行支付的生产要素"。它能作为对私人投资的一种互补性投入要素，能产生规模递增收益，使得私人劳动或资本投入更具生产性。所谓间接效应是指，公共投入具有一种网络溢出效应。作为一种环境要素，它能以一种类似技术进步的方式（通过节省企业的生产成本）提高私人企业的生产率。从理论上看，公共基础设施投资对经济增长的作用应该是正面的促进作用。但实证分析方面的结论却不尽如此。

（二）基础建设与经济增长关系实证分析的主要结论

经济学家们对基础建设与经济增长关系实证分析的结论并不一致。即便在认同公共基础设施或公共支出对经济增长和生产绩效的作用毋庸置疑的经济学家眼里，其重要性的大小是存有争议的。

以 Aschauer 和 Munnell 为代表的经济学家认为公共基础设施对产出增长具有显著的生产性。运用总量生产函数，将公共投资作为劳动和私人资本之外的第三类投入要素，Aschauer（1989a）对非军事性政府支出产出弹性的测度是 0.39，Munnell（1990a）对同一支出估计的结果在 0.31 到 0.39 之间。她（1990b）还采用 Cobb-Douglas 和超越对数（translog）总量生产函数，利用美国 48 个州

1970 ~ 1986 年的数据，分别测度高速公路、水利和下水管道系统，以及诸如办公建筑、医院和学校等其他公共支出的产出弹性。结果，对 Cobb-Douglas 生产函数而言，高速公路的产出弹性为 0.06，水利和下水管道系统为 0.12，其他公共资本为 0.01。而对超越对数生产函数而言，高速公路的直接产出弹性为 0.04，水利和下水管道系统为 0.15，其他公共资本为 - 0.02。

Morrison & Schwartz（1996）利用 1970 ~ 1987 年美国制造业数据，发现公共资本对制造业部门（占总产出的80%）产出增长的贡献份额为 20% ~ 30%。同样是用美国制造业的数据，Nadiri & Mamuneas（1994）分析了公共基础设施投资与研发支出对制造业成本结构与生产绩效的影响。他们的结果表明，这两类资本都具有明显的生产性效应。他们在降低制造业各行业成本，提高生产率的同时，也增加了各行业的需求。他们同时还认为公共基础设施投资的回报率并没有文献中所描述的那么高，而对研发的公共投资则具有较高的社会回报率。Bougheas、Demetriades & Mamuneas（2000）在 Romer（1987）内生增长模型的框架内将基础设施作为能降低生产过程中的中间投入品成本，从而促进专业化的技术引入模型，利用美国制造业的数据，他们得出了核心基础设施的投资与降低成本的专业化程度正相关的结论。在用跨国横截面数据进行检验时，他们还发现了基础设施与经济增长之间的“稳健”（robust）的倒 U 型非单调关系。例如，他们对美国交通基础设施产出弹性的估计是 0.129，其他发达国家基础设施产出弹性在 0.001（芬兰）到 0.183（澳大利亚）之间，这与 Demetriades & Mamuneas（2000）分析的结果相似。而在一些较为贫穷的国家或地区，基础设施的产出弹性表现出多样性特征，有的甚至为负。如中国、叙利亚、约旦、中国台湾地区、埃及和布隆迪，这一数字分别为 0.173、0.133、0.129、0.043、0.005 和 - 0.125。

John G. Fernald（1999）则直接考察了公共投资支出中最大的组成部分——道路与生产率增长的关系。他从美国 20 世纪 50 年代和 60 年代大量州际高速公路的修建大大地提高了1973 年之前的生产率增长，且美国车辆集中型产业从道路修建中获得更多的好处这一事实，论证了道路基础设施具有生产性这一结论。但同时他也指出，道路基础建设对产出增长的回报率并不高于一般私人投资的回报，且道路基础设施对生产率增长的影响是一次性的，它不会带来生产率的持续增长。

Easterly & Rebelo（1993）采用了一个更为广泛的数据源，利用 1970~1988 年期间 100 多个国家的横截面数据得出了一个结论：交通、通信方面的公共投资与经济增长有着很强的相关性。其中交通、通信投资对经济增长的贡献在 0.59 到 0.66 之间，而且与教育、住房投资相比，交通、通信投资与经济增长之间的关系非常稳健。Canning 和 Bennathan（2000）用来自 41 个国家过去 40 年来的面板数据分析了铺设道路（paved road）的投资回报率。研究发现，在基础设施短缺的国家，道路基础设施的投资回报率最高。他们还分析了物质资本、人力资本、劳动和其他基础设施变量与道路之间是否存在替代或互补关系。结果表明，铺设道路的长度与物质资本和人力资本高度互补。但如果道路投资和其他投资之间是分离的，则投资的边际收益率会迅速下降。如果没有配套投资，道路基础设施自身并不能带来产出的增长。

Demetriades & Mamuneas（2000）则运用 12 个 OECD 国家的面板数据，分析公共基础设施资本对这些国家产出供给和投入需求的影响。结果表明，公共基础设施资本对产出供给和投入需求都具有正的长期影响。不同于 Fernald（1999）基础设施投资对产出和经济增长只有一次性效应而无长期增长效应的结论。他们的分析表明，从时间趋势上看，公共基础设施资本的短期回报率比较低，长期回报率则相对较高。这说明他们所考察的大多数国家的短期公共基础设施资本投入过多，而长期投入不足。他们得到的美国基础建设的投资回报率也明显低于 Aschauer（1989）的估计，1988 年美国公共基础设施资本的长期回报率仅有 21.5%，只相当于 Aschauer 估计值的 1/6。在分析瑞典时，他们的结论与 Berndt & Hansson（1992）对瑞典的研究结果一致。Berndt & Hansson 利用瑞典从

1960~1988 年间的年度时间序列数据，沿用 Aschauer（1989）对核心基础设施资本的界定，在运用成本函数分析的基础上，发现在其他条件不变的前提下，公共基础设施投资的增加，会减少私人部门的生产成本，在特定条件下，生产成本的下降等同于产出利润的增加，从而刺激了生产的扩张，带来经济发展。

而 Holtz-Eakin（1994），Hulten & Schwab（1991）等则发现公共资本虽然具有正面作用，但这种作用也是微不足道的。Holtz-Eakin（1994）认为地区生产率或增长速度方面存在的差异，一方面取决于投入品的增速，另一方面也跟地区的特定因素有关（如发展起点、资源禀赋等先决因素）。Hulten & Schwab（1991）也发现地区增长率方面存在的差异很大程度上归因于私人投入增长率方面的差异。Garcia-Mila、McGuire & Porter（1996）也得出了类似结论。他们利用美国 48 个州 1970~1983 年的面板数据，考察了高速公路、水利和管道设施及其他三类公共资本投资，结果表明，公共资本的作用并不显著，而固定的州效应和私人投入的作用则很显著。Tatom（1993）甚至发现基础设施资本实质上对经济增长并不具有生产性作用。Evans & Karras（1994）在使用美国 48 个州 1970~1986 年的面板数据进行分析后，发现政府的当前教育性支出对私人生产具有显著的生产性，基础建设投资则无明显作用，而从整体上看，政府支出具有统计上显著的负面效应。

虽然在结论上存在不同意见，但总体上看，大多数经济学家还是倾向于认同基础建设对经济绩效的正面作用。尤其是对发展中国家和一些贫困国家或地区经济的考察，更是证明了这一点。Demurger（2001）利用中国 24 个省份（不包括直辖市）在 1985~1998 年期间的面板数据考察了中国省际间经济发展不平衡状况后，指出各省的地理位置、交通、通信设施状况可以很好地解释中国省际之间经济发展水平的差异，而其中交通设施状况是影响最大的关键因素。

落后地区总是与贫乏的基础设施相联系，使得当地人口远离各种教育和社会经济机会。Nagaraj et al（2000）用物质、社会和经济基础设施可获得性方面的差异解释了 1970~1994 年印度 17 个州之间增长绩效上的差异。Deichmann et al（2002）用不同地区基础设施质量上的差异来考察各地区生产率方面的差异。Stephan（2000）也发现各地交通基础设施水平和质量上的差异直接影响着地区经济发展绩效。

Kwon（2001）在对印度经济的分析中，认为在道路基础设施充足的省份，人们更容易获得灌溉服务，生产更多的谷物。这些省份在非农部门获得就业的机会也更多，或者该地居民更容易进入劳动力市场，能找到更多的就业机会。Dercon et al（1998）一方面证实了道路和物质资本、人力资本之间存在互补性，拥有人力资本和物质资本禀赋更多、更容易享受道路基础设施服务的家庭，其贫困程度更低。

总体上看，对基础设施与经济增长关系的实证分析文献起步于20世纪90年代初，不同学者的分析方法、研究对象和涉及的数据类型和时间区间等各不相同，我们把其中有可比性的主要分析结果归纳为表1。

表1　　　　　基础设施与经济增长实证分析的主要结果表

作者	模型	样本选取	估计方法	分析结果
Aschauer (1989)	总量生产函数	美国 1949~1985 年间的年度数据	OLS，包含时间趋势项	非军事性政府支出具有 39% 的产出弹性，其中高速公路、水利、电力通讯等核心基础设施的公共投资具有 24% 的贡献份额。
Munnell (1990a)	C-D 函数和超越对数总量生产函数	美国 48 个州 1970~1986 年间的面板数据	OLS，不包括时间趋势项	C-D 函数：高速公路产出弹性 6%，水利和下水管道系统 12%，其他公共资本 1%。超越对数生产函数：高速公路产出弹性 4%；水利和下水管道系统 15%，其他 -2%。

续表

作者	模型	样本选取	估计方法	分析结果
Ford & Poret (1991)	总量生产函数	OECD 横截面数据	OLS	基础设施对全要素生产率的平均弹性为45%。
Berndt & Hansson (1992)	成本函数	瑞典 1960～1988 年间的年度数据	OLS, GLS	公共基础设施投资的增加,会减少私人部门的生产成本,在特定条件下,生产成本的下降等同于产出利润的增加,其贡献弹性为 28.9%。
Evans & Karras (1994)	超越对数总量生产函数	美国 1970～1986 年间 48 个州的面板数据	RE, FE	公共资本存量对经济增长具有不显著的负面效应,其中教育具有正面效应,而高速公路具有负面效应。
Nadiri & Mamuneas (1994)	成本函数	美国 12 个制造部门 1955～1986 年间的面板数据	OLS	总体上看,基础设施投资对制造业成本的减少具有不显著的正面效应。
Mila, McGuire & Porter (1996)	C-D 函数	美国 1970～1983 年间的面板数据	RE, FE	高速公路对产出的贡献弹性在 12% 左右,水利和管道设施在 4%～6% 之间,其他公共资本无明显生产性。
Pereira (2000)	VAR 模型	美国 1956～1997 年间的时间序列数据	脉冲反映	在核心基础设施投资中,电力和交通设施以及水利设施的投资回报率最高,分别为 16.1% 和 9.7%,教育、医疗等次之。

续表

作者	模型	样本选取	估计方法	分析结果
Demetriades & Mamuneas (2000)	总量生产函数	12 个 OECD 国家 1972～1991 年制造业的面板数据	OLS	公共基础设施资本的投资回报率短期介于 10%～20% 之间,中长期介于 11%～25% 之间,长期介于 16%～36% 之间。
Demurger (2001)	总量生产函数	中国 1985～1998 年间 24 个省份的面板数据	FE，RE，2SLS	交通和通讯对经济增长的贡献作用最强,教育其次。

从表 1 可见,在对基础设施与经济增长关系的实证分析中,随着分析方法和样本选择的不同,得到的结论也各不相同。也就是说,基础设施和经济增长之间的关系,并没有统一的定论。因而,在对发展中国家的公共基础设施支出结构进行考察时,需要结合实际情况具体分析。

(三)基础建设与经济增长关系实证分析中存在的主要分歧

从上文中,我们可以看到,对于基础建设与经济增长关系的实证分析,不同的学者采用不同的分析方法或针对不同的分析对象,就会得出大体一致、略有差异或大相径庭的结论。甚至在对这个问题分析的前提上(基础建设与经济绩效孰因孰果),也存在不同意见。总的来说,在实证分析领域,经济学家们主要存在如下分歧:

1. 在分析前提上,对基础建设公共投资与产出或生产率增长因果关系的不同见解

在 Aschauer(1989)采用美国 1949～1985 年间的年度时间序列数据,对以公共基础设施资本为代表的非军事性公共支出和军事性公共支出对私人部门的生产率进行考察,以 1960 年末基础设施投资的减少来解释 1970 年初开始的美国私人部门生产率的下降趋势以来,人们对 Aschauer 的时间序列分析方式一直存有疑义。因为这种计量分析方式存在着所谓的"共同趋势(common trends)"问题,这一

问题最早由 Robert Eisner（1991）提出来（Grimlich，1994）。Tatom（1991）在作了一系列的滞后变量检测后，认为两者之间的因果关系应该是产出的变化解释基础设施资本投资额的变化。美国 20 世纪 70 年代和 80 年代公共投资的下降是同期生产率增长下降的结果，而不是原因。还有些人试图用格兰杰因果测试来确定公共资本和生产率之间因果关系的方向，结果发现同时存在因果关系（Holtz-Eakin，1988）。

对此，Aschauer（1993）认为，大量实证分析的结果表明核心基础设施的产出弹性严格为正，而其他类型的公共支出微不足道或甚至为负（Munnell，1990b；Eisner，1991 等）。如果基础设施和经济增长间的因果关系是 Tatom 所认为的反向因果关系，那么，经济增长速度的放缓，应该导致所有公共支出的下降，而不只是核心基础设施投资的下降。Fernald（1999）从侧面佐证了 Aschauer 的结论。他分析了基础设施中最大的组成部分——道路基础设施建设对美国各行业经济绩效的影响。由于对各行业的道路使用情况并没有直接测度，考虑到车辆和道路使用之间的互补关系，他用各行业的车辆密集度来指代对道路基础设施的使用。结果发现，随着道路基础设施投资的增加，那些车辆密集度更高的行业的生产绩效提高更快。由此佐证了道路基础设施和生产绩效之间的因果关系。

此外，在使用总量生产函数时，还存在其他方面的问题。一方面，基础设施投资作为政府公共支出的一部分，其投资额受到政府财政收入的约束，而政府财力又取决于国民产出和收入水平，也即基础设施投资内生于宏观经济。另一方面，基础设施投资自身又构成了总需求的一部分，对私人经济具有直接影响。在 Aschauer 的分析中，单纯以公共支出作为外生解释变量来解释生产率和经济增长率，没有考虑到基础设施投资的内生性问题，这并不合适。而且基础设施投资对短期总需求的影响，容易产生"同偏向（simultaneous bias）"问题，即高估基础设施投资对生产绩效的影响度。

对上述问题，更多的经济学家开始考虑总量生产函数的使用是否合适。由于公共投资支出与生产率之间的弹性反映了一种需求面的联系，很多人开始弃用总量生产函数而采用成本函数。考虑既定量的公共资本增加对成本函数的影响，从而获得对公共资本影子价格的估计（Morrison & Schwartz,1991；Berndt & Hansson,1991 等）。这种方法不涉及对因果关系的考虑，Berndt & Hansson(1991)和 Shah(1992)等在对不同国家采用成本函数分析公共投资支出的影响时，都得到了正的影子价格。说明公共支出水平确实影响着经济绩效水平。

2. 在分析手段上，对总量生产函数的改进和计量分析方法的不断演进

在使用总量生产函数进行时间序列分析时，除了存在上述几个方面的问题外，还有一个因素是，作为解释变量的公共资本在进入生产函数时，如果采用总量投资数据，不可避免地涉及不同类公共投资之间由于滞后效应等多种因素而产生的抵消效应，从而低估有些更具生产性的公共投资支出的贡献。再考虑到道路等交通基础设施的网络效应，即便只从道路基础设施的角度加以分析，而不去具体细分结构（不同道路等级）、质量和投资分布问题，也容易得出不太准确的结论。

Aschauer(1989)第一次采用总量生产函数对军事支出和政府非军事支出的产出弹性进行考察，结果发现非军事公共支出，尤其是核心基础设施投资对生产率具有的影响异乎寻常的高。在 Aschauer 的分析中，除投入要素外，他只在回归模型中考虑了时间因素和经济周期的影响。他的总量回归模型甚至不能分析不同投入要素之间的替代或互补关系。虽然此后 Munnell(1990b)使用超越对数生产函数，得出了与 Aschauer 大体一致的结论。而且，超越对数生产函数的使用，能提供有关投入要素之间关系和规模经济方面更细致的结论。但 Evans & Karras(1994)认为，采用全国水平的总量数据以及时间序列上可能存在的共同趋势问题，使得以这种分析方式得到的结果可能不太准确，也不稳定（nonstationarity）。而且，公共投资支出或基础设施对生产率较高的正面效应，也可能是缺失变量所致，如能源价格变动的影响。Tatom(1991)在对 Aschauer(1989)的变量进行一阶差分（克服不稳定性），并控制能源价格后，发现基础设施资本对经济绩效的影响不再显著。但 McGuire(1992)认为，虽然对不稳定

性问题通常的做法是对变量进行一阶差分,但如果变量存在测量误差,这种方法就不再合适了。

对此,更好的解决办法是采用横截面面板数据进行分析(如 Easterly & Rebelo,1993;Demetriades & Mamuneas,2000 等),但这种分析方法也有自身的局限性。常见的问题是面板数据的自相关性、组间异方差和横截面相关等问题。由于影响一个地区的宏观经济因素也能对其他地区产生影响,因而,在采用横截面数据时,不同地区之间的误差项可能相关。在这种情况下,简单的 OLS 估计的标准差可能有偏且不一致。对此,可分别通过 DW、LM 值来加以检测。对解释变量的内生性问题,Garcia-Mila、McGuire &Porter(1996)认为可以通过 Hausman 检验发现,并通过跨多期的差分方式加以解决。Bougheas et al(2000)则采用工具变量法来控制时间序列关系导致的内生性。此外,通过面板数据的固定效应分析,可以将地区性特定因素(如发展起点、资源禀赋等)对生产率的影响分离出来。

总的来说,采用横截面面板数据对基础设施与经济增长关系进行的实证考察,其结果都明显低于采用全国水平的基础设施数据所估计的影响值。Munnell(1993)认为,采用全国总量水平的数据估计值比地区水平的估计值普遍都要高,是因为全国水平的总量数据将基础设施的地区外溢效应考虑进来了。

还有一些采用成本函数对这一问题加以分析的学者,他们认为成本函数不仅能反映出技术的变化,能将对投入品的需求内生化,而且还能很好地估算基础建设投资的回报率(Morrison & Schwartz,1996 等)。Bougheas et al(2000)更是细致地考察了公共基础设施建设通过减少生产成本从而提高产出的具体机制。他们认为公共基础设施的投资能节省私人部门的生产成本,从而有助于专业化的形成,带来规模经济和产出增长。

3. 在实证分析结果方面,对公共基础建设资本投资存量是太高还是太低的争议

经济学家们之所以热衷于对基础建设与经济增长实证关系的研究,是因为从中可以得出有益的政策建议。从基础建设与生产率或产出增长之间的相关方向,可以判断政府对基础建设资本的投资规

模是否适度。从两者之间弹性关系的大小，来判断基础建设投资对经济增长的作用大小。总体上看，基础建设对经济增长的促进作用是不言而喻的。尽管大多数文献研究的结果显示，基础建设投资对经济增长的促进作用显著为正。但也有人认为基础建设投资方面存在的问题并不是投资过少，而是对现有基础设施质量的维修和保护，以及投资结构的分布问题。

Bougheas et al（2000）还认为，基础设施投资与经济增长之间并不是简单的单调关系，而是一种倒 U 型关系。一方面，作为一种能降低生产成本的技术，基础设施能促进专业化的形成；但另一方面，公共基础设施投资的形成（通过征税获得）本身又是对经济增长的一种阻碍。但他们的研究同时也表明，大多数国家仍处于这条倒 U 型曲线斜率上升的一段。Gramlich（1994）从对基础建设投资需要的工程评估、基于民主投票结果的政治测度、对回报率的经济测度以及对生产率影响的计量估计这几个方面，总括认为，在美国，并不存在基础设施投资短缺的问题。在对美国高速公路的投资回报进行考察后，他认为基础设施的维修保护和新投资回报具有不同的收益率，应对它们的作用各自加以细分考察。

Fernald（1999）的研究也认为，由于基础设施是一种非竞争性的公共品。在使用基础建设的总量指标时，它只能反映整个社会所能得到的基础设施服务水平。但从个体的角度看，个人所使用的基础建设服务越多，对他人所能使用的服务水平会带来负面效应——拥挤。而大多数文献中并没有考虑此点。当然，只有在基础设施越完善的地方，出现拥挤的可能性才越大。这就意味着，对基础设施的投资还存在一个地区投资分布问题。

更多对发展中国家的研究还表明，道路和物质资本、人力资本之间存在互补性（Dercon et al，1998），道路基础设施的投资与人力资本、物质资本的投资一样重要。因而对发展中国家而言，还存在一个各类投资的配套问题。

（四）关于基础建设与经济增长的政策含义

总的来说，基础建设对经济增长确实存在正面效应。但以往的文献研究告诉我们，并不能仅仅从总量角度去考察基础建设对经济绩效的作用,而应该更细致地考察不同类型基础设施的投资收益,并根据投资收益的大小确定具体的投资方向。这对于广大的发展中国家和贫困地区来说,具有重大的现实意义。对这些国家来说,要实现经济的快速发展,必须要找到制约自己经济发展的瓶颈约束,并突破这种制约。就基础建设方面的投资而言,很多对发展中国家的研究表明,发展中国家并不缺乏总量上的基础建设投资,而是缺乏合适的投资结构和地区分布。

1. 适度控制投资规模

一项公共支出是生产性还是非生产性的,不能一概而论,它取决于该项支出在总支出中的相对稀缺程度。例如,高速公路、机场、市政建设等方面的公共支出过度,它们也可能变为非生产性的,妨碍经济增长①。也就是说,一旦超出某一最优投资规模,原本生产性的公共投资支出也会变成非生产性甚至负生产性的。实际上,有研究表明(Devarajan、Swaroop & Zou,1996),发展中国家政府在这些基础设施上的投入比重已经过高,降低投入比重反而更能提高经济增长率、有利于经济发展;与之相对应,这些国家在教育、卫生、文化、社会保障、政府治理环境的建设等方面的公共投入比重却过低,应该加大投入。Baffes & Shah(1998)选取 21 个中、低收入国家 1965 ~ 1984 年间的面板数据,对经济绩效的贡献因素进行考察。结果也表明,产出弹性最高的是人力资本,其次是私人资本和劳动力,基础设施资本的产出弹性较低,军事资本具有负的产出弹性。因而对发展中国家来说,要通过教育和培训,鼓励私人资本的形成来提高增长绩效。

总的来说,上述研究结果,表明了发展中国家不应该盲目追求基础建设的投资规模,而应根据国内在物质资本、人力资本投资方面的具体情况,来确定最优的公共投资支出水平。

2. 注重投资结构和投资分布

Fan et al 等人(2001、2002、2003)对印度、中国和泰国的农村进行了研究,并估算了基础设施投资对经济增长和贫困减少的影响。以往在测度道路时,往往只重视长度和密度等总量指标,而忽视道路

---

① 人民网:http://www.people.com.cn/GB/jingji/1045/3034246.html.

的质量差异。Fan 的研究结果表明,不同质量类型的道路的经济回报不同,对贫困的影响也不一。Fan 还进一步将道路投资对经济增长和贫困减弱的影响,按城市和农村进行了细分研究。他们认为低质量(大多在农村地区)道路的收益/成本之比四倍于高质量道路。因而,对中国这样的发展中国家来说,如果要在不同地区之间进行道路投资的选择,不可避免涉及经济增长和贫困减少之间的权衡。投资沿海和经济发达地区会促进经济增长,而投资内陆(尤其是西南部)会减少贫困。

此外,亚洲开发银行对中国公路建设与脱贫及经济发展之间关系的考察结果也表明,公路投资有助于摆脱贫困。投资建设低等级公路,由于其资本成本较低,因而能够为国内生产总值的增长带来三倍以上的边际回报率。虽然对城市贫困而言,低等级公路所产生的影响要比高等级公路低,但低等级公路对农村扶贫的影响效果却比一级公路的影响效果更大。由于低等级公路投资的边际收益率更高,因而建设低等级公路是一种投资更少,收效更大的扶贫方法。促使高等级公路的部分投资流向低等级公路,可以增加公路部门对经济增长和扶贫活动的贡献。

二、技术进步、技能溢价与工资收入不平等研究

近几十年来,很多国家都出现了收入不平等,并且不平等的程度还在迅速上升。如美国的收入分布上第 90 个分位点与第 10 个分位点的比值从 1971 年的 2.66 上升到 1995 年的 3.66(Acemoglu,2002)。与此同时,工资结构宽化的现象,以及基于人力资本和技能水平的工资溢价(大学生与高中生的工资比率)不断扩大。例如,从1940 年开始,美国的技能溢价就呈现出"W"型的变动趋势——在 20世纪 40 年代下降,直到 1970 年前后才开始上升,然后工资差距经历了短暂下降,在 80 年代又加速上升(Katz & Murphy,1992)。此外,发达国家与发展中国家之间、以及发展中国家的不同地区之间也都出现了技能溢价现象,这已经成为导致不同国家、地区之间收入差距扩大的一个重要原因。

学术界围绕这一现象进行了深入而广泛的研究。Daron Acemoglu 的主要解释在于技能的提高和劳动力供给的增加,他同时考虑了国际贸易及其对跨国工资差距的影响作用。Lee(1999)和 Card & DiNardo(2002)从工会和最低工资等劳动市场制度的角度进行了研究;Murphy 和 Welch(1992)从大学生毕业数量的变动而导致了劳动力供给结构变化的角度进行解释。还有的学者把技能溢价和由此导致的巨大工资差距归因于工会作用的下降,最低工资的实际价值下降和工资确定制度(DiNardo,Fortin and Lemieux,1996)。

虽然目前理论界仍然没有达成共识,但大多数经济学家都认为技能偏向性技术进步(Skill-biased Technological Change)是解释高技能劳动力就业比重的提高和高低技能劳动力收入差距扩大最基本的途径(Welch,1970;Bound & Johnson,1992;Katz & Murphy,1992;Berman,Bound & Griliches,1994;Johnson,1997;Berman,Bound & Machin,1998)。现有的关于技能溢价的研究因其对于技能偏向性技术进步的看法不同可以大致划分为两条线索。第一条线索将技能偏向性技术进步看作一种外生冲击,着重解释其对工资不平等的影响。另一条线索认为技术不仅仅是作用于劳动力市场和工资不平等的外部力量,而是与就业和工资水平一样,是厂商和工人决策的结果。换句话说,技术是内生的,从而致力于解释技能偏向性技术进步的源泉。

(一)外生的技能偏向性技术进步与技能劳动力的需求

Caselli(1999)首先考虑了技能和技术之间的相互关系,强调了技术之间的替代性,区别了不同的技术进步。他指出,新通用技术可以是提高技能要求的,也可以是降低技能要求的。如果新技术的使用要求比使用现有技术更高的能力,或必须承担重新学习的成本,那就是技能偏向的技术进步。如微电子和信息技术的发展需要特殊技能,提高了对技能的要求。如果新技术的使用比现有技术的要求更低,则是降低技能的技术进步。如流水线的采用并不会提高对技能的要求,因为随着生产标准化,技能要求反而下降,更多的人可以运用新技术。从 20 世纪 80 年代开始,许多学者对技术进步的技能偏向性进行了研究。Machin et al(1998)对 OECD 国家的研究,Katz &

Murphy（1992），以及 Katz & Autor 对美国的研究，都发现技术进步具有明显的技能偏向性。另外，Feliciano，Hanson & Harission（1999），以及 Berman & Machin（2000）发现，发展中国家的技术进步也具有明显的技能偏向性。

大多数经济学家都认为是技能偏向性技术进步导致了劳动力市场中就业和收入结构的变化，也就是所谓的"技能偏态假说"。技术进步的这种技能偏向性，反映了高技能劳动力对低技能劳动力的不断替代以及技术与技能间的不断互补，在劳动力市场上则表现为高技能劳动力所占的就业比重和收入比重不断扩大。技能偏向性技术进步主要通过以下两个方面对技能溢价产生影响。

第一，技能偏向性技术进步是高技能劳动力的相对需求增加的重要驱动力。技能偏向性技术进步要求参与生产的劳动力具备更高的技能水平和更高的教育程度，只有这样，才能应用新型技术设备进行生产，从而增加了对技能的需求。

Bartel & Lichtenberg（1987）在一篇开拓性文章中指出：高技能的人在对待环境变化和适应技术方面具有相对优势，在短期内，工资差距会上升，采用计算机技术的产业提高了对高技能工人的需求。Krueger（1993）对技能型劳动力就业的增加给出了两种解释。首先，资本必须和人力资本结合，高技术必须与技能型劳动力匹配。采用新技术后会增加对高技能劳动力的需求。其次，新技术会创造一个前所未有的劳动环境，技能型劳动力能更快掌握新技术，所有更多的人愿意雇佣他们。Goldin & Katzs（1998）认为从手工作坊到工厂降低了对技能的要求，体现了技术和人力资本的替代性；在70年代之后，不断出现的新技术则意味着对接受高等教育的人群上升的需求。Gregg & Mamnig（1997）认为从长期来看，技能偏向性技术进步会使非技能型劳动力的状况恶化。Aghion & Howitt（1998）阐述了技能型技术进步使得非熟练劳动向熟练劳动转变以及工资不均衡加深的机制，并强调当技术进步具有技能偏向性特征时，研发部门相对于制造业部门更具技能密集型特征。技术实际上是机器和能够使用机器的人的组合，新的机器具有更高的生产力，但只有事先积累某些特定技能的人才能使用。

83

第二,技术进步对高技能工人相对需求的影响,加速了技能的工资不平等。Helpman(1998)认为计算机作为一种通用技术,使得高技能工人在这次技术进步中更为有利。他们认为信息技术影响了整个经济,并且这种技术本身就是高技能互补、替代低技能劳动力的。冲击是外生的,但是厂商选择技术的决策(使用新通用技术替代原有的技术,并在新技术基础上进行产品创新)是内生的。Helpman (1998)和 Aghion et al. (2001)指出在新技术刚出现时,新技术不仅需要更多的研究人员去开发产品,而且最初的技术也只有少数人能够使用,终端用户也是那些评价高、付得起的人。最初,新技术生产效率均值大于旧技术,但是方差也大于旧技术,尽管这种方差会随着逐渐使用和知识系统化而下降。高技能工人更容易控制方差,或更能够承受生产率可能出现的下降,并具有较低的适应成本,因此高技能工人较容易转入到新技术上生产,并获得更高的工资。高技能工人生产的同时也在创造着知识并使得技术更易用,因此扩大了技术的使用范围(可使用这种技术的工人增加)。

Caselli (1999)证明了如果工人的训练成本是异质的,技术革命如何影响工资不平等。当技术革命是技能偏向时,较低学习成本的人将选择使用新技术。新技术资本回报率高,但同样面临着边际收益递减,所以为了消除套利机会,资本必须大量投入到新技术部门,以使得两种部门的资本边际报酬率相同。工资差距的持久性取决于使用这种技术的知识扩散程度。如果稳态时所有的工人都可以使用这种技术,那么工资差距将下降,如果存在两种技术长期同时被使用,那么工资差距将是持久性的。Greenwood & Yorukoglu (1997)分析了如果技能劳动力在技术实施上拥有比较优势,投资特定的技术的加速如何影响生产率增长和工资不平等。

(二)技能劳动力供给的变动与技能溢价

20 世纪 80 年代以来,还有一个不容忽视的事实,就是大学教育程度的劳动力不断增加,对技能溢价产生影响。Goldin and Katz (1996, 1998)就发现从 1909 年到 1929 年,随着资本深化,电力的扩散,连续生产和批量生产方法的出现,极大地增加了对制造业非生产性工人和高技能工人的需求,但是这段时期技能工资的差异并没有增加。他们认为原因在于当发生技能偏向性的技术进步时,技能的供给增加阻止了工资不平等的上升。因此,很多经济学家(如 Katz & Murphy,1992;Murphy & Welch,1992)开始从大学毕业生数量的变动而导致了劳动力供给结构变化的角度对技能溢价进行了解释。

Katz & Murphy(1992)在这方面进行了一些开创性的工作,认为运用一个简单的供求框架就可以很好地解释技能溢价的变动趋势,"大学毕业生相对需求的长期增加以及其相对供给的波动能够解释1963~1987 年美国的技能溢价"。Katz & Murphy(1992)认为是由于20 世纪 60 年代大量受过良好教育的婴儿潮出生的人进入劳动力市场,导致 70 年代技能劳动力迅猛增加,它与 20 世纪 80 年代加速的技能偏向性技术进步一起,共同导致了技能溢价上升。

该文建立了一个两要素的简单 CES 模型:

$$\log\left(\frac{w_1(t)}{w_2(t)}\right) = \left(\frac{1}{\sigma}\right)\left[D(t) - \log\left(\frac{x_1(t)}{x_2(t)}\right)\right],$$

其中,$w_1(t)/w_2(t)$ 为第 t 年的相对工资,$x_1(t)/x_2(t)$ 表示第 t 年劳动力的相对供给,σ 为大学生和高中生的替代弹性,$D(t)$ 表示用对数表示的相对需求变动的时间序列。运用 1964 年到 1988 年的 CPS 数据进行计量分析,计算出 σ 的估值为 1.41。Autor,Katz & Kruger (1999)认为高技能劳动力与低技能劳动力的替代弹性 σ 的估值为1.5。当两个技能团体分别为大学教育程度和高中教育程度的工人时,这一估值意味着大学教育水平工人的相对比例每上升 10%,其相对工资就下降大约 6.6%。

可见,早期的理论都将技能溢价的动态变化归因于相对供给的变动,以及外生的技能偏向性的技术进步。由于 20 世纪 60 年代大量受过良好教育的婴儿潮出生的人进入劳动力市场,政府增加对高等教育的支持力度,从 20 世纪 70 年代开始,美国劳动力市场中高技能劳动力大量增加。同时,在过去 30 年中,因为芯片,个人计算机和网络所导致的技术革命,新技术都偏向于高技能工人,对技能的需求也在快速增加。同时,他们将技能偏向性技术进步加速归因于科学的进步与非利润动机贪婪的企业家行为,并没有解释技术冲击从何而来。

(三)技能偏向性技术进步的源泉

1. 资本与技能的互补性

很多经济学家试图从资本—技能互补性的角度,来理解潜在的技能偏向性技术进步的源泉。Grilliches 早在 1969 年就提出了资本—技能互补假说,认为高技能劳动和物质资本的互补性强于低技能劳动和物质资本的互补性。换言之,低技能劳动更容易被物质资本所替代。Greenwood,Hercowitz & Krusell(1997)也指出资本设备的变化可以解释投资特定的技术变迁。Krusell et al(2000)针对过去几十年中,技能设备的相对价格不断下降进行研究,认为对技能的加速需求可以看作是资本设备的相对价格快速下降的结果。他们将资本—技能互补看作是技能偏向性技术进步的一种形式,证明了如果资本设备与技能劳动力的互补性更强,那么,投入要素数量的变动有助于解释战后美国经济中技能溢价的大部分变动。换句话说,他们认为资本设备品和技能工人的互补性更强,正是由于这种资本物化、技能偏向的技术进步(Capital-embodied Skil-biased Technical Progress)导致了工资溢价的上升。

这方面的实证研究比较多。KORV(2000)则认为在古典的总生产函数中,资本与技能是互补的。资本设备存量的增长互补性地增加了技能劳动力的边际产量,从而提高了其相对需求。他们也从数量上估计了从 1963 年到 1992 年资本与技能的互补性对技能溢价的影响,并发现可观察的要素投入的变动可以解释这 30 多年来技能溢价的变动。Krusell et al(2000)使用 20 世纪后半叶设备价格的数据来说明改良及其加速可以解释技能报酬溢价的上升,条件是资本对低技能的替代性大于对高技能劳动的替代性。得出结论:美国技能劳动比例变化的主要原因是资本与技能的互补。Mazumdar & Quispe-Agnoli(2004)运用秘鲁的数据分析产业内技能工人比例的决定因素。他们通过构建总产出的成本对数函数,将国内原材料和进口原材料的作用和资本的作用结合起来考察,发现资本积累可在相当大程度上说明工资总额比例的增长以及技能劳动工资的增长。

但是,目前也有些研究(Duffy et al,2004)发现,资本对技能报酬溢价的影响较小(Duffy et al,2004)。Berman, Bound & Griliches

（1994）发现资本能够解释某些偏向于技能工人的变化,但是仅仅只能解释一小部分。Berman & Machin（2000）也发现资本密集度的变化不能解释很多技能变化。Goldin & Kat(1998)也指出,资本—技能互补只是一种暂时的现象。当一国经历不同的发展阶段时,高技能劳动由更容易替代资本和低技能劳动转变成与二者互补。

2. 技能工人供给的增加与工资不平等的内生决定

有些经济学家们认为,技能偏向性技术进步加速的事实与高教育程度的工人的相对供给增加或多或少存在一点巧合,希望能寻找一种理论将技能的相对需求和供给连接起来,试图解释为什么在 20 世纪新技术具备技能偏向性。他们意识到技术不仅仅是作用于劳动力市场和工资不平等的外部力量,而是与就业和工资水平一样,是厂商和工人决策的结果。换句话说,技术是内生的。他们认为,以往的理论的共同特征是假定技能劳动力的相对供给不变,认为技术进步通过技能劳动力的相对需求导致了工资不平等。Katz and Murphy（1992）虽然分析了技能劳动力的相对供给对技能溢价的影响,但也假定供给的变动是外生给定的。然而,从理性预期的观点来看,技能劳动力的供给是对未来技能溢价的反应,技能劳动力的相对供给和技能溢价是以动态方式相互作用的。而且,整个战后期间技能供给虽然稳步增加,但技能报酬溢价却仍然上升。因此,必须从内生的角度来分析技能劳动力供给与技能偏向性技术进步之间的关系。

为什么技能偏向性技术进步与技能劳动力的供给相关呢？一个基本思想是技术进步将会被指引到更盈利的地方。尤其是当发展技能偏向的技术进步更为有利可图时,新技术往往是技能偏向的。Acemoglu(1998) 分析了一个有指向的技术进步,强调高技能劳动力的增加影响着创新的方向,指出新技术不是天然的与技能互补,而是人为设计的。该义指出技能偏向性技术进步是内生的,能够根据技能劳动力的市场规模进行相应变化。技能劳动力占总劳动力比重的增加,意味着一个更大的技能互补的技术市场和更多的垄断租金,从而激励厂商提高技能工人的生产率,使得技能工人的生产力升级的速度加快。这类似于掌握计算机技术人员的增加为计算机生产商提供了更大的市场和创新激励。高技能劳动力增加,在最初会降低技能溢价(替代效应),但是之后会诱发技能偏向性技术进步(市场规模效应),从而增加相对技能溢价,甚至超过最初水平。

假定生产函数采用如下形式:

$$Y = \left[Y_l^\rho + \gamma Y_h^\rho \right]^{1/\rho},$$

其中 Y_l, Y_h 分别表示使用低技能和高技能生产的中间产品。假定两个部门的生产函数为 $y_s(i) = A_s(i) n_s(i)^\beta$,其中 $s = l, h$。最终产品的价格为 1,两种中间品的价格分别是 p_l 和 p_h。那么可以算出工资水平和技能溢价分别为:

$$\omega_s = \beta p_s A_s N_s^{-(1-\beta\rho)},$$

$$\omega \equiv \frac{\omega_h}{\omega_l} = \gamma \left(\frac{A_h}{A_l} \right)^\rho \left(\frac{H}{L} \right)^{-(1-\beta\rho)},$$

其中 $s = l, h$,L 和 H 分别为总的低技能工人数和高技能工人数。可见,只要 $\left(\frac{A_h}{A_l} \right)$ 给定,$\frac{\partial \omega}{\partial H/L} < 0$。Acemoglu(1998)的创新在于他认为技术变动的方向是依赖于劳动力的构成,即 $A_h/A_l = f(p, H/L)$,其中 p 是中间品的相对价格比。与高技能劳动力互补的中间品技术市场,相对于与低技能劳动力互补的技术市场的变化,和 H/L 成比例,因此 H/L 的增加给高技能互补的技术带来更大的市场,同时增加 A_h/A_l,即 $\frac{\partial A_h / \partial a_l}{\partial H/AL} > 0$。

同时,Accemoglu(1998)给出了内生相对工资的变化:$\omega = \gamma^{1/(1-\rho)} (H/L) \eta$,其中 $\eta = \beta\rho^2/(1-\rho) - (1-\beta\rho)$。$\beta\rho^2/(1-\rho)$ 表示有指向的技术变动效应,$(1-\beta\rho)$ 是技术效应。反映当其他条件不变时,H/L 的变化对边际生产力的变化影响。技能供给的增加对技能溢价的影响取决于两个竞争性因素。首先传统的替代效应使得经济会沿着向下倾斜的需求曲线移动。其次,指向性的技术效应会使得技能的相对需求曲线移动,因为技能供给的增加会导致技能互补的技术更快地升级换代。当有指向技术进步的正效应大于劳动力增加带来的负效应时,将会发生技能偏向性技术进步和工资变动。

Machine & Manning(1997)和 Acemoglu(1999)认为,厂商和工人必须在高技能工人和高技能工作、低技能工人和低技能工作之间进行匹配。经济中技能劳动力比重的增加导致了提供高技能工作的厂商增多,结果导致技能劳动力的工资更高。Acemoglu(1999)则考虑了劳动力市场的匹配问题。只有当技能劳动力足够多的时候,厂商才会设置一些特殊的工作,这会增加一些固定成本,因此只有足够大的市场才能保障这些成本能够得到补偿。

Kiley(1999)和 Acemoglu(1998)的观点相类似,属于最早研究劳动要素和技术进步方向对工资差距影响的经济学家之一①。Kiley(1999)也分析了与技能劳动力互补的技术方面的 R&D 投入和技能工人供给的关系,认为技能溢价的变动源于技术的内生调整,为了与更多的技能工人相配合,经济中将会采用新的,技能更加密集型的技术。假定经济中存在高技能和低技能劳动力(分别用 L_{it}^{s} 和 L_{t}^{u} 表示),高技能劳动力占总人口的比例为 w_t。生产函数为:

$$Y_{it} = (L_{it}^{s})^{1-\alpha} \sum_{j=1}^{N(t)} (X_{ijt})^{\alpha} + (L_{it}^{u})^{1-\alpha} \sum_{j=1}^{M(t)} (Z_{ijt})^{\alpha},$$

其中 $N(t)$ 和 $M(t)$ 分别是高技能和低技能工人互补的中间品的种类,X 和 Z 是每种中间产品的使用量。该文通过分析证明了:高技能偏向的技术种类和低技能偏向的技术种类的比例与高技能工人和低技能工人的相对比例呈正相关。在短期内,X 和 Z 固定,技能工人的边际生产力下降,因此工资下降。当技术调整完成后,N 和 X 都会增加,高技能工人的边际生产力增加,工资将上升。

Galor & Moav(2000)考虑了当人的能力是异质的情况。不同能力的人接受教育的成本不同,同时,不同能力的人使用技术时的有效劳动也不同,能力高的人经受技术变化时受到的冲击相对较小,这些都会使得技术进步更偏向能力高的人。当技术进步变得更大时,会有更多的人愿意接受教育,因为成为技能劳动力可以减少新技术带来的冲击。这意味着高技能工人内部能力的差异将扩大,同时也意味着工资差距将扩大。Eicher & Garcya-Renalosa(2001)不仅将劳动技能的需求和供给内生化,而且还将决定劳动需求技能偏向的因素,

---

① Kiley(1999)和 Acemoglu(1998)区别在于 Kiley(1999)假定劳动力的技能构成是外生的,而 Acemoglu(1998)假定劳动者对技能的选择是内生的。

即技术与熟练劳动及非熟练劳动的互补性内生化,用以考察人力资本积累是如何同时影响经济增长和收入不平等的。他们分析了教育成本和教育外部性与"干中学"及研发强度的关系,刻画了一个国家从学习模仿内生地转向自主研发的门槛,认为技术变迁可以产生与不平等及技能升值的跨国数据相一致的多重稳定状态。

Nahuis & Smulders(2002)则从高技能劳动力增加对厂商知识生产影响的角度来讨论技能溢价问题。经验分析表明低技能工人的工作正逐渐被自动化机器所取代,对劳动力的需求正逐渐转向技能密集型的服务、维修和管理等方面。高技能劳动力的相对增加使得生产过程发生了结构性的变化,逐渐转向知识密集型生产。因为技能工人利用并创造着知识,技能工人的增加意味着企业对知识的可占用性较高,使得企业有能力更多地从事内部 R&D 创新活动,可以更好地利用技术人员开发更适于企业自身特定知识结构的新产品或工序,而不是购买专利。厂商技术开发所涉及的外部人员越少,知识外溢越少,从而知识创造的投资越大,那么厂商对知识进行投资的动力增强,技能溢价越高。可见,技能工人的增加通过两种方式影响着技能溢价。首先它们提高了厂商特定的(firm-specific)知识的价值,因为企业内部知识的非竞争性,技能工人的增加一方面提供了更多的知识;另一方面,知识为更多的人所利用。企业价值的上升意味着知识和提供知识的人的价值上升。其次,知识也面临着边际收益递减,技能劳动力的增加降低了边际收益,即替代效应。因此技能工人的工资溢价依赖于厂商由于价值的升高而进行的引致投资和替代效应哪一种更大的问题。

3. 干中学与技能积累

还有一种思路是分析通过干中学得到的经验积累和新知识对(不同年龄的)工人生产力的不同影响,来考察其对工人相对工资以及对教育的影响。

Young(1991)和 Lucas(1993)认为从同一种技术水平的产品生产中得到的干中学能力将面临着边际递减,并是有限的。工人不断从事更高一级的产品生产可以带来动态的干中学,减少边际收益递减的可能。因此在不同的企业和经历不同代产品生产的工人,人力资本是不同的,即使他们在最初进入劳动力市场时是同质的。因此年长工人的人力资本依赖于最初的知识,工作经历中(不同的)干中学积累。年轻人缺少干中学经验,但是具备最先进的知识,如果这种知识变化的速度足够大,超过了年长的工人递减的干中学积累(例如那些长期从事同一种技术产品生产的工人),那么我们将看到经济中年长的工人面临着更大的生产力冲击,越是长期从事同一种产品生产、使用的技术越是陈旧,越是面临着竞争的压力,甚至被迫离开岗位。而不同的技术和人力资本的组合(劳动力市场上,技术和人力资本的匹配过程)产生了不同的工资,这是由于企业掌握不同的技术,劳动力存在着人力资本的差异,而竞争性的劳动力市场引致着最有效的组合(Acemoglu,1999)。

Helpman & Rangel(1999)将工人的人力资本分为教育和经验。前者是通过接受教育或者企业内部培训获得,是通用知识的增加;后者是从生产中获得的技术知识,是技术特定的知识。教育使得工人懂得掌握和操控技术,而经验则改善了某一种特定技术的生产力。通用知识要比特定技术经验在技术转换的过程中更好地被传递。工人选择接受教育的水平,以及当新技术出现时,是否转入新技术行业。一种新技术的采用在短期对经济有着"转移效应"和"进入效应"。转移效应是指如果工人从旧技术转移到新技术,丧失的采用原有技术积累的经验优势。工人的经验在技术间转移的时候要失去一部分。除非新技术的生产力足够高,才会使得原来的技术工人都进入这种新技术。工人进入新行业之前必须接受培训和学习,以适应新技术。进入效应是指由于技术和教育变得互补性更强,所以会有更多的人愿意接受教育,在短期内降低了劳动力的供给(教育是要花费时间的)。所以经济在新技术采用之初,表现出学习的代价,表现为短期的生产力下降。对新技术学习的速度越快,或工人丧失的经验越少,技术间转换越快,生产力的下降越小。Greenword & Yorokoglu(1997),Hornstein & Krusell(1996)也从厂商学习新技术和适应过程的角度分析了生产力增长速度的短期下降。

Galor & Tsiddon(1996)研究了一种经济体,在这种经济体的任何时点上,个人必须决定是在新技术部门工作还是在老技术部门工作。假设两个部门工作的净回报（即在支付了学习成本之后）都是线性的,最后得出能力高的人在新的部门工作,能力低的人在旧的部门工作。但是对于既定的部门来说,如果一个工人的父母在新(旧)部门工作,他也会在新(旧)部门工作。新技术的出现使第一种(能力)效应决定了第二种(父母)效应,从而提高了收入的流动性和工资的不平等性;另一方面,创新使得新技术更容易,从而会提高"父母效应"的作用,减少收入的流动性和工资的不平等。因此,在 Galor & Trsiddon 的著作中,技术变化与工资不平等的联系取决于技术的生命周期,它影响着能力效应和父母效应的相对重要性。

Galor & Tsiddon (1997) 解释了一个由于能力报酬的变化和两种类型的技术进步所导致工资不平等的循环模式。工人的能力不同,能力的回报也不同。一方面,频繁发生的技术突破增加了能力的收益,增加了工资不平等。收入分配的变化仅仅是由于工人的流动性不是即时发生的。另一方面,随后的增量创新会逐渐使得低能力工人更加容易接受技术创新,从而降低了工资不平等的程度。

Greenwood & Yorukoglu (1997)用数字模拟了一个葡萄酒资本模型,在此模型里,技术变革被模拟为新葡萄酒价格下跌的外生比率的增长或者是技术的进步。每一个工厂使用资本、技能劳动力和非技能劳动力作为生产的要素。假设一个工厂里总要素生产率的最初水平(即任何学习发生之前)与技术进步的关系是反向的:技术变化越快,就要求有越多的人努力去学习新一代的设备。因此,当技术进步加快时,新工厂只能从较低水平的生产率开始。由于学习行为的边际回报在递减,因此,对技能工人的需求及他们的工资都会出现增长。

Lloyd-Ellis (1999) 明确区分了新技术的开发和吸收,无论对于新技术的开发还是新技术的吸收,技能都非常重要。取决于可获得的技能分配,技术引进比技术吸收更快,从而工资不平等加速。Lloyd-Ellis(1999)在内生的技术变化模型中加入了吸收能力,分析了内生的技术变化和工人吸收能力的变化对工资差距的影响,得到了与标准模型(Romer 1990,或 Grossman & Helpman 1991)不同的结论。技术在不断进步,工人的吸收能力也在不断变化,工人的吸收能力取决于他现有的能力水平。当高技能劳动力相对缺乏时,劳动市场表现出很强的"技术不流动性"(technological immobility),即在任何时候,只有一部分人具备使用新技术的能力。当技术吸收能力相对较低的时候,技术进步速度超过吸收速度,短期内提高了高技能工人的工资。假定 R&D 开发通常由技能最高的工人进行,工资上涨导致开发成本上升,降低了创新速度。在这个过程中,能带来的工资溢价持续上升,技术进步的速度下降,直到技术进步速度等于吸收速度。

(四)存在的争议及展望

技能偏向性技术进步假说在理论上占有很重要的地位,为理解技能溢价和工资不平等的变化提供了一个颇具穿透力的分析框架,但是也存在着不一致的研究结果。例如,根据 Card 和 Dinard(2002)的研究,技能偏向性技术进步还不能解释性别工资差异的缩小、种族工资差异的稳定以及与教育相关的不同年龄段工人工资差异的扩大。因此,过去 30 年中工资结构的较大变化并不能由技能偏向性的技术进步来解释。Mbius(2000)在研究手工艺生产到成批生产、再到新经济的演化过程发现:一方面,技能和技术之间没有直接的互补关系。相反,技术进步只间接地通过产品市场这一传导机制来影响技能需求。在工业化时期,技术进步和技能劳动的相对需求为负相关,但在新经济时期不断转为正相关;另一方面,全球化条件下,类似国家的贸易扩大了市场,促进了产品的多样化,从而加速了新经济的兴起,而把技能偏向性的技术进步作为唯一的逻辑因素显然是错误的。可见,技能溢价变化的各种不同驱动因素之间并非是相互独立的,而是相互关联的。具体而言,存在的争议主要在以下几个方面:

1. 劳动力市场制度变迁

在此劳动力市场中的制度变迁,包括工资确定制度如工会力量的削弱、工资准则变化以及最低工资实际作用的削弱等。过去 20 年中,劳动力市场制度的两项主要变动是美国劳动力市场结构的决定力量:州及联邦最低工资的实际作用下降和工会在工资决定中的作用下降。最低工资目的在于提高低技能劳动工资,其作用的下降会扩大技能溢价。工会常常压制工资结构,降低技能报酬溢价。美国的工会化程度一直在下降,1960 年为 29% ,1979 年为 25% ,1979 ～ 1985 年每年下降 1% 。进入 20 世纪 90 年代后基本保持不变,如 1990 年为 16% , 1995 年为 15% 。工会力量的削弱,无疑对于美国 劳动力市场不平等,尤其是工资分布底部的不平等起着非常重要的 作用（参见 Card, 1999；DiNardo& Lemieux, 1995）。Lee（1999） 和 Card & Dinard（2002）也认为, 20 世纪 80 年代工资不平等的增 加并不主要由供给和需求来解释, 而应该主要由最低工资的实际价 值下降来解释。但是制度变迁对工资不平等的作用也受到了某些质 疑, 如 DiNardo & Lemieux（1997）认为, 制度变迁是结果, 不是 技能报酬不平等的动因, 即制度变迁是内生的, 它只能对工资分配 的某些部分产生影响, 所以它的作用有限。

不平等的增长可能会使得劳动力市场的某些制度安排（如工 会）很难生存, 也会减少高收入个人对政府项目的支持。这意味 着技术进步虽然能增加对技能的需求, 但同时也会对不平等产生放 大效应, 因为它也会改变劳动力市场制度和再分配的偏好。因此, 今后的研究应该承认技术进步和劳动力市场制度和社会准则的变迁 之间的相关性, 并且将两者联系起来进行考察。

2. 剩余工资不平等（residual wage inequality）

大量研究表明 20 世纪 70 年代后期以来, 大学—高中工资溢价 是解释工资不平等的主要原因（Bound & Johnson, 1992；Katz & Murphy, 1992）。然而, Juhn, Murphy & Pierce（1993）指出, 自从 20 世纪 70 年代初期开始, 剩余工资不平等①稳定上升, 认为剩余 工资不平等才是解释工资不平等的主要原因。剩余工资不平等的上 升主要反映了不能观察的技能的价格的上升, 这些不能观察的技能 没有成为标准的回归因子（而经验和教育则是）。他们得出结论: 剩余工资不平等的增长是 20 世纪 70 年代初开始的技能的相对需求

---

① 所谓剩余工资不平等, 指不能为完全教育或其他显示人的能力的指标或 因素所说明的对工资差距的影响（类似于索洛残差）, 主要表现为人内在的能力 差距。或者可以将其解释为群体内工资不平等, 即相同教育水平和相同经验的工 人的工资发散。

稳态增长的结果。

Juhn, Murphy & Pierce（1993）的关键性假定是不能观察的技能的分布不随时间而改变。另外，工资不平等的增长仅仅只反映了不能观察的技能的分布的不平等程度在增加。然而，这一假定存在两个问题：首先，在教育和经验既定的条件下，年轻人比老年人在技能和能力的分布上更加不平等。然而，Juhn, Murphy & Pierce（1993）并没有考虑到群体效应（cohort effect）。其次，经验和教育的分布也在不断变化。不能观察的技能的分布的不平等随着经验而增加。除非劳动力的经验分布保持不变，否则所观察到的剩余工资不平等的增长仅仅只是经验分布改变的结果。

Card & Dinard（2002）认为20世纪80年代早期工资不平等的增长只是一个插曲，到80年代中期，工资不平等趋于稳定。Lemieux（2005）对70年代到90年代剩余工资不平等增长的原因进行了重新分析，得出了与Card和Dinard（2002）类似的结论。认为在控制了组合效应（compositon effect）之后，80年代剩余工资不平等上升只是一个阶段性事件。这意味着对技能的需求并没有随着时间而稳定增长，而是主要集中在80年代初期，这显然与技能偏向性假说相背离。

3. 贸易与技术之争

技能型技术进步无疑是引起非熟练劳动需求下降、熟练工人需求上升的重要原因，也有部分经济学家认为，全球化和日益增长的国际贸易在技能溢价和工资不平等上升过程中所起的作用也不容忽视。从20世纪80年代后期开始，大量经济学家开始关注贸易与工资不平等之间的关系。但是不论在理论上还是在实证分析上，学者之间的观点都存在较大的分歧。这种分歧主要表现为，技术和贸易哪一个是造成收入差距拉大的主要原因。

根据SS定理（Stolphe-Samuelson, 1941），一国实行自由贸易时，贸易使出口产品生产中密集使用的那种生产要素，亦即国内供给相对充裕的生产要素价格上升；使出口产品生产中非密集使用的那种生产要素，亦即国内供给相对稀缺的生产要素价格下降。发达国家和欠发达国家（一般在低技能劳动密集型产品上具有比较优势）之间的国际贸易增加，提高了发达国家对高技能劳动的需求。具体而言，全球化带来的发达国家贸易品价格的提高引致高技能工人的工资超比例增加，而低技能工资下降；此外，这种工资变化又会导致高技能劳动与低技能劳动构成比例的调整，从而影响技能溢价。对于技能劳动丰富的国家而言，因贸易壁垒减少带来的产品价格的下降，会提高技能劳动的报酬，致使低技能劳动的报酬下降，从而扩大技能报酬溢价。

但是很多经济学家认为国际贸易对技能溢价和工资不平等的影响很小，主要是由于以下几个原因：首先，发达国家与欠发达国家之间贸易数量毕竟是很小的，不足以对产品价格以至工资产生重大影响。其次，由于对技能密集产品的需求上升，从而其相对价格大幅度上升的情形并没有出现。再次，很多与美国进行贸易的欠发达国家的工资不平等也在上升。然而根据全球化和贸易理论，如果贸易是美国技能报酬溢价扩大的动因，那么美国技能需求和工资不平等扩大的同时，与技能丰富的美国进行贸易的欠发达国家的不平等应该下降。

然而，也有一些实证研究发现贸易对于工资不平等有较大影响（Bernard & Jensen，1997；Bernard & Wagner，1998；Manasse & Turrini，2001）。Aghion & Williamson（1999）指出，产业内贸易和中间产品贸易对工资不均衡的影响是明显的。Feenstra & Hanson（2003，特别强调中间产品贸易能成为解释工资差距的一个重要原因，他们指出，中间产品贸易不仅影响进口竞争产业的劳动需求，而且影响中间产品使用部门的劳动需求，中间产品贸易对相对工资的影响比最终产品贸易要大得多，甚至中间产品贸易对相对工资的影响与技术偏向的技术进步作用是一样的。因为中间产品生产既是熟练劳动密集型的，又是一种过程贸易（processing trade）。可见，中间投入贸易降低了对低技能劳动的需求，提高了对高技能劳动的需求，从而使高技能劳动工资上涨，因而中间投入贸易是美国及其他国家技能报酬溢价扩大的主要原因。

从 Berman, Band & Griliches (1994) 的研究中，也能发现对产业内贸易的忽视是贸易对工资不均衡解释力度不强的一个重要原因。他们通过分解熟练劳动工资结构的变化来解释技术进步和国际贸易对产品需求的影响，强调熟练劳动密集型产业的增长使得产业间和产业内就业人口份额发生变化，这种变化的特征体现在非熟练劳动向熟练劳动转移主要是由行业内变化引起的。Machin (1995) 证实了 Berman, Band & Griliches (1994) 的结论，发现英国 1979~1990 年间熟练劳动需求上升中的 80% 都是源于产业内部转移。已有经验分析还忽略了贸易自由化对原材料价格下降以及原材料种类数增加的影响。Koebel (1997) 证实了当自由贸易降低了物质投入价格时，非熟练劳动的需求下降。虽然国际贸易对原材料的确切影响的大小还不清楚，但 Owens & Wood (1997) 认为，自由贸易是导致原材料价格下降的重要原因，通过这一渠道，自由贸易可以成为解释非熟练劳动向熟练劳动转换的重要原因。

可见，贸易影响了开发哪种技术更加有利可图。尤其值得一提的是，贸易创造了技能密集型产品价格上升的趋势，然后通过价格效应，激励引进新的技能偏向性技术，换句话说，贸易和全球化引致了进一步的技能偏向性的技术进步。从这个角度来看，贸易对工资不平等的影响非常重要。而且，即使它不对技能密集产品的相对价格产生影响，也会对工资不平等发挥作用，因为引致的技能偏向性的技术进步会增加技能密集产品的需求。Aghion & Howitt (1998) 就强调，当技术进步具有技能偏向特征时，研发部门相对于制造业部门更具技能密集型特征，国际贸易与技能型技术进步是相容的。因此，应该建立一个统一的理论框架，来分析国际贸易和技能型技术进步在解释工资不均衡程度增加时的相互作用。Acemoglu (2002, 2003) 发展了类似的综合性模型，试图从供给和技术角度分析国别间的收入差距的趋势问题，主要考虑技能溢价的类型和决定因素，包括技术和劳动力的供给，特别是考虑了国际贸易所产生的影响，这种新颖的视角正是综合性模型巨大潜力的反映。

三、经济趋同的计量分析与收入分布动态学研究

贫困地区经济增长是否会比富裕地区更快？国家间或地区间的收入差异是否会随时间而趋于减少？伴随着经济增长过程，不同国家或地区的收入分布呈现出怎样的动态特征？如何分析影响各国经济增长出现趋同（趋异）的因素或机制？对这些问题的探索已经成为当代宏观经济学领域中关注的焦点。尤其是自 20 世纪 80 年代中期以来，随着新增长理论的兴起，围绕经济趋同问题的实证分析和收入动态研究迅速发展，大量研究者立足于大样本截面数据或面板数据，采用更新的分析手段，从经验层面对内生经济增长理论进行检验和修正，新增长理论研究也随之不断丰富，而这恰恰是新增长理论不同于 20 世纪 60 年代的新古典增长理论的一个重要方面（Sala-i-Martin，2002；Quah，2006）。

（一）围绕经济趋同的研究背景

"趋同假说"源自新古典增长模型（Solow，1956；Swan，1956），这种外生增长模式导致一个直接推论：一个经济体真实人均产出的初始水平越低，其经济增长率就越高。虽然许多内生增长模型不支持绝对趋同假说，但是参照许多国家和地区的经验数据，经济体之间的趋同现象又似乎是一条很强的经验规律（巴罗，2004）。随着各国对经济增长水平动态演变趋势研究的发展与深入，经济学家提出了多种"趋同"概念。所谓"绝对趋同"，指的是无论一个经济系统自身有何经济结构特征，经济体之间的人均产出在长期中会趋同（Galor，1996）。"条件趋同"指的是，如果经济体之间具有相似的经济结构特征①，则它们之间的人均产出在长期中会趋同（Barro & Sala-i-Martin，1992）。而"俱乐部趋同"进一步指出，如果各种经济体具有相似的经济结构特征和初始经济条件，

---

① 这里所说的经济结构特征包括生产技术、消费者偏好、人口增长率、政府政策、要素市场结构（Galor，1996）和自然资源（De la Fuente，1996）等因素。

则它们的人均收入水平会趋同，并形成一个增长俱乐部（Quah，1996；Prichett，2000；Canova，2004）。

在围绕趋同假说的经验分析中，众多学者发展出多种不同的计量方法进行了验证。被广泛采用的"β趋同"是指初期人均产出水平较低的经济体趋于在人均产出增长率上比初期人均产出水平较高的经济体以更快的速度增长。而"σ趋同"是一个与截面数据相关的概念，指的是经济体之间的人均产出的方差会随时间而趋于下降（Sala-i-Martin，1990）。"σ趋同"通常用人均收入的样本标准差来刻画，因此，它测度的是经济体之间人均产出的离散程度。关于经济趋同的计量回归分析得到了长足的发展（Barro & Sala-i-Martin，1992；Durlauf & Quah，1998；Temple，1999；Durlauf et al，2005；Magrini，2004；Quah，2002）。

经济趋同的经验研究，截面回归是通常采用、并被广泛参照的计量方法，此类回归通常也被称为"Barro 回归"（Barro，1991）。但是，随着相关计量研究的发展，截面回归中由于遗漏变量、测量偏误、变量自相关、内生性等导致的估计偏误问题逐渐被人们认识。尤其是 Barro 回归中对各国初始技术水平的处理方法既脱离新古典增长理论的假设，也不符合现实状况，该方法受到了越来越多的批评。为此，研究人员开始寻找各种新的解决方法。Islam（1995）和 Caselli，Esquivel & Lefort（以下简称 CEL，1996）率先在趋同的研究中运用面板回归方法，该方法在消除遗漏变量方面具有非常明显的优势。同时，CEL（1996）所采用的一阶差分矩估计（first-differenced generalized method of moments）对解决测量偏误和内生性造成的估计问题也有所帮助。

由于增长趋同强调的期初收入水平与产出增长率之间的一种长期关系，而宏观数据中普遍存在由时间序列数据持续性（Persistent）导致的弱工具变量问题（Weak Instrument Problem），处理动态面板数据的系统矩估计方法（System generalized method of moments）（Bond et al，2001）使得基于均值的面板回归估计方法得到了很大丰富。随后，许多学者对传统的趋同概念进行了修正，采用时间序列数据系统性地检验趋同现象的研究日渐发展

(Bernard & Durlauf, 1995; Evans, 1996)。同时，许多学者应用跨国的趋同研究方法来考察国家内部各地区（州、省）之间的增长趋同特征，通常的回归分析中被研究人员有意或者无意回避的经济系统相互影响问题逐渐浮出水面，为此一些学者将经济地理学领域运用的空间计量方法引入到了地区增长趋同研究中来（Rey & Montouri, 1999）。

此外，Quah（1996，1997），Durlauf & Quah（1998）在一系列的论文中对趋同研究中的回归方法提出了批评，他们强调基于回归方法的结论只适用于代表性个体，而对于所有经济单元的收入分布在趋同（或发散）过程中的动态学则不能提供有力的解释。为此，他提出了一种全新的增长趋同研究方法：收入分布动态法。他将国家或地区间的收入分布格局视为某种概率分布，着重考察该概率分布的特征及其随时间变化而产生的演变，即收入分布的形状和变动趋势，以此来解释跨国间或地区间的增长趋同问题。该方法本质上是一种非参数计量方法，与增长趋同研究的传统回归方法在方法论上具有明显的区别。近年来，一些运用收入动态法考察增长趋同的学者开始在研究中融入传统的回归分析元素，尝试着将收入动态法和回归方法有机地结合在一起（Leonida & Montolio, 2004; Beaudry et al, 2003）。

本研究第二部分回顾和比较关于经济趋同的截面和面板回归分析；第三部分比较阐述趋同的时间序列和空间计量分析；第四部分是趋同的收入分布动态研究；第五部分总结关于绝对趋同、条件趋同和俱乐部趋同的经验证据。

（二）关于趋同的截面回归和面板回归分析

Barro 回归方程是趋同研究中回归分析方法采用的范式，它来源于 Ramsey 模型中资本积累方程在其稳态附近的一阶泰勒展开式。一般而言，趋同回归方程通常可以表示为：

$$\gamma_i = \alpha + \beta \ln y_{i,t-T} + \varphi X_{i,t} + \pi Z_{i,t} + u_{it} \tag{1}$$

其中 $y_{i,t}$ 表示第 i 个经济体在 t 时刻的人均产出；被解释变量 $\gamma_i = (1/T) \ln [y(t)/y(t-T)]$，表示考察期间的人均产出增长率；解释变量则包括代表经济体初始人均产出的 $y_{i,t-T}$、代表 Solow 模型中影响经济体增长稳态的增长因素 X 和代表其他影响经济系统增长稳态的增长因素 Z；$u(t)$ 为随机干扰项。作为截距项的 α 包括各种不易测度的因素，且 $\alpha = (1 - e^{-\lambda t})/t(\ln y^* + \ln A(0))] + g$，其中 $\lambda = (n + g + \delta)(1 - a)$ 被称为趋同系数，n、g、δ、a 分别表示人口增长率、外生的技术进步率、资本折旧率和产出的资本弹性，y^* 则表示稳态的人均产出水平，$A(0)$ 代表的是经济体初始技术水平。对于（1）式而言，如果方程中初始收入水平的估计系数 β 显著为负，那么就存在"条件趋同"的证据。长期以来，以此范式为基础，随着跨国数据库的建立，关于趋同的截面回归和面板回归分析均取得了长足发展。

1. 截面回归分析

Baumol（1986）的优秀工作是有关趋同经验研究的经典文献之一，它极大地激发了后继者验证新古典增长理论有关趋同假说的兴趣。具体地说，他利用 Maddison（1982）提供的数据对 16 个工业化国家从 1870 年到 1979 年的趋同问题进行了考察，采用了横截面回归中最简单的二元回归方程。具体形式为：

$$\ln[(Y/N)_{i,1979}] - \ln[(Y/N)_{i,1870}] = \alpha + \beta\ln[(Y/N)_{i,1870}] + u_i$$

(2)

很明显，该二元回归模型是（1）式的一个最简约版本，其中忽略了其他各种增长因素。Baumol 运用普通最小二乘法（OLS）对 β 进行了估计，根据其符号判断这 16 个工业化国家之间是否存在增长趋同的证据。由于该回归只考虑了期初人均收入水平和人均产出增长率的关系，因此，实际上检验的只是"绝对趋同"假说。尽管该回归方程非常简单，但它体现了趋同假说中最核心的思想：经济体的增长速度与其初始收入水平呈负相关关系：经济体越落后，则增长速度越快；反之，经济体越发达，增长速度越慢。

当然，这个简约的回归方程的不足之处也是显而易见的，突出问题是它回避了经济体间的异质性问题。这体现在两个方面：第一，回归方程中截距项 α 为一常数，换句话说，各经济系统有着相同的 α 值。正如我们上面已经提到的，α 是由初期技术水平、技术进步率和稳态的人均产出（收入）水平决定的，其中稳态的人均

收入（产出）水平则刻画了经济系统的结构特征。因此，Baumol
在运用上述回归方程进行趋同分析时隐含地假设各经济系统具有相
似的经济结构特征。第二，回归方程中仅有初期人均收入作为解释
变量。根据 Solow 模型的结论，我们知道储蓄率（即投资）、人口
增长率、资本的产出弹性、折旧率以及技术进步率都会对经济系统
的稳态产生影响，决定人均收入的稳态值。Baumol（1986）上述
处理方式隐含地假设了各经济系统在这些方面也是无差异的，而把
这些因素全部归于截距项 α。因此，一旦我们选择的样本是由那些
经济结构特征相去甚远的国家组成，那么用上述回归模型进行估计
就是不合适的。

  由于 Baumol（1986）的回归方程对趋同验证的效果难以令人
满意，为了更有效地验证世界范围内跨国间的增长趋同问题，后来
的研究人员尝试在 Baumol（1986）的趋同回归方程中引入一些影
响经济系统稳态的结构性和政策因素，以便更好地检验"条件趋
同"假说（De long，1988；MRW，1992）。显然，新古典增长理论
所强调的储蓄率和人口增长率就属于这类结构性因素，这两个指标
自然成为了回归方程中解释变量的新选择。因此 Barro（1991）和
MRW（1992）以 Ramsey 模型和扩展的 Solow 模型为基础推进了这
方面的工作，构建起一个人均产出与初期人均产出、储蓄率、人口
增长率、折旧率等结构性因素相关的趋同回归方程。以 MRW
（1992）为例，其用于验证趋同的截面回归方程为：

$$\gamma = t^{-1}\ln(y_i(t)/y_i(0))$$

$$= g + \beta \ln y_i(0) - \beta \frac{\alpha}{(1-\alpha-\phi)}\ln s_{i,k} - \beta \frac{\phi}{(1-\alpha-\phi)}\ln s_{i,h}$$

$$- \beta \ln A_i(0) + \beta \frac{\alpha+\phi}{(1-\alpha-\phi)}\ln(n_i + g + \delta) + u_i \qquad (3)$$

其中 s_k 表示实物投资，s_h 表示人力资本投资。值得一提的是，该
文中对各国期初的技术水平做了更细致的设定，文中假设 $\ln A_i(0)$
$= \ln A + e_i$。他们认为 $A(0)$ 不仅反映了一国的技术水平，而且广义
地理解，也包含诸如禀赋、气候以及制度等因素。虽然国际贸易、
移民、外国直接投资以及技术本身具有的公共品性质使得各国可以

采用相似的生产技术，但是广义的初始技术水平则在各国环境中不尽相同。所以他们在A_i（0）的设定中引入了一随机干扰项，并假定这种扰动e_i是独立于n_i、$s_{i,k}$、$s_{i,h}$。所以，MRW（1992）最终用于分析趋同的多元截面回归方程可以表示为：

$$\gamma = t^{-1}\ln(y_i(t)/y_i(0))$$

$$= g + \beta\ln y_i(0) - \beta\frac{\alpha}{(1-\alpha-\phi)}\ln s_{i,k} - \beta\frac{\phi}{(1-\alpha-\phi)}\ln s_{i,h}$$

$$- \beta\ln A + \beta\frac{\alpha+\phi}{(1-\alpha-\phi)}\ln(n_i+g+\delta) + \varepsilon_i \qquad (4)$$

其中$\varepsilon_i = u_i - \beta e_i$。显然，和 Baumol（1986）的工作不同，MRW（1992）通过扩展的 Solow 模型引入储蓄率、人力资本投资、人口增长率、折旧率以及技术进步率等影响经济系统稳态的结构性因素，系统地讨论了条件趋同问题。

在 MRW（1992）和 Barro & Sala-i-Martin（1992）工作的影响下，随后的众多研究人员对趋同回归方程进行了各种拓展，主要工作是引入一种或几种其他影响经济增长的解释变量 z_i。在增长理论中，很多因素被认为对经济增长存在影响，比如说包括公共消费和公共投资的政府花费（Barro，1990）、对外贸易（Grossman and Helpman，1990），等等。因此代表这些增长因素的指标被直接增添到趋同回归方程中。从计量经济学角度看，这种添加自变量的处理方式可能会引发所谓的方程设定偏误（specification bias or error），从而导致参数估计问题。一个显而易见的问题就是新引入的解释变量与稳态的增长率 g_i 和期初的技术水平A_i(0)之间的相关性。但在趋同的截面回归分析中，这种处理方法运用非常普遍，原因在于：其一，新增长理论业已通过规范的模式研究证明了上述因素对经济增长存在影响，那么将这些因素引入趋同回归方程探讨就是一件非常自然的事情；其二，这种处理是出于线性回归模型的需要，各自变量的系数反映了增长率相对于该变量的弹性。其三，Levine & Renelt（1992）指出了这种处理方法在运用普通最小二乘估计方法可能导致的计量问题，比如解释变量之间的共线性、内生性，并运用 EBA（extreme-bounds analysis）方法对大量增长经验研究的系数估计结果的稳健性（robustness）进行了考察。MRW（1992）和 Barro（1992）的截面回归方程是根据扩展的 Solow 模型和 Ramsey 模型，在产出（收入）运动方程稳态附近泰勒一阶展开式基础上推导得出的，因此他们设定的回归模型较为稳健。

总的来看，关于趋同的截面回归模型引入各种具有理论基础的解释变量，不仅在技术上有助于提高计量结果的可靠性，增强模型的拟合优度，而且也明确了经济系统间的增长趋同是"条件于"一系列的结构性和政策因素，检验了条件趋同假说，将趋同的经验研究向前推进了一步。但是总体来看，不论是二元、还是多元的截面回归模型，都存在以下不足。

第一，截面回归模型未能体现出各经济系统结构特征的异质性，存在设定偏误。具体说来，一方面，回归方程中各国的 $A_i(0)$ 是不同的；另一方面 $A_i(0)$ 与其他解释变量有相关性。各国采用的生产技术以及劳动力的生产效率良莠不齐，这是一个普遍观测到的事实。Baumol（1986）在文中没有涉及 $A_i(0)$ 的讨论，而 Barro（1991）和 MRW（1992）则假设各国的 $A_i(0)$ 是相同的。另外，更重要的是，他们都回避了 $A(0)$ 和其他解释变量的相关性问题。一旦所考察对象的初始技术水平 $A_i(0)$ 是不同的，而且与回归方程中其他解释变量是相关的，那么运用最小二乘估计得出的结果就是有偏误的。这一点在此后的面板数据回归方法中得到了有效的克服。

第二，解释变量之间的内生性。在回归方程中引入了一种或多种结构性和政策因素作为解释变量，容易出现共线性问题，有些解释变量之间可能或多或少地存在相关性。比如说人力资本通常与投资和产出增长具有正相关关系；一国或地区的政治制度很可能会影响教育投资和经济开放度等等。另外，在实际操作中，研究者通常会采用某一时期的平均投资作为储蓄率，但在一较长的时期内，储蓄和增长之间可能是相互作用的，存在互为因果关系。

第三，未能考虑各经济体之间的外溢作用。在截面回归中，各经济体被作为一个独立系统来看待。毋庸置疑，回归方法通常探讨的是重复抽样变量之间的关系，这自然要求样本点之间是独立的。但现实中，各国的经济存在千丝万缕的联系，更不用说一国内部各地区之间的经济联系了。虽然，在回归模型中引入地区虚拟变量提供了一种检验地区相关性的方法，但经济体间的空间依赖性（或者空间自相关，spatial autocorrelation）和空间异方差（spatial heterogeneity）（Anselin，1988）问题还是未能得到解决。随着计量理论和方法的发展，有的学者在增长趋同研究中开始利用空间计量方法尝试解决经济体间的外溢问题。

第四，不易处理测量误差。测量偏误是非实验性的计量回归模型都会面对的问题。差分和工具变量是可能的两种解决途径，但在截面回归模型中，运用这两种方法都相对困难。

2. 面板回归分析

运用截面回归方法考察跨国或跨地区增长趋同问题遇到的一个严重困难就是各经济体初期的技术水平是不可测度的，而且一国或地区的期初技术水平通常与趋同回归方程一个或多个解释变量具有相关性。但初期技术水平指标的一个显著特点就是时间不变性。直觉上，如果我们能够得到关于回归各参数的时间序列数据，那么，简单地通过差分方法或取其与均值的离差就可以消除回归方程中的某一常数项。Islam（1995）和 CEL（1996）利用面板回归方法克服了关于各国期初技术水平 A_i（0）的参数估计问题。

面板数据的一般结构通常是一组固定截面单元在一系列时间点上的时间序列数据。用 i 表示经济体，其中 $i = 1, 2, \cdots, N$；用 t 表示所选择样本的时期，其中 $t = 1, 2, \cdots, T$。将截面回归中的趋同方程式（1）在面板数据的环境下重新改写为：

$$\ln y_{i,t} = \beta \ln y_{i,t-1} + \varphi X_{i,t} + \pi Z_{i,t} + T_t + \eta_i + v_{i,t} \qquad (5)$$

与前面提出的截面回归方程一般形式进行比较，原来的截距项被分解为两部分，η_i 和 T_t。我们可以把 η_i 看作随经济体变化的特有因素，比如各国固有的禀赋、特殊的地理环境、气候、制度等一组性质，并且这些性质不随时间而变化，这就是所谓的固定效应或者个体效应；T_t 则刻画一些随时间变化的因素，比如技术进步率。

以 CEL（1996）的工作为例，利用一阶差分，可以将式（5）变形为：

$$\Delta \ln y_{i,t} = \beta \Delta \ln y_{i,t-1} + \varphi \Delta X_{i,t} + \pi \Delta Z_{i,t} + \Delta T_t + v_{i,t} - v_{i,t-1}$$

$$(5')$$

很明显，不可观测的 η_i 被消除了。在其他计量假设不变的前提下，我们利用该式是可以得到 β 和 φ 的无偏估计①。面板数据方法的一个关键优势在于它能够处理回归分析中某种形式的不可观测的参数异质性，其计量理论上的理由是：任何不随时间变化的遗漏变量即使与其他解释变量之间具有相关性，也不会造成估计的偏误（约翰斯顿和迪纳尔多，2002）。

就关于趋同的回归分析而言，不可观察的期初技术水平 $A_i(0)$ 恰好是具有这种性质的遗漏变量；并且从理论的角度看，$A_i(0)$ 在 Solow 模型中也是影响经济系统稳态的重要因素，并与其他增长因素存在联系。从这种意义上说，面板数据方法估计的趋同结果不仅是以作为解释变量的其他增长要素为条件的，而且也是以期初技术水平 $A_i(0)$ 为条件的。因此，在验证条件趋同中，不论是在技术上，还是在理论上，面板数据回归方法较横截面回归都更具有优势。

当然，对于一阶差分方程 (5′)，我们还可以利用二阶或多阶的滞后项作为某些解释变量的工具变量以解决内生性问题，从而获得一致估计量。趋同回归方程中的投资就是这方面的一个常见例子，上一期的投资额影响本期的产出，而本期的产出又会影响本期的投资规模，投资与产出之间存在着相互作用。如果假定投资是事先确定的，其规模不取决于产出，那么就可以利用一阶滞后项作为工具变量（Arellano & Bond，1991）。该方法就是所谓的一阶差分矩估计法。另外，即使存在测量偏误，工具变量的使用也能使该问题得到一定的补救。但是，Bond（2001）进一步指出，如果变量具有高度持续性，并且时间序列较短时，一阶差分矩估计就会遭遇即使大样本环境下也存在的弱工具变量问题（Weak Instrument Problem），技术上讲，COV $(X_{IV}, \varepsilon) \approx 0$。该问题会导致基于

---

① 面板回归中另外一种消除个体效应的方法为组内变换（within transformation），也称固定效应变换。而且，大部分利用面板回归考察趋同的经验文献都是利用固定效应进行估计。另外与固定效应相似的一种面板估计方法是最小二乘虚拟变量（LSDV），两种方法估计的结果是一样的。

GMM 方法得到的参数估计一般是非正态分布的。在增长趋同的经验研究中，一方面，产出水平通常都是高度持续性的；另一方面，为了平滑各变量周期性波动，面板回归中通常会以 4、5 年作为一个时段，取该时段各变量的平均值，这显然会导致时间序列的观测值数量减少。为了解决该问题，Bond（2001）提出了 SGMM（System GMM）方法，即同时估计式（5）和式（5'）。

总的来说，在趋同研究中，面板数据方法一方面能够处理截面回归中无法处理的参数异质性问题，另一方面对于处理截面回归中遭遇的内生性、测量偏误等问题也有一定的改进，在估计的稳健性方面也有提高。但是面板数据方法也存在着一些有待改进的地方。

第一，估计量的精度有限。虽然，面板数据方法得出的估计量是无偏的，但是由于组内估计量只注重了各截面单元的特性，而没有利用含有某些截面单元之间信息的数据，从而导致估计量的方差增大，使得估计量的精度下降。另外，由于测量偏误一般会导致估计值缩减（attenuated）或偏向零，而用于消除异质参数的方法，如组内变形或者一阶差分会导致测量偏误的这种影响大为恶化（约翰斯顿和迪纳尔多，2002）。

第二，识别某些解释变量对增长影响的精度下降了（Pritchett，2000）。由于面板数据方法中包含各解释变量的时间序列数据，而某些解释变量要么是非常稳定，不随时间变化，要么有很明显的时间趋势。比如，作为人力资本指标的入学率就是这样一个例子。在一些发达国家，该数据通常是非常稳定的。再比如，人均收入的增长率通常在短期中具有波动性，而该问题在一较长时期的截面数据中则不会出现。解释变量中存在的这种问题通常导致面板数据方法给出的结论是，某些解释变量对经济增长的影响是不显著的。直观地看，这种结论与理论预期是矛盾的，而准确的说法应该是，这些变量的影响在面板回归中未能被识别。因此，正如 Durlauf & Quah（1998）指出的，尽管面板数据方法有助于控制不可观测的参数异质性，但在解释回归方程的结果上一直存在着困扰。

第三，面板数据回归虽然对于解决异质的、且不可观测的期初技术水平所造成的有关问题具有明显的优势，但这种识别个体效应的方法有其自身的局限性。具体地说，如果我们对地理位置、宗教信仰、种族多样性或使用的语言等感兴趣，想要考察它们对经济增长的影响，那么在面板数据下是无法实现的。这主要是因为这些变量虽然对所有的截面单元（即每个国家或地区）而言存在着变化，但就每个截面单元本身而言基本上都是固定不变的，而这些因素已经被包含在面板回归方程中代表个体效应的 η_i 中了。所以，关于这类要素对经济增长的考察，只能求助于截面回归或者截面——时间序列的混合回归方法。Hoeffler（2002）则尝试利用一个两阶段的面板——截面混合估计解决该问题。他首先利用面板回归估计出每个截面单元的个体效应 η_i，然后利用该结果进行第二步的截面回归，以此来考察个体效应对经济增长的影响。

第四，划分时间序列数据的时间段选择较为随意。在现有的面板时间方法中，通常的做法是以 4 年或 5 年作为截面单元的时间段单位，以变量在该时间段的均值作为时间序列数据。比如，Islam（1995）以 4 年作为时间单位，而 CEL（1996）则是以 5 年作为时间单位。值得注意的是，这种做法仅仅是经验性的，缺乏任何理论上的支撑。更重要的是，时间段长度的选择对结果也会具有一定的影响。因此，严格地讲，是否能用短期数据得出的结论来推断中长期发生的趋同现象还有待考察。

（三）趋同的时间序列分析与空间计量分析

一些学者指出，通过截面回归得到的期初人均收入的估计系数是否为负，来判断趋同还是发散违背了趋同的概念（Bernard & Durlauf，1995）。而面板数据分析中采用均值回归也会导致估计结论的偏差（Quah，1993，1996）。因此，许多学者开始采用时间序列的计量方法来研究趋同问题。这种方法本质上更多地体现了统计学的特点，强调趋同定义在统计学意义上的严谨性和可检验性，建立了一个系统性的分析框架（Bernard & Durlauf，1995，1996；Evans，1996）。

同时，在通常的趋同经验研究中，各经济体（国家或者一国内部的各地区或省）基本上被当作一个独立的个体进行分析，经济体之间的相互影响通常被有意或无意地回避了。但现实世界中，各经济体通常相互联系、相互影响。国家内部各地区或省际之间经济活动的交流十分频繁，即使国家之间的要素流动和商品贸易活动在全球化浪潮的席卷之下也越来越密切。因此，无论是讨论跨国的趋同问题，还是考察一国内部各地区之间的趋同问题，将各经济个体处理成一个开放经济，并讨论各经济个体之间的影响是更合理的。从计量的角度看，一旦我们认为各国或地区之间的空间相关性是增长趋同的一个主要影响要素，那么未考虑空间相关性的回归方程就存在明显的设定偏误问题。Anselin（1988）、Anselin & Rey（1991）创建的空间计量模型为分析这种地区间相互影响的异质性提供了一种新的研究方法。近年来，多项趋同的经验研究采用空间计量方法分析意大利国内、欧盟各国、美国州际之间的趋同问题等（Rey & Montouri，1999；Arbia & Basile，2005；Lim，2003）总的来看，空间计量在趋同研究中主要有两种模型：空间计量模型（Spatial Econometric Model）和空间过滤模型（Spatial Filtering Model）（Abreu et al，2004）。

1. 关于 β 趋同和 σ 趋同的时间序列分析

Bernard & Durlauf（1995）指出，运用截面或面板回归方法进行趋同研究会遭遇几个困难。其一，由于资本边际报酬递减规律，一些经济增长实际上是发散的国家，可能表现出增长速度与人均收入水平负相关的关系，即通常的趋同含义。其二，截面回归的原假设（H_0）是所有国家之间不存在趋同，备择假设是所有国家之间都存在趋同。但实际情况是，处于上述两种假设之间的情况也是有的。为此，他们基于产出的时间序列数据，提出了新的趋同定义和检验方法。他们将产出之间的趋同定义为在给定的时刻 t，各经济系统人均收入的长期预测值相等。具体来说，在给定的时刻 t，如果国家 i 和 j 人均收入（取对数）的长期预测值相等，即 $\lim_{k \to \infty} E$ $(\log y_{i,t+k} - \log y_{j,t+k} \mid \Psi_t) = 0$，那么它们之间存在趋同。其中 Ψ_t 代表期初的一组信息集。相似地，对于一组国家 I，如果存在 $\lim_{k \to \infty} E$ $(\log y_{i,t+k} - \log y_{j,t+k} \mid \Psi_t) = 0$，$\forall i, j \in I$，则这一组国家之间存在趋同。显然，这种定义对一对国家和一组国家之间的趋同关系做了更明确的划分。根据上述趋同定义，可以得到：在时刻 t 和 $t + T$

期间，且期初两国的人均收入存在关系：$\log y_{i,t} > \log y_{j,t}$，那么如果 $E\left(\log y_{i,t+T} - \log y_{j,t+T} \mid \Psi_t\right) < \log y_{i,t} - \log y_{j,t}$，则这对国家之间存在趋同。当然，这个定义也可以推广到一组国家之间的趋同。这个定义和分析恰好体现了绝对 β 趋同的含义。因此，时间序列的趋同概念相对于通常回归中的趋同定义更为严格。

另外，如果信息集 Ψ_t 是一些影响经济系统增长稳态的因素（例如储蓄率等），那么上述的趋同定义又与通常所说的条件趋同定义非常相似。对此，研究人员通常会集中讨论 $\log y_{i,t} - \log y_{j,t}$ 是存在确定性趋势，还是存在随机性趋势。所以，趋同的时间序列检验方法通常就是进行单位根检验。如果 $\log y_{i,t} - \log y_{j,t}$ 序列存在单位根，那么就意味着发散。因为，单位根意味着在将来某个时刻以概率 1 的可能性出现 $\log y_{i,t} - \log y_{j,t}$ 的值变得无穷大的情况（Durlauf et al，2005），从而在统计学意义上更准确地刻画出了 β 趋同的经济内涵。

Evans（1996）则将时间序列方法运用到 σ 趋同的分析中。他发现当时间序列 $\log y_{i,t}$ 之间不存在协整关系时，σ^2 也许满足一个单位根过程。因此，他提出对趋同的时间序列检验应该立足于对 σ^2 的单位根检验。Evans 证明在趋同研究中，利用最小二乘估计对横截面回归方程 $\gamma_i = \alpha + \beta \ln y_{i,t-T} + \varphi X_{i,t} + \pi Z_{i,t} + u_{it}$ 进行估计得到的 $\hat{\beta}$ 是 β 的一致估计量（consistent estimator）的充要条件为：（1）每个时期的 $\log y_{i,t} - \frac{1}{N} \sum_{i=1}^{N} \log y_{i,t}$ 符合自回归系数相同的 $AR(1)$ 过程，并且自回归系数严格位于 0 和 1 之间；（2）能够控制代表国别差异的解释变量 X 和 Z 的异质性①。但实际上，上述两个条件通常难以满足，所以他认为对于趋同研究来说，即使对国别之间的异质性进行了有效的控制，传统的横截面回归仍无法得到有效的推断，从而导致推断具有误导性。Evans 进而提出对趋同率的估计应该基

---

① 这两个条件的经济含义非常直观：条件（1）满足表示横截面回归方程中的 $u_{i,t}$ 和 $y_{i,t-T}$ 是无关的，如果参数 β 足以完全刻画每个经济系统的动态结构；条件（2）满足则是为了消除一些无法控制的异质性对 $u_{i,t}$ 和 $y_{i,t-T}$ 的影响。

于 $\log y_{i,t} - \dfrac{1}{N}\sum_{i=1}^{N}\log y_{i,t}$ 满足 $AR(q)$ 过程：$\lambda_i(L)(\log y_{i,t}$

$- \dfrac{1}{N}\sum_{i=1}^{N}\log y_{i,t}) = \delta_i + \varepsilon_{i,t}$，其中 $\lambda_i(L) \equiv 1 - \sum_{j=1}^{q}\lambda_{i,q}L^q, L$ 是

滞后乘子。同时，将经济系统 i 的趋同率重新定义为"$\log y_{i,t}$ 被预计在未来向平衡增长路径回归的速度"。这一分析从计量角度看更为严谨，显著改善了关于 σ 趋同和趋同速度的经验分析方法。

总体上看，趋同研究中的时间序列方法主要是对经济系统的产出进行单位根和协积检验，并对趋同重新进行了定义和验证。虽然从计量的角度来说，这种方法更为准确，但这类方法的一个明显不足是缺乏与增长理论的内在联系，我们在这方面的文献中几乎看不到影响经济系统增长稳态的各种因素。

此外，时间序列方法还面临一个技术上的问题。运用时间序列方法分析趋同问题时，通常假设产出的时间序列可以用一个时间不变的数据生成过程来描述。但是，如果一经济系统正处于向均衡路径转移的过程之中，那这期间产出的时间序列就不再满足上述性质，这将会造成错误的时间序列估计。举个简单例子，假设两个国家 i，j 具有相同的增长稳态，并且对于国家 i 任何时刻都有 $\log y_{i,t}$ $= \log y_{i,t+1}$，即国家 i 已经趋同到稳态了；而国家 j 则处于向稳态的转移过程之中，因此对于所有的观测值而言，始终存在 $\log y_{i,t} > \log y_{j,t}$。最终 $\log y_{i,t} - \log y_{j,t}$ 的均值不为零，时间序列方法根据该事实将给出国家 i，j 之间不存在趋同的结论。事实上，Bernard & Durlauf（1996）曾经指出，时间序列方法将趋同定义为系统间的收入偏差为一均值为零的平稳过程，这与横截面分析中对趋同的定义是有冲突的。因为，在横截面回归中所使用的趋同概念意味着发达经济系统与落后经济系统之间的人均收入偏差均值是非零的，所以一般说来，时间序列方法与横截面回归方法给出的趋同证据通常是不一致的，甚至会完全相反。

2. 趋同的空间计量分析

空间计量方法的基本思想就是在回归模型中考虑经济个体之间的相互联系。其具体的做法就是在基本线性回归模型中引入空间权

重矩阵，采取一种间接方式考虑地区间或国际间的相互影响。一般而言，空间计量模型中主要考虑两种导致设定偏误问题的来源：空间依赖性（spatial dependence）（或者空间自相关，spatial autocorrelation）和空间异质性（spatial heterogeneity）。Anselin & Rey（1991）区别了两种空间依赖性：直接依赖性（substantive spatial dependence）和间接依赖性（nuisance spatial dependence）。前者反映的是地区之间的空间互动影响，比如知识或者技术的外溢效应、地区间的劳动力流动；后者则可以是由于地域单位不匹配而导致的测量误差。空间异质性反映的则是观测样本之间的关系存在一种普遍不稳定性。在对趋同问题的研究中，处理的对象主要是空间依赖性。

对于直接依赖性，空间计量采用了两种建模方式。第一种是空间滞后模型（Anselin & Bera，1998）。此类模型主要是用于研究相邻单元的行为对整个系统内其他单元行为都有影响的情形，各单元的空间联系主要通过被解释变量来体现。这类模型的趋同回归方程通常可以写成下列一般形式：

$$\ln\left[\frac{y_{t,i}}{y_{0,i}}\right] = \alpha + \beta y_{0,i} + \rho \sum_{j=1}^{n} w_{i,j} \times \ln\left[\frac{y_{t,i}}{y_{0,i}}\right] + \varepsilon_i \qquad (6)$$

其中 $W = \sum_{j=1}^{n} w_{i,j}$ 为 $n \times n$ 阶的空间权重矩阵，刻画了整个系统中各单元之间影响的结构和大小。$W\ln\left[\frac{y_{t,i}}{y_{0,i}}\right]$ 表示空间滞后因变量，ρ 是空间自回归系数，ε 是随机干扰项，满足正态分布且与 $y_{0,i}$、$W\ln\left[\frac{y_{t,i}}{y_{0,i}}\right]$ 独立。在这类模型中，各经济单元之间所有的空间影响由空间滞后因变量 $W\ln\left[\frac{y_{t,i}}{y_{0,i}}\right]$ 所包含。第二种是空间自相关模型。这类模型的趋同回归方程通常可以写成下列一般形式：

$$\ln\left[\frac{y_{t,i}}{y_{0,i}}\right] = \alpha + \beta y_{0,i} + \rho \sum_{j=1}^{n} w_{i,j} \times y_{0,i} + \varepsilon_i \qquad (7)$$

其中，各经济个体的空间影响由空间滞后自变量 $w_{i,j} \times y_{0,i}$ 来体现。

另外一种是空间误差模型（Anselin & Bera，1998）则被用来

处理间接依赖性。系统中各经济个体的空间联系主要通过误差项
（比如说，测量误差）来体现。当个体之间的相互作用因所处的相
对位置不同而存在差异时，则采用这种模型。而误差项空间相关形
式则又存在两种基本的设定方式。模型的具体形式如下：

（1）空间误差自相关模型：$\ln\left[\dfrac{y_{t,i}}{y_{0,i}}\right] = \alpha + \beta y_{0,i} + \rho \sum_{j=1}^{n} w_{i,j} \times$

$\ln\left[\dfrac{y_{t,i}}{y_{0,i}}\right] + \varepsilon_i$，其中 $\varepsilon_i = \delta \sum_{j=1}^{n} w_{i,j}\varepsilon_i + \eta_i$，$\eta_i$ 满足均值为零，方差为

σ_η^2 的状态分布，表示空间误差自相关系数；（2）空间误差移动平均

模型：$\ln\left[\dfrac{y_{t,i}}{y_{0,i}}\right] = \alpha + \beta y_{0,i} + \rho \sum_{j=1}^{n} w_{i,j} \times \ln\left[\dfrac{y_{t,i}}{y_{0,i}}\right] + \varepsilon_i$，其中 $\varepsilon_i = \eta_i +$

$\delta \sum_{j=1}^{n} w_{i,j}\eta_i$，$\eta_i$ 满足均值为零，方差为 σ_η^2 的状态分布，表示空间误
差移动平均系数。与时间序列中的 ARMA 模型一样，空间误差模
型也可以采取自相关和移动平均的混合形式。这几种关于趋同的空
间计量回归模型都是在最简约的横截面模型中引入空间权重矩阵，
因此主要用于验证绝对趋同，这也是目前大部分运用空间计量方法
验证趋同的文献中采用的模型（Rey & Montouri，1999；Lim，
2003）。

运用空间计量模型分析趋同问题比通常的回归分析更为复杂，
但是基本遵循如下的步骤：第一步是构建空间计量模型的关键矩
阵——空间权重矩阵。现有的文献主要是通过经济系统之间的地理
位置关系（比如距离或者是否相邻）来确定空间权重矩阵①。第二
步则是判断经济系统之间的空间相关性，用来检验的工具一般包括
Moran's I 检验，最大似然 LM—Error 检验以及最大似然 LM—Lag 检
验（Anselin，1988）。第三步则是对空间计量模型进行估计。很明
显，各种空间计量回归模型不再满足最小二乘估计的经典假设，因
此通常需要运用工具变量法、最大似然估计或者广义最小二乘估计

———————

① 主要的方法有 Linear contiguity、Rook contiguity、Bishop contiguity、
Double Linear contiguity、Double Rook contiguity、Queen contiguity（LeSage，2004）
等方法。

等方法进行估计。

运用空间计量方法研究趋同问题的另外一种模型是建立空间过滤模型。该方法采用的思路恰好与上述的空间计量模型相反，其估计一般采用两个步骤：第一步利用空间过滤技术消除数据中的空间自相关性；第二步再采取传统的回归方法进行趋同分析。空间过滤技术主要有两种，基于全局空间自相关 Moran's I 指数的特征函数分解和局部空间自相关 G 统计量（Getis & Griffith，2002）。但是，与空间计量模型一样，该方法首先也必须构建空间权重矩阵。同时，过滤技术涉及的 G 统计量和 Moran's I 指数都和空间权重矩阵密切相关。

Madariage et al（2005）在考察阿根廷省际趋同问题时，就采用了空间过滤技术和动态面板回归相结合的计量方法。他们首先进行了空间相关性的 Moran's I 检验，然后通过计算 G 统计量消除样本之间的空间相关性，最后以 MRW（1992）模型作为趋同方程用 DGMM 和 SGMM 进行了趋同验证。Tondl，et al（2003）则利用该方法考察了欧盟地区的趋同经验。总的看来，空间过滤模型较空间计量模型的优势在于，通过空间过滤技术消除样本数据中的空间自相关后，可以运用各种传统的趋同回归方法。

不论是空间计量模型，还是空间过滤模型，都提供了一种思路解决各国（地区）在经济趋同中可能出现的相互关联性，但是空间计量方法还处于一个起步阶段，估计及检验方法还有许多不尽完善之处。

第一，空间权重矩阵的构建过于简单。现有文献中，空间权重矩阵的选择主要是基于各地区或国家的地理距离和它们之间是否拥有共同边界。由于上述两种数据比较容易获得，并且在区位经济学中"距离是重要的"观点促使研究人员采取这种方式。其实，"空间"能够涵盖的意义非常广泛，就空间计量的基本目的而言，该方法主要强调的是各样本点之间相互影响以及这种影响的异质性，而决定这种影响的因素不仅仅是狭义意义上的地理位置，文化、宗教、语言、政治体制、移民、贸易等因素同样具有影响力。当然，由于这些数据通常不易观测，使得空间权重矩阵的构建受到了很大的限制。另外，从计量的角度来说，空间权重矩阵被要求是外生的，而以地理位置作为构建空间权重矩阵显然很好地符合这种要求。

第二，对条件趋同的研究不充分。目前，利用空间计量模型分析趋同的工作大部分是针对绝对趋同的，而对条件趋同的验证则相对较少。这一方面是因为空间计量模型尚处于起步阶段，估计方法中的一系列问题还有待进一步解决；另一方面是因为运用空间计量模型进行趋同验证的文献旨在证明，经典的绝对趋同模型由于没有考虑误差的空间自相关性，因而具有设定偏误。近年来已有学者开始关注从空间计量角度考察条件趋同问题（Arbia et al，2005；Madariage et al，2005；Tondl，et al，2003）。

（四）关于趋同的收入分布动态学研究

在趋同问题研究中，各种以回归为基础的分析方法，探讨并解释了代表性经济是否趋同到自身的稳态、趋同的速度以及趋同的影响因素等问题。总之，回归方法能够给出的是每个经济单元从某时刻趋同到自身稳态过程的解释，而对于所有经济单元的收入分布在趋同过程中的动态学则不能提供解释①。但是，了解和分析整个经济系统收入分布随时间的演变对趋同研究显然是非常有帮助的②。基于这个目的，很多学者对回归分析方法的结论进行了批评，并运用收入分布动态学方法研究趋同问题。目前，考察跨国或地区收入动态的文献得到了越来越多的重视（Quah，1996，1997，2006；Johns，1997；Sala-i-Martin，2006）。

Quah（1993，1996）批评趋同的回归分析方法，仅仅关注单个国家和地区是否趋同于自身的稳态，无法解释全球收入分布的变动、分层和极化现象。为此，他将国家或地区间的收入分布格局视

---

① 其实，这种观点恰好反映了回归分析方法自身的特点。从计量经济学的角度看，回归分析的用意在于通过一个或多个解释变量的已知或设定值去估计和（或）预测被解释变量的（总体）均值（古扎拉蒂，2000）。

② 当然，Barro & Sala-i-Martin（1991）提出的 σ 趋同概念提供了对所有经济单元收入分布状况一个简单的刻画。

为某种概率分布，从而着重研究这种概率分布的演变，即分布的形状和变动方式。在收入分布演变的过程中，国家和地区的人均收入向不同的峰值集聚，Quah 称之为"极化"（polarization）；极化既可以表现为高收入水平向低收入水平的变动（如一些曾经富裕的拉美国家出现人均收入水平下降），也可以表现为低收入水平经过跳跃式发展向高收入水平的变动（如新加坡、韩国等新兴工业化经济中人均收入水平的迅速提高）。如果最终各国的人均收入水平趋向于向高收入水平或者低收入水平"趋同"，而中等收入水平消失。那这时候收入分布的状况就不是钟形的，而会出现"双峰"（twin-peak），故称为"双峰分布"。

最初的收入分布动态主要是基于收入转移矩阵的分析。Quah（1993）假设所有经济系统在时刻 t 的收入分布为 F_t，相应的概率为 ϕ_t，并假定收入分布的运动规律满足下列关系式 $\phi_t = T^*(\phi_{t-1}, u_t) = T^*_{u_t}(\phi_{t-1})$，其中 u_t 是一随机干扰。$T^*_{u_t}$ 则是 ϕ_{t-1} 到 ϕ_t 的映射。收入分布的运动规律看上去和时间序列分析中的一阶自回归相似，只不过这里的回归对象是分布而不是通常的向量或标量。在趋同研究中，最简单的一种方法就是假设刻画收入分布演化的过程具有时间不变性和一阶马尔可夫性质。为了能对 ϕ_t 进行估计，Quah 提出将收入的状态空间离散化。比如说，他在研究中曾经将各国相对收入按（0, 0.25, 0.5, 1, 2, ∞）划分为五个区间。这使得 ϕ_t 可以表示为一概率向量，$T^*_{u_t}$ 则简化为过渡概率矩阵 M_t，M_t 的每一行就是一个概率密度函数，其元素 $m_{i,j}$ 则代表经济在状态 i 到状态 j 的概率。通过 s 次迭代，我们可以得到两个相距 s 个时期的跨国收入分布的关系：$\phi_{t+s} = (M)^s \phi_t$。矩阵 $(M)^s$ 包含了两时点之间所有的概率变动信息。当 $s \to \infty$，如果满足 $\phi_\infty = M \phi_\infty$ 的 ϕ_∞ 存在且惟一，那它就代表跨国收入分布在长期中的极限，所以我们就可以通过其刻画长期或者遍布的跨国收入分布。如果 ϕ_{t+s} 和 ϕ_∞ 同时趋向同一点，那么这就代表存在走向平等的趋同；相反，如果两者表现出趋向一种双峰分布的趋势则表示存在收入"极化"现象。M 的谱性质也可以提供收入分布演化的趋同速度以及变动特点的信息。简言之，M 能够提供跨国收入动态学的一种解释。

　　Fingleton（1999）也利用收入序列具有马尔可夫性质的假设对欧洲地区的收入分布演化进行了讨论，但是他对收入空间采取了不同的离散化方式。由此可见，在这一类的研究中，对收入空间的离散方式显得非常主观，并无一个统一的、得到大家认同的标准。而且上述收入空间的离散化也会引起一个严重问题：离散一个连续一阶马尔可夫过程可能会消除该序列的马尔可夫性质，因而容易在收入分布分析中产生与现实的误差。

　　为了解决这个问题，Quah（1996，1997）放弃了对收入空间离散化的方法，代之用随机核（Stochastic kernels）描述收入分布运动方程中的乘子 $T_{u_t}^{*}$，并直接根据该随机核三维图的形状进行趋同研究。随机核是由转移概率矩阵对其状态空间连续化和无穷化分解而来。它也是概率密度函数，其映射（projection）非负且和为1，这类似于转移概率矩阵的行向量，行向量中所有元素非负且和为1。在定量地分析分布内动态（intra-distribution dynamics）时，随机核保留了构造转移矩阵时所破坏的连续收入观察值的原始动态信息。因此，这种方法可以无需限制收入数据的生成过程具有马尔可夫性质。具体来说，对于给定的跨国或地区的人均收入数据集，y_1、y_2，……，y_n，那么整个人均收入分布的核密度（kernel density）估计可以定义为 $\hat{f}_n(y) = \dfrac{1}{nh} \sum_{i=1}^{n} K\left(\dfrac{y - y_i}{h}\right)$，其中 $K(\cdot)$ 为核函数（kernel function）①，h 为平滑系数（Smoothing parameter）或窗宽（bandwidth）。现在，该方法在趋同研究的收入动态方法中非常流行。

　　收入分布方法对趋同的研究最初只是停留在描述所有经济系统的收入分布形状及其动态上。与传统的回归方法相比，它提供了更多有关所有国家经济增长的变动模式，但其不足之处在于对造成分

---

　　① 核函数通常是一对称的概率密度函数，其主要的形式有 Epanechnikov、Gaussian、Triangle 等核函数形式。在趋同文献中，采用最多的是 Gaussian 核函数。需要指出的是，采取不同的核函数对估计结果影响不大。

布演变的影响因素则没有提及。因此，Quah（1997）在分析中引入了一系列增长因素，考察了收入分布 F_t 依这些因素的条件概率，解释了影响分布演变的决定因素。同时，随着核密度函数估计在趋同研究中运用的逐渐深入，一些提高估计效果的技术性方法也随之出现。Gisbert（2003）在趋同研究中，分别提出了基于样本权重的核密度函数估计和不再采用固定窗宽的"调整后的核密度"估计，并考察了全球范围内的趋同问题。

近年来，许多研究者尝试不仅构建跨国或地区的收入分布，而且在传统趋同回归分析基础上构建"反事实"（counterfactual）收入分布，从而可以揭示各种增长因素对增长和趋同的影响度。此类文献普遍采取的策略是首先进行传统的趋同回归分析；其次是将回归分析的结果按不同方法构建"反事实"收入及其分布；最后，通过比较实际收入分布和反事实收入分布，考察经济政策、增长要素对收入分布的影响。

Leonida & Montolio（2004）在考察西班牙 1965～1995 年期间地区间增长经验的研究中运用概率模型（probit model），估计了人均产出依公共资本和人力资本投资的条件密度，以此构造由这两种增长要素造成的"反事实"人均产出，并讨论了它们的动态学。Beaudry et al（2003）在对 NSSA（non-sub-Saharan African）国家 1960～1998 年期间收敛经验的研究中，将整个时间划分为两个时间段，在检验了解释变量具有结构性变化的基础上，运用第一期的估计结果构造了第二期的"反事实"劳均收入，以此比较资本积累、教育投资在不同时期对经济增长的影响。Aziz（1997）考察中国省际收入动态，他通过比较实际收入分布与由回归分析中残差构建的收入分布，指出政府的区域发展政策和省际的经济结构对现有的沿海和内陆两个增长俱乐部产生了重要影响。

总体而言，收入分布动态方法可以很直观地描述整个世界或所考察对象，人均收入分布的形状和收入分布随时间的演变，这对于趋同研究的传统回归分析而言具有非常明显的优势。从本质上看，利用随机核方法构造横截面的收入分布是一种非参的估计方法。非参估计方法在研究经济学问题时显现的一个普遍特点就是其无需受任何经济理论的约束。在趋同研究的背景下，这意味着收入分布动态方法缺乏与增长理论的内在联系，因此有时会使我们难以在某种经济理论背景下解释运用非参密度估计所得到的计量结果。比如说，私人投资、公共投资、人力资本存量是否是经济增长的源泉？完全非参估计方法得到的结果就很难给出较稳健的回答。因此，将收入动态分布研究与基于回归分析的"反事实"收入分布分析相结合，是一种有前景的研究思路。

（五）趋同研究的经验证据

1. 关于绝对趋同的经验证据

Baumol（1986）对 16 个工业化国家 100 多年增长经验考察的结果表明：增长率与期初产出水平之间存在明显的负相关关系，即 $\beta = -0.75$（0.075）①，但趋同系数只有 1%。Delong（1988）对 Baumol（1986）的工作提出了置疑，认为 Baumol（1986）使用的数据中没有包括 1870 年时的穷国，所以他在 Baumol（1986）所使用的数据中加入了其他 6 个国家②。他得到的趋同证据为：$\beta = -0.57$（0.14）。显然，趋同的趋势明显下降了许多。MRW（1992）利用 Summers & Heston（1988）提供的数据，对不同样本之间的趋同证据进行了比较，他得到的证据如下：$\beta_{98} = 0.0943$（0.05）；$\beta_{75} = -0.00423$（0.05）；$\beta_{22} = -0.341$（0.08）③。我们可以明显看到，22 个 OECD 国家存在显著的增长趋同证据；随着样本的扩大，趋同的证据越来越不明显；在最大样本中根本没有得到任何趋同证据，反而看到了各国收入发散的证据。

Rey & Montouri（1999）利用空间计量方法对 1929~1994 年间

① 括号中的数字为标准差。而且方程拟合的效果非常好，$R^2 = 0.88$。另外，如果是用工人的人均收入作为变量进行回归，则 $\beta = -0.995$（0.94）。

② 增加了爱尔兰、西德、西班牙、葡萄牙、智利、阿根廷和新西兰，去掉了日本。

③ β_{98} 是来自 98 个国家样本数据的结果，其中这些国家的经济不是以生产石油为主；β_{75} 是来自 75 个国家样本数据的结果，他们的人口都大于 100 万；β_{22} 则是来自 22 个 OECD 国家样本数据的结果。

美国各州之间的绝对趋同进行了分析，结果发现 $\beta^{SE} = -0.695$ （0.00）、$\beta^{SL} = -0.641$ （0.00）、$\beta^{SCR} = -0.661$ （0.00）①。Lim（2003）利用相同的方法对美国国内 170 个地区 1969～1999 年期间的有关数据进行了分析，他得到了趋同的证据，但是结论却减弱了很多：$\beta^{SE} = -0.122$ （0.01）、$\beta^{SL} = -0.157$ （0.00）、$\beta^{SCR} = -0.088$ （0.10）。这和上述传统横截面回归对绝对趋同进行验证所得的结果很相似。

2. 条件趋同的经验证据

Sala-i-Martin（1990）、Barro & Sala-i-Martin（1991）和 MRW（1992）针对 Baumol（1986）工作中的不足，根据 Solow 模型或者 Ramsey 模型，在 Baumol 的趋同回归方程中引入了储蓄率、人口增长率等影响经济系统增长稳态的解释变量，推动了条件趋同的实证研究。随后，许多学者在他们的基础上又加入了其他影响经济增长的因素，比如贸易条件、地理位置、政治稳定性、民主程度等等，更详细地分析条件趋同问题。

总的来看，无论是运用横截面数据方法还是面板数据方法，基本上都提供了存在条件趋同的证据，我们把相关研究的结论归纳在表 2 中。所不同的是，这两种方法在趋同速度方面却给出了不同的结论。运用横截面数据方法验证条件趋同的文献在趋同速度方面较为统一，大约为 2%。但是，运用面板数据方法的文献给出的趋同速度差别较大，这也许是由于所采用的回归方法不同所致。Islam（1995）认为趋同速度约为 10%，De la Fuente（1996）在对西班牙的研究中给出的趋同速度为 12.7%，Tondl（1999）和 Cuadrado et al（2000）给出的趋同速度分别为 20% 和 17%。一般而言，与横截面数据相比，运用面板数据较横截面数据得到的趋同速度较高。

3. 俱乐部趋同的经验证据

Quah（1993）利用跨国的收入分布动态方法指出，整个世界的收入分布趋于一个双峰分布，大部分原来富裕的国家现在仍处于富裕集团，大部分原来落后的国家现在仍处于落后集团，有少数人

---

① β^{SE}、β^{SL} 和 β^{SCR} 分别表示空间误差、空间滞后和空间截面模型的结果。

口较少的新兴工业化经济跻身富裕集团行列，也有少数曾经富裕的国家收入水平下降，但是总体而言，中等收入集团逐渐消失。因此，收入分布呈现出典型的"双峰"形态。

表2 条件趋同的经验证据

来源及数据类型	因变量	y_0	h_0	s_k	$n+g+\delta$	其他解释变量	地域	样本个数
Barro,1991年横截面数据	g_Q	-0.0075 (6.25)	0.0305* (3.86)	0.064 (0.032)	-0.004 (3.07)	政治不安定(-) 生育率(-) 政府消费(-)	全球	N=98 $R^2=0.56$
MRW,1992年截面数据	g_Y	-0.289 (0.062)	0.233 (0.06)	0.524 (0.087)	-0.505 (0.288)		全球	N=98 $R^2=0.46$
		-0.398 (0.07)	0.233 (0.144)	0.335 (0.174)	-0.884 (0.334)		OECD	N=22 $R^2=0.65$
Islam,1995年面板数据（LSDV）	$y_{i,t}$	0.7762 (0.0353)	-	0.1595 (0.0237)	-0.1092 (0.1024)	-	全球	N=480 $R^2=0.74$
		0.5864 (0.0532)	-	0.1215 (0.0586)	-0.0698 (0.1007)	-	OECD	N=110 $R^2=0.96$
Trivedi,2002年面板数据	g_Q	-0.0754 [-1.89]	-0.0003 [0.38]	0.0103 [1.36]	-	无固定效应	印度	N=88
		-0.1642 [-2.54]	0.0007 [0.57]	0.0245 [1.91]	-	有固定效应		N=88
Mathur,2005年横截面数据	g_Q	-0.789 (-3.14)	3.121 (1.555)	2.600 (5.784)	-2.84 (-1.334)	贸易开发度(+)	欧盟(16) 南亚(15) 东亚(8)	N=29 $R^2=0.71$

注：小括号里面的数字表示方差，中括号里的数字表示 t 值。

Durlauf & Johnson（1995）对趋同的横截面回归方法假设各经济单元具有相同的线性回归模型提出了置疑，并提出应该将各经济单元划归不同的集团，而每个集团之间具有不同的线性回归模型，集团内部各经济单元才拥有相同的线性回归模型。他们对 MRW

(1992) 所使用的数据进行了考察，发现了多重均衡的证据，即数据所包含的国家间存在俱乐部趋同。沿着这条路线，Johnson & Takeyama（2001）对 1950～1993 年期间美国各州的增长历史进行了考察，利用回归树（Regression Tree）方法确定每千平方公里邮局数目和每百人拥有的缆线长度作为趋同俱乐部分类的主要指标，并给出了美国各州之间存在俱乐部趋同的证据。D'Uva & Siano（2007）指出意大利各地区在 1981～2003 年期间可以分为三个趋同俱乐部，并且各俱乐部的趋同速度不同：落后地区趋同速度最快，发达地区趋同速度次之，中等发达地区最慢。Andrade et al（2003）则利用 Quah（1993，1997）的收入分布动态方法指出，巴西国内也存在俱乐部趋同问题。

值得指出的是，通常的收入分布分析中以国家为分析单元，不论国家大小或人口多少，都被视为一个同等的样本点。Sala-i-Martin（2006）则指出，这种分析有很大缺陷，因为一个人口众多的国家（例如中国）的经济增长对全球经济的影响，比人口很少的经济（例如莱索托）要强烈得多，他应用每个国家的平均收入，然后通过建立人口加权的全球收入分布，考察了自 1970～1998 年的世界收入分布，认为尽管不同国家的收入分布存在不同的动态特征和俱乐部趋同的证据，但是世界的收入分布却是由 1970～1998 年逐步趋向于单峰分布状态的，即中等收入的经济体增多，且各国平均收入普遍上升。而在这个动态演变过程中，中国和印度过去 20 多年间的高速增长起到了关键作用。

（六）关于经济趋同研究的结语与展望

趋同问题不仅是一个关于各国间经济增长水平的动态演变的纯粹理论问题，而且更是一个世界各国在谋求长期经济增长进程中十分关注的现实问题。伴随着对于不同国家、不同地区在经济增长水平、速度等方面是否趋同的理论探索，关于各国经济如何趋同、以怎样的速度趋同等问题的经验研究也不断丰富和完善。广泛的多层面的实证分析不仅为各国增长的绝对趋同、条件趋同、俱乐部趋同等理论假说提供了支撑和证据，而且推动了新增长理论接受各国增长的历史与现实的检验。新增长理论成功地避免了新古典增长理论曾经出现的无法进行实证检验的理论尴尬，取得了前所未有的繁荣。

我们在这里讨论了趋同经验研究中的主要方法和思路，包括截面数据和面板数据的回归分析、时间序列和空间计量分析，以及收入分布动态分析。我们看到，通过这些关于趋同的实证研究，更多的、影响经济增长的重要因素得到了更全面的考察，更适用更稳健的计量和经验分析工具和方法得到了应用，更有效、更具体的有利于经济增长的措施或政策得到了发掘和采用。随着越来越多的发展中国家和地区通过经济起飞，实现较快速的经济增长，关于趋同问题的探讨也将面临更多的经验证据，得出更多有价值的理论结论。

进入 21 世纪以来，各国经济学家在许多研究领域展开了充分和深入的理论与实证研究，在国际重要学术期刊上涌现出了一大批有影响的研究成果，在许多学术领域中，学者们还展开了热烈讨论，甚至争论。我们在这里就三个当前引起广泛关注和研究的经济学理论问题进行了追踪分析，从中可以整理出当代经济学研究的前沿思路和最新方法，对探讨我国经济改革与经济发展中的现实问题具有许多启示意义。当然，正在吸引各国学者密切关注的经济学问题远不止于此，研究成果也正以加速度涌现出来，我们将在后续的追踪研究工作中继续展开深入讨论。

参考文献

[1] [美]罗伯特·J. 巴罗（2004）. 经济增长的决定因素:跨国经验研究. 李剑译. 北京:中国人民大学出版社。

[2] [美]古扎拉蒂（2000）. 计量经济学. 林少宫译. 北京:中国人民大学出版社。

[3] [美]J. 约翰斯顿,J. 迪纳尔多（2002）. 计量经济学方法. 唐齐鸣译. 北京:中国经济出版社。

[4] Abramowitz, M., (1986), "Catching Up, Forging Ahead and Falling Behind", *Journal of Economic History*, 46: 385-406.

[5] Abreu M., De Groot H. F. & Florax R., (2004), "Space and

Growth: A Survey of Empirical Evidence and Methods", *Tinbergen Institute Discussion Paper*, 129(3).

[6] Acemoglu, D., (1998), "Why Do New Technologies Complement Skill? Directed Technical Change and Wage Inequality", *Quarterly Journal of Economics*, 113:1055-1090.

[7] Acemoglu, D., (1999), "changing in unemployment and wage inequality: An Alternative Theory and Some Evidence", *American Economic Review*. 89: 1259-1278.

[8] Acemoglu, D., (2002), "Directed Technical Change", *Review of Economics Studies*, 70:199-230.

[9] Acemoglu, D., (2002), "Technical Change, Inequality, and the Labor Market", *Journal of Economic Literature* (40):7-72.

[10] Acemoglu, D., (2003), "Patterns of Skill Premia", *Review of Economic Studies* (70):199-230.

[11] Acemoglu, D, Aghion, P. and Violante, G., (2002), "Technical Change, Deunionization, and Inequality", *Camegie-Rochester Conference Series On Public Policy*.

[12] Andrade, E., L. Márcio, P. L. V. Pereira & M. Regina, (2003), "Convergence Clubs Among Brazilian Municipalities", mimeo, refer to: http://www. ibmecsp. edu. br/pesquisa/download. php? recid = 2459.

[13] Anselin, L. (1988), *Spatial Econometrics: Methods and Models*, London:Kluwer.

[14] Anselin, L. and Bera, A. (1998), "Spatial Dependence in Linear Regression Models", In Ullah, A. and Giles, D. (Eds.), *Handbook of Applied Economic Statistics*, New York: Marcel Dekker.

[15] Anselin, L. & Rey, S. J. (1991), "Properties of Tests for Spatial Dependence in Linear Regression Models", *Geographical Analysis*, 23 (2): 112-131.

[16] Arbia G., L. De Dominicis, & G. Piras, (2005), "The

Relationship between Regional Growth and Regional Inequality in EU and transition countries - a Spatial Econometric Approach", mimeo, refer to: http://www. ersa. org/ersaconfs/ersa05/papers/168. pdf.

[17] Arbia G. , R. Basile, (2005), "Spatial Dependence and Non-linearities in Regional Growth Behaviour in Italy", *Statistica* L15 (2):145-167.

[18] Arellano, M. and S. Bond, (1991), "Some Test Specification for Panel Data: Monte Carlo Evidence and an Application to Employment Equations", *Review of Economic Studies*, 58 (2): 577-597.

[19] Aschauer, David A. , (1993), "Genuine Economic Returns to Infrastructure Investment", *Policy Studies Journal*, 21 (2):380-390.

[20] Aschauer, David A. , (1989), "Is Public Expenditure Productive?", *Journal of Monetary Economics*, 23:177-200.

[21] Autor, D. H. , L. F. Katz, and A. B. Krueger. , (1998), "Computing Inequality: Have Computers Changed the Labor Market?", *Quarterly Journal of Economics* 113: 1169-1213.

[22] Autor, D. H. , L. F. Katz, and M. S. Kearney (2005), "Trends in U. S. Wage Inequality: re-Assessing the Revisionists", Working Paper 11627, NBER.

[23] Autor, David, et al. , (2003), "The Skill Content of Recent Technological Change: An Empirical Exploration", *Quarterly Journa lof Economics* 118 (4).

[24] Autor, David H. , Katz, Lawrence F. and Kearney, Melissa S. , (2005), "Rising Wage Inequality: The Role of Composition and Prices", *National Bureau of Economic Research*, Working Paper No. 11628.

[25] Aziz, J. , and C. Duenwald, (1997), "China's Provincial Growth Dynamics", IMF Working Paper 1 (3), www. imf. org/external/

pubs/ft/wp/2001/wp0103. pdf.

[26] Baffes J. , and Shah A. , (1998) , " Productivity of Public Spending, Sectoral Allocation Choices, and Economic Growth ", *Economic Development and Culture Change*,46(2):291-303.

[27] Barro,R. , (1990), "Government Spending in a Simple Model of Endogenous Growth", *Journal of Political Economy*, 98:S103-125.

[28] Barro, R. , (1991) , " Economic Growth in a Cross Section of Countries," *Quarterly Journal of Economics*, 106(2):407-443.

[29] Barro, R. & Sala-i-Martin, X. (1992), "Regional Growth and Migration: a Japanese-US Comparison", *Journal of the Japanese and International Economy*,6 (4):312-346.

[30] Bartel, A. P. and F. R. Lichtenberg (1987) "The Comparative Advantage of Educated Workers in Implementing New Technology", *Review of Economics and Statistics*,LXIX(1): 1-11.

[31] Baumol, W. , (1986), "Productivity Growth, Convergence, and Welfare: What the Long-run Data Show", *American Economic Review*, 76(5):1072-1085.

[32] Beaudry P. ,F. Collard & D. A. Green,(2003), "Changes in the World Distribution of Output-per-worker 1960-1998: How a Standard Decomposition Tells an Unorthodox Story", mimeo, refer to: http://www. ifs. org. uk/wps/wp0415. pdf.

[33] Ben D. , (1994), "Convergence Dlubs and Diverging Economics", CEPR working paper 922.

[34] Bond, S. , A. Hoeffler & J. Temple, (2001), "GMM Estimation of Empirical Growth Models", *Centre for Economic Policy Research Discussion Paper No.* 3048

[35] Berman, E. , J. Bound, and S. Machin, (1998), "Implications of Skill-Biased Technological Change: International Evidence", *Quarterly Journal of Economics* 113: 1245-1279.

[36] Berman, E. and S. Machin, (2000), "Skill-biased technology

transfer: Evidence of factor biases technological change in developing countries", mimeo, Boston University.

[37] Berman,E. ,Bound,J. and Griliches,Z. ,(1994), "Changes in the Demand for Skilled Labor Within U. S. Manufacturing: Evidence From the Annual Survey of Manufactures", *Quarterly Journal of Economics*,109:367-397.

[38] Bernard, A. & S. Durlauf, (1995), "Convergence in International Output," *Journal of Applied Econometrics*, 10(2):97-108.

[39] Bernard, A. & S. Durlauf, (1996), "Interpreting Tests of the Convergence Hypothesis," *Journal of Econometrics*, 71:1-2, 161-173.

[40] Berndt E. R. , and Hansson B. , (1992), "Measuring the Contribution of Public Infrastructure Capital in Sweden", *The Scandinavian Journal of Economics*, 94(S):151-168.

[41] Bougheas S. , Demetriades P. O. , and Mamuneas T. P. ,(2000), "Infrastructure, Specialization, and Economic Growth", *The Canadian Journal of Economics*,33(2):506-522.

[42] Canning, D. and E. Bennathan, (2000), "The Social Rate of Return on Infrasturcture Investments," *Policy Research Working Paper Series* 2390, Washington DC: World Bank.

[43] Caselli, F. ,G. Esquivel, & F. Lefort, (1996), "Reopening the Convergence Debate: A New Look at Cross-country Growth Empirics". *Journal of Economic Growth*, 1 (3):363-389.

[44] Caselli, F. (1999) "Technological Revolutions," *American Economic Review*, 89:78-102.

[45] Canova,F. , (2004), "Testing for Convergence Clubs in Income per Capita: A Predictive Density Approach", *International Economic Review* 45(1):49-77.

[46] Cuadrado-Roura, J. R. , T. Mancha-Navarro & R. Garrido-Yserte (2000), "Regional Productivity Patterns in Europe: An Alternative Approach". *Annals of Regional Science*, 34 (3):365-384.

［47］David Card and John E. DiNardo（2002）, Skill Biased Technological Change and Rising Wage Inequality: Some Problems and Puzzles, NBER Working Paper No. 8769.

［48］Deichmann, U. , M. Fay, J. Koo, S. V. Lall. ,（2000）, "Economic Structure, Productivity, and Infrastructure Quality in South Mexico," Policy Research Working Paper Series 2900. Washington DC: World Bank.

［49］De la Fuente, A. ,（1996）, "The Empirics of Growth and Convergence: A Selective Review", *Journal of Economic Dynamics and Control*, 21（1）:23-73.

［50］DeLong, J. B. （1988）, "Productivity Growth, Convergence and Welfare: Comment". *American Economic Review*, 78 （5）: 1138-1154.

［51］Demetriades P. O. , and Mamuneas T. P. ,（2000）, "Intertemporal Output and Employment Effects of Public Infrastructure Capital," *The Economic Journal*, 110（465）:687-712.

［52］Demurger Sylvie,（2001）, "Infrastructure Development and Economic Growth: An Explanation for Regional Disparities in China?" *Journal of Comparative Economics*, 29:95-117.

［53］Dercon, S. , and P. Krishman. ,（1998）, "Changes in Poverty in Rural Ethiopia 1989-1995: Measurement, Robustness Tests and Decomposition," WPS/98-7. Oxford: Center for the Study of African Economics.

［54］Devarajan, Shantayanan, Vinaya Swaroop, and Heng- fu Zou （1996）. The Composition of Public Expenditure and Economic Growth, *Journal of Monetary Economics*, 37:313-344.

［55］Deninger, K. ,& L. Squire（1996）, "A New Data Set Measuring Income Inequality ", *The World Bank Economic Review*, 10（3）.

［56］DiNardo, John, Nicole M. Fortin, and Thomas Lemieux （1996）. Labor Market Institutions and the Distribution of Wages, 1973-1992: A Semiparametric Approach,. *Econometrica* 65, September

1996, 1001-1046.

[57] Di Liberto, A. (2004), "Convergence Clubs and the Role of Human Capital in Spanish Regional Growth", refer to: http://www. crenos. it/working/pdf/04-18. pdf.

[58] Dowrick, S. & M. Akmal, (2001), "Contradictory Trends in Global Income Inequality: A Tale of Two Biases", refer to: http://ecocomm. anu. edu au/economics.

[59] Durlauf, S. and P. Johnson, (1995), "Multiple Regimes and Cross Country Growth Behavior," *Journal of Applied Econometrics*, 10(4):365-384.

[60] Durlauf, S. ,N. Johnson & J. Temple, (2005), "Growth Econometrics", Handbook of Economic Growth, edition 1, in: P. Aghion & S. Durlauf (ed.), 1:555-677.

[61] Durlauf S. N. & D. Quah, (1998), "The New Empirics of Economic Growth", NBER working paper #6422.

[62] D'Uva, M. & R. D. Siano, (2007), "Human Capital and 'Club Convergence' in Italian Regions", *Economics Bulletin*, 18(1):1-7.

[63] Easterly and Rebelo, (1993), "Fiscal Policy and Economic Growth: An Empirical Investigation," *Journal of Monetary Economics*, 32(3):417-458.

[64] Edward M. Gramlich, (1994), "Infrastructure Investment: A Review Essay", *Journal of Economic Literature*, VolXXXⅡ:1176-1196.

[65] Eicher and Garcya-Renalosa(2001) Inequality and growth: the role of human capital in development. *Journal of Development Economics*, 66.

[66] Evans P. , and Karras G. , (1994), "Are Government Activities Productive?" *The Review of Economic and Statistics*, LXXⅤⅠ(1).

[67] Evans, P. , (1996), "Using Cross-Country Variances to Evaluate Growth Theories," *Journal of Economic Dynamics and Control*, 20:1027-1049.

[68] Evans, P., (1997), "How Fast Do Economies Converge?," *Review of Economics and Statistics*, 79(2):219-225.

[69] Fan S., and N. Rao,(2002), "Public Investment and Productivity Growth in Chinese Agriculture: New National and Regional Measures," *Economic Development and Cultural Change*,50(4).

[70] Fan S., L. Zhang, and X. Zhang, (2002), "Growth, Inequality, and Poverty in Rural China: The Role of Public Investments," *Research Report* 125. Washington DC: IFPRI.

[71] Fan S., C. Fang, and X. Zhang, (2001), "How Agricultural Research Affects Urban Poverty in Developing Countries: the Case of China." *EPTD Discussion Paper* 80. Washington DC: IFPRI.

[72] Fernald John G.,1999, "Roads to Prosperity? Assessing the Link Between Public Capital and Productivity," *American Economic Review*,89(3):619-638.

[73] Fingleton B., (1999), "Estimates of Time to Economic Convergence: An Analysis of Regions of the European Union", *International Regional Science Review*, 22(1):5-34.

[74] Galor, O., (1996), "Convergence? Inferences from Theoretical Models," *Economic Journal*, 106:1056-1069.

[75] Galor,o. and Tsiddon,D. (1997) " Technological progress, mobility, and economic growth ", *American Economic Review*, 87 (June):363-382.

[76] Galor, O. and O. Moav (1998) "Ability Biased Technological Transition, Wage Inequality and Growth," *CEPR Discussion Paper* No. 1972.

[77] Garcia-Mila T., McGuire T. J., and Porter R. H., 1996, "The Effect of Public Capital in State-Level Production Functions Reconsidered," By the President and Fellows of Harvard College and the Massachusetts Institute of Technology.

[78] Getis A. & D. A. Griffith, (2002), "Comparative Spatial Filtering in Regression Analysis" *Geographical Analysis*, 24(3):189-206.

［79］Gisbert, F. & J. Goerlich, (2003), "Weighted Samples, Kernel Density Estimators and Convergence" *Empirical Economics* 28:335-351.

［80］Goldin, Claudia and Katz, Lawrence F. 1998, "The Origins of Technology-Skill Complementarity" [J]. *Quarterly Journal of Economics*, 113:693-732.

［81］Greenwood, J. and M. Yorukoglu, (1997) "1974," *Carnegie-Rochester Conference Series on Public Policy*,46:49-95.

［82］Griliches, Zvi. (1969), "Capital-Skill Complementarity" [J]. *Review of Economics & Statistics*, 51(4): 465-469.

［83］Grossman,G. M. & E. Helpman (1990), "Comparative Advantage and Long-Run Growth" *American Economic Review.* 80, 796-815.

［84］Hoeffler, A., (2002), "The Augmented Solow Model and the African Growth Debate," *Oxford Bulletin of Economics and Statistics*,64(2):135-158.

［85］Holtz-Eakin Douglas,1994, "Public-Sector Capital and the Productivity Puzzle," *The Review of Economics and Statistics*, 76(1):12-21.

［86］Hulten, C. R., and R. M. Schwab,1991, "Public Capital Formation and the Growth of Regional Manufacturing Industries," *National Tax Journal*, XLIV:121-134.

［87］Islam, N. (1995), "Growth Empirics: A Panel Data Approach". *Quarterly Journal of Economics.* 110 (4):1127-1170.

［88］Jones, C., (1997), "On the Evolution of the World Income Distribution", *Journal of Economic Perspective*,11(3):19-36.

［89］Johnson, P. and L. Takeyama, (2001), "Initial Conditions and Economic Growth in the US States," *European Economic Review*, 45:919-927.

［90］Juhn, Chinhui; Murphy, Kevin M. and Pierce, Brooks. (1993) "Wage Inequality and the Rise in Returns to Skill." *Journal of Political Economy*, 101(3):410-442.

［91］Katz, Lawrence and Kevin Murphy. (1992). Changes in Relative

131

Wages: Supply and Demand Factors. " *Quarterly Journal of Economics*, *107*:35-78.

[92] Knack, S. and P. Keefer, (1995), "Institutions and Economic Performance: Cross Country Tests Using Alternative Institutional Measures," *Economics and Politics*, 7(3):207-227.

[93] Kremer, Michael and Eric Maskin. (1999). Segregation By Skill and the Rise in Inequality. NBER Working paper.

[94] Kremer, M., A. Onatski, and J. Stock, (2001), "Searching for Prosperity," *Carnegie-Rochester Conference Series on Public Policy*, 55:275-303.

[95] Krueger, A. (1993). How Computers Have Changed the Wage Structure: Evidence from Micro data, 1984-1989, *Quarterly Journal of Economics*, pp. 33-60.

[96] Krusell, Per; Lee Ohanian and Victor Rios-Rull and Giovanni Violante. 2000. Capital Skill Complementary and Inequality. *Econometrical*,68(September):1029-1054.

[97] Lee, David S. (1999). "Wage Inequality in the U. S. during the 1980s: Rising Dispersion or Falling Minimum Wage?" *Quarterly Journal of Economics*, 114 (August): 977-1023.

[98] LeSage, J. P,. (2004), *Spatial and Spatiotemporal Econometrics*, London:JAI Press(1 edition).

[99] Lim, U., (2003), "A Spatial Analysis of Regional Income Convergence", refer to: www. ar. utexas. edu/planning/forum/vol9PDFs/lim. pdf.

[100] Lemieux, Thomas. 2005. "Increased Residual Wage Inequality: Composition Effects, Noisy Data, or Rising Demand for Skill. " *Mimeograph*, University of British Columbia, May.

[101] Leonida L. & D. Montolio, (2004), "On the Determinants of Convergence and Divergence Processes in Spain" *Investigationes Economicas*, 28:89-121.

[102] Levine, R. and D. Renelt, (1992), "A Sensitivity Analysis of

Cross-Country Growth Regressions," *American Economic Review*, 82(4):942-963.

[103] Lloyd-Ellis, Huw (1999). Endogenous technological change and wage inequality. *American Economic Review*, 89(1), March:47-77.

[104] Lucas, R., (1988), "On the Mechanics of Economic Development," *Journal of Monetary Economics*, 22:3-42.

[105] Madariage, N., S. Montout & P. Ollivaud, (2005), "Convergence and Agglomeration in Argentina: A Spatial Panel Data Approach", refer to: ftp://mse. univ-paris1. fr/pub/mse/cahiers2005/Bla05006. pdf regional.

[106] Maddison, A., (1982), *Phases of Capitalist Development*: New York: Oxford University Press.

[107] Magrini,S. ,(2004),"Regional (Di)Convergence", mimeo, refer to: www. econ. brown. edu/faculty/henderson/regionaldiconvergence2. pdf.

[108] Mankiw, G. N.; Romer, D. & Weil, D. N. (1992), "A Contribution to the Empirics of Economic Growth". *Quarterly Journal of Economics*, 107 (2):407-437.

[109] Mathur, S. K. ,(2005), "Absolute and Conditional Convergence: Its Speed for Selected Countries for 1961-2001", mimeo, refer to: http://129. 3. 20. 41/eps/ge/papers/0503//0503002. pdf.

[110] MichaelT. Kiley, (1999). The Supply of Skilled Labor and Skill-Biased Technological Progress. *Economc Journal*. 109:708-724.

[111] Morrison Catherine J. , and Schwartz Amy E. , (1996), "State Infrastructure and Productive Performance," *American Economic Review*,86(5):1095-1111.

[112] Morrison Catherine J. , and Schwartz Amy E. , (1996), "Public Infrastructure, Private Input Demand, and Economic Performance in New England Manufacturing," *Journal of Business & Economic Statistics*,January.

[113] Munnell, A. H., (1990a), "Why Has Productivity Growth Declined?" *New England Economic Review*, Jan. /Feb. 3-22.

[114] Munnell, A. H., (1990b), "How Does Public Infrastructure Affect Regional Economic Performance?" *New England Economic Review*, Sept. /Oct. 11-32.

[115] Murphy, Kevin M. and Finis Welch. (1992.) "The Structure of Wages." *Quarterly Journal of Economics*, 107:255-285.

[116] Nadiri M. I., and Mamuneas T. P., (1994), "The Effects of Public Infrastruture and R&D Capital on the Cost Structure and Performance of U. S. Manufacturing Industries," *The Review of Economics and Statistics*, 76(1):22-37.

[117] Nagaraj, R., A. Varoudakis, and M. A. Veganzones, (2000), "Long-Run Growth Trends and Convergence Across Indian States," *Journal of International Development*, 12:45-70.

[118] Nahuis, R. & J. A. Smulders, (2002), "The Skill Premium, Technological Change and Appropriability" *Journal of Economic Growth* 7(2):137-156.

[119] Pritchett, L., (2000), "Understanding Patterns of Economic Growth: Searching for Hills among Plateaus, Mountains, and Plains," *World Bank Economic Review*, 14(2):221-250.

[120] Quah, D., (1993), "Galton's Fallacy and Tests of the Convergence Hypothesis," *Scandinavian Journal of Economics*, 95:427-443.

[121] Quah, D. (1994), "One Business Cycle and One Trend from (Many,) Many Disaggregates". *European Economic Review*, 38 (3-4):605-613.

[122] Quah, D., (1996), "Twin Peaks: Growth and Convergence in Models of Distribution Dynamics," *Economic Journal*, 106:1045-1055.

[123] Quah, D., (1997), "Empirics for Growth and Distribution: Stratification, Polarization, and Convergence Clubs," *Journal of*

Economic Growth, 2(1):27-59.

[124] Quah, D.,(2002), "Spatial Agglomeration Dynamics",*American economic Review*, 94(2):247-252.

[125] Quah, D.,(2006), "Growth and distribution", Sir R. Stone lecture, Bank of England, refer to: http://econ. lse. ac. uk/staff/dquah/.

[126] Rey S. J. and Montuori, B. D. (1999), "US Regional Income Convergence: A Spatial Econometric Perspective". *Regional Studies*, 33 (2):143-156.

[127] Romer, P.,(1986), "Increasing Returns and Long-run Growth," *Journal of Political Economy*, 94:1002-1037.

[128] Romer, Paul M.,(1987), "Growth Based on Increasing Returns Due to Specialization," American Economic Review, Papers and Proceedings 77:56-62.

[129] Sala-i-Martin, X.,(1996), "Regional Cohesion: Evidence and Theories of Regional Growth and Convergence," *European Economic Review*, 40:1325-1352.

[130] Sala-i-Martin, X. (2002), "15 Years of New Growth Economics: What Have We Learnt?", Columbia University discussion paper # 0102-47.

[131] Sala-i-Martin, X. (2006), "The World Distribution of Income: Falling Poverty and. . . Convergence, Period" *Quarterly Journal of Economics*, 121(2):351-397.

[132] Shah A.,(1992), "Dynamics of Public Infrastructure, Industrial Productivity and Profitability, " *The Review of Economics and Statistics*,74(1):28-36.

[133] Solow, R. M. (1956), "A Contribution to the Theory of Economic Growth". *Quarterly Journal of Economics*, 70 (5):65-94.

[134] Swan, T. W.,(1956),"Economic Growth and Capital Accumulation" *Economic Record*, 32(NOV.).

[135] Summers, R. and A. Hestons, (1988), "A New Set of International

Comparisons of Real Product and Price Levels: Estimates for 130 Countries, 1950-1985". *Review of Income and Wealth*, 34 (1):1-25.

[136] Summers, R. and A. Hestons, (1991), "The Penn World Table (Mark 5): An Expanded Set of International Comparisons, 1950-1988," *Quarterly Journal of Economics*, 106:327-368.

[137] Tatom, J. A. ,1991, "Public Capital and Private Sector Performance," Federal Reserve Bank of St. Louis Review, May/June:3-15.

[138] Temple, J. , (1999), "The New Growth Evidence", *Journal of Economic Literature*, March, 1999:112-156.

[139] Tondl, G. , (1999), "The Changing Pattern of Regional Convergence in Europe". *Jahrbuch fur Regionalwissenschaft*, 19 (1):1-33.

[140] Tondl G. , H. Badinger & W. Muller, (2003), Regional Convergence in the European Union (1985-1999): Spatial Dynamic Panel Analysis, mimeo, refer to: http://www. ersa. org/ersaconfs/ersa03/cdrom/papers/455. pdf.

[141] Trivedi, K. , (2002), "Regional Convergence and Catch-up in India bewteen 1960 and 1992", Working Paper No. 2003-W01, Nuffield College, University of Oxford.

互联网环境下管理研究前沿追踪[*]

黄敏学　周元元[**]

（武汉大学经济与管理学院，武汉，430072）

一、引　言

自从 1994 年互联网的商业化应用以来，其对企业的经营管理带来了深远的影响。世界贸易组织的调查报告显示，1994 年全球电子商务销售额仅为 12 亿美元，1997 年即达到 26 亿美元，1998 年销售额竟高达 500 亿美元，2000 年更猛增到 3000 亿美元。预计到 2010 年，全球电子商务交易额估计能达到 3 万亿 ~3.5 万亿美元，约占国际贸易总额的 30% ~40%①。与此同时，我国的互联网应用无论是上网规模还是交易金额都增长迅速，1996 年我国互联网用户为 10 万，1999 年为 400 万，增长了 40 倍，2000 年达到 1690 万，2003 年达到 6800 万，2006 年达到 13700 万人，网民规模

＊ 本研究受到武汉大学社科部资助的前沿研究追踪项目以及国家自然科学基金项目（编号：70672067）的支持。参加资料的前期整理和汇总工作的有北京大学光华管理学院的朱华伟、香港中文大学市场营销系的才风艳、美国德州农工大学（Texas A&M）市场营销系的梅澎、中南民族大学市场营销系的徐珊珊以及武汉大学的研究生何奕知、王峰。

＊＊ 黄敏学，经济学博士，武汉大学经济与管理学院教授、博士生导师，市场营销与旅游管理系副主任。

① 黄敏学：《电子商务》，第三版，北京：高等教育出版社，2007。

位居世界第二位①。1999 年，我国电子商务交易额为人民币 1.8 亿元，其中 B2C 交易额为 1.44 亿元，均比 1998 年增长一倍以上。2000 年电子商务交易额达到人民币 4 亿元，增长态势强劲。截止到 2005 年 10 月，我国电子商务交易总额约为 6000 亿元人民币②。在此期间，也诞生了一批世界知名的互联网背景的新兴公司，如谷歌、百度、雅虎、新浪、网易、电子港湾、淘宝、阿里巴巴等。值得关注的是这些公司的发展模式和经营思路区别于已有的企业，这一方面是互联网环境带来了经营管理环境的改变，给新兴企业带来机会，另一方面互联网改变了消费者的行为模式和企业经营模式③。这些发展和变化也引起了广大学者的关注和探讨，从早期的少数几篇论文关注，到现在成为学术研究的热点，说明互联网无论是从应用上还是从理论上都对经营管理带来了深远的影响。

根据学者 E W T Ngai 对 1987～2000 年中关于互联网营销文献的综述研究发现④，有关这个领域研究的文献从 1987 年的 1 篇到 2000 年的 81 篇，其中 1995 年后发表的论文占到总篇数的 96% 以上，说明关于互联网环境下管理研究与互联网的商业应用研究是相辅相成的；而且研究还发现，涉及互联网营销研究的学术杂志从开始的 1 种到 2000 年的 46 种，基本涵盖了经济、管理、营销、信息技术等领域的知名学术杂志。进入 21 世纪，互联网的应用进一步普及和渗透，有关互联网环境下管理问题的研究，也从早期零星的研究进入了主流的研究，一些学科领域的权威杂志开始发表有学术影响的成果，如关于互联网营销研究的第一篇发表在营销顶级杂志 Journal of Marketing 上的文章是 1996 年，随后逐年稳步增加，到 2006 年在顶级的营销学术杂志上发表的学术论文就超过了 10 篇，

---

① 中国互联网络信息中心：《中国互联网调查报告》，1～19 期，网址：www. cnnic. net. cn.

② 黄敏学：《网络营销》，第二版，武汉：武汉大学出版社，2007。

③ 黄敏学：《电子虚拟市场的演进与交易模式研究》，武汉：武汉大学出版社，2002。

④ Ngai, E W T (2003), Internet Marketing Research (1987-2000): A Literature Review and Classification, *European Journal of Marketing*, Vol. 37, No. 1/2, pp. 24-49.

占当年总发稿量的 5% 以上。再如，信息技术管理（Information Technology Management，ITM）的论文在两个顶级学术期刊 Information System Research 和 MISQ（Management Information System Quarterly）2006 年发表的与互联网相关的文章达到了 7 篇，占到当年发稿量的 9%。可见，研究互联网环境下管理问题是管理研究中的重要前沿方向。本文通过梳理重要学科分支中涉及互联网的学术文献，运用文献综述法来分析研究各个学科在这个问题上的前沿动态。由于涉及互联网问题研究的学术杂志非常多，为了更好地体现前沿和总结精华，本文在选择学术杂志和梳理文献时只选取这个学科中公认的最顶级的学术杂志来进行分析。当然，这种做法难免可能遗漏不少好的发表在其他的学术杂志的文章。但是，必须承认的是，那些发表在顶级杂志的文献往往在本学科今后的发展中起到难以取代的作用，而且这些文章的引用率也很高，影响因子很大。基于此考虑，根据已有的学术期刊重要性研究文献，我们选取下面的一些学术期刊作为文献收集整理的来源（见表 1）。考虑到，财务会计与应用经济等学科的研究交叉比较多，一些研究很难通过管理方面的学术期刊来反映最新前沿，因此本次前沿综述没有涵盖财务与会计学科领域，重点分析了信息技术管理、营销管理、运营管理以及战略与组织管理等分支学科。

表 1   管理学科各分支的顶级学术期刊①

	Accounting Review
	Journal of Accounting and Economics
	Journal of Accounting Research
财务与会计	Journal of Finance
	Journal of Financial Economics
	Review of Financial Studies

① 选取标准和方法参加德州 Dallas 分校的相关研究，网址：http://citm. utdallas. edu/utdrankings/.

信息技术管理	Information Systems Research
	Journal on Computing
	MIS Quarterly
营销管理	Journal of Consumer Research
	Journal of Marketing
	Journal of Marketing Research
	Marketing Science
管理综合（涵盖多个学科）	Management Science
运营管理	Operations Research
	Journal of Operations Management
	Manufacturing & Service Operations Management
	Production and Operations Management
战略管理与组织	Academy of Management Journal
	Academy of Management Review
	Administrative Science Quarterly
	Organization Science
	Journal of International Business Studies
	Strategic Management Journal

考虑到管理学科的分支较多，研究的问题也比较庞杂，为更好地反映互联网环境下管理研究的前沿，本文采取面综合和点分析的方式来组织综述。面综合的方法就是根据经典的学科分支来分别统计分析各个学科对该问题研究的动态，以及总体研究趋势是什么。点分析的方式是从目前互联网环境下管理研究中的热点问题和核心问题，选择一些代表性的问题进行综述，试图对互联网环境下管理研究做一些深入说明，一般来说这些问题研究可能在多个管理分支学科中都有涉及。"工欲善其事，必先利其器"，本文也试图对各个学科分支采取的研究方法进行梳理和分析，并对互联网环境下各

种管理研究方法进行综述说明。本文的组织安排如下：首先从各个分支学科来统计分析研究趋势和特点；然后统计分析互联网环境下管理研究方法的采用情况以及特点；最后是对目前互联网环境下一些重要问题的研究综述。

二、互联网环境下管理分支研究前沿综述

（一）文献研究概述

如上所述，本文的研究对象仅仅包括信息技术管理、营销管理、运营管理以及战略与组织管理等分支学科的 18 本顶级杂志。梳理的第一步是找出这些杂志中发表的所有有关互联网环境下管理问题的文献，时间跨度从 2003 年开始到 2007 年 7 月截止。笔者在这些杂志的档案库以及 Proquest 数据库和 EBSCO 数据库中搜索了 Internet、online 等相关互联网环境下管理问题的主题，并且针对这些文章的摘要进行了分析，最终选择了 93 篇文章。

对于这 93 篇文献，本文从信息技术管理、营销管理、运营管理以及战略与组织管理四类分支进行分析（见表 2）。通过统计发现，关于互联网环境下管理问题的研究，在营销管理的分支上研究文献数量最多为 47 篇，说明学者们在该领域给予了特别关注。信息技术管理和运营管理分支文献数分别为 21 篇和 16 篇。战略与组织管理分支的涉及量最少为 9 篇。通过图 1 我们可以直观地看到这种分布。

从发表的时间序列（如图 2 所示）来看，从 2003 年到 2007 年发表的关于互联网环境下管理问题的论文经历了小幅下降后在 2006 年达到了 26 篇，需要特别说明的是 2007 年的文献数量由于时间关系，无法进行完全统计。这个趋势说明了随着网络的迅速发展，管理问题的相关研究环境日益成熟，利用互联网进行的一切商业管理活动逐渐成为学者们关注的对象，网络经济成为广大学者研究的重点。

表2 互联网环境下管理文献统计表

分支类别 ＼ 年份	2003	2004	2005	2006	2007	总计
信息技术管理	4	6	4	5	2	21
营销管理	14	9	7	12	5	47
运营管理	3	1	3	7	2	16
战略与组织管理	0	2	3	2	2	9
总计	21	18	17	26	11	93

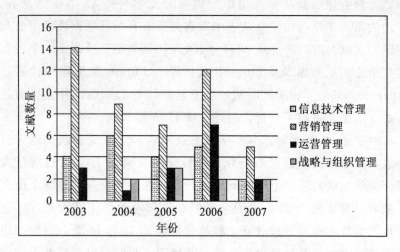

图1 文献分支统计图（2003～2007）

（二）互联网环境下信息技术管理

1. 文献数量及杂志分布

在信息技术管理研究方面，来自 Management Science、Information Systems Research 和 MIS Quarterly 顶级杂志共 21 篇文章（见表 3）。其中在 Information Systems Research 杂志上就多达 12 篇，MIS Quarterly 和 Management Science 杂志上的数量分别为 8 篇和 1 篇，在 Journal on Computing 杂志上并没有相关问题的涉及。从时间跨度来看，在 2004 年相关文献的发表最多为 6 篇。

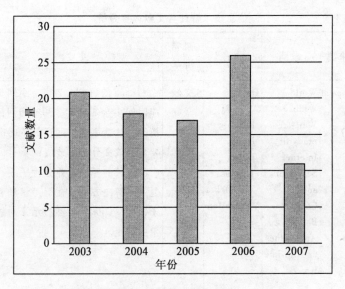

图 2　近年发表的文献数量（2003～2007）

表 3　　　　　　　　信息技术管理文献统计表

年份 杂志	2003	2004	2005	2006	2007	总计
Information Systems Research	1	6	4	1	0	12
MIS Quarterly	2	0	0	4	2	8
Management Science	1	0	0	0	0	1
总计	4	6	4	5	2	21

2. 文献内容分析

通过阅读信息管理研究方面的文献，笔者发现关于该问题的研究主要集中在两个方面：一个是关于信息技术创新的研究，如 Lyytinen 和 Rose 研究网络处理对系统发展及服务带来大的创新；另一个则是关于信息技术应用方面，如 Dellarocas 研究随着网络技术的发展道德对交易的约束。各文献的具体内容参见表 4。

143

表 4   信息技术管理各文献内容分析

杂志来源	题目	作者	研究方法	主要内容
Management Science (2003)	World Wide Wait: A Study of Internet Scalability and Cache-Based Approaches to Alleviate It	Datta, Anindya, Kaushik Dutta, Helen Thomas, and Debra VanderMeer	文献研究	Zona 的研究认为当一个网页的反应时间多余 8 秒时，30% 的网民选择离开，这就表明了网页等待时间的重要性。该文分析了造成网页打开等待时间过长的原因，并分析了缓存技术是一个解决方案。在运筹学和管理科学领域（OP/MS）都显示了对缓存技术的重视。
Information Systems Research (2003)	Replicating Online Yankee Auctions to Analyze Auctioneers' and Bidders' Strategies	Bapna, Ravi, Paulo Goes, and Alok Gupta	实验法	文章通过模拟提供了一个相对无风险和有成本效益的环境来测量拍卖者和投标者在递价过程中的决策余地。模拟模型使用的数据都来源于真实的在线拍卖，并可以通过改变可控制的变量如出价的增量、开价的数量及其他拍卖规则来调查对拍卖人收入的影响。研究表明，对大多数拍卖来说，拍卖者对最低的出价增量使用比最佳价值更高的价值。虽然在大多数例子中这种做法对收入的影响很小，但根据少的利润通常贯穿整个拍卖，往往对利润的影响超过了 100%。本文最大的创新在于它在现实数据基础上建立了一个模拟模型，拍卖者可以利用此模型，在既定的拍卖中通过控制不同的变量和规则来研究出价策略对消费者盈余和拍卖者收入的影响。

续表

杂志来源	题目	作者	研究方法	主要内容
MIS Quarterly（2003）	Trust and TAM in Online Shopping: An Integrated Model	Gefen, David, Detmar W. Straub, and Elena Karahanna	调查法	对于网上卖家来说，有很多因素影响消费者是否会再次光临自己的网站。本研究主要检测影响消费者决定的两个因素，即信任和TAM，并且探讨这些因素如何与低涉入度、低风险的购物意图相关联。对量表问卷分析后，数据显示有过购买经历的消费者再次光临某网上卖家不仅取决于信任，还取决于TAM、感知有效性及感知便利性所共同产生的信念，结果也再次强调了信任对网上商业活动的重要性。因此，对网上卖家来说，增加消费者的信任度再也不像想象中那么艰难，网站的便利性、有效性，安全性、熟悉度等，这些因素对提升消费者对网站的信任度都有很大的帮助，除此之外，网上卖家还应建有信任机制，给消费者以更大的信心保护。
MIS Quarterly（2003）	The Disruptive Nature of Information Technology Innovations: The Case of Internet Computing in Systems Development Organizations	Lyytinen, Kalle and Gregory M. Rose	案例研究	随着工具、技术及实践发展，90年代中期出现了网络处理。网络处理在本研究中指的是不断扩大的分布式处理及依靠网络服务与相关协议的处理。近期研究表明，网络处理给系统发展及服务带来了很大的创新，并且使处理转变成全球现象，因而可以利用全球的基础设施。这些研究虽然有启蒙作用，但它们都没有阐明信息体系是如何发展变化的，及哪些变化需要建立分裂性的信息技术创新。为了

杂志来源	题目	作者	研究方法	主要内容
				弥补网络处理和信息技术创新研究的缺口，本研究在以往理论基础上，着重探讨信息技术创新的动态及其类型。本研究主要分析两个问题，即如何以一个分裂性的信息技术创新来解释信息技术发展过程及结果，并且与处理能力无关；由网络处理产生的体系发展组织中，在哪种程度上被观察到的骚动会被理解为分裂性的信息技术创新。研究者通过模型及观察对这两个问题进行了研究，推论及实际数据研究表明网络处理的运用，从根本上影响了在发展过程和服务方面的企业信息技术创新。
Information Systems Research （2004）	Building Effective Online Marketplaces with Institution-Based Trust	Pavlou，Paul A. and David Gefen	调查法	文章引用社会学及经济学的理论来测量制度机制及其效力对买者交易行为的影响。研究调查采用的是李克特七点量表，并在亚马逊拍卖网站上随机抽取 1600 个买者的电子邮件地址进行调查。数据统计表明各种制度机制提升了买者对在线市场的信任，这种对信任降低了买者的可感知风险并增加了他们的交易意向。本研究最大的亮点在于将调查重点放在制度机制的效力上，包括合法捆绑和市场导向的机制。这些机制不但使一些著名的卖家得到了买家的信任，而且着重强调使整个的卖家团体都得到了买家的信任，形成了有效的在线市场。市场导向的制度机制包括对中介商的信

续表

杂志来源	题目	作者	研究方法	主要内容
				任、对反馈体制的感知效力，它们是买者对卖家团体信任的最强预报者；合法捆绑包括由第三者保存附带条件委付盖印的契约服务、信用卡担保，相比之下，它们对买者信任的预报性要弱些。这些研究在合法环境还没有确定的情况下对在线市场及电子商务的发展都有着重要的借鉴意义，因此现存的或者是新的市场导向体制可能与合法机制一样有效，当然这还需要进一步的研究来证明，如果研究成立的话，将会给刚创业的卖家带来更大的发展空间，毕竟合法机制都过于昂贵。
Information Systems Research（2004）	Does Animation Attract Online Users' Attention? The Effects of Flash on Information Search Performance and Perceptions	Hong, Weiyin, James Y. L. Thong, and Kar Yan Tam	实验法	爆炸式的网络信息与消费者有限的注意力之间的矛盾激发了作者对网络上各式各样信息表现形式效果的怀疑。作者主要研究 Flash 对在线信息搜寻行为的影响，并研究 Flash 在任务导向条件下和非任务导向条件下对信息搜寻者感知的影响。研究采用的是实验法，专门设计了一个在线食品杂货网站，来研究以不同表现形式展现商品信息时参与者的感知反应及购物体验。研究表明 Flash 是吸引使用者兴趣的重要因素，在信息密集的环境下它可以帮助使用者寻找目标、减少反应时间；但是在没有预定搜索目标时即在非任务导向条件下，它可能会干扰搜寻行为。但吸引并不能保证

杂志来源	题目	作者	研究方法	主要内容
				较好的回忆，使用者可能会因为 Flash 的出现削弱信息记忆和品牌记忆，这并不仅针对某条信息，而且也包括屏幕上的所有其他信息。因而，Flash 对集中注意力有很明显的负面影响，它可能使使用者无法集中精力来搜寻所需要的信息，并且如果某网页上的 Flash 与使用者的信息搜寻任务毫无关联时，使用者因而会对此网页产生不好的印象。此研究颠覆了市场营销一些文献对旗帜等广告形式作用的看法，以前的研究大多集中研究广告本身，而忽略了整个的设计评价、使用者的态度等。
Information Systems Research （2004）	Hope or Hype：On the Viability of Escrow Services as Trusted Third Parties in Online Auction Environments	Hu, Xiaorui, Zhangxi Lin, Andrew B. Whinston, and Han Zhang	建模法	网上欺诈行为的猖獗已经严重影响了在线拍卖市场，严重打击了人们对网上市场的信任。在线契约服务作为值得信赖的第三方，是用来保护在线交易免受网上欺诈，但在线契约服务是否对削弱网上欺诈行为有效还是一个值得讨论的问题。因而在网上市场上不同类型的商人及在线契约服务提供者的不同行为，在什么情况下在线商人会采用在线契约服务，及在什么条件下在线契约服务作为值得依赖的第三方能建立一个可行的商业模范，这些都是本研究中重点要探讨的问题。本研究的一个亮点在于首次运用博弈论来分析在线契约服务，并且使人们对在线契约服务市场和拍卖参

续表

杂志来源	题目	作者	研究方法	主要内容
				与者的行为有了新的认识。研究者将在线商人分了两种类型，即诚实型和谋略型，在在线 C2C 拍卖市场上，运用两面动态博弈模型，通过精密计算和严格推导，指出在线契约服务提供者可能会通过选择一个最佳的费用来平衡单一交易收益及适度的采用费用之间的差额，以此来获得最佳的利润水平。研究也提出在线契约服务作为阻止谋略型商人在在线 C2C 拍卖市场上欺骗消费者的有效方法，但是数学推论表明，现阶段的在线契约服务费用远高于最大利润时的费用，这就是为什么在线契约服务采用率较低的重要原因，如何制定有效的费用这将给以后的研究提出新的挑战。
Information Systems Research （2004）	Information Overload and the Message Dynamics of Online Interaction Spaces：A Theoretical Model and Empirical Exploration	Jones，Quentin，Gilad Ravid，and Sheizaf Rafaeli	实验法	大部分的学者在研究网民在线公共行为时，大多选择的是虚拟社区进行分析，社会理论或社会关系网等方法都可以对网民的某些行为进行解释。但这些方法在解释在线交流空间和使用者招待行为之间的关系上并不是很清楚。本研究着重研究使用公共在线行为的虚拟空间，他们的技术平台及这些体制所包含的行为三者之间关系的本质。研究者为了获取网民在线聊天的真实情况，在借鉴以往研究基础上，共选取了 600 个新闻组，并在长达 6 个月的时间内记录了 2650000 条内容，来分析网民在虚拟

杂志来源	题目	作者	研究方法	主要内容
				空间内的行为。理论框架与数据结果都支持假设中所提出的主张，即个人信息超载置顶策略对集聚交互讨论有着明显的作用。假设也全部得到了证明，即网民在超载集聚交流时更倾向于回应较简单的问题、网民在超载集聚交流增长的情况下更倾向于主动退出，随着超载集聚交流的增加网民更倾向于产生简单的回复。以往的研究主要测量网络群体的交流，如评论集聚的局限性、分析网络的结构及网上体验等，本研究的亮点在于首次试图探究在新闻组讨论中体制的影响作用。
Information Systems Research （2004）	A Practice Perspective on Technology-Mediated Network Relations: The Use of Internet-Based Self-Serve Technologies	Schultze, Ulrike and Wanda J. Orlikowski	案例研究	关于信息技术在企业的运用研究大多集中在理性参与理论分析，如交易的成本经济、关系理论等。然而最近关于信息技术对公司间网络联系的研究表明使用信息技术与关系提升是互补的。本研究通过分析消费者与企业销售代表的活动及相关关系来探讨信息技术在公司间使用的影响意义。研究者运用服务策略中蕴含的因果关系来试图分析利用自我服务技术来补充服务关系的作用。研究者发现引进和使用一项通过非人际交流来传递服务的网络技术对包含企业服务策略的深入关系有很重要的意义。因为网络关系是经由实际工作及消费者与提供商之间的交互关系所产生的，所以消

杂志来源	题目	作者	研究方法	主要内容
				费者若使用自我服务技术，对企业来说，消费者与企业的关系得到了更深入的发展。本研究的数据收集是一个长期的工作，研究者选定了一家企业WebGA进行研究，并长期驻扎在公司进行观察及数据收集，为的是掌握WebGA公司自我服务技术对组织活动的作用及影响，表明信息技术的使用改变了参与者们分享信息的特征和质量，减少了双方相互交流的次数，并且促使销售代表将重点放在提升消费者的技术采用及使用上。
Information Systems Research（2004）	Internet Users Information Privacy Concerns（IUIPC）：The Construct, the Scale, and a Causal Model	Malhotra, Naresh K., Sung S. Kim, and James Agarwal	调查法	尽管电子商务有很大的发展潜力，但电子商务在整个经济中所占的比例非常小，全世界还不到1%。消费者对在线隐私的信心缺乏被认为是妨碍电子商务发展的主要瓶颈。个人信息数字化后很容易被复制、传播及整理，这些都使得网上营销者可以详细地把握每一个人的信息，因而如果没有恰当处理好将会对隐私造成严重的威胁，然而，从另一方面来说，也有可能使营销者为消费者提供个性化的服务或其他利益服务。因而，消费者、企业还有研究者应该将个人信息视为一把双刃剑，如果在恰当的保护下谨慎使用可能会增加社会效益，但如果粗心使用的话，可能会造成对隐私的入侵。针对现阶段的研究空缺，本研究的主要是为了测量通过延伸网

151

续表

杂志来源	题目	作者	研究方法	主要内容
				络领域及传统营销渠道的核心知识来分析网络使用者的信息隐私关注。为了测量研究假设，研究者设计了两个研究步骤。研究 1 是为了测量隐私关注中所出现的新参数，研究 2 是将新旧量表中的因素进行综合，并测量研究模型和假设。研究结果对理论与实际工作都有很大的借鉴意义，从理论上看，研究设计的网络使用者信息隐私关注的因果模型不仅完全符合数据，而且解释了一些行为意图的影响因素，这个模型是分析在线消费者对各种隐私威胁态度反应的有用工具。
Information Systems Research （2005）	A Two-Stage Model of the Promotional Perform-ance of Pure Online Firms	Wu, Jianan, Victor J. Cook, Jr., and Edward Strong	实验法	研究者提出了一个两阶段概念和计量经济模型来共同评估纯网上公司的站点促销行为。此研究最大的亮点在于首次探讨站点促销评估以研究在一个完整的框架中传统大众媒体广告和网络站点出现的影响效果。研究通过实验从现实中获取了相关的数据，并通过严格的数学推导，来巩固研究者的命题，即广告和站点的特征会以不同的方式影响销售、在线环境下评估广告的效果并不需要昂贵的调查研究数据，网站的二手数据可以用来进行评估、两阶段模型的第一阶段和第二阶段的交互作用可能会产生令人误解的推论，这可能是因为某些产生网站访问和促成销售的未被注意到的特征之间可能是相关的。对于电子商务

杂志来源	题目	作者	研究方法	主要内容
				来说,本研究有两个方面可以借鉴。首先,广告和站点的特征会以不同的方式影响了销售。因而对于网上公司来说,在传统媒体上做的广告与站点的设计要吻合。其次,研究的一些测量结果可以直接利用。如在网站顶部设有"请回复"或将广告安置在杂志的右页面上,都可能增加网站的访问量,并可以增加销量。研究所建立了模型也对分析在线数据提供了一些创新之处。
Information Systems Research (2005)	Competition Among Sellers in Online Exchanges	Bandyop-adhyay, Subhajyoti, John M. Barron, and Alok R. Chaturvedi	建模法	B2B市场的吸引力在于B2B企业供应链的高效率。买者可以在众多的卖者中寻求最佳的价格,因而增加了卖者之间的竞争。本研究主要分析卖者之间的竞争,并通过模拟针对同一买家的需求,两个具有不同单位成本和生产能力的卖家之间的竞争,通过数学计算建立了一个两个卖者异质成本模型——低成本的生产者在价格策略上更有优势;及一个两个卖者异质产量模型——高生产能力的生产者更有优势。因而对于卖者来说,有两种策略可以执行。低成本给生产者带来了本质的优势,和高的生产能力一样。如果某个卖者没有一个压倒性的优势,那么转为网上原始设备制造商会巩固他们的竞争地位,因为在短期内,相对于降低边际成本,扩大生产能力是更容易的策略。

杂志来源	题目	作者	研究方法	主要内容
Information Systems Research (2005)	Psychological Contract Violation in Online Marketplaces: Antecedents, Consequences, and Moderating Role	Pavlou, Paul A. and David Gefen	调查法	本研究主要测量在网络市场上心理契约背离（PCV）的特征和作用。研究模型的数据来源于 eBay 和 Amazon 拍卖市场的买家，从中选取了 1031 个买家，通过电子邮件邀请他们参与到调查中来。核心的研究结果包括：在单个卖者中引入了 PCV 这一概念、将 PCV 扩展到卖家群体中，因为在在线拍卖市场中买家很少与同一个卖家再次交易、提出卖家群体如果在一些重要因素上背离心理契约的话，则会影响买家在网上市场的实际交易行为，这些重要因素包括信任，感知风险、价格优惠、交易意图和制度结构、支持卖家群体 PCV 在制度结构对信任和感知风险产生影响，信任和感知风险对交易意图起作用的缓和功能、群体卖家 PCV 的两个重要的前提条件是买者以往的经历和卖者的表现等。总之，研究证实了 PCV 在网上市场中对买者与卖者之间关系的隐藏特性和作用。在实际运用中，卖者应该确保所有的买家清楚地明白各自的义务并维持合理的解释，卖家在制定交易合同时要保证所承诺的条款清楚明白，最后卖家应该注意及关注心理契约，避免因疏忽或忽视使自己在交易义务上食言等，这是本研究带给在线卖家的研究借鉴。本研究也鼓励其他研究者对 PCV 在其他 IT 环境的作用下进行调查，有可能会改变现在的一些理论。

杂志来源	题目	作者	研究方法	主要内容
Information Systems Research （2005）	Reputation Mechanism Design in Online Trading Environments with Pure Moral Hazard	Dellarocas, Chrysanthos	建模法	具有纯粹道德危险下的在线交易环境名誉机制设计，本研究将对此问题进行理论分析。在道德危险的环境下，卖者被认为是机会主义者，有着合作或欺诈的双重能力，并且努力使他们的利润最大化。因而名誉机制设计的目的在于促使卖者尽可能地参与到合作行为中来。名誉机制被研究者认为是一种激励，而消费者的反馈被认为是一种信号，因此研究者提出没有适用于各种情况的名誉机制设计，网上市场的设计者应该明白他们自己设计的目的（激励或者信号）并且精心设计，以使得市场效率提高。研究者将其理论模型运用到 eBay 的反馈体系中，指出如果 eBay 卖家的类型、机制、近期一个卖家所有的正面或负面的信息都是确定的，那么可能会达到最大的效率。这些无形财产使得 eBay 特别适合大型的在线交易环境，由于它简单、直接的行为规则，使得许多交易者能操作自如。这都给当前网上商家以很大的借鉴意义。

续表

杂志来源	题目	作者	研究方法	主要内容
MIS Quarterly (2006)	Information Technology and pricing Decisions: Price Adjustments in Online Computer Markets	Oh, Wonseok and Henry C. Lucas, Jr	调查法	本论文主要探究网上市场的价格决策管理。与传统市场相比，网上市场提供了更低的搜索成本，更高效的价格追踪，更低的菜单成本及更快速的价格调整。那么管理者在面对他们公司产品和服务的时候，如何运用这些网上市场的特征来制定价格策略呢？这是研究者在此文中所要讨论的问题。本研究建立在实际数据的基础上，研究者定期收集由 14 家网上卖家提供的 37 种类似计算机产品的零售价格，分析这些数据来推定价格策略的调整。本研究的核心研究结果包括：被调查的卖家在价格调整上是同步的，这就要求管理者应该对竞争对手的价格调整做出及时地反应；对于有高价格差别的产品来说会更频繁地调动价格，这就要求管理者要及时关注是否出现价格错误；小幅度的价格上调多于小幅度的价格下调，虽然频繁地进行小规模的价格上调是可行的，但如果消费者已经留意到了，那么管理者就需要考虑改变这种价格策略；网上卖家会随着时间的过去倾向于频繁地改变价格策略，但网上卖家也要意识到短期内网上市场可能还缺乏市场透明，但是对长期来说是非常危险的策略。

杂志来源	题目	作者	研究方法	主要内容
MIS Quarterly (2006)	The Personalization Privacy Paradox: An Empirical Evaluation of Information Transparency and the Willingness to Be Profiled Online for Personalization	Awad, Naveen Farag and M. S. Krishnan	二手资料	能够收集及分析使用者的信息并及时作出反应是非常重要的。为了企业发展,公司要依靠大量的信息来保留老顾客并吸引新顾客。由于电子商务的便利性和实用性减少了面对面的交流,企业更需要获取消费者的信息来提供个性化的服务,以此来提高消费者忠诚,提高企业价值。然而,收集消费者信息必然会涉及消费者的隐私,处理不得当可能会引起消费者的反感。研究者抓住这一敏感问题,主要测量信息透明度与消费者意愿参与个性化之间的关系。研究的数据来源于一个网络服务提供商的调查数据,调查主要是为了得到当使用者的个人信息被收集时他们的态度及反应。研究表明,不同的信念可能会产生不同的看法。如果消费者认为在线服务的价值远超过在线广告的话,他们将有意参与到在线个性化中来。有效地使用消费者的信息,对网上企业来说,是其成功的重要因素。但企业在收集和使用消费者信息时,要保证让消费者感到舒服。本研究亮点的地方在于,研究者认为有些消费者可能非常重视信息的透明度,对参与到个性化服务中没有兴趣。因而,企业应该对消费者进行细分,应集中精力服务于那些一开始就愿意接受个性化服务、隐私敏感度较低的消费者。

杂志来源	题目	作者	研究方法	主要内容
MIS Quarterly (2006)	Academic Data Collection in Electronic Environments: Defining Acceptable Use of Internet Resources	Allen, Gove N., Dan L. Burk, and Gordon B. Davis	文献研究	网络现在受到许多学术研究者的关注。本文的研究焦点是在商业网站上收集研究数据，这种行为的是与非。为了学术研究从商业网站上获取信息的利益是很清楚的。对探讨网络企业的组织行为或受网络影响较大的企业时，从商业网站上收集数据对研究来说是至关重要的。因为商业网站都是向公众开放的，研究者已经使用了一些技巧来登入网站进行数据收集。而网站也开始使用各种法律手段来限制个人从网站上自动获取他们的信息资源。研究者从技术、法律等角度出发来分析研究者的网上研究数据收集行为，以大量的文献研究为基础，研究者提供了三种策略帮助研究者解决从商业网站上获取研究数据所面临的问题，即描述（提供一个网页描述研究活动）、证明（将所使用的信息来源以参考文献的形式在文中进行证明）、通知（如果研究并不被准许时），并告之企业其研究的目的、范围及访问的次数。如果研究者能够使用合理的策略来获取网络资料，那么处理网站管理时自我控制将会起到作用，并且会影响商业网络资源数据使用的相关法律制定。因此研究者可以减少为研究活动所遭受的拒绝，并且推动了与商业网站管理者之间的沟通，以获取对方的同意并达到研究的目的。

续表

杂志来源	题目	作者	研究方法	主要内容
MIS Quarterly（2006）	The Ecology of Standards Processes：Insights Form Internet Standard Making	Nickerson，Jeffrey V. and Michael zur Muehlen	案例研究	研究者排除了最初网络标准诞生的商业利益，然而如今网络商业性越来越强，所以急需有网络标准来规范网络企业。本研究运用社会生态学模型来理解与网络服务有关的标准制定行为及结果。研究者发现标准不仅是经济合理性的产物，同样也是制度价值与美学偏爱。研究者对网络服务标准的研究是纵向的，研究者将 1993 年到 2005 年所有相关的事件都集中起来进行研究，以分析标准化观念的类型变化。本研究的突出点在于将生态系统的观点运用到此问题中来，将标准制度的变化看成是生死的动态平衡，因而解释为什么一些标准制定的努力不能马上见成效。社会生态学的这一观点可以用来看待一些新生物的产生。生态均衡是易碎的，小的变化可能就产生不可预料的后果。因而改变机构的规章制度可能会打乱生态系统，因为这些规章制度是用来规范参与者的活动范围的。

续表

杂志来源	题目	作者	研究方法	主要内容
Information Systems Research (2006)	Internet Exchanges for Used Books: An Empirical Analysis of Product Cannibalization and Welfare Impact	Ghose, Anindya, Michael D. Smith, and Rahul Telang	调查法	全球的网络信息系统可以帮助买家与卖家在查找产品和交易产品时减少搜寻与交易的成本，并且以此推动了电子交易的发展。电子交易可以帮助卖家将业务扩展到全球市场，并且可以帮助买者快速地找到在传统市场上难以获得的产品。不少的研究主要分析的是低的搜寻成本对零售商竞争的影响，而本研究主要分析的是低的消费者搜寻成本对产品竞争的影响，特别是新书与二手书之间的竞争。为了获取一手的相关数据，研究者从Amazon网站上获取新书与二手书的市场数据，来分析在多大程度上旧书会夺走新书的销售市场，电子交易如何影响新产品的销售及社会福利。研究数据表明，仅有16％的二手书销售瓜分了新书的市场，并且销售瓜分使出版商每年都产生损失，但Amazon网站纯利润、消费者剩余及社会福利都均高于出版商的损失。对出版商而言，从目前来说，二手书对新书还未产生强有力的替代，那么由于二手书带来的损失可以视为网站为了增加新书的销售所采用的方法。对作家而言，作家还是从未瓜分新书市场的84％的二手书中获取了读者人数，这些读者也可能会转变为新书的购买者。但出版商与其他信息产品的生产者，应该关注消费者对二手产品敏感

杂志来源	题目	作者	研究方法	主要内容
				度的潜在变化。与书籍不一样，对一些数字产品来说，它们的二手瓜分要高，因为数字产品如 CD/DVD 不会因为使用而减少价值或质量。因而，研究的另一贡献在于，将此问题的研究方法与结论可以运用到分析其他产品类型上。当然，为了减少二手产品对出版商及相关产品生产者所产生的损失，信息技术可以提供新的工具来控制或排除二手市场，因而相关工具及其效用的研究还需要研究者进一步论证。
MIS Quarterly (2007)	Cognitive Stopping Rules for Terminating Information Search in Online Tasks	Browne, Glenn J., Mitzi G. Pitts, and James C. Wetherbe	实验法	网络上的信息搜寻行为是普遍存在的活动。网络是一个巨大的信息库和知识库，全世界的消费者都可以利用网络作为其首要的信息搜寻工具。虽然搜寻引擎可以帮助人们很快地定位所需要的信息，但使用者在网上搜寻信息所花的时间是巨大的。尽管在线搜索的研究比较多，但是至于人们为什么会停止他们的搜索行为，这方面的研究却比较少。因而，本研究将主要探讨在线搜索行为中的感知中止行为，研究者将在线搜索任务进行分类以研究不同任务下的行为中止规则。为了证明研究者所提出的假设，研究者设计了一个实验，邀请 115 个参与者在网上执行三个不同的搜索任务。任务结构的不同参数及人们的表现（主要取决于复杂性和经历）对人

续表

杂志来源	题目	作者	研究方法	主要内容
				们以测量是否在在线搜寻到足够的信息中止规则有很大的影响。从实际运用上看，本研究与提升网站设计有很大的关联。网站应该依据搜寻者不同的搜寻策略类型来设计，因为人们会利用一系列的中止规则来停止搜索行为，而这些中止规则受到搜索任务的影响。
MIS Quarterly （2007）	Understanding and Mitigating Uncertainty in Online Exchange Relationships： A Principal-Agent Perspective	Pavlou， Paul A.， Huigang Liang， and Yajiong Xue	调查法	B2C 商业形式运用的潜在好处在于消费者和卖家可以突破地域与时间的限制在互联网上产生交易关系。但是，尽管 B2C 电子商务得到了快速的发展，但是不确定性还是使许多买家不情愿与卖家在网上进行交易，特别是对于高涉入性购买。为了更好地把握不确定性的特征及减轻不确定性对电子商务发展所产生的潜在负面影响，本论文的研究者引用了首要代理观点来解释在不确定性面前表现不一致行为的利己主义群体之间的交易安排。研究方法采用的是调查法，研究者从某个商业购物清单上随机抽取了 1000 个网上消费者，并发 E-mail 邀请他们参与到调查中来。本研究的突出贡献有三个方面：首先，研究结果证实了感知不确定性对购买意图的负面影响，证实了研究的假设即感知不确定性的存在是在线交易关系发展的主要障碍。其次，利用并扩充了首要代理观点，研究利用四个因素将首要代理

162

杂志来源	题目	作者	研究方法	主要内容
				观点的特征展示出来,即感知信息的不对称、对卖家投机主义的惧怕、涉及隐私信息及涉及信息安全。再次,研究还测量了缓和不确定性的四个变量,即信任、站点内容的丰富性、产品易达性及社会道德。对于 B2C 电子商务来说,研究者建议将网上交易关系看成是代理关系,因为首要代理观点在调查中已被证实对在线买卖关系的促进作用。另外,感知不确定性对在线交易的影响会随着产品涉入程度提高而提高。

(三) 互联网环境下营销管理

1. 文献数量及杂志分布

对互联网环境下营销管理的研究,共有 47 篇文献(见表 5)。其中在 Management Science 杂志上发表的文献数量为 15 篇,该杂志仅在 2003 年就有 9 篇关于互联网环境下营销管理的文献。Marketing Science 和 Journal of Marketing Research 在近 4 年涉及该领域的文献数量分别为 12 篇和 10 篇。在 Journal of Marketing 和 Journal of Consumer Research 上的文献数量在 10 篇以下。

表 5 　　　　　　　　信息技术管理文献统计表

年份 杂志	2003	2004	2005	2006	2007	总计
Journal of Consumer Research	0	2	0	0	1	3
Journal of Marketing	1	0	2	3	1	7
Journal of Marketing Research	1	1	1	6	1	10

续表

年份 杂志	2003	2004	2005	2006	2007	总计
Marketing Science	3	4	2	2	1	12
Management Science	9	2	2	1	1	15
总计	14	9	7	12	5	47

2. 文献内容分析

在营销管理分支下，学者们研究问题的焦点主要在（1）消费者行为的研究。在该领域，涉及口碑行为（如 Dellarocas 认为口碑是消费者对网络反馈机制的一种）、信息搜索行为（如 Wu 和 Rangaswamy 等研究消费者倾向于他们说收藏和外部的信息）、网上体验行为（Mathwick 和 Rigdon 对消费者上网投入状态的研究）等；（2）营销策略。在营销策略的研究中，学者们更多的是关注价格策略的研究，如 Iyer 和 Pazgal 便认为网络的发展带来了价格的激烈竞争。除此之外，一些学者还注重对研究方法的探究，试图建立更成熟的研究模型。详细内容参见表 6。

表 6　　　　　　　　　营销管理各文献内容分析

杂志来源	题目	作者	研究方法	主要内容
Management Science (2003)	Product Customization and Price Competition on the Internet	Dewan, Rajiv, Bing Jing, and Abraham Seidmann	建模法	该文吸取了现有的产品分化、制造弹性、进入威慑因素等文献，建立了一个顾客定制和价格差别模型。该文认为顾客定制策略是作为进入市场威慑因素的有效手段，但并不是所有的产品都适于定制。并且本文建立的模型是基于时间的一次性的，忽视了时间的序列性，因为在连续的时间状态下，企业会不断吸取顾客的反馈意见而不断改进其定制，此种情形下的不同时间段交易下的定制是不同的。

续表

杂志来源	题目	作者	研究方法	主要内容
Management Science (2003)	Analysis and Design of Business-to-Consumer Online Auctions	Bapna, Ravi, Paulo Goes, and Alok Gupta	建模法	该文分析的是 B2C 市场的网上拍卖，在众多影响拍卖的因素中，出价的增量是一个决定性变量，增量越大，理性参与者的比例越高，但是出价增量是有一个上界的，拍卖商最好不要超过这个上界。而对于消费者来说，他们关注的不仅仅是竞价，还有他们自身能够从此次交易中所获得的实惠，这就涉及到拍卖包不包含折扣、邮费之类的消费者潜成本。
Management Science (2003)	Consumer Surplus in the Digital Economy: Estimating the Value of Increased Product Variety at Online Booksellers	Brynjolfsson, Erik, Yu (Jeffrey) Hu, and Michael D. Smith	建模法	消费者在网上可以轻易地接触到在现实卖场中所不能接触到的为数众多的商品，并且产品多样性所产生的消费者福祉要比由竞争激烈和降价所产生的福祉要多。该文对于到底消费者剩余是由产品多样性而来，还是由于网上交易的低成本、消费者低的寻找成本而来，这个问题在文中没有作声明以及实验限制。
Management Science (2003)	Costly Bidding in Online Markets for IT Services	Snir, Eli M. and Lorin M. Hitt	建模法	网上市场可以通过筛选卖主质量的组合来降低买主竞价评估的成本，或者提高对卖主竞价的成本来补救普通环境的缺陷。

续表

杂志来源	题目	作者	研究方法	主要内容
Management Science (2003)	Customer Satisfaction in Virtual Environments: A Study of Online Investing	Blasubramanian, Sridhar, Prabhudev Konana, and Nirup M. Menon	建模法	对于现实情形下的影响顾客满意的雇员反应、产品外观等因素在网络环境下并不显著,信任起到了重要作用,作者建立的理论模型认为可观测的信任度价值是满意的先行变量,而可观测的环境安全和操作能力影响信任。模型仅仅讨论了价格对满意有负影响,而对于价格是否影响感知的信任以及运营能力并没有做任何研究。
Management Science (2003)	Managing Online Auctions: Current Business and Research Issues	Pinker, Edieal J., Abraham Seidmann, and Yaniv Vakrat	建模法	网络的计算优势和灵活性使得网上拍卖逐渐受到关注,由于 C2C 市场数据收集容易,因此对 C2C 的网上拍卖研究比较多,但 B2B 应当引起关注。并且刻画拍卖参与者的网上行为以及他们在现实环境下的拍卖行为也具有重要意义,另外利用各种统计方法收集拍卖信息,进行数据分析为企业的电子商务管理、决策提供有力的分析依据。
Management Science (2003)	Measuring The Frictional Costs of Online Transactions: The Case of A Name-Your-Own-Price Channel	Hann, Il-Horn, and Christian Terwiesch	建模法	不同的消费者所产生的摩擦成本是不同的,计算机读写能力、网速和上网经验都与摩擦成本负相关,教育和收入对摩擦成本的差异性没有解释力。该文的模型讨论方向是消费者的讨价还价,反过来也应当可以讨论销售商讨价还价的情形。

续表

杂志来源	题目	作者	研究方法	主要内容
Management Science （2003）	Note on Online Auctions with Costly Bid Evaluation	Carr, Scott M.	建模法	加入竞价评估成本是该文所构建模型与其他文献模型的区别，用到均衡理论。由模型分析可得较高质量的卖主最有可能建立合同并受益。
Management Science （2003）	The Digitization of Word of Mouth：Promise and Challenges of Online Feedback Mechanisms	Dellarocas, Chrysanthos	建模法	口碑是网络反馈机制的一个体现，网络口碑以其低的传播成本、信息集聚优势而受到关注，该文通过博弈论和经济理论并借助于运筹学和管理科学来分析这种网络反馈。
Journal of Marketing Research （2003）	The Impact of The Internet on Information Search for Automobiles	Ratchford, Brian T., Myung-Soo Lee, and Debabrata Talukdar	建模法	作者研究了网络对汽车信息资源搜索、其他资源、这个搜索行为的影响作用。结果发现进行网络信息搜索的大致是年轻的、教育水平高、信息搜索次数多的人。同时发现如果没有网络的介入，人们的信息搜索活动会更多。
Marketing Science （2003）	Internet Shopping Agents：Virtual Co-Location and Competition	Iyer, Ganesh and Amit Pazgal	建模法	人们可能认为网上商店会使得售卖者进行激烈的价格战，导致统一的低价格。但是通过作者的研究发现网上零售商会加入网络商店，调节价格变化。由于有很多的消费者资源，网上商店会获得盈利，一些还会从他们

续表

杂志来源	题目	作者	研究方法	主要内容
				的忠诚消费者获得额外收益。当更多的零售商加入，内部均衡价格会变化，这个是取决于网上商店的范围是否独立于零售商的数量。如果范围是内生的，那么内部零售商的数量就是唯一的。
Journal of Marketing (2003)	An Exploratory Study of the Introduction of Online Reverse Auctions	Jap, Sandy D.	实验法	作者主要研究网上反向拍卖的价格竞争机制购买者和供应商之间的关系怎样。研究结果表明这些拍卖活动会增加新的和既有的供应商的信念那就是购买者通常都表现的具有投机性，特别是在一个开放的竞价拍卖中，既有的供应商通常比新供应商更能进行专注型的投资；而在一个封闭式的拍卖中，新和老的供应商都愿意进行专注型的投资。
Marketing Science (2003)	A Comparison of Online and Offline Consumer Brand Loyalty	Danaher, Peter J., Isaac W. Wilson, and Robert A. Davis	建模法	作者用基线模型，一种细分的狄利克雷模型来比较消费者网上和网下的忠诚度。结果发现在网上拥有高市场细分份额的品牌的忠诚度比预测中的高，而小市场份额的则相反。不同的是，在传统的购物环境中，观测到的品牌忠诚与预测的差异与市场份额无关。
Marketing Science (2003)	A Fuzzy Set Model of Search and Consideration with an Application to an Online Market	Wu, Jianan and Arvind Rangaswamy	建模法	作者在传统的基础上发展了新的模型—加入消费者搜索。实证研究结果显示消费者会搜索他们收藏的和外部的信息。对一些消费者而言外部信息会影响对品牌的考虑，而另外一些则不然。同时作者也发现一些因素（如个人列表）降低消费者的考虑范围，而一些因素（如类别）则是提高考虑范围。

续表

杂志来源	题目	作者	研究方法	主要内容
Management Science (2004)	Jump Bidding Strategies in Internet Auctions	Easley, Robert F. and Rafael Tenorio	建模法	网络拍卖涉及到 B2B、B2C 和 C2C，该文对 B2B 市场不作研究。该文认为跳跃式竞价是有效的。跳跃式在拍卖中占有重要的角色，拍卖的竞争环境影响竞价。
Management Science (2004)	On the Depth and Dynamics of Online Search Behavior	Johnson, Eric J., Wendy W. Moe, Steven Bellman, and Gerald L. Lohse	建模法	该文使用三个纬度来刻画个人层次的搜索，较活跃的网上购买者倾向于搜索更多的网站，但消费者的浏览行为因产品种类和消费者活动水平不同而有所差别，经验的增加并没有增加浏览量。在该文的数据分析时，我们可以看出作者将消费者的浏览行为等同于针对特定购买的搜索行为，使用浏览行为代替这种搜索行为数据就有可能高估了搜索数据库。
Journal of Consumer Research (2004)	Effects of Seller-Supplied Prices on Buyers' Product Evaluations: Reference Prices in an Internet Auction Context	Kamins, Michael, Xavier Dreze, and Valerie S. Folkes	实验法	作者通过研究发现外部参考价格会影响最终的拍卖价格，同时发现在没有参考价格的情况下，竞价者的数量会影响最终的价格。

杂志来源	题目	作者	研究方法	主要内容
Journal of Marketing Research （2004）	A Mixture Model for Internet Search-Engine Visits	Telang, Rahul, Peter Boatwright, and Tridas Mukhopadhyay	建模法	作者在以往营销文献中关于随机网络购买时间的模型上加入购买周期和无法观测的异质因素形成均衡危险混合模型，并通过引擎搜索访问的数据证明了该模型的益处。
Journal of Consumer Research （2004）	Play, Flow, and the Online Search Experience	Mathwick, Charla and Edward Rigdon	调查法	本文中检测哪些必要的条件能将网上信息搜索转换成"玩"的状态。基于"flow"的模型，产品卷入度做调节变量，"玩"将"flow"理论和网上消费者态度形成过程连接起来。
Marketing Science （2004）	Customizing Promotions in Online Stores	Zhang, Jie and Lakshman Krishnamurthi	建模法	作者提出新的模型，研究结果发现通过定制的方法能够提高促销活动的有效性。
Marketing Science （2004）	Evolutionary Estimation of Macro-Level Diffusion Models Using Genetic Algorithms：An Alternative to Nonlinear Least Squares	Venkatesan, Rajkumar, Trichy V. Krishnan and V. Kumar	建模法	作者主要研究如何拥 GA 来有效评价宏观层面传播模型。通过研究发现在 SSB-NLS 会存在问题的三种情况下，用 GA 做传播模型评估要适合一些。

续表

杂志来源	题目	作者	研究方法	主要内容
Marketing Science（2004）	Modeling Online Browsing and Path Analysis Using Clickstream Data	Montgomery, Alan L., Shibo Li, Kannan Srinivasan, and John C. Liechty	建模法	作者提出新的网站浏览模型。结果显示在目前预测路径中，该模型中的存储部分是关键的。同时该路径可以反射出使用者的目标，以用于预测其在网站接下来的动向。该模型可以用于对购买转化的预测。
Marketing Science（2004）	Using Online Conversations to Study Word-of-Mouth Communication	Godes, David and Dina Mayzlin	建模法	作者认为口碑面对着三方面的挑战，那就是数据如何组织、哪方面的谈话应该测量、口碑不是外生变量的事实。作者通过网络这种方便、节约成本的工具来研究提出的口碑问题。
Management Science（2005）	Online Haggling at a Name-Your-Own-Price Retailer: Theory and Application	Terwiesch, Christian, Sergei Savin, and Il-Horn Hann	建模法	该文建立了一个"标出你认为的价格"零售商和目标消费者间网上讨价的模型，与普通的仅仅使用邮购价格相比"标出你认为的价格"渠道可以提高商家的利润。在上述模型中，该文站在商家的立场，使得商家的收益最大化，但更重要的应当是达到一个商家与消费者讨价还价的均衡，因为既然有讨价存在，最好的结局应当是双方的均衡，至于存不存在均衡点，这就需要博弈论。
Management Science（2005）	Pricing and Allocation for Quality-Differentiated Online Services	Bapna, Ravi, Paulo Goes, amd Alok Gupta	建模法	本文以在不知道需求的情况下，最大化网络内容提供商的利润为分析背景。文中给出了模型发现的四种拍卖机制的比较，但是并没有研究消费者的报价策略。

171

杂志来源	题目	作者	研究方法	主要内容
Journal of Marketing Research（2005）	An Integrated Model for Bidding Behavior in Internet Auctions：Whether，Who，When，and How Much	Park，Young-Hoon and Eric T. BradlowAn	建模法	在本文中作者提出了关于网上拍卖行为的模型，该模型认为在拍卖过程中包括四个因素：人们是否会对拍卖竞价、谁、什么时候竞价，同时次数是多少。并且作者通过韩国最大的网络拍卖网站的数据证明了该模型捕捉到竞价行为的关键因素。作者为客户关系管理提供了有价值的管理工具。
Journal of Marketing（2005）	Are the Drivers and Role of Online Trust the Same for All Web Sites and Consumers？A Large-Scale Exploratory Empirical Study	Bart，Yakov，Venkatesh Shankar，Fareena Sultan，and Glen Urban	实验法	本文中研究网站和消费者特质、网络信任度、行为意向的关系。一个重要的发现就是网络信任度会中介调节网站和消费者特质、行为意向之间的关系。同时这种中介作用在购买不频繁、高摄人度类别中表现强烈，在购买频繁的情况下则相反。

续表

杂志来源	题目	作者	研究方法	主要内容
Journal of Marketing (2005)	Strategic Firm Commitments and Rewards for Customer Relationship Management in Online Retailing	Srinivasan, Raji and Christine Moorman	调查法	通过对网上零售为内容的调查发现，两个关键影响客户关系管理（CRM）的绩效：经验和网络登陆时间。本文的一个贡献在于帮助看待关于CRM价值相反结果，同时也提出了检验CRM对公司战略制定的重要性。
Marketing Science (2005)	The Effect of Explicit Reference Points on Consumer Choice and Online Bidding Behavior	Dholakia, Utpal M. and Itamar Simonson	实验法	通过实验的方法发现清晰的参考要点能够（1）减少邻近拍卖价格对中心价格的影响；（2）使受测者屈从于较少、较低、较迟的拍卖；（3）提高成交的发生；（4）降低竞价的狂躁感；（5）降低同时在多个复合的条款下竞价倾向。同时通过实验室选择的实验发现，比较选项的清晰工具的设置更倾向于折衷、低风险、平均的选择。
Marketing Science (2005)	Understanding Geographical Markets of Online Firms Using Spatial Models of Customer Choice	Jank, Wolfgang and P. K. Kannan	建模法	用消费者选择空间多项式模型来研究跨地域网上消费者的喜好和选择。结果发现由于地区差异和价格敏感度，该模型在许多无法观测效果的情况下为解释地区差异提供了可能。

续表

杂志来源	题目	作者	研究方法	主要内容
Management Science (2006)	Strategic Manipulation of Internet Opinion Forums: Implications for Consumers and Firms	Dellarocas, Chrysanthos	建模法	网络的发展使得个人能够以他们所能想象到的表达方式将个人对于企业、产品的意见暴露于网络论坛上，与此同时消费者行为也必将受到论坛信息的影响，因为论坛自愿地不受限制地被对它有兴趣的个人或者组织所控制，该文所研究的正是这种对消费者和企业的控制。通过该文的研究，作者得出三个结论。另外，本文的模型也是建立在时间一次性完成基础上的，并没有考虑时间的序列性，因为在连续时间状态下，消费者和企业都有可能通过网络论坛对信息再学习、再加工，这就有可能加快或者减缓信息传播速度。
Journal of Marketing (2006)	Does the Internet Promote Better Consumer Decisions? The Case of Name-Your-Own-Price Auctions	Spann, Martin and Gerard Tellis	建模法	网络拥有更有效的价格机制这使得消费者能够作出有效的决策。一种重要的机制是"标出你认为的价格"的拍卖机制。作者的研究发现，在一个经济模型中大多数的消费者并不会理性地制定决策。

杂志来源	题目	作者	研究方法	主要内容
Journal of Marketing Research（2006）	An Empirical Two-Stage Choice Model with Varying Decision Rules Applied to Internet Clickstream Data	Moe, Wendy W.	建模法	作者在分析网络点击率时应用经验二分法决策模型来解读消费者的决策制定行为，包括产品观测和产品购买。结果显示关于产品属性在两个阶段存在差异，消费者在早期阶段倾向于更简单一些的信息决策制定。同时发现消费者只会在一个阶段考虑像价格和尺寸这样的属性，而会在两个阶段考虑因素属性。
Journal of Marketing Research（2006）	How the Internet Lowers Prices: Evidence from Matched Survey and Automobile Transaction Data	Zettelmeyer, Florian, Fiona Scott Morton, and Jorge Silva-Risso	调查法	作者通过对美国加州汽车零售行业的分析，发现网络基于两个原因降低价格：第一个是通过网络消费者会知道经销商的货物价格，另外一个是网上购买服务提名过程让消费者获得较低的价格。同时通过研究显示对于信息搜寻会随着消费者类型的不同发生变化，不喜欢讨价还价的汽车购买者，如果搜集关于汽车的信息会获得低的价格，而喜欢讨价还价的则不会。
Journal of Marketing Research（2006）	The Effect of Banner Advertising on Internet Purchasing	Manchanda, Puneet, Jean-Pierre Dube, Khim Goh, and Pradeep K. Chintagunta	建模法	研究主要集中于旗帜广告对消费者购买类型的影响。研究结果表明广告暴露的数量、网站的数量和网页的数量对购买的可能性有正面的影响，而独特的创造性活动有着负面影响。研究结果同时发现相对于新顾客广告更会影响既有顾客的购买行为。

续表

杂志来源	题目	作者	研究方法	主要内容
Marketing Science （2006）	Promotional Chat on the Internet	Mayzlin, Dina	建模法	作者研究在什么情况下广告和口碑会变成完美的替代物，因为对于消费者而言它们是无法区分的。同时试图探求口碑在网络上是否依旧可信，企业是否投入更多的资源来促销好或者坏的产品。研究结果发现除了竞争企业的激励聊天活动外，口碑的说服性在模型中有个平衡点，在这个平衡点上企业会用很多的资源来促销其稍差一点的产品，这是与现有的广告文献相违背的。
Journal of Marketing （2006）	Converting Web Site Visitors intoBuyers: How Web Site Investment Increases Consumer Trusting Beliefs and Online Purchase Intentions	Schlosser, Ann E., Tiffany Barnett White, and Susan M. Lloyd	实验法	作者调查网站设计投资对消费者信任度和网上购买意愿的影响。发现能力的投资是信任引导网上购买意愿的重要信号。这些影响在消费者去搜寻而不仅仅是浏览页面和购买存在很大的风险下表现得更加强烈。

杂志来源	题目	作者	研究方法	主要内容
Journal of Marketing (2006)	The Influence of Avatars on Online Consumer Shopping Behavior	Holzwarth, Martin, Chris Janiszewski, and Marcus M. Neumann	实验法	本文提出了一个重要的概念就是"拟人化",是指能够通过计算机技术鲜活地将图解呈现。通过研究发现"拟人化"可以带来对零售商更高的满意度,对产品更积极的态度及更高的购买意愿。研究二发现在中等产品摄入度的情况下,有吸引力的"拟人化"对销售来说更有效,而在高的摄入度下,专业的"拟人化"更有效。
Journal of Marketing Research (2006)	Forward-Looking Bidding in Online Auctions	Zeithammer, Robert	建模法	作者认为网上拍卖网站使得购买者节约时间,从向前看的策略中获得好处。作者提出一个演示这种竞价的模型,通过在易趣网上的实证数据来讨论向前看的竞价模式的应用。
Journal of Marketing Research (2006)	Leveraging Missing Ratings to Improve Online Recommendation Systems	Ying, Yuanping, Fred Feinberg and Michel Wedel	建模法	"产品推荐系统"是网络经济的关键,它会调节消费者早期产品排名到形成最终建议的环节。在本文中作者通过建模的方法来研究这个问题,同时对市场人员提出了实施的建议。
Journal of Marketing Research (2006)	The Effect of Word of Mouth on Sales: Online Book Reviews	Chevalier, Judith A. and Dina Mayzlin	建模法	作者通过对 Amazon. com 和 Barnesandnoble. com 消费者评论对相关书目销售效果的检验发现了:(1)评论对两个网站都有积极的影响,在 Amazon. com 上的评论更多并且更长;(2)对数目评论的改进会带来相应书目销售的提高;(3)一颗星的评价比五颗星的评价影响大;(4)消费者更多地喜欢阅读评论而不是统计数据。

杂志来源	题目	作者	研究方法	主要内容
Marketing Science（2006）	An Empirical Study of The Impact of Nonlinear Shipping and Handling Fees on Purchase Incidence and Expenditure Decisions	Lewis, Michael, Vishal Singh, and Scott Fay	建模法	本文研究运送费用问题。结果显示消费者对运送费用很敏感并且会影响订单。免费运送或者超过一定量后免费运送的促销方式对提高销售很有帮助。消费者的异质性建议零售商应该采取定制化服务和其他营销促销组合。
Management Science（2007）	Temporary and Permanent Buyout Prices in Online Auctions	Gallien, Jérémie and Shobhit Gupta	建模法	对于销售商如何利用拍卖来设定全购价格来说，这个价格与预期的竞价者数量、竞价者的敏感时间成正比，与销售商的敏感时间成反比。长期的价格给销售商带来的价值高于短暂价格。博弈论在模型分析中起到重要作用，构建纳什均衡问题正是研究销售商的收入最大化问题。
Journal of Consumer Research（2007）	The Impact of the Internet on Consumers Use of Information Sources for Automobiles：A Re-Inquiry	Brian Ratchford；Debabrata Talukdar；Myung-Soo Lee	建模法	作者利用1990～2002年新车购买者的数据来建立调查网络，如何迎合当前购车族的信息搜索类型。研究结果发现网络节省了在经销商和谈判中所花费的时间，同时发现它也节省了对第三方资源的印刷。生产者和经销商网络资源利用的最广泛，也是对传统资源替代的最多。

杂志来源	题目	作者	研究方法	主要内容
Marketing Science （2007）	Bayesian Estimation of Bid Sequences in Internet Auctions Using a Generalized Record-Breaking Model	Bradlow, Eric T. and Young-Hoon Park	建模法	作者用贝叶斯定理规则评估来预测网上拍卖的可竞价和竞价时间，数据来源于韩国最大的网上拍卖网站。结果发现：（1）潜在的竞价者比可观察的竞价者多；（2）在一场特定的竞价后，剩下的潜在竞价者要少于新进入者；（3）大的竞价和时间的累积会显著影响剩下的竞价者的参与行为。本文的贡献在于能够理解网上拍卖的品牌公平问题。
Journal of Marketing （2007）	The Impact of Online Reverse Auction Design on Buyer-Supplier Relationships	Jap, Sandy D.	实验法	主要研究购买者竞价设计和价格的变化如何影响其与供应商的关系。研究结果显示较多数量的竞价者、较多的经济资本，较少的价格透露，会更加积极地影响组织间的关系。
Journal of Marketing Research （2007）	Willingness to Pay and Competition in Online Auctions	Chan, Tat Y. , Vrinda Kadiyali, and Young-Hoon Park	建模法	本文研究消费者网上支付的意愿。研究结果显示：首先，当有更多的相似条目出现在中心条目周围时，消费者支付意愿下降；当相似条目属于同一品牌，会出现附加效果。其次，越广泛的上网和竞价经历会导致低的网上支付意愿。

（四）互联网环境下运营管理

1. 文献数量及杂志分布

运营管理方面共有 16 篇相关的文献，其中 Operations Research 杂志对互联网环境下运营管理的关注度最多，篇数为 8 篇，Journal

179

of Operations Management 和 Management Scienc 杂志分别为 4 篇和 3 篇，而 Manufacturing & Service Operations Management 杂志只有 1 篇，Production and Operations Management 在该领域并没有相关的涉及。从时间跨度来看，在 2006 年相关文献的发表最多为 7 篇。

表7　　　　　　　　　　运营管理文献统计表

杂志 ＼ 年份	2003	2004	2005	2006	2007	总计
Management Science	1	0	0	2	0	3
Operations Research	0	0	2	4	2	8
Journal of Operations Management	2	0	1	1	0	4
Manufacturing & Service Operations Management	0	1	0	0	0	1
总计	3	1	3	7	2	16

2. 文献内容分析

关于互联网环境下运营管理，学者们将视角主要集中在对供应链管理和优化主题的研究上，如 Boyer 和 Hult 以杂货店为主要研究对象探讨供应链管理问题，分别于 2005 年和 2006 年发表在 Journal of Operations Management。两篇文章虽然有部分重合与承接之处，但却采用了不同视角，在同一主题上继续深入发展研究。两篇文章中都出现了同样的构念以支撑其研究框架（产品质量和服务质量）。第一篇主要从商家角度说明对供应链的改造和获得的影响（对商家自身和对消费者行为意愿的影响）；第二篇主要从消费者角度说明供应链的作用和影响，其中消费者的经验水平是一个基本的影响因素，导致消费者对于供应链或改进情况变化的感知改变。详细内容参见表8。

表8   运营管理各文献内容分析

杂志来源	题目	作者	研究方法	主要内容
Management Science (2003)	Internet-Based Virtual Stock Markets for Business Forecasting	Spann, Martin and Bernd Skiera	实验法	虚拟网络市场（VSM）是预测中短期市场发展的一种方法，该文还将此方法和专家预测方法作了比较。在设计 VSM 后，文章展示了三个应用（预测好莱坞票房的收入）。但是短期市场可能会有经济泡沫等"虚"的繁荣，这可能造成预测的失灵，并且在 VSM 的设计时收集数据是十分重要的，因此最好能够与先进的数据收集技术结合。
Journal of Operations Management (2003)	Factors Influencing the Utilization of Internet Purchasing in Small Organizations	Olson, John and Kenneth Boyer	调查法	影响小规模组织利用互联网购买的因素。文章提出的背景：许多公司搭上互联网的流行是想要在当今的市场上迅速致富，虽然有很多成功的故事，但报道的失败的例子也很多。尽管最近有失败的例子，一些组织还是使用电子商务作为增长公司全面收益的方法。一个在网站效力和发展中经常被忽略的因素是，个体使用者接受新技术差异的影响。这一探索研究调查了个体使用者的观点和偏爱如何影响对互联网作为购物媒介的使用。本文通过调查一个办公日用品网络零售商的 416 个消费者得到的数据做了探索性的研究。文章研究的结果为公司通过确定可能形成忠诚顾客的中心而不是频繁转换站点只为获得更低价格的机会主义中心而寻求将互联网上的资本化作为一个零售渠道提供了重要启示。

续表

杂志来源	题目	作者	研究方法	主要内容
Journal of Operations Management（2003）	Physical Distribution Service Quality in Internet Retailing：Service Pricing，Transaction Attributes，and Firm Attributes	Rabinovich，Elliot and Joseph Bailey	调查法	网络零售的物理分销服务质量：服务价格，交易属性，以及公司属性。本文发展了一个理论框架并通过互联网零售商在他们对消费者的业务中实证调查了物理分销服务（PDS）的质量。对数百电子商务交易和公司水平的调查数据的分析表明，较高的航运和处理费用通常代表了较高的物理分销服务质量。其他的交易水平条件和公司水平属性也对 PDS 质量有影响，这由可用性、合时性和可靠性测量。最显著的，当产品的网上交易价格增长时，PDS 可靠性和可用性降低。
Manufactur-ing & Service Operations Management（2004）	Efficiency Analysis of Agricultural Market Advisory Services：A Nonlinear Mixed-Integer Programm-ing Approach	Martines-Filho，João，Silvina Cabrini，Darrel Good，Scott Irwin，Hayri Önal，and Brian Stark	建模法	农业市场咨询服务的效率分析：非线性的混合整体规划方法。文中涉及的主题是专业市场咨询服务（农业市场上），为生产者对其产品的营销活动提供规划，并且帮助他们管理价格风险。主要从价格的角度提出这个问题。结果证明，与个人规划相比，有效率的整合提供了更高的风险和返利。但这一结果由于观察样本的数量较少，在某些方面存在限制。

杂志来源	题目	作者	研究方法	主要内容
Journal of Operations Management （2005）	Extending the Supply Chain： Integrating Operations and Marketing in the Online Grocery Industry	Boyer, Kenneth and G. Tomas Hult	调查法	关于小商品/杂货行业在线运营和营销的整合。这一研究从案例中得到结果，研究了四个网络定购和送货到家的杂货供应商和2440个他们的消费者。每一个杂货商都使用了不同的运营战略，这决定于实现消费者定购地点的选择（定购于现有商店中还是定购于专用的分销中心）和配送方法的选择（直接送到消费者家里/办公室还是间接的通过消费者取得或第三方物流机构）。调查数据用于评估营销、运营及其与消费者行为意愿关系的整合程度。研究显示，电子交易质量，产品质量，以及服务质量都对消费者再购买行为意愿有直接显著的影响。最后，预变量之间的关系以及消费者行为意愿根据杂货商的不同而变化。本文强调理论上互联网的连接作用，连接杂货商、消费者和市场作为一个整体的供应链。并连接营销和运营的战略，低价营销战略需要配合低成本的运营战略。
Operations Research （2005）	Sizing Backbone Internet Links	Heyman, Daniel	建模法	关于广域网中高速链接的问题，通过这样的方法收集数据。

续表

杂志来源	题目	作者	研究方法	主要内容
Operations Research (2005)	A Distributed Decision-Making Structure for Dynamic Resource Allocation Using Nonlinear Functional Approximations	Topaloglu, Huseyin and Warren Powell	实验法	运用非线性的功能近似值决定动态资源配置结构的分销/分布式决策。这篇文章提出了一个关于特定种类的动态资源配置问题的分销解决方案，并发展了一个动态规划基础上的多代理决策制定、学习和沟通的机制。一系列不同种类可再度使用的资源必须应用到随时到来的任务中。资源指派到任务中的应用将任务从系统中移除，改变了资源的状态，并产生了贡献。作者建立了一个决策制定计划，是关于不同代理商制定的不同资源状态。文章解释了如何运用非线性功能的近似值调整不同代理商的行为，并指出，在分销系统建立过程中，非线性的近似值产生小成本网络体验问题的顺序。用实验的方法比较了集中化和分布式/分销的解决策略情况。
Management Science (2006)	An Empirical Examination of the Decision to Invest in Fulfillment Capabilities: A Study of Internet Retailers	Randall, Taylor, Serguei Netessine, and Nils Rudi	二手数据	由于网络技术在信息管理和库存管理方面的优势，一些企业选择将存货外包而主攻营销，而大多数网上零售商还是选择充足的存货。实证研究部分讨论了自备充足存货还是由网络零售商分流的问题，产品差异性、边际利润、需求稳定性、企业历史、批发商和零售商的比率是影响企业选择自存货的因素。该文认为对于面对产品差异化小、高边际利润的产品、低的需求不确定性的零售商更可能保持充足的完成能力。本文假定为企业要么自存要么外包，然而现实中的企业往往是混合型的，这两种方式兼而有之。

杂志来源	题目	作者	研究方法	主要内容
Management Science (2006)	Supply Chain Choice on the Internet	Netessine, Serguei and Nils Rudi	建模法	网络企业有两种供应链方式：批发商存货（drop-shipping）和零售商存货，这两种方式各有优点。该文认为这两种方式是可以融合的，作者通过建立批发商和零售商的非合作均衡模型，通过博弈论的分析得出均衡解，融合的方式以及批发商存货对于零售商和批发商都是可独立选择的方式，这三种方式都可达到帕雷托最优。实际上，对于渠道的选择并不止上述方式，并且企业所处的竞争环境也强烈地决定了渠道的选择。
Journal of Operations Management (2006)	Customer Behavioral Intentions for Online Purchases: An Examination of Fulfillment Method and Customer Experience Level	Boyer, Kenneth and G. Tomas Hult	调查法	消费者在线购买行为的目的：对实行方法和消费者经验水平的检查，通过网络或者电话定购，直接送货上门；对不断增长的食品及杂货市场的分析。研究利用了 5 个不同的送货上门的杂货店的 2100 个消费者调查得到的数据，分析利用了两组变量（消费者经验水平和得到订货的方法）和五个构念（服务质量，产品质量，产品新鲜程度，节省的时间和行为目的）。结果显示：消费者对主要构念的感知一般改进为他们能够从这一新的定购和接受货物的方法中得到体验。另外，实际操作上对接收（货物）方法的选择也被认为对消费者的感知有很大的影响——特别是，有经验的消费者一般认为分销中心基础上的选择比存储基础上的选择的构念等

续表

杂志来源	题目	作者	研究方法	主要内容
				级更高。研究支持的假设认为，从一个分销中心直接送达消费者的食品能够有更好的新鲜度和质量，因为相比店铺而言它缩短了供应链，数据显示，如果食品商能够改造消费者感知并控制大量错综复杂的供应链，那么在分销中心基础上的选择战略是可行的。
Operations Research （2006）	An Economic Analysis of Interconnection Arrangements between Internet Backbone Providers	Tan, Yong, I. Chiang, and Vijay Mookerjee	建模法	广域网高速链路供应商的传输和平衡，在互联网沟通服务过程中对全球配送而言是非常重要的。即使网络拥挤，也要求保持高服务质量。一种方式是供应商之间建立互联协议，提供动态交易能力。文章提出两种价格：一种减慢 IBPs；一种能使 IBPs 提速（拥挤情况下的补偿价格）。两种成本是不对称的。
Operations Research （2006）	Dynamic Mechanism Design for Online Commerce	Gallien, Jeremie	建模法	在线商务的动态机制设计。这篇文章的动机来源于电子商务，是关于多重同样商品销售者的机制设计的研究，在市场环境中，我们认为参与者是风险中立并且时间敏感的；潜在的购买者有单位需求，这一需求紧随更新的过程而来；评估从同样的规则分销中独立的剥离出来。由揭露原理，我们可以将注意力集中于直接的动态机制上，以一系列的评估和紧随的新时代为战略切入点。研究中定义两项

杂志来源	题目	作者	研究方法	主要内容
				属性（离散性和稳定性），并且证明，在交互到达时间分销的规则假设条件下，可以不考虑一般性的成本，只考虑使他们满意的机制。这样有效地将机制的输入简化为一系列的评估，使我们可以将问题程序化为一个动态项目/动态规划（DP）。因为这一动态项目相当于明确的无限延伸的资产管理项目，我们可以最终决定理想机制作为随每次销售增长的一系列价格的属性。研究表明，有一致的评估，在确定变化的价格基础上动态定价的利益可能比较小。另外，变化的价格对于在线拍卖大规模数量的商品或高利率来说是比较好的，但其他情况下，拍卖接近于理想的而且更有活力的。
Operations Research (2006)	Solving Oonlinear Single-unit Commitment Problems with Ramping Constraints	Frangioni, Antonio and Claudio Gentile	建模法	用斜面约束解决非线性一单位承诺问题。给出了一个动态规划的运算法则，通过斜面约束和突然凸起的成本函数来解决一单位承诺（1UC）的问题。运算法则基于一个通过斜面约束和突然凸起的成本函数来有效解决一单位经济分派（ED）问题的新方法，改进以前受限的分段线形函数。对于简单的凸起函数，如典型用于应用软件中的二次方程式，其对所有经济分派问题的解决成本——包括找到理想的最初和二次解决方案的解决成本——是零。

续表

杂志来源	题目	作者	研究方法	主要内容
Operations Research (2006)	Online Low-Price Guarantees —A Real Options Analysis	Marcus, Benjamin and Chris Anderson	建模法	在线低价保证——真实选择的分析。大型零售商之间的一个常见现象就是低价保证，不论在哪里，只要他们发现同样的商品更便宜的话，就会给消费者打折，这样就给消费者的购买决策提供了某种水平上的安慰。一个类似的低价保证由允许预约的许多服务行业提供，但不因无法保持预约——如饭店和汽车租赁的例子——而惩罚消费者。如果一个消费者并不需要保持预约，那么如果以后价格下降的话，他们可能进行另一个预约，在竞争者公司或者同一公司。互联网上增长的定价信息的可获得性给消费者提供了机会，在其购买行为上更加具有战略性。
Journal of Operations Management (2007)	Negotiation, Email, and Internet Reverse Auctions： How Sourcing Mechanisms Deployed by Buyers Affect Suppliers Trust	Gattiker, Thomas, Xiaowen Huang, and Joshua Schwarz	实验法	谈判，电邮和网络反向拍卖：由买家展开的来源机制如何影响供应商信任。互联网为工业买家制造了大量的新工具，然而，研究者认为，以计算机为媒介和供应商之间的交互可能并不有益于加强供应商关系。本文将两个计算机媒介来源的工具（邮件谈判和网络反向拍卖）和面对面谈判进行了比较。信息丰裕度理论认为，不同的媒介对于购买者对销售者的信任会产生不同的影响。研究发现信息丰裕度影响卖家—买家的信任度：通过面对面谈判——研究中最丰裕的媒介——的卖家，比使用互联网反向拍卖

杂志来源	题目	作者	研究方法	主要内容
				的卖家通常能得到其买家较高的信任。面对面谈判相比电邮更有信任优势，而电邮相比反向拍卖的优势有限，另外，获得的复杂性对信息丰裕度和信任之间的关系有影响。使用面对面谈判时，获得的复杂性对卖家的信任没有影响；使用反向拍卖时，购买复杂性越大，卖家的信任越小；使用电邮时，较高获得的复杂性和较高卖家信任相联系，并且在电邮和面对面的方式之间的信任无差异；最后，发现买家对卖家的信任是与卖家对买家的未来/重复交易期望紧紧联系的。
Journal of Operations Management (2007)	Why Do Internet Commerce Firms Incorporate Logistics Service Providers in Their Distribution Channels? The Role of Transaction Costs and Network Strength	Rabinovich, Elliot, A. Knemeyer, and Chad Mayer	调查法	为什么互联网公司在其分销渠道合并物流机构/后勤服务提供商？交易成本的角色和网络的力量。文章提出概念并实证地研究了为什么互联网商业公司和这些供应商建立关系。聚焦向外分销渠道的后勤服务，由依靠交易成本理论发现：资产的特性和不确定性的低水平驱使互联网商业公司建立这些关系。而且，运用战略网络理论表明，互联网商业公司寻求这些提供商是因为他们提供绑定许多充足后勤服务的关系网络的通路。而且，后勤服务提供商使得这些服务可以通过新的和现有的关系获得，即：互联网商业公司、顾客以及他们的卖主之间的关系。

（五）互联网环境下战略与组织管理

1. 文献数量及杂志分布

战略与组织管理方面的相关文献比较少，总共才9篇（见表9）。Academy of Management Review 和 Administrative Science Quarterly 杂志在该领域并没有相关文献。Management Science 和 Strategic Management Journal 杂志分别有4篇和2篇文献涉及该主题，Academy of Management Journal、Organization Science 和 Journal of International Business Studies 均为1篇。从时间来看并没有大的变化，其中2003年战略与组织管理方面并没有相关文献。

表9　　　　　　　　　　战略与组织管理文献统计表

杂志＼年份	2003	2004	2005	2006	2007	总计
Management Science	0	0	2	1	1	4
Academy of Management Journal	0	0		0	1	1
Organization Science	0	0	1	0	0	1
Journal of International Business Studies	0	1	0	0	0	1
Strategic Management Journal	0	1	0	1	0	2
总计	0	2	3	2	2	9

2. 文献内容分析

这一领域的文献研究主要集中在互联网环境对企业战略与组织管理影响的研究，包括了组织构建、组织行为、组织行为及企业战略联盟等一系列问题的探讨。如 Granot 等的研究为我们理解联盟成员的动机以及联盟如何为其成员带来利益的问题，提供了很好的视角。详细内容参见表10。

表 10 战略与组织管理各文献内容分析

杂志来源	题目	作者	研究方法	主要内容
Strategic Management Journal (2004)	Exploring the Structural Effects of Internetworking	Tucci, Christopher and Peter Brews	调查法	本文探索互联网工作的结构效果。现有的理论在互联网工作对已建立企业的组织结构的影响方面提出了两个冲突的视角。一种认为会让组织向纵深发展；另一种则认为会向扁平发展。文章调查了 469 个企业的样本，研究表明，深入互联网工作的企业更加专业化，等级较少，更多地与外部企业合作。
Journal of International Business Studies (2004)	Is eCommerce Boundary-Less? Effects of Individua-lism-Collectivism and Uncertainty Avoidance on Internet Shopping	Lim, Kai, Kwok Leung, Choon Sia, and Matthew Lee	二手数据	文章从公众数据中得到两个民族文化的维度:个人主义-集体主义,不确定性的回避,以及它们对网络购买率有广泛影响的交互作用。主要研究的主题是网络购买率,并之后引出关于网页设计等一些网络企业的战略问题。
Management Science (2005)	Formation of Alliances in Internet-Based Supply Exchanges	Granot, Daniel and Greys Soši'c	建模法	该文是理解联盟成员组成联盟的动机,以及联盟为其成员带来的利益的很好文献。这种联盟可以为其成员提高议价能力、降低采购成本、增强抗风险能力等。对于何时以及为什么组成联盟,文章建立了一个含有三个具有同质商品的零售商模型,分析了各种可能同盟的结局,但模型假设的是线性的,完全信息是模型的不足之处。

杂志来源	题目	作者	研究方法	主要内容
Management Science (2005)	The Corporate Digital Divide: Determinants of Internet Adoption	Forman, Chris	建模法	该文研究了影响组织选择网络技术的决定因素，网络技术降低了组织内部成员的协调成本。文章认为随着组织规模以及外部压力的增大，组织越会采用网络技术，那些由早期的网络技术中节省了传播成本的组织越会采用网络技术。然而对于竞争以及知识对组织的网络采用，尤其是对电子商务的影响该文没有讨论。
Organization Science (2005)	Organizing Far from Equilibrium: Nonlinear Change in Organizational Fields	Meyer, Alan, Vibha Gaba, and Kenneth Colwell	实验法	不平衡的组织（行为）：组织领域的非线性改变。首先提出问题：模糊的行业边界，新的网络形态，新兴部门，以及不稳定地生态系统已经构成了日常组织生活的组成部分，奇怪的是，这种深刻的改变在组织原理和研究中（却）得到较少的关注。研究者们承认整个领域范围内的变化，出现、集中，然后瓦解；但却回避对原因和动态过程的直接调查，将这些留给政治科学家和制度经济学家去研究。然后，作者将这一疏忽归因于我们领域对均衡和线形规则在哲学的、理论的和方法上的忠诚。他们认为，根深蒂固的假设和习惯使用的方法论使组织学家们没有抓住问题——这些想法和工具根本没有被运用。通过组织领域在变化过程中的四个实证研究，认为能推动领域内调查研究的新的智力视角和方法论的探索远非均衡。提倡对组织领域的自然历史管理，当这一领域远非均衡，并有持续发生的改变时，应该对转折点给予更多关注。

续表

杂志来源	题目	作者	研究方法	主要内容
Management Science (2006)	Note on Self-Restraint as an Online Entry-Deterrence Strategy	Liu, Yunchuan Sunil Gupta, and Z. John Zhang	建模法	该文认为，水泥鼠标零售商 (brick-and-mortar retailer) 能够使用自有网，比网上零售商 (e-tailer) 抢先进入市场，模型假设水泥鼠标零售商之间无竞争，以及义务和网上零售商具有相同的边际成本，但是实际上同行之间是存在竞争的，而网上零售商的边际成本是低的。
Strategic Management Journal (2006)	Internet Companies Growth Strategies: Determinants of Investment Intensity and Long-Term Performance	Eisenmann, Thomas	建模法	网络公司的发展战略：调查紧密度和长期绩效的决定因素。许多公司在互联网上取得好成绩，有不断增长的回报，于是很多公司就有动机更积极地加大在这方面的投资。文章从计量经济学角度分析决定互联网公司的增长投资强度的因素，并分析了这一投资长期绩效的后续结果。研究结果发现，第一个行动的人在前期市场上的花费更多/最多。典型的样本公司事先对营销方面投资，在水平上近似于那些观察能最大化回报的公司的投资。
Management Science (2007)	Online Auction and List Price Revenue Management	Caldentey, René and Gustavo Vulcano	建模法	该文建立了模型，分析销售商什么时候设计一个单渠道在线售卖模式，什么时候管理一个双重在线售卖渠道和价格目录渠道，这就要研究消费者是参与网上拍卖还是通过邮购价购买产品。理论情况下均衡点总是存在的，在进行均衡分析时，对于三维的情况没有做研究。

续表

杂志来源	题目	作者	研究方法	主要内容
Academy of Management Journal (2007)	Sticks and Stones: Language, Face, and Online Dispute Resolution	Brett, Jeanne, Mara Olekalns, Ray Friedman, Nathan Goates, Cameron Anderson, and Cara Lisco	调查法	主题是有关于在线环境中的争端决议问题，相关的因素提到了语言和面子问题。提到了一个面子理论，其假设认为，人们在线争端决议使用的词语影响到解决问题的可能性。文章主要从语言和情感方面说明了解决的可能性。

三、互联网环境下管理研究方法综述

在研究方法上，建模法成为了大部分的研究论文的首选方法，说明学者重视从以往的研究中获取理论的框架，建立起自己的理论框架，通过模型演绎分析互联网环境下的管理问题。93 篇论文中有 52 篇采用了建模法，约占 56%。

同时，实验法也受到学者的青睐，成为学者进行研究的重要工具，这种方法可以在可控制的环境下，对消费者的行为规律进行细致的分析。除了实验法以外，许多文献的研究过程中直接与网络服务的供应商联系，采用调查的方法，在用户的允许情况下，可以直接从服务器的相关数据中获得消费者浏览和网络行为的准确信息。通过统计有 17 篇文献采用实验法，16 篇采用调查法。

此外有学者通过文献研究和案例研究分析该领域的问题，分别为 2 篇和 3 篇。在二手资料搜集上的文献数量为 3 篇。详细统计数据见图 3。

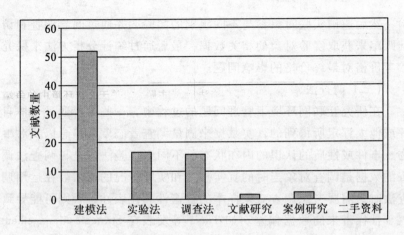

图 3　研究方法统计表（2003～2007 年）

（一）建模法

通过以上数据的统计，不难看出建模法成为学者研究互联网环境下管理问题的主要方法。建模法主要是通过数学模型演绎来探究问题，包括（1）纯理论建模法，即学者们在研究中提出自己的研究模型，通过数学模型的推导来演绎真实环境及行为，得出理论结果。如 Gallien 于 2006 年发表在 Operations Research 杂志上的文献就是用这种方法研究在线商务动态机制的；（2）计量建模法，其模型的演绎是建立在真实的数据上的，这种方法的数据主要来自于调查、二手资料等，此类文献主要的研究方法重点仍然在数学建模和演绎上。此类方法在 Ratchford，Talukdar 和 Lee（2003）研究消费者的网上信息搜索行为中得到了体现。

（二）实验法

实验法主要是选择或模拟一个现场情景来刺激实验对象，实验参与者要求被随机分配到其中一组进行实验，在完成相关的实验过程后，通过观察和问卷来获取实验参与者对当时情景的看法和相关数据。实验法的一个好处是研究者可以有效控制环境和外部变量，更加有效研究内部因素的相互作用机制，缺点是研究得出的规律可推广性要差些。如 Kamins et al.（2004）在研究网上价格影响因素时，以 eBay 网为场景，设置了一个三因素的（2×2×2）8 组实

195

验，然后邀请实验对象参与不同组别的实验，并通过问卷调查和访问跟踪来获取实验对象的相关数据，最后通过统计分析方法来探究参考价格对最终价格的影响问题。

（三）调查法

在研究互联网环境下管理问题的过程中，一些学者通过个体自评或他人评定所得到的真实数据来测量调查者态度、信念以及对事物、事件或性质的认识的内在状态。不同于实验法的是，调查法调查的数据是调查对象当时的真实想法和实际情况的反映。在运用调查法时，需要考虑调查对象样本的普遍性和代表性，否则可能导致由于抽样带来的数据偏差。如 Tucci 等发表在 Strategic Management Journal 杂志上的文献就是采用了此类方法，调查了 469 个企业，通过对这些样本的研究来分析互联网对企业已建立的组织结构的影响。

（四）文献研究

这种研究方法是以大量的文献为基础，通过对文献的评述来解决所提出的问题。文献法研究的好处是资料获取比较容易，问题是缺乏调查的直接数据，可能影响对问题的分析和研究。如 Allen et al.（2006）在研究商业网站上收集研究数据弊与利的问题上，通过对技术、法律等文献的梳理提供了三种策略，帮助研究者解决从商业网站上获取研究数据所面临的困难。

（五）案例研究

案例研究主要是通过案例对所建立的理论进行透彻地分析，这样使得理论得到了检验，证明该理论的实证上的有效性，案例研究的特点是可以对某个案例进行深入系统全面的分析，但是得出的结论的外部效度，也就是说可推广性会受到影响。如 Nickerson et al.（2006）在研究规范企业的网络标准时利用生态平衡理论，将 1993 年到 2005 年所有相关的案例都集中起来进行研究。

（六）二手资料

此类方法的数据并不是通过学者自己实验、调查等的方法所得，而是出于相关研究统计的数据，然后通过统计分析方法来验证相关理论。如 Awad 等于 2006 年发表在 MIS Quarterly 杂志上的文献的研究数据，就来源于一个网络服务提供商的调查数据。

四、互联网环境下管理研究核心问题综述

（一）电子服务的研究（e-Service）

随着服务经济的兴起，服务的作用日渐凸显。互联网作为一个跨越时间和空间的平台，可以有效克服服务中的一些问题，给服务带来巨大的影响。这里将基于互联网的服务称为电子服务（e-Service）。

1. 电子服务质量要素研究

目前对网站服务的研究仍处于初期（Van Riel et al.，2001），因此，对于网站服务的构成要素的研究也不是很多。由 Gronroos 等人提出的 Netoffer 模型认为，核心服务的概念在虚拟市场环境中仍是有效的，但是网站服务应该包括顾客参与和交流等因素。Van Riel（2001）等人提出了网站服务的五个构成要素：核心服务、帮助性服务、支持性服务、补充性服务与顾客界面。

在电子商务环境下的电子服务质量（e-service quality）是指在虚拟网络市场上，顾客通过浏览网站，对服务提供物的优越性和质量的总体评价和判断。与对传统服务提供物的评价相比，顾客在浏览网站时很少去评价每一个细小的过程；相反，他们更多的是将服务作为一个整体/总体过程和结果来进行评估（Vanriel et al.，2001）。Meuter et al.（2000）对自我服务技术的研究中，对多达800个事件进行调查，发现正向积极的事件很少，而令人不满意的事件往往是由于过程的失败（process failure），如失去订单（lost order）。

对网上顾客来讲，高质量的电子服务质量标准是网络能提供给他们的潜在利益的方法/技术得以实现（Yang，2001）的保障。Parasuraman（2000）提出灵活性、便利性、效率和愉快是在网络环境下的主要的积极主题/因素，负向主题/因素包括安全关注、退化风险、非个性化和失去控制。这些决定因素大多都与服务质量有关。网络的互动特性意味着如果要对顾客需求反应有效，企业必须

使搜索、修正补救和信息的整合便利起来（Yang，2001）。因为在网上比较技术特点和产品价格比起传统渠道来方便多了。因此，网上服务对消费者而言就显得尤为重要。网上消费者就希望起码得到和网下消费者相同水平的服务质量，甚至要求更高。

对网上供应商来讲，电子服务质量能体现自己特性，这对小企业成功尤为有用。网络的互动特性、多媒体内容和低廉的定制化能力（Kling，1999），越来越吸引一些商家的关注（Dholakia & Rego，1998）。由于网上对比技术成本低廉和顾客的易得性，非价格竞争优势显得尤为关键（Hof et al.，1998）。顾客忠诚主要取决于网上企业能比竞争对手提供更好的服务（Reichheld & Schefter，2000）。因此，关注服务质量是电子商务的首要任务（Griffith & Krampf，1998）。对不同行业而言，如果因特网得以有效利用，就能对提高整个服务提供物和创造高水平，它是一个有利的工具（Griff & Palmer，1999）。

设计得好的网站能为企业和他的顾客创造利益，并且他能为他的使用者提供重构网站的机会，使他们能根据自己大脑的印象来重构网站，使之符合自己的感知结构（Gronrooset al.，2000）。电子服务质量是指对网站有用性、信息质量和服务互动性的探讨（Richard T. Vidgen）。

对服务质量的研究已经超过两个世纪，但对电子商务环境下的服务质量的研究才是最近的事情，不少学者对电子服务质量进行了实证研究。Zhilin Yang 和 Minjoon Jun（2002）对网上购买者和非购买者的感知服务质量进行了探讨。Andreas Charitou 、Ifigenia Georgiou 和 Andreas Soteriou（2003）对电子服务质量对网络营销企业的股票价格的影响进行了探讨，Liu 和 Arnett（2000）对B2C网站的服务质量进行了探讨，有的学者则构建了电子服务质量体系（Loiacono E.，R. Watson，D. Goodhue，2002；Vidgen R，T.，S. J. Barnes，2000）。Parasuraman 也对如何构建电子服务质量的构念框架提出了自己的见解（2000，2002）。还有不少学者对这一领域进行了补充和扩展。

网络环境与传统营销环境存在很大的区别。在传统营销环境下，消费者可以到实体商店或卖场去购买自己所需要的商品，可以看到、触摸、闻甚至亲身感受产品使用的各种性能后再决定购买，也能和导购人员进行交流来获取自己所需要的信息，购买完成后如果有问题或者不满意也可以到自己购买的地方去进行质疑、提出意见，也可以要求有关人员面对面地售后服务。而在虚拟的网络环境下，网站上的产品照片展示取代了传统的实物展示，消费者可以在网上利用价格搜索软件进行价格比较，也可以找到别的消费者对产品和商家的评价，当然，这些并不足以让消费者对产品和商家的信任得以提高，很多研究就表明，要提高网上的购买率和再购率，关键是如何提高消费者感知的安全水平和如何更好地保护消费者的隐私。网络也有自己的优势，可以为消费者节省时间，并能快速方便地提供大量的信息，网络有自己声势并茂的多媒体展示平台，也同样可以采用传统的营销手段来吸引顾客和保持顾客忠诚，它也能为消费者提供愉悦的消费体验。可见，网站服务质量是网络营销的核心问题，为消费者提供满意的购物体验是服务的宗旨。然而，网站的服务设计必须针对网络这一虚拟环境的优缺点来实现，网站的服务质量的测量纬度与传统服务质量的测量纬度就存在区别，这些对网络营销人员和设计人员都是很关键的。对比于传统服务质量测量的五个纬度，网站服务质量赋予了新的涵义。见表11。

表11　　　　　　　　传统服务质量和电子服务质量间的区别

	传统服务质量	电子服务质量
（1）可靠性 （Reliability）	可靠和准确地履行服务承诺的能力	网站的产品和服务信息准确可靠 网站对交易的履行实现能力
（2）反应/响应性 （Responsiveness）	愿意帮助顾客并提供即刻的服务	顾客不需要太长时间来等待对所需要求做出反应，包括信息搜索、问题咨询和解答 利用网络应比传真、电话或信件更好地完成交易 网站中内容下载很快

199

	传统服务质量	电子服务质量
（3）保证性 （Assurance）	公司及其人员使顾客感到可以信赖和信任，包括服务机构人员的知识、礼貌等等	网站保护顾客的隐私 顾客感知的网站交易安全 网站有足够的安全措施和补救措施
（4）情感性/移情性 （Empathy）	关心顾客，给顾客以个别的人情味的对待	浏览网站时伴随的有趣、愉快的体验/感觉 网站提供了个性化感觉，包括个性化的产品提供 网站建立了有效社区交流 网站推动顾客间交流，也推动企业和顾客交流
（5）可感知性 （Tangible）	实际设施、设备、人员和文字材料，这种可见的实物都对顾客留下了服务的印象	网站内容结构设置给人的感觉是满意的 网站有一个吸引人的界面 网站提供了易找的电话、传真、人员服务等联系方式以弥补虚拟网络的不足

电子服务质量的研究主要有四个阶段：第一个阶段主要使用质量功能展开方法（DFQ）来探讨辨别顾客和实现顾客需求的能力，第一个版本是从英国商业学院的 Barnes 和 Uidgen（2000）发展而来的；第二个阶段开始注意到企业与顾客的互动质量（Bitner et al.，1990），主要关注 B2C 类型的网站；第三个阶段对网站质量、信息质量和服务互动质量三个不同角度进行整合探讨（Barnes & Vidgen，2001）；第四个阶段关注互动交流，着重于从使用者感知服务质量方面进行研究，而不仅从设计者和网站角度来进行简单分析。

电子服务质量不仅为网上商业企业提供竞争优势，并能使顾客融人产品的发展过程，这可以通过快速反馈和提升企业和顾客的关系来得以实现。

2. 电子服务质量与顾客行为关系研究

简单地说，就是探讨电子服务质量和消费者行为间的因果关系，这在营销的研究中仍然是存在许多争议的地方。消费者行为在这里主要是指消费者的购买意愿、感知价值、满意度和忠诚度。很多学者对服务要素的重要性进行研究，关注忠诚、感知价值、满意和服务质量间关系（eg.：Bolton, Kannan, & Bramlett, 2000；Rust & Oliver, 2000；Siedeshmukh, Singh, & Sabol, 2002；Szymanski & Henard, 2001）。Oliver（1997）提出一个服务质量研究框架，认为服务质量会影响满意度最终影响忠诚度。Lloyad C. Harris 和 Mark M. H. Goode 在 Oliver（1997）的忠诚的四个层面理论（认知忠诚、情感忠诚、意向忠诚、行为忠诚）基础上，发展了这四个层面忠诚在电子服务影响下的相互联系和作用。有三个主要的观点：第一，服务质量是满意的前提（Anderson and Sullivan, 1993；Anderson et al., 1994；Cronin and Taylor, 1992；Gotlieb et al., 1994；Woodside et al., 1989），对于因果关系的探讨，满意被认为是对感知的服务质量的消费后的评价。第二，仍然有学者存在异议，Bitner（1990）借鉴 Oliver（1980）的观点，认为满意、服务质量和顾客对企业的行为间关系，服务得到满意是服务质量的前因，Bolton 和 Drew（1991a，b）也通过实证分析支持了这种观点。第三，服务质量和满意间并不存在谁是谁的前因关系（Dabholkar, 1995；McAlexander et al., 1994）。Cronin 和 Taylor（1992，Fig. 2, p. 59），也提出了一个结构模型，实证支持了两者并不存在因果关系的观点。

3. 电子服务质量体系的测量

有的学者则构建了电子服务质量体系（Loiacono E., R. Watson, D. Goodhue, 2002；Vidgen R, T., S. J. Barnes, 2000）。Parasuraman 也对如何构建电子服务质量的构念框架进行测量，提出了自己的见解（2000，2002）。对于网站服务质量体系的测量，主要有以下几个方面：

（1）服务质量体系模型的主要因素

①以服务实现过程作为体系模型研究的主线；

②以顾客作为研究的主要对象，由顾客对自己所体验的网站服务进行评价；

③选取服务质量的评价标准，包括各个构念的确定及量表的确定；

④测定顾客感知的总的服务质量，与各个构念进行结构方程分析，确定各构念的权重，以及相互间的影响。

（2）服务质量指标体系的构建方法

①服务质量绩效指标的设置

服务质量绩效测量是服务质量的结果，它取决于服务内容、提供服务质量的水平能力与顾客对服务质量的需求与期望。借鉴传统的 SERVQUAL 的差距分析或 SERVPERF 消费者感知服务质量模型，结合网上服务特点，提供服务质量水平的客观数据与消费者对服务质量的主观感受，设计出服务质量绩效的指标体系。

②服务质量过程指标体系的设置

服务质量过程指数作为对服务过程的测量结果，通过运用交易实现的过程进行划分，认为网上交易也存在交易前、交易中和交易后三个阶段。Selz 和 Schubert 提出了他们的网站评估工具，就是基于交易实现的三个阶段来分析的，他们将交易过程划分为信息搜集、协议达成和问题解决三个阶段。此外，Tony Ahn，Seewon Ryu，Ingoo Han（2004）认为，交易前包括企业通过广告、公共关系、新产品和服务的宣传来吸引顾客；顾客的网上交易活动指订单和支付等通过网上的设施来实现；购买后阶段指顾客服务、传送和问题解决，这个阶段更能满足顾客的各种需求并能更好地实现顾客满意和忠诚。因此，他们认为，顾客满意的实现不能仅仅从网站服务质量来衡量，也必须考虑到线下的服务。因此，他们将服务质量分成两部分：线上部分，包括系统质量、信息质量和服务质量；线下部分，包括产品质量和传送质量。

（3）同一类型网站的服务质量比较

有些学者利用建立好的量表，对不同行业的网站服务质量进行分析，如 The Measurement of Service Quality in the Tour Operating Sector：A Methodological Comparison，这篇文章用旅游网站的数据，对服务质量评估的两种视角 SERVQUAL 和 SERVPERF 进行对比。大多数研究是针对 B2C 类型网站，其中，Liu 和 Arnett（2000）对 B2B 网站的服务质量进行了探讨。

（4）不同消费者类型感知服务质量比较研究

有的学者将研究对象进行分类，研究不同对象的电子服务质量的感知，对使用者的行为进行对比研究。如 Yang Z.（2001）从网上购买者和非购买者所感知的服务质量的区别来对网站质量进行比较分析，提出吸引消费者在网上购买的主要因素。

（二）互联网环境下定价问题的研究

互联网对企业产生冲击最直接的因素就是影响企业的定价，因为定价水平高低将直接影响到企业的赢利水平。为此，管理不同分支学科对此问题都进行了不同视角的研究，下面从三个方面进行综述。

1. 价格水平（Price Level）

随着互联网的普及，越来越多的企业进行网上销售。与传统市场的价格相比，网上的价格水平也经历了由高到低的过程。很多学者对网上的价格水平进行了实证研究。最早的是 Lee（1997）对网上和传统的二手车拍卖市场（1986～1995）进行的研究发现，网上市场价格水平高；Bailey（1998）对网上的和传统的书籍和 CD、软件市场（1996～1997）进行的研究也得出了同样的结论。对此可能的解释是，早期研究的网络市场还不成熟，进行网上购物的人们也大多是抱着好奇的心理进行尝试，对价格不敏感。

事实上，随后几年的研究表明，网上价格持续下降。如 Brynjolfsson，Smith（2000）对网上和传统的书籍、CD 市场（1998～1999）价格的研究显示，网上价格低于传统市场；Brown，Goolsbee（2000）和 Morton，Zettelmeyer，Risso（2000）以及 Erevelles，Rolland，Srinivasan（2000）的研究也表明网上价格低于传统市场。还有一些研究也比较了纯网络零售商与混合渠道零售商。Erevelles，Rolland 和 Srinivasan（2000）的一项研究比较了

DVD 在两者间的价格水平的差别，发现纯网络型零售商要显著（14%）低于混合零售商的价格。Pan，Ratchford 和 Shankar（2002）发现纯网络零售商与比混合网络零售商在 CD，DVD，台式和膝式电脑价格低，在书籍和软件上高，在 PDA、电子产品上价格相似。Pan，Shankar 和 Ratchford（2002）进行的另外一项研究表明在服饰，礼物，鲜花，保健，美容，家庭，花园，运动和户外，计算机硬件，电子产品，办公产品上可察觉的价格上，纯网络型零售商价格低于混合渠道零售商。

此外，还需要关注的一个问题是与在线购物相关的运输成本。在上述的研究中，当运输费用不计的时候，在线价格通常要低。但是如果是只购买一个产品并计算运费时，在线价格要高，但当用运费除以在线购买的平均规模时，在线价格的高低不确定。因此如果考虑税收、运费等消费者实际支付的价格，网络价格和传统价格水平相比就会比较复杂。Brynjolfsson，Smith（2000）对网上和传统的书籍、CD 市场（1998～1999）价格的研究显示无论税、运费、购物费是否包含在价格里，网络中的价格都比传统零售中的价格低 9%～16%。

网上价格水平低主要是两个方面的原因：（1）网络可以降低企业的成本。产品的价格包括三部分：生产成本、交易成本和边际利润（Wigand，Benjamin，1995）。网络市场通过网络直销，供应商边际利润的降低以及采购成本的降低等，可以节约大量的生产、交易成本，从而降低销售价格。（2）网络降低消费者的搜寻成本。网络使得消费者获取信息（价格和非价格）信息的成本降低，消费者更喜欢提高企业之间的竞争，从而导致更低的价格（Bakos，1997）。

尽管网上价格整体水平低于传统市场，但是网上的价格并非都是一致的，价格离散水平仍然很高。

2. 价格离散（Price Dispersion）

（1）网络价格离散与传统价格离散水平比较

价格离散度一般地被认为是由高的搜寻成本产生的（Burdett and Judd，1983；Stahl，1989，1996）或是由于消费者的信息不完全引起的（Salop and Stiglitz，1977，1982；Varian，1980）。如果信息搜寻费用在网络市场中较低（Bakos，1997）并且消费者具有完全信息，那么认为网络中的价格离散度比传统市场中的要低，这一假设是正常的。然而这个假设在实证研究中没有得到证明。

Bailey（1998）发现在书籍和 CD 市场上在线价格差异与离线价格差异一样，高于线下市场价格差异。Clemons et al.（1998）对在线旅游业的研究与 Erevelles，Rolland 和 Srinivasan（2000）研究的维生素市场所得的结果与 Bailey 的一致。Brynjolfsson 和 Smith（2000）发现在线价格差异等于或高于传统经济的价格差异。但是当用市场份额的代理来衡量价格时，他们发现价格差异比在线市场上的要低。Brown 和 Goolsbee（2000）以及 Morton，Zettelmeyer 和 Risso（2001）发现，在人寿保险市场和网上汽车零售业在线价格差异要低。Tang and Xing（2001）发现纯网络型零售商的价格差异要低于混合渠道的零售商。Ratchford，Pan 和 Shankar（2002）没有对比线上和线下市场的价格差异，但他们发现尽管从 2000 年 11 月到 2001 年 11 月价格差异在书籍、CD、DVD、台式电脑、膝上式电脑、电子产品、软件、PDA 八个产品中开始下降，但它总是持久稳固地存在的。

从以上学者们的研究中可以发现，网络市场与传统市场价格相比，其价格离散度并没有降低，甚至在某些产品类别还有提高的趋势。因此有必要深入地分析导致价格离散的原因，以便指导企业制定网络市场价格策略。

（2）网络价格离散原因分析

Pan，Ratchford 和 Shankar（2001）系统全面地分析了网络市场价格离散的原因。作者把影响同一类产品网络价格离散的因素分为两个方面：市场特征、网络企业的特征。市场特征包括竞争者的数目、消费者的参与度、产品的普及率，网络企业的特征包括购物的便利性、履约的可靠性、产品信息的提供、售后服务、价格政策以及库存水平、进入网络市场的时机、信誉和品牌忠诚度以及企业的知名度等。作者对书籍和 CD 市场进行实证研究，通过因素分析得出影响网络企业服务质量的五种因素：购物的便利性、履约的可靠性、产品信息、售后服务和价格政策。利用回归分析得出影响网络企业价格离散的主要因素是网络企业本身的特征和市场特征，它们可以解释92%的网络市场的价格离散，尤其市场特征解释了超过60%的价格离散，是造成价格离散的主要原因。利用产品类别和网络企业类别的享乐分析研究得出：较早进军网络的企业、提供更好的购物便捷性企业和提供更少的产品信息的企业定价较高。

Smith, Bailey and Brynjolfsson（2000）在综合前人的研究基础上提出网络市场中价格离散度的来源有以下六个方面的原因：产品的异质性（未测定特征的价值）、便利性和购买经历（时间的价值）、认知（思维的真正价值）、零售商品牌化和信任、锁定（即通过调节消费者的转换成本来收取溢价）、价格歧视。

产品的异质性：网络市场中价格离散的最初、最明显的来源是产品的异质性。如果产品不同，那么它们的价格也是不同的。有人可能进行进一步的分析，即使产品在实际上是相同的，他们也不一定是很好的替代品。比如，他们可能是在不同的地点和不同的时期内获得的———一瓶超市中的酒和一个很好的餐馆中的酒，他们是不能相互替代的。伴随着不同水平的顾客服务和广告或是消费者认知，这也很容易进行进一步关于产品的讨论。

便利性和购买经历：便利性可能包括较好的搜寻工具、一般的建议工具、额外的产品评估信息、产品样品和快速的查找服务。Mandel and Johnson（1998）提出在网络环境中的背景图案可以影响产品属性和消费者选择。Menon and Kahn（1997）提出在早期网上的购买体验影响消费者的购买行为。

认知：施乐公司的研究发现：只有5%的网址接受75%的点击率（Adamic and Huberman，1999）。Salop and Stiglitz（1977）and Varian（1980）认为在一些市场中一些消费者了解所有的价格信息，而在另一些市场中消费者仅仅知道一个零售商。了解充分信息的消费者用最低的价格购买产品，而信息不充分的消费者在购买商品时，选择那些价格低于消费者认知价值的产品。

零售商品牌化和信任：研究表明有多种方式使零售商可以获得网络市场中的信任：（1）网络社区：网络社区在零售商的地址上

可能会提供信任。同样地，好名声的系统用在网络社区中也可以加强其他社区成员的信任。(2) 与其他可信任的网址相联系：信任也可能通过和其他受信任的个体或网址相联系而产生。(3) 真实的产品信息：Urban, Sultan and Qualls (1998) 用消费者从网上反馈的称作"信任村"的信息陈述真实的推荐服务，可以提高一个零售商在消费者心目中的信任。(4) 传统形式的品牌名称：拥有一个传统形式的品牌名称，可以提高信任度并且削弱价格竞争。Shankar, Rangaswamy, and Pustateri (1998) 的调查显示，以前在现实世界中的积极体验可以削弱网上的价格敏感水平。Brynjolfsson and Smith (1999) 提出零售商拥有已建立的传统形式的品牌名称，可以多收取 8% ~ 9% 的溢价。

3. 消费者的价格敏感度

价格离散的原因分析是从企业行为的角度分析价格差异，而研究消费者的价格敏感度则是从消费者的角度，考虑价格差异何以被消费者所接受（即价格差异存在的合理性解释）。考察影响消费者价格敏感度的因素，可以帮助企业制定价格策略，从而寻求更大的利润空间，避免进行价格战。

由于网络可以降低消费者的搜索成本，增加价格透明度，因此人们估计网络会增加消费者的价格敏感度，从而导致更激烈的价格竞争。这种观点在网上购书市场似乎得到了验证，亚马逊在网上及传统渠道的书籍零售商中发动了重大的价格战。然而一些学者的研究表明事情并不像人们想象的那么简单。Degeratu et al. (2000)证明在线顾客不比线下顾客对价格更为敏感。他们分析了线上和线下零售商的杂货的销售发现，在线购物价格敏感性要低于传统市场的购买的价格敏感性。Lynch 和 Ariely (2000) 通过研究两个在线商店销售的葡萄酒得出了相同的结论。通过观察顾客对站点结构变化的反映，他们发现当顾客收到更多信息时，价格敏感性下降。因此，搜寻质量信息成本的增加将导致低的价格敏感性。

Shankar, Rangaswamy 和 Pusateri (2001) 提出了一个有关价格信息搜寻（顾客为获得一个更好的价格信息和进行搜寻的倾向）与价格重要性（与其他属性相比消费者认为价格的重要性）之间的重要的不同。他们的结果来自于旅馆业，表明在线媒体增加了价格搜寻但不是增加了价格的重要性。也就是说在线价格敏感性更低，即使价格搜寻比线下市场的要多。

Baker，Marn 和 Zawada（2001）做了一项关于在 B2B 中采购经理的研究，发现仅有 30% B2B 网上采购经理关注的是价格，更多的人关注的是降低交易成本和搜索成本（例如减少纸面工作），并且使采购信息自动化以跟踪商品，以及做出更明智的购买决策。只有 14% 的采购者希望牺牲供应商的必要利润以获得更低的价格，相反，他们明确认识到采购者和供应商都应该从降低交易成本中获利。此外，麦肯锡做的一项关于消费者点击行为的研究表明：大多数网上购物者很少逛商店，89% 的购书者，84% 购玩具者，81% 购音乐产品的人和 76% 购买电子产品的人都是在他们首家访问的网站中进行购买。另一项调查表明，热衷于侃价者不超过 10%，其余的人都喜欢在一家网站进行重复购买。

（三）互联网环境下中间商与营销渠道的研究

从中间商的角度来看，企业的网上营销渠道的形成经历了三种不同的过程。它们分别是："取消中介化"、"重新中介化" 和 "跨中介化" 过程。

1. "取消中介化" 过程

营销学术界普遍认为电子信息可以提高市场效率，中间商存在的必要性越来越小。首先，由于互联网的公开性使得顾客更容易获得产品质量和价格方面的相关信息，消费者的信息搜索能力和信息搜索范围通过互联网得以延伸，买卖双方的信息不对称程度进一步降低。而这种信息的高速透明往往会加剧中间商之间的竞争，其结果必然是中间商利益的损失，消费者利益的增加。Bakos（1997）运用经济学的分析支持了电子市场促进价格竞争，降低卖方市场能力这一观点。其次，电子商务的蓬勃开展与信息化设施的迅速普及，使消费者更容易接触到生产商。两者之间沟通的便利性一方面降低了消费者的搜索成本，另一方面也促成了直接交易，节省了各种批发、零售中介的流通成本。这种绕开中间商的直接沟通和交易在增加消费者与生产商利益的同时，也剥夺了中间商的利益，给中间商的生存带来极大的威胁。Wigand & Benjamin（1995）利用交易成本理论证明了这一点。再次，强调关系化与个性化消费需求的兴起，将迫使企业不得不改变原有的大众营销模式，转而采用"一对一"的直接营销模式。中间商为生产商传递产品信息的功能如今被互联网所替代，其中介地位受到极大的挑战。Shaffer & Zettelmeyer（1999）认为生产商在传统上一直依赖零售商进行产品和品种信息的交流，而互联网的出现使生产商可以自己提供这类信息，中间商的前途堪忧。

这些早先的研究纷纷表明，中间商的作用越来越弱，取消中间商成为必然趋势。一时间，"取消中介化"成为早期电子商务模式的主流思想，大多数的电子商务企业纷纷建立起自己的直销渠道。

2. "重新中介化"过程

学术界对网上营销渠道的讨论并未因此结束，在"取消中介化"的广泛呼声中，我们又听到了不同的声音。与先前的观点不同，部分学者认为即便是在网络经济盛行的社会中，中间商仍然不会消失。Sarkar, Butler & Steihfield（1998）和 Carr（2000）等学者们都认为中间商不会消失，相反，他们相信互联网上还可能出现新的"网络中间商"。

首先，存在网络中间商的主要因素在于网络中间商可以为消费者筛选出有用的信息。根据经济搜索理论，消费者的搜索效益随着可选信息数量的增加而增加，但是，搜索产生的边际效益却存在一个很强的递减趋势。同时，消费者评估产品信息的成本也随信息数量递增，但是边际成本变化不大。也就是说，消费者搜索信息的净利益的增长率随信息数量递减，当信息数量达到一个临界值时，甚至可能出现净利益的负增长。因此，有用的信息未经筛选无法赢得消费者的关注，消费者也常常为搜索信息所累，顾客的搜索成本有增无减。网络中间商的出现正好解决了这个问题。他们对大量的产品信息进行收集、过滤、整理，并根据消费者的需要提供相应的商品信息，做到信息传递的充分与准确，真正实现了沟通效率。其次，网络中间商的强势品牌可以提升网上的弱势品牌。根据经济搜索理论对消费者网上购买行为的解释，可以看出互联网经济是一种强调"注意力"的经济模式。互联网上，只有极少数获得注意力、信用程度高的网络中间商才能赢得顾客的长期光顾。于是，网上的弱势品牌纷纷投靠知名的网络中介，以提升访问量，增加产品销售。Haubl & Trift（2000）在关于网络设备的研究中，也提到了网络中介设备对消费者品牌选择的显著影响。最后，服务于消费者的买方中间商的存在可以增强消费者的购买能力。依靠买方中介，消费者可以要求供应商竞价销售（反向拍卖）或者与其他消费者结成团体购买，（Dolan & Moon，2000）增强消费者的讨价还价能力，压低成交价格。Jim & Robey（1999）依据包括交易成本理论在内的六种理论方法，阐述了网络中间商存在的理由。

这些研究结论修正了学术界先前对中间商的全盘否定，开始重新认识中间商在网络环境下的存在意义，指出了网络渠道的"重新中介化"趋势。诸如，Amason，Yahoo，1-800 Flower 等网络中间商的成功更是证明了"重新中介化"趋势的存在。

3."跨中介化"过程

除了新兴的互联网企业之外，传统的实体中间商也陆续触网，把中介业务扩展至网络，依靠信息平台提供服务。虽然信息平台的交易会带来新增的交易成本，但相比传统业务的成本耗费，新增加的交易成本要相对小得多。因此，不少中间商纷纷尝试"跨中介"运营，其中，要数经纪公司、猎头公司、婚介中心以及不动产中介机构等企业首当其冲。

尽管"跨中介化"的渠道演变趋势为实体企业的信息化进程提供了借鉴，但事实上，要让实体企业完全抛弃实体渠道选择网上经营，却决非易事。

首先，消费者固执的购买习惯常常会束缚网上渠道的发展。尤其是互联网企业在网上销售的初期，只有少部分熟知互联网技术的人以及习惯于其他形式家庭购物的人，采用网上购物方式（Balabanis & Vassileion，1999）。因为，消费者是否采用网上购买方式主要取决于这是否适合他们的生活方式，以及他们对网上购物方便程度的认知（Becker & Olsen，2000）。大多数消费者对实体渠道的习惯性选择是限制网上销售量总体增长的主要壁垒。其次，并非所有的商品都适合于网上销售。信息经济学家把商品区分为三类：搜索品、体验品和信任品。由于搜索品的同质化特征不需要亲身体验，而信任品的品质依赖品牌无法体验，使得这两类产品更适合网上销售。对于体验品而言，产品的真实陈列是销售中必不可少的环节，而网上销售却无法提供，因此，体验品较不适宜于网上销售。产品类别的限制也束缚了网上销售规模的扩展。此外，实体企业加入网络渠道很可能破坏原有的顾客关系。大多数传统企业的顾客关系常常由强大的实体分销体系培育，而网络渠道对实体渠道的部分替代作用会激化两个渠道系统之间的矛盾，严重的甚至可能造成整个分销体系的瘫痪，庞大的顾客资源不保。Shikhar Ghosh (1998) 指出网上销售的真正获益者都是那些诸如：Yahoo、Amason 一类的新企业，传统企业在进行电子商务时，将冒着破坏原有品牌和配送关系的危险。正是因为这些原因，对于大多数的实体企业来说，现阶段的渠道变革方向并不是采用新的网络渠道，而是对原有渠道模式的信息化改良，发挥网络渠道与实体渠道的协同效应。

（四）网站信任问题研究

互联网作为一个虚拟环境，用户在使用时无法直接判定网站的可靠性，因此对于网站的信任也是互联网环境下的一个特色问题。

网站信息提供与网站信任

网站所提供的产品信息和价格信息的丰裕度是传递给消费者的重要信号，可以用以增强消费者对该网络零售商的信任。在关系营销的研究中，与交易方分享相关的、特别是可能对自身利益有损害的信息，被认为是一种沟通上的开放性，是建立互信关系的重要基础（Morgan & Hunt, 1994）。正如他们在关系营销中的承诺-信任理论文章中所说，那些高质量的沟通，即提供重要的、及时的、可靠的信息会形成更强的信任关系。此外消费者会推断那些提供有关自身和竞争对手丰富信息的卖家在市场上具有领导地位，否则他们没有经济实力发出这样的信号（Kirmani and Rao, 2000）。Schlosser et al. (2006) 的研究表明在网络环境中信任是极为重要的因素，他们发现提供的信息是网站的显性投资，并会增强与顾客之间的关系，但是他们并没有将网站信息的丰裕度考虑到这个过程中。

互联网已经成为重要的营销媒介和渠道，不少的企业已经开始着手多渠道营销策略，而对于营销经理来说，如何将有限的营销资源在各个渠道之间合理地分布使用，并建立持续发展的客户关系是非常重要的任务。为了创建长期的顾客关系，企业必须建立顾客信任（Doney and Cannon，1997）。顾客信任在网络环境的重要性更加突出，这是因为消费者越来越依赖于互联网来寻找信息，并且可以在网络上更加忠诚（Shankar，Smith，and Rangaswamy，2003）。Trifts & Häubl（2003）则说明了向消费者提供了非调节的竞争对手对比价格信息可能会增强消费者对该网络零售商的偏好。Bart et al.（2005）的研究说明顾客和网络商店之间的交互也类似于顾客和企业店面之间的交互，而在与网络商店的交互过程中，他会根据在网站上所看到的信息来对网络商店作出判断。

网站设计是网络营销战略中重要的组成部分，也是建立信任的必不可少的环节（Shankar，Urban，and Sultan，2002）。不同网站类型都有各自不同的网站战略来强调不同的网站特性，比如隐私申明，导航功能或者提供建议等，从而建立信任。比如 Dell 在全球范围内都推行的是定制化产品，通过这种功能来获取消费者信任。Shankar，Urban，and Sultan（2002）在他们的研究中多角度阐述了在线信任的形成因素及其结果。他们识别了广泛的网站因素（比如导航或者社区功能）作为在线信任的潜在驱动力。

在买方卖方关系中，对于销售方的信任是随着时间演变的，并且是基于买方对于卖方的诚实、可依靠性、言行一致以及值得信任性来评价（Doney and Cannon，1997）。这种信任的观点是和Schlosser，White，and Lloyd（2006）对于行为信任的概念化分类是一致的。实际上在讨论信任问题的时候，必须要分清楚在线信任、对企业信任、对网站信任之间的区别。从消费者角度来讲，企业的网站可以被认为是商店。企业与商店的交互也就是与网站的交互相类似，而在交互的过程中消费者不断地形成对网站的信任。消费者所认为的网站能够执行所需求的功能的程度就可以帮助他形成对企业的印象。因此在线信任包括了消费者对网站可依靠程度的感知，网站信任的可信性等方面。

以往的研究表明，信任会影响到消费者的行为意向（e. g.，Shankar, Urban, and Sultan, 2002；Yoon, 2002）。行为意向可能包括进行某些任务的意愿，比如点击访问网站更深层信息，放弃或者再次回到网站，发送电子邮件，下载文件以及从网站上订购产品等。信任会影响到消费者的态度以及风险感知，从而影响到他们在网络商店中购物的意愿。Geyskens, Steenkamp, and Kumar（1998）and Singh and Sirdeshmukh（2000）都分析了在关系环境中信任作为调节或者中介变量的重要性。我们认为，信任不仅可以维持消费者对企业的偏好，更重要的是可以提高溢价空间，为网络零售商创造直接的经济利益。Rao & Monroe（1996）广泛分析了产生溢价的主要因素，其中产品质量的判断容易程度、卖方对于品牌名称的投资，以及市场中的信息披露都会影响到溢价范围。在 C2C 网络拍卖环境中对信任的研究表明，对卖家的信任表现为高信誉评级的卖家往往可以获得更高的溢价，Ba & Pavlou（2002）不仅通过实验法证明了信任对于溢价的显著影响，还收集 ebay 上的实际交易数据验证了信誉评级增加信任，信任又增加溢价的这种关系的存在。

参考文献

[1] Allen, Gove N., Dan L. Burk, and Gordon B. Davis（2006），"Academic Data Collection in Electronic Environments: Defining Acceptable Use of Internet Resources", *MIS Quarterly*, 30(3), 599-610.

[2] Awad, Naveen Farag and M. S. Krishnan（2006），"The Personalization Privacy Paradox: An Empirical Evaluation of Information Transparency and the Willingness to Be Profiled Online for Personalization", *MIS Quarterly*, 30(1), 13-28.

[3] Bandyopadhyay, Subhajyoti, John M. Barron, and Alok R. Chaturvedi（2005），"Competition Among Sellers in Online Exchanges", *Information Systems Research*, 16(1), 47-60.

[4]Bapna, Ravi, Paulo Goes, and Alok Gupta (2003), "Replicating Online Yankee Auctions to Analyze Auctioneers' and Bidders' Strategies", *Information Systems Research*, 14(3), 244-68.

[5] Browne, Glenn J., Mitzi G. Pitts, and James C. Wetherbe (2007), "Cognitive Stopping Rules for Terminating Information Search in Online Tasks", *MIS Quarterly*, 31(1), 89-104.

[6] Datta, Anindya, Kaushik Dutta, Helen Thomas, Debra Vander Meer (2003), "World Wide Wait: A Study of Internet Scalability and Cache-Based Approaches to Alleviate It", *Management Science*, 49(10), 1425-44.

[7]Dellarocas, Chrysanthos (2005), "Reputation Mechanism Design in Online Trading Environments with Pure Moral Hazard", *Information Systems Research*, 16(2), 209-30.

[8]Gefen, David, Detmar W. Straub, and Elena Karahanna (2003), "Trust and TAM in Online Shopping: An Integrated Model", *MIS Quarterly*, 27(1), 51-90.

[9]Ghose, Anindya, Michael D. Smith, and Rahul Telang (2006), "Internet Exchanges for Used Books: An Empirical Analysis of Product Cannibalization and Welfare Impact", *Information Systems Research*, 17(1), 3-19.

[10]Hong, Weiyin, James Y. L. Thong, and Kar Yan Tam (2004), "Does Animation Attract Online Users' Attention? The Effects of Flash on Information Performance and Perceptions", *Information Systems Research*, 15(1), 60-86.

[11]Hu, Xiaorui, Zhang,xiLin, Andrew B. Whinston, and Han Zhang (2004), "Hope or Hype: On the Viability of Escrow Services as Trusted Third Parties in Online Auction Environments", *Information Systems Research*, 15(3), 236-49.

[12] Jones, Quentin, Gilad Ravid, and Sheizaf Rafaeli (2004), "Information Overload and the Message Dynamics of Online Interaction Spaces: A Theoretical Model and Empirical

Exploration", *Information Systems Research*, 15(2), 194-210.

[13] Lyytinen, Kalle and Gregory M. Rose (2003), "The Disruptive Nature of Information Technology Innovations: The Case of Internet Computing in Systems Development Organizations", *MIS Quarterly*, 27(4), 557-95.

[14] Malhotra, Naresh K., Sung S. Kim, and James Agarwal (2004), "Internet Users' Information Privacy Concerns (IUIPC): The Construct, the Scale, and a Causal Model", *Information Systems Research*, 15(4), 336-55.

[15] Nickerson, Jeffrey V. and Michael zur Muehlen (2006), "The Ecology of Standards Processes: Insights Form Internet Standard Making", *MIS Quarterly*, 30(Special Issue), 467-88.

[16] Oh, Wonseok and Henry C. Lucas, Jr (2006), "Information Technology and Pricing Decisions: Price Adjustments in Online Computer Markets", *MIS Quarterly*, 30(3), 755-75.

[17] Pavlou, Paul A. and David Gefen (2004), "Building Effective Online Marketplaces with Institution-Based Trust", *Information Systems Research*, 15(1), 37-59.

[18] Pavlou, Paul A. and David Gefen (2005), "Psychological Contract Violation in Online Marketplaces: Antecedents, Consequences, and Moderating Role", *Information Systems Research*, 16(4), 372-99.

[19] Pavlou, Paul A., Liang, Huigang, and Xue, Yajiong (2007), "Understanding and Mitigating Uncertainty in Online Exchange Relationships: A Principal-gent Perspective", *MIS Quarterly*, 31(1), 105-36.

[20] Schultze, Ulrike and Wanda J. Orlikowski (2004), "A Practice Perspective on Technology-Mediated Network Relations: The Use of Internet-Based Self-Serve Technologies", *Information Systems Research*, 15(1), 87-106.

[21] Wu, Jianan, Victor J. Cook, Jr., and Edward Strong (2005), "A

Two-Stage Model of the Promotional Performance of Pure Online Firms", *Information Systems Research*, 16(4), 334-51.

[22] Bapna, Ravi, Paulo Goes, and Alok Gupta (2003), "Analysis and Design of Business-to-Consumer Online Auctions", *Management Science*, 49(1), 85-101.

[23] Bapna, Ravi, Paulo Goes, and Alok Gupta (2005), "Pricing and Allocation for Quality-Differentiated Online Services", *Management Science*, 51(7), J1141-50.

[24] Bart, Yakov, Venkatesh Shankar, Fareena Sultan, and Glen Urban (2005), "Are the Drivers and Role of Online Trust the Same for All Web Sites and Consumers? A Large-Scale Exploratory Empirical Study", *Journal of Marketing*, 69(Oct), 133-52.

[25] Blasubramanian, Sridhar, Prabhudev Konana, and Nirup M. Menon (2003), "Customer Satisfaction in Virtual Environments: A Study of Online Investing", *Management Science*, 49 (7), 871-89.

[26] Bradlow, Eric T. and Young-Hoon Park (2007), "Bayesian Estimation of Bid Sequences in Internet Auctions Using a Generalized Record-Breaking Model", *Marketing Science*, 26(2), 218-29.

[27] Brian Ratchford, Debabrata Talukdar, Myung-Soo Lee (2007), "The Impact of the Internet on Consumers Use of Information Sources for Automobiles: A re-inquiry", *Journal of Consumer Research*, 34(June), 111-9.

[28] Brynjolfsson, Erik, Yu (Jeffrey) Hu, and Michael D. Smith (2003), "Consumer Surplus in the Digital Economy: Estimating the Value of Increased Product Variety at Online Booksellers", *Management Science*, 49(11), 1580-96.

[29] Carr, Scott M. (2003), "Note on Online Auctions with Costly Bid Evaluation", *Management Science*, 49(11), 1521-28.

[30] Chan, Tat Y., Vrinda Kadiyali, and Young-Hoon Park (2007),

"Willingness to Pay and Competition in Online Auctions", *Journal of Marketing Research*, XLIV(May), 324-33.

[31] Chevalier, Judith A. and Dina Mayzlin (2006), "The Effect of Word of Mouth on Sales: Online Book Reviews", *Journal of Marketing Research*, XLIII(Aug), 345-54.

[32] Danaher, Peter J., Isaac W. Wilson, and Robert A. Davis (2003), "A Comparison of Online and Offline Consumer Brand Loyalty", *Marketing Science*, 22(4), 461-76.

[33] Dellarocas, Chrysanthos (2003), "The Digitization of Word of Mouth: Promise and Challenges of Online Feedback Mechanisms", *Management Science*, 49(10), 1407-24.

[34] Dellarocas, Chrysanthos (2006), "Strategic Manipulation of Internet Opinion Forums: Implications for Consumers and Firms", *Management Science*, 52(10), 1577-93.

[35] Dewan, Rajiv, Bing Jing, and Abraham Seidmann (2003), "Product Customization and Price Competition on the Internet", *Management Science*, 49(8), 1055-70.

[36] Dholakia, Utpal M. and Itamar Simonson (2005), "The Effect of Explicit Reference Points on Consumer Choice and Online Bidding Behavior", *Marketing Science*, 24(2), 206-17.

[37] Easley, Robert F. and Rafael Tenorio (2004), "Jump Bidding Strategies in Internet Auctions", *Management Science*, 50(10), 1407-19.

[38] Gallien, Jérémie and Shobhit Gupta (2007), "Temporary and Permanent Buyout Prices in Online Auctions", *Management Science*, 53(5), 814-33.

[39] Godes, David and Dina Mayzlin (2004), "Using Online Conversations to Study Word-of-Mouth Communication", *Marketing Science*, 23(4), 545-60.

[40] Hann, Il-Horn, and Christian Terwiesch (2003), "Measuring the Frictional Costs of Online Transactions: The Case of a Name-Your-

Own-Price Channel", *Management Science*, 49(11), 1563-79.

[41] Holzwarth, Martin, Chris Janiszewski, and Marcus M. Neumann (2006), "The Influence of Avatars on Online Consumer Shopping Behavior", *Journal of Marketing*, 70(Oct), 19-36.

[42] Iyer, Ganesh and Amit Pazgal (2003), "Internet Shopping Agents: Virtual Co-Location and Competition", *Marketing Science*, 22(1), 85-106.

[43] Jank, Wolfgang and P. K. Kannan (2005), "Understanding Geographical Markets of Online Firms Using Spatial Models of Customer Choice", *Marketing Science*, 24(4), 623-34.

[44] Jap, Sandy D. (2003), "An Exploratory Study of the Introduction of Online Reverse Auctions", *Journal of Marketing*, 67(July), 96-107.

[45] Jap, Sandy D. (2007), "The Impact of Online Reverse Auction Design on Buyer-Supplier Relationships", *Journal of Marketing*, 71 (Jan.), 146-59.

[46] Johnson, Eric J., Wendy W. Moe, Steven Bellman, and Gerald L. Lohse (2004), "On the Depth and Dynamics of Online Search Behavior", *Management Science*, 50(3), 299-308.

[47] Kamins, Michael, Xavier Dreze, and Valerie S. Folkes (2004), "Effects of Seller-Supplied Prices on Buyers' Product Evaluations: Reference Prices in an Internet Auction Context", *Journal of Consumer Research*, 30(March), 622-8.

[48] Lewis, Michael, Vishal Singh, and Scott FayN (2006), "An Empirical Study of the Impact of Nonlinear Shipping and Handling Fees on Purchase Incidence and Expenditure Decisions", *Marketing Science*, 25(1),51-64.

[49] Manchanda, Puneet, Jean-Pierre Dube, Khim Goh, and Pradeep K. Chintagunta (2006), "The Effect of Banner Advertising on Internet Purchasing", *Journal of Marketing Research*, XLIII (Feb), 98-108.

218

[50] Mathwick, Charla and Edward Rigdon (2004), "Play, Flow, and the Online Search Experience", *Journal of Consumer Research*, 31 (Sep), 324-32.

[51] Mayzlin, Dina (2006), "Promotional Chat on the Internet", *Marketing Science*, 25(2), 155-63.

[52] Moe, Wendy W. (2006), "An Empirical Two-Stage Choice Model with Varying Decision Rules Applied to Internet Clickstream Data", *Journal of Marketing Research*, XLIII(Nov), 680-92.

[53] Montgomery, Alan L., Shibo Li, Kannan Srinivasan, and John C. Liechty (2004), "Modeling Online Browsing and Path Analysis Using Clickstream Data", *Marketing Science*, 23(4),579-95.

[54] Park, Young-Hoon and Eric T. BradlowAn (2005), "An Integrated Model for Bidding Behavior in Internet Auctions: Whether, Who, When, and How Much", *Journal of Marketing Research*, XLII(Nov), 470-82.

[55] Pinker, Edieal J., Abraham Seidmann, and Yaniv Vakrat (2003), "Managing Online Auctions: Current Business and Research Issues", *Management Science*, 49(11), 1457-84.

[56] Ratchford, Brian T., Myung-Soo Lee, and Debabrata Talukdar (2003), "The Impact of the Internet on Information Search for Automobiles", *Journal of Marketing Research*, Xl (May), 193-209.

[57] Schlosser, Ann E., Tiffany Barnett White, and Susan M. Lloyd (2006), "Converting Web Site Visitors into Buyers: How Web Site Investment Increases Consumer Trusting Beliefs and Online Purchase Intentions", *Journal of Marketing*, 70(April), 133-48.

[58] Snir, Eli M. and Lorin M. Hitt (2003), "Costly Bidding in Online Markets for IT Services", *Management Science*, 49(11), 1504-20.

[59] Spann, Martin and Gerard Tellis (2006), "Does the internet promote better consumer decisions? The case of name-your-own-

price auctions", *Journal of Marketing*, 70(January), 65-78.

[60]Srinivasan, Raji and Christine Moorman (2005), "Strategic Firm Commitments and Rewards for Customer Relationship Management in Online Retailing", *Journal of Marketing*, 69(Oct), 193-200.

[61] Telang, Rahul, Peter Boatwright, and Tridas Mukhopadhyay (2004), "A Mixture Model for Internet Search-Engine Visits", *Journal of Marketing Research*, XLI(May), 206-14.

[62]Terwiesch, Christian, Sergei Savin, and Il-Horn Hann (2005), "Online Haggling at a Name-Your-Own-Price Retailer: Theory and Application", *Management Science*, 51(3) 339-51.

[63] Venkatesan, Rajkumar, Trichy V. Krishnan, and V. Kumar (2004), "Evolutionary Estimation of Macro-Level Diffusion Models Using Genetic Algorithms: An Alternative to Nonlinear Least Squares", *Marketing Science*, 23(3), 451-64.

[64]Wu, Jianan and Arvind Rangaswamy (2003), "A Fuzzy Set Model of Search and Consideration with an Application to an Online Market", *Marketing Science*, 22 (3), 411-34.

[65] Ying, Yuanping, Fred Feinberg and Michel Wedel (2006), "Leveraging Missing Ratings to Improve Online Recommendation Systems", *Journal of Marketing Research*, XLIII(Aug),355-65.

[66]Zeithammer, Robert (2006), "Forward-Looking Bidding in Online Auctions", *Journal of Marketing Research*, XLIII(Aug), 462-76.

[67]Zettelmeyer, Florian, Fiona Scott Morton, and Jorge Silva-Risso (2006), "How the Internet Lowers Prices: Evidence from Matched Survey and Automobile Transaction Data", *Journal of Marketing Research*, XLIII(May), 168-81.

[68]Zhang, Jie and Lakshman Krishnamurthi (2004), "Customizing Promotions in Online Stores", *Marketing Science*, 23(4), 561-78.

国际知识产权研究：主题、进展与趋势[*]

陈传夫[**]

（武汉大学信息管理学院，武汉大学知识产权高级研究中心，武汉，430072）

前　言

　　围绕建立全球协调的知识产权保护体系和提高保护效率的目标，2006 年国际知识产权立法与研究十分活跃。世界知识产权组织（WIPO）在 2006～2007 年计划和预算中确定的五项战略目标是，促进知识产权文化、使知识产权与国家发展政策和计划相结合、发展国际知识产权法律和标准、提供全球知识产权保护体系的优质服务和提高 WIPO 内部管理和支助程序的效率。2006 年 10 月 16 日，WIPO 发布的《2006 年 WIPO 专利报告》显示，国际上对专利制度的利用发生了显著变化，专利制度正在被用于其预期目的，即激励创新、促进经济活动。《世界知识产权组织版权条约》和《世界知识产权组织表演和录音制品条约》在中国、澳大利亚、列支敦士登、阿塞拜疆、比利时等 8 国开始生效。在版权方面，美国议员向国会提交了修改版权法的《第 115 条改革法案（SIRA）》，法国通过了《信息社会中的著作权及邻接权》草案。在专利方面，美国议员向参议院提交了《2006 年专利改革法案》，日本和美国启

---

　　*　本文的合作者是：冉从敬、姚维保、赵莉、刘杰、曾明。
　　**　陈传夫，武汉大学信息管理学院教授，武汉大学知识产权高级研究中心研究员、主任。

动了"专利审查高速公路"试行项目，韩国实施新修订的《韩国专利法》。在商标方面，美国国会通过了《2006 年商标淡化修正法案（TDRA）》，日本实施了《区域性集体商标》制度。截至 2006 年底，《专利合作条约》（PCT）的缔约国达到了 136 个。立法与知识产权理论研究相互促进。英国知识产权局（UKIPO）发布的《2006 年英国知识产权意识调查报告（Gowers Review)》引起激烈争论。在 2006 年，知识产权仍然呈现出明显的扩张趋势，公共利益协调趋势、程序简化趋势、国际一体化趋势和法律规则的多元化趋势等显著特征。知识产权的范围在不断拓展，TRIPS 协议规定了包括集成电路、商业秘密等知识产权广泛的保护客体，但本文仍然以作为知识产权核心内容的版权、专利、商标制度的有关主题来探讨 2006 年度的进展和发展趋势。

一、版权制度研究进展

从 20 世纪 90 年代开始，数字技术的发展导致信息资源领域的知识产权的矛盾与斗争日益尖锐，也引发了国际上对版权制度的重新思考。一些新的研究主题，包括数字化时代版权是否有效，版权制度如何改革，如何寻求版权保护和信息获取，私人利益和公共利益新的平衡等也逐渐成为国际版权法学界激烈争论的问题。2006 年国际版权研究仍然围绕这几个主题，一方面，在继承以往研究成果的基础上，就版权的有效性、版权利益平衡以及版权扩张的合理性等版权的基本理论进行了具体、深入的研究。另一方面，继续关注数字技术发展对传统版权法的合理使用、强制许可等基本原则的影响。此外，本年度一些重要的判例也推动了传统版权理论（例如间接侵权理论）研究的发展，因此，对于这些判例的研究也成为了学者关注的焦点。本年度美国、法国有关版权的最新立法既体现了以往理论研究的成果，也为未来的版权研究指出了新的方向。

（一）版权基本理论研究进展

基本理论探寻是解决根本问题的终极诉求，2006 年国内外学者们从多元视角展开了对版权基本原则的讨论。

首先是版权的有效性问题。受美国学者约翰·巴洛（John Perry Barlow）的版权消亡论的影响，不少学者认为在数字化环境下传统版权法正面临越来越多的困境。有的学者甚至指出，版权法正逐步偏离其鼓励创造，促进知识和文化传播的立法宗旨。Siva Vaidhyanathan 在《版权丛林》一文中指出，版权越来越强势——版权客体的扩大、保护程度的增加不仅抑制了个人创作，也妨碍了知识和文化的交流与共享。①而卡罗尔·辛普森也在《版权给你的未来造成困境了吗》中明确指出，在电子网络时代，版权法已经变得完全不重要了，即便没有强大的版权法保护，知识财产的生产将继续增长。另一方面，DRM、P2P、BLOG 技术的快速发展也给版权法提出了更多的挑战，版权保护和信息公共获取的矛盾变得尖锐。因此，更多的学者努力探询重建版权制度的法律框架以解决这些问题。笔者尝试把这些努力归纳为以下几个方面：

第一，唯技术论派的观点。他们认为"技术性保护措施的发展进步，将会给予版权作品更好的保护，从而胜于存在于网络空间之外的法律；而合理使用则应当作为一个平衡物来维持公众与私人之间的适度平衡。"②澳大利亚麦考瑞大学的 Yee FenLim 教授则指出 DRM 事实上赋予版权人超出法律规定的更多的权力，因此，与版权法相比，DRM 给予了版权人更为切实有效的所有权保护。③香港的李亚虹博士也支持这种观点，他认为实施数字权利管理可以有效保护权利人的权利，因而可以取消版权制度，代之以税收制度。

第二，平衡论派的观点。他们认为版权改革在于重建版权系统的平衡。美国杜克大学法学院教授詹姆士·博伊尔认为，"为新闻工作者、教师定义合理使用制度是数字环境下重建版权系统平衡的

---

① Siva Vaidhyanathan. Copyright Jungle. Columbia Journalism Review, 2006, 45（3）, pp. 42-48.

② Dan Thu ThiPhan. Will Fair Use Function on the Internet？［J］. Columbia Law Review, 2006（1）. Vol. 98.

③ Yee FenLiml. Digital Rights Management：Merging Contract, Copyright and Criminal Law. Berlin：Springer Pr., 2006：pp. 66-74.

重要措施。"①即便作为创作共同董事会成员，博伊尔也在《开放心态为何重要》中指出，"这不是说开放总是对的，而是我们需要在开放与封闭、专有与免费之间取得平衡。"②斯坦福大学的保罗·戈尔斯坦也指出，版权利益平衡是考虑数字时代版权领域新问题的立足点。③

第三，创作共同论派的观点。杰西卡·利特曼希望版权法应当"短期、简单和公平"，在这样的版权法体系下，我们不再根据复制权来定义版权，而是将版权重塑为商业利用的排他权。④劳伦斯·莱斯格则建议版权法重建应该遵循这样几个主要原则：（1）缩短版权保护期限；（2）简单的二元体系，取消复杂的例外情况；（3）强制调整；（4）禁止延长追溯期限。⑤

第四，公共政策论派的观点。哈佛大学法学院知识产权法教授威廉·费希尔建议，用政府行政补偿来代替版权法的主要部分和加密保护技术。采用税收制度，根据作品的普及范围，从税收中给予进行版权登记的音乐或电影作品权利人对应比例的赔偿。⑥随着版权保护日益体现出垄断的新趋势，版权保护的垄断化发展已经超出了版权法能够调整的范围，应当采用反垄断政策进行调整。

其次是版权的利益平衡问题。在网络环境下，传统的利益平衡发生了变化，扩大版权人权利、认可技术性保护措施等立法上的变化，均显示利益开始逐渐向私人倾斜。劳伦斯·莱斯格指出公共领

---

① James Boyle, Shamans, Software, and Spleens: Law and the Construction of the Information Society, Cambridge: Harvard Univ. Pr., 1996: p. 172.

② James Boyle. 开放心态为何重要, http://groups.google.com/group/ccchina/browse_ thread/thread/2b99b871f51243e6.

③ Paul Goldstein. Copyright's Highway: From Gutenberg to the Celestial Jukebox, Rev. ed., Stanford University Press, 2003.

④ Jessica Litman, Digital Copyright, Prometheus Books, 2001, Chapter 2: pp. 179-180.

⑤ Lawrence Lessig. Creative Economies', Occasional Papers in Intellectual Property and Communications Law, http://www.law.msu.edu/ipclp/pubs.html.

⑥ William W. Fisher III, Promises to Keep: Technology, Law, and the Future of Entertainment. Stanford, Calif.: Stanford Univ. Pr., 2005.

域正在不断缩小。对此，有学者从效益主义哲学（the utilitarian philosophy）的角度研究版权利益平衡问题，指出效益主义要求立法者在计算财产权利时应以社会福利的最大化为目标，在以排他性权利激励发明与艺术作品创作的同时，对该权利限制公众享用那些创造物的倾向予以控制，并力求在二者之间实现一种最佳平衡。并且认为效益主义是版权法的价值基础，版权法应该在效益主义的社会福利最大化的指引下，构建一系列的制度以实现版权人私人利益与公众利益的平衡。①

克里斯蒂娜·汉纳也在《版权回归》一文中，强调版权法发展的趋势是版权人权利的扩大，而公众获取信息的空间却在缩小。版权法中公共利益与权利人利益的紧张对立主要体现在版权侵权案例中，这是因为版权法对于私人利益与公共利益的规定很模糊。而所谓版权回归，就是要缩小私人利益的范围，扩充公共利益的范围，只有这样才能达到新的平衡。国内学者从经济学角度提出了知识产权的"对价"与"衡平"理论，认为知识产权机制的运行就是"对价"——平等个体之间自由与自由让渡和补偿的平衡，以此实现冲突双方处于帕累托最优状况时的帕累托改进，即不损害任何他人的自由而对他人的自由进行改善。②

数字权利管理（DRM）的发展与应用使得版权人和公众利益的冲突再次尖锐，面临新的挑战。多数学者认为 DRM 给版权利益平衡原则带来新的冲击，从实质上减小了合理使用的有效性。OITP（Office for Information Technology Policy）的戈德温认为 DRM 会约束公众对于受 DRM 保护的信息的合法使用，例如公共领域作品的获取，（或其他允许自由使用的作品）图书馆作品的保存，衍生作品的创作，历史的研究，合理使用权利的行使以及为教学目的

---

① Ruth Okedij. Toward an International Fair Use Doctrine [J]. Columbia Journal of Transnational Law, 2005. Vol. 39：p. 174.

② 徐宣. 知识产权的正当性——论知识产权法中的对价与衡平 [J]. 中国社会科学，2003（4）：144-154。

的使用。①此外，过度的技术保护还容易使那些在网络技术开发和网络资源运营方面具有强大优势的企业缺乏约束，从而可能出现滥用技术措施，损害消费者和竞争厂商的利益。大卫·曼恩，在题为《数字权利管理和失明者》一文中，表达了他对于 DRM 技术负面效应的担忧，他指出，盲人或其他残疾人原本可以借助辅助阅读技术实现信息获取，今天他们也会因为 DRM 而被拒之门外。②大英图书馆馆长林恩·布莱得利发起了一次有关数字时代版权利益平衡的辩论，他认为 DRM 技术发展、版权强化使得公众合理使用的权利受到侵蚀，提醒立法者注意版权法的修改要协调好技术措施、版权保护与公共获取、共享知识和信息三者间的平衡。

最后是版权扩张的合理性问题。为了应对以 INTERNET 代表的新技术环境给版权保护带来的问题，各国纷纷修改版权法以适应数字环境。这一轮版权法案的调整凸显了版权强化和扩张的趋势，也引起了学术界对于版权扩张合理性的探讨。多数学者认为，现代版权扩张法案打破了传统版权法的衡平性而没有使社会公众获得补偿。威廉·霍兰德认为，"RIAA 向国会施加压力修改版权法，使得版权得以持续扩张，给予版权人更多的保护，然而这种扩张是以最终用户自由获取信息为代价的，颠覆了版权的利益平衡。"③支持这种观点的还有特蕾西·考德威尔，她在《数字时代的版权平衡》一文中，指出在数字化的技术条件下，私权扩张使版权的合理使用范围几乎被吞没。版权的扩张限制了在合理使用制度下教育、科学、文学等创作者合法获得作品的自由。④也有学者从法哲学的角

---

① Godwin, Digital Rights Management: A Guide for Librarians, 2006 (1): pp. 1-2.

② David Mann. Digital Rights Management and People with Sight Loss ［J］. INDICARE Monitor, 2006 (11).

③ Hollander, William H. Copyright Protection Versus Technological Innovation: Secondary Liability for Copyright Infringement Becomes More Uncertain ［J］. Federal Lawyer, 2006, 53 (1): pp. 20-21.

④ Caldwell, Tracey. The Digital Copyright Balance ［J］. Information World Review; 2006 (10), Issue 229: p. 12.

度研究该问题，约翰·贝利和查尔斯 W 认为，将所有权的基本理念错误地嫁接到版权制度上，才导致了今天版权的非理性扩张。出版商在"私权神圣"的理念支持下，其垄断权在不断得到财产权增加的刺激下不断扩大。①也有学者从微观经济学的角度研究版权扩张的合理性问题。威廉·蓝登和理查德·波斯纳提出，外部拥挤是作品进入公有领域后社会价值减少的潜在原因。他们提出版权法应该调整、扩张，以确保版权人和公众的利益，以至于保证社会总体的经济价值。②然而罗伯特·皮埃尔斯汀的《外部拥挤与版权扩张》却表达了不同的观点，他认为数据库、地图和事实作品等并不会因为无限制使用造成外部拥挤而受损。而对于现有公共作品和版权作品的研究表明，因为版权作品进入公有领域而导致作品需求下降是难以置信的。因此，"外部拥挤"不能构成扩大版权人权能的理论基础。③

（二）版权权利限制理论研究进展

第一，合理使用原则。数字技术的发展给传统版权法的合理使用原则带来了挑战，有学者认为，网络时代合理使用制度正面临边缘化的危机。因为技术措施的广泛使用与合法性的认定使权利人可以借助技术，对作品的使用权限进行控制，从而有效地避免侵权行为发生。相应的，公众对作品的使用范围也由此缩窄。而且，即使仍然规定合理使用情形，但因技术措施的防护，公众在原有合理使用范围内对作品的使用权也会流于形式。原本排除在版权保护范围之外的作品，以及数字、事实等原本不享有版权的内容，都会由于

---

① Charles W. Bailey Jr. Strong Copyright ＋ DRM ＋ Weak Net Neutrality ＝ Digital Dystopia？[J]. Information Technology & Libraries，2006（9），Vol. 25：pp. 116-139.

② William Landes & Richard Posner，The Economic Structure of Intellectual Property Law. Harvard Univ. Press 2003：486.

③ Robert C. Piasentin. Congestion Externalities and Extended Copyright Protection. The Georgetown Law Journal，2006，94（4）：pp. 1065-1086.

技术保护措施的应用，成为使用者获取这些资料的障碍。①在纽约大学的布伦南司法研究中心公布的题为《合理使用能否幸存？版权控制时代的自由表达》（Will Fair Use Survive? Free Expression in the Age of Copyright Control）的报告中指出"合理使用和自由表达存在风险。"而解决的途径是"减轻侵权行为的处罚，建立国家法律援助中心，提供代理律师，为所谓的非合理使用行为进行辩护。"②

从司法实践来看，合理使用原则在判断网络侵权行为中被法官屡屡使用。在 Napster 案中就运用了传统版权保护中"合理使用"的四原则③判定该公司是否侵犯了版权。2006 年围绕 Google 公司的两起诉讼，更引起了学者们对于"合理使用"如何应用于判定数字侵权的争议。

在 Blake Field 诉 Google Inc. 案例中，原告认为 Google 将自己的文章收录至缓存系统并提供其用户搜索、找到该文章，侵犯了自己的版权。内华达州地方法院裁决 Google 公司未侵权，认为 Google 通过缓存链接方式提供享有版权作品的存取，只是提供了一种特殊的社会功能，属于衍生性使用。同时由于该作者并未对作品进行加密限制，是免费提供给公众的，因此该作品并没有一个"销售市场"，那么 Google 的使用也未对该作品的市场产生负面影响。④可见，在这个案例中，合理使用原则的运用使得"复制行为本身已

---

① 陈起行. 资讯著作的著作性与合理使用——事理、学理及法制面研究 [J]. 中国台湾政治大学法学评论，第 68 期，2001。

② Fair Use Threatened, NYU Survey Asserts. [J]. American Libraries, 2006, 37 (2): p. 13.

③ 这四项基准是对美国斯托里法官在判例中所提出的三原则，即使用的性质和目的、使用的数量与价值以及使用对销售的影响成文法化，分别是：第一，使用的目的和性质；第二，作品的性质；第三，部分使用的数量和实质性；第四，使用对作品的潜在市场或价值的影响。

④ Field v. Googel, 412F. Supp. 2d 1106 (D. Nev. , 2006).

经不足以构成侵权。"①这就与传统版权理论产生了冲突，因为在传统的版权理论中，Google 缓存系统的使用本身就是一种侵犯版权行为，因为它对作者的整篇文章在未获得许可的情况下进行了违法的复制。②

而在 Google 数字图书馆案中③，Google 认为，将馆藏置于可搜索的数字形式是一种合理使用，因为该使用是基于学术目的的，Google 不会从中直接获利，将享有版权的作品置入特殊的可搜索数据库中是一种衍生使用，该作品的可搜索性并不会对其销售产生负面影响，而对于享有版权的作品来说，用户通过搜索仅能看到链接到的作品中有限的几句话。出版商却认为：Google 是一个商业实体，通过这个图书搜索服务 Google 是可以获利的，Google 在建立数字图书馆时需要对整部作品进行扫描，仅仅将作品的传播介质进行转换（成为在线）也不能称作衍生使用，而使用者在能够通过免费链接获得作品的情况下，就不会再去购买该作品。但也有学者指出，该计划并没有威胁到出版商固有的核心市场，相反还起到了营销的作用。④不过即便如此，出版商仍指出，Google 向读者免费提供商业或潜在商业使用而没有给予出版者补偿，同时也忽略了质量控制。

---

① Additional Developments—Copyright：Field V. Google INC. 2006 WL 242-465（D. Nev. fan. 19, 2006）.

② Shay Humphrey. Copyright Infringement and Digital Publishing：The US Legal Response. M. S. in Publishing Program, Pace University, 551 Fifth Avenue, Room 805, New York, Ny10176 U. S. A.

③ Google 数字图书馆案：2004 年美国作家协会和美国出版商协会代表麦格劳、希尔集团、培生教育出版集团、西蒙与舒斯特出版公司以及约翰威利父子出版公司对 Google 提起的版权诉讼，认为 Google 在未获得版权许可的情况下，与哈佛大学、斯坦福大学、牛津大学、密歇根大学的图书馆，纽约公共图书馆以及加利福尼亚大学达成协议，将其所有馆藏数字化并向公众提供在线获取，严重侵犯了其著作权。

④ Emily Anne Proskin. Google's Technicolor Dreamcoat：A Copyright Analysis of the Google Book Search Library Project ［J］. Berkeley Technology Law Journal, 2006, Vol. 21：pp. 213-239.

　　该案件目前仍在审理中，但有部分学者认为法院仍然很可能运用合理使用原则，那么使用目的和市场影响原则会让法官判定某些数字应用构成合理使用，这样一来从实质上就扩大了合理使用的范围。①对于出版商而言，Google 提供给图书馆的数字拷贝将直接取代出版商或其代理商电子出版物的销售，而图书馆使用这些数字拷贝也不再受出版商许可证的制约，这一切无疑都削弱了对于权利人合法权利的保护。②但也有学者发表不同的观点，认为"目前，合理使用是侵犯版权的一个抗辩，是作为一个平衡物来维持公众与私人之间的适度平衡。如果侵权问题不再被触及——因为权利管理（rights-management）技术在侵害行为发生之前就将其阻止了——那么合理使用问题就不会再出现。"③

　　第二，强制许可原则。数字环境下，强制许可也受到了挑战，私人协商和集体许可管理制度逐步代替了原先的强制许可做法。而且，事实证明集体管理（collective administration）的做法是成功的。在许多国家（如日本、德国、法国、意大利、希腊、西班牙、印度、韩国、以色列、阿根廷、巴西、智利、墨西哥以及香港等45 个国家和地区），集体管理组织既许可音乐作品的复制发行权，又许可公开表演权，因此给被许可人提供了更加有效率的"一站式销售"服务，也为版权人提供了流水线式的使用费处理服务。④因此，2005 年 7 月 12 日，在向美国参议院司法委员会知识产权分

---

①　Paul Ganley Google Book Search：Fair Use, Fair Dealing and the Case for Intermediary Copying. Journal of Internet Law，2006（10）：8-22.

②　Sanford G. Thatcher. Fair Use in Theory and Practice：Reflections on Its History and the Google Case ［J］. Journal of Scholarly Publishing，2006（4）.

③　Development in the Law：The Law of Cyberspace IV：Internet Regulation through Architectural Modification. The Property Rule Structure of Code Solutions ［J］. Harvard Law Review，2006（1）.

④　Marybeth Peters，Music Licensing Reform，Statement of Marybeth Peters the Register of Copyrights before the Subcommittee on Courts，the Internet and Intellectual Property of the House Committee on the Judiciary，United States Senate 109th Congress，1st Session，June 21，2005. http：//www. copyright. gov/docs/regstat062105. html.

会提出的报告中，美国版权注册官（the register of copyright）Marybeth Peters 提出了修改版权法第 115 条的具体建议，围绕着数字音乐传输应该建立"一站式销售"模式提出了两个可供选择的方案：第一个方案是将第 115 条规定的强制许可进一步扩展到数字音乐传输，但是，要建立起与第 114 条音乐录音法定许可模式类似的"一揽子强制许可"（blanket compulsory license），或者建立起与其他国家类似的集体管理制度，将第 115 条规定的强制许可扩大适用于公开表演行为。第二个方案是彻底废除第 115 条规定的强制许可，仅规定集体管理组织的集体许可（完全由市场自由协议来解决），或者干脆简单地废除该第 115 条就可以了。①最终在正式的修改法案中，采用了第一种方案，具体内容将在下文分析。

（三）版权保护理论研究进展

首先是间接侵权理论。网络的发展、技术的革新，使得第三方责任的概念受到越来越多的关注，对于间接侵权的有关研究也更加深入、具体，此外判例的发展也极大地推动了相关理论的发展。

在 Metro Goldwyn-Mayer Studios Inc.（下面简称为 MGM）诉 Grokster, Ltd. 一案中原告 MGM 联合了多家电影公司、音像公司以及词曲作者对 Grokster 和 StreamCast 公司提起诉讼，认为其发布的 P2P 性质的 Grokster 和 Morpheus 软件构成了版权的间接侵权，而被告却称自己的软件具有"非中心化"特点，也就是该软件不存在供目录检索和管理服务的中央服务器，用户间交换的内容，在 P2P 软件提供商自己网站的服务器上不留任何痕迹，即便停止其网站的运行，文件仍然可以畅通无阻地在计算机终端用户之间直接传递，因此，被告根本无法控制用户利用该软件传输文件的行为，不能构成代位侵权。而摒弃了中央服务器上集中目录的设计，也无从对侵权行为进行实质性的帮助，从而也不能构成帮助侵权。初审法院和上诉法院都支持了被告的观点，认定其行为不构成侵权。而最高法院最终引用了 Kalem Co. 诉 Harper Brothers 案中确立的诱导侵权理

---

① 陈起行. 资讯著作的著作性与合理使用——事理、学理及法制面研究[J]. 中国台湾政治大学法学评论，第 68 期，2001。

论（inducement of infringement），认为被告应承担侵权责任。

对于最高法院的裁判，波士顿大学法学院的 Alfred C. Yen. 教授提出了自己的意见，认为 Grokster 案事实上应适用过错责任原则而非版权法中第三方责任的主要理论——严格责任原则。而对帮助侵权、引诱侵权和代位侵权原则在版权侵权判定中的应用的限制应成为主流。①还有学者从公共政策的角度进行研究，认为应当遵循版权法的权利限制与例外原则为第三方责任人设计标准规则。②

其次是版权的刑法保护。近年来各国加大了对版权的刑法保护力度，对于网络侵权行为的处罚也由单纯民事制裁转向民事与刑事的双重处罚。对此，有学者表示支持，认为乱世应用重典。面对愈演愈烈的网络侵权案件，刑罚能够有效地阻止一些个人的非法下载与共享行为。《金融时报》原编辑安德鲁·高尔斯在公布的英国知识产权报告中也指出因盗版，音乐业的年销售每年在以 20% 的速度锐减，保护版权是保护创意并让英国的文化产业持续繁荣的根基所在。因此，有必要改进版权法，加强版权保护的执法力度。③高尔斯还在报告中提出了具体的建议，例如对网上盗版行为予以不超过 10 年的重罚，或通过调解和仲裁等快速的解决手段来降低诉讼费用，将违反知识产权的犯罪行为纳入国家共同安全计划的警力范围等。④但也有学者持反对意见，认为处罚太过严厉，同时对于刑罚能否有效抑制网络上的版权侵权表示怀疑。公共知识联盟（华

---

① Alfred C. Yen. Third-Party Copyright Liability after Grokster ［J］. Minnesota Law Review, 2006. 91（1）: pp. 184-240.

② Guy Pessach. An International-Comparative Perspective on Peer-to-Peer File-Sharing and Third Party Liability in Copyright Law: Framing the Past, Present, and Next Generations' Questions. Vanderbilt Journal of Transnational Law, 2007, 40（1）: pp. 87-133.

③ Gowers Review of Intellectual Property. http://www.ipo.gov.uk/policy/policy-issues/policy-issues-gowers.htm.

④ Guy Pessach. An International-Comparative Perspective on Peer-to-Peer File-Sharing and Third Party Liability in Copyright Law: Framing the Past, Present, and Next Generations' Questions. Vanderbilt Journal of Transnational Law, 2007, 40（1）: pp. 87-133.

盛顿公共图书馆团体）主席 Gigi Sohn 指出，"国会需要谨慎考虑是否有必要因为仅通过 P2P 网络提供信息就给 12 岁的孩子戴上手铐。"①

（四）版权的人身权研究

网络时代，传统的著作人身权同样面临挑战，这些挑战包括数字技术作品（如计算机软件）著作人身权困惑，数字技术与文学艺术的交汇导致著作人身权概念的模糊，网络下著作人身权实施困难。而 2005 年美国《家庭娱乐与版权法案》中《家庭电影法案》（Family Movie Act，以下简称 FMA）对于"遮蔽影视作品中部分视频和音频内容的免责"规定以及 ClearPlay，Inc. 过滤软件纠纷案，更引起了学者们对于 FMA 的合理性和数字技术作品人身权保护的争议。

2002 年美国的 Clearplay 软件公司开发了一种过滤软件，其主要功能是监听、控制作品播放器，使其可以跳过色情、暴力或者少儿不宜的片断，实际上相当于遮蔽了影视作品中部分视频或音频内容。消费者只要在其视听作品播放器上安装这样的"过滤软件"，家长在家庭内就可以放心地与其未成年子女共同观赏任何影视作品，而不必担心出现少儿不宜的视频或音频内容。

对此，有学者从公共利益的角度认为"过滤软件"应当受到鼓励。②但也有学者认为 FMA 免除了 ClearPlay，Inc. 这类公司的法律责任，而事实上过滤软件构成了对原影视作品的修改或者篡改，破坏了原作品的完整性，侵犯了影视作品制作者的精神权利，更何况 ClearPlay，Inc. 向公众销售该软件是出于商业目的而非仅仅出于

---

① David McGuire. Lawmakers Push Prison for Online Pirates, WASH. POST, Mar. 31, 2006.

② Derivative Rights, Moral Rights, and Movie Filtering Technology: Hearing Before the Sub-comment. On Courts, the Internet, and Intellectual Property of the H. Common the Judiciary, 108th Cong. 22-26 (2005).

道德。①布兰迪·霍兰的《美国著作人身权保护和 2005〈家庭娱乐与版权法案〉对美国国际义务的影响》认为，FMA 为商业利益目的改编著作权人的作品创造了免责条例，违反了《伯尔尼公约》保护著作权人人身权的精神。毕竟为个人目的过滤作品与为商业目的过滤作品是有明显区别的。

（五）美国、法国版权立法进展与评述

1. 美国 2006 年第 115 条改革法案（SIRA）

为了便利在线音乐服务商取得数字传输的版权许可，2006 年 6 月 8 日，美国众议院司法委员会的法院、知识产权与因特网分委员会主席、议员 Lamar Smith 向第 109 次国会第二次会议提出了修改美国版权法第 115 条的议案（HR5553）。该法案被称为 "2006 年第 115 条改革法案（SIRA）"，其保留了第 115 条原先对于制作发行录音制品的强制许可制度不变，新增加了第 115（e）条（共 15 款），从形式上看，该条只是将第 115 条的强制许可制度扩大到适用于音乐作品的数字传输。但是，为了适应数字音乐传输的要求，与原先的强制许可制度相比，新的音乐作品数字传输强制许可制度的设计发生了许多变化，主要包括以下三个方面：

第一，一揽子许可（blanket licenses）。

由于原第 115 条仅限于复制、发行权的强制许可，而且要履行各个通知的手续，使得这种强制许可难以适应音乐数字传输的需要。为了使合法的音乐服务商能够迅速并相对简易地取得消费者希望在网上获取的音乐的版权，第 115 条改革法案（SIRA）采取了以下两个做法：

首先，一个合法的音乐服务商只要简单地提交一个许可申请，就可以取得在数字环境下使用所有音乐作品的许可。②

其次，上述一揽子的强制许可既适用于原第 115 条规定的数字

---

① Brandi L. Holland. Moral Rights Protection in the United States and the Effect of the Family Entertainment and Copyright Act of 2005 on U. S. International Obligations [J]. Vanderbilt Journal of Transnational Law, 2006（1）：pp. 217-252.

② SIRA，第 115（e）（5）.

录音传送（DPD）行为，以及混合供应（hybrid offering）①，比如完全下载（full download）、有限下载（limited download）和交互式流式传输（interactive streams），②又适用于所有对于完成上述数字录音传送来说是必须的最终用户的复制，以及中介性的复制——比如通过 server 技术、cache、network 和 RAM buffer 等缓存技术的复制等。③

第二，指定代理机构（designated agents）。

第 115 条改革法案（SIRA）规定了授权指定的代理机构（包括总指定代理机构和附加指定代理机构）颁发一揽子强制许可的制度。④总指定代理机构是由占有音乐作品出版市场最大份额的、代表音乐作品出版企业的组织负责建立和运营的机构，该代理机构由版权局指定，负责代理颁发和管理许可、收取和分发使用费。⑤而那些占有 15% 以上音乐作品出版市场份额的音乐作品版权许可组织，则可以被版权局授予证书，作为附加的指定代理机构。⑥每一个版权人以及其拥有的音乐作品在一个年度内只能由一个指定代理机构来代理。⑦如果一个版权人没有选择附加的指定代理机构作为自己的代表，那么，就由总的指定代理机构来代表该版权人以及其拥有的音乐作品。⑧这样，就确保了所有的音乐作品的数字传输许可都有一个指定的代理机构来代理，方便了数字音乐服务提供商取得数字复制和传送音乐作品的权利。

---

① 所谓"混合供应"，根据第 115（e）（14）（F）的定义，是指根据该条规定的音乐数字传输的强制许可进行的对录音制品的复制、发行。

② 所谓"交互式流式传输"，根据第 115（e）（14）（G）的定义，是指音乐作品的流式传输，而含有该音乐作品的音乐录音的流式传输不适用第 114（d）（2）条规定的音乐录音的法定许可的情形。

③ SIRA，第 115（e）（1）。

④ SIRA，第 115（e）（9）（A）。

⑤ SIRA，第 115（e）（9）（B）（i）（I）and（II）。

⑥ SIRA，第 115（e）（9）（C）。

⑦ SIRA，第 115（e）（9）（E）（i）。

⑧ SIRA，第 115（e）（9）（E）（iv）。

第三，使用费费率（Royalty rates）。

首先，为了解决在线音乐服务商对于在同一种情形下使用音乐作品却要支付"双倍小费（double-tipping）"的抱怨，第 115 条改革法案（SIRA）对于非交互流式传输音乐作品时的中介性复制（包括 sever 以及 cache、network、RAM buffer 等临时偶然复制 ［incidental reproduction］）规定了"免费许可（royalty-free license）"制度。①但是，该法案并没有解决当音乐作品的传输方式不能清楚地确认是发行还是表演的情形时，既要向表演权代理组织，又向复制发行权代理组织支付双重使用费的问题。②

其次，强制许可使用费费率一律由版权使用费委员会（copyright royalty board，CRB）确定，这有利于提高效率。

再次，强制许可的取得与确定使用费的程序相互独立。就是说，即使没有对音乐作品的某种特别的数字使用方式最终确定使用费费率，也不影响在线音乐服务商取得强制许可，因为这样才有利于其与非法的数字音乐服务商进行竞争。

总之，第 115 条改革法案（SIRA）确立了数字音乐传输的强制许可制度，为在线音乐服务商取得数字传输的版权许可提供了便利条件。因此，该法案得到了美国数字媒体协会（DiMA）、国家音乐出版商协会（NMPA）和美国录音工业协会（RIAA）的高度评价。③但是，也有一些代表美国消费者、信息产业和通讯公司、广播组织、图书馆和教育机构的组织，如美国法律图书馆协会、计算机和通讯工业协会、消费者电子协会、考克斯广播公司、电子前沿基金会、家庭录音权联盟、地方广播因特网联盟等，对该法案提出

---

① SIRA，第 115（e）（3）。

② Marybeth Peters，Section 115 Reform Act（SIRA）of 2006，Statement of Marybeth Peters the Register of Copyrights before the Subcommittee on Courts，the Internet，and Intellectual Property，Committee on the Judiciary，United States House of Representatives，109th Congress，2nd Session，May 16，2006. http：//www. copyright. gov/docs/regstat051606. html.

③ NMPA，DiMA and RIAA Express Optimism for Passage of Landmark Digital Music Copyright Legislation，June 8，2006.

了反对意见，其反对理由主要在于强制许可的范围扩大到了一些中介性的复制等方面，而不是反对该制度设计本身。①

2. 法国"信息社会中的著作权及邻接权法案"

2006 年 6 月 30 日，法国通过了"信息社会中的著作权及邻接权"的法律草案，该法案包括 5 部分共 52 条。第一部分对 2001/29/CE 号欧盟指令的国内转化作了规定（共 30 条）；第二部分对国家、地方行政机构和行政公共机构人员的著作权问题提出了建议（共 3 条）；第三部分是对接收和权利分配公司的适用作了规定（共 5 条）；关于对版本的备案则规定在法案的第四部分（共 9 条）；最后一部分是其他规定（共 5 条）。

从篇幅上看，该法案主要是完成了对 2001/29/CE 号欧盟指令的国内确认。其具体内容有以下几个方面：

第一，网络环境下的著作权与邻接权限制。

首先是合理使用的相关规定。新法案详细规定了临时复制、为残疾人需要而实施的行为、公众服务机构内部的就地查询等合理使用的情形。其次是有关权利用尽原则的规定。新法案确立了欧盟内部的"权利区域性用尽"原则，但同时也规定著作权人对作品的公众传播权及邻接权人向公众提供保护制品的权利不因一项公众传播行为或一项向公众提供的行为而用尽，也就是说网络用户将作品和制品合法下载后形成的物质性复制品不属于权利用尽的范围。

第二，技术措施与权利管理信息的保护与限制。新法案遵循了欧盟 2001/29/CE 号指令，对技术措施和权利管理信息予以保护，但同时也限制技术措施的使用，规定其不能在法律规定或权利人许可的范围内限制对作品和保护制品的自由使用。为了保证上述规定在具体执行中的实施，新法案第 13 条规定，在尊重著作权的基础上，技术措施不能产生阻碍相互兼容性原则实施的效果。此外，第 14 条还规定，在法律规定的条件下，技术措施的提供人应提供能实现相互兼容性的基本信息（包括必需的技术材料和程序编制界面）。

---

① http：//www. eff. org/IP/legislation/letter_ on_ draft_ SIRA. pdf.

　　法国首先采用了立法形式要求技术措施权利人必须保证相互兼容性的实现，该项规定遭到了许多音乐和影像制品制作人的极力反对，他们认为此举将在事实上促进侵权的扩大，使网络音像制品成为非法下载的目标。美国苹果计算机公司甚至批评法国立法是对欧盟指令的扭曲，由此造成的侵权是在法国国家保护下实现的。①而有些学者则认为，法国该立法旨在保障权利人权利的同时实现对消费者权益的保护，是在两种根本利益冲突和矛盾之间找到的一个平衡点。②对此，法国文化部部长德瓦布尔表示，相互兼容性原则有可能迫使苹果或其他采用专有音乐格式的公司的产品与竞争对手的数码随身听兼容，这有利于促进公平竞争，促进音乐作品的合法传播，保障公众更为便捷地分享网上音乐作品，从而满足了实现文化繁荣的目的。

　　第三，网络著作权的刑法保护。为了个人目的未经权利人许可使用作品的，属于一般刑事违法行为。据此，法国一些议员、网络消费者和网络使用者保护协会认为，它否定了法律所赋予的个人复制权。此外，对于 P2P 侵权行为实施泛罪化处理，即一律认定为犯罪，但是以罚金处罚为主，减轻了对普通终端用户非法共享文件的刑罚力度：对以个人使用为目的非法下载音乐或电影的行为，认定为轻微犯罪的第一级，处以 38 欧元的罚金；对将侵权文件向公众传播或提供的行为，认定为轻微犯罪的第二级，罚金数目为 150欧元；对简单拥有和使用某一非法网络下载程序的行为，认定为轻微犯罪的第三级，处以 750 欧元罚金。③

　　综观 2006 年国际版权研究的热点，我们不难发现这样几个趋势：首先从研究内容上看，数字化问题仍将继续成为版权研究的核心问题，围绕这一核心，学者们将从传统版权的基本理论、具体原

　　① http://archquo. nouvelobs. com/cgi/articles? ad = multimedia/20060322. OBS1324. html&host = http: //permanent. nouvel-obs. com/.

　　② 任军民. 法国数字信息网络最新立法述评. 法商研究，2006（6）：124。

　　③ Rapport n308 （2005-2006） de M. Michel THIOLLIèRE, http: / www. senat. fr/rap/l05-308/l05-3081. pdf.

则出发，分析数字时代版权的适应性并探讨版权变革的方向。而数字技术的不断发展，也会给版权研究带来更多更新的挑战，如何应对这些挑战，寻求技术发展、版权保护和公共利益三者之间的平衡将成为学者们探讨的重点和难点。此外，版权制度的非理性扩张，将引起学者们就如何确立版权滥用禁止制度的更多思考。其次，从研究方法上看，学者们也将从传统的法理分析、判例研究等法律研究模式逐步转变为将法律、技术、经济、文化、公共政策相结合的多维研究模式。最后，从研究结果上看，将会出现百家争鸣的局面。学者们从加强版权保护、鼓励技术进步、促进信息传播等不同的角度进行研究，往往就同一个问题会得出不同的结论。毕竟知识产权制度在激励社会知识创新的同时，对知识成果的社会公共传播与使用也有一定的制约。①当然，学术争鸣最终也将推动立法进步，推动传统版权制度的变革，这无疑是不可置否的。

二、专利制度研究进展

2006 年专利理论与制度发展备受关注。世界知识产权组织（WIPO）总干事长伊德里斯博士认为，全球专利制度利用率正在显著提高；利用专利制度促进创新，提升经济活力的目的明确。伊德里斯同时指出，专制合作条约（PCT）的利用率在不断上升，已经成为寻求广泛专利保护的企业之首选。②尽管专利制度的激励功能曾遭到质疑，但是 2006 年各国仍然在加强专利制度的建设，采取切实措施包括改革本国专利制度以鼓励本国企业申请专利。专利制度国际间的合作仍在加强，尤其是发达国家之间，这种合作趋势更加明显。2006 年专利学术研究十分繁荣，对专利基本理论、基本原则的探讨继续深入，对专利新客体的争论仍在进行。研究方法上从政治经济学的角度探讨国际专利制度的学者渐渐增多。

---

① 陈传夫．数字化与图书馆知识产权国际研究综述与展望［J］．高校图书馆工作，2005（3）：7。

② WIPO《2006 年专利报告》（一）。

（一）专利制度理论研究进展与主要观点

1. 美国判例与专利制度的发展

美国的专利制度的发展一直受到判例的影响。2006 年美国联邦最高法院对一些争议很大的专利案例作出的判决，不可避免地影响着美国专利制度的发展方向，尽管每个案例在判决前有不同的利益团体进行强力游说，但最高法院基于衡平原则，从维护公共利益的立场出发，对不同的案例进行弹性判决。我们从以下案例来看美国专利制度的发展趋势。

EBay Inc. v. Merc Exchange, L. L. C. 案①。2001 年，美国 MercExchange 公司控诉拍卖网站 eBay 的"立即购买"（Buy it Now）按钮侵犯了其两项专利权（U.S. Pat 5, 845, 265（265 号专利）、U.S. Pat 6, 085, 176（176 号专利）。美国弗吉尼亚东区联邦地方法院经过开庭审理后认为 eBay 及其旗下 Half.com 分别对于 265 号以及 176 号专利故意侵权（willful infringement）成立，损害赔偿金额总计 3 500 万美金。但地方法院法官拒绝向 ebay 发布永久性禁令（Permanent Injunction），尽管陪审团认定专利有效以及侵权成立。CAFC（Court of Appeals for the Federal Circuit）则推翻了地方法院的决定。② 2005 年 11 月 28 日，最高法院受理 eBay 的调卷令请求，签发调卷令。2006 年 5 月 15 日，美国联邦最高法院驳回了针对 eBay 的专利诉讼，撤销了对 eBay 的专利使用永久性禁止令。这个案例说明最高法院在考虑是否给胜诉的原告颁发永久性禁令时，通常会采用衡平法传统上使用的四要素测试。最高法院认为，美国专利法第 283 条的规定发布禁令属于法院根据"衡平原则"自由裁量的范畴。最高法院的判决说明了美国正在改革专利过多的问题，从而平衡专利权人和社会公众的利益。

2002 年 11 月 18 日，Teleflex 及其附属公司 Technology Holding 向美国密歇根州联邦地方法院提起诉讼，控告 KSR 公司的可调节

---

① eBay Inc. v. MercExchange, L. L. C., 126 S. Ct. 1837, 1839 (2006).

② Bradley C. Wright. Recent Developments in Patent Law. 5 J. Mashall Rev. Intell. Prop.. L. 630 (2006).

油门踏板装置侵犯其 Engelgau 专利（US6，237，5650）权利要求
4。2003 年 12 月 12 日，地方法院认定 KSR 不存在侵权行为。联邦
地方法院法官 Lawrence Zatkoff 在查看在先的其他的踏板装置专利
后认为，对一个拥有机械工程专业本科学位或有相类似的行业经验
的人而言，可调整的油门踏板装置与电子踏板位置元件相结合的技
术是显而易见的。①地方法院根据 1952 年《美国专利法》第 103 条
（a）款判决 Engelgau 专利权利要求 4 具有"显而易见性"。随后
Teleflex 上诉至 CAFC，2005 年 1 月 6 日，CAFC 运用了"教导—启
示—动机"（TSM）的非显而易见性判断标准，撤销原判，发回重
审。KSR 不服，于是美国最高法院 2006 年 6 月 26 日签发 KSR 一
案调卷令。2007 年 4 月 30 日，最高法院作出最终判决，推翻联邦
巡回上诉法院对该案的判决，认为涉案专利具有"显而易见性"，
KSR 没有侵权。该案直接影响美国 CAFC 确定的 TSM 标准，对专
利申请中的"非显而易见性"标准进行的严格限制，提高了标准，
是美国专利制度发展史上的重大突破。现供职于艾金岗波律师事务
所的美国专利局前委员 Bruce Lehman 认为"几乎现行所有有效的
专利都将受到挑战"。并且将会带来诉讼的增加，专利权获得的漫
长等待和专利权的不确定性；但是由于此举可以降低无价值和不确
定专利的授予，所以通讯计算机产业协会的 Brian Kahin 就认为利
大于弊。②

　　上述两个案例说明，美国在专利授权方面，愈来愈重视质量问
题，杜绝对专利申请者所披露的无创造性的技术主题授予不合理的
权利，以防止不合理的专利权阻止公众利用公共知识的现象。

　　LizardTech v. Earth Resource Mapping Inc. 一案涉及美国专利制
度权利说明书问题。美国法典第 35 编第 10 节第 112 条规定："说
明书应该对发明、制作与使用该项发明物的方式和工艺过程，用完

---

① Jess Bravin. As Patents Grow More Contentious. Battleground Shifts to High
Court, Wall Street Journal. (Eastern edition) . New York, N. Y. : Nov 28, 2006.

② The Economist. America's Supreme Court Raises the Bar for What Deserves a
Patent. The Economist, May 3rd, 2007.

整、清晰、简而确切的词句加以叙述，使任何熟悉该项发明所属的或该项发明密切相关的技艺的人都能制作及使用该项发明。"该案给我们的启示是：专利说明书不应该过分强调特征或者技术的使用历史，因为这些对申请专利不是必需的。而且，专利申请时最好有多项权利要求，这样做的好处是，当一项权利要求是无效时，其他的权利要求仍可以告他人侵权。上述两个案例说明美国对专利申请格式从严规范，加强美国专利申请的标准，因而可以看出，美国最高法院通过一系列案例的判决，来指领美国专利制度改革的大方向。

2. 专利制度理论研究主要观点

（1）专利制度设计符合经济学逻辑

美国费城联邦储备银行研究部高级经济师 Robert M. Hunt 曾对专利制度的经济学问题进行过较多研究，2006 年他撰文对专利制度进行了更深入的分析。他认为，在专利与创新领域，企业在 R&D 方面投入了大量的资金，付出了高昂的代价，而知识产权制度设计鼓励这种投资，单从专利制度保护模式与规则上比较难以分析，但从经济学的角度上看，显得比较合理。

Robert M. Hunt 认为，首先，设立统一的可专利性标准从某种意义上来说对许多产业并非最佳方式，因为有些企业会因此产生更多创新，但有些却不会。在这种情况下，制度设计往往倾向于能够创新的企业收益的最大化，因此在 R&D 效益最大化的企业，其专利性标准也比较高。其次，专利有时并非单纯地阻止他人做出潜在发明的一种权利。因为存在着专利权与发明之间存在有不相符地方的时候，出现以较少的研发投入获得更多专利的情况。为了避免这种不利后果，专利局会要求专利申请人强化所申请专利与潜在专利之间的联系，即缩小专利权的要求范围。以防止获取专利的成本，无论是金钱上的成本或者其他成本增加。第三，Robert M. Hunt 认为今后需要从实证的角度来理解专利制度设计在经济方面的有效性。[①]

---

① Robert M. Hunt. Economics and the Design of Patent Systems. University of Michigan Law School. Michigan Telecommunications and Technology Law Review, 457, (2007).

（2）专利钓饵公司促进专利市场的效率

James F McDonough III. 在 2006 年撰文探讨了专利钓饵者（patent troll）在思想经济时代的作用。专利钓饵公司通常是指那些专门为了打官司而申请某项专利，但是自己并不打算使用这项专利的人或专业从事控诉其他公司问题专利的公司。专利钓饵公司拥有专利权，但他一般不利用专利去制造产品。专利钓饵公司通过购买他人专利或申请专利，将专利权许可给能够制造出专利产品的个人或公司（这种情况较少），或者起诉其他公司企业制造的产品包含其专利，以赚取利润。因此，专利钓饵公司受到了广泛的责难，批评者认为专利钓饵公司并不能促进创新，并导致了过多的、无用的立法。于是，立法和司法部门准备采取行动以制止这种不良行为。但是 James F. McDonough III. 有着不同的观点，他认为这种专利经营方式实际上对社会有益。这些钓饵者的作用就如专利市场上的中介，他们使专利在市场上流转、进行市场清算，从而提高了专利市场的效率。专利钓饵公司的出现只是专利市场自然发展的一个阶段。①

（3）强化的专利保护制度抑制社会与技术效率

Thomas Vallée'. Murat Yýldýzoglu 从专利制度的社会与技术效率的角度出发，详细地探讨了专利保护制度的"适度"问题。Thomas Vallée 在撰写的文章中援引 Machlup 的观点，即如果我们曾经没有专利制度，按照我们现有的知识，从其经济后果而言，现在才建立这种制度是毫不负责任的；但是长期以来我们拥有一个并不有效的专利制度，基于现有的知识来看，完全抛弃它，也是不负责任的。②

---

① James F. McDonough III. The Myth of the Patent Troll: An Alternative View of the Function of Patent Dealers in an Idea Economy. Emory Public Law Research Paper No. 07-6 Emory Law and Economics Research Paper No. 07-7 Emory Law Journal, Vol. 56, p. 189, 2006.

② Machlup F.. An Economic Review of the Patent System. Study No. 15 of Commission on Judiciary, Sub comm. on Patents, Trademarks, and Copyrights, 85th Congress, 2nd Session (1958).

Thomas Vallée 在文中建立了一个模型，来评估强化的专利保护制度所带来的后果。Thomas Vallée 认为，尽管他同意 Machlup 的关于抛弃专利制度的想法并不可能轻易地实现的观点，但他也认为对现有的专利制度强化保护的确需要检讨。文章的结论同反专利制度的观点极为接近。Thomas Vallée 认为适度的专利制度才能产生高社会福利与技术进步。虽然强化的专利保护水平会为公司带来高额利润，但对全球而言结果是消极的，因为这将产生低社会福利与技术进步的弱化。如果专利制度要改革，就是其保护范围上，而不是像政府所言的那样要进行强化。作为模型的实用性，Thomas Vallée 还认为更要从专利的长度与宽度入手，来分析专利制度的加强所产生的社会与技术效率问题。①

（二）专利保护的加强及国际合作进展

1. 欧洲专利局（EPO）推动欧洲专利制度建设

2006 年 7 月 12 日，欧洲举行专利制度未来发展公开听证会，EPO 局长蓬皮杜在会上明确表示，EPO 将致力于构建强大的欧洲专利制度。欧洲专利局拟就欧洲专利制度建设的基本思路如下：（1）以中小型企业为关键目标群体，加强其专利工作。（2）完善内部质量管理体系。引入涉及专利审查和授权程序的系列管理措施，以完善质量管理体制，提高欧洲专利质量。（3）促成《伦敦协议》，降低专利成本。EPO 希望借助于《伦敦协议》，取消目前欧洲专利申请须在成员国间提交翻译文本的规定。该协议将在获得包括德国、法国和英国等八个国家批准后生效。该协议一旦付诸实施，将得以降低 45% 的翻译费用，平均每件申请降低 3 000 欧元，可节约大量资金和人力。（4）推动《欧洲专利诉讼协议》（EPLA）的发展。EPLA 的目标是建立统一受理专利案件的欧洲专利法庭（European Patent Court），以取代目前针对欧洲专利在各国逐国进

---

① Thomas Vallée, Murat Yýldýzoglu. Social and Technological Efficiency of Patent Systems, Journal of Evolutionary Economics. Heidelberg: Apr 2006. Vol. 16, Iss. 1-2; p. 189.

行的诉讼制度。①

EPO 致力于构建欧洲专利制度，对于完善欧盟的专利法规，保护国际专利领域竞争中欧洲专利权人的利益非常有利。欧洲专利制度未来将向着规则统一、运转高效的趋势发展，也为我国专利制度的发展提供了经验。

2. 美、日等国专利保护举措

（1）美国

2006 年 9 月，美国专利商标局（USPTO）公布了《引领全球知识产权保护与政策——2007～2012 年战略计划（草案）》。该计划旨在强化知识产权保护，提高美国的创新和竞争能力。这是美国专利商标局继《USPTO21 世纪战略计划》后的又一重要规划。USPTO 从战略高度出发，建议采取以实现及时、高质量的知识产权授权为目标的有关措施，推动经济与社会进步。此外，新《战略计划》将焦点放在国内外知识产权政策的完善，以及公众知识产权意识的提高上，以期完善美国乃至全球的知识产权保护制度。②

（2）日本

为使本国申请人更快捷地获得海外专利授权，更有效地维护国家经济利益，日本专利局（JPO）和 USPTO 于 2006 年 7 月启动拟为期一年的"专利审查高速公路"试行项目。JPO 与 USPTO 的目的在于实现检索和审查结果的互相利用。《USPTO21 世纪战略计划》的最重要内容之一就是能够与其他专利局"共享工作成果、减少重复审查"。因此，USPTO 局长杜达斯指出，试行项目是向《战略计划》目标迈出的重要一步。EPO 于 2006 年度美日欧三方会议上也表示，将根据日美两局的试行结果积极研究参与该项目。

（3）英国

---

① 李昭. EPO 支持构建强大的欧洲专利制度 [EB/OL]. http://www.sipo.gov.cn/sipo/xwdt/gwzscqxx/2006/200608/t20060804_ 105751.htm, 2007-09-01.

② 杨慧玫. 美国参议员希望今年改革专利法. 电子知识产权, 2007（2）。

英国专利局（UKPO）同样于 2006 年推出《支持创新战略（征求意见稿）》，《战略》旨在以 UKPO 法定职能为基础，推动英国政府的创新议程。2006 年初，UKPO 就着手制订《支持创新战略》。《战略》试图通过新的方式充分利用知识资源以及专家意见，高效、便捷地配置现有资源。此前，UKPO 为支持国家创新已采取诸多措施。英国贸易与工业部在其《创新报告》中亦对 UKPO 在促进国家创新中可发挥的重要作用予以承认。

（4）澳大利亚

澳大利亚《2006 年知识产权法修正案》获国会通过。澳大利亚工业、旅游和资源部长的国会事务秘书（Parliamentary Secretary）鲍勃·鲍德温表示，《修正案》标志着新政策的推广以及对法律实施工作的改进，将大大完善澳大利亚的知识产权制度。依照《修正案》，《专利法》（1990 年）、《外观设计法》（2003 年）、《植物育种者权益法》（1994 年）和《奥林匹克标志保护法》（1987 年）都进行了相应修订。《修正案》按照关于知识产权制度的两次全面审议结果对《专利法》进行了修订。专利法的修订强化了专利制度，并保证知识产权制度不对第三方产生任何不必要的负面影响。此次修订的一项重要内容涉及"跳板行为"，即药品生产商在某件专利的保护期内收集必要信息，以使本企业的新型常规药品在该药品专利保护期结束后迅速通过注册审批。修订后的《专利法》进一步拓宽了与此相关的各项规定，将"跳板行为"的适用范围扩大到所有药品专利的全部有效期。①

（5）韩国

韩国政府于 2006 年推出多项重要举措：包括推动制定《韩国知识财产基本法》；实施新修订的《韩国专利法》；确定年均投入核心专利创造资金逾 1 万亿韩元的计划。韩国知识产权局（KIPO）2006 年实行了改制，成为韩国中央国家机关首个自负盈亏的企业性机构。随后，KIPO 采取了确定"提高专利审查和复审质量"等

---

① 卢慧生. 澳大利亚国会通过《2006 年知识产权法修正案》［EB/OL］. http：//www.marketbook.cn/news-guidang/201046875.html，2007-8-30。

12 项重大课题；与金融机构及"技术财务支持集团"签署合作协议，促进银行向拥有高质量专利技术却无力融资的中小企业提供技术融资服务；加大对中型企业专利诉讼的法律支持力度。此外，KIPO 还修改了专利费用收取办法，并简化了相关程序。此次调整收费、简化程序所涉及的主要内容有：部分降低专利年费；取消优先审查程序下根据权利要求数量收取的附加费；简化专利证书保险程序；简化请求减免费用的举证程序；简化缴纳年费的相应程序。①

上述国家在 2006 年都采取了积极措施，推动专利保护制度的建设，通过专利保护制度鼓励本国的企业科技创新，维护本国的经济利益。

3. PCT 的发展及国际合作新动向

（1）PCT

PCT 成员在 2006 年不断地增多，PCT 成为国际专利制度发展中影响广泛的专利合作制度。2006 年，老挝、洪都拉斯、马来西亚、萨尔瓦多、危地马拉、巴林等国分别向 WIPO 交存《专利合作条约》（PCT）加入书。巴林在 2006 年 12 月 18 日向 WIPO 交存《专利合作条约》加入书，由于巴林的加入，截至 2006 年底，PCT 共有 136 个缔约国。

2007 年《世界知识产权组织（WIPO）专利报告》显示，PCT 的使用在不断地增长，从 2005 年到 2006 年，PCT 国际申请量增长了 7.9%，达 147 500 件。PCT 现在已成为国际专利申请的主要途径，成为各国专利申请的高效、有成本效益的选择。

（2）专利保护国际合作

专利保护的国际合作主要包括专利互相承认制度、欧盟专利药出口法令和 USPTO 与 JPO "专利审查高速公路"试行项目。

美国、日本与欧盟正计划实施"专利互相承认制度"。美日欧

---

① 谢静．韩国政府推出知识产权新举措［EB/OL］. http://www.sipo.gov.cn/sipo/xwdt/gwzscqxx/2006/200608/t20060804_105743.htm, 2007-09-01.

三方负责专利的最高官员在东京开会商讨成立运筹机构。这项新制度计划，将对许多跨国企业的知识产权战略产生重大影响。根据专利互相承认制度，在美国提出申请并取得发明专利也形同在日欧取得认可。该计划简化了美、日、欧专利审查的程序，促使专利保护制度朝向世界专利趋势发展迈出了重要的一步。

为贯彻 WTO 于 2005 年 12 月修改的《TRIPS 协议》部分条款，欧盟通过了有关向贫穷国家出口专利药品的新法令。新法令允许通过强制许可制度，生产价格低廉的专利药品，以保证贫穷国家的疾病患者获得医疗。根据该法令，欧盟企业将无须获得专利权人的授权而向欧盟申请生产专利药品，但不得将该药品重新进口到原出口国。

2006 年 5 月 24 日，USPTO 和 JPO 宣布于 2006 年 7 月 3 日联合启动专利审查高速公路（Patent Prosecution Highway，简称 PPH）试行项目，以利用两局快速发展的专利审查程序使申请人更快、更有效地获取专利授权。双方将充分利用对方所做工作，以减少工作量并提高专利质量。USPTO 局长杜达斯对该项目充满期待，他表示："新项目代表着我们已朝向'通过工作成果共享减少重复劳动'的目标迈出重要一步。在 USPTO 和其他专利局工作量不断增长的现状下，我们必须另辟蹊径，通过专利审查高速公路等合作方式妥善处理并避免冗余。"①

（三）专利领域的争论

国际上对专利制度的争论从来就没停止过，从荷兰 1869 年废除专利制度（1910 年才恢复）开始，对专利制度的存在及功能的质疑一直在延续。Daniel Robinson 在 2006 年从 IT 行业的角度撰文指出，假设专利制度扼杀了技术创新并增加了社会成本，但是如果 IT 行业没有专利保护制度，状况会不会更好一些？答案当然是否定的。尽管 Daniel Robinson 部分承认美国小专利不仅仅扼杀了创新，而且增加了产品和服务的成本，并且这些成本最终转嫁到消费

---

① Vosme. USPTO 与 JPO 试行"专利审查高速公路"[EB/OL]. http://www.vosme.com/gjnews/200610/1893.html, 2007-8-31。

者的身上，但是 Daniel Robinson 认为，看似必须重视的专利制度，甚至抛弃这一制度来解决问题的想法是不可行的。Daniel Robinson 提醒大家不要忘记，专利保护制度存在的首要原因：是对那些惠益我们所有人的真正发明创造者的一种奖励。① 2006 年，在专利领域中存在的争论最突出的问题之一就是可专利性主题的争议，甚至曾经被视为理所当然的专利权客体也受到了挑战。2006 年专利制度可专利性主题的争议体现如下。

1. 人体干细胞可专利性

加拿大专利局（CPO）在 2006 年就受精卵等生命形式的可专利性问题发布一项审查意见：从受精卵时期开始，处于任何生长发育阶段的动物体都属于高级生命形式，因此不具有可专利性。全能干细胞与受精卵一样，有发育成完整动物的潜在可能，故被视为等同于受精卵，不具有可专利性。CPO 还认为，器官和组织不是可授予专利权的主题；但是在具体的个案中，以人工方法结合多种细胞成分和/或惰性物质制备的、类似器官或组织的结构，则可被视为组合物，并成为可授予专利权的主题。② 加拿大专利局的审查意见对 Duane Nash③、George J. Annas④ 等学者支持克隆技术可专利性的观点将是一个严重的打击。

2. 计算机软件可专利性

2006 年 5 月 24 日，欧盟委员会发表声明宣布：即将通过的《共同体专利法》（Community Patent legislation）将不保护计算机程

---

① Daniel Robinson. The Pros and Cons of Patents. IT Week. London：Jul 30，2007. p. 14.

② 李昭. CPO 认为受精卵等生命形式不具可专利性 ［EB/OL］. http：//www. sipo. gov. cn/sipo/xwdt/gwzscqxx/2006/200608/t20060821_ 108629. htm，2007-08-28。

③ Duane Nash. Recommended Response for Human Cloning Patent Applications：Idea. The Journal of Law and Technology，2002：279.

④ George J. Annas, Lore B. Andrews and Rosareo M. Isasi. Protecting the Endangered Human：Toward an International Treaty Prohibiting Cloning and Inheritable Alterations. American Journal of Law and Medicine 2002：295.

序。声明表示,《共同体专利法(草案)》第 28 条第 1 款 a 项规定:以计算机软件等为技术主题的专利在遭遇诉讼时,法庭可根据《欧洲专利公约》(CPC)第 51 条"不授予专利权的内容"宣判该专利权无效。

欧盟的此举规定将会在计算机软件专利授权方面引发冲突,因为美国自 1994 年 *In re Alappa*① 一案后,美国法院坚定了对计算机软件授予专业的态度:"即使是纯软件也可以被授予专利,这一点已毫无争议。这些领域中的专利必须满足授予专利权的传统要求,即必须是新颖的、有用的……"② 欧盟的举措势必遭到美国计算机软件行业的反对。

3. 商业方法可专利性

1998 年 12 月 17 日,美国 Ed Pool et al. 公司向 EPO 提交一件旨在通过互联网为国际贸易提供电子商务平台的专利申请,要求授予其专利权。2002 年 11 月,EPO 审查部门做出驳回该申请的决定,其部分理由是该发明涉及非技术性的商业方法,不属于专利授权的主题范围。申请人于 2003 年 3 月向 EPO 申诉委员会提起申诉。2006 年 9 月 29 日,经口头审理程序,EPO 技术申诉委员会驳回美国 Ed Pool et al. 公司欧洲专利申请(EP 98963827.5),维持 EPO 的驳回决定。

学术界对商业方法专利的讨论仍在继续。很多学者仍然对商业方法的可专利性持否定态度。认为商业方法只是运算法则或者纯数学的实际应用。按照《专利法案》,从电话到羟苯基乙酰胺都符合专利的定义,大多数也都是商业方法,也应该获得专利。商业方法,无论是否具有新颖性、是否有价值,都不能算作发明,是不可专利的。③ 学者的否定观点对于美国"阳光下的任何人造之物"可

---

① See In re Alappat, 33 F. 3d 1526 (Fed. Cir. 1994).

② Stephen C. Glazier. (1997) Patent Strategies for Business. New York: Law & Business Institute.

③ Andrew A. Schwartz. The Patent Office Meets the Poison Pill: Why Legal Methods Cannot Be Patented. Spring, 2007. 20 Harv. J. Law &Tec 333.

专利性的标准产生了理论上的冲击。

4. 电子信号可专利性

Philips 公司工程师 Nuijten 就其新研制的一种电子信号向 USPTO 申请专利，但被驳回。USPTO 专利申诉委员会认为该电子信号本身是一种不可见的能量和物质，不具备物理特性，也不符合《美国专利法》第 101 条"创造或发现了任何新的和有用的方法、机械、制造物或组合物，或对存在的方法、机械、制造物或组合物进行了新的和有用的改进的人，可根据本法的条件和要求获得专利的可专利性要求，"因此维持了驳回决定。Nuijten 不服，向 CAFC 提起诉讼。该案争议的焦点主要在于虚拟的电子信号是否属于专利权客体范围。

5. 税收策略可专利性

美国的一些服务于非营利性机构的金融专家及顾问，在 2006 年收到了来自持有专利号为 No.7，149，712 的专利权人的来信，信中并未直接告诉专家们涉嫌侵权，而是邀请收信者会面谈谈从"新的思想方法"分享利益的问题。

税收策略在美国被授予专利权，美国专利制度这种新的动向让财税专家及纳税人产生极大的困惑。他们认为社会涌现出的大量不可专利性的税收策略，能够促进社会的经济发展，利于社会公众。税收策略的可专利性让纳税人对税收法也产生了疑惑。社会上通行的观点认为，USPTO 在审查专利的申请时，只能考虑其是否充分符合专利申请的要求，而不是考虑程序或者方法本身的潜在价值或者社会义务，否则，一项理由并不充分甚至非法的税收策略也极可能获得专利权。①

（四）专利制度改革进展

1. 美国《2006 年专利改革法案》

2006 年 8 月 3 日，美国参议院知识产权小组委员会主席奥润·海什（Orrin Hatch）和参议院司法委员会资深委员帕特里克·

---

① Jack Cathey, Howard Godfrey, Justin Ransome. Tax Patents Considered. Journal of Accountancy. New York: Jul. 2007. Vol. 204, Iss. 1, p.40, 5.

里尔希（Patrick Leahy）联合向参议院提交《2006 年专利改革法案》（The Patent Reform Act of 2006）（法案号 S. 3818）。该法案与《2005 年专利改革法案》（法案号 H. R. 2795）相比，除未提议取消"最佳模式"要求外，还有许多不同。其主要内容如下：（1）采用"先申请制"；重新定义"现有技术"；设立新的授权后异议程序，修改现有专利复议规定；（2）对法院给予新的限制，如专利案件管辖权；（3）限制故意侵权 3 倍赔偿金的适用范围，将计算赔偿金的"分摊"原则法典化（apportionment，即只计算与涉案专利有关的部分价值，而不是整个产品的价值）；（4）允许就专利权要求结构问题提起中间申诉（interlocutory appeal）；（5）给予 USPTO 独立的法律制定权；（6）扩大在先使用权；（7）确立所有申请均适用 18 个月公开的原则。

美国国会议员提出《2006 年专利改革法案》，目的是通过严格审查，在保护发明者权利的同时，清除有问题的专利，杜绝过多的法律诉讼。这项法案得到了商业软件联盟、信息技术产业委员会、苹果、戴尔和英特尔等知名科技企业和贸易组织的支持，然而医药公司和生物科技公司却对法案表示关切，认为研发新疗法的工作会因此而受到威胁。一些中小企业和独立发明人认为，法案偏向了财力雄厚的大企业集团，将损害他们的利益。

对于专利改革法案，Karene. Simon 则撰文质疑，专利改革法案中的先申请标准，究竟是现实的需要还是立法上的一个重大错误。他认为，2005 年专利改革法案采取先申请原则，是为了协调同其他国家之间的专利权的授予。这种作法将推翻美国宪法 200 多年前制定的先发明规则，违背了宪法精神，而且极有可能产生强化政府垄断权的消极后果，因而，国会应该将重点放在程序改革上面，而不是改变专利权的基本标准。①

---

① Karen. Simon. The Patent Reform Act's Proposed First-To-File Standard: Needed Reform or Constitutional Blunder?, The John Marshall School of Law, The John Marshall Law School Review of Intellectual Property Law, 129 (2006).

2. 专利制度改革理论探讨的深入

信息技术和生物技术的迅速发展，例如基因工程、计算机软件、商业方法等以及由此带来的利益分享问题，给国际间及各国国内的专利制度保护带来了新的压力和思考，并逐渐反映到专利制度的调整上来。在近来一、二十年里，专利制度的改革引发了对其正当性与存在的必要性的怀疑。"在过去的二十年里，专利制度的大多数改革的进行并没有经过深刻的研究或者是没有从社会的、经济的影响角度进行全面的分析。"①

乔治亚大学法学教授 Paul J. Heald 从交易成本角度分析了专利制度。Paul J. Heald 教授从知识产权最为简单的理论入手讨论了目前对专利法进行改革的建议：在一个没有交易成本的世界里，没有必要进行产权分配去促进智力物品的最大化产出。为发明创造授予专有权的一个非常引人注目的正当性分析是减少现实世界的交易成本和信息成本，这两项成本将会阻碍发明者与用户之间订立契约，甚至使订立契约变得不可能。基于该理论，Paul J. Heald 教授认为，对任何专利改革的建议，应该从权利和程序的改变是否减少或增加了这些成本予以评价。经过研究，Paul J. Heald 教授得出结论说：在一个要求通力合作的创新型企业与产品用户多元化的时代，专利制度必须符合两个目标：一是专利法需要通过减少当事人之间的起诉与谈判，促成事实交易的增多，且通过在一些创新性活动中创设财产权以增进收益；二是当事实交易在创新之前不可能发生时，就限制了专利权的范围。总之，专利权对于现实市场上发明合同的缔结具有非常重要的意义，任何对该制度的微小的调整都要认真观察市场上可能出现的后果。②

---

① Schatz, U. , *Recent Changes and Expected Developments in Patent Regimes: A European Perspective*, in Patents Innovation and Economic Performance, Proceedings of the OECD Conference on IPR, Innovation and Economic Performance, 28-29 August 2003.

② Paul J Heald. Transaction Costs and Patent Reform, . Santa Clara Computer and High - Technology Law Journal, Mar 2007; 23, 3; Academic Research Library, pg. 447.

Peter S. Menell 博士从方法论的角度探析了专利制度改革。Peter S. Menell 博士批判了 Jaffe and Lerner 对于专利改革的论点。Jaffe and Lerner 在 2004 年撰文认为，在以下几个前提下，专利保护的统一制度应适用于"阳光下的任何人造之物"（anything under the sun made by man）这些前提即：（1）专利法案要求标准的统一；（2）对任何领域的技术的歧视都是不应该的；（3）技术歧视将造成不可逾越的障碍，也会被聪明的专利申请书起草者所规避；（4）利益集团会阻碍将任何客体排除在专利法的保护范围，或者改变特定客体的可专利性要求、专利期限、防卫和救济。Peter S. Menell 认为这种研究忽略了将特定类型的技术，如软件、商业方法、基因序列等，排除在专利保护范围之外的改革建议，或者为不同类型的可专利客体提供不同的可专利性要求和救济。在文中 Peter S. Menell 博士提出了一种评价和构建专利政策的方法，并概括地论述了如何将该方法应用于目前的专利危机。①

纽约法学院信息法和政策研究所教授 Beth Simone Noveck 认为，美国专利审查制度需要改革，美国专利制度出现了专利质量危机，授予的专利权过于模糊，外延过大且缺乏新颖性，没有能够达到宪法规定的"促进科学和有用技术的发展"。Beth Simone Noveck 教授提供了解决这一危机的方案，他认为这一危机的核心问题是专利审查员对相关信息的缺乏，提出应建立专利公开审查制度，利用网络，让学术界提供与在审专利相关的信息，专利审查员利用自身的法律知识决定在审专利是否有可专利性。在这一方案中，专利审查员仍然是最后的裁决者。②

Glenn Hess 撰文认为，生物技术与医药产业等大型高科技公司已经并正在促使美国国会对专利制度进行彻底的改革。立法者在过

---

① Peter S. Menell. A Method for Reforming the Patent System. University of Michigan Law School Michigan Telecommunications and Technology Law Review, 487 (2007).

② Beth Simone Noveck. "Peer to Patent": Collective Intelligence, Open Review, and Patent Reform. Fall, 2006. 20 Harv. J. Law & Tec 123.

去的十年中对专利制度进行过重要的修订，但也只是进行局部外科式的修订。Glenn Hess 认为，美国专利制度的发展并没有跟上全球经济的发展步伐，他建议专利法要实行一些基本上的改革，使美国的专利制度同国际上其他专利授权大国保持协调。Glenn Hess 认为，其中重要的一点，包括对专利权所有人在专利侵权诉讼中的损害赔偿所得予以限制。①

（五）生物多样性公约讨论进展

2006 年 3 月 20 日至 31 日，《生物多样性公约》（Convention on Biological Diversity）第八届缔约方会议在巴西库里提巴举行，其间缔约方部长级会议于 3 月 27 ~ 29 日召开。会议就知识产权申请人在提交申请时履行遗传资源和传统知识来源公开义务的必要性进行了讨论，并将"公开义务的履行"作为惠益分享国际框架的一项内容，以实现《公约》第 1 条"惠益分享"的目标。② 关于遗传资源和传统知识来源公开问题决议的主要内容为：

1. 关于实现惠益分享机制的国际框架

（1）2008 年第九届缔约方会议前，召开两次遗传资源获取与惠益分享工作组（ABS）会议；

（2）2010 年第十届缔约方会议前，ABS 工作组会议完成含传统知识的遗传资源利用与惠益分享国际框架相关工作。

2. 关于专利申请中的遗传资源来源披露义务

（1）会议认识到，各方在有助于事前信息达成一致条件下的惠益分享手段问题上存有分歧；

（2）第五次和第六次 ABS 工作组会议将继续讨论来源披露义务问题。

（六）传统知识的保护及谈判

2006 年 4 月 24 ~ 28 日，WIPO 知识产权与遗传资源、传统知

---

① Glenn Hess. Patent Reform Inches Ahead. Chemical & Engineering News. Washington: Jul 23, 2007. Vol. 85, Iss. 30; p. 25.

② 夏佩娟. 生物多样性公约. 第八届缔约方会议举行［EB/OL］. http://www. sipo. gov. cn/sipo/xwdt/gwzscqxx/200605/t99435. htm, 2007-08-21.

识和民间文学艺术政府间委员会（IGC）第九次会议在日内瓦举行，议题主要是保护传统知识、传统文化表达和遗传资源的工作。此次会议，IGC 重点就"传统知识保护的政策目标及核心原则"草案进行讨论。该草案根据传统文化表达和传统知识保管人的需求与期望制定，并列出保护传统文化表达和传统知识专门权需要考虑的因素，同时兼顾协调保护各社区珍贵文化和知识多样性所涉及的敏感政策与法律背景。

2006 年 12 月 13 日，WIPO 首届传统知识、传统文化表达和遗传资源地区间研讨会在郑州举行，来自 40 多个国家、国际组织以及地区性组织的 150 多位代表先后进行了主题发言和六个议题的发言，就如何加大对传统知识、传统文化表达和遗传资源的保护达成了共识。①

由于美国坚持其在传统知识问题上的一贯反对态度，认为无需在专利申请中披露该专利技术所利用的传统知识，致使印度等拥有丰富传统知识的发展中国家极为不满。这种僵局影响了围绕《TRIPS 协议》进行的会谈，并最终导致 WTO 多哈回合谈判受阻。由于美国拒不承认传统知识的重要贡献，关于专利法协调的磋商也因此搁浅。谈判的失败已导致 WTO 未能按照原计划于 2006 年 4 月 30 日前结束农业、服务业以及非农业市场准入（NAMA）贸易的谈判。②

三、商标制度研究进展

（一）商标反向假冒研究进展

美国兰哈姆法案第 43 条（a）款禁止"虚假标注来源，虚假

---

① 董娉．"WIPO 传统知识与遗传资源研讨会"闭幕［EB/OL］. http：//www. pharma-ip. com/article_ detail. php？p = 1164954949&id = 1166599395，2007-09-03.

② Vosme. 美国在传统知识问题上的态度导致 WTO 谈判受阻［EB/OL］. http：//www. 020mx. com/gjnews/200610/1874. html，2007-09-02.

或误导的描述事实，或虚假或误导的陈述事实，以致有可能造成关于其货物来源的混淆"①，从而规定了对于"反向假冒"的禁止。典型的反向假冒行为是行为人利用他人产品声誉，在合法购得他人的产品后，撤换掉原商标而换上自己的标记再出售，或者去除原商标，在无任何标志的情况下再出售的行为。

兰哈姆法关于"反向假冒"的表述中，"货物来源"包括有形物品是毫无疑问的，但是否包括受著作权法保护的"创造性作品"的争议却一直存在。从美国近几年的相关案例中，可以看出司法判例在逐渐缩小"货物来源"的范围，渐渐将"创作性作品"等无形物品排除于"反向假冒"之外。在美国，"创作性"作品是否受到"反向假冒"的保护之所以受到关注是因为美国没有规定著作人身权，而是被称为"著作权之外的权利"②。于是许多著作权人希望通过兰哈姆法案第 43 条（a）款的规定，将"反向假冒"扩充来保护作者的人身权。例如，在 Smith 诉 Montero 案中，电影发行商在广告资料中将原始演员的姓名替换成了其他人的姓名，美国的第九巡回法院支持了原始演员的诉讼请求，认为电影发行商构成了"反向假冒"③。但利用"反向假冒"保护"创造性作品"的人身权，会带来对于作品侵权的双重保护。著作权法是平衡社会公众和著作权人之间利益关系的法律，给予著作权一定时间和一定形式的保护是平衡这种利益的有效途径之一；而商标保护实质上是没有时间限制的，"反向假冒"不仅可能给予了作品的人身权提供保护，而且也给予了作品的财产权提供保护，因此，这种保护毫无疑问压缩了社会公众对于作品享有的权利。因此，是否给予"创造

---

① Section 43（a）of the Lanham Act, 15 U. S. C. § 1125（a）, "Any person who... uses in commerce... any false designation of origin, false or misleading description of fact, or false or misleading representation of fact, which is likely to cause confusion... as to the origin... of his or her goods... shall be liable in a civil action."

② Paul Goldstein, Copyright, Patent, Trademark and Related States Doctrines: Cases and Materials on the Law of Intellectual Property, Westbury, New York, the Foundation Press, Inc. 1990, p. 742.

③ Smith v. Montero, 648 F. 2d 602（9th Cir. 1981）.

性作品"提供"反向假冒"的保护一直存在争议。

在有关"创造性作品"的反向假冒司法实践上,20 世纪福克斯电影公司(Twentieth Century Fox Film Corp)诉德斯塔公司(Dastar Corp)① 案是一个重要的转折点,在此之前,反向假冒并没有明确的将"创造性作品"排除在外,而在此之后,"创作性作品"已经难以得到"反向假冒"的保护。

在 Bretford Mfg. , Inc. 诉 Smith System Mfg. Corp. 案中,原告根据兰哈姆法诉被告商业外观和反向假冒侵权②。原告在 1990 年到 1997 年间是一种电脑桌的独占制造商③,被告使用了原告桌子的一部分。美国第七巡回上诉法院认为,因为被告能够有效地证明自己是最后的能够市场化的产品的来源者,因此原告所主张的"反向假冒"侵权不能成立。法院认为,当一个制造商组装来源于其他人的组件或者元件,而形成了一个最终可以用于市场出售的有形产品,不能认为该产品是"虚假来源"的证据。而且,法院认为,没有人白手起家制造产品,而兰哈姆法没有谴责所有产品的制造方式④。该案例表明,"反向假冒"已经缩小了客体范围,仅仅包括"去除最终产品的识别性标记并且贴上自己标记的行为"。因此,"反向假冒"的"来源"不但排除了有版权或者无版权的创作性作品,而且排除了应用其他主体物品作为商品一部分的行为。

(二)商标淡化研究进展

商标有双重功能,一方面是显示商品的来源,在生产者和商标之间架起了桥梁;另一方面是显示商品的价值,在消费者和商标之间建立了纽带。当然,这两者是有机联系,不可分割的。误导了商标的来源,则构成了商标侵权,包括"假冒"与"反向假冒";削

---

① Dastar Corp. v. Twentieth Century Fox Film Corp. , 539 U. S. 23 (2003) .

② Bretford Mfg. , Inc. v. Smith System Mfg. Corp. , 419 F. 3d 576 (7th Cir. 2005) .

③ Bretford Mfg. , Inc. v. Smith System Mfg. Corp. , 419 F. 3d 578 (7th Cir. 2005) .

④ Bretford Mfg. , Inc. v. Smith System Mfg. Corp. , 419 F. 3d 580-581 (7th Cir. 2005) .

弱了商标的价值，减少了消费者对于商标的认同感，则构成了商标淡化①。传统的商标之诉，要求证明侵权者行为对于商品和服务的来源有"混淆的可能性"。而商标淡化之诉要求去阻止通过相似标记的使用"逐渐的削弱或者分散原始商标的特征，并以之影响公众的注意力"的行为②。

商标淡化理论开始于欧洲，1927 年 Frank Schechter 在文章《商标保护的合理性基础》中将之引进到美国。Schechter 认为一个标记在公众中创造了一个良好的印象，将促使公众去购买以该标记出售的商品。③对于那个标记或者相似标记的使用，就逐渐的削弱或者分散了其身份，并且通过使用在非竞争性商品上影响了对于标记和名称的公众注意力。④他建议美国的立法者和法官采用类似欧洲国家的淡化理论。

1945 年美国商标法（即兰哈姆法）第 43 条对商标淡化有所规定。1947 年马萨诸塞州第一个制定商标的反淡化法。此后，各州纷纷制定自己的商标反淡化法⑤。1996 年初，美国国会制定的《联邦商标反淡化法》（以下简称《反淡化法》）开始生效，标志着商标淡化理论在美国的最终确立。

在 Moseley 案中，最高法院对联邦淡化法进行了阐释⑥。法院比较了联邦反淡化法和各州立法后认为：很多州立法中提到"可能性"的标准，而联邦反淡化法则要求商标所有者表明在后商标"引起著名商标显著性的淡化"，法律是"明确的要求了一个实际

---

① Trademark Dilution in a Global Age. 27 U. Pa. J. Int'l Econ. L. 907.

② Frank I. Schechter, The Rational Basis of Trademark Protection, 40 Harv. L. Rev. 813, 825 (1927).

③ Schechter, supra note 6, at 818-19.

④ Schechter, supra note 6, at 825.

⑤ David S. Welkowitz, Trademark Dilution: Federal, State, and International Law 17-21 (2002) ("The primary source of state dilution law... is state statutes. The federal trademark statute, the Lanham Act, contained no dilution provision when it passed in 1946.").

⑥ Moseley v. V. Secret Catalogue, Inc. , 537 U.S. 418 (2003).

的淡化证明，而不是一个淡化的可能性。"①因此，根据联邦商标法和最高法院的解释，要证明商标被淡化需要较高的举证责任，这促使产业界呼吁修订联邦淡化法，加强对著名商标的保护，国际商标协会主席也号召商标淡化保护时，不需要表明事实上的淡化②。同时，联邦商标反淡化法在低等联邦法院产生了多种解释，商标淡化和商标侵权在很多情况下难以区分，消除认识上的差异非常必要。而且，美国必须履行国际协定规定的保护驰名商标的义务，并且考虑到美国跨国公司利益的维护，这些原因促使了美国对联邦商标淡化法案的修订。

2006 年 6 月 2 日，美国国会通过了《2006 年商标淡化修正法案》（"TDRA"），希望对于著名商标（famous trademarks）提供更高的保护③。《修正法案》对于商标淡化的定义比《反淡化法》更为详细。《反淡化法》将"淡化"定义为"减少著名商标去识别和区分商品和服务的能力，而无论（1）著名商标的所有者和他方的竞争关系，或者（2）混淆、误解和欺骗的可能性"④。《反淡化法》的定义没有直接陈述淡化是什么；没有分析商标淡化中的两个最重要的术语（blurring 和 tarnishment）；也没有提供淡化诉求的分析框架。而《修正法案》对于商标淡化的定义弥补了这些缺陷。商标淡化的定义被明确地划分为两类：模糊（blurring）和弱化（tarnishment）；而且，《修正法案》提出了分析商标淡化诉求的法律框架。因为模糊（blurring）而引起的淡化，根据《修正法案》，是在《反淡化法》中"淡化"的普通定义的改进。《修正法案》将模糊（blurring）定义为"商标或者商号和著名商标的联系削弱著

---

① Moseley v. V. Secret Catalogue, Inc. , 537 U. S. 418, 433 (2003) .

② See, e. g. , Oversight Hearing, supra note 17 (proposing the requirement to show the likelihood of dilution as an alternative to that of showing actual dilution) .

③ Trademark Dilution Revision Act of 2006, H. R. 683, 109th Cong. (2006) (as enacted by the Senate, March 8, 2006) .

④ Federal Trademark Dilution Act of 1995, 15 U. S. C. § 1127 (2000) .

名商标的显著性"①而《反淡化法》将"淡化"定义为"减少著名商标去识别和区分商品和服务的能力"。两个定义的主要区别在于《反淡化法》的定义仅仅涉及淡化的结果，没有将起源描述为相似标记之间联系。②因此，新的"模糊"的定义要求著名商标所有者去证明，消费者因为著名商标和在后标记的相似性而将二者相联系，并且这个联系可能损害著名商标的显著性。《修正法案》对于"模糊"的定义包括了六个因素，去支持法院判断在后商标是否可能引起著名商标因为"模糊"而淡化。"弱化"（tarnishment）而引起的淡化，被《修正法案》描述为"标记或商号和著名商标之间的相似性产生的联系而伤害了著名商标的名声"。明显的，《修正法案》改变了"淡化"签发指令的所必要的"伤害"（harm）标准，用"可能引起淡化"取代了"引起淡化"。"可能淡化"不管是否有实际的或者可能的混淆、竞争或者实际的经济伤害。著名商标追求在实际伤害之前要求签发禁止令，新的标准使得禁止令的签发不需要以实际伤害为前提，同时，新的标准能更为有效地遏制对于淡化商标的投资。因此，《修正法案》将"淡化"的禁止令限于"混乱"和"弱化"著名商标的情况，其进步性表现在比过去的法令更清晰地规定了商标淡化的参考标准。

商标淡化问题已经引起了学者们的关注，Keola R. Whittaker 在《全球时代的商标淡化》中描述了美国商标淡化法的制定背景；分析了与商标淡化有关的国际协议以及它们在加拿大、日本和欧盟等的应用；指出了在商标淡化法实施中区分"混淆的可能性"和"淡化的可能性"的困难；最后文献建议"混淆的可能性"应该被扩充到包括"淡化的可能性"，以便于国内外的法院能够提供一个更统一的反商标淡化的保护。③ Christine Haight Farley 在《为什么

---

① Trademark Dilution Revision Act of 2006, H. R. 683, 109th Cong. (2006) (as enacted by the Senate, March 8, 2006).

② 15 U. S. C. § 1127.

③ Keola R. Whittaker. Trademark Dilution in a Global Age. 27 U. Pa. J. Int'l Econ. L. 907, 2007.

我们对商标淡化法案感到困惑》中认为，"如果淡化实际上是阻止
并非混淆地使用著名商标所带来的结果而具有的优势，那么这实际
上不是公平的竞争性立法。"①商标淡化的研究推动了商标立法和
司法实践的发展。

（三）商标平行进口和权利穷竭研究进展

2006 年对商标的平行进口的研究，集中在区域内商标的平行
进口（例如欧盟各国之间平行进口）、药品的平行进口、国际公约
中平行进口规定等。代表性文献包括 Gill Grassie 在《平行进口和
商标：我们在何处》中不但分析了欧洲经济体之外的平行进口问
题，回顾了相关的法律，讨论了英国和欧洲案例法的最新进展；而
且分析了欧洲经济体之内的平行进口问题，特别是药品的进口问
题。② Colin Robert Crossman 在《武装我们的敌人：平行进口如何能
够提高抗菌剂抗性》中认为，法律上认可的在药物治疗中的平行
进口，可以提高穷人获取必要药物的能力，降低整个社会的卫生保
健成本。③ Julia A. Moore 在《平行贸易，不平行的法律：美国、欧
盟和世界贸易组织药物平行贸易法分析》中认为在过去的十年里，
美国扮演着药物公司的代理商，保护他们的专利权和药品利润。美
国也许会采用 TRIPS 协议后强制许可的同样政策来对待平行贸易，
但是世界普遍的批评和压力，可能促使其停止阻止发展中国家获取
艾滋药物的行为。欧洲对于平行贸易的概念更为开放，认为平行贸
易是应对发展中国家药物危机的万能药。欧洲和世界贸易组织在药

① Christine Haight Farley. Why We Are Confused about the Trademark Dilution Law. 16 Fordham Intell. Prop. Media & Ent. L. J. 1175. Summer, 2006.

② Gill Grassie. Parallel Imports and Trade Marks: Where Are We? . [2006] E. I. P. R, pp. 474-479.

③ Colin Robert Crossman. Arming Our Enemies: How Parallel Imports Could Increase Antimicrobial Resistance. 31 N. C. J. Int'l L. & Com. Reg. 823. Summer, 2006.

物平行进口方面更为关注世界的发展。①

在 Van Doren 案中②,Stussy 公司有使用在衣服类商品的 Stussy 商标。在每一个 EEA 的国家,它都有一个独占的销售商,而每个销售商都被约定,不得在合同规定以外的地方再销售。在德国,Van Doren 是一个独占的销售商。被告从欧洲经济体内的代理商那里购得 Stussy 产品并在德国销售。Van Doren 起诉被告侵犯了商标权。争议的关键是该商标是否由商标权人或者经过他的同意投放到欧洲的经济体市场。Van Doren 认为被告的商品一定来源于欧洲经济体之外,因此其商标权并没有穷竭;而被告辩护其商品来源于欧洲经济体之内,该商品是由商标权人或者经过他的同意而投放市场的,因此商标所有人的权利已经穷竭。依据欧洲在 Davidoff 案中的推理逻辑,贸易者依赖于商标权人同意的,应该举证进行证明,因此本案的举证责任在于被告。然而,法院认为,特殊情况下举证责任应该转移到商标权人。特殊情况包括进口者不能发现他的货物提供者的货物来源,或者如果进口者的要求将导致他的供给断绝。如果举证不转移,可能导致商标权人利用商标去分割国家市场。也就是说,举证责任首先在于被告去证明经由权利人同意而在欧共体范围内销售,如果被告因为不得不证明权利人"同意"而将面临市场分割的风险的时候,应该由商标所有者去证明该商标在欧共体之外首先投入市场,如果这个被证明以后,举证责任再转移到被告。

在 2006 年 2 月 23 日判决的 Roche Products Ltd 案中③,被告辩称争议的产品标记有"CE"的标记,这表示得到了同意在 EEA 内销售。然而,法官显示的证据仅仅是因为在 EEA 区域外的产品不必要一个"CE"标记,这并不意味着拥有这个标记的产品有着在 EEA 销售的意向。一个没有在 EEA 销售的产品也可能标有"CE"

---

① Julia A. Moore. Parallel Trade, Unparallel Laws: An Examination of the Pharmaceutical Parallel Trade Laws of the United States, the European Union and the World Trade Organization. 6 Rich. J. Global L. & Bus. 77, Summer, 2006.

② Van Doren & Q GmbH v Lifestyle Sports and Sportswear Handelsgesellschaft mbH (C-244/00) [2003] E. C. R. I-3051.

③ [2006] EWHC 335 (Ch).

标记。例如，在管制较少的国家提供一种质量的保证。因此，这个标记可能导致两个或者多个结论，因此不能够支持"明确的同意"。

从这些案例可以看出平行进口和权利穷竭的紧密关联。目前的研究侧重在权利穷竭的范围和成立的标准，特别是商标权在区域内和世界范围内穷竭的区分和适用情况。而权利穷竭的范围和成立与否又直接影响到平行进口的合法性和责任承担。

（四）商标侵权研究进展

1. 比较广告与商标侵权研究

Charlotte J. Romano 在《美国和法国的比较广告》中认为，美国比较广告法律制度比法国更少限制，实现消费者福利和自由竞争的政策目标能够更好地实现。并且指出，虽然两个国家都批准诚实的、不产生混淆的比较广告，但是法国对于这种市场工具设置了额外的限制措施①。Maureen Daly 在《美国和欧洲搜索引擎中商标侵权和不正当竞争》中对比较广告进行了专门论述，认为比较广告指令协调欧洲商业实践的目标还没有实现②。

在英国，法院的判决表明，在诚实使用的情况下，比较广告在商业实践中是可以使用的。其标准要具有客观性，即一个理性的人将认为这个广告是诚实的。该广告必须符合《比较广告指令》，其行为符合指令中限定的诚实的商业实践。③ 2005 年 5 月 11 日，开始实施 2005/29 指令，即有关网络市场中不公平的 BTOC（企业到消费者）模式的指令。该指令修改了 84/450 指令，设置了一些参数，通过这些参数，某些影响消费者的商业行为将被视为不公平的，进而是违法的行为。

---

① Charlotte J. Romano. Comparative Advertising in the United States and in France. 25 NW. J. INT'L L. & BUS. 371. Winter, 2005.

② Maureen Daly. An Analysis of the American and European Approaches to Trade Mark Infringement and Unfair Competion by Search Engines. ［2006］ E. I. P. R. pp. 413-417.

③ O2 Holdings Ltd v Hutchison 3G UK Ltd ［2006］ EWHC 534 （Ch）.

2. 元标记与商标侵权研究

网络技术的日益普及，促使企业在网络中利用自己或者他人商标宣传自己的产品，其中增加在搜索引擎中点击率就是一种行之有效的方式，而搜索引擎常常利用元标记（Metatags）作检索词来查询网络信息和排列查询结果，元标记也因此而与商标侵权联系起来。元标记是指被搜索引擎使用和门户网站使用去分类的埋置于 HTML 网页源代码中的关键词。元标记对于普通的浏览用户是隐藏的，但是对于搜索引擎而言是可见的。

许多搜索引擎按照响应搜索标准的网站数据量排列其搜索结果。因此，更多的参考点导致其网站显示在搜索结果的前列，这对于广告商来说有着重要意义。如果元标记是通用术语，一般不会涉及知识产权问题，而如果元标记是其商业上的竞争对手的商标，则按照不同的法律可能产生不同的侵权与否的判定。

在美国，使用竞争者的商标作为元标记已经被认为是违反了《兰哈姆法》①，但是在某种特殊的情形下使用是有效的，例如作为比较广告或者用作描述行为使用。②在法国，包含他人商标的元标记将会被认定为商标侵权，因为这可能使得顾客认为网站与法定的商标所有者之间存在某种关系，这会给市场带来混淆的可能性。在英国，对于使用商标作为元标记是否侵犯了商标权存在争论。在2004年3月3日之前，在元标记中使用商标将会产生商标侵权请求。③但在此之后，如果该行为不可能使用在贸易行为中，就没有触犯英国1994年的商标法案。通过英国上诉法院的判决，仅仅引起一个网站在搜索结果中显示，并不表明任何联系或者商业来源，并没有侵权。消费者通过观看网站的内容，就会发现那不是他们想要的，因此不会发生混淆。然而，如果网站的内容具有误导性，使

---

① Brookfield Communications, Inc v West Coarst Entertainment Corp 174 F. 3d 1036 (9th Cir. 1999).

② Playboy Enterprises Inc v Terri Welles 78 F. Supp 2d 1066 (S. D. Cal 1999).

③ Road Tech Computer System Ltd v Mandata (Management and Data Services) Ltd [2002] E. T. M. R. 970 and Reed Executive Pic v Reed Business Information Ltd [2002] EWHC 2772.

得消费者错误地相信他已经提供了他们想要得到的资源，那么就会发生商标侵权。①在德国，其侵权状况还不明朗。Munich 地方法院认为如果该商标不是通用性和描述性的，使用该商标作为元标记属于商标侵权，②然而，杜塞尔多夫（Dusseldorf）高等地方法院持相反的观点，认为将商标作为元标记不是商标侵权，因为它没有作为商标使用。③即使在认为元标记侵犯商标权的国家之间，也可能存在制度差别，有的认为应该由搜索引擎承担责任，有的认为应该由广告商承担责任。即使判定他们都承担责任，也有责任大小的区分。

（五）商标注册研究进展

2006 年对商标注册的研究主要集中在对于功能性标识、描述性标识和地理性标识的注册的研究上。Ismail Kirka 和 Hakan Karan 在《理事会 1988 年关于外语标记的第一指令（89/104）的第 3 条第 1 款在土耳其的应用》中分析了欧盟描述性的外语标记和欺骗性的外语标记的商标问题，认为"外语，特别是英语，已经被国内外大量采用作为显示性标志包括商标的来源。资金、货物和服务的自由流动要求消除各国的法律障碍，这已经影响到商标法包括土耳其的商标法。被注册的外语是否具有描述性特征，决定于货物或者服务的顾客对于描述性的认识。由于英语在世界贸易中的广泛使用，在英国被认为具有描述性的英语在土耳其也被认为具有描述性的可能性非常高，这已经被土耳其法院所采用。"④ Jeffrey M. Samuels 和 Linda B. Samuels 在《美国联邦巡回上诉法院回顾》中对于描述性标志、欺骗性标志、功能性标志和混淆性标志等有关商

---

① Reed Executive Plc v Reed Business Information Ltd [2004] EWCA (Civ) 159.

② Antragstellerin v Antragsgegnerin, Regional Court of Munich, Az：17HK O 10389/04 (June 24, 2004).

③ OLG Dusseldorf, Beschluss, February 17, 2004, Az：I 20 U 104/03.

④ Ismail Kirka, Hakan Karan. The Application in Turkey of Art. 3 (1) (c) and (c) of the First Directive 89/104 of the Council of 1988 with Regard to Foreign Word Marks. [2006] E. I. P. R, pp. 446-450.

标注册的案例进行了较多的评述①。

功能性原则可以划分为两类——实用的功能性和美学的功能性。实用的功能性集中在该设计是否可以使产品工作得更好，美学的功能性在于该设计是否使产品外观更有吸引力。功能性设计很长时间都被禁止注册，但直到 1998 年，国会修改了兰哈姆法案才提供了拒绝将"包含任何整体上具有功能性的标记"注册为商标的法律依据②。功能性原则的核心是防止将商标作为限制竞争的工具，从而侵犯公众的普通利益。因为一旦某个功能性标记被注册为商标，则将影响到具有该功能的同类产品的生产。

Morton-Norwich 案奠定了功能性标记，是否获得商标注册的基本判断标准。该判断标准在近年的案例中频频被引用。例如在 Sunbeam Prods 案中，法院采用了功能性的"实用性"标准③。商标审查和上诉委员会也适用 Morton-Norwich 要素作为判断功能性设计的依据，例如在 N. V. Organon 案中，Morton-Norwich 要素提供了评价是否具有功能性的分析框架④。

通用性标识是描述一类货物和服务的通常的名称。在 H. Marvin Ginn Corp 案中⑤，Marvin Ginn 请求取消"Fire Chief"商标的注册，因为这个商标用作一本关于灭火（fire-fighting）的杂志。商标审查与上诉委员会发现"Fire Chief"标识了杂志的特殊的和明确的目标用户，因此属于"通用的"⑥。在决定什么样的术语属

① Jeffrey M. Samuels, Linda B. Samuels. *A Review of Recent Decisions of the United States Court of Appeals for the Federal Circuit.* the Trademark Jurisprudence of Judge Rich. 56 Am. U. L. Rev. 76. April, 2007.

② Trademark Law Treaty Implementation Act, Pub. L. No. 105-330, 15 U. S. C. § 1051 (1998).

③ Sunbeam Prods. v. W. Bend Co., 123 F. 3d 246, 255, 44 U. S. P. Q. 2d (BNA) 1161, 1168 (5th Cir. 1997).

④ N. V. Organon, 79 U. S. P. Q. 2d (BNA) 1639 (T. T. A. B. 2006).

⑤ 782 F. 2d 987, 228 U. S. P. Q. (BNA) 528 (Fed. Cir. 1986).

⑥ Int'l Ass'n of Fire Chiefs, Inc. v. H. Marvin Ginn Corp., 1985 WL 72026, 225 U. S. P. Q. (BNA) 940 (T. T. A. B. 1985).

于通用型术语，逐渐形成了两个判断步骤：（1）争议中商品或者服务的种类是什么。被限制的种类越广，争议中的术语被发现属于通用性的机会越少。相反，种类范围越小，术语越有可能被认为具有通用性。例如在 Boston Beer Co. 案中①，用语"THE BEST BEER IN AMERICA"被拒绝注册的理由是因为具有通用性，而通过辩护，扩大了其种类，则拒绝注册的理由便不再成立。（2）争议中的术语是否被相关的公众首先理解为指向商品或者服务的种类②。通用性标识和描述性标识具有很大的相似性，在实践中容易产生混淆。通用性标识不能被商标法保护，而描述性标识，如果按照商标法的规定获得了显著性，或者具有了"第二含义"，可能受到商标法的保护。

在日本，建立区域性集体商标系统的提案，在 2005 年 3 月 15 日被经济贸易和工业部呈交给日本议会。议会通过后于 2005 年 6 月 15 日公布了该提案，并于 2006 年 4 月 1 日生效。因此，从 2006 年 4 月 1 日起，区域性集体或协会，其成员包括来自日本的 Kutani-yaki 制陶、Matsuzaka 啤酒、Nada 米酒、Rishiri 海藻、Shimonita 韭葱和 Yabari 瓜以及来自日本外的 Jersey Royal 土豆、Parma 火腿、Pembrokeshire 农产品、Idaho 土豆、Bowen 芒果、Whitstable 牡蛎的制造商或承办商能够申请和注册这些驰名标记为货物和服务的区域性集体商标，这些货物和服务与特殊的地理来源相联系，并且已经通过使用而具有较高知名度。③

该法实施后，任何商业协会和其他按照有效法律建立的协会，以及国外的相应的法律实体都可以申请和注册"区域性集体商标"，而个人不能申请这类商标，因为他们不能成为合作性的法律实体。协会必须允许任何有资格的成员加入。建立协会依据的区域性立法必须规定该成员资格对于所有其他有资格的申请者开放。而

① In re Boston Beer Co., 47 U. S. P. Q. 2d（BNA）1914，1919（T. T. A. B. 1998）.

② Marvin Ginn, 782 F. 2d at 990, 228 U. S. P. Q.（BNA）at 530.

③ News Section: National Report: ［2006］E. I. P. R. N-145.

且，没有法定的理由，协会不能附加比原先成员更加严格的条件。任何人在公报公开以后两个月内都可以提出异议。对于在区域性集体商标申请者申请之前，已经在相同或者类似商品上使用相同的或者类似的区域性集体商标，并且没有违背公平竞争规定的意图的在先使用者，有权在货物和服务上使用商标。该法的规定对我国集体商标、证明商标的制度完善有着借鉴意义。

单纯的描述性标识是不能注册为商标的。在欧洲，在 Baby-Dry 案中①，初审法院发现申请的标识因为和适用的产品"一次性尿布"相联系，描述了功能和产品的使用目的，因此具有描述性。欧洲法院不赞同初审法院的认定，认为虽然"Baby-Dry"可能被用在句子中去描述一次性尿布，但作为一个独立的词汇，在通常的英语中没有被用作去描述这个产品而具有可注册性。

Nichols 案涉及姓名的可注册性，也是近两年颇受关注的案例②。Nichols 是一个英国的公司，以不含酒精的饮料"Vimto"而闻名，它申请注册商标"Nichols"，该商标用于自动贩卖机和其中贩卖的产品，也就是食品和饮料。英国商标注册局通过了对于机器的申请，但是拒绝了对于相关产品的注册。Nichols 进行上诉，在提交到欧洲法院时，法官 Jacob 认为除非通过使用获得显著性，普通的姓应该被认为不具有显著性特征。他强调了在大量的商品和服务上注册普通姓名具有垄断的风险。也有观点认为"普通的名和姓被用作指示商品的来源。没有理由阻止注册机构发现该标识的区分功能，只要那样的发现是详细的，不是包括一切和抽象的。"③法院认为，"作为日常用语,普通的姓在具有显著性的情况下可以担当显示来源的商标功能,一个姓不能仅仅因为避免第一个申请者享有优势的结果而被拒绝注册",从而肯定了姓在特殊情况的可注册性。

---

① Procter & Gamble Company v OHIM [1999] ECR II-2383.
② Nichols Plc v Registrar of Trade Marks, [2005] E. T. M. R. 213.
③ [2005] E. T. M. R. 213, at para. 41 of the Opinion.

四、国际知识产权研究发展趋势

（一）知识产权继续扩张

以 TRIPS 协议等国际条约为主干构成的当代国际知识产权制度，不断推动知识产权在广度和深度上的保护，知识产权进一步扩张。具体表现在，第一，原有知识产权类型的保护客体不断增加、权利范围进一步扩大。如版权领域的网络传播权、技术措施权和版权集体管理信息权，商标领域的反淡化保护，专利领域的软件专利、商业方法专利、基因专利等；而其他专门领域如计算机程序、数据库、奥林匹克标志、集成电路布图设计、植物新品种、商业秘密等都列入知识产权法律保护的范围。二是新增知识产权保护客体类型：随着国际知识产权竞争加剧，一些发展中国家纷纷提出了对传统知识、遗传资源和民间文学艺术的保护。[1]第二，知识产权法规范的内容不断拓展。随着国际化的发展，知识产权国际条约的内容也越来越细密。国际条约不仅注重于规范知识产权的实体内容，而且关注程序内容如《商标国际注册马德里协定》、《专利合作条约》等为商标和专利的国际申请提供了程序上的依据。TRIPS 协议规定了知识产权的实施程序，包括民事、行政、刑事程序以及临时措施和边境措施等，实现了国际知识产权保护规则从实体到程序的一体化，极大地提高了知识产权保护标准，使得 WTO 成员尤其是发展中国家纷纷修改国内知识产权法，提高知识产权保护水平，以履行 TRIPS 协议规定的义务。第三，知识产权保护水平在不断提高。具体表现在：一是权利保护期限的延长，TRIPS 协议将专利保护期限延长至 20 年，将集成电路的保护期限延长至 10 年。二是增加权利救济途径，如 TRIPS 协议要求对知识产权的行政决定提供司法审查。三是减少对知识产权的限制和例外规定，如对合理使用、

---

① Olufunmilayo B. Arewa, *Trips and Traditional Knowledge: Local Communities, Local Knowledge, and Global Intellectual Property Frameworks*. Marquette Intellectual Property Law Review, 2006（10）.

强制许可措施施加严格的适用条件，缩小法定许可的范围等。

（二）知识产权与公共利益协调趋势加强

TRIPS 协议的产生，明确了知识产权的私权属性，知识产权的私权地位更加突出。但知识财产私权化的扩张可能导致知识创造者的个人利益与知识利用者的公共利益之间的冲突。罗尔在《纽约时报》上撰文指出，与高水平的知识产权的私权保护相比，现今的国际知识产权制度对于相关公共利益目标所给予的关注显然是不够的。并且 TRIPS 协议所持的以一个标准要求所有成员（a one-size-fit-all）的做法，也损害了发展中国家的公共利益。发展中国家对此表示强烈的不满①。TRIPS 协议对作者权利保护的缺失、限制合理使用规定对表现自由的冲击、信息数据库权利的扩张对数据库来源者个人隐私的妨害，以及专有技术转让阻滞对发展权行使的制约等，都深刻说明国际知识产权与国际人权之间的不协调。

为此，自进入后 TRIPS 时代，国际社会十分关注知识产权与公共利益之间的关系问题，并努力改革现有的国际知识产权保护制度，使之朝着更加理性和人性化的方向发展。可以说，遵循"利益平衡"原则，妥善协调知识产权与公共利益的关系，平衡发达国家与发展中国家的利益，将是当代知识产权国际保护制度改革的重要话题。不少国际组织、机构和论坛围绕着如何处理保护知识产权与维护生物多样性、合理开发植物基因资源、促进公共健康、维护人权之间的关系等问题，对 TRIPS 协议所确立的一系列高标准的知识产权规则提出了批评，探讨和制定了一系列软法性质的、倡导人权和维护社会公共利益的知识产权新规则。

（三）知识产权程序简化与一体化趋势加强

从国际层面看，以世界知识产权组织、世界贸易组织等相关国际组织为协调机构，对各国知识产权制度进行协调，从而在知识产权保护领域形成国际性的法律规则与秩序。TRIPS 协议的生效，标

---

① Steve Lohr. *The Intellectual Property Debate Takes a Page from 19th Century*. America：New York Times. Monday, October 14, 2002.

志着知识产权制度进入了统一标准的新阶段，在知识产权国际保护的框架下，逐渐走上一体化、国际化的道路，从而在推动协调各国知识产权立法和司法活动方面起着重要作用，具体表现在：知识产权国际保护标准在缔约方之间的一体化、知识产权国际保护规则从实体到程序的一体化、知识产权国际保护体系与国际贸易体制的一体化。

从区域层面看，欧盟知识产权法一体化进程是世界知识产权保护体系一体化的一个窗口和缩影。欧盟依靠一整套从立法、判例到实施的有效机制，使得各成员国的法律规定基本趋于一致。北美自由贸易区在《北美自由贸易协定》用专章（第17章）对区域知识产权保护合作进行规定，提出成员国在知识产权保护方面必须达到的最低标准，大大推进了区域知识产权保护的一体化。南方共同市场以及拟议中的海湾六国自由贸易区，也采取类似北美自由贸易区统一立法的模式，在知识产权的区域一体化保护方面取得重大进展。原东盟七国签署的《东盟知识产权合作框架协定》，从知识产权的目标、原则、合作范围及其合作活动的审议以至争端的解决都作了规定，对促进知识产权区域一体化保护起到很大作用。

从国家层面看，美日欧三方专利局也正在酝酿建立统一的专利审查机制。由于全球专利申请的80%以上是在美日欧三方专利局首次提出，因此三局的这种动向代表了专利国际保护的发展趋势。2003年初，三方专利局开始互相承认对方的检索结果以降低重复劳动、加速审查程序。2004年11月底三方专利局开始小规模地试用公用路径①。日本与美国专利局于2006年开始的为期一年的专利审批高速公路实验（Patent Prosecution Highway，简称PPH），通

---

① Schatz, U. , *Recent Changes and Expected Developments in Patent Regimes*: *A European Perspective*, in Patents Innovation and Economic Performance, Proceedings of the OECD Conference on IPR, Innovation and Economic Performance, 28-29 August 2003.

过 PPH 的简单程序申请人就可快速获得专利权①。

（四）知识产权立法机构和法律规则出现多元化趋势

TRIPS 协议生效以来，知识产权国际立法出现了机构众多、成员复杂、利益取向多元、规则复杂的局面。

WTO 和 WIPO 还将在相当长的时间内继续保持知识产权的主流立法地位，WTO 与 WIPO 之间分工合作机制将在未来知识产权国际立法中扮演重要角色。阿伯特②根据功能分工的不同，提出了未来的知识产权国际主流立法和执法将在双轨制构架下由 WTO 与 WIPO 分享的二分法设想：WTO 的主要功能应当是贯彻 TRIPS 协议的原则、规则和精神以确保成员方贸易竞争的公平性和有序性，而 WIPO 则应当致力于促进成员国尤其是发展中国家的技术发展、与 TRIPS 协议理事会合作为知识产权领域新的多边规则的谈判提供机会和场所、对 WIPO 体制内的知识产权多边协议的贯彻实施进行监督。事实上，WTO 与 WIPO 已经在实践中依据各自的优势和专长，形成分享权利的机制：WTO 注重既已出现的规则的执行和争端解决问题，而 WIPO 则侧重于创设新的知识产权规则、管理现存的知识产权协议。

另一方面，法律规则的多元化趋势也日趋明显。仅仅依靠 WTO 与 WIPO 的双轨合作体制很难满足发展中国家的要求，为此，在 WTO 和 WIPO 体制之外的公共健康体制、植物基因体制、生物多样性体制和联合国人权体系等四个国际体制和体系内，新的知识产权规则将扮演不可忽视的角色。多轨体制将打破 WTO 和 WIPO 在国际法层面上对知识产权立法的垄断。在公共健康问题上针对 TRIPS 协议的软法造法活动上，多哈公共健康宣言的诞生，反映出

---

① The Procedure to File Arequest for Patent Prosecution Highway Pilot Program between the USPTO and the JPO. http：//www.jpo.go.jp/cgi/linke.cgi? rul =/ torikumi_ e/t_ torikumi_ e/highway_ pilot_ program_ e.htm ［检索日期：2007-04-25］.

② Frederick M. Abbott, *The Future of the Multilateral Trading System in the Context of TRIPS*, *Hastings International and Comparative Law Review*, 1997, 20, 678.

国际社会已开始关注发展中国家因无力购买专利药品而面临的危机。此宣言可能预示着一个范围广泛、规模宏大的改造 WTO 下的知识产权规则的造法运动的开始。这也是知识产权法律规则多元化发展趋势的重要表现。

参考文献

[1] *Additional Developments*. Field V. Google INC. 2006 WL 242465. D. Nev. fan. 2006,19.

[2] Alfred C. Yen. Third-Party Copyright Liability after Grokster. *Minnesota Law Review*, 2006,91(1):184-240.

[3] Andrew A. Schwartz. The Patent Office Meets the Poison Pill:Why Legal Methods Cannot Be Patented. *Harv. J. law & Tec*, 2007,333 (20).

[4] Amgen Inc. v. Hoechst Marion Roussel, Inc. , expected petition, opinion below, 457 F. 3d 1293 (Fed. Cir. 2006).

[5] Beth Simone Noveck. "Peer to Patent ":Collective Intelligence, Open Review, and Patent Reform. *Harv. J. Law & Tec*,2006,123 (20).

[6] Bradley C. Wright. Recent Developments in Patent Law. *J. Mashall Rev. Intell. Prop.*. L,2006,630(5).

[7] Brandi L. Holland. Moral Rights Protection in the United States and the Effect of the Family Entertainment and Copyright Act of 2005 on U. S. International Obligations. *Vanderbilt Journal of Transnational Law*,2006(1):217-252.

[8] Caldwell, Tracey. The digital copyright balance. *Information World Review*,2006,229(10):12.

[9] Charles W. Bailey Jr. Strong Copyright + DRM + Weak Net Neutrality = Digital Dystopia?. *Information Technology & Libraries*, 2006,125(9):116-139.

[10] Charlotte J. Romano. Comparative Advertising in the United States

and in France. *NW. J. INT'L L. & BUS*,2005,371(25).

[11]Christine Haight Farley. Why We Are Confused about the Trademark Dilution Law. *Fordham Intell. Prop. Media & Ent. L. J*,2006,1175 (16).

[12]Colin Robert Crossman. Arming Our Enemies: How Parallel Imports Could Increase Antimicrobial Resistance. *N. C. J. Int'l L. & Com. Reg*,2006,823(31).

[13]David McGuire. Lawmakers Push Prison for Online Pirates, WASH. POST,2006,31(3).

[14]Derivative Rights, Moral Rights, and Movie Filtering Technology. Hearing before the Sub-comment. On Courts, the Internet, and Intellectual Property of the H. *Common the Judiciary*,2005,108: 22-26.

[15]Development in the Law: The Law of Cyberspace IV: Internet Regulation through Architectural Modification. The Property Rule Structure of Code Solutions. *Harvard Law Review*,2006(1).

[16]Emily Anne Proskin. Google's Technicolor Dreamcoat: A Copyright Analysis of the Google Book Search Library Project. *Berkeley Technology Law Journal*,2006,21:213-239.

[17]Fair Use Threatened, *NYU Survey Asserts*,2006,37(2):13.

[18]Federal Trademark Dilution Act of 1995, U. S. C. ,2000,1127 (15).

[19]Gill Grassie. Parallel Imports and Trade Marks: Where Are We?. E. I. P. R. , 2006:474-479.

[20]Guy Pessach. An International-Comparative Perspective on Peer-to-Peer File-Sharing and Third Party Liability in Copyright Law: Framing the Past, Present, and Next Generations' Questions. *Vanderbilt Journal of Transnational Law*, 2007,40(1):87-133.

[21]Hollander, William H. Copyright Protection Versus Technological Innovation: Secondary Liability for Copyright Infringement Becomes More Uncertain. *Federal Lawyer*,2006,53(1):20-21.

[22] Jack Cathey, Howard Godfrey, Justin Ransome. Tax Patents Considered. *Journal of Accountancy*. New York:2007,204(1):40.

[23] Karen. Simon. The Patent Reform Act's Proposed First-To-File Standard: Needed Reform or Constitutional Blunder?. *The John Marshall Law School Review of Intellectual Property Law*, 2006, 129.

[24] Marybeth Peters,Section 115 Reform Act (SIRA) of 2006,Statement of Marybeth Peters the Register of Copyrights before the Subcommittee on Courts, the Internet, and Intellectual Property, Committee on the Judiciary, United States House of Representatives, 109th Congress, 2006,2.

[25] Maureen Daly. An Analysis of the American and European Approaches to Trade Mark Infringement and Unfair Competion by Search Engines. E. I. P. R, 2006:413-417.

[26] NMPA, DiMA and RIAA Express Optimism for Passage of Landmark Digital Music Copyright Legislation,June 8, 2006.

[27] Olufunmilayo B. Arewa, SYMPOSIUM: the Ten Years of the Trips Agreement:Trips and Interllectual Property Frameworks. *Marquette Intellectual Property Law Review*, 2006(10).

[28] Paul Ganley. Google Book Search: Fair Use, Fair Dealing and the Case for Intermediary Copying. *Journal of Internet Law*,2006(10): 8-22.

[29] Paul J Heald. Transaction Costs and Patent Reform. *Santa Clara Computer and High - Technology Law Journal*,2007,23(3):447.

[30] Peter S. Menell. A Method for Reforming the Patent System. *University of Michigan Law School Michigan Telecommunications and Technology Law Review*, 2007,487.

[31] Robert C. Piasentin. Congestion Externalities and Extended Copyright Protection. *The Georgetown Law Journal*,2006,94(4):1065-1086.

[32] Ruth Okedij. Toward an International Fair Use Doctrine. *Columbia Journal of Transnational Law*, 2005,139:174.

[33] Sanford G. Thatcher. Fair Use in Theory and Practice: Reflections on Its History and the Google Case. *Journal of Scholarly Publishing*, 2006(4).

[34] The Trademark Dilution Revision Act of 2006: Prospective Changes to Dilution Definition, Claim Analyses, And Standard of Harm. 6. J. High Tech. L. 249. 2006.

[35] William Landes & Richard Posner, The Economic Structure of Intellectual Property Law. Harvard Univ. Press, 2003:486.

[36] William W. Fisher III, Promises to Keep: Technology, Law, and the Future of Entertainment. Stanford, Calif. : Stanford Univ. Pr. , 2005.

开放存取运动及其研究进展*

方卿　徐丽芳**

（武汉大学信息管理学院，武汉，430072）

学术出版是科学信息交流的一个基本环节，图书、期刊和研究报告等学术出版物是科学信息交流的基础载体。学术出版物载体形态及学术出版活动组织形式的发展变化对科学信息交流效率和效益的提升都会产生重大影响。现行的以学术期刊为主流媒体的科学信息交流方式是建立在传统纸介质出版技术基础之上的。20世纪90年代万维网技术的兴起导致了一种全新的学术出版方式——开放存取出版的产生。在过去的十几年间，开放存取业已从少数人的理想信念和试验行为发展成为各国政府、学术界、图书情报界和出版界共同关心的重要课题。这种以新技术驱动的全新学术出版方式的产生和发展不仅将彻底改变现行的学术出版组织与管理模式，而且还将导致现行科学信息交流方式的彻底变革。本文拟对迄今为止与开放存取相关的主要问题做一个简要的回顾与梳理。

---

*　本项目得到了国家社科基金项目"基于数字出版的科学信息交流系统机制创新研究"（06BTQ010）、教育部新世纪人才支持项目（NCET）、教育部科技发展中心"网络时代科技论文快速共享"项目和武汉大学人文社会科学研究海外追踪计划项目的资助，特此感谢。在本研究中，博士生冯蓓参与了资料的收集整理工作。

**　方卿，管理学博士，武汉大学信息管理学院教授、博士生导师、副院长，《出版科学》杂志主编。研究方向为科学信息交流和出版营销管理。

徐丽芳，管理学博士，武汉大学信息管理学院副教授，出版科学系副主任。研究方向为数字出版、国外出版业研究和科学信息交流。

一、开放存取运动沿革

(一) 开放存取运动产生的背景

从 1665 年第一种学术期刊《哲学学报》 (*Philosophical Transactions*) 的诞生开始,基于学术期刊的纸介质科学出版系统得以逐步确立。这种延续了 300 多年的科学出版系统虽然由于出版时滞、订阅费用不断提高等问题也先后遭到一些非议,但是,它在科学信息交流体系中的核心地位却始终没有动摇。直到 20 世纪末,由于技术的驱动,人们对新的学术出版方式的期待才在某些个人或组织基于互联网学术出版的探索中得到部分实现。开放存取进而逐步成为学术界、出版界和图书情报界共同关注的课题。概括起来讲,导致开放存取运动兴起的社会背景,至少有以下两个方面:

一是学术出版垄断程度的不断提升、学术出版物价格的攀升以及学术出版商业色彩的不断强化,进一步削弱了基于现行出版系统的科学信息交流的有效性,现代学术出版业离科学信息交流的初衷渐行渐远,甚至大有背离促进学术交流初衷的态势。这是促使人们寻求替代方案的重要背景。

近十多年来,经过大量兼并收购逐渐取得市场垄断地位的学术出版商,持续提高期刊价格以攫取高额利润,加上图书馆经费缩减使得始于 20 世纪 70 年代的 "学术期刊危机" (Serial Crisis) 愈演愈烈,图书馆没有足够的财力购买和为读者提供科学研究所需的文献信息,从而影响了进一步的科学研究和教学活动①。被广泛引用的美国研究型图书馆协会 (Association of Research Libraries,ARL。下文简称 ARL,其他有英文缩写的专有名词用法同此) 的统计数据清楚地表明了这一点。与 1986 年相比,2004 年期刊平均价格涨幅为 188% ,美国研究型图书馆用于购买期刊的费用涨幅高达

---

① K. Frazier. The Librarians' Dilemma - Contemplating the Costs of the "Big Deal". *D-Lib Magazine*, 2001 Vol. 7 No. 3. http: //dx. doi. org/10. 1045/march2001-frazier (访问日期: 2006/3/4).

273%；而面对品种不断增加的期刊市场，美国研究型图书馆 2004 年订阅的期刊种数只比 1986 年增加了 44%①。

Stevan Harnad 曾指出，学术期刊论文的作者与商业性图书杂志的作者不同，前者主要为了扩大在研究领域的影响（research impact）而发表论文，后者写作和出版的主要目的之一是获取稿酬或版税。因此，从作者的角度来看，给获取论文人为设置障碍的做法，如收取高昂的期刊订阅费等，就如同向商业广告的受众收费一样，是不合逻辑的②。2004 年 8 月初，美国众议院拨款委员会通过了一个法案，表达了对公众难以获得研究成果的现象，以及期刊涨价问题的关注。该委员会指出，这些现象"与资助这些研究的美国纳税人的根本利益相背"③。正如毛庆祯所指出的，从理论上来说，由政府和纳税人资助的研究活动，其成果不应该由私人拥有或控制④。

不仅如此，这一经济原因对于阻碍发展中国家用户存取数字资源的影响更加明显。一些学者相信实施开放存取对于缩小发展中国家和发达国家的信息鸿沟，让发展中国家以较低价格获取数字期刊有着重要意义。2002 年国际科学出版物供应网络（International Network for the Availability of Scientific Publications，INASP）的调查发现，无论是商业出版社还是非营利出版商，他们都很乐意以开放方式促进发展中国家用户对文献信息的存取，而且其中的大部分出

---

① ARL. Monograph and Serial Expenditures in ARL Libraries, 1986-2004. http：//www. arl. org/stats/arlstat/graphs/2004/monser04. pdf（访问日期：2006/2/6）.

② Stevan Harnad. The Self-archiving Initiative：Freeing the Refereed Research Literature Online. *Nature*，2001（410）：1024-1025. http：//www. nature. com/nature/debates/e-access/Articles/harnad. html（访问日期：2006/2/6）.

③ http：//www. 21cbi. com/article/200411/5310. htm（访问日期：2006/4/11）.

④ 毛庆祯. 电子学术出版品的自由化（2002/2/19）. http：//www. lins. fju. edu. tw/mao/works/fiacademic. htm（访问日期：2006/02/06）.

版商参与了一到两项此类活动①。一些研究人员探究了这些行动背后的动机，并指出要向发展中国家的合适的读者公正地、富有成效地提供科学信息所存在的困难。在对一些主要解决方案的优劣进行分析以后，Silver 提出应该采用统一的 3C，即合作（coordination）、全面（comprehensiveness）和透明（clarity）的方式来解决数字资源的存取问题②。其中，非洲的存取问题受到更多关注，因为当地学术期刊的发展对于非洲研究机构的健康发展是十分关键的。Bollag③、Rosenberg④、Panzera and Hutzler⑤ 等许多研究者先后总结了非洲在线期刊的学科范围和发展状况，讨论由 INASP 支持的存取非洲出版的学术期刊的目录和文摘的免费服务的运行情况。

上述这些现象动摇了由"出版商作为学术期刊的出版发行者和图书馆作为学术期刊的服务提供者"⑥ 的学术交流系统的基石，传统学术出版方式受到了前所未有的挑战。克服了经济障碍的开放存取出版取代已不能有效发挥正常功能的传统学术出版方式似乎成了必然的选择。

二是技术因素使然。互联网的普及使得原本高昂的印刷与发行成本降至极低，并极大地提高了科学文献可能的传播范围和传播速度。在这样的背景下，以牟利为首要目标的学术出版商被认为只会阻碍学术交流。于是，学术界和图书馆界开始质疑传统学术出版发

---

① Pippa Smart. E-Journals: Developing Country Access Survey. *Learned Publishing*, 2003 Vol. 16 No. 2: 143-148.

② Keith Silver. Pressing the "Send" Key: Preferential Journal Access in Developing Countries. *Learned Publishing*, 2002 Vol. 15 No. 4: 91-98.

③ Burton Bollag. East African Universities Will Gain Journal Access in New Online Project. *The Chronicle of Higher Education*, 2001 Vol. 16: A39.

④ Rosenberg D. African Journals Online: Iimproving Awareness and Aaccess. *Learned Publishing*, 2002 Vol. 15 No. 1: 51-57.

⑤ Don Panzera, Evelinde Hutzler. E-Journal Access through International Cooperation: Library of Congress and the Electronic Journals Library EZB. *Serials Review* 30, no. 3 (2004): 176-182.

⑥ 李武. 开放存取期刊. 出版经济, 2005 (1): 55-57.

行体制的合理性。尽管为保证文献质量采取的措施如同行评议等所导致的成本并未消失，转向新的出版传播系统以及维持新系统的正常运行也会引发新的成本，但是正如布达佩斯开放存取倡议（Budapest Open Access Initiative，BOAI）所指出的，随信息传播技术（Information Communication Technology，ICT）而来的挑战学术出版商垄断地位的可能性促使"专业学会、大学、图书馆、基金和其他人热情地拥抱开放存取这一新模式"①，以创建真正服务于学术的信息交流系统。

可见，正是传统学术出版商业色彩的不断强化和现代信息技术的迅猛发展，直接导致了基于纸质载体的传统学术出版业的衰微和基于互联网的现代学术出版方式——开放存取出版的兴起。

（二）开放存取运动的发展历程

尽管 20 世纪 70 年代就有一些预印本数据库问世，如高能物理领域的斯坦福公共信息检索系统（Stanford Public Information Retrieval System，SPIRES），而且早在 1971 年，Michael Hart 就创建了旨在"让全世界所有人都能够自由地获取为数众多的著名重要文献"的古登堡计划②，但是大多数学者更倾向于认为"开放存取"和"开放存取运动"是个较新的概念，只可追溯到上世纪 90

---

① Budapest Open Access Initiative. http：//www. soros. org/openaccess/read. shtml（访问日期：2006/1/17）.

② 古登堡计划（Project Gutenberg）是由 Michael Hart 在 1971 年 7 月发起的，是一个以自由的和电子化的形式，基于互联网，大量提供版权过期而进入公有领域书籍的一项协作计划。最初的书籍都是英文的，到目前已经有超过 25 种语言的书籍。它所有书籍的输入都是由志愿者来完成的。Michael 希望到 2015 年可用书籍能达到一百万本。据报道，到 2003 年 10 月，其志愿者人数也超过了 1000 名。古登堡计划首先将书籍通过扫描数字化，然后交由两个不同的志愿者校对两次。如果原来的书籍质量很差，例如书籍太古老，那么还会通过手工进行逐词的录入。Project Gutenberg Official Home Site. http：//promo. net/pg/（访问日期：2006/1/19）.

年代初①。

1987 年，锡拉丘兹大学研究生 Michael Ehringhaus 创办了免费同行评审电子期刊《成人教育新视野》（*New Horizons in Adult Education*），它几乎具备了今天所谓开放存取期刊的全部元素。1991 年万维网的发明导致了电子信息的爆炸性增长，更多免费的同行评审电子期刊问世了，如 Edward M. Jennings 于 1991 年创办的《E 期刊》（*Ejournal*），1989 年创办，三年后成为免费同行评审电子期刊的《公共存取计算机系统评论》（*The Public-Access Computer Systems Review*），等等。除此之外，还出现了若干电子印本仓储（e-print archives），较早的如由物理学家 Paul Ginsparg 建立的高能物理领域的印本仓储 arXiv. org 等。这些新型出版形式的共同特征就是提供对电子出版物的免费存取，因此这种科学信息发布方式逐渐被称为"开放存取出版"。

在随后的几年间，又陆续创立了数百种开放存取期刊，但是半数以上都中途夭折了，还有许多每年只发表少量文章②。1999 年，Harold Varmus 博士提议建立一个生物医学领域的开放存取网站，发布该领域经过同行评议和未经同行评议的论文，公共医学中心（PubMed Central，PMC）由此诞生。由于应者寥寥，2001 年初 Varmus 博士牵头成立了由科学家和研究人员参与和管理的非营利组织科学公共图书馆（Public Library of Science，PLoS），宣布他们撰稿、审稿、编辑及校阅的对象只限于那些出刊六个月后免费将论文提供给社会大众自由使用的期刊。但是在刚开始的两三年间，该项目似乎也并未达到倡议者的预期目标。总而言之，在开放存取出现后的十多年里，尽管也有一些成功的典范，如关于互联网研究的

---

① Marta Mestrovic Deyrup, Martha Fallahey Loesch. National and Institutional Policies on Open Access in the United States. *Library and Information Service*, 2005 (5).

② A. Wells. Exploring the Development of the Independent, Electronic, Scholarly Journal. Unpublished Master's thesis, University of Sheffield. http://panizzi. shef. ac. uk/elecdiss/edl0001/index. html（访问日期：2006/2/6）.

《第一个星期一》① （*First Monday*），但是这一阶段的开放存取出版相对于整个科学出版总量来说仍然是微不足道的②。

2001 年 12 月 1～2 日，由开放社会研究所（Open Society Institute，OSI）在布达佩斯召开了一次小型研讨会。在会上，来自不同国家、不同学科领域，持有各种观点的与会者——他们大多拥有从事早期开放存取运动的经验，探讨了如何利用 OSI 等机构的资源来协调各种分散的开放存取计划和方案，集聚所有支持开放存取的力量，以便最终能够在互联网上自由地获取各个学科领域的研究论文。会议的一个重要成果就是 2002 年 2 月 14 日发布的《布达佩斯开放存取倡议》（*Budapest Open Access Initiative*，*BOAI*）。该倡议给出了迄今为止仍被广泛认可和接受的关于开放存取的定义，并提出了两条对经过同行评议的期刊文献实施开放存取的途径，即作者自行存档（self-archiving）和开放存取期刊（open access journals）。截至 2006 年 3 月初，已经有 3,998 名个人和 343 个组织签名响应和声援倡议③。

2003 年 4 月 11 日，在霍华德·休医学研究所（Howard Hughes Medical Institute）位于马里兰州切维柴斯的总部召开了为期一天的会议，一群对科学文献开放存取感兴趣的学者们集合在一起起草了《比塞斯达开放存取出版声明》（*Bethesda Statement on Open Access Publishing*），并于 2003 年 6 月 20 日公布。它明确提出开放存取出版必须满足的两个条件（参见下文：开放存取的涵义）。2003 年 10 月 20～22 日，由德国马普学会（Max Planck Society）发起的包括

① 该刊因为在每月的第一个星期一出版而得名。

② J. C. Guédon. (2001). In Oldenburg's Long Shadow: Librarians, Research Scientists, Publishers, and the Control of Scientific Publishing. Creating the Digital Future: Association of Research Libraries: Proceedings of the 138th Annual Meeting, Toronto, Ontario, URL: http://www.arl.org/arl/proceedings/138/guedon.html （访问日期：2007/8/28）.

③ Budapest Open Access Initiative. http://www.soros.org/openaccess/view.cfm （访问日期：2006/3/5）.

德国、法国和意大利等多国科研机构与基金会参加的"科学与人文知识开放存取大会"（Conference on Open Access to Knowledge in the Sciences and Humanities）在柏林召开，会上依据布达佩斯和比塞斯达提倡的开放存取精神签署了《柏林科学与人文知识开放存取宣言》（Berlin Declaration on Open Access to Knowledge in the Sciences and Humanities），鼓励科学家以开放存取的方式来出版论文。至此，开放存取覆盖的学科范围得以从自然科学领域向人文科学和社会科学领域延伸。

经由布达佩斯、比塞斯达和柏林三个重要的宣言，相关各界人士对于开放存取的内涵和外延有了较为明确和完整的认识。许多国家如英国、美国、加拿大和澳大利亚等国的政府都对开放存取表示了支持。一些国际组织如联合国和国际图书馆协会联合会（International Federation of Library Associations，IFLA）也采取十分积极的姿态推动开放存取运动的发展，前者于 2003 年 12 月发布了《联合国信息社会世界峰会原则宣言》（UN Declaration of Principles）和《联合国信息社会世界峰会行动方案》（UN World Summit of the Information Society Plan of Action），就采纳了关于"开放存取"出版的诸多建议；后者则于 2004 年 2 月发布《IFLA 关于学术文献和研究文档的开放存取声明》（IFLA Statement on Open Access to Scholarly Literature and Research Documentation）。

随着非营利性组织 PLoS 以及营利性组织生物医学中心（BioMed Central，BMC）的开放存取期刊良好的发展势头，一些传统的学术出版商如牛津大学出版社、斯普林格出版集团等纷纷开始部分地采纳开放存取出版的一些做法。一些科研机构、基金会和慈善机构如霍华德·休医学研究所、惠康信托基金（Wellcome Trust）等则承诺将支付其研究人员在开放存取期刊发表论文的费用。还有一些政府机构如英国联合信息系统委员会（Joint Information Systems Committee，JISC）则出资帮助出版商向开放存取出版的方向转移。这些政策与活动有力地支持了开放存取运动的发展。

二、开放存取的涵义

关于"Open Access"这一英文术语，有开放存取、开放获取、开放共享、开放访问、开放近取、开放近用、开放阅览、公共获取等不同的译法①。它大约于 1990 年前后出现在一些文献中，如 1991 年发布的《关于全球变化研究数据管理的政策声明》②（*Data Management for Global Change Research Policy Statements*）。当时它与许多其他术语如公共存取（Public Access）、免费在线学术（Free Online Scholarship, FOS）等并行于世，并且具有类似的实质内涵，即电子文献的免费获取。但是，在 2001 年《布达佩斯开放存取倡议》发布以后，开放存取逐渐取代其他术语而为学术界、图书馆界和出版界人士所广泛接受。

一般认为，开放存取消除了获取学术文献的两个障碍：一是收费，尤其是高收费引起的获取障碍，收费形式包括订阅费、授权使用费等；二是使用许可方面的障碍，比如不许复制、创作派生作品等，大多源于著作权与授权方面的限制③。PLoS 早期关于开放存取的描述"免费获取，无限制使用"简明扼要地抓住了这个概念的实质性内核。但是，更加科学和严密的定义则是通过三个开放存取方面的著名倡议和声明确定下来的。

2002 年 2 月 14 日发布的《布达佩斯开放存取倡议》提出了迄今为止仍被广泛接受的关于"开放存取"的定义，即开放存取是指论文可以在公共网络（Public Internet）中免费获取，它允许所

---

① 莫京. 关于 Open Access 译名的建议. 科学术语研究，2005（2）：52-53.

② U. S. Global Change Research Program. Data Management for Global Change Research Policy Statements（1991）. http：//www. worldagroforestry. org/sites/rsu/datamanagement/documents/Session7/BromleyPrinciples. asp（访问日期：2006/3/8）.

③ Peter Suber. Open Access Overview. http：//www. earlham. edu/ ~ peters/fos/overview. htm（访问日期：2006/1/17）.

有用户不受经济、法律和技术限制地阅读、下载、复制、散发、打印、搜索或超链接论文全文，允许自动搜索软件遍历全文并为其编制索引，允许将其作为软件的输入数据，允许有关它的任何其他合法用途，除非登录、使用互联网本身有障碍。有关论文复制和传播的唯一限制，亦即版权在该领域的唯一作用，就是承认作者的署名权、作者对作品完整性的控制权以及作品被正确地引用。此后众多研究人员和一些从事开放存取相关工作的机构，如开放存取期刊目录（Directory of Open Access Journals，DOAJ）①、ARL②等都基本上采纳了这一定义。

其后，《比塞斯达开放存取出版声明》在开放存取的概念方面有了进一步的限定和明确，提出开放存取出版物必须满足两个条件：①作者或版权所有者向世界范围内的所有用户授予以任意数字媒介免费复制、使用、散发、传播、公开演示其作品，以及制作和传播衍生作品的永久性的和不可撤销的权利及许可。无论用户出于何种合法目的使用该作品，都应注明作者。此外，用户还可打印少量自用的副本。②以符合特定标准的电子形式出现的完整作品及各种补充材料，包括上述授权声明，在首次出版以后应立即存入至少一个在线仓储，此类仓储应得到赞同开放存取、自由传播、协同工作和长期存档的学术机构、学会、政府部门或其他知名组织的支持（例如生物医学领域的 PMC）。由此可见，这个定义发展了 BOAI 关于开放存取的思想。BOAI 在论述开放存取的实现途径中曾经指出，研究人员只有以一种合乎开放档案倡议（Open Archives Initiative，OAI）标准的方式来典藏论文，那么这些文章才能被搜索引擎找到并成为开放存取知识共同体的一部分，《比塞斯达声明》则明确地将符合某种标准作为认定开放存取对象的必要条件。其次，这个定

---

① DOAJ. Directory of Open Access Journals. http://www.doaj.org/articles/about#criteria（访问日期：2006/2/8）.

② ARL's Office of Scholarly Communication's Position Paper（2005）. Framing the issue: Open Access. http://www.arl.org/ scomm/ open_ access/ framing. html（访问日期：2005/5/12）.

义从长期保存的角度出发，要求开放存取出版物储存在至少一个由非营利性组织支持的在线仓储中。正是在这个意义上，尽管美国斯坦福大学图书馆声誉卓著的高线出版社（HighWire Press）将 11 种期刊在出版后提供同步自由下载，将 109 种期刊出版一段时间后提供自由下载，但仍被质疑为不是真正意义上的开放存取出版，因为这些文献没有提交第三者典藏①。最后，这个定义指出只有作者或版权所有者预先将前述使用权授予所有用户，该出版物才能真正被开放存取。这一关于开放存取的更加明确的定义也得到了广泛认可，开放存取的重要文献《柏林科学与人文知识开放存取宣言》和 IFLA 支持开放存取的声明都基本上沿用了它，认为开放存取文献应该满足前述两个条件②。

概而言之，上述三个重要文献关于开放存取本质的表述是一致的，即必须对读者免费，而且读者的权限应远远超过传统意义上的合理使用（fair use）。因此有学者（如 Peter Suber）将三者关于开放存取的表述统称为"3B 定义"③（Budapest-Bethesda-Berlin or BBB definition）。但是具体来看，三者关于开放存取的看法也有微小的差别，例如《比塞斯达声明》和《柏林宣言》都明确许可读者拥有作品的演绎权，而《布达佩斯倡议》则未加规定。另外，是否允许将开放存取作品用于商业用途，则三个声明都未明确说明，这些无疑为开放存取实践留下了更大的操作与发展空间。

从上述定义我们不难总结开放存取的一些主要特征：首先，关于开放存取的前提。就像 OSI 所指出的那样，电子出版或曰数字出

---

① 毛庆祯. 电子学术出版品的自由化（2002/2/19）. http：//www. lins. fju. edu. tw/mao/works/fiacademic. htm（访问日期：2006/02/06）.

② IFLA. IFLA Statement on Open Access to Scholarly Literature and Research Documentation. http：//www. ifla. org/V/cdoc/open-access04. html （访问日期：2006/1/17）.

③ Peter Suber. Praising Progress, Preserving, Precision. *SPARC Open Access Newsletter*, 2004 （77）. http：//www. earlham. edu/ ~ peters/fos/newsletter/09-02-04. htm#progress（访问日期：2006/3/5）.

版是开放存取的必要条件①。印刷时代也许已经萌芽了开放存取的思想，但是开放存取的实现则必须以数字出版和互联网的普及为前提。其次，关于开放存取的对象，正如 BOAI 提到且在 ARL 的开放存取定义中明确指出的那样，是不为获取稿酬和版税而写作的学术论文（works that are created with no expectation of direct monetary return）。至于论文是否一定要是"同行评审文献"，如同 Peter Suber②、黄凯文③等研究者认为的那样，则是有疑问的。尽管许多文献在这一问题上不无含混和矛盾之处，但是 BOAI 的界定是有指导意义的：开放存取文献主要包括经同行评议的期刊文献，但也包含未经评议的印前论文。显然，也只有这样才能涵盖预印本仓储这样的开放存取实践活动。再次，关于开放存取的服务对象，是全世界范围内的任何人，只要不是出于非法目的就可以免费使用开放存取文献。最后，对于开放存取出版物，作者主要保留著作权中的部分人身权利，包括署名权和保持作品完整性的权利；至于使用权、修改权和演绎权等则在出版的同时无偿地授予全世界所有的合法使用用户——这一点也是学术成果成为开放存取出版物的必要条件。

三、开放存取的相关利益方

（一）政府机构

许多国家都由政府用纳税人的钱来资助和扶持重要的科研工作，因此许多人认为作为纳税人的社会公众有权自由地获取科学论

---

① Jan Velterop. Open Access Publishing and Scholarly Societies：A Guide. New York：Open Society Institute，2005.7：4. http：//www. soros. org/openaccess/pdf/open_ access_ publishing_ and_ scholarly_ societies. pdf（访问日期：2006/2/8）.

② Peter Suber. The Open Access Movement. *Open Access News*，12/26/2002.（访问日期：2006/2/8）.

③ 黄凯文. 网络环境下科学信息资源的公开与共享. 农业图书情报学刊，2005（5）：38-42.

文来了解研究成果①。这也是许多国家政府关注学术出版和开放存取的原因所在。

近年来，英国、美国和欧盟的政府部门都对学术出版展开了全面深入的调查。由于41%的科学论文产生于欧洲，31%的产生于美国，这些调查研究结果将会对全球的学术出版业产生重大影响②。2004年，英国科技委员会（Science and Technology Committee）对科技出版物进行了一项专门调查工作。其目的是了解"学术界对学术期刊的获取情况，尤其是学术期刊的价格和可获得性"。同时，也要求此次调查评估当前向电子出版转移的趋势，可能对学术期刊和科学安全产生的影响③。当年7月，该报告发布。委员会得出的结论是：当前的学术出版模式是不太令人满意的，作者付费的出版模式可能是可行的④。它的一个重要的建议是每个研究委员会（Research Councils）的分支机构为其资助的研究人员设立一笔基金，如果研究人员愿意支付开放存取期刊的作者费用，那么就可以使用该基金。

2004年6月15日，欧盟开始了一项针对欧洲科学出版市场经济与技术变化情况的调查研究。与英国的报告相似，在考虑作者权利和出版者利益的前提下，研究检验了科学出版物的价格和获取问题。

2004年2月，美国国立卫生研究院（National Institutes of

---

① Peter Suber. Open Access Overview. http：//www. earlham. edu/ ~ peters/ fos/overview. htm （访问日期：2006/1/17）.

② Scientific Publishing Is Having to Change Rapidly to Respond to Growing Pressure for Free Access to Published Research. *Economist*, 5th August 2004. http：// www. economist. co. uk/science/displayStory. cfm? story_ id = 3061258 （访问日期：2006/2/17）.

③ http：//www. parliament. uk/parliamentary_ committees/science_ and_ technology_ committee/scitech111 203a. cfm （访问日期：2006/1/19）.

④ http：//www. publications. parliament. uk/pa/cm200304/cmselect/cmsctech/ 399/39902. htm （访问日期：2006/1/19）.

Health，NIH)① 宣布了一个计划草案，该政策要求作者在发表由 NIH 赞助的研究成果的时候，同时将一份文章提交给 NIH 的国家医学图书馆（National Library of Medicine）。文章将被放到一个在线文库内。作者可以决定什么时候该文章对公众开放，但 NIH 的建议是越快越好，最迟也应在文章发表后的 12 个月内向公众开放。NIH 的局长 Elias Zerhouni 说此举将改变生物医学出版领域的现状。这个新政策将从 5 月 2 日起生效，赞同开放科学研究文献的科学家对该政策表示了赞扬。纽约纪念斯隆-凯特林癌症中心（Memorial Sloan-Kettering Cancer Center in New York）主席 Harold Varmus 说"这是一个重要的和正确的步骤，我很高兴这项政策终于制定下来了"。美国国会对 NIH 的提议同样也表示支持②。

另外，早在 2004 年初经济合作与发展组织（Economic Cooperation and Development，OECD）的一次大会上，共有三十多个国家签署了《公共资助研究数据的存取宣言》，承认对研究数据的开放存取有助于提高世界范围内科研系统的质量和效率。

（二）图书馆界

由于开放存取能够大幅度地降低读者获取文献资料的成本，同时也使读者获得资料的时效性大为提高，图书馆无疑是开放存取运动最大的受益者和最有力的支持者之一。1998 年 6 月，ARL 创建了学术出版与学术资源联盟③（Scholarly Publishing and Academic Resources Coalition，SPARC），三年后联盟建立了欧洲分部④（SPARC Europe），目的在于鼓励开放存取期刊或低价学术期刊的出版，从而与商业学术出版商昂贵的同类期刊竞争。SPARC 目前拥有近 300 名机构会员，与之合作的开放存取出版机构和开放存取刊物如 DOAJ、PLoS、BMC、电子印本网络（E-Print Network）、

---

① http：//www. nih. gov/（访问日期：2006/1/19）.

② http：//grants. nih. gov/grants/guide/notice-files/NOT-OD-04-064. html（访问日期：2006/1/19）.

③ http：//www. arl. org/sparc/home/index. asp（访问日期：2006/1/17）.

④ http：//www. sparceurope. org（访问日期：2006/1/17）.

《经济学公告》 （*Economics Bulletin*） 和《机器学习研究期刊》（*Journal of Machine Learning Research*） 等。SPARC 还发起组织了一个由 ARL、PLoS、医学图书馆协会（Medical Library Association）、保健科学研究图书馆协会（the Association of Academic Heath Sciences Libraries）、公共知识（Public Knowledge）、OSI 和其他机构组成的旨在促进开放存取发展的工作小组（Open Access Working Group，OAWG）。它开展的一系列活动，如发起纳税人开放存取联合行动（Alliance for Taxpayer Access）；向美国国会和 NIH 写信支持开放生物医学领域的研究成果；向英国下院委员会递交备忘录，为当前学术出版的现状提供证词并建议委员会采取行动支持开放出版等，都产生了很大的影响。

2004 年 2 月，IFLA 发布了《关于学术文献与研究文档的开放存取声明》，承诺将通过大力支持开放存取运动和开放存取出版物来促进全人类对信息的最广泛的获取①。同年 6 月，大不列颠哥伦比亚图书馆协会（British Columbia Library Association）在《关于开放存取的决议》（*Resolution on Open Access*） 中正式宣布将致力于开放存取运动②。不久，加拿大研究图书馆协会（Canadian Association of Research Libraries，CARL）向加拿大社会科学与人文科学研究委员会递交了一份简报，推荐几种新型的和更加有效的学术交流方式③。同年 10 月，苏格兰国家图书馆（National Library of Scotland）的合作伙伴苏格兰战略信息工作小组（Scottish Science Information Strategy Working Group）起草了《关于开放存取的苏格兰宣言》（*Scottish Declaration of Open Access*），并于次年 3 月正式

---

① http：//www.ifla.org/V/cdoc/open-access04.html （访问日期：2006/1/17）.

② https：//mx2.arl.org/Lists/SPARCOAForum/Message/811.html （访问日期：2006/1/19）.

③ http：//www.carlabrc.ca/projects/sshrc/transformation-brief.pdf （访问日期：2006/2/14）.

发布①。

另外，单个图书馆如美国哈佛大学、耶鲁大学、华盛顿大学等的图书馆都在主页上宣传和推荐开放存取的学术交流方式。国内的中科院半导体研究所图书信息中心也在主页上设立了"开放资源中心"栏目，将科研人员常用的开放存取资源进行集中的组织和揭示②。还有一些图书馆则直接投身于开放存取的实践活动，例如，2002 年麻省理工学院图书馆与惠普公司共同开发了 DSpace 系统，该系统迅速发展并很快形成了一个由剑桥大学、哥伦比亚大学等 7 家著名大学直接参与的联合机构仓储。另外，加州大学数字图书馆创建的致力于社会科学和人文科学领域研究成果免费访问的 e-Scholarship 也是一个成功的机构仓储，并且它还尝试在仓储内部引入另一种开放存取出版方式，即经过同行评审的开放存取期刊。

（三）学术界

1. 研究人员

研究人员在选择期刊投稿时会考虑很多因素。刊物的质量和声望、发行量、影响力等都是作者要考虑的。另外出版的速度，是否被二次文献（文摘和索引）收录，也是研究人员所看重的③。

由于开放存取出版消除了价格障碍，能够让更多读者阅读和利用论文，因此它对于扩大研究人员和研究成果的影响是有积极意义的。这是许多作者比较容易接受开放存取期刊的一个根本原因。Lawrence 对计算机科学领域实施开放存取的会议论文所作的调

---

① http：//scurl. ac. uk/WG/SSISWGOA/declaration. htm（访问日期：2006/2/14）.

② http：//lib. semi. ac. en：8080/tsh/（访问日期：2006/1/19）.

③ Rowlands I. , Nicholas D. , Huntington P. Scholarly Communication in the Digital Environment：What do Authors Want? Findings of an international survey of author opinion. London City University, 2004. http：//ciber. soi. city. ac. uk/ciber-pa-report. pdf（访问日期：2006/2/17）.

查①，以及 Antelman 针对更广泛的学科领域进行的类似研究都证明了这一点②。

还有一些作者则站在更为自觉的立场，认为选择开放存取出版是向学术研究核心价值观的回归，即必须通过鼓励学术信息交流而非限制学术信息传播来促进学术研究的发展③。2004 年为网络信息联合会（Coalition for Networked Information，CNI）所作的针对高校作者的调查也显示，87% 的被调查者认为，开放存取出版最吸引人的是它对所有读者开放以及由此带来的论文发行量④。当然，不同学科的情况有所不同。也有一些非常专深的学科领域，其作者更关心其研究成果被少数卓有成就的同行所看重（Rowlands，2004）。

反过来看，由于作者一般也是该学科领域的读者，他们更容易理解开放阅览对科学发展的重要作用。在对科学顾问委员会（Science Advisory Board）成员所做的调查中，14，000 名被调查者中有 80% 的人认为，由于种种原因无法获取是文献搜索过程中最令人沮丧的事情⑤。

由于上述正反两方面的原因，因此，尽管对作者而言通过开放存取期刊发表论文可能需要缴纳一定费用，但是一方面大多数作者可以通过研究基金或由所属机构来解决费用问题；另一方面，对于

---

① Lawrence, Steven. Online or Invisible? . *Nature*, 2001, 411 (6837): 521. http: //www. neci. nec. com/ ~ lawrence/papers/online-nature01/ （访问日期：2006/ 1/4）.

② Kristin Antelman. Do Open-access Articles Have a Greater Research Impact?. *College & Research Libraries*, 2004 Vol. 65 No. 5: 372-382.

③ Key Perspectives Ltd (2004) . JISC/OSI Journal Authors Survey. http: // www. jisc. ac. uk/uploaded_ documents/JISCOAreport1. pdf （访问日期：2006/1/4）.

④ Roger C. Schonfeld, Kevin Guthrie. What Faculty Think of Electronic Resources 2003: Project Briefing: *Spring 2004 Task Force Meeting.* http: // www. cni. org/tfms/2004a. spring/abstracts/PBwhat- guthrie. html （访问日期：2006/ 1/4）.

⑤ Science Advisory Board 2004. Scientists Frustrated with Limited Access to Full Text Documents. http: //www. scienceboard. net/community/news/news. 214. html （访问日期：2006/1/4）.

式，那样也许会使我们的出版项目面临危险。"而 ACS 更加不愿意看到的是，开放存取出版还可能危及它用出版收入支持其他活动（Rovner，2004）。① 另外，电气工程师学会（Institution of Electrical Engineers，IEE）也对科技委员会呼吁学术出版商采用开放存取出版模式的报告《科学出版：对所有人免费?》（*Scientific Publications：Free for all?*）表示了强烈的保留态度，并提到了作者付费模式的三种缺陷②。此外，来自美国微生物学会（Society for Microbiology）、美国物理学会（American Physical Society）、美国血液学学会（American Society of Hematology）的反应就更为冷淡。美国实验生物学学会（Federation of American Societies of Experimental Biology）联合会总裁 Paul W. Kincade 针对这项运动对《科学家》（*The Scientist*）杂志说他讨厌"被强迫做任何事情"。

总的来说，学会出版商往往乐于采用更加灵活的出版方式。例如，美国生理学学会（American Physiological Society）规定，作者如果向《生理基因》（*Physiological Genomics*）杂志缴纳 1,500 美元，那么论文一经发表就可以被自由存取；如果作者不交费，那么读者只能通过订阅来获取论文，或者经过 12 个月的禁止期（embargo）以后再提供开放存取。到 2004 年，大约有 10% 的作者同意付费③。另外，在 2004 年 11 月 15 日的一场新闻发布会上，美国物理研究院（American Institute of Physics）也宣布它的三种期刊开始尝试可选的开放存取出版模式。数学统计研究院（Institute of Mathematical Statistics）理事会则决定将它四种期刊的所有文章都放入 arXiv 供读者免费阅读。

---

① http：//www. iee. org/News/PressRel/z21jul2004. cfm（访问日期：2006/2/8）.

② House of Commons Science and Technology Committee. Scientific Publications：Free for all? www. publications. parliament. uk/pa/cm200304/cmselect/cmsctech/399/399. pdf（访问日期：2006/1/28）.

③ Walt Crawford（2004a）. Cites and Insights, November 2004. http：//cites. boisestate. edu/civ4i13. pdf（访问日期：2006/1/4）.

（四）出版商

1. 传统商业学术出版商

对出版商而言，开放存取显然是一种挑战。如果从传统的商业模式转变为开放存取模式，那么原来依靠销售所获取的高额利润将不复存在。因此不难理解，大多数出版商对开放存取一直持怀疑和抵制的态度。但是，随着非营利性的高水平开放存取期刊日益增加，随着越来越多的资助机构提供经费用于作者付费的开放存取出版，越来越多的高等教育和研究机构建议研究人员将成果发表在开放存取期刊上，出版商的态度也在逐步发生变化。

有些出版商强调传统编辑过程为学术界提供了必不可少的服务，其专业经验在包括同行评议、权利与许可管理等过程中是十分有价值的。现行学术出版体系的改变意味着学术质量和学术标准的降低，而且将出版费用转嫁到科学家及科研机构头上，最终受害的将是整个科研事业。有些出版商强调他们在科学信息交流过程中创造的附加价值，认为如果出版企业都卷入开放存取活动，整个学术出版业将面临巨大的风险。还有些出版商主张缺乏资金将抑制他们的创新行为，甚至妨碍其履行自己的基本职能。收入不多的小型出版商对此最为焦虑。（Key Perspectives，2004）

另外具有代表性的观点如美国专业与学术出版商协会（Professional and Scholarly Publishing at the Association of American Publishers，AAP）副总裁 Barbara Meredith 所指出的那样，AAP 并不反对开放存取，但是反对政府通过决定研究成果如何出版来干涉自由市场原则①。还有一些出版商联合签署了一封致 NIH 的信以表达其异议②。但是迫于压力，越来越多的出版商采取了灵活的策略。他们一边主张任何时候开放存取出版都应只限于研究性文章，

---

① Sophie Rovner. Legislators Back Open Access: U. S. , U. K. Committees Want Publishers to Make Articles Available for Free. *Chemical and Engineering News*, 2004 Vol. 82 No. 30: 12.

② http://www.pspcentral. org/publications/grassroots_ email. doc （访问日期：2006/2/8）.

对于综述、通信、社论等还是可以实行付费存取模式；一边积极尝试向作者提供混合了传统出版模式和开放存取出版模式的选择组合。

施普林格出版公司（Springer）选用了一种称为开放选择期刊（Open Choice journals）的做法，兼容传统的基于订阅的模式和作者付费的模式。这给予了作者更大的选择余地。Springer 怀疑并没有太多人对开放存取出版有兴趣，而开放选择可以证实究竟有多少作者能够接受开放存取这种出版模式①。至于基于订阅的学术期刊，出版社计划根据订阅模式出版的论文数量来逐年调整订阅期刊的价格②。

牛津大学出版社是另一家尝试开放存取的传统出版商。《核酸研究》（*Nucleic Acids Research*，*NAR*）期刊的作者在付费之后，其论文一经发表就可以实现开放存取。*NAR* 也提供了对会员机构的研究人员降低收费的选择。因此，该杂志的收入由作者付费、机构会员费和印刷版订阅费三部分组成。但是到 2005 年，该杂志转变成为完全的开放存取期刊。牛津大学还尝试创办一份全新的开放存取期刊 *Evidence-based Complementary and Alternative Medicine*。

布莱克威尔出版公司（Blackwell Publishing）认为由于它是为学会服务的出版社，因而在采用更为开放的出版模式时面临更大的挑战，因为学会常常用低价获取会刊的方式来吸引会员，因此免费存取也许会导致会员人数减少。到 2006 年为止，Blackwell 将谨慎地尝试名为开放在线（Open Online）的混合系统。作者付费的开放存取文章既可刊登在纸介质订阅期刊里；也可通过出版社的在线期刊平台 Blackwell Synergy 自由获取。在试验期间，作者费用固定在每篇论文 2，500 美元或 1，500 英镑。Blackwell 对在线开放的来稿与其他方式来稿的论文以同样方式处理。但与 Springer 不同的是

① Bobby Pickering (2004). Springer Blasts Open Choice Criticism. *Information World Review*. http：//www.iwr.co.uk/iwreview/1158226（访问日期：2006/1/4）.

② http：//www.springeronline.com/sgw/cda/frontpage/0，11855，1-40359-12-115391-0，00.html（访问日期：2006/2/8）.

它不要求参与在线开放的作者签订移交其文章版权的合约。

自然出版集团（Nature Publishing Group）也对开放存取做出了多种反应。其一是主持了为期数月的关于开放存取的在线论争①。同时它也在尝试多种期刊存取模式，其中最有趣的实验是与欧洲分子生物学组织（European Molecular Biology Organization，EMBO）联合采用开放存取方式，于 2005 年春季创建纯网络版的经过同行评议的《分子系统生物学》②（Molecular Systems Biology）。

剑桥大学出版社则决定在新成立的期刊《神经胶质生物学》（Neuron Glia Biology）上试验开放存取出版模式，即在论文发表后6 ~ 12 个月期间可以免费存取。但是，该杂志在出版社的杂志目录中仍然被列入收费类，而非开放存取类。

长期以来最受学术界和图书馆界诟病的埃尔斯维尔出版公司（Elsevier），它对开放存取的态度也在发生微妙的变化。2004 年，其公共关系部主任 Eric Sobotta 表示公司尽管对英国议会的调查表示欢迎，但却质疑该国政府是否应该实施调查报告的建议并给予资助。Elsevier 声称对英国来说，作者付费的模式成本太高，因为英国的研究人员发表的论文要比他们阅读的论文多。同时，Elsevier 也声称开放存取将为自费出版和各种偏见的发表提供便利，因而将危及学术出版的质量，并破坏公众对科学的信任③。然而，Elsevier 也承认提供开放存取是符合公众利益的。④ 它旗下的《柳叶刀》（Lancet）杂志也正在部分地尝试开放存取的出版方式。

---

① http：//www. nature. com/nature/focus/accessdebate/（访问日期：2006/1/6）.

② http：//www. macmillan. com/07092004emboandnpg. asp（访问日期：2006/1/6）.

③ Elsevier（2004）. *Elsevier's Comments on Evolutions in Scientific*，*Technical and Medical Publishing and Reflections on Possible Implications of Open Access Journals for the UK.*. http：//www. elsevier. com/authored ＿ news/corporate/images/UKST1Elsevier＿ position＿ paper＿ on＿ stm＿ in ＿ UK. pdf（访问日期：2006/2/17）.

④ http://www. thelancet. com/journal/vol364/iss9428/full/ llan. 364. 9428. analysis_and_interpretation. 30166. 1（访问日期:2006/2/8）.

另外一些传统出版商也表达了开放存取其出版物的兴趣，但是他们更关注的是找到一种可行的商业模式。还有些出版商和期刊正尝试使用一种渐进的方式向开放存取过渡，例如生物学家公司（Company of Biologists）、英国医学期刊（*British Medical Journal*, *BMJ*）等。

2. 第三方出版商

开放存取运动发展的另外一个重要现状便是，开放存取期刊开始得到传统的文摘索引服务商，即第三方出版商的认可并成为它们收录的对象。这一点不仅对开放存取期刊本身，而且对广大科研人员都具有十分重要的意义，因为传统文摘索引服务商对开放存取出版物成果的收录即意味着社会评价系统对开放存取出版物的认可。美国鲍克公司（Bowker）和汤姆逊公司科学信息研究所（Institute for Scientific Information, ISI）是世界最著名的两家第三方出版商，它们都向开放存取出版物张开了欢迎的双臂。

鲍克公司已经把开放存取期刊收入其《乌利希期刊指南》。为了让用户找到这些新的学术资源，鲍克公司网站页面上增加了一个"点击开放存取（Click for Open Access）"按钮，以便用户单击就可以直接连到开放存取出版物的全文站点①。

汤姆逊公司的科学信息研究所对此同样给予了极大的关注。不仅在其科学网站（Web of Science）上收录了开放存取期刊，并提供与全文的超链接，其著名检索工具 SCI 截至 2004 年 6 月，收录开放存取期刊已经有 239 种，占 WOS 系统（SCI、SSCI、A&HCI 集成在该系统中）收录期刊的 2.6%，而且它还与 NEC Citeseer 合作建立了一个万维网的引文索引系统来衡量在线论文的影响。

3. 其他

一些眼光敏锐的 IT 公司也看到了开放存取出版模式的潜在价值。例如，Google 利用开放存取文档来充实自身的内容，以扩大用户数量和访问量。2004 年 11 月，Google Scholar 网站开通，以全新

---

① Bowker's Ulrichsweb. com（TM）-The Global Source for Periodicals. http：//www.ulrichsweb. com/ulrichsweb/（访问日期：2006/2/4）.

模式向用户提供网上所有可获得的学术文章，包括期刊论文、学位论文、技术报告等学术文献 ①。Google 鼓励作者和出版机构免费提供其学术论文供其检索。利用 Google 强大的搜索功能，用户可以通过作者姓名、出版物名称、出版日期范围、文章标题等方式检索到相关文献，搜索结果按相关程度排序（方晨，2005）。另外，由雅虎和微软等合作的开放内容联盟（Open Content Alliance），由欧盟、美国国会图书馆和亚马逊联合的百万图书计划（Million Book Project）等也是很有影响的开放存取项目。

四、开放存取的实现途径

BOAI 提出了实现开放存取的两条途径，即自行典藏（Self-Archiving）和开放存取期刊（Open-access Journals）。尽管它指出这并非实现开放存取的仅有途径，并且鼓励人们积极探索从现有科学信息交流体系向开放存取系统转移的其他方式和方法，但是实际上，当前无论是开放存取实现途径的理论探讨还是实践活动似乎都未超出这两者的范畴。例如芬兰学者 Bo-Christer Björk 将开放存取总结为实施同行评审的电子期刊、主题仓储（subject-specific repositories）、机构仓储（institutional repositories）以及作者的个人主页。但根据 BOAI 对自行典藏的描述，后三者恰好列举了迄今为止出现过的自行典藏形式，因此无非是进一步细化了自行典藏的类别。

（一）作者主页（Author Web Sites）

尽管早期就有一些作者利用 FTP 或 Gopher 站点张贴论文，但是直到 20 世纪 90 年代中期以后，万维网上的个人主页作为存放论文的空间才开始变得更加普遍。BOAI 和 Bo-Christer Björk 将其作为开放存取方式看待主要也是基于这样一个现实。当然，个人主页与其他自行典藏方式，如主题仓储和机构仓储相比也有它的缺陷，即其信息不够稳定，而且影响也小，较难被搜索引擎发现。出于这种

---

① http：//scholar. google. com（访问日期：2006/2/8）。

原因，国内的一些学者，则不认可个人主页的自行典藏地位。如吴建中所提出的三种开放式学术交流模式，就不包括作者主页，他认为自行典藏只包括机构库和主题库两类①。其他国内研究者如李武②、方晨③等也持有类似观点。

（二）主题仓储（Disciplinary Repositories or Archiving）

主题仓储的特点就是研究资料的并行出版，这些资料也许是为学术会议或者传统印刷型期刊而写的，但是预先在仓储中发布，有利于更快也更加高效地传播科学研究结果。通常十分看重出版速度，而且在互联网兴起以前就有交换预印本传统的学科领域更容易产生主题仓储。通常的做法是由作者将论文手稿上传到主题仓储中，这样可以大大地降低维护成本。仓储的管理者一般对上传过程不加干预，只剔除完全不相关的材料。仓储中的论文可以先于其正式出版时间很久就被全球的读者看到，这对于像计算机科学这样发展迅速的学科十分有利。

目前全球最著名的主题仓储是 1991 年 8 月美国洛斯·阿拉莫斯国家实验室（Los Alamos）的 Paul Ginsparg 建立的电子印本仓储（e-print Archiving）arXiv。物理学家在论文正式发表以前将文章的数字版本张贴上去。仓储不接收只提交文摘而没有全文的文章。2001 年后康奈尔大学取代美国国家科学基金会（National Science Foundation）和能源部成为主要的资助、维护和管理者。同时它也由理论高能物理领域的预印本共享仓储转变为涉及物理学、数学、非线性科学、计算机科学和数量生物学（Quantitative Biology）等

---

① 吴建中. 开放存取环境下的信息共享空间. 国家图书馆学刊，2005（3）：7-10。

② 李武. 开放存取出版的两种主要实现途径. 大学图书馆学报，2005（4）：58-63。

③ 方晨. 开放获取：解困"学术期刊危机". 中国教育网络，2005（9）：48-50。

学科的电子印本仓储，并提供 358, 597 篇预印本文献①。研究人员按照一定的格式将论文进行排版后，通过 FTP、Web 和电子邮件等方式按学科类别上传至相应的库中。arXiv 电子印本仓储没有任何先决条件决定某一论文能否进入仓储，也没有任何评审程序，任何人都可以把自己的论文放上去，也可以免费下载其中的论文。不过同行可以对仓储的论文发表评论，与作者进行双向交流。论文作者在将论文提交到 arXiv 电子印本仓储的同时，也可以将论文提交给学术期刊。如果论文在期刊上正式发表，在仓储中相应的论文记录中就会加入正式发表论文的期刊的卷期信息。面向用户，仓储提供完全免费的基于学科的分类检索服务。arXiv 电子印本仓储的建立和发展，在加快科学研究成果的交流与共享，帮助研究人员追踪学科的最新研究进展和避免重复研究工作等方面都发挥了重要作用。ArXi 在全球拥有 18 个镜像站点（李武，2005）。

创建于 1997 年的 CogPrints 是另一个较为著名的主题仓储，它涵盖心理学、神经系统科学、语言学和计算机科学的相关领域②，中国的奇迹文库等也都属于这一类型③。

（三）机构仓储（Institutional Repositories or Archiving）

与主题仓储和开放存取期刊相比，机构仓储是一种较晚出现的开放存取途径。但是大学及其图书馆显然更有能力保证长期而且系统地存取学术资料，因此机构仓储是第三种非常重要的开放存取出版渠道。机构仓储可以收录大学本身的工作文档和学位论文，当然从更长远的角度来看，关键是要能够较为系统地存取大学的优质新产品，如会议论文、期刊论文，等等。对于大学来说，机构仓储本身就是一个出色的营销宣传工具。此外，如果大学仓储能够加入开放存取的合作编目和索引服务，就更加有助于扩大大学在全球范围

① P. Ginsparg. Electronic Publishing in Science. Paper presented at a Conference held at UNESCO HQ, Paris, 19-23 February, 1996, during session *Scientist's View of Electronic Publishing and Issues Raised*, 21 February, 1996. http://arXiv. org/blurb/pg96unesco. html（访问日期：2006/2/8）.

② http://www. cogprints. org（访问日期：2006/4/1）.

③ http://www. qiji. cn（访问日期：2006/4/1）.

内的影响。① 因此，对于在互联网时代必须重新调整和制定其出版政策和图书馆政策的大学院校来说，机构仓储的建设将是它们长远战略目标的一个重要组成部分。

全世界有许多机构建立了机构仓储，它们通常使用由南安普顿大学开发的免费软件 eprints. org。通过它可以创建与 OAI 兼容的文档，它们就能够被 Google 等软件准确定位并搜索到。早期的机构仓储如麻省理工学院的 Dspace，南安普顿大学的 TARD 等。阿姆斯特丹大学的 Digital Academic Repository（DARE）是通过图书馆联盟或者其他组织连接起来的国际性网络。2005 年则被认为是大学建立机构仓储最为活跃的一年，许多大学宣布正式支持开放存取，也有一些大学出台了相关的政策②。

其中佛罗里达州立大学的 D-Scholarship 仓储是一个相对成熟和灵活的系统，为佛罗里达州立大学的各个院系及其研究人员，提供对自己的研究成果和教学资料实施自我存档、自我管理的全面服务。从存储对象来看，D-Scholarship 不仅存储论文的预印本，而且也涉及其他几乎任何基于电子格式的学术内容，包括工作文档、技术报告、会议录、实验数据、电子演示文稿、多媒体文件和简单的网络文献。佛罗里达州立大学的各个院系和研究人员都可以与图书馆签订协议，成为仓储建设的参与者，同时也是仓储服务的使用者。在建设和维护方面，D-Scholarship 强调院系和研究人员的自行提交、自行存储和自行管理的原则，从而使其成本降到最低。而面对用户，D-Scholarship 与 arXiv 电子印本仓储一样，允许研究人员免费访问该仓储的任何资源，其运行费用目前主要由该校的数字图书馆和媒体中心赞助。

关于机构仓储，在 2002 年 Raym Crow 代表 SPARC（The

① Bo-Christer Bjork. Open Access to Scientific Publications：An Analysis of the Barriers to Change? . *Information Research*，2004，Vol. 9，No. 2. http：//informationr. net/ir/9-2/paper170. html（访问日期：2006/1/17）.

② Peter Suber. Open access in 2005. SPARC Open Access Newsletter, 2006 (93). http：//www. earlham. edu/~peters/fos/newsletter/01-02-06. htm（访问日期：2006/3/19）.

Scholarly Publishing and Academic Resources Coalition）所写的《机构仓储的理由：SPARC 的意见书》 （*The Case for Institutional Repositories：A SPARC Position Paper*）中，研究者从它的基本原理、在学术出版领域的作用、创建与维护的成本到仓储的互操作性等问题作了较为全面的论述。2005 年春，网络信息联合会（Coalition for Networked Information，CNI）在其成员机构中展开了调查，以了解机构仓储在美国的发展情况。并且于五月份将调查结果提交给了在阿姆斯特丹召开的开放存取国际会议①。

主题仓储和机构仓储两类仓储的数目增长迅速，2004 年 Tim Brody 的统计是 130 个左右；而由 OAIster 搜索引擎可以找到 250 个左右（Key Perspectives，2004）。时隔两年，这两个数字已经分别上升至 657 个②和 610 个③。

（四）开放存取期刊（Open Access Journals）

早期的开放存取期刊有许多是个人创建的，他们免费使用大学等机构的服务器，并且由志愿者免费提供编辑等服务。20 世纪 90 年代中后期以来，更大规模的开放存取期刊出版活动出现了。

1. 开放存取期刊目录（Directory of Open Access Journals，DOAJ）

随着开放存取期刊数量的日益增长，在 2002 年第一届北欧学术交流大会（First Nordic Conference on Scholarly Communication）上提出要建立一个全面的开放存取期刊目录，以服务全球的学术界和教育界④。最后由瑞典伦德大学（Lund University）图书馆承担了

---

① Clifford A. Lynch, Joan K. Lippincott. Institutional Repository Deployment in the United States as of Early 2005. *D-Lib Magazine*, 2005 Vol. 11 No. 9.

② Registry of Open Access Repositories（ROAR）. http：//archives. eprints. org/? action = home&country = &version = &type = &order = recordcount&submit = Filter（访问日期：2006/3/31）.

③ OAIster Home. http：//oaister. umdl. umich. edu/o/oaister/（访问日期：2006/3/31）.

④ First Nordic Conference on Scholarly Communication. http://www. lub. lu. se/ncsc2002（访问日期：2006/2/17）.

主办和维护开放存取期刊目录 DOAJ 的工作，该目录旨在动态地覆盖所有语种、所有学科经过同行评审的高质量的开放存取期刊。截至 2006 年 3 月，该列表已经收录 2，080 种开放存取期刊（其中有510 种期刊可以以论文为单位进行检索），83，404 篇开放存取论文，涵盖农业与食品科学、生物与生命科学、化学、历史与考古学、法律与政治学、哲学与宗教、技术与工程、艺术与建筑、商业与经济、地球与环境科学、卫生科学、语言与文学、数学与统计学、物理学与宇航学、社会科学等 17 个学科主题领域①。

2. 开放存取期刊的定义及特点

根据 DOAJ 的定义，所谓开放存取期刊，即不向读者或其所属机构收费的学术期刊②。它认为只有当一种学术期刊能够满足BOAI 对开放存取的定义，即读者可以任意地"阅读、下载、复制、散发、打印、搜索或超链接论文全文"，才被认为是开放存取期刊。

一般来说，开放存取期刊具有以下特点③：①必须是学术期刊。所谓学术期刊就是以报道研究发现和研究结果或综述研究结果为主要任务的期刊。②必须采用适当的质量控制机制。所谓质量控制就是利用同行评议（peer-review）或编辑审稿（editorial quality control）等方式来保证刊发论文的质量。③通常由作者保留著作权。④开放存取期刊的出版者可以是非赢利性（如 PLoS, Public Library of Science），也可以是赢利性的（如 BMC, BioMed Central）。⑤开放存取期刊采用与无线电台和电视台类似的收入模式：有兴趣传播内容者支付生产成本，而每一个拥有适当装备的人都可以免费接收内容。因此，开放存取期刊的收入也许来自主办大学或学会的津贴；也许来自论文的版面费，该费用可能由作者自己

---

① Directory of Open Access Journals. http：//www. doaj. org（访问日期：2006/2/17）.

② Directory of Open Access Journals. http：//www. doaj. org/articles/about（访问日期：2006/2/17）.

③ Peter Suber. Open Access Overview. http：//www. earlham. edu/ ~ peters/ fos/overview. htm（访问日期：2006-1-17）.

支付也可能由作者所属机构支付。实际上当前的开放存取期刊中只有不到一半（47%）的期刊是收取版面费，而且在作者及其所属机构支付困难的情况下还可以酌情减免。这一点也许能够修正包括许多研究者①在内，认为开放存取期刊都是由作者付费的一般看法。

3. 重要的开放存取期刊及其出版商

（1）公共医学中心（PubMed Central，PMC）

1999 年春季，前诺贝尔奖获得者、美国国家卫生研究院（NIH）院长法莫斯博士（Harold Varmus）提议建立一个生物医学领域的开放存取网站，出版该领域经过同行评议和未经同行评议的论文。2000 年 2 月，美国国家医学图书馆（NLM，U. S. National Library of Medicine）与 NIH 联手成立了生物医学领域著名的公共仓储 PMC，并由 NLM 下属的国家生物技术信息中心（National Center for Biotechnology Information）负责运行，对符合某一特定标准格式的生物医学方面的论文提供免费的长期存档和检索服务。当时的内容主要来自两份期刊《国家科学院会议录》（*Proceedings of the National Academy of Sciences*）和《细胞分子生物学》（*Molecular Biology of the Cell*）。提供 20 世纪 60 年代中期以来的 1100 多万种生命科学引文，供社会大众无限制地自由检索及取用，并链接至外部的全文及相关资源。由此可见，公共医学中心本身并不能算是出版商。

为了免除收入减少的担心，PMC 允许加盟出版商在论文出版以后 6～12 个月内在把论文存入 PMC 仓储。但还是有许多出版商持反对意见，并游说削减 PMC 的经费。

（2）科学公共图书馆（Public Library of Science，PLoS）

然而，出版商参与公共医学中心的意愿并不高。到 2000 年秋季，公共医学中心面临困境，于是，一群支持开放科学研究成果的科学家，于 10 月份在美国旧金山成立了非赢利机构 PLoS。它的第

---

① 黄凯文，刘芳. 网络科学信息资源"公开获取运动"的模式与方法. 大学图书馆学报，2005（2）：3，38-41。

一个行动是 2001 年初由法莫斯博士草拟了一封公开信，鼓励和呼吁出版商将科学研究的档案文献通过免费的在线公共仓储如 PubMed Central 等提供给公众。来自 180 个国家的 34，000 位科学家共同签署了此信，并宣布当年 9 月 1 日以后，他们写稿、审稿、编辑及订阅对象只限那些出刊六个月后，免费提供社会大众自由使用的期刊。这一倡议获得了一些出版商的响应，他们对自己的出版物制定了更为开放的获取政策；但是总而言之，结果并未完满地达到发起者的预期目标。

2001 年夏，PLoS 已经有意创办自己的开放存取期刊，以便对商业学术出版构成竞争之势，并最终促成出版业的变革。得到戈登与贝蒂·摩尔基金会（Gordon and Betty Moore Foundation）900 万美元的赠款，PLoS 于 2003 年 10 月创办了在开放存取期刊的发展史上具有重要意义的《PLoS 生物学》（*PLoS Biology*）。该期刊是定位于生物学领域高端的开放存取全文期刊，力争赶超 *Science*、*Nature* 和 *Cell* 三大传统生物医学领域的一流期刊。它实施严格的同行评审制度，进行有效的质量控制，退稿率高达 90% 以上。到 2004 年 9 月，ISI 索引数据库已经收录该刊的 400 余篇论文（McVeigh，2004）。为维持期刊的基本运行费用，《PLoS 生物学》采用作者付费模式，目前的定价是每篇研究论文 1500 美元。但 PLoS 明确指出，质量而非支付能力是决定是否出版论文的唯一评判依据。因此，对于来自发展中国家或者没有课题经费的作者，《PLoS 生物学》承诺酌情减免出版费用。另外，《PLoS 生物学》也在积极探索收取机构会员费等其他收入模式。具体做法是根据机构会员缴纳的年费将其分成不同等级，不同级别机构会员的研究人员在 PLoS 期刊发表文章可以享受不同程度的折扣。

在其后的两年内，PLoS 又创办了《PLoS 医学》（*PLoS Medicine*）、《PLoS 计量生物学》（*PLoS Computational Biology*）、《PLoS 遗传学》（*PLoS Genetics*）、《PLoS 病原体》（*PLoS Pathogens*）和《PLoS 临床实验》（*PLoS Clinical Trials*）。PLoS 的期刊都有在线版和印刷版两种。在线版可以在互联网上免费获取；但是其印刷版是收费的，以《PLoS 生物学》和《PLoS 医学》为例，它们

2006 年的订阅费均为 175 美元。

PLoS 的开放期刊一经出版，其论文立即放入 PMC 保存。

（3）生物医学中心（BioMed Central，BMC）

1999 年成立的生物医学中心是一家独立的英国出版公司，提供经过同行评审的生物医学研究资料①。它表明商业性出版社也可以采用开放存取模式来开展出版业务。目前，BMC 出版 130 余种生物学和医学领域的开放存取期刊，少量期刊同时出版印刷版。在 BMC 出版文献的作者拥有文献的版权。所有发表在 BMC 刊物上的研究文章均可随时在网上免费任意查阅使用，以促进科学研究快速有效的发展。

BMC 采用许多传统出版商的做法，例如同行评议、市场推广和促销活动等，都取得了良好的成效（Rowlands，2004）。BMC 文献的出版费用由作者或作者所属的机构承担，视刊物不同支付 575～1655美元不等的论文处理费（article processing charge）②。另外，它也通过广告、大学和基金会等机构的资助来维持财务上的健康运转。惠康信托公司、马普协会、哈佛大学、普林斯顿大学、OhioLINK 等超过 400 个欧美学术机构和资助机构愿意支付出版 BMC 文章所需的费用。2004 年，芬兰和挪威先后成为 BMC 的国家会员，也就是说由它们资助生物医学研究的所有大学、学院、研究所和医院都是 BMC 的会员（Baynes，2004）。

尽管可以免费获取 BMC 开放存取期刊的论文，它的其他附加产品则会收取订阅费。例如《基因生物学》（*Genome Biology*）出版的特约评论则只有订阅者才能获得。其他采用订阅模式的如提供生物学和医学领域文献评价服务的产品 Faculty of 1000 等。为了保证研究论文的永久可获得性，所有 BMC 的论文都至少要保存在 PubMed Central 中。

---

① http：//www.biomedcentral.com（访问日期：2006/3/5）.

② Article-processing Charge FAQ. http：//www.biomedcentral.com/info/about/apcfaq（访问日期：2006/3/5）.

五、开放存取相关技术与标准

开放存取相关技术的研发主要是以开放存取标准为核心进行的技术开发及应用研究，包括标准的建立、维护和推广，内容数据的传递，数据的永久性保存以及如何让普通的搜索引擎挖掘到开放存取的数据资源等多方面的内容。

（一）开放存取标准

由于开放存取出版物分散在不同的开放存取期刊、机构仓储、主题仓储和个人主页等载体上，所以研究人员要找到某一主题的全部开放存取作品是很困难的。为了使互联网上各种开放存取信息能被用户检索到，就必须制定一个协议，以实现对分散在各个信息库中的学术资源进行跨库检索。目前，开放存取运动采用的标准有：开放文档信息系统（Open Archival Information System）、开放档案倡议（The Open Archival Initiative，OAI），元数据编码及传输标准（Metadata Encoding and Transmission Standard，METS）等。其中比较有影响是 OAI。

OAI 是一个旨在加强不同系统间的互操作性的系列标准，其最初目的是为了实现学术性电子期刊预印本的跨库检索。2001 年为加强系统间的互操作性，更加全面准确地获取学术性电子全文资源，OAI 进一步发展了元数据撷取协议（Protocol for Metadata Harvesting，OAI-PMH），从而实现了数据提供者和服务者之间协议的自动解释和转换。在数据可永久获取方面它通过给每个数据资源分配唯一的数字对象标识符来保证用户所创建的书签、链接等信息永久有效，避免出现链接失效。借助 OAI-PMH，发布在网上的学术资料不再受限于系统平台、应用程序、学科领域、国界及语言的限制；而用户也无须知道文档存放在哪个数据库、位于哪个物理地点、或者包含什么内容就可以找到基于 OAI 协议的文档，从而达到广泛流通的目的。因此，OAI-PMH 实际上使用户访问和使用学术信息的方式产生了根本性的改变。

（二）开放存取出版软件系统

目前应用最为广泛的开放存取出版软件是由麻省理工学院图书馆与美国惠普公司合作开发的数字资产存储管理系统 Dspace。它改变了传统存取资料的方法，可以收集、存贮、组织、发布所在机构的期刊论文、技术报告、会议论文、课堂演讲、实验成果等多种类型的学术资料，使得这些珍贵的文献能够以更有效的方式被存取。

伯克利电子出版社（Berkeley Electronic Press，bepress）的内容制作和传播工具是另一种在欧美国家使用较为广泛的开放存取出版软件系统。其他较为常用的开放存取出版软件有：英国南安普敦大学开发的 Eprints，美国加州大学开发的 eScholarship，荷兰国家图书馆等开发的 DARE，由瑞士 Jean-Yves Le Meur 等开发的 CDSware，埃森大学（University of Essen）开发的 MyCoRe，华盛顿大学开发的内容数字管理（Content DM）等。① 还有开放期刊系统（Open Journal System，OJS）则是政府资助开发的免费期刊管理与出版软件，提供给全世界致力于开放存取运动的期刊使用。上述开放存取软件中的绝大多数都是开源软件，而且多数与 OAI 标准兼容。

（三）开放存取搜索引擎

在搜索服务方面，2004 年 11 月全球著名的搜索引擎 Google 发布了专门的网页用于搜索主题仓储、机构仓储和研究者个人网站的学术出版物。② 美国弗吉尼亚州老道明大学（Old Dominion University）数字图书馆研究小组开发的 Arc 也同样实现了普通搜索引擎对 OAI 数据库资源的爬行、下载、索引与检索服务。Arc 目前已经拥有了由 80 个数据供应者提供的超过 100 万条元数据记录。

著名的开放存取文档搜索引擎有 OAIster 和 Citebase 等。③ OAIster 搜索引擎是由美国密歇根大学图书馆推出的数字图书馆服

---

① http：//www.pkp.ubc.ca/ojs/（访问日期：2006/2/11）.
② http：//oaiarc.sourceforge.net/（访问日期：2006/2/11）.
③ http：//oaister.umdl.umich.edu/o/oaister/（访问日期：2006/2/11）.

务产品。到 2006 年 3 月 22 日为止有来自 610 个机构，包括开放存取期刊出版商或开放存取仓储的 7，040，586 条记录，这些记录每周更新。① 万维网搜索引擎 Citebase 则是开放引用项目（Open Citation Project）的成果，它允许用户检索学术论文，并将检索结果按照用户所选择的标准加以显示，例如根据论文或作者被引用或被浏览的次数来排序。

其他可以搜索到开放存取文献的搜索引擎还有不少，如 Elsevier 的 Scirus 也是一个专门的学术资源搜索引擎，可以搜索超过 2.5 亿个与学术相关的网页②；德国比勒费尔德大学图书馆的学术搜索引擎 BASE（Bielefeld Academic Search Engine），到 2005 年 8 月为止存有来自 523 个机构的 5，788，896 条记录③。

六、开放存取中的版权问题

（一）开放存取与版权法

版权法实质上是在保护创作者利益和保护公众利益之间寻求平衡的一种机制。一方面，它通过保护版权所有人的人身权和财产权来鼓励创作；另一方面，它通过"合理使用"等版权豁免方式来保障公众获取信息和知识的权利。但在学术论文这个问题上，作者利益和公众利益几乎不再是一对需要特殊机制来加以调和的矛盾：因为作者的最大利益就是让尽可能多的读者看到他的论文，这和公众的利益是一致的；而不能直接从论文的出版中获取经济利益并不会阻碍作者进一步的研究活动（Sam Vaknin，2006)④。从这个意义上来讲，现行的版权法，或者更确切地说是在现行版权法规定下一些惯例性的做法，如论文作者通常必须将绝大部分版权让渡给出

---

① http：//citebase. eprints. org/cgi-bin/search（访问日期：2006/2/11）.

② http：//www. scirus. com/（访问日期：2006/3/4）.

③ http：//base. ub. uni-bielefeld. de/index. html（访问日期：2006/2/11）.

④ Sam Vaknin. Copyright and Scholarship, part1. http：//www. upi. com/inc/view. php? StoryID = 15022002-015414-4119r（访问日期：2006/3/8）.

版商——就只会同时妨碍作者和公众的利益。

然而，尽管许多开放存取的支持者如 ARL 对传统版权法和包括《数字千年版权法》（*The Digital Millennium Copyright Act of 1998*）①、《索尼博诺版权保护期延长法案》（*Sonny Bono Copyright Term Extension Act*）② 等在内的针对数字作品的版权保护新法规颇有微词（Mary M. Case，2002），但是包括开放存取运动主将 Peter Suber 在内的许多个人和机构也都同意，实施开放存取并无需废除、改革或者触犯现行的版权法（Sam Vaknin，2006）。这其中有促进开放存取发展的策略性考虑；同时也因为开放存取出版与现行版权法并没有根本性的冲突，通过操作层面的调整就可以解决大部分矛盾。

对于开放存取期刊来说，它们一般采取相当开放的做法，通常由论文作者保留版权，当论文原封不动地出现在其他地方时，只要注明来源刊即可。当然，除了作者以外，其他人不允许将内容用于商业用途。因此，一般来说版权问题不会阻碍对开放存取期刊论文的复制和传播。而且目前开放存取期刊使用的版权协议无论对于作者还是期刊来说都是令人满意的。至于开放存取仓储，版权问题要相对复杂一些。传统出版商通常要求排他性地获得论文的几乎所有经济权利。极端的情况比如在芬兰，博士论文通常由作者前期发表在期刊上的四五篇论文为主干构成，那么作者就必须在获得出版商的书面允许以后才能在博士论文中使用这些论文。因此，仓储式开放存取出版实际上面临较大的版权障碍。其中，由于论文预印本的版权在作者手里，因此以收录预印本文献为主的主题仓储面临的版权挑战较小。但是许多出版商还是会对作者有特殊的要求，例如所有向学术出版社（Academic Press）的期刊投稿的作者，必须在其预印本论文的首页注明："此论文已向学术出版社投稿。论文如被

---

① Mary M. Case. Promoting Open Access: Developing New Strategies for Managing Copyright and Intellectual Property. ARL Bimonthly Report, 2002（220）. http://www.arl.org/newsltr/220/access.html（访问日期：2006-1-17）.

② http://www.copyright.gov/legislation/s505.pdf（访问日期：2006/3/4）.

录用，版权可能在不经通知的情况下发生转移，届时此论文将不可再从此处获取。"① 而且在某些情况下，以预印本的方式刊出全文会被某些期刊认为"已经出版（prior publication）"而拒绝发表。而对于机构仓储来说，要收录已经过传统期刊发表的论文就面临更大的挑战，即必须首先获得出版商的许可。许可情况并不算太乐观。在一次对重要学术出版商的调查中，有 33 家同意其论文以一种或者两种方式（预印本或后印本）被收入开放存取仓储中；还有 49 家不同意。这些出版商出版的 7，169 种期刊中，只有 49% 种对公共仓储持肯定态度②。另外，从长远来看，由于在传统的出版模式中版权掌握在出版商手里，因此开放存取的决定权也就控制在出版商手里③。

（二）现行版权法框架中开放存取出版物的版权安排

开放存取的版权法基础是获得版权所有者的授权，或者出版物是公共领域的作品。但是，这并不意味着要求版权所有者放弃所有权，或者将作品归入公共领域。版权所有者可以采用一种更加简单、有效而且应用日益广泛的方式来向所有用户授予对其作品的开放存取权利。帮助实现这种授权的机制如知识共享许可协议（Creative Commons licenses），或许多其他的开放内容许可（open-content licenses）。版权所有者也可以自行创作授权和许可声明并将之附在自己的作品之上。

对于开放存取而言，当版权所有者授权的时候，他授予的是什么样的权利呢？通常他们预先授出的是不加限制地阅读、下载、复制、共享、储存、印刷、检索、链接以及利用自动搜索程序遍历全

---

① Franck Ramus. Re：Academic Press Journal Article Copyright Policy. http：//www. ecs. soton. ac. uk/~harnad/Hypermail/Amsci/0579. html （访问日期：2006/3/31）.

② RoMEO. Rights Metadata for Open Aarchiving Project. http：//www. lboro. ac. uk/departments/ls/disresearch/romeo/ （访问日期：2006/3/28）.

③ Bo-Christer Bjork. Open Access to Scientific Publications：An Analysis of the Barriers to Change？. *Information Research*，2004 Vol. 9 No. 2. http：//informationr. net/ir/9-2/paper170. html （访问日期：2006/1/17）.

文的权利。大多数作者选择保留的权利是保持作品完整性的权利；还有一些权利人禁止出于商业目的再使用作品。最近，Esther Hoorn 等研究者从作者的角度审视了开放存取中的三种版权安排方式，即：作者保留版权，共享版权和让渡部分版权（Esther Hoorn et al 2006）①。

1. 作者保留版权

创办于 1995 年的同行评议开放存取期刊《比较法学电子期刊》（*Electronic Journal of Comparative Law*，*EJCL*）允许作者保留版权，并将再利用限于教育目的。它的版权政策如下：

☆作者保留版权。

☆版权申明中提到可免费用于课堂教学，但是其他利用形式必须获得作者的许可。

☆期刊获得第一出版人的授权许可。

☆作者此后再版论文时有义务注明 *EJCL* 为源刊。

EJCL 的版权政策是较早创办的纯粹电子版开放存取期刊的典型做法。让作者保留版权也省去了期刊编辑处理版权许可的麻烦。

2. 共享版权

知识共享是受开放源代码运动的影响而成立的。它提供各种形式的授权许可，这样创作者一方面可以保护他们的作品，另一方面也能够鼓励用户以特定的方式利用这些作品。

开放存取出版商的典型代表 PLoS 和 BMC 都利用知识共享协议的"署名"许可。这一许可保证了作者的署名权和被正确引用的权利，但同时又允许以多种形式来利用和再利用论文，甚至包括商业目的的使用。这种许可方式可以最大限度地扩大作者和论文的影响。

3. 让渡部分版权

《不列颠医学期刊》和《核酸研究》是两种素负盛名的期刊，

---

① Esther Hoorn, Maurits van der Graaf. Copyright Issues in Open Access Research Journals: The Authors' Perspective. *D-Lib Magazine*, 2006 Vol. 12 No. 2. http://www.dlib.org/dlib/february06/vandergraaf/02vandergraaf.html（访问日期：2006/3/11）.

最近都从传统的出版模式向开放存取方向转移。它们处理版权的做法是论文的版权归于作者，但是作者将所有的商业利用权利转移给了出版商。举例来说，*BMJ* 的作者享有版权，但是出版商享有首先出版权和所有的商业利用权利。如果期刊出于商业目的再版或者再传播该论文，那么作者可以得到一定比例的版税。这样做的好处是，只要不是用于商业目的，那么作者可以以任何方式来利用论文而无需再获得出版商的许可。而且，作者还可以从这种方式中获得收入。这是当前学术出版领域一种非常独特的做法。

（三）　知识共享许可协议和其他开放内容许可协议

现行版权法对于开放存取出版而言，是一种不够有效的制度安排；对开放存取出版更有用的制度安排，是一种可以由作者来选择具体授权方式的版权许可机制，尽可能地扩大作者及作品的影响，同时最大限度地做到资源共享。这就是知识共享许可协议（Creative Commons License）、自由艺术许可（Free Art License）①、GNU 免费文档许可（GNU Free Documentation License）② 等开放内容许可在开放存取过程中被广泛应用的主要原因③。

知识共享简单说来就是一种网络数字作品（文学、美术、音乐等）的许可授权机制④。它是由斯坦福大学数字法律和知识产权专家领导的知识共享组织制定的。它致力于让任何创造性作品都有机会被更多人分享和再创造，以共同促进人类知识和作品在其生命周期内产生最大价值。

与传统版权法"保留所有权利（all rights reserved）"的做法不同，知识共享协议的基本观念是"保留部分权利（some rights reserved）"。知识共享协议机制提供了由四种最基本的授权方式（见图 1）组合而成的 11 种权利许可，这些组合方式构成了从松到

---

①　http：//artlibre. org/license. php/lalgb. html（访问日期：2006/3/4）.

②　http：//www. gnu. org/copyleft/fdl. html（访问日期：2006/3/4）.

③　Lawrence Liang. The Guide to Open Content Licenses. http：//pzwart. wdka. hro. nl/mdr/pubsfolder/opencontentpdf（访问日期：2006/1/19）.

④　Creative Commons 中文 . http：//www. creativecommons. cn/（访问日期：2006/3/31）.

紧的授权限制，给作品的创造者更加灵活便利的选择。

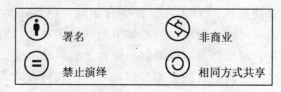

图1　创作公用许可的四种基本受权方式

其中"署名"权保障对作品原始作者的认定，防止剽窃行为的发生。"非商业"禁止出于商业目的对作品的利用和再利用。"禁止演绎"对于利用作品再创作进行限制，避免别人通过断章取义和改头换面来歪曲作者的原意。"相同方式共享"只适用于演绎作品，即要求演绎作品必须采用与原作品同样的授权方式。① 例如甲创作的数字相片采用"非商业"和"相同方式共享"的授权方式。业余抽象拼贴画作者在甲相片的基础上创作的作品必须也提供"非商业"和"相同方式共享"的授权。在这样的授权机制下，才有可能在尊重创作者劳动成果的基础上，有效地进行资源的传播与共享。

从2001年创建开始，知识共享许可协议已经受到越来越广泛的应用。到2005年时，互联网上应用知识共享许可协议的作品已经达到1亿4千万件（包括音乐、电影、教科书、麻省理工学院的开放课件）。② 而开放存取学术出版是知识共享许可协议的一个重要应用领域。

① Choosing a License. http：//creativecommons. org/about/licenses/index＿html（访问日期：2006/3/31）.

② John Willbanks, and James Boyle. Introduction to Science Commons. http：//sciencecommons. org/wp-content/uploads/ScienceCommons ＿ Concept ＿ Paper. pdf（访问日期：2007-08-07）.

参考文献

[1] A. Wells. Exploring the Development of the Independent, Electronic, Scholarly Journal. Unpublished Master's thesis, University of Sheffield. http://panizzi. shef. ac. uk/elecdiss/edl0001/index. html（访问日期：2006/2/6）.

[2] A. C. Weller. (2001). Editorial Peer Review: Its Strengths and Weaknesses. Medford, NJ: Information Today, Inc. , 2001.

[3] A. M. Odlyzko. (1995). Tragic Loss or Good Riddance? The Impending Demise of Traditional Scholarly Journals. *International Journal of Human-Computer Studies* (formerly *International Journal of Man-Machine Studies*), 42, 71-122.

[4] A. M. Odlyzko. (2002). The Rapid Evolution of Scholarly Communication. *Learned Publishing*, 15(1),7-19.

[5] Anderson Rick. (2004) Open Access in the Real World: Confronting Economic and Legal Reality. *College & Research Libraries News*, 65 (4),206-208.

[6] Andrew Berin. (2002). Unbundled Journals: Trying to Predict the Future. *Learned Publishing*, 15,109-112.

[7] ARL. Monograph and Serial Expenditures in ARL Libraries, 1986-2004. http://www. arl. org/stats/arlstat/graphs/2004/monser04. pdf(访问日期:2006/2/6).

[8] Barbara Quint. The Great Divide. *Searcher*, 2004,(12)(2),4-6. http://www. infotoday. com/searcher/feb04/voice. shtml（访问日期:2006/2/6）

[9] Berlin Declaration on Open Access to Knowledge in the Sciences and Humanities. http://www. zim. mpg. de/openaccess-Berlin/berlindeclaration. html（访问日期:2006/1/17）.

[10] Bethesda Statement on Open Access Publishing. http://www. earlham. edu/~ peters/ fos/bethesda. htm（访问日期:

2006/1/17).

[11] Bobby Pickering. (2004). Springer Blasts Open Choice Criticism. *Information World Review*, 20 September 2004. http://www. iwr. co. uk/iwreview/1158226(访问日期:2006/1/4).

[12] Bo-Christer Bjork. Open Access to Scientific Publications: An analysis of the Barriers to Change?. *Information Research*, 2004,9(2) http:// informationr. net/ir/9-2/paper170. html (访问日期:2006/1/17).

[13] Bowker's Ulrichsweb. com (TM) – The Global Source for Periodicals. http://www. ulrichsweb. com/ulrichsweb/ (访问日期:2006/2/4).

[14] Brian Kahin, Hal R. Varian eds. Internet Publishing and Beyond: The Economics of Digital Information and Intellectual Property. Cambridge, MA: MIT Press, 2000.

[15] Bryna Coonin. Establishing Accessibility for E-Journals: A Suggested Approach. *Science &Technology Libraries*, 2004,25(1-2),87-107.

[16] Budapest Open Access Initiative. http://www. soros. org/openaccess/ index. shtml(访问日期:2006/1/17).

[17] Burton Bollag. East African Universities Will Gain Journal Access in New Online Project. *The Chronicle of Higher Education*, 2001, 16,39.

[18] Charles W. Bailey. Open Access Bibliography. http://www. escholarlypub. com/oab/oab. pdf (访问日期:2006/2/8).

[19] Christine Lamb. Open Access Publishing Models: Opportunity or Threat to Scholarly and Academic Publishers? *Learned Publishing*, 2004,17(2),143-150.

[20] Clifford A. Lynch, Joan K. Lippincott. Institutional Repository Deployment in the United States as of Early 2005. *D-Lib Magazine*, 2005, 11 (9). http://www. dlib. org/dlib/ september05/lynch/09lynch. html(访问日期:2007/3/29).

[21] David C. Prosser. The Next Information Revolution—How Open Access Repositories and Journals Will Transform Scholarly Communications. *LIBER Quarterly*, 2004, 14 (1). http://

eprints. rclis. org/archive/00001181/(访问日期:2007/3/29).

[22] David Goodman. The Criteria for Open Access. *Serials Review*, 2004(30), 258-270.

[23] Don Panzera, Evelinde Hutzler. E-Journal Access through International Cooperation: Library of Congress and the Electronic Journals Library EZB. *Serials Review*,2003,30(3),176-182.

[24] Dspace 研究: http://libweb. zju. edu. cn/04/dspace/index. htm (访问日期:2006/1/17).

[25] Edwin A. Henneken. Effect of E-printing on Citation Rates in Astronomy and Physics. *Journal of Electronic Publishing*, 2006,9 (2). http://hdl. handle. net/2027/spo. 3336451. 0009. 202(访问日期:2006/6/21).

[26] EPIC Initiative at Columbia (EPIC) Online Use and Costs Evaluation Program: Final Report. (2004). http://www. epic. columbia. edu/ eval/find12. html (访问日期:2007/8/28).

[27] Esther Hoorn, Maurits Van Der Graaf. Copyright Issues in Open Access Research Journals: The Authors' Perspective. *D-Lib Magazine*, 2006,12(2). http://www. dlib. org/dlib/february06/ vandergraaf/02vandergraaf. html(访问日期:2006/3/11).

[28] Franck Ramus. Re: Academic Press Journal Article Copyright Policy. http://www. ecs. soton. ac. uk/ ~ harnad/Hypermail/ Amsci/0579. html(访问日期:2006/3/31).

[29] Gene Kean. 2005 Pricing Trends for U. S. Society Journals and Ten Recommendations for Pricing 2006 Volumes. 18th Annual Study of Journal Prices for Scientific and Medical Society Journals. http://www. allenpress. com/static/newsletters/pdf/JP-2005-03. pdf # search = % 22Annual% 20Study% 20of% 20Journal% 20Prices%20for%22 (访问日期:2006/7/19).

[30] Guide to Business Planning for Converting a Subscription-based Journal to Open Access, Edition 3. Open Society Institute, February 2004. http://www. soros. org/openaccess/oajguides/

business_planning. pdf（访问日期：2007/8/28）.

［31］ House of Commons Science and Technology Committee. Scientific Publications: Free for All? http://www. publications. parliament. uk/ pa/cm200304/cmselect/cmsctech/399/399. pdf（访问日期：2006/1/28）.

［32］ Ingegerd Rabow. （2004）. The Second Nordic Conference on Scholarly Communication Was Arranged by Lund University Libraries in Lund, Sweden, April 26 – 28, 2004. *ScieCom Info*. http://www. sciecom. org/sciecominfo/artiklar/rabow_04_2. shtml （访问日期：2007/6/3）.

［33］ J. Hyldegaard, P. Seiden.. My E-journal - Exploring the Usefulness of Personalized Access to Scholarly Articles and Services. *Information Research*, 2004, 19（3）. http://InformationR. net/ir/9-3/paper181. html（访问日期：2006/6/23）.

［34］ J. C. Guédon. （2001）. In Oldenburg's Long Shadow: Librarians, Research Scientists, Publishers, and the Control of Scientific Publishing. Creating the Digital Future: Association of Research Libraries: Proceedings of the 138th Annual Meeting, Toronto, Ontario. http://www. arl. org/arl/proceedings/138/guedon. html （访问日期：2007/8/28）.

［35］ Jan Velterop. Open Access Publishing and Scholarly Societies: A Guide. New York: Open Society Institute, 2005, 7, 4. http:// www. soros. org/openaccess/pdf/open _ access _ publishing _ and _ scholarly_societies. pdf（访问日期：2006/2/8）.

［36］ Jeffrey R. Young. （2006）. Book 2. 0: Scholars Turn Monographs into Digital Conversations. *The Chronicle of Higher Education*, 2006. http://chronicle. com/free/v52/i47/47a02001. htm（访问日期：2006/7/19）.

［37］ K. Frazier. The Librarians' Dilemma - Contemplating the Costs of the "Big Deal". *D-Lib Magazine*, 2001, 7（3）. http://dx. doi. org/10. 1045/march2001-frazier（访问日期：2006/3/4）.

[38] Keith Silver. Pressing the "Send" Key: Preferential Journal Access in Developing Countries. *Learned Publishing*, 2002, 15 (4), 91-98.

[39] Kenneth Arnold. The Scholarly Monograph is Dead, Long Live the Scholarly Monograph. *Scholarly Publishing on the Electronic Networks: The New Generation: Visions and Opportunities in Not-for-Profit Publishing: Proceedings of the Second Symposium.* ed. Ann Okerson, 73-79. Washington, DC: Office of Scientific and Academic Publishing, Association of Research Libraries, 1993. http://www. arl. org/scomm/symp2/Arnold. html (访问日期: 2006/3/4).

[40] Key Perspectives Ltd. (2004). JISC/OSI Journal authors survey. http://www. jisc. ac. uk/uploaded_documents/JISCOAreport1. pdf (访问日期:2006/1/4).

[41] Kristin Antelman. Do Open-access Articles have a Greater Research Impact?. *College & Research Libraries*, 2004,65 (5), 372-382.

[42] Linda A. Rich, Julie L. Rabine. The Changing Access to Electronic Journals: A Survey of Academic Library Websites Revisited. *Serials Review*, 2001,27(3-4),1-16.

[43] M. Sosteric, S. Yuwei, O. Wenker. (2001). The Upcoming Revolution in the Scholarly Communication System. *Journal of Electronic Publishing*, 2001, 7 (2). http://www. press. umich. edu/ jep/07-02/sosteric. html(访问日期:2006/6/21).

[44] Mark Ware. E-Only Journals: Is It Time to Drop Print? *Learned Publishing*,2005,18(3),193-199.

[45] Mark Ware. Online Submission and Peer Review Systems. Association of Learned and Professional Society Publishers,2005.

[46] Marta Mestrovic Deyrup, Martha Fallahey Loesch. National and Institutional Policies on Open Access in the United States. *Library and Information Service*, 2005(5).

[47] Martin Frank. A Not for Profit Publisher's Perspective on Open Access. *Serials Review*, 2004(30),281-287.

[48] Martin Frank. Comments to NIH Director Dr. Zerhouni by DC Principles Signatories. http://www. library. yale. edu/ ~ llicense/ ListArchives/0411/msg00006. html(访问日期:2006/1/4).

[49] Martin Richardson, Claire Saxby. Experimenting with Open Access Publishing. Nature Web Focus, 8 April 2004. http:// www. nature. com/nature/focus/accessdebate/12. html (访问日期:2006/1/17).

[50] Martin Richardson, Claire Saxby. Experimenting with Open Access Publishing. Nature Web Focus, 8 April 2004. http:// www. nature. com/nature/focus/accessdebate/12. html (访问日期:2006/1/17).

[51] Mary M. Case. Promoting Open Access: Developing New Strategies for Managing Copyright and Intellectual Property. ARL Bimonthly Report, 2002(220). http://www. arl. org/newsltr/220/access. html (访问日期:2006-1-17).

[52] Morgan Stanley (2002). Scientific Publishing: Knowledge is Power. London: Morgan Stanley Equity Research. www. econ. ucsb. edu/ ~ tedb/Journals/morganstanley. pdf (访问日期:2006/6/23).

[53] Morris S. (2005) The True Costs of Scholarly Journal Publishing. *Learned Publishing*, 2005,18(2),115-126.

[54] P. Ginsparg. Electronic Publishing in Science. Paper presented at a Conference held at UNESCO HQ, Paris, 19-23 February, 1996, during session *Scientist's Vie of Electronic Publishing and Issues Raised*, 21 February, 1996. http://arXiv. org/blurb/ pg96unesco. html(访问日期:2007/5/17).

[55] Peter Suber. Open access in 2005. *SPARC Open Access Newsletter*, 2006(93). http://www. earlham. edu/ ~ peters/fos/newsletter/ 01-02-06. htm(访问日期:2006/3/19).

[56] Peter Suber. Open Access Overview. http://www. earlham. edu/

~peters/fos/overview. htm(访问日期:2006/1/17).

[57] Peter Suber. Praising progress, preserving precision. *SPARC Open Access Newsletter*, 2004 (77). http://www. earlham. edu/ ~ peters/fos/newsletter/09-02-04. htm#progress(访问日期:2006/3/5).

[58] Peter Suber. The Open Access Movement. *Open Access News*. (12/26/2002)(访问日期:2006/2/8).

[59] Peter Suber. The Primacy of Authors in Achieving Open Access. http://www. nature. com/nature/focus/accessdebate/24. html(访问日期:2006/9/15).

[60] Pippa Smart. E-Journals: Developing Country Access Survey. *Learned Publishing*,2003,16(2),143-148.

[61] Raym Crow. The Case for Institutional Repositories: A SPARC Position Paper. http://www. arl. org/sparc/IR/ir. html(访问日期:2006/9/15).

[62] Raym Crow. The Case for Institutional Repositories: A SPARC Position Paper. http://www. arl. org/sparc/IR/ir. html(访问日期:2006/9/15).

[63] Renato Spigler. Peer Reviewing and Electronic Publishing. *High Energy Physics Libraries Webzine* (March 2002). http://library. cern. ch/HEPLW/6/papers/5/(访问日期:2006/6/23).

[64] Richard Gedye. Open Access Is Only Part of the Story. *Serials Review*, 2004(30),271-274.

[65] Richard Gedye. Open Access Is Only Part of the Story. *Serials Review*, 2004(30),271-274.

[66] Richard K. Johnson. (2004). Open Access: Unlocking the Value of Scientific Research. http://www. arl. org/sparc/resources/OpenAccess_RKJ_preprint. pdf(访问日期:2006/9/15).

[67] Richard K. Johnson. (2004). Open Access: Unlocking the Value of Scientific Research. http://www. arl. org/sparc/resources/OpenAccess_RKJ_preprint. pdf(访问日期:2006/9/15).

［68］Robert A. Seal. The Information Commons：New Pathways to Digital Resources and Knowledge Management. Preprint for the 3rd China/U. S. Conference on Libraries, Shanghai, March, 2005.

［69］Robert D. Simoni. Serving Science while Paying the Bills：The History of the *Journal of Biological Chemistry Online. Learned Publishing*, 2005,18(2),127-130.

［70］Robin Peek. Open Access Expands Its Reach. *Information Today*, 2004,21(1),17-18.

［71］Roger C. Schonfeld, Kevin Guthrie. What Faculty Think of Electronic Resources 2003：Project Briefing：*Spring 2004 Task Force Meeting*. http://www. cni. org/tfms/2004a. spring/abstracts/PBwhat- guthrie. html(访问日期:2006/1/4).

［72］Rosenberg D. African Journals Online：Iimproving Awareness and Aaccess. *Learned Publishing*, 2002,15(1),51-57.

［73］Rowlands I. , Nicholas D. , Huntington P. Scholarly Communication in the Digital Environment：What do Authors Want? Findings of an international survey of author opinion. London City University, 2004. http://ciber. soi. city. ac. uk/ciber-pa-report. pdf(访问日期:2006/2/17).

［74］S. Lawrence. (2001). Free Online Availability Substantially Increases a Paper's Impact, *Nature* 411 (31 May 2001). http://www. nature. com/nature/journal/v411/n6837/full/411521a0. html

［75］Sally Morris. Open Access and Not-for-Profit Publishers. *Nature Web Focus*, 19 March 2004. http://www. nature. com/nature/focus/accessdebate/2. html (访问日期:2006/1/19).

［76］Sally Morris. Open Access and Not-for-Profit Publishers. *Nature Web Focus* (19 March 2004). http://www. nature. com/nature/focus/accessdebate/2. html(访问日期:2006/2/17).

［77］Sally. When Is a Journal Not a Journal? A Closer Look at the

DOAJ. Learned Publishing, 2006,19(1),73-76.

[78] Sam Vaknin. Copyright and Scholarship, part1. http://www. upi. com/inc/view. php? StoryID = 15022002-015414-4119r(访问日期:2006/3/8).

[79] Science Advisory Board. Scientists Frustrated with Limited Access to Full Text Documents. http://www. scienceboard. net/community/news/news. 214. html(访问日期:2006/1/4).

[80] Science Advisory Board. Scientists Frustrated with Limited Access to Full Text Documents. http://www. scienceboard. net/community/news/news. 214. html(访问日期:2006/1/4).

[81] Scientific Publishing is Having to Change Rapidly to Respond to Growing Pressure for Free Access to Published Research. *Economist* (5th August 2004). http://www. economist. co. uk/science/displayStory. cfm? story_id = 3061258(访问日期:2006/2/17).

[82] Sophie Rovner. Legislators Back Open Access: U. S. , U. K. Committees Want Publishers to Make Articles Available for Free. *Chemical and Engineering News*, 2004,82(30),12.

[83] Stevan Harnad. The Self-archiving Initiative: Freeing the Refereed Research Literature Online. *Nature*, 2001 (410), 1024-1025. http://www. nature. com/nature/debates/e-access/Articles/harnad. html (访问日期:2006/2/6).

[84] Steven J. Riel et al. Perceived Successes and Failures of Science & Technology E-Journal Access: A Comparative Study. *Science & Technology Librarianship*, 2002 (35). http://www. istl. org/02-summer/article1. html64(访问日期:2006/6/21).

[85] Steven Lawrence. Online or Invisible?. *Nature*, 2001, 411 (6837), 521. http://www. neci. nec. com/ ~ lawrence/papers/online-nature01/(访问日期:2006/1/4).

[86] Swan A, Brown S. Authors and Open Access Publishing. *Learned Publishing*, 2004,17(3),219, 224. http://www. keyperspectives. co. uk/

OpenAccessArchive/Authorsandopenaccesspublishing. pdf（访问日期：2007/3/6）.

[87] The 2003 OCLC Environmental Scan：Pattern Recognition. Dublin，Ohio：OCLC，2004.

[88] Tom Storey. University Repositories：An Extension of the Library Cooperative. *OCLC Newsletter*，2003（7），7-11.

[89] UK Parliament Select Committee on Science and Technology. （2004）. Scientific Publications：Free for All？ http://www. publications. parliament. uk/pa/cm200304/cmselect/cmsctech/399/399. pdf（访问日期：2006/9/6）.

[90] Walt Crawford，2004a. *Cites and Insights*，November 2004. http://cites. boisestate. edu/civ4i13. pdf （访问日期：2006/1/4）.

[91] Wellcome Trust （2003）. An economic analysis of scientific research publishing. http://www. wellcome. ac. uk/en/images/SciResPublishing3_7448. pdf （访问日期：2006/3/4）.

[92] Wellcome Trust （2004）. SQW Limited. Costs and business models in scientific research publishing：A report commissioned by the Wellcome Trust. http://www. wellcome. ac. uk/assets/wtd003184. pdf（访问日期：2006/7/19）.

[93] William E. Kasdorf. *The columbia guide to digital publishing*. New York：Columbia University Press，2003.

[94]曹燕敏. 文献信息传递模式比较与启示. 情报资料工作，2005（4），89-91.

[95]陈传夫. 解决网络与数字图书馆知识产权问题应坚持什么立场. 图书情报工作，2002（12），15-19.

[96]初景利. 开放使用——一种新的学术交流模式. 图书情报工作动态，2004（8），1-8.

[97]黄凯文,刘芳. 网络科学信息资源"公开获取运动"的模式与方法. 大学图书馆学报，2005,2（3），38-41.

[98]黄凯文. 网络环境下科学信息资源的公开与共享. 农业图书情报学刊，2005（5），38-42.

[99] 李春旺. 网络环境下学术信息的开放存取. 中国图书馆学报. 2005,31(1),33-37.

[100] 李丽,张成昱. 开放文档先导及其对学术期刊数字化传播方式的影响. 编辑学报,2004(1),66-68.

[101] 李武,刘兹恒. 一种全新的学术出版模式:开放存取出版模式探析. 中国图书馆学报, 2004(6),66-69.

[102] 李武. 开放存取期刊. 出版经济,2005(1),55-57.

[103] 毛庆祯. 电子学术出版品的自由化. http://www.lins.fju.edu.tw/mao/works/fiacademic.htm(访问日期:2006/02/06).

[104] 莫京. 关于 Open Access 译名的建议. 科学术语研究,2005(2),52-53.

[105] 乔冬梅. 国外学术交流开放存取发展综述. 图书情报工作,2004(11),74-78.

[106] 任胜利. 开放存取(Open Access):现状与展望. 中国科技期刊研究,2005(2),144-146.

[107] 王云才. 国内外"开放存取"研究综述. 图书情报知识,2005(6),40-45.

[108] 杨贵山. 开放式出版:科技出版的未来. 中国图书商报,2004/10/22(3).

[109] 张秀梅编译. Open-Access. 数字图书馆论坛, 2004(6),1-2.

欧美 WTO 研究动态[*]
——以争端解决机制为焦点

余敏友[**]

（武汉大学国际法研究所，WTO 学院，武汉，430072）

一、欧美 WTO 争端解决机制研究概述

WTO 争端解决机制是欧美 WTO 研究中的热点。1995 年以来，瑞士的《世界贸易杂志》（Journal of World Trade）和美国的《国际律师》（International Lawyer）与《国际商业的法律与政策》（Law and Policy in International Business）[①] 等世界性权威刊物均出版过"WTO 争端解决机制"专刊；英国的《国际经济法杂志》（*Journal of International Economic Law*，1998 年创刊）不仅多次出版"WTO 争端解决机制"专刊，最近有人专门将《国际经济法杂志》（1998 ~

＊ 本文获得教育部国家人文社会科学研究重点基地重大项目"WTO 协议在我国实施的重大法律问题研究"（01JAZJD820003）、"新世纪优秀人才支持计划资助"（NCET-04-0661）和 2007 年度武汉大学"海外人文社会科学前沿追踪计划"的资助。

＊＊ 余敏友，教育部国家人文社会科学研究重点基地武汉大学国际法研究所副所长、WTO 学院院长、法学教授、博士生导师。

① 见《国际商业的法律与政策》第 31 卷的春季卷。Law & Policy in International Business 现已更名为 Georgetown Journal of International Law（乔治敦国际法杂志）。

2006）第 1～9 卷所载有关 WTO 争端解决的论文目录予以汇编①，居然多达 118 篇，论文摘要长达 28 页，可见一斑。2002 年根据 WTO 秘书处提议创办的《世界贸易评论》（World Trade Review）杂志也开辟"争端解决角"（Dispute Settlement Corner）专栏。国际法协会国际贸易法委员会出版了"WTO 争端解决机制"长篇研究报告和系列专著；1997 年 4 月成立的"世界贸易法协会"（WTLA，总部在伦敦）自成立以来每年均以"WTO 争端解决机制"为年会主题；日内瓦"全球仲裁论坛"每年也以"WTO 争端解决机制"为中心议题；自 2001 年以来，英国国际法和比较法研究所与美国乔治敦大学法律中心国际经济法研究所，联合举办的 WTO 年会（Annual WTO Conference）②，都以"WTO 争端解决机制"为重要议题。"WTO 争端解决机制"的案例已成为西方出版商竞相出版的畅销书。美国著名 WTO 专家杰克逊教授、胡德克教授（已故），欧洲著名 WTO 专家、前 GATT/WTO 法律顾问、国际法协会国际贸易法分会主席彼特斯曼教授等，发表了大量有关"WTO 争端解决机制"的论文和出版了权威性的专著。

欧美 WTO 争端解决机制的研究文献出现三大特点：③ 第一，法学家关注专家组和上诉机构裁判活动形成的判例及其法律原则，他们鲜活而清晰地分析评述专家组和上诉机构的报告，认真深入地讨论 DSB 裁决对 WTO 及其法律制度，甚至各成员国政策的后果与影响。不仅如此，而且还研究 WTO 争端解决机制对其他国际组织的示范作用。在最近兴起的国际（贸易）法宪法化［the constitutionalisation of international（trade）law］研究热潮中，WTO 争端解决机制一直是一种主要研究对象，被视为推动国际贸易法治和 WTO 体制进一步法律化的关键要素。第二，政治学家和经济学

① Michelle T. Grando, JIEL Articles and Notes Related to WTO Dispute Settlement Volumes 1-9（1998-2006），http：//www. law. georgetown. edu/iiel/documents/ListofJIELDSArticleswithABSTRACT. pdf（2007 年 8 月 22 日访问）.

② http：//www. biicl. org/wto_ conference/（2007 年 8 月 22 日访问）.

③ Thomas A. Zimmermann, *Negotiating the Review of the WTO Dispute Settlement Understanding*, Cameron May（2006），pp. 23-24.

家主要着眼于经验分析和理论分析。经验分析以 WTO 及其前身关贸总协定所受理案件的数据为基础，对争端启动（dispute initiation）、争端逐步升级（dispute escalation）和争端结果（dispute outcomes）等争端解决模式（pattern of dispute settlement）及其各种相关因素进行研究，不仅建立了数据库与模型，而且提出了丰富而又有较强说服力的观点和结论。理论分析则在于探讨构成 WTO 及其争端解决机制理论基础的各种政治经济学概念，常常运用博弈论、法经济分析、国际体制论、国际政治经济学等来研究 WTO 争端解决机制。最后，近些年来对 WTO 争端解决机制的研究越来越呈现出跨学科（interdisciplinary）态势，由政治学家、经济学家和法学家共同参与的 WTO 争端解决机制出版物急剧增加。现在，结合经济、法律和政治三个学科并以 WTO 为主要研究对象的一个新的国际贸易管制学（international trade regulation），正在欧美学者的推动下兴起。

美国纽约大学法学院韦勒（Weiler）教授曾指出："世贸组织的其他任何领域都没有得到比争端解决程序——正如可提出证据加以证明的那样，乌拉圭回合最重要的体制性成果——更多的关注。从 WTO 的角度来看，这不奇怪。'争端解决谅解'（DSU）被称为马拉喀什'历史性协定'（historical deal）的组成部分——对乌拉圭回合全部成果都具有根本性影响。而且，多边争端解决机制的各项规定，在性质上是横向的，它们扩展到各适用协定的全部空间。从学术的角度来看，这也不奇怪。虽然要成为精通全部 WTO 实体法的真正专家日益困难（尽管仍有人主张），但是对 WTO 感兴趣的每个人都是一个假设的争端解决专家——并且这包括那些终于认识到 WTO 的深远重大意义的少数政治学家和那些长期以来关注 WTO 的很多经济学家和政治经济学家以及急剧上升的贸易法专家（其中很多人被金钱的魅力所吸引）……"①

---

① Weiler, J. H. H. *The Rule of Lawyers and the Ethos of Diplomats: Reflections on the Internal and External Legitimacy of WTO Dispute Settlement.* Journal of World Trade, 2001, pp. 191-207.

就有关世贸组织争端解决机制的英文出版物而言，可大体上分成下列几种类型。

（一）基本文件及其解释与评述

1. **The WTO Dispute Settlement Procedures**：**A Collection of the Relevant Legal Texts** by WTO Secretariat（Author），Cambridge University Press；2 edition（2001），p. 156；

2. **WTO Dispute Settlement Understanding**：**A Detailed Interpretation** by Yang Guohua（Author），Bryan Mercurio（Author），Li Yongjie（Author），Kluwer Law International（2005），p. 592；

3. *Understanding on the Rules and Procedures Governing the Settlement of Disputes*：**A Commentary** by J. H. H. Weiler，（Oxford Commentaries on the GATT/WTO Agreements）.

（二）工具书（指南、摘要、索引）

1. 指南或手册

A Handbook on the WTO Dispute Settlement System：**a WTO Secretariat Publication** by World Trade Organization（Author），Cambridge University Press；（2004），p. 234；

Handbook of WTO/GATT Dispute Settlement by Pierre Pescatore（Author），William J. Davey（Author），Andreas F. Lowenfeld（Author），Transnational Pub；Lslf edition（May 1991）；

Guide to Dispute Settlement by Peter Gallagher，Kluwer Law International（2002），p. 148；

2. 摘要

WTO Dispute Settlement：**One-Page Case Summaries 1995-September 2006** by World Trade Organization Legal Affairs Division（Corporate Author），World Trade Organization（2007），p. 144；

WtO/GATT Dispute Settlement：**Digest with Key Words & Summaries** by Pierre Pescatore（Author），Transnational Publishers，Incorporated（1997）.

The WTO Dispute Settlement System：**Legal Maxims**：

Summaries and Extracts from Selected Case Law. The Global Community, 2006, pp. 437-620.

3. 索引

WTO Analytical Index: Guide to WTO Law and Practice, 2nd Edition, Compiled by Legal Affairs Division of World Trade Organization, Cambridge University Press 2007, 2-volume -set, p. 2500.

GATT Analytical Index: Guide to GATT Law and Practice, 6th ed., Geneva: WTO and Bernan Press, 1995, 2 vols..

WTO Appellate Body Repertory of Reports and Awards 1995-2005, 2nd Edition, Compiled by Appellate Body Secretariat, Cambridge University Press (2006).

WTO dispute settlement procedure bibliography prepared by Barbara Monroe. Georgetown University Law Library, 2002, p. 21.

(三) 案例汇编

Dispute Settlement Reports Complete Set, Volumes 1996-2003, Geneva: WTO and Cambridge University Press, 2004;

WTO Dispute Settlement Decisions, World Trade Organization (2007);

WTO Dispute Settlement Decisions: Bernan's Annotated Reporter by Bernan Press (Author), World Trade Organization (Author), James J Patton Esq (Author), Bernan Press (2006), p. 803;

WTO Dispute Settlement Decisions Annoted Reporter, World Trade Organization (2005), p. 465;

The World Trade Organization (WTO) Dispute Settlement Decisions: Bernan's Annotated Reporter by James J. Patton (Editor), Bernan Press (May 2004);

The World Trade Organization WTO Dispute Settlement Decisions: Bernan Annotated Reporter by World Trade Organization; Annotated edition, Bernan Press (2003);

334

The World Trade Organization（WTO）Dispute Settlement Decisions：Bernan's Annotated Reporter by James J. Patton（Author），Bernan Assoc.，Bernan Press（2002）；

The World Trade Organization（WTO）Dispute Settlement Decisions：Bernan's Annotated Reporter Cumulative Index Volumes 1-30/Annotations and Tables Volumes 21-30 by James J. Patton（Author），Bernan Assocc.，Bernan Press（2001）；

The World Trade Organization（WTO）Dispute：Settlement Decisions：Bernan's Annotated Reporter by James J. Patton（Author），Bernan Press（1999），p. 532；

The WTO Dispute Settlement Decisions Reporter by Bernan Association（Author），Bernan Press（1998），p. 515；

The WTO Case Law of **2001** edited by Henrik Horn & Petros C. Mavroidis，Cambridge University Press，2004；

The WTO Case Law of **2002** edited by Henrik Horn，Petros C. Mavroidis，Cambridge University Press，2005；

The WTO Case Law of **2003** edited by Henrik Horn，Petros C. Mavroidis，Cambridge University Press，2006；

La jurisprudence de l'OMC/ The Case-Law of the WTO，1996-1997 edited by Brigitte Stern and Hélène Ruiz Fabri，2004；

La jurisprudence de l'OMC/ The Case-Law of the WTO，1998-1 edited by Brigitte Stern and Hélène Ruiz Fabri，2005；

La jurisprudence de l'OMC/ The Case-Law of the WTO，1998-2 edited by Brigitte Stern and Hélène Ruiz Fabri，2006.

International Trade Law Reports edited by Brendan McGivern，Annual Vol. 1-10，Cameron May.

（四）较有代表性的专著

1. 系统全面研究 GATT/WTO 争端解决机制的著作

The GATT Legal System and World Trade Diplomacy by Robert E. Hudec，Butterworth（1990）；

335

Enforcing International Trade Law: The Evolution of the **Modern GATT Legal System** by Robert E. Hudec, Butterworth (1993);

The GATT/WTO Dispute Settlement System: International **Law, International Organizations and Dispute Settlement** by Ernst-Ulrich Petersmann (Author), Martinus Nijhoff (1997), p. 368;

The GATT/WTO Dispute Settlement System: International **Law, International Organizations, and Dispute Settlement** by Ernst-Ulrich Petersmann (Author), Kluwer Law Intl (1996);

The WTO Dispute Settlement System 1995-2003 by Federico Ortino (Editor), Ernst-Ulrich Petersmann (Editor), Kluwer Law Intl (2004), 607 pages;

WTO Litigation by Jeffrey Waincymer, Cameron May (2002);

Dispute Settlement in the World Trade Organization: Practice **and Procedure** by N. David Palmeter (Author), Petros C. Mavroidis (Author), 2nd Edition Cambridge University Press (2004), p. 348;

WTO: **institutions and dispute settlemen**t ed. by Rüdiger Wolfrum. Max Planck commentaries on world trade law; 2. Leiden [etc.]: Nijhoff, 2006, p. 671.

2. GATT/WTO 争端解决机制专门问题研究

Panels / [prep. by Peter Van den Bossche]. Course on dispute settlement / United Nations Conference on Trade and Development. New York, NY [etc.]: United Nations, 2003, p. IV, 50.

Appellate review / [prep. by Petina Gappah]. Course on dispute settlement / United Nations Conference on Trade and Development. New York, NY [etc.]: United Nations, 2003, p. IV, 41.

Implementation and enforcement / [prep. by Edwini Kessie]. Course on dispute settlement / United Nations Conference on Trade and Development. New York, NY [etc.]: United Nations, 2003, p. IV, 47.

The WTO and International Trade Law/ Dispute Settlement by P. C. Mavroidis (Editor), Alan O. Sykes (Editor), Edward Elgar Pub (2005), 712 pages;

World Trade Without Barriers: The World Trade Organization (WTO) and Dispute Resolution by Frank W. Swacker (Author), Kenneth R. Redden (Author), Larry B. Wenger (Author), Lexis Law Pub (2002);

World Trade Without Barriers: The World Trade Organization (WTO) and Dispute Resolution: 1998 Cummulative Supplement by Frank W. Swacker (Author), Kenneth R. Redden (Author), Larry B. Wenger (Author), Lexis Law Pub (1998);

Key Issues in WTO Dispute Settlement: The First Ten Years by Rufus Yerxa (Editor), Bruce Wilson (Editor), Cambridge University Press; (2005), p. 328;

The WTO at Ten: The Contribution of the Dispute Settlement System by Giorgio Sacerdoti (Editor), Alan Yanovich (Editor), Jan Bohanes (Editor), Cambridge University Press; (2006), 576 pages;

WTO: Law and Process by Mads Tnnesson Andens (Editor), British Institute of International and Comparative Law (2005), p. 542;

WTO Law and Process: Proceedings of the 2005 and 2006 Annual WTO Conferences by Mads Andenas (Editor), and Federico Ortino (Editor), British Institute of International and Comparative Law (2007), p. 420;

Essays on the Nature of International Trade Law by Robert E. Hudec, Cameron May (1999);

The Political Economy of International Trade Law: Essays in Honor of Robert E. Hudec By Daniel L. M. Kennedy (Editor), James D. Southwick (Editor), Robert E. Hudec (Editor), Cambridge University Press (2002), p. 710;

Conflict of Norms in Public International Law: How WTO

Law Relates to other Rules of International Law by Joost Pauwelyn, Cambridge University (2003), p. 554;

Sovereignty, the WTO and Changing Fundamentals of International Law By John Howard Jackson, Cambridge University Press (2006), p. 388;

Consultation Within WTO Dispute Settlement: A Chinese Perspective by Qi Zhang (Author), Thomas Cottier (Author), Peter Lang Publishing; (2007), p. 326;

Participation of Non-state Actors in the Dispute Settlement System of the WTO: Benefit or Burden? by Christina Knahr (Author), Peter Lang Pub Inc; (2007), p. 209;

Non-violation Complaints in WTO Law: Theory and Practice by Dae-won Kim (Author), Peter Lang Pub Inc; 1st edition (2006), p. 301;

Good Faith in the Jurisprudence of the WTO: The Protection of Legitimate Expectations, Good Faith Interpretation and Fair Dispute Settlement by Marion Panizzon (Author), Hart Publishing (2006), p. 396;

Due Process in WTO Dispute Settlement by Philippe Ruttley (Editor), Iain MacVay (Editor), Marc Weisberger (Editor), Cameron May (2001), p. 199;

The Challenge of WTO Law - Selected Essays by Thomas Cottier Author), Cameron May (2006);

Crimes and Punishments: Retaliation under the WTO by Robert Z. Lawrence (Author), Peterson Institute (2003), p. 100;

National Treatment and WTO Dispute Settlement: Adjudicating the Boundaries of Regulatory Autonomy by Gaeten Verhoosel (Author), Hart Publishing (2002), p. 144;

Standards of Review in WTO Dispute Resolution by Matthias Oesch (Author), Oxford University Press (2003), p. 296;

Trade Law Experienced - Pottering about in the GATT and WTO by Jacques Bourgeois Cameron May (2005);

WTO Jurisprudence and Policy - Practitioners' Perspectives, by Marco Bronckers (Editor), and Gary Horlick (Editor), Cameron May (2005);

Peace through Trade, Building the World Trade Organization by Debra Steger, Cameron May (2004);

International Governance in the WTO - Judicial Boundaries and Political Capitulation by Tomer Broude, Cameron May (2004);

Trade and Freedom by James Bacchus, Cameron May (2004);

Interpreting WTO Agreements: Problems and Perspectives By Asif Hasan Qureshi, Cambridge University Press (2006), p. 248;

The WTO as a Legal System - Essays on International Trade Law and Policy by David Palmeter, Cameron May (2003);

The Legal Structure and Functions of the World Trade Order by Frieder Roessler, Cameron May (2000);

A Cross-Section of WTO Law by Marco Bronckers, Cameron May (2000);

Defending Interests: Public-Private Partnerships in WTO Litigation by Gregory C. Shaffer, Brookings Institution Press (2003);

Enforcing International Law: from self-help to self-contained regimes By Math Noortmann, Ashgate Publishing, Ltd (2005), p. 194;

International Dispute Settlement By John Graham Merrills, Cambridge University Press (2005), p. 416;

Third Party Dispute Settlement in an Interdependent World: Developing a Theoretical Framework By Marcel Brus, Martinus Nijhoff Publishers (1995);

The International Economic Law Revolution and the Right to Regulate by Joel P Trachtman, Cameron May (2006);

Enforcing World Trade Rules-Essays on WTO Dispute

Settlement and GATT Obligations by William Davey, Cameron May
(2007);

**WTO Obligations and Opportunities：Challenges of
Implementation** edited by Koen Byttebier & Kim Van der Borght,
Cameron May (2007).

3. WTO 争端解决典型案例研究

**Anatomy of a Trade Dispute - A Documentary History of the
Kodak v_s Fuji Film Dispute by** James P. Durling, Cameron May
(2001);

The Banana Dispute：An Economic and Legal Analysis by Fritz
Breuss (Editor), Stefan Griller (Editor), Erich Vranes (Editor),
Springer; (2004), p. 459;

**International Agricultural Trade Disputes：Case Studies in
North America** By Schmitz, Andrew, University of Calgary Press
(2005), p. 287;

**WTO and NAFTA Rules and Dispute Resolution-Selected
Essays on Antidumping, Subsidies and Other Measures by** Gary
Horlick, Cameron May (2003);

WTO Disputes Anti-Dumping, Subsidies and Safeguards by
Edwin Vermulst and Folkert Graafsma, Cameron May (2002);

Environment and trade：a guide to WTO jurisprudence, *ed. by
Nathalie Magraw and Daniel Magraw*. Earthscan, 2006, p. XX, 370.

4. WTO 争端解决机制与成员国实践

**Transatlantic Economic Disputes：The EU, the US, and the
WTO** by Ernst-Ulrich Petersmann (Editor), Mark A. Pollack
(Editor), Oxford University Press (2004), p. 626;

**The WTO and the regulation of international trade：recent
trade disputes between the European Union and the United States**
by Nicholas Perdikis (Editor), Robert Read (Editor), Cheltenham
(Editor), Elgar (2005), p. XVII, p. 295;

Free world trade and the European Union: the reconciliation of interests and the review of the understanding on dispute settlement in the framework of the World Trade Organization by Antonio Pérez van Kappel (Editor), and Wolfgang Heusel (Editor), Bundesanzeiger, 2000, p. 139;

The WTO in the Twenty-first Century: Dispute Settlement, Negotiations, and Regionalism in Asia by Yasuhei Taniguchi (Editor), Alan Yanovich (Editor), Jan Bohanes (Editor), Cambridge University Press (2007), p. 566;

The United States and the WTO Dispute Settlement System by Robert Z. Lawrence (Author), Council on Foreign Relations Press (2007), p. 41;

World Trade Organization: issues in dispute settlement: report to the Chairman, Committee on Ways and Means, House of Representatives. United States General Accounting Office (2000), p. 121;

The Politics of WTO Dispute Settlement-The Japanese Experience, by Keisuke Iida (Editor), Cameron May (2006);

India at the WTO Dispute Settlement System By Ravindra Pratap, Manak Publications (2004), p. 499;

Ten years of WTO dispute settlement: Australian perspectives by Amanda Gorely (Editor), Office of Trade Negotiations of the Department of Foreign Affairs and Trade, 2006, p. 183;

The WTO Dispute Settlement System and Developing Countries, by Virachai Plasai (Author), Prof Gregory Shaffer (Author), Hakan Nordström (Author), Joost Pauwelyn (Author), ICTSD (2007);

WTO Dispute Settlement: An African Perspective by Trudy Hartzenberg (Editor), Cameron May (2007);

Managing the Challenges of WTO Participation: 45 Case

Studies by Peter Gallagher（Editor）, Patrick Low（Editor）, Andrew L.
Stoler（Editor）, Cambridge University Press（2005）, p. 666.

5. WTO 争端解决机制的改革与发展

**Issues regarding the review of the WTO dispute settlement
mechanism.** T. R. A. D. E. working papers; 1. Geneva: South
Centre, 1999, p. 36;

**Improving WTO Dispute Settlement Procedures - Issues and
Lessons from the Practice of other International Courts and
Tribunals,** by Friedl Weiss（Editor）, Cameron May（2000）;

**Towards a development-supportive dispute settlement system at
the WTO** by Victor Mosoti（Editor）, Sustainable development and trade
issues, ICTSD resource paper; no. 5. Geneva: International Centre for
Trade and Sustainable Development（2003）, p. 108;

**Reform and Development of the WTO Dispute Settlement
System** by Dencho Georgiev（Editor）, and Kim Van der Borght
（Editor）, Cameron May（2006）;

**Negotiating the Review of the WTO Dispute Settlement
Understanding** by Thomas A. Zimmermann（Author）, Cameron May
（2006）, p. 320.

就研究内容来看，主要是 WTO 争端解决机制本身、WTO 争端
解决机制运作、DSU 审查、主要问题等四个方面。

二、世界贸易组织争端解决机制

世贸组织争端解决机制，不仅被世贸组织法定为向多边贸易体
制提供安全及预见性的一种核心要素,① 而且被视为"世贸组织的
最独特贡献"，还被普遍视为迄今为止多边贸易谈判史上的一项最
大成就，实施与执行世贸组织协议的一种最有力的法律保障手段。

---

① 《世界贸易组织争端解决程序与规则谅解》第 3 条第 2 款。

因此，世贸组织争端解决机制被形象地称为"世贸组织皇冠上的明珠"。目前世贸组织成员正在对《世界贸易组织争端解决程序与规则谅解》（Understanding on Rules and Procedures Governing the Settlement of Disputes，DSU）（以下称 DSU）进行评估和审查。

（一）宗旨

一般说来，世贸组织争端解决机制的法律基础主要是 DSU 和其他适用协定（covered agreements）。① 由 27 个条文组成的 DSU，是世贸组织所有成员之间谈判达成的一项有法律拘束力的协定，是世贸组织成员不能挑选接受的多边贸易协定的重要组成部分，是世贸组织强制实施其各项贸易规则的首要手段，也是世贸组织多边贸易体制的支柱之一。

世贸组织争端解决机制在向世贸组织多边贸易体制提供安全及预见性方面起着中心作用。其目的在于保证争端获得积极的解决。DSU 的宗旨是提供一种有效、可靠和规则取向的制度，以便在多边架构内解决因适用世贸组织协定所产生的各种争端。因此，世贸组织争端解决机制：

首先是一种偏爱符合世贸组织协定的相互同意解决办法的制度。即便在专家组阶段，世贸组织也鼓励争端当事各方谋求达成相互满意的解决办法。

其次，世贸组织争端解决机制是一种规则取向的制度（a rule-oriented system）。其所产生的各种建议和裁定，必须旨在实现符合世贸组织协定赋予其成员权利和义务的一种满意的解决［DSU 第 3 (4) 条］。因此，根据世贸组织协定协商与争端解决条款正式提起的争端的所有解决办法，包括仲裁裁决，都必须符合世贸组织协定，而且不得剥夺和损害任何成员根据世贸组织协定所享有的各种利益［DSU 第 3 (5) 条］。

再次，世贸组织争端解决机制是一种旨在保证撤销违法措施的

---

① DSU 主要规定世贸组织争端解决机制的程序和组织方面的规则，而实体方面的规则广泛存在于世贸组织协定的其他法律文件中。

制度。如不能达成一项相互满意的解决办法，世贸组织争端解决机制的首要目标，通常是保证撤销已被确认为违反世贸组织协定的有关措施［DSU 第 3（7）条］。

最后，世贸组织争端解决机制是一种具有高度有效性和可靠性的争端解决制度。高度有效可靠地解决争端，是世贸组织有效运行的关键。为保证其有效性，DSU 规定了详尽具体的程序规则，包括允许一方甚至在另一方不同意的情况下，推动争端解决进程继续进行下去的各种规定［例如：DSU 第 4（3）、6（1）条］。为保证其可靠性，DSU 赋予世贸组织争端解决程序准司法性质（Quasi-judicial nature）。这具体体现在有保障地进入争端解决程序，与争端解决相关的重大问题的所有决策的准自动性，争端解决程序各阶段的严格时间表，上诉审查等方面。

（二）原则

大体说来，世贸组织争端解决机制主要包括六项原则。

1. 多边主义原则

DSU 不仅促进使用多边争端解决制度取代解决贸易冲突的单边主义［DSU 第 23（1）条］，而且对自愿协商、友好调解或仲裁这些传统上主要属于争端当事双方的事务进行多边控制。这种多边制度建立在管理争端的各项原则的基础之上。这些原则不仅根据 1947 年总协定第 22 条和第 23 条形成与发展而来，而且通过 DSU 进一步得到修订和完善［DSU 第 3（1）条］。世贸组织争端解决机制的组织结构，允许所有 WTO 成员或者通过争端解决机构（DSB）或是作为争端的第三方参与争端解决各阶段的活动，因而使世贸组织争端解决机制成为了一种真正的多边制度。在这种制度中，独立而公正的专家对成员之间的争端进行裁判。因此，多边主义原则确保了全体 WTO 成员在 WTO 法、组织机构和各争端中的整体利益。

2. 排他适用原则

世贸组织的各项争端解决规则排他地适用于与世贸组织协定有关的各种争端。世贸组织的各项争端解决规定包括一套国际公认的规则。任一世贸组织成员，只能按照这套规则，对另一世贸组织成员违反世贸组织协定义务、或者剥夺或损害其根据世贸组织协定所享有的各种利益的其他行为、或者阻碍世贸组织协定任何目标实现的措施,采取适当手段,寻求法律救济,包括遵守并执行世贸组织有关争端解决机关所作出的建议和裁定(DSU 第 23 条)。世界贸易组织争端解决机制是世界贸易组织体系内处理贸易争端的排他争端解决制度。DSU 第 23 条规定:

(1)当各成员谋求排除违反适用协定义务的行为及其他丧失或损害或阻碍实现适用协定任何目标的一项障碍时,他们应诉诸且遵守本谅解的各项规则与程序。

(2)在此种情况下,各成员应:①除根据本谅解各项规则和程序诉诸争端解决外,不得对已发生的违法、已蒙受丧失或损害的利益或阻碍实现适用协定任何目标的结果作出决定;并且,应使任何此种决定符合经争端解决机构通过的专家组或上诉机构报告所包括的调查结果,或根据本谅解所作的一项仲裁裁决;②按照第 21 条确定的程序,决定有关成员执行建议和裁决的合理期限;③根据第 22 条所规定的各项程序,确定中止减让或其他义务的水平,经争端解决机构依据这些程序授权中止适用协定下的减让及其他义务,对在合理期限内不遵守建议和裁决的有关成员进行报复。

上述规定无疑有助于限制美国 20 世纪 70 年代中期以来,在解决国际贸易争端中实行的"攻击性单边主义"(aggressive unilateralism)。美国这种"攻击性单边主义"常常借口关贸总协定争端解决制度太慢和不可靠,而把强制实施关贸总协定规则之权操在自己手中。① 这被认为是对美国未来使用 301 条款的一个具有重大意义的限制。鉴于 DSU 建立了一个比关贸总协定争端解决制度更加明确、迅速和具有预定期限的争端解决机制,各成员会乐意首先借助它来解决争端。据认为,虽然美国贸易法 301 条款仍可以由各个公司或行业用来迫使美国贸易代表对所谓的外国不公正贸易行

———————————

① Andreas F. Lowenfeld, Remedies Along with Rights: Institutional Reform in the New GATT, 88 American Journal of International Law (1994) p. 481.

为采取行动，但是该行动应该是提起投诉而不应该是单方面报复威胁或行动。①

3. 统一适用原则

除某些条件和例外情况外，DSU 统一适用于与世贸组织协定有关的所有争端。在对人管辖方面，除援引互不适用条款外，世贸组织争端解决机制只适用于世贸组织成员因解释和适用世贸组织协定的各项规定所产生的政府间争端。在对物管辖方面，在不损害特别或另外争端解决规则和程序的前提下，世贸组织争端解决机制几乎适用于与世贸组织多边贸易体系内所有法律文件有关的任何争端。在对时管辖方面，世贸组织争端解决机制只适用于 1995 年 1 月 1 日世贸组织成立以后，世贸组织成员因解释和适用世贸组织协定所产生的政府间争端。

4. 迅速解决争端原则

DSU 规定，迅速解决一成员认为另一成员所采取的措施正在对其依照世贸组织协定直接或间接享受的任何利益造成的损害，是世贸组织有效运行与维护其成员权利义务适当平衡的必要条件［DSU 第3（3 条）］。众所周知，正义的实现，不仅必须提供公平合理的结果，而且必须迅速及时。迟到的正义就等于非正义。如上所述，DSU 不仅详尽具体地规定了各阶段解决争端的程序规则及其相应的时间表，而且创新性地设立了具有无障碍决策程序的争端解决机构（the Dispute Settlement Body，DSB）来管理 DSU。

5. 发展中成员的特殊与不同待遇原则

给予发展中成员特殊与不同待遇是世贸组织多边贸易体制的一项基本原则，在世贸组织争端解决活动方面对此也有相应规定和具体安排。

6. 继续遵守 1947 年关贸总协定管理争端解决活动的各项原则

DSU 第 3 条第 1 款规定，"各成员确认，遵守在此以前根据

---

① Andreas F. Lowenfeld, Remedies Along with Rights: Institutional Reform in the New GATT, 88 American Journal of International Law (1994) p. 481.

1947 年关贸总协定第 22 条和第 23 条及其进一步制订和完善的各项规则及程序所适用的争端管理的各项原则。"这一原则具有重大意义。第一，它确立了世界贸易组织争端解决机制的基础与 1947 年关贸总协定争端解决制度的历史联系；第二，1947 年关贸总协定在其第 22 条和第 23 条基础上数年来所形成和建立的争端解决实践和惯例，特别是在这两条基础上形成的各种复杂程序和权利义务，继续具有重大指导和参考作用。乌拉圭回合所达成的各种协定均含有明确涉及 1947 年关贸总协定第 22 条和第 23 条的规定。此外，《世界贸易组织协定》第 16 条第 1 款规定："除本协定或各多边贸易协定另有规定外，世界贸易组织得受 1947 年关贸总协定缔约方全体和在 1947 年关贸总协定框架内设立的各机构遵循的决定、程序和习惯做法的指导。"随着世界贸易组织的发展，关贸总协定所采取和发展的处理国际贸易争端与促进多边贸易体系的各种务实可行的政策和方法将继续具有重大价值。

（三）职能

世贸组织争端解决机制的主要职能有四：

1. 向多边贸易体制提供安全及预见性

世贸组织争端解决机制的中心目标是向多边贸易体制提供安全和预见性（DSU 第 3.2 条）。尽管国际贸易被 WTO 理解为 WTO 成员之间货物与服务的流动，但是具体从事贸易的通常不是国家而是私人经营者。这些市场参与者要求适用于它们商业活动的法律、规则和条例具有稳定性和预见性，尤其是当它们在长期交易基础上开展贸易时。DSU 旨在提供一种快速、有效、可靠和规则取向的制度，以解决与适用 WTO 协定条文有关的争端。通过加强法治，争端解决制度使多边贸易体制更加安全和可预见。如 WTO 成员指控没有遵守 WTO 协定，争端解决制度则通过必须立即予以执行的一项独立裁定来对该问题提供相对快速的解决方案。不执行成员（the non-implementing Member）将可能面临贸易制裁。

2. 维护世贸组织各成员的权利和义务

当任一 WTO 成员认为另一 WTO 成员贸易政策措施不符合其

依据 WTO 协定所承担的义务时，它就有权启动 WTO 争端解决机制以挑战该贸易政策措施。如果争端当事各方不能通过协商得到一项相互满意的解决办法，投诉方得到保证，在以规则为基础的程序中，独立机构（专家组和上诉机构）将对其投诉的实体（the merits of its claims）进行审查。如果投诉方胜诉，理想结果是确保撤销被裁定不符合 WTO 协定的措施。补偿与反措施（中止义务）只用于对该项违反 WTO 协定的措施的次要和临时反应。这样，WTO 争端解决制度就为 WTO 成员提供了一种保证它们根据 WTO 协定所享有的权利能得到强制实施的机制。同样，WTO 争端解决制度对于应诉方也很重要。因为它为应诉方提供了为自己辩护的场所，如果应诉方不同意投诉方的投诉。WTO 争端解决制度以这种方式为维护 WTO 成员的权利义务服务。WTO 争端解决机构及其附属专家组和上诉机构甚至于仲裁员的裁定，目的在于反映和正确适用 WTO 协定所规定的权利和义务，它们不得改变可适用于争端当事各方之间的 WTO 法，或者按照 DSU 的用语，不得增加或减损世贸组织协定所规定的各项权利和义务。

3. 根据国际公法解释习惯规则，通过解释澄清世贸组织协定的各项规定

首先，WTO 协定中权利义务的准确范围仅仅从法律文本字面来看并不总是显而易见的。法律条文常常以一般性用语来拟定以便能够普遍适用于各种具体情况，其中并非所有问题都能具体予以规范。因此，某些事实的存在是否导致违反一项具体条文中的法律要件，不是一个总能轻易回答的问题。在绝大多数情况下，只有在解释存在争议的法律条文所包含的法律术语后才能找到答案。

其次，国际协定中的法律条文常常不够明晰，因为它们是多边谈判妥协的产物。在谈判中，各参与者常常通过达成能以一种以上方式理解的文本来调和各种不同立场，以便满足国内各种不同选民的需要。因此，各谈判者可能以各种不同甚至相反的方式来理解某一具体规定。

再次，如同在任何法律环境中各个案件常常要求对有关条文进

行解释一样，DSU 明确规定，WTO 争端解决制度旨在按照国际公法解释习惯规则澄清 WTO 协定的各项规定。这与 WTO 协定第 9.2 条规定的权威解释有三点区别：第一，解释主体不同，权威解释的主体是 WTO 部长级会议和总理事会，争端解决解释的主体主要是专家组、上诉机构和争端解决机构；第二，解释方法不同，权威解释要求部长大会和总理事会（根据相关理事会的建议）以 WTO 成员的 3/4 多数投票通过对多边贸易协定的任何一项解释，争端解决解释要求按照国际公法解释习惯规则（WTO 实践采用《维也纳条约法公约》第 31～33 条）并由争端解决机构以"消极协商一致"方式通过；第三，法律效力不同，权威解释对所有 WTO 成员具有普遍效力（general validity for all WTO Members），争端解决解释的法律效力只可适用于具体争端的当事各方和主题事项，尽管在 WTO 法律和实践中具有事实上的权威性和先例效力。

最后，在行使职权时，世贸组织争端解决机关，不得损害各成员根据世贸组织协定或诸边贸易协定通过决策程序，谋求权威解释各该协定条文的权利，而且所作出的建议和裁定不得增加或减损世贸组织协定所规定的各项权利和义务。这种对争端解决机构通过解释制订新的法律规则的禁止，和明确重申成员国向世界贸易组织请求作出权威性解释的权利，可以说有两个原因。第一，在国际贸易关系中，各国贸易政策决策者普遍认为，国际贸易权利与义务只有通过当事方之间的谈判而不是司法解释才能产生、修改或增减。第二，解释各适用协定条文是世界贸易组织部长大会和总理事会的排他权力。此外，虽然总理事会兼任争端解决机构，但是它在行使解释职权和作为争端解决机构就争端解决作出决定时，采用的决策方法是不同的。

4. 积极解决争端

如前所述，WTO 争端解决制度的目的在于保证争端获得积极的解决，首要目标不是作出裁定或者形成发展判例，而是偏爱通过与世贸组织协定一致的相互满意办法来解决争端。首先是正式协商，而后才是裁判或诉讼，即便在专家组阶段也鼓励争端当事各方谋求达成相互满意的解决办法。裁判或诉讼优先考虑的还是解决争端，而不是弄清谁是谁非。

（四）管辖权

1. 法律基础：适用协定

根据 DSU 第 1.1 条规定，除贸易政策审查机制以外的 WTO 协定及其附件，都是 WTO 争端解决机制的适用协定。这些适用协定包含了 WTO 成员的具体权利与义务，构成了 WTO 一成员援引争端解决条款对另一成员投诉的有效基础，也是确定一件争端的合理依据。鉴于可能并且常常根据一个以上的适用协定提起争端，因此应针对不同协定所提出的投诉分别予以考虑，以便确定一件争端的适当法律基础。

2. 管辖标准：结果标准——利益的丧失或损害

"利益的丧失或损害概念"（the concept of nullification or impairment）是世贸组织争端解决活动的中心概念 [1994 年 GATT 第 23 (1) 条]。1994 年 GATT 第 23.1 条①列出了 WTO 成员有权寻求救济的下列具体情况：

"1. 如一缔约国（WTO 成员）认为，由于

（a）另一缔约国（WTO 成员）未履行其依本协定承担的义务，或

（b）另一缔约国（WTO 成员）采取的无论是否与本协定抵触的任何措施，或

（c）任何其他情况的存在。

它根据本协定直接或间接享受的利益正在丧失或受到损害，或者使本协定规定的目标的实现受到阻碍，则该缔约国（WTO 成员）为了使问题能得到满意的调整，可以向其认为有关的其他一个或数个缔约国（WTO 成员）提出书面请求或建议。任何有关缔约国（WTO 成员）对提出的请求或建议应给予同情的考虑。"

---

① 主要因为 1994 年 GATT 第 23.1 条规定了 WTO 成员可以启动争端解决机制的具体情况，1994 年 GATT 第 23 条才仍有意义。

严格地讲，启动 WTO 争端解决机制的基础有二：第一，WTO 协定直接或间接赋予 WTO 成员的利益正在丧失或受到损害；第二，WTO 协定规定的目标的实现受到阻碍。上述结果可能归结为下列三种情况中的任何一种：第一，另一 WTO 成员未履行其依 WTO 协定承担的义务；第二，另一 WTO 成员采取的无论是否与 WTO 协定抵触的任何措施；第三，其他任何情况的存在。显然，确定 WTO 争端解决机制管辖权的标准是结果标准。

3. 三种投诉

根据上述三种情况，从逻辑上分析，应该有六种投诉①，但实际上关注的主要是因 WTO 协定直接或间接赋予 WTO 成员的利益，正在丧失或受到损害而提出的下列三种投诉：

（1）违法之诉（violation complaints）。一般来说，在 WTO 中争端涉及指控一国侵犯了一项协议或违背了一项承诺。如违反某项协定，则损害或丧失就被推定存在。这意味着一般有这样一个假定，即对各该规则的违反已对世贸组织其他成员造成不利影响。在此种情况下，应诉成员有权反驳该项指控［DSU 第 3（8）条］。这通常被简称为"违法之诉"。1994 年 GATT 第 23（1）条规定，对于货物贸易领域的协定，投诉成员一般得证明其依据该世贸组织协定享有的利益受到了损害或已被剥夺。《服务贸易总协定》（the GATS）第 23（1）条规定，任何成员没有履行 GATS 的义务或具体承诺，就给予另一成员诉诸 DSU 的权利。根据 DSU，原则上"违法之诉"也适用于《与贸易有关的知识产权措施协定》（TRIPS 协定）的协商与争端解决条款。

（2）非违法之诉（Non-violation Complaints）。非违法之诉属于

---

① 有人认为，GATT 应该有六种争端。即因这三种情况所造成的对总协定缔约方依照总协定直接或间接享有的利益造成丧失或损害的三种争端和这三种情况所造成的阻碍总协定目标的实现的三种争端。See Emst-Ulrich Petersmam, The Dispute Settlement System of the World Trade Organization and the Evolution of the GATT Dispute Settlement System Since 1948, *Common Market Law Review*, Vol. 31 pp. 1157-1244, 1994.

1994 年 GATT 第 23.1（b）条所规定的另一成员不违反某项协定，但导致世贸组织协定赋予的利益受到了损害或被剥夺的情况，即，"非违法的损害或丧失"（non-violation nullification or impairment）。如任何成员认为其根据某具体承诺可合理期望获得的利益，由于与 GATT 和 GATS 规定不抵触的任何措施而遭受损害或被剥夺，则可诉诸 DSU。"非违法之诉"目的是帮助保持多边谈判所形成的利益平衡。例如，一国可能同意削减某一产品的关税作为一件市场准入交易的组成部分，但是后来补贴国内产品以便对竞争条件的影响与原来关税的效果一样。针对该国非违法投诉将被允许恢复原来市场准入交易所隐含的竞争条件。因此，非违法之诉对于货物和服务（GATT 和 GATS 下的货物与服务市场开放承诺）是可能的。关贸总协定时期，专家组受理了 13 件"非违法之诉"案件，但其中确认存在"非违法的损害或丧失"并得到通过的专家组报告只有 4 件。而自 1995 年以来经 WTO 争端解决机构确认存在"非违法的损害或丧失"的争端，一件也没有。

在 TRIPS 谈判结束时，绝大多数 WTO 成员认为，这方面法律太新以至于它们还没有做好适用非违法之诉的准备，这导致了一个为期 5 年的暂停期（moratorium）。根据 TRIPS 协定第 64.2 条，在世贸组织成立后的 5 年（即 1995～1999 年）内，非违法之诉不适用于 TRIPS 协定。此后这一暂停期延长了。同时，TRIPS 理事会讨论非违法之诉是否应该适用于知识产权，如果是，在什么范围内和怎样（范围与形式）才能进行 WTO 争端解决程序。至少两个国家（美国和瑞士）认为，应该允许非违法之诉以便阻止 WTO 成员参与那些将允许规避其 TRIPS 承诺的"创造性立法活动"（creative legislative activity）。绝大多数成员希望暂停期继续延期或者长期化，至少在非违法之诉的影响得到更充分审查之前。它们认为，TRIPS 不像 GATT 和 GATS，因为它确定的是最低标准而不是市场开放规则或者承诺表；非违法之诉和情势之诉的适用是不必要的，并引起很多制度性问题，特别是有导致 WTO 协定支离破碎的危险，通过在国内和国家间赋予知识产权持有人私人权利高于知识产权使用人利益的方式，搅乱了 TRIPS 协定中的权利与义务之间的微妙平衡；通过使在乌拉圭回合时不能预见的任何影响知识产权措施遭受挑战的方式，削弱 WTO 成员政府管制权力和侵犯其主权权利。在 TRIPS 方面的非违法之诉将为扩大争端解决威胁增加不确定性和潜力。

2001 年 11 月 14 日世贸组织多哈部长级会议《与实施有关问题和关注的多哈决定》（第 11.1 段）指示 TRIPS 理事会向坎昆部长级会议提出建议。WTO 成员同意在此以前不提出 TRIPS 协定下的非违法之诉。2003 年 5 月，TRIPS 理事会主席列出了 4 种可能性建议：（1）全面禁止 TRIPS 方面的非违法之诉，（2）允许根据像适用于货物和服务那样的 WTO 争端解决规则处理非违法之诉，（3）允许非违法之诉但必须根据特殊的形式，（4）延长暂停期。结果，绝大多数成员赞成全面禁止 TRIPS 方面的非违法之诉或者延长暂停期。诚然，当时没有达成共识。2004 年 8 月 1 日总理事会决定（即"2004 年 7 月套案"，July 2004 package）把暂停期延长到香港部长级会议。2005 年 12 月 22 日 WTO 香港部长级会议通过的《多哈工作计划部长宣言》就"TRIPS 非违法之诉和情势之诉"，指示 TRIPS 理事会继续审查其范围和模式，并向下届部长级会议提出建议，WTO 成员同意在此期间将不根据 TRIPS 协定提出此类投诉。目前，非违法之诉暂停期仍在继续，TRIPS 理事会也继续审查非违法之诉和情势之诉的范围和模式。

（3）情势之诉（Situation Complaints）。情势之诉属于 1994 年 GATT 第 23.1（c）条所规定的导致世贸组织协定赋予的利益受到了损害或被剥夺的其他任何情势。迄今为止，无论是过去的关贸总协定还是现在的 WTO，尚未有专家组来解释什么是情势之诉。有人主张情势之诉可以用之于 WTO 成员中不能直接归咎于政府的私营部门，另有人主张情势之诉可以用之于避免情势不能被合理期望的争论。有一点应注意，就是情势之诉不适用于 GATS。

4. 投诉客体：成员的政府措施或行为

一般来说，根据 DSU 第 1.1 条，WTO 争端解决机制对成员之间因任何适用协定而引起的任何争端都有管辖权。从法律上讲，一件争端的客体（对象）取决于协定具体条文的内容。

首先，作为一条普遍适用的规则，只有成员国的政府措施，才能成为启动 WTO 争端解决机制下的投诉的客体（对象）。就违法之诉而言，根据国际公法，WTO 协定是约束 WTO 成员的一项国际协定。因此，WTO 协定的各项义务本身只能拘束各缔约国和单独关税区。非官方实体和私人不可能违反这些义务。诚然可能存在与某些政府行为具有强大联系的某些私人行为的情况。这是否允许该私人行为归因于有关 WTO 成员并因此可以在 WTO 中采取行动，显然需要根据具体案件的特殊情况进行具体分析。至于非违法之诉，1994 年 GATT 第 23.1（b）条适用于另一成员的措施，因此没有政府参与的纯私人行为将不符合这一要件。诚然，实践中，事情并不总是如此清楚的，有几个贸易争端涉及到有某些政府联系或得到官方认可的私人行为。美国诉日本胶卷案专家组把"充分的政府卷入"（sufficient government involvement）确定为是否一件私人行为可以被视为一项政府性"措施"的决定性标准。关于情势之诉，可以争辩说能适用于 WTO 成员未反对的私人已经采取了某些行动的情况，但是这无论在 GATT 还是在 WTO 的争端解决制度中都从未得到检验。

其次，一项成员国的政府措施，根据 WTO 实践，可以是成员国的任何行为，无论是否有法律拘束力，既包括没有法律拘束力的政府行政指南，也包括政府的不作为或疏忽。

再次，关于成员国区域性政府或其他地方政府下属机构采取的措施，根据传统国际公法，国家作为典型的国际法主体，对于其治理体制内的所有政府分支机构的行为负责，也对所有各级地方政府或其他政府派出机构的行为负责。这一原则也适用于 WTO 法，除适用协定明文处理这一问题和从某些义务范围中排除地方政府采取的行为外。DSU 第 22 条具体确定可以对成员境内的地区性政府或地方政府采取的措施启动 WTO 争端解决机制。诚然，存在执行阶段适用的特殊规则。如地区性政府或地方当局采取了某项不符合适用协定的措施，WTO 成员必须采取它能够采用的任何合理措施，以确保遵守适用协定的规定 [DSU 第 22.9 条，GATT 1994 第 24：12 条，GATS 第 1：3（a）条]。《技术性贸易壁垒协定》第 14 条把该协定所规范的非政府组织的行为视同 WTO 成员的行为。

最后，WTO 成员的立法行为，包括法律本身，也可能成为投诉的对象。WTO 投诉（WTO complaints），通常是针对 WTO 成员的各级政府机构根据国内法采取的具体行政措施，例如，反倾销机关在调查某些进口后征收的反倾销税。不过，法律本身也可能违反 WTO 协定所规定的某项法律义务，或者以其他方式使适用协定赋予的利益受到了损害或被剥夺。WTO 协定第 16：4 条明确规定，各成员必须保证其法律、法规和行政程序符合它们根据 WTO 协定及其附件所承担的各项义务。因此，WTO 成员经常针对法律本身（不管或者不等该法律的适用）启动 WTO 争端解决机制。成功挑战法律本身有利于应诉方的执行，理想结果——撤销或修改违法措施（DSU 第 3.7 条），将同等对待法律本身并不限于孤立适用该法的情况。但是，有两点值得注意。第一，区别对待授权性立法（discretionary legislation）与强制性立法（mandatory legislation）。在 WTO 法中，挑战某项法律本身与挑战该项法律的适用之间有一个重要区别。1947 年关贸总协定时期，专家组就已经提出了这样一个概念：当立法本身是一件投诉的对象时，授权性立法与强制性立法必须彼此区别开来。WTO 时期上诉机构赞成这种区别。只有命令违反 WTO 协定义务的立法，本身才能被裁定违反 WTO 协定义务。相反，仅仅给予成员国行政机关以不符合 WTO 协定方式行动的自由裁量权的立法，本身不能受到挑战。在这种情况下，只有该立法以不符合 WTO 协定方式的实际适用，才能受到挑战。因此，如某 WTO 成员的行政机关被授予自由裁量权，就不能推定该成员没有善意履行它根据 WTO 协定承担的义务。根据这种方法，判断的标准是，有关立法是不是允许行政机关遵守该成员根据 WTO 协定所承担的义务。然而，有个专家组反对把这种区别作为适用于所有 WTO 义务（all WTO obligations）的一项原则。该专家组坚持这取决于 WTO 协定的有关条款和是否该条款只阻止强制性立法或者也阻止授权性立法。① 上诉机构最近认为，不排除 WTO 成员制定给予其机构违反 WTO 义务的自由裁决权的立法，来不履行它根据 WTO 协定承担的义务的可能性。②第二，即便是没有生效的立法，也有可能成为投诉的对象。根据 GATT 专家组的实践③，在某些具体情况下，尚未生效的法律会在将来某一天自动生效而不用采取进一步立法行动，即使其中一项措施的法律效力只能在未来发生，但是该措施在生效前就已经对从事国际贸易的市场参与者产生了影响，因为这些市场参与者通常都会提前规划交易活动。因此，对尚未生效的法律，启动 WTO 争端解决机制，并无不妥之处。

5. 特点——排他性、强制性和局限性

首先，WTO 争端解决机制在管辖权方面具有排他性。根据 DSU 第 23 条，WTO 争端解决机制，不仅排除单边行动，而且排除使用其他场所解决与 WTO 协定有关的争端。其次，WTO 争端解决机制的管辖权具有强制性。鉴于所有 WTO 成员都以统一承诺方式签署并批准了 WTO 协定（DSU 是其中的一部分），它们都服从 WTO 协定。而 DSU 要求所有 WTO 成员通过 WTO 争端解决机制，解决 WTO 协定所引起的一切争端。因此，不像其他国际争端解决制度，争端当事各方不需要以单独的声明或协议来接受 WTO 争端解决机制的管辖。这种同意接受 WTO 争端解决机制的管辖已经存在于 WTO 成员加入 WTO 或批准 WTO 协定的法律文件中。因此，每个 WTO 成员都享有有保障地进入 WTO 争端解决机制的权利，任何应诉成员都不能逃避这种管辖，如果它遭到投诉。最后，WTO 争端解决机制只处理 WTO 成员之间与 WTO 协定有关的争端

---

① Panel Report, US — Section 301 Trade Act, paras. 7.53-7.54.

② Appellate Body Report, US — Countervailing Measures on Certain EC Products, footnote 334 to para. 159.

③ Panel Report, United States —Taxes on Petroleum and Certain Imported Substances, adopted 17 June 1987, BISD 34S/136.

而不受理任何其他国际争端，因而其管辖权具有局限性，而不像国际法院那样有比较广泛的管辖权。

（五）参与者

世贸组织争端解决程序的运作涉及的实体主要有：争端解决机构，裁判实体包括专家组（Panels）及其附设专家评审组（expert review group）、常设上诉机构（Appellate Body）及其秘书处、世贸组织秘书处，争端当事各方及其他有关世贸组织成员，等。

1. 争端解决机构（the Dispute Settlement Body，DSB）

争端解决机构是由 151 个 WTO 成员组成的一个政治机构，监管整个争端解决机制的运作。DSB 负责管理 DSU，有权设立专家组，审议通过专家组和常设上诉机构的报告，监督所通过的专家组或常设上诉机构建议或裁定的执行，授权并监督胜诉成员中止对拒不执行 DSB 裁定的违法成员的关税减让，或其他义务〔DSU 第 2（1）条〕。虽然世贸组织所有成员均有权参与 DSB 的各种会议，但是，当 DSB 管理某项诸边贸易协定争端解决条文时，只有是该项诸边贸易协定的缔约方的世贸组织成员，才能参与 DSB 就该协定下的争端作决定或者采取行动的活动〔DSU 第 2（1）条〕。DSB 的决策程序，除 DSU 第 26 条"非违法之诉"要求以积极协商一致的方式对其建议和裁决的通过、监督和执行的审议作决定外，均具有准自动性的特点。即，在设立专家组、通过专家组和上诉机构报告、授权报复等等重大问题的决策方面，除非协商一致反对该项请求或报告，否则该项请求或报告就被 DSB 接受或通过。[①] 当然 DSB 应按照 DSU 规定的时间表经常召开会议。DSB 主席在涉及最不发达成员的争端解决程序中发挥特殊作用。如在协商阶段未达成满意的解决办法，在提出设立专家组要求之前，应最不发达成员的请

——————

① 换言之，要阻挠 DSB 通过裁定或建议甚至于授权报复等方面的决议，就必须获得 DSB 全体成员的明确同意；反之，要 DSB 通过此类决议，只要胜诉方一方反对就能达到目的。这因此赋予世贸组织争端解决程序准自动化和准司法性，从而使它在法律上具有相当的强制性。

求，DSB 主席必须提供斡旋、调解或调停以协助争端当事各方解决该争端。在提供此种协助时，DSB 主席可以向其认为合适的任何途径咨询。

2. 专家组（Panels）

专家组是为每件争端设立的 3 人临时裁判机构（Ad hoc 3-person adjudicatory body）。专家组的职能是协助 DSB 对争端当事各方提出的事实和理由进行客观审查，并就案件的事实与法律问题提出调查报告，作出调查结论，以便 DSB 在此基础上根据世贸组织协定相应规定提出建议或作出裁决（DSU 第 11 条）。DSU 对专家组成员的资格条件、遴选程序和任命等都作了明确规定。通常，世贸组织秘书处，在通过设立专家组决定后的 30 天内，从其保管的专家候选人名册中推荐三位候选人供争端各方决定。如争端各方无法作出决定，则由世贸组织总干事直接任命。虽然专家组是特设和临时性的，但是专家组成员只能以个人身份独立活动，不得接受任何政府的指示。专家组依据 DSU 有权从其认为合适的任何个人或机构获取信息与技术咨询意见，也有权从任何有关途径获取信息。但在从世贸组织成员管辖范围内的任何个人或机构获取信息与技术咨询意见前，专家组必须通报该世贸组织成员。此外，专家组可以与有关技术专家协商，还可以要求专家审查组就争端当事方所提出的科技问题的客观事实出具书面咨询报告。专家审查组在专家组领导下开展工作，由专家组决定其权限和工作程序，并向专家组提交报告。而在实践中，专家组只是请独立专家出具书面咨询报告，从未设立专家审查组。

3. 常设上诉机构（Appellate Body）

常设上诉机构（简称上诉机构，英文缩写 AB）是由任期 4 年并可连任一次的 7 位成员组成的常设裁判机构。上诉机构的职能是，审查被上诉专家组报告所涉及的法律问题和专家组所作出的法律解释，维持、更改或推翻专家组的法律裁定和结论。上诉机构由 DSB 任命的 7 名公认的国际贸易、法律和世贸组织其他活动领域的权威人士组成。他们必须体现世贸组织成员资格的广泛代表性，并独立于任何政府。任何上诉得由 3 位上诉机构成员组成的上诉庭审理，但是必须与不是上诉庭成员的其他 4 位成员讨论。此外，在实践中，各上诉机构成员对"合理（执行）期限"［"reasonable period of time（RPT）"］争端进行仲裁。目前上诉机构成员是 A. V. Ganesan（主席，印度），Georges Abi-Saab（埃及），Luiz Baptista（巴西），Merit Janow（美国），Yasuhei Taniguchi（日本），Giorgio Sacerdoti（意大利），David Unterhalter（南非）。1997 年 2 月 28 日常设上诉机构修订了其《上诉审查工作程序》。常设上诉机构有一个为其提供协助与行政支持服务的秘书处。常设上诉机构秘书处（Appellate Body Secretariat）与 WTO 秘书处（WTO Secretariat）分开并独立运作，履行不同的职责，它向上诉机构而不是向 WTO 总干事负责。常设上诉机构秘书处在 DSB 及其他 WTO 机构的活动中不发挥作用，对 WTO 成员的任何谈判也不产生影响。

4. 世贸组织秘书处

世贸组织秘书处在世贸组织争端解决活动中发挥重要作用，这主要体现在两大方面：

首先，世贸组织总干事的作用。总干事□□□□□□其职务身份在任何时候应争端一方要求□□□□□□□□□□或调停以协助世贸组织成员解决争端。□□□□□□□□□□被提出之前，应争端当事方中的最不发□□□□□□□□调解或调停以协助争端当事方。在提供□□□□□□□可以向其认为合适的任何途径咨询。第三，总干事在一定条件下可以应有关当事方请求，任命专家组成员或仲裁员。

其次，世贸组织秘书处其他人员的作用或职责。他们有义务保证对 DSB 的行政支持，应世贸组织成员请求在争端解决方面提供协助，尤其是向发展中成员提供另外的法律咨询服务与援助。此外，他们应协助专家组，向专家组提供秘书服务。具体地说，世贸组织秘书处在争端解决制度中的职能如下：第一，协助 DSB，由理事会司（Council Division）和法律事务司［Legal Affairs Division（LAD）］负责；第二，协助专家组的组建，由法律事务司、规则

司 （Rules Division） 及其他合适的司负责；第三，协助专家组，由法律事务司、规则司 （Rules Division） 及其他合适的司负责；第四，协助仲裁或调停，由法律事务司负责；第五，法律事务司负责在 DSB 登记、处理文件、争端解决数据管理；第六，法律事务司负责准备法律出版工作 （如争端解决报告等）；第七，培训与技术合作学院 （Institute for Training and Technical Cooperation） 负责协助发展中国家；第八，法律事务司负责有关 DSU 的培训。

5. 世贸组织成员

只有世贸组织成员才能参与世贸组织争端解决活动。世贸组织争端解决机制不对世贸组织观察员、其他国际组织、非政府组织、地方政府或私人和法人开放。根据 DSU 规定，一个或一个以上世贸组织成员均可单独或共同向世贸组织提出投诉。世贸组织争端解决实践不乏这方面的事例。在一定条件下，原未要求协商的有关当事方也可请求加入协商。DSU 还为世贸组织成员以第三方身份参与世贸组织专家组和常设上诉机构的调查和审查程序作了相应规定（即，WTO 争端解决机制中的 "第三方"）。根据 DSU 有关规定，任何 WTO 成员，如认为 WTO 所受理的其他成员之间的争端与自己有实质利害关系，有权在就此通知 DSB 和争端当事各方后要求加入协商，如其加入协商要求被拒绝，则有权直接提出投诉；有权向专家组陈述意见和向专家小组及争端当事各方提供书面陈述、收受争端当事各方提供给专家组第一次会议的书面陈述，并对其依据有关 WTO 协定所享有的利益造成损害的，已列入专家组程序的某项问题直接诉诸正常争端解决程序；有权向上诉庭陈述意见和提供书面陈述。WTO 争端解决机制中的 "第三方" 制度，既能保护第三方的实质利益不受损害，又可身临其境和现场观察争端当事各方解决贸易争端的战略和战术，学习别国的经验、吸取他国的教训；不仅可以监督 WTO 争端解决机制的正常运转，而且还能维护和坚持 WTO 争端解决机制的多边特性；无承受败诉压力与风险之苦，有影响争端解决进程之乐。有如此诸多好处，无怪乎 WTO 争端解决机制自 1995 年开始运行以来，"第三方" 制度利用率一直很高，甚至于大有被滥用之势。有识之士已提请注意维持争端当事各方的程序权利与第三方积极干预之间的平衡。

此外，世贸组织所有成员均有权利了解世贸组织争端解决机制的运行情况，并对世贸组织争端解决活动予以密切关注甚至监督。

根据 DSU，参与争端解决活动的有关实体，必须遵守 DSB 颁布实施的《世贸组织争端解决规则与程序谅解行为守则》（Rules of Conduct for the Understanding on Rules and Procedures Governing the Settlement of Disputes），以确保世贸组织争端解决机制的建议与裁定的程序公正、不偏不倚。

（六）四级一体流程

当世贸组织某个成员（有时两个或两个以上成员）指控世贸组织另一成员违反世贸组织的某项协定或者违背承诺时，在世贸组织中，争端①就出现了。世贸组织争端解决流程②，简单地说，主要包括四个主要阶段——协商、专家组、上诉机构、执行等。每个阶段均有较明确的规则、程序和严格的时间表（见附件 WTO 争端解决流程图）。

1. 争端当事方协商（Consultation）

DSU 第 4 条对协商的程序规则作了非常明确的规定。这些规则不仅使世贸组织争端解决机制中的双边协商处于世贸组织的多边监督之下，而且提供了多边协商与诸边协商的机会。一旦一件投诉向 DSB 正式提出并被登记在案，争端当事方政府之间的协商就启动了。协商是强制性的必经阶段，争端当事各方可在 60 天内达成一项相互满意的符合世贸组织协定的解决办法。如达成协议，争端就此了结；如不成，投诉方（the complaining party）就可以使该项争

---

① 世贸组织争端解决机制受理的争端虽然包括"违法之诉"、"非违法之诉"和"情势之诉"三种，但是实际上主要是"违法之诉"。

② 世贸组织争端解决进程也可分为：（一）协商与调查阶段，包括：协商阶段、专家组阶段、上诉阶段；（二）决策阶段（DSB 审议与决策、通过）；（三）执行阶段，包括：自愿执行、不遵从、监督。

端进入下一阶段。

2. 专家组调查

专家组调查、上诉机构复核和争端解决机构裁定，构成一个统一的裁判阶段。其中又把专家组调查与上诉机构复核俗称为诉讼。广义地说，这个裁判阶段还应包括仲裁。在世贸组织争端解决机制中，仲裁可用于不同目的和不同争端解决阶段。仲裁可作为一种选择性争端解决办法；也可作为确定争端各方执行 DSB 建议或裁定的期限，中止关税减让或其他义务的水平的方法，胜诉方是否遵守指导考虑中止关税减让或其他义务的原则与程序的方法。在仲裁员的选任、仲裁协议的范围、适用的法律和仲裁裁决的执行等方面，世贸组织争端解决机制中的仲裁具有明显不同于常规国际仲裁的特征。实践中，仲裁主要用于确定争端各方执行 DSB 建议或裁定的期限、中止关税减让或其他义务的水平。

当案件被移交给一个由三位法律或技术专家组成的独立专家组审查时，争端解决活动即进入专家组阶段。专家组应在 6 至 9 个月内完成审查工作并提出一份详细报告。该报告应包括专家组根据有关当事方政府的口头和书面陈述，所得出的调查结论和所建议的相应措施。

3. 上诉机构复核

如有关当事方就专家组报告向上诉机构上诉，则常设上诉机构应在 2 到 3 个月内对该项上诉进行审查，并提出一份包括调查结论和建议的具体报告。而后由争端解决机构审议是否通过专家组和常设上诉机构的报告。通常这些报告会被通过，因为 DSU 规定这些报告只有在 DSB 协商一致反对的情况下才不会通过。应诉方（Responding party）如果被 DSB 裁定没有违法行为，则该争端就此终结；如果被裁定违反了某项世贸组织协定的具体义务，或者违背了某项承诺，或者造成了利益的丧失或损害，那么该争端就进入执行阶段。

4. 执行/遵守（Implementation/Compliance）

迅速执行 DSB 建议或裁定是确保有效地解决争端所必需的

[DSU 第 21（1）条]。世贸组织虽没有设立负责强制执行 DSB 建议或裁定的独立警察机构，却十分注重和鼓励自愿执行，还给予违法成员政府一定的合理期限，以便它能够切实有效地执行建议或裁定。关于合理期限，有五点值得注意。第一，谋求合理期限的前提是不能立即执行建议和裁定，因此，给予合理期限是例外，立即执行建议和裁定才是常规。第二，合理期限是宽限期而不是执行期。也就是说，合理期限不是败诉方纠正其违反 WTO 法的行为的时间表，而是给予败诉方的宽限期（a grace period）。在此期间，败诉方不仅继续实施 DSB 已确认的不符合 WTO 协定的措施，而且不会面临不执行 DSB 建议和裁定的法律后果（即要给胜诉方补偿或面临胜诉方报复）。第三，合理期限的起算点是 DSB 建议和裁定做出之日或 DSB 通过专家组（和上诉机构）报告之日。第四，确定合理期限的方式。合理期限可以通过下列任何一种方式确定：（1）有关成员所提出并获得 DSB 以协商一致方式批准的时间，但在 WTO 实践中至今没有以这种方式确定合理期限的事例。（2）如未获得批准，争端当事各方在 DSB 建议或裁定做出后 45 天内相互同意达成的时间；在 WTO 实践中，由争端当事各方相互同意达成的合理期限至今均为 4 个月到 18 个月。① （3）如未能达成协议，在 DSB 建议或裁定做出后 90 天内，仲裁确定的时间。但原则上仲裁确定的时间不得超过 15 个月。15 个月只是一个指导原则而不是一种平均或标准时间期限，根据具体情况，可长可短。在 WTO 实践中，迄今通过仲裁裁决确定的合理执行期限是 6 个月到 15 个月。②

在合理期限期间，DSB 对 WTO 成员执行裁定的情况一直进行监督，以确保其完全充分的遵守。如未遵守建议或裁定，首先，争端当事各方可就补偿问题进行协商，并达成协议。其次，如在合理

---

① http：//www.wto.org/english/tratop_ e/dispu_ e/disp_ settlement_ cbt_ e/c6s7p1_ e.htm（2007 年 8 月 20 日访问）.

② http：//www.wto.org/english/tratop_ e/dispu_ e/disp_ settlement_ cbt_ e/c6s7p1_ e.htm（2007 年 8 月 20 日访问）.

期限到期后的 20 天内达不成补偿协议，胜诉方只有在获得 DSB 的事先授权后才能对败诉方进行报复（包括并行报复和交叉报复），即：中止关税减让或其他义务。DSB 和世贸组织成员对报复的幅度、范围及其他情况进行监视与监督。任何成员在 DSB 作出建议或裁定后的任何时候可以向 DSB 提出与其实施有关的任何问题。除非 DSB 另行安排，否则，与实施建议或裁定有关的任何问题，应在确立合理期限之日后 6 个月列入 DSB 议程直到该问题得到解决。

当然，如胜诉（投诉）方（a prevailing complaining party）对败诉方的执行建议或裁定的情况有异议，就可以启动 DSU 第 21.5 条程序，请求原专家组（90 天）审查该项执行异议，而根据 DSU 第 21.5 条开展工作的专家组被称为"执行专家组"（the compliance panel），败诉方如对"执行专家组"报告不服，也可以上诉（60 天）。除时间表外，处理"执行异议"的专家组和上诉程序规则与前述专家组和上诉程序规则没有区别，它们的报告也必须交给 DSB 审查通过。如 DSB 确认败诉方的执行措施不符合 DSB 建议或裁定，先由争端当事各方可就补偿问题进行协商，并达成协议。而后如在合理期限到期后的 20 天内达不成补偿协议，胜诉方只有在获得 DSB 的事先授权后才能对败诉方进行报复（包括并行报复和交叉报复）。DSB 和世贸组织成员对报复的幅度、范围及其他情况进行监视与监督。

附件：WTO 争端解决流程图

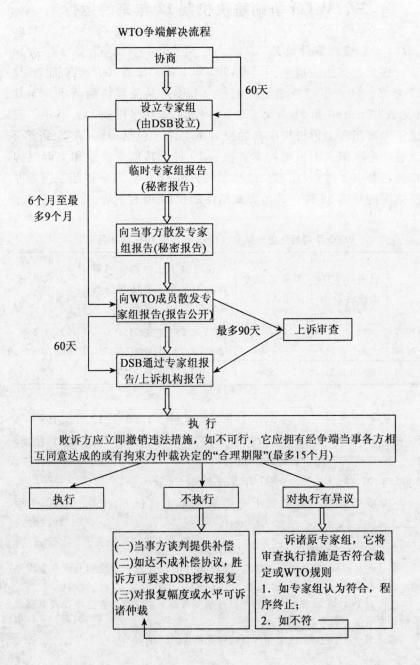

WTO争端解决流程

协商

60天

设立专家组
(由DSB设立)

临时专家组报告
(秘密报告)

6个月至最
多9个月

向当事方散发专家
组报告(秘密报告)

向WTO成员散发专
家组报告(报告公开)

最多90天   上诉审查

60天

DSB通过专家组报
告/上诉机构报告

执 行
败诉方应立即撤销违法措施，如不可行，它应拥有经争端当事各方相
互同意达成的或有拘束力仲裁决定的"合理期限"(最多15个月)

执行   不执行   对执行有异议

(一)当事方谈判提供补偿
(二)如达不成补偿协议，胜
诉方可要求DSB授权报复
(三)对报复幅度或水平可诉
诸仲裁

诉诸原专家组，它将
审查执行措施是否符合裁
定或WTO规则
1. 如专家组认为符合，程
序终止；
2. 如不符

三、WTO 争端解决机制 12 年来的运行

（一）受理案件量大

根据世贸组织报告,① 从 1995 年 1 月 1 日到 2007 年 4 月 25 日 12 年多，世贸组织争端解决机构（DSB）共受理协商请求 363 件（见表 1），DSU 第 21 条第 5 款程序投诉 22 件（见表 2）。其中，完成了专家组和上诉机构审查的投诉 121 件（包括 DSU 第 21 条第 5 款程序专家组和上诉机构审查报告 19 件，其他专家组和上诉机构审查报告 102 件），已解决或结案的投诉 88 件（其中以相互同意办法结案的投诉 58 件，其他方式结案的投诉 30 件）。

表 1　　**WTO 争端解决统计概览（1995 年初至 2007 年 4 月底）**

类别	已通知 WTO 的投诉②	未结案的专家组③	已通过的上诉机构和专家组报告④	以相互同意办法解决的争端	以其他方式解决或终止和撤销的争端
报告时间	1995.1.1—2007.4.25	2007.4.25	1995.1.1—2007.4.25	1995.1.1—2007.4.25	1995.1.1—2007.4.25
数目	363	25	102	58	30

从年度来看（见表 3），1995 年 25 件，1996 年 39 件，1997 年 50 件，1998 年 41 件，1999 年 30 件，2000 年 34 件，2001 年 23 件，2002 年 37 件，2003 年 26 件，2004 年 19 件，2005 年 11 件，2006 年 21 件。可见，1997 年是高峰。

2005 年新投诉在数量上有明显下降（只有 11 件），但 2006 年

① WTO：WT/DS/OV/30, 25 April 2007.
② 包括通知 WTO 的所有协商请求，其中含已导致专家组和上诉审查程序的那些协商请求。
③ 除 DSU 第 21 条第 5 款程序以外的所有专家组，其中含已中止或悬而未决的专家组或上诉审查程序。
④ 不包括 DSU 第 21 条第 5 款程序的报告。

有所反弹（21 件），尽管没有达到头十年的年平均数。2005 年是
WTO 成立以来受理新投诉最少的一年。其原因据认为有三：第一，
关贸总协定时代积压的问题大都处理完毕；第二，多哈回合谈判可
能导致延迟农业方面的投诉；第三，对乌拉圭回合协定执行措施的
挑战现在大部分已经结束。① 2005 年和 2006 年组成的专家组也较
少（与头十年的年平均数 10 个相比，每年只组成 7 个专家组）。但
是，2005 年是上诉机构最活跃的 1 年（11 个上诉案，2 个 21.5 条
上诉案，4 个合理执行期限仲裁案），也是执行争端专家组最活跃
的 1 年（5 个执行争端专家组）。尽管 2006 年上诉案件急剧下降，
但执行专家组仍很活跃。2006 年没有新的贸易报复和仲裁。鉴于
目前不少案件不是在诉讼阶段就是在执行阶段存在争论，这些案件
（如，棉花案、糖业案、空中客车与波音飞机补贴案、因特网赌博
案、转基因作物案）产生的后续诉讼将会更多。

执行争端（Compliance Disputes）统计概览

表 2　　　　　　　　（1995 年初至 2007 年 4 月底）

类别	未了结的执行争端专家组（含已中止或未结案的 DSU 第 21 条第 5 款程序专家组或上诉审查程序）②	已通过的上诉机构和专家组关于执行争端的报告（含 DSU 第 21 条第 5 款程序所产生的报告）	仲裁员根据 DSU 第 22.6 条和 22.7 条与补贴协定第 4.11 条作出的中止关税减让的仲裁裁决	DSB 根据 DSU 第 22.7 条和补贴协定第 4.10 条所作出的中止关税减让的授权决定
报告时间	2007.4.25	1995.1.1—2007.4.25	1995.1.1—2007.4.25	1995.1.1—2007.4.25
数目	3	19	16	15

① http://www.wita.org/index.php? tg = fileman&idx = get&id = 4&gr = Y&path = &file = WITA + Presentation + - + November + 2006. PPT（2007 年 7 月 16 日访问）。

② 根据 DSU 第 21.5 条，专家组可以被设立以审理一项为执行 DSB 在通过以前的一项专家组或上诉机构报告时提出的建议和裁定而采取的各项措施是否存在或者符合某项适用协定的分歧。

表 3　　　受理案件年度分布表（1995. 1. 1 ~ 2007. 7. 26）①

年　度	案件序列号	案件数（份）
1995	DS1-DS25	25
1996	DS 26- DS 64	39
1997	DS 65- DS 114	50
1998	DS 115- DS 155	41
1999	DS 156- DS 185	30
2000	DS 186- DS 219	34
2001	DS 220- DS 242	23
2002	DS 243- DS 279	37
2003	DS 280- DS 305	26
2004	DS 306- DS 324	19
2005	DS 325- DS 335	11
2006	DS 336- DS 356	21
2007②	DS 357-DS 366	10

在数量上，世贸组织争端解决机制成绩斐然，与关贸总协定比较，关贸总协定 48 年共受理了 300 件投诉；③ 与联合国国际法院比较，联合国国际法院从 1947 年 5 月 22 日受理第一个诉讼案件开

① http://www.wto.org/english/tratop_ e/dispu_ e/dispu_ status_ e. htm（2007 年 7 月 26 日访问）.

② 根据 2007 年 7 月 26 日的资料.

③ 根据世贸组织正式公布的数据，关贸总协定 48 年所受理的争端近 300 件，通过的争端解决报告为 101 个。见世贸组织：《分析索引——关贸总协定法律与实践指南》，1995 年英文版第 2 卷，第 611 ~ 787 页。

始，到 2007 年 7 月 27 日，60 多年共受理 136 件案件，① 到 7 月 13 日为止，共作出 93 件判决和发表 25 份咨询意见②；与解决国际投资争端中心（ICSID）比较，解决国际投资争端中心自 1965 年成立到 2006 年底共受理投资纠纷 222 件③，到 2007 年 7 月 30 日已结案（concluded cases）125 件，④ 未结案（pending cases）111 件；⑤ 而 WTO 争端解决机制第一个 10 年就受理了 324 件投诉，通过了 115 份专家组报告、73 份上诉机构报告，作出了 42 份仲裁决定。⑥

（二）专家组和上诉机构业绩显著

1. 专家组

专家组和上诉机构在 WTO 争端解决活动中发挥了重大作用。在 1995 年 1 月 1 日到 2004 年 12 月 31 日的第一个十年中，WTO 争端解决机构受理的 324 件投诉，其中就有 159 件投诉进入了专家组程序。⑦ 到 2006 年底，在总共 356 件投诉中，进入专家组阶段的有 205 件投诉，占投诉总数的 58%。其中，122 份专家组报告被 DSB 通过（包括 DSU 第 21 条第 5 款程序专家组报告 18 份，其他专家组报告 104 份），83 份专家组报告被上诉（包括 DSU 第 21 条第 5 款程序专家组报告 12 份，其他专家组报告 71 份），上诉率达 68%（见表 4）。

---

① http：//www. icj-cij. org/docket/index. php？p1 = 3（2007 年 7 月 27 日访问）.

② http：//www. icj-cij. org/presscom/en/inotice. pdf（2007 年 7 月 27 日访问）.

③ http：//www. worldbank. org/icsid/news/ICSIDNews ＿ Winter06 ＿ CRA. pdf（2007 年 7 月 30 日访问）.

④ http：//www. worldbank. org/icsid/cases/conclude. htm（2007 年 7 月 30 日访问）.

⑤ http：//www. worldbank. org/icsid/cases/pending. htm（2007 年 7 月 30 日访问）.

⑥ Valerie Hughes, WTO At 10：Governance, Dispute Settlement and Developing Countries（powerpoint）, http：//www. sipa. columbia. edu/wto/pdfs/ColumbiaUniversity6April2006. pps（2007 年 7 月 27 日访问）.

⑦ See：WTO：Annual Report 2005, p. 144.

迄今为止，47 个 WTO 成员的 190 余人在 123 个专家组中出任专家。① 其中官方背景的专家大约 75%（其中 1995～2000 年为 84%，2002～2006 年为 78%），非官方背景的专家大约 25%。从专家来源国来看，处于前五位的国家，1995～2000 年是瑞士、新西兰、澳大利亚、巴西、南非，2002～2006 年是新西兰、澳大利亚、南非、印度、乌拉圭。就三个专家中的两个从前有过 GATT/WTO 争端解决经历来看，1995～2000 年是 45%，2001～2005 年是 78%。② WTO 总干事参与了 123 个专家组中的 69 个专家组的组建，占总额的 56%，近些年来比例更高，2003～2006 年为 79%。

专家组从成立到散发报告，按照 DSU 规定，原则上不应超过 9 个月，而实际情况是，1996～1999 年为 11 个月 2 天，2000～2002 年为 12 个月 6 天，2003～2006 年是 13 个月 27 天（超出 DSU 规定目标的 50%）。③ 其中原因之一是，众多 WTO 案件极其复杂和证据密集（fact-intensive），向专家组提交的商业机密信息日益增多。这给专家组成员和协助他们的 WTO 秘书处官员增加了另外的负担（如，钢铁案、棉花案、糖业案、造船案、空中客车与波音飞机补贴案、因特网赌博案、转基因作物案）。

2005 年 9 月 12 日专家组程序在美加对欧共体牛肉贸易报复案中首次对公众开放，但是 WTO 成员仍然普遍反对增加 WTO 诉讼程序的透明度，甚至主要当事方都不愿通过因特网播放这些诉讼活动。

2. 上诉机构

上诉机构对收到的专家组报告及时进行了严格审查，按时完成了复查工作，并向 DSB 提交了报告。到 2007 年 5 月 22 日，DSB 通过了其中 82 份上诉机构报告（见表 5）。

---

① http://www.wita.org/index.php? tg = fileman&idx = get&id = 4&gr = Y&path = &file = WITA + Presentation + - + November + 2006.PPT（2007 年 7 月 16 日访问）.

② http://www.sipa.columbia.edu/wto/pdfs/DaveyWorkingPaper.pdf（2007 年 7 月 26 日访问）.

③ http://www.sipa.columbia.edu/wto/pdfs/DaveyWorkingPaper.pdf（2007 年 7 月 26 日访问）.

表4 专家组报告被上诉百分比（1996～2006 年）①

类别	所有专家组报告			DSU 第 21.5 条专家组之外的专家组报告			DSU 第 21.5 条专家组报告		
通过年份	被通过的专家组报告②	被上诉的专家组报告③	被上诉百分比④	被通过的专家组报告	被上诉的专家组报告	被上诉百分比	被通过的专家组报告	被上诉的专家组报告	被上诉百分比
1996	2	2	100%	2	2	100%	0	0	-
1997	5	5	100%	5	5	100%	0	0	-
1998	12	9	75%	12	9	75%	0	0	-
1999	10	7	70%	9	7	78%	1	0	0%
2000	19	11	58%	15	9	60%	4	2	50%
2001	17	12	71%	13	9	69%	4	3	75%
2002	12	6	50%	11	5	45%	1	1	100%
2003	10	7	70%	8	5	63%	2	2	100%
2004	8	6	75%	8	6	75%	0	0	-
2005	20	12	60%	17	11	65%	3	1	33%
2006	7	6	86%	4	3	75%	3	3	100%
合计	122	83	68%	104	71	68%	18	12	67%

① WTO：《上诉机构 2006 年年度报告》附件三，http：//www.wto.org/english/res_ e/booksp_ e/ab_ annual_ report06_ e.pdf（2007 年 7 月 14 日访问）。1995 年没有专家组报告通过。

② 欧共体香蕉案（厄瓜多尔）、欧共体香蕉案（危地马拉和洪都拉斯）、欧共体香蕉案（墨西哥）和欧共体香蕉案（美国）等各案的专家组报告以一个专家组报告计算，美国钢铁保障措施案的各项专家组报告也按一个专家组报告计算。

③ 专家组报告在得到某一上诉机构报告的维持、修改或推翻而被通过的情况下，才能被算为已经被上诉。被上诉专家组报告的数量可能不同于上诉机构报告的数量，因为某些上诉机构报告处理一个以上的专家组报告。

④ 百分比约略等于最近的整数。

表5　DSB 通过的上诉机构报告数（1996 年初～2007 年 5 月 22 日）①

通过年份	所有上诉机构报告	DSU 第 21. 5 条之外的上诉机构报告	DSU 第 21. 5 条的上诉机构报告
1996	2	2	0
1997	5	5	0
1998	8	8	0
1999	7	7	0
2000	10	8	2
2001	12	9	3
2002	7	6	1
2003	7	5	2
2004	6	6	0
2005	9	8	1
2006	6	3	3
2007	3	1	2
合计	82	68	14

（三）发达国家成员是主要用户，发展中国家成员积极参与

1. 总体情况

从 1995 年 1 月 1 日到 2007 年 4 月 25 日 12 年多，在世贸组织争端解决机构（DSB）共受理协商请求 363 件中，发达国家成员所提出的投诉案件共 220 件，其中，以发达国家成员为应诉方的 134 件，以发展中国家成员为应诉方的 86 件；发展中国家成员所提出

---

① http：//www. wto. org/english/tratop_ e/dispu_ e/stats_ e. htm（2007 年 7 月 14 日访问）.

的投诉案件共 137 件，其中，以发达国家成员为应诉方的 80 件，以发展中国家成员为应诉方的 57 件；发达国家成员与发展中国家成员共同提出的投诉案件共 6 件，均以发达国家成员为应诉方。发达国家成员为投诉方和应诉方的略多于 60%，发展中国家成员为投诉方和应诉方的接近 40%。① 另据 WTO 秘书处法律司司长布鲁斯·威尔荪（Bruce Wilson, Director, Legal Affairs Division, WTO Secretariat）2006 年 11 月 16 日介绍,② 有 40 个 WTO 成员根据 DSU 提出了投诉，有 45 个 WTO 成员成为其他成员投诉的目标；有 30 个 WTO 成员请求设立专家组，有 25 个 WTO 成员成为这些专家组调查的对象；有 65 个 WTO 成员以第三方身份参与协商，有 71 个 WTO 成员以第三方身份参与专家组程序；有 29 个 WTO 成员以上诉方或被上诉方身份参与上诉活动，149 个 WTO 成员中有一半以上作为"第三参与方"参与上诉活动。

根据 WTO 最新资料，1995 年 1 月 1 日至 2007 年 7 月 26 日，作为争端当事方和第三方参与 WTO 争端解决活动居前十位的成员依次为美国、欧共体、日本、加拿大、印度、巴西、墨西哥、中国、韩国、澳大利亚（见表 6）。

投诉案件数居前十位的成员依次是美国、欧共体、加拿大、巴西、印度与墨西哥（并列第五）、阿根廷、韩国、日本与泰国（并列第八）、智利和澳大利亚（见表 7）。

应诉案件数居前十位的成员依次是美国、欧共体、印度、阿根廷、日本与加拿大（并列第五）、墨西哥与巴西（并列第六）、韩国、智利、澳大利亚和中国（见表 8）。

以第三方身份参与的案件数居前十位的成员依次是日本、欧共体、美国、加拿大、中国、印度、巴西、澳大利亚、墨西哥、韩国（见表 9）。

———————————

① WTO：WT/DS/OV/30，25 April 2007.

② http：//www. wita. org/index. php？tg ＝ fileman&idx ＝ get&id ＝ 4&gr ＝ Y&path ＝ &file ＝ WITA ＋ Presentation ＋ - ＋ November ＋ 2006. PPT（2007 年 7 月 16 日访问）.

作为争端当事方和第三方参与 **WTO** 争端解决

表 6 活动总数居前 **10** 位的成员 （**1995. 1. 1 ~ 2007. 7. 26**）

序次	成员	总数	投诉	应诉	第三方
1	美国①	256	88	98	70
2	欧共体②	211	76	58	77
3	日本③	113	12	15	86
4	加拿大④	106	28	15	63
5	印度⑤	85	17	19	49
6	巴西⑥	85	23	14	48
7	墨西哥⑦	75	17	14	44
8	中国⑧	70	1	8	61
9	韩国⑨	67	13	13	41
10	澳大利亚⑩	61	7	9	45

① http://www. wto. org/english/thewto_e/countries_e/usa_e. htm（2007 年 7 月 25 日访问）.

② http://www. wto. org/english/thewto_e/countries_e/european_communities_e. htm（2007 年 7 月 26 日访问）.

③ http://www. wto. org/english/thewto_e/countries_e/japan_e. htm（2007 年 7 月 26 日访问）.

④ http://www. wto. org/english/thewto_e/countries_e/canada_e. htm（2007 年 7 月 26 日访问）.

⑤ http://www. wto. org/english/thewto_e/countries_e/india_e. htm（2007 年 7 月 26 日访问）.

⑥ http://www. wto. org/english/thewto_e/countries_e/brazil_e. htm（2007 年 7 月 26 日访问）.

⑦ http://www. wto. org/english/thewto_e/countries_e/mexico_e. htm（2007 年 7 月 26 日访问）.

⑧ http://www. wto. org/english/thewto_e/countries_e/china_e. htm（2007 年 7 月 26 日访问）.

⑨ http://www. wto. org/english/thewto_e/countries_e/korea_republic_e. htm（2007 年 7 月 26 日访问）.

⑩ http://www. wto. org/english/thewto_e/countries_e/australia_e. htm（2007 年 7 月 26 日访问）.

表 7 投诉案件数居前十位的成员 （1995. 1. 1 ~ 2007. 7. 26）

序次	成员	投诉
1	美国	88
2	欧共体	76
3	加拿大	28
4	巴西	23
5	印度	17
5	墨西哥	17
6	阿根廷	14
7	韩国	13
8	日本	12
8	泰国	12
9	智利	10
10	澳大利亚	7

表 8 应诉案件数居前十位的成员 （1995. 1. 1 ~ 2007. 7. 26）

序次	成员	应诉
1	美国	98
2	欧共体	58
3	印度	19
4	阿根廷	16
5	日本	15
5	加拿大	15
6	墨西哥	14
6	巴西	14
7	韩国	13
8	智利	12
9	澳大利亚	9
10	中国	8

表 9　以第三方身份参与的案件数居前十位的成员（1995.1.1～2007.7.26）

序次	成员	第三方
1	日本	86
2	欧共体	77
3	美国	70
4	加拿大	63
5	中国	61
6	印度	49
7	巴西	48
8	澳大利亚	45
9	墨西哥	44
10	韩国	41

在发达国家成员中，世贸组织争端解决机制的最大用户依次是：美国、欧共体、日本、加拿大，美国欧共体之间的贸易纠纷大约占 WTO 头十年所受理案件总和的 17%。在发展中国家成员中，世贸组织争端解决机制的最大用户依次是：印度、巴西、墨西哥。最不发达国家成员尽管有些以第三方参与争端解决活动，孟加拉国因 2004 年初根据世贸组织争端解决机制提出协商请求而成为头十年中首个援用世贸组织争端解决机制的最不发达国家成员。①

2. 美国、欧共体的参与情况

如上所述，美国是 WTO 争端解决活动中最活跃的成员，尤其是在协商、专家组和上诉阶段。在迄今为止 WTO 所受理的 366 件投诉中，美国投诉的案件 88 件②，占总投诉的 24%，美国应诉的案件 98 件，占总投诉的 27%。美国已对 27 个 WTO 成员（包括 9

---

① See：WTO：Annual Report 2005，p. 145.

② 美国众议员 Sander M. Levin（D-MI）2007 年 8 月 2 日指出，在克林顿总统时期，美国政府六年共向 WTO 提出 68 件投诉，而小布什总统执政 7 年共提出 20 件投诉（平均每年不到 3 件）。Levin Opening Statement on China Trade，http：//waysandmeans. house. gov/News. asp？FormMode = print&ID = 553（2007 年 8 月 13 日访问）.

个欧共体成员国）向 DSB 投诉，当然它也遭到了 25 个 WTO 成员的投诉。它以投诉方或应诉方身份参与的协商占 WTO 受理案件总和的 51%，卷入的专家组程序占所有专家组活动的 61%，以上诉方或被上诉方身份参与的上诉（不包括 DSU 第 21.5 条上诉）几乎占所有上诉活动的 66%，以第三方身份几乎参与了它不是争端当事方的每一件争端。

另据美国贸易代表办公室 2006 年 10 月 18 日公布的资料，① 在美国投诉的 79 件案件（73 件原始投诉，6 件执行投诉）中，54 件（含 2 件部分结束）已经了结，3 件与其他投诉合并，5 件处于诉讼阶段，19 件不是在协商阶段就是处于停顿状态。其中 24 件诉讼没有结束就得到了美国满意的解决，26 件美国在核心问题上胜诉，4 件美国没有在核心问题上胜诉，1 件处于上诉阶段，4 件处于专家组阶段，5 件处于协商阶段，14 件处于监督进展或其他停顿状态。在美国应诉的 115 件案件（其中 103 件原始投诉，12 件执行投诉）中，61 件了结，22 件与其他投诉合并，10 件处于诉讼阶段，22 件不是在协商阶段就是处于停顿状态。其中 17 件诉讼没有结束就得到了美国满意的解决，14 件美国在核心问题上胜诉，30 件美国没有在核心问题上胜诉，1 件处于上诉阶段，9 件处于专家组阶段，14 件处于协商阶段，8 件处于监督进展或其他停顿状态。

在 WTO 争端解决活动中，欧共体与美国都是彼此的对手。美国对欧共体发起了 34 件投诉（包括对欧共体 9 个成员国的投诉），而欧共体对美国提出了 31 件投诉。并且，欧共体针对美国已向 DSB 要求设立了 15 个专家组②，而美国针对欧共体向 DSB 要求设

---

① http://www.ustr.gov/assets/Trade _ Agreements/Monitoring _ Enforcement/Dispute_Settlement/WTO/asset_upload_file962_5696.pdf(2007 年 8 月 10 日访问).

② 如：FSC, 1916 Act, Lead and Bismuth, Section 301, Irish Sound Recordings, Subsidy privatization, Wheat Gluten safeguards, Havana Club, Certain CVMs, Carbon Steel antidumping duties, Steel Safeguards, Byrd Amendment, Zeroing, Hormones Retaliation, Aircraft Subsidies.

立了7个专家组①。另外，美国对印度发起了8件投诉，对日本、韩国和墨西哥各发起了6件投诉，对加拿大和中国各发起了5件投诉，对阿根廷、巴西、澳大利亚各发起了4件投诉。当然，美国也遭到了加拿大的14件投诉，日本和巴西的各8件投诉，印度、墨西哥和韩国的各7件投诉。其中有些通过双边途径解决，但多数进入了专家组程序。

在协商、专家组和上诉阶段，欧共体是仅次于美国的WTO争端解决活动参与者。在迄今为止WTO所受理的366件投诉中，欧共体投诉的案件76件，占总投诉的20%，应诉的案件58件，占总投诉的16%。欧共体也是仅次于日本的最积极的第三方。

3. 发展中国家的参与情况

与发达国家成员比较，发展中国家成员在WTO争端解决活动中居于次要地位。根据世界银行有关专家②对1995年初至2004年7月底正式受理的311件协商通知书所涉及案件的研究，参与WTO争端解决活动的WTO成员可分为四组，第一组是美国和欧共体，第二组是其他工业化国家和地区成员（包括韩国、新加坡、墨西哥、土耳其和中国香港），第三组是发展中国家成员，第四组是最不发达国家成员。参与WTO争端解决活动包括以投诉方、应诉方和第三方身份参加。从以投诉方身份参与来看，其他工业化国家和地区成员占39%，发展中国家成员占31.8%，美国和欧共体占28.3%，最不发达国家成员占0.9%。从以应诉方身份参与来看，美国和欧共体占56.2%，发展中国家成员占26.4%，其他工业化国家和地区成员占17.4%，最不发达国家成员从未当过应诉方。从以第三方身份参与来看，发展中国家成员占48.8%，其他工业化国家和地区成员占35.8%，美国和欧共体占13.9%，最不发达

①　如：Beef Hormones, Bananas, Computer Equipment, GIs/Trademarks, GMOs, Customs Practices, Aircraft Subsidies.

②　Henrik Horn & Petros C. Mavroidis, *The WTO Dispute Settlement System 1995-2004: Some Descriptive Statistics*, January 31, 2006, http://siteresources.worldbank.org/INTRES/Resources/469232-1107449512766/HornMavroidisWTODSUDatabaseOverview.pdf (2007年8月7日访问).

国家成员占 1.5%。比较有意思的是，以第三方身份参与争端解决活动的共有 72 个 WTO 成员，而以投诉方身份参与的只有 67 个 WTO 成员，前者比后者多了 5 个。更有意思的是，有 12 个 WTO 成员只以第三方身份而不以投诉方身份参与争端解决活动，而这 12 个成员都属于发展中国家和最不发达国家。发展中国家和最不发达国家成员以第三方身份参与 WTO 争端解决活动比以投诉方身份更多一些。

总的来说，美国和欧共体更经常地以投诉方身份采取行动，而其他工业化国家和地区成员与发展中国家成员更倾向于跟进，尽管美国和欧共体遭到的投诉（56.2%）远远多于提出的投诉（28.3%）。与最不发达国家成员几乎缺席（撒哈拉以南非洲国家至今没有使用过 WTO 争端解决机制）相反，发展中国家成员参与率之高出人意料，其中主要是拉丁美洲（如，阿根廷、巴西、智利、墨西哥）和亚洲的发展中国家（如韩国、印度、泰国、中国①）。正如 WTO 总干事拉米在《2006 年 WTO 年度报告》② 前言中所指出的那样："……发展中国家在 WTO 争端解决进程中正在上升的作用是发展中国家正在参与全球（贸易）体系的另一个指标。发展中国家 2005 年向 WTO 争端解决机构提起了 64% 的投诉，而它们 1997 年的投诉只有 20%，1988 年的投诉只有 12%。其中多数案件引人注目。现在发展中国家官员日益认识到，利用争端解决制度可能是一种非常有效的强行维护其权利（enforce their rights）的方法。"

（四）争议涉及面广，所涉协定多而集中

根据 2005 年 WTO 年度报告，在 1995 年 1 月 1 日到 2004 年 12 月 31 日第一个十年，WTO 争端解决机构受理的 324 件投诉中，引

---

① 在自 2001 年 12 月加入 WTO 以来不足 6 年的时间里，中国虽不是一个积极的投诉者（an active complainant），却是最活跃的第三方之一。2007 年针对中国的投诉急剧上升，不仅使中国的应诉能力面临严峻考验，而且给中国提供了前所未有的进一步参与 WTO 争端解决活动的机遇。

② See：WTO：Annual Report 2006, http://www.wto.org/english/res_e/booksp_e/anrep_e/anrep06_e.pdf（2007 年 8 月 9 日访问）.

发争议的主要领域是：GATT 1994（230 件投诉，其中 89 件涉及国民待遇、80 件涉及最惠国待遇、71 件涉及数量限制），补贴（57 件投诉）、农业（52 件投诉）、反倾销（54 件投诉）。①

另据 WTO 秘书处法律司司长布鲁斯·威尔逊 2006 年 11 月 16 日介绍②，在 1995 年初至 2006 年 10 月底 DSB 通过的 102 份专家组（不包括 DSU 第 21.5 条专家组）报告/上诉机构报告中，涉及贸易救济的案件 50% 弱，非贸易救济的案件 50% 强。但是在 2005 年和 2006 年，贸易救济案件大大上升，2005 年以来所发起的投诉几乎 2/3 涉及贸易救济问题，原始专家组（original panel）、执行专家组（compliance panel）和上诉阶段正在处理的案件涉及贸易救济问题的也几乎占 2/3，而且正处于协商阶段的 8 个案件中有 5 个也是贸易救济案件。就美国在专家组阶段所参与的案件的性质而言，美国为应诉方的专家组，70% 是贸易救济案件，相反，美国为投诉方的专家组，只有 15% 是贸易救济案件，几乎 50% 涉及较传统的关贸总协定纠纷（尤其是国民待遇问题）。

根据上诉机构 2006 年年度报告，从 1996 年到 2006 年上诉机构发布的 79 份报告所涉及的有关协定来看，涉及 DSU 的 61 份，涉及 GATT 1994 的 47 份，涉及 SCM（补贴与反补贴协议）的 20 份，涉及反倾销协议的 19 份，涉及农业协定的 11 份，涉及 WTO 协定的 9 份，涉及保障措施协定的 7 份，涉及 GATS 和 SPS 的各 4 份，涉及 TRIPS 和 ATC（纺织品与服装协定）的各 3 份，涉及 TBT 和进口许可协定的各 2 份。③

从 WTO 所管理的货物贸易、服务贸易和与贸易有关的知识产权三大实体领域来看，根据世界银行有关专家对 1995 年初至 2004

---

① See：WTO：Annual Report 2005, http：//www. wto. org/english/res_ e/booksp_ e/anrep_ e/anrep05_ e. pdf（2007 年 8 月 6 日访问）.

② http：//www. wita. org/index. php? tg = fileman&idx = get&id = 4&gr = Y&path = &file = WITA + Presentation + - + November + 2006. PPT（2007 年 7 月 16 日访问）.

③ WTO：《上诉机构 2006 年年度报告》附件四，http：//www. wto. org/english/res_ e/booksp_ e/ab_ annual_ report06_ e. pdf（2007 年 7 月 17 日访问）.

年 7 月底正式受理的 311 件协商通知书所涉及案件的研究，货物贸易案件（即涉及 GATT 1994 及其附件的争端）94% 弱，知识产权案件（即涉及 TRIPS 的争端）4%，服务贸易案件（即涉及 GATS 及其附件的争端）2% 强。①

另据 WTO 网站资料，迄今为止，DSB 共受理与 TRIPS 有关的投诉 25 起②，占 366 件争端总数的 6.8%；DSB 共受理与 GATS 有关的投诉 13 起③，占 366 件争端总数的 3.6%；DSB 共受理与 GATT 1994 及其附件有关的投诉 328 起，大约占总投诉数的 90%，其中反倾销投诉 58 起，保障措施投诉 34 起，反补贴投诉 20 起，进口措施投诉 17 起（不含进口许可投诉 3 起、进口限制投诉 2 起），钢铁产品投诉 30 起，农产品投诉 26 起，纺织品投诉 19 起，汽车产品投诉 15 起。④ 当然，有些案件是过去关贸总协定都没有解决的老大难贸易纠纷，如欧共体香蕉进口案、欧共体牛肉进口案、美国外销公司税收待遇案、美国 337 条款及其修正案、美国禁止某些虾产品进口案、加拿大软木案、日本胶卷进口案等。

---

① Henrik Horn & Petros C. Mavroidis, *The WTO Dispute Settlement System 1995-2004: Some Descriptive Statistics*, January 31, 2006, http://siteresources.worldbank.org/INTRES/Resources/469232-1107449512766/HornMavroidisWTODSUDatabaseOverview.pdf（2007 年 8 月 7 日访问）.

② DS28, DS36, DS37, DS42, DS50, DS54, DS79, DS82, DS83, DS86, DS114, DS115, DS124, DS125, DS153, DS160, DS170, DS171, DS174, DS176, DS186, DS196, DS199, DS224, DS290, DS362。http://www.wto.org/english/tratop_ e/dispu_ e/dispu_ subjects_ index_ e.htm#trips（2007 年 8 月 7 日访问）.

③ DS16, DS38, DS45, DS80, DS117, DS139, DS142, DS201, DS204, DS237, DS285, DS309, DS363。"美国诉墨西哥电信案（DS204）"和"安提瓜诉美国影响跨境提供赌博服务措施案（DS285）"是这 13 个案件中有重大影响的纯服务贸易案件。http://www.wto.org/english/tratop_ e/dispu_ e/dispu_ subjects_ index_ e.htm（2007 年 8 月 8 日访问）.

④ http://www.wto.org/english/tratop_ e/dispu_ e/dispu_ subjects_ index_ e.htm（2007 年 8 月 8 日访问）.

根据世界银行有关专家①研究，在货物贸易方面，美国和欧共体是货物贸易投诉案件的主要目标，它们被投诉的案件是其他发达国家的4倍和发展中国家（不含最不发达国家）的2倍；其中，发展中国家（不含最不发达国家）大约43.8%的投诉针对美国和欧共体，其他发达国家大约24.8%的投诉针对美国和欧共体，大约66.7%的反倾销投诉针对美国和欧共体，大约72.4%的补贴与反补贴投诉针对美国和欧共体（其中，其他发达国家的投诉大约34.8%，发展中国家的投诉大约37.2%）。服务贸易案件尽管很少，但发达国家被投诉大约占服务贸易投诉总量的85%。

就上述25件TRIPS投诉而言，美国投诉16件，欧盟投诉6件，澳大利亚和加拿大投诉各1件，巴西投诉1件。从应诉方来看，主要是美国、欧共体和部分发展中国家（阿根廷、巴西、巴基斯坦、印度和中国）。发达国家成员之间争端17起，占总数的75%，尤其是欧盟及其成员国与美国之间，发达国家成员与发展中国家成员之间争端8起，占总数的25%强，其中7起争端是发达国家诉发展中国家的。美国是第一大投诉方，投诉其他发达国家成员10次，发展中国家成员6次。在美国投诉的发达国家中，欧盟及其成员国被诉8次，加拿大和日本各1次；在美国投诉的发展中国家成员中，只有阿根廷被诉2次。欧盟是第二大投诉方，投诉其他发达国家4次，发展中国家2次。在欧盟投诉的发达国家中，美国被诉2次，日本和加拿大各1次。加拿大和澳大利亚各诉欧盟1次。从已结案件来看，凡发展中国家被投诉的案件，即美国诉阿根廷专利及数据测试案（DS196），美国诉阿根廷专利和测试数据保护措施案（DS171），美国诉巴西专利保护案，美国诉印度药品和农用化学制品专利保护案，欧盟诉印度药品和农用化学品专利保护案，美国诉巴基斯坦药品和农用化学品的专利保护案，均以发展中

---

① Henrik Horn & Petros C. Mavroidis, *The WTO Dispute Settlement System 1995-2004: Some Descriptive Statistics*, January 31, 2006, http://siteresources. worldbank. org/INTRES/Resources/469232-1107449512766/HornMavroidisWTODSUDatabaseOverview. pdf（2007年8月7日访问）.

国家败诉或妥协而告终。当然，美国投诉中国知识产权执法案件目前正处于 WTO 争端解决进程之中。相反，仅有的一个发展中国家投诉案件——巴西诉美国专利法典案，迄今为止，尚未了结。

（五）执行（Compliance）情况良好

1. 总体情况

根据世界银行专家对 1995～2002 年 WTO 争端解决活动的有关研究，投诉方的胜诉率是 88%。① 就协商结果而言，在 1995～2002 年期间，DSB 所受理全部争端中的 46% 是在协商阶段解决的，而其中的 3/4 至少是由于应诉方的部分让步而达成协议的。② 关于专家组/上诉机构报告的执行情况，到 2006 年 11 月，在 DSB 所通过的专家组和上诉机构报告中，专家组和上诉机构裁定应诉方败诉（即，违反了一项或多项 WTO 协定义务）的案件大约占 90%。③ 总的来说，对于不利的专家组/上诉机构报告（adverse panel/AB reports），WTO 成员执行记录一直较好。几乎在裁定 WTO 成员违反 WTO 协定义务每一个案件中，败诉方都表明了执行专家组和上诉机构裁定和建议的意愿，并且绝大多数案件的裁定和建议已经得到了执行。据 Sharyn O'Halloran 2006 年 4 月分析，总体上，WTO 争端解决机构裁决的执行率大约是 80%，高于关贸总协定 63% 的执行率。④ 另据美国伊利诺斯大学法学院教授威廉·德威（William

---

① Peter Holmes, Jim Rollo, and Alasdair R. Young, *Emerging Trends in WTO Dispute Settlement. Back to the GATT?* World Bank Policy Research Working Paper, http：//www-wds.worldbank.org/servlet/WDSContentServer/WDSP/IB/2003/10/03/000094946_ 03092310565344/additional/108508322_ 20041117160016.pdf（2007 年 8 月 5 日访问）.

② Busch and Reinhardt, *The WTO Dispute Settlement*, http：//userwww.service.emory.edu/~erein/research/SIDA.pdf（2007 年 8 月 5 日访问）.

③ http：//www.wita.org/index.php? tg = fileman&idx = get&id = 4&gr = Y&path = &file = WITA + Presentation + - + November + 2006. PPT（2007 年 7 月 16 日访问）.

④ Sharyn O'Halloran, *U. S. Implementation of WTO Decisions*, http：//www.sipa.columbia.edu/wto/pdfs/OHalloranWTO040406.pps（2007 年 8 月 6 日访问）.

J. Davey）对 2005 年 9 月为止所通过的与执行专家组报告的分析，在 63 件争端所涉及的专家组报告中，而得到执行的有 53 件，成功执行率是 83%，这在解决国与国之间争端方面是相当成功的，联合国国际法院案件判决的执行率也只有 68%。① 而具体情况相比而言就复杂一些，实质执行（substantial compliance）大约是 60%，部分执行（some compliance）大约是 13%，没有执行（no compliance）大约占 21%，富国（人均 GDP 高于 13 000 美元）的执行记录大约是 68%，穷国的执行记录大约是 81%。②

值得注意的是，当违反 WTO 协定义务可以通过行政行为而不是立法行为得到纠正时，执行就比较快。对于已通过的专家组/上诉机构报告，其中大约五分之一存在对所采取的执行措施是否充分的争议，进而导致 DSU 第 21.5 条项下的执行争端（迄今为止共有 24 个执行专家组）。其中绝大多数执行争端涉及农业协定、反倾销协定、补贴与反补贴协定、卫生与植物卫生措施协定。

2. WTO 成员的执行情况

在 151 个 WTO 成员③中，据 WTO 秘书处法律司司长布鲁斯·威尔逊分析④，到 2006 年 11 月，42 个成员（欧共体计为 25 个成员）或者 17 个成员（欧共体计为一个成员）有不利于或部分不利于自己的专家组/上诉机构报告，因此遭遇不利于自己的 WTO 争端解决裁定的 WTO 成员不到现有成员的 30%。在不利 WTO 争端

---

① Davey, William J., "The WTO Dispute Settlement System: How Have Developing Countries Fared?" (November 30, 2005). Illinois Public Law Research Paper No. 05-17 Available at SSRN: http: //ssrn. com/abstract = 862804（2007 年 8 月 6 日访问）.

② Sharyn O'Halloran, U. S. *Implementation of WTO Decisions*, http: // www. sipa. columbia. edu/wto/pdfs/OHalloranWTO040406. pps（2007 年 8 月 6 日访问）.

③ 2007 年 7 月 27 日汤加王国成为 WTO 第 151 个成员, http://www. wto. org/ english/thewto_e/acc_e/a1_tonga_e. htm(2007 年 8 月 6 日访问).

④ http: //www. wita. org/index. php? tg = fileman&idx = get&id = 4&gr = Y&path = &file = WITA + Presentation + - + November + 2006. PPT（2007 年 8 月 6 日访问）.

解决裁定（adverse WTO rulings）所指的 17 个 WTO 成员中，只有一个不利或部分不利 WTO 争端解决裁定的成员是 7 个：土耳其、泰国、埃及、多米尼加共和国、印度尼西亚、危地马拉和巴西。有多个不利或部分不利 WTO 争端解决裁定的成员是下列 10 个成员：美国 31 个、欧共体 14 个、加拿大 8 个、阿根廷 6 个、墨西哥 4 个、印度 4 个、韩国 4 个、日本 3 个、智利 2 个、澳大利亚 2 个。

第一，美国、欧共体的执行情况。如上所述，美国和欧共体是 WTO 成员中投诉和应诉最多的两个成员。所有不利 WTO 争端解决裁定中，几乎一半针对的是美国和欧共体。到 2006 年 11 月，美国在 31 个应诉案件中被裁定为完全违反或部分违反所承担的义务，只在 4 个应诉案件中被裁定为没有违反义务。当违反 WTO 协定义务可以通过行政行为而不是立法行为得到纠正时，执行率就极高。在裁定违反义务的 31 个应诉案件中，美国行政部门能够执行或在执行过程中或通过双边协定（例如最近的美国加拿大软木争端解决协议）执行的达 23 个。其中，反倾销或反补贴案件 14 个，纺织品案件 3 个，保障措施案件（包括钢铁保障措施案）4 个，主要涉及违反 GATT 规定案件 2 个（美国精炼及普通标准汽油案，美国禁止某些虾产品进口案）。在要求美国通过立法行为来执行 DSB 裁决的 7 个案件中，有 4 个美国国会已经通过了补救性立法（remedial legislation）（如 1916 Act, FSC/FSC grandfathering, Byrd, 棉花补贴第二阶段），而在其余 3 个案件（即 Havana Club, Copyright Act Section 110, Japanese Hot-Rolled Steel antidumping）中，美国政府继续在寻求国会的补救性立法。此外，有关棉花补贴案的执行问题已提交 WTO 执行专家组审理。争端各方就因特网赌博案中美国应该是否和怎样执行 DSB 裁决存在分歧，并也已将该争议交付 WTO 执行专家组审理，2007 年 5 月 22 日 DSB 通过了执行专家组审查报告[1]，裁定美国没有执行 DSB 裁决。值得注意的是，美国国会 2004 ~ 2006 年采取的这些执行 DSB 裁决的立法行为，对于 WTO 争端解决制度是最值得关注的积极发展之一。当然也应承认，伯德修正案

---

[1] http://www.wto.org/english/news_e/news07_e/dsb_22may07_e.htm（2007 年 8 月 6 日访问）.

（Byrd）仍有过渡问题，棉花补贴案和因特网赌博案还没有最终解决。诚然，近几年来美国国会的立法行为具有重要的意义和发出了强烈的信号：国会再次确认它总体上支持 WTO 制度而且尤其支持 WTO 争端解决制度。

欧共体在其应诉的 17 个案件中有 14 个被 DSB 裁定为完全违反或部分违反义务，尽管 3 个案件在专家组散发最终报告之前就解决了。欧共体在所有这些案件中都承诺执行 DSB 裁决，实际上它采取的具体执行行动也很好，尽管欧共体的行政/立法程序大不同于美国的程序。在 Bed linen, GSP, Sardines, Trademarks/GIs, Sugar 等案件中，欧共体已执行了 DSB 裁决，当然香蕉案和牛肉案的执行问题仍然没有解决。

总的来说，尽管美国和欧共体普遍成功地执行了绝大多数裁定，但是美国和欧共体及其他发达成员在少数案件中遭受的执行困难，证实了威廉·德威的如下判断："不执行（non-implementation）主要是美国的问题，拖延执行（delayed implementation）则主要是四巨头（美国、欧共体、日本、加拿大）和澳大利亚的问题。"①

第二，发展中国家的执行情况。如上所述，发展中国家成员应诉方在执行不利 WTO 争端解决裁定方面的表现好于发达国家成员。据威廉·德威研究，到 2005 年 11 月底，发展中国家通常在原定合理执行期限内执行完 DSB 决定。发展中国家成为第 21.5 条执行专家组程序的应诉方只有两次（墨西哥 HFCS 和巴西飞机出口融资计划案），只在一个案件（巴西支线飞机补贴案）中出现过发展中国家的不执行问题。

3. 不同协定案件的执行情况

一般来说，在 WTO 十多年争端解决活动中，WTO 争端解决裁定的执行记录，不仅因 WTO 成员而异，而且因为争端所涉及的协

---

① Davey, William J., "The WTO Dispute Settlement System: How Have Developing Countries Fared?" (November 30, 2005). Illinois Public Law Research Paper No. 05-17 Available at SSRN. http://ssrn.com/abstract = 862804 (2007 年 8 月 6 日访问).

定不同而不同。根据威廉·德威研究，到 2005 年 11 月底，从执行难度来看：最难执行的争端解决裁定是关于补贴的案件。在 5 个补贴案件中，两个完全没有执行（加拿大支线飞机补贴案、巴西支线飞机补贴案），一个是在原定合理执行期限期满后拖延 49 个月，在胜诉方采取报复措施后才执行（美国外销公司税收待遇案），一个是在原定合理执行期限期满后拖延 10 个月才执行（澳大利亚皮革生产商和出口商补贴案），一个是农业协定项下的补贴案（加拿大影响奶制品出口措施案）也是在原定合理执行期限期满后拖延 28 个月才执行。因此，这 5 个补贴案件的裁决是两个不执行，其他 3 个平均花了 29 个月（几乎两年半）才执行。

第二难执行的争端解决裁定是有关 SPS 协定（卫生与植物卫生措施协定）的案件。例如，欧共体牛肉案在原定合理执行期限期满后 59 个月才开始执行，而对于执行措施又引发了新的争端，目前美国和加拿大仍在继续对欧共体进行报复。此外，日本影响苹果进口措施案的执行措施也引发了新的争端，澳大利亚影响鲑鱼进口措施案在原定合理执行期限期满后拖延 23 个月才执行、日本影响农产品措施案在原定合理执行期限期满后拖延 20 个月才执行。

第三难执行的争端解决裁定是关于贸易救济（反倾销、反补贴、保障措施）的案件。在这方面的执行问题主要与美国有关。在 7 个美国为应诉方的贸易救济案件中，3 件需要国会采取行动，两件的执行措施受到质疑，另外两件的执行措施拖拖拉拉。当然，在执行方面，保障措施案件与反倾销、反补贴案件还是有很大的差异。保障措施案件的执行，典型情况是撤销违反 WTO 保障措施协定的措施，而事实上，WTO 争端解决程序所花的时间，意味着应诉方有相当长的时间去实现其保护目的，因此保障措施案件的执行问题在合理执行期限到期时就能解决。相比之下，反倾销与反补贴案件的典型结果是修改或废除被指控的违法措施，这在多数情况下并没有大大减少该措施对贸易的影响。例如，到 2005 年 11 月底，在成功挑战反倾销与反补贴的 17 个案件中，废除被指控的违法措施有 4 个案件，其他 3 个案件只是在启动第 21.5 条程序挑战执行措施后才废除被指控的违法措施，被指控的违法措施对贸易的影响有重大减少的有 3 个案件，被指控的违法措施对贸易的影响没有重大减少的有 7 个案件。

最后，比较容易执行的是违反 TRIPS 协定的案件。基本上只要应诉方想执行，它就能在合理执行期限到期时废除违反 TRIPS 协定的措施。例如，在上述 25 起知识产权争端中，在协商中达成相互满意解决的 14 起，已经或正在实施 DSB 建议和裁决的 6 起。立即执行的案件有加拿大药品专利案、加拿大专利保护期限案、印度药品和农业化工产品专利保护案。但是，美国版权法第 110（5）节案①和美国 1998 年综合拨款法第 211 节案②，由于要求美国国会修改有关法律条款，多次延长合理执行期限。

4. WTO 授权贸易报复情况

尽管 WTO 争端解决机制按照"遵守-补偿-报复模式"（a compliance-compensation-retaliation model）建立，但在实践中只在一个案件（美国版权案 US-Copyright case）中给予过现金补偿，因此，WTO 争端解决机制按照"遵守-报复模式"（a compliance-retaliation model）运作。迄今为止，由于 WTO 成员普遍良好的执行记录，尽管 DSB 根据 DSU 第 22.7 条和补贴协定第 4.10 条所作出的中止关税减让的授权决定有 15 项，但是提出报复申请并得到授权的只涉及下列 6 个案件，实际上采取报复措施的只涉及其中 4 个案件：

第一，欧共体香蕉案，授权美国和厄瓜多尔对欧共体进行报

① 美国根据该条款允许在公共场所（酒吧、商店、饭店等）播放收音机和电视音乐而不需支付版税。美国版权法第 110 节第 5 条案，从协商到现在已经历十多年的时间美国仍未执行专家组的裁定，主要原因一方面在于国会迟迟不能通过对版权法第 110 节第 5 条的修正案，另一方面也与公共场所知识产权执法相对困难有关。

② 美国 1998 年综合拨款法第 211 节案也走完了 WTO 所有争端解决程序，美欧通过协议对仲裁确定的合理执行期限延长了 4 次，最后一次延长的期限是 2005 年 6 月 30 日，直到现在，美国也未执行 DSB 的建议和裁决，欧盟似乎也无可奈何。美国所要做的只是按照 DSU 规定，每 6 个月向 WTO 争端解决机构报告一次其执行争端解决机构的建议和裁决的状况。

复，只有美国采取了报复措施，而且后来撤销了对欧共体的报复。

　　第二，欧共体牛肉案，授权美国和加拿大对欧共体进行报复，二者都对欧共体采取了报复措施，并且仍在继续对欧共体维持报复，但该案仍未解决，还处于诉讼中。

　　第三，巴西支线飞机补贴案，授权加拿大对巴西进行报复，但没有具体实施。

　　第四，加拿大支线飞机补贴案，授权巴西对加拿大进行报复，但没有具体实施。

　　第五，"美国外销公司税收待遇案"，授权欧共体对美国进行报复，欧共体采取了报复措施，而后在美国撤销犯法措施后就终止了报复。

　　第六，"美国 2000 年持续倾销与补贴抵消法案"（伯德修正案），授权 8 个成员对美国进行报复，只有欧共体、加拿大、日本和墨西哥采取了报复措施。

　　当前，只有加拿大和美国对欧共体（牛肉案）仍在继续进行报复，欧共体、加拿大、日本和墨西哥也仍在继续维持对美国（美国 2000 年持续倾销与补贴抵消法案）的报复措施。

　　另有 7 个案件（如 US lumber cases, Canadian dairy, Australian salmon, Japan apples, US 1916 Act）虽然提出了报复请求但是在 DSB 授权报复之前所争执的问题就通过双边途径得到了满意的解决。在美国棉花补贴案（the US cotton subsidy case）中，在执行专家组结束之前就中止了可能发生的报复。

　　综上所见，WTO 成员寻求并获得授权采取报复措施的案件为数很少，说明 WTO 成员对不利 WTO 争端解决裁定的执行，总的记录是积极的。

　　5. 仲裁在执行阶段发挥了独特作用

　　如前所述，在第一个十年，WTO 争端解决机制共作出了 42 份仲裁决定。其中大都是针对执行阶段的问题。迄今为止，除几个例外情况外，尽管 WTO 成员没有诉诸一般的调停/仲裁条款，但是根据第 21.3 条确定执行 DSB 决定合理期限（RPT, reasonable period of time）的仲裁裁决共有 24 个，根据第 22.6 条确定适当报复水平

的仲裁裁决共有 7 个。值得一提的是，2005 年根据多哈豁免协定
（Doha waiver agreement）进行的一项涉及香蕉贸易的特设仲裁（ad
hoc arbitration）。该仲裁机构有两位上诉机构成员和前加拿大驻
WTO 大使组成并由后者担任首席仲裁员。诚然，本仲裁对未来
DSU 适用与解释的影响有待于观察。

总的来看，DSB 裁决的执行记录较好。为何世贸组织争端解决
机制有如此高的成功率和执行率？据分析，主要是来自世贸组织其
他成员政府的规范性压力（the normative pressure）与争端当事方
开明的自身利益（enlightened self-interest）。这种规范性压力来自
于这样一种事实。即，绝大多数经确认构成违法的裁定是一世贸组
织成员政府违背义务的裁定。因维护法律义务完整性而受益的世贸
组织其他成员政府，乐意对被告成员政府违背义务的行为进行相当
长而强烈的批评和谴责。被告成员政府的官员对这种压力特别敏
感，简直不能容忍这种羞辱。开明的自身利益因素来自同样的考
虑。被告成员政府首先已作了承诺，因为它希望能从其他世贸组织
成员对应行为中获益。这种回报主要表现为其他世贸组织成员所承
诺的现实，对等贸易机会与自由贸易秩序所产生的长远利益。如被
裁定违反了自己所承担的义务，也就丧失了强制世贸组织其他成员
履行义务的权利，因此不仅丧失了具体的贸易机会而且危及整个自
由贸易体制。①

（六）整个争端解决时间超出法定期限

根据世界银行有关专家②研究，在 1995～2004 年 WTO 争端解
决活动中，协商平均时间为 221.76 天，专家组平均时间为 386.89
天（几乎 13 个月），上诉平均时间为 88.73 天，仲裁确定的合理执
行期限（RPT）平均时间为 12.13 月，双方协商同意的合理执行期

---

① See Robert E. Hudec, *Does the Agreement on Agriculture Work？Agricultural Disputes after the Uruguay Round*, Working Paper #98-2.

② Henrik Horn & Petros C. Mavroidis, *The WTO Dispute Settlement System 1995-2004：Some Descriptive Statistics*, January 31, 2006. http://siteresources.worldbank.org/INTRES/Resources/469232-1107449512766/HornMavroidisWTODSUDatabaseOverview.pdf（2007 年 8 月 7 日访问）.

限（RPT）平均时间为 9. 18 月，执行专家组平均时间为 208. 62
天，执行上诉平均时间为 83 天。总的来说，除上诉和合理执行期
限（RPT）外，其他每个阶段都超出了 DSU 规定的时间表，因此
WTO 争端解决机制耗时过长。如果加上执行阶段的拖拉延误，时
间就更长。

（七）简要评价

WTO 争端解决制度继续得到了 WTO 成员普遍而有力的支持，
它们已表明对遵守 DSU 规则和 WTO 争端解决制度 12 年运作不断
演进的一致实践的极大尊重。WTO 成员大都继续信任 WTO 争端解
决制度，并尊重该制度所产生的各种决定，即便在它们强烈反对这
些决定的情况下。这从总体上反映了世贸组织成员对世贸组织信心
大增。显然，WTO 成员认为，在促进贸易关系和及时有效稳妥地
解决具体贸易问题方面，世贸组织争端解决机制是一个十分有用的
工具。

虽然世贸组织争端解决机制整体上具有较高合理性，符合当今
国际社会多边贸易体制"规则取向"的发展趋势，但是它不仅错
综复杂，涉及环境①、消费者保护②、卫生与医药③、国家安全④、
甚至人权政策⑤，而且导致公众难以理解、争端解决成本高、执行
难⑥。加之，WTO 赖以生存的外部环境发生了很大变化，现在

---

① *United States—Standards for Reformulated and Conventional Gasoline*，WTO
Document WT/DS2 and *United* States—Import Prohibition of Certain Shrimp and Shrimp
Products，WTO Document WT/DS58.

② EC—Measures Affecting Meat and Meat Products（Hormones），WTO
Documents WT/DS 26 and WT/DS48.

③ *EC—Measures Affecting the Prohibition of Asbestos and Asbestos Products*，WTO
Document WT/DS135 and Argentina—Patent Protection for Pharmaceuticals，WTO
Document WT/DS171.

④ *United States—The Cuban Liberty and Democratic Solidarity Act*，WTO
Document WT/DS38.

⑤ *United States—Measures Affecting Government Procurement*，WTO Documents
WT/DS88 and WT/DS95，relating to a Massachusetts Law on Myanmar.

⑥ WTO：Annual Report 2005，p. 144.

WTO 争端解决机制同时受到各个方面的攻击。在与贸易有关的环境、人权、竞争和劳工标准等问题上，市民社会团体和人士批评 WTO 裁判机构"故步自封"，无视消费者权利、妇女权利、儿童权利甚至于动物权益的保护，指责 WTO 争端解决机构裁定违背民主责任（democratic accountability）原则。在与国内贸易救济法有关的 WTO 争端中，尽管传统保护主义势力从国内政治方面施加了自下而上的强大压力，但是 WTO 主要发达国家成员仍然屡战屡败，因而损害了其既得利益，不仅激起了传统贸易保护政策的既得利益集团的强烈抗议，而且导致对其政府的不满，批评 WTO 争端解决机制脱离成员控制、过于司法化。发展中国家成员批评 WTO 争端解决机制中与发展中国家有关的条款徒有虚名，执行程序和法律救济软弱无力。与此同时，WTO 争端解决机制还面临着内外的挑战。从外部来看，反全球化的非政府组织和个人组成强有力的外部集团，已经不满足提交法庭之友摘要等"站在门外"的地位，急切要参与争端解决过程。就内部而言，效率低下的决策程序和迅捷高效的争端解决机制迫使 WTO 裁判机构发挥司法能动，甚至"法官造法"，从而引发了裁判合法性的严重问题。①

四、DSU 审查

早在 1994 年马拉喀什部长会议上，部长们就要求在 WTO 协定生效（1995 年 1 月 1 日）四年后"全面审查争端解决规则和程序"，以决定"是否继续、修改或终止某些争端解决规则和程

---

① Claude E. Barfiled, *Free Trade, Sovereignty, Democracy: the Future of the World Trade Organization*（The AEI Press, 2001）. p. 1. Markus Krajewski, *From "Green Room" to "Glass Room" ——Participation of Developing Countries and Internal Transparency in the WTO Decision-Making Process*, A Trade Watch Paper（Bonn, Germanwatch, 2000）, pp. 16-18. Razeen Sally, *Executive Summary, Whither the WTO? A Progress Report on the Doha Round*, p. 7. http: www. freetrade. org/pubs/pas/tpa-023. pdf. Markus KRAJEWSKI, *Democratic Legitimacy and Constitutional Perspectives of WTO Law*, Journal of World Trade 35（1）, 2001, pp. 167-186. J. H. H. Weiler, *The Rule of Lawyers and the Ethos of Diplomats: Reflections on the Internal and External Legitimacy of WTO Dispute Settlement*, Journal of World Trade 35（2）, 2001, p. 191.

序"。① 新加坡部长级会议后的 1997 年，争端解决机构拉开审查的序幕。WTO 成员总的认为，WTO 争端解决制度总体运行适当，尽管仍有改进的可能性。起初对《WTO 争端解决规则及程序的谅解》的审查很大程度上在技术层面进行，目标是对现有规定进行"微调"。但是，WTO 成员在某些重大争端（如香蕉案）的碰撞上突出了对有关规则改革的需要，造成谈判日趋激烈。1999 年西雅图会议前不久，14 个 WTO 成员共同提出了一份针对 DSU 审查的联合提案，并由 WTO 秘书处作为正式文件散发。虽然审查的最后期限延长到 1999 年 7 月 31 日，但由于种种原因，包括西雅图会议未能就发起新一轮多边贸易谈判达成一致，而推迟到多哈会议。

根据 2001 年 11 月多哈会议的部长宣言，② DSB 特别会议 (Special Session of Dispute Settlement Body) 指导对 DSU 的完善和澄清的谈判。宣言指出，谈判必须建立在原有工作及成员进一步提议的基础上，在 2003 年 5 月以前就 DSU 的完善和澄清达成一致意见，并采取相应步骤确保结果尽快付诸实施。与其他议题不同，本次 DSU 的谈判不在统一承诺之内，换言之，不与其他领域的谈判成果挂钩。2002 年 4 月 16 日，DSB 举行了第一次正式会议。根据会议主席的提议，工作以双轨方式进行，分别讨论各谈判事项和目标的一般性问题与各成员的具体建议。嗣后，从 2002 年到 2003 年 5 月底，DSB 为此共召开了 13 次会议。由于多哈部长宣言授权的最后期限临近，在 2003 年 5 月 28 日下午 3 点开始的 DSB 特别会议上，因 WTO 成员的分歧较大，未能就 DSU 的修改文本达成一致，而只是由会议主席提出了主席草案③以作为继续谈判基础。2003 年 7 月 24 日，WTO 总理事会决定，将谈判延期到 2004 年 5 月 31 日。坎昆会议虽然无果而终，但由于对 DSU 的谈判并未列入该会议的议题中，WTO 成员仍然在继续进行谈判。到 2004 年 5 月，WTO 成

---

① 《关于实施和审议〈争端解决规则与程序谅解〉的决定》。

② WTO：TN/C/M/1, paragraph 7. C.

③ JOB（03）/91/Rev. 1, JOB（03）/91/Rev. 1/Corr. 1.

员针对 DSU 共提出了 44 份提案。① 2004 年 8 月 1 日 WTO 总理事会决定，应继续并恢复 DSU 的改革谈判，自 2004 年秋到 2006 年 6 月底，WTO 成员在所提出的议案基础上继续进行谈判。

从审查的问题来看，各成员的提议几乎涉及除 DSU 第 26 条（非违法之诉）之外的全部条款。许多提议不限于对原有条款的"缝缝补补"，而要求在法律上进行根本地修正。总体上看，谈判主要集中在提高协商程序效能、改革 WTO 裁判机构、增强透明度、改进执行程序和完善法律救济等五大问题。② 就主要 WTO 成员的政策或态度而言，欧共体关注的主要是建立一份能供长期利用而又非常称职的 20 位仲裁员名册，以加快专家组的建立；贸易制裁只应该在正式审查 DSB 决定是否得到正确执行后才被允许；加强第三方权利，缩短程序方面的时间，上诉机构有权发回重审等。美国主要关心改进透明度、为争端解决机构（包括专家组和上诉机构）创立 WTO 规则解释指南、加强 WTO 成员对争端解决机制的控制等。发展中国家成员则要求更多的技术援助和更具体的特殊规则，

---

① 包括：欧共体 TN/DS/W/1；泰国 TN/DS/W/2；菲律宾、泰国 TN/DS/W/3；印度 TN/DS/W/5；欧共体 TN/DS/W/7；澳大利亚 TN/DS/W/8；厄瓜多尔 TN/DS/W/9；韩国 TN/DS/W/11；美国 TN/DS/W/13；非洲集团 TN/DS/W/15；巴拉圭 TN/DS/W/16；最不发达国家集团 TN/DS/W/17；古巴等九国 TN/DS/W/18，TN/DS/W/18/Add. 1；古巴、洪都拉斯等九国 TN/DS/W/19；牙买加 TN/DS/W/21；日本 TN/DS/W/22；墨西哥 TN/DS/W/23；厄瓜多尔 TN/DS/W/26；台彭金马单独关税区 TN/DS/W/25；智利、美国 TN/DS/W/28；中国 TN/DS/W/29；泰国 TN/DS/W/30；泰国 TN/DS/W/31；日本 TN/DS/W/32；澳大利亚 TN/DS/W/34；韩国 TN/DS/W/35；台彭金马单独关税区 TN/DS/W/36；海地 TN/DS/W/37；欧共体 TN/DS/W/38，墨西哥 TN/DS/W/40，加拿大 TN/DS/W/41，肯尼亚 TN/DS/W/42，约旦 TN/DS/W/43，牙买加 TN/DS/W/44，巴西 TN/DS/W/45，美国 TN/DS/W/46，印度（代表古巴、多美尼加共和国、埃及、洪都拉斯、牙买加和马来西亚）TN/DS/W/47，澳大利亚 TN/DS/W/49，中国 TN/DS/W/51，智利和美国 TN/DS/W/52，约旦 TN/DS/W/53，约旦 TN/DS/W/56，中国 TN/DS/W/57，TN/DS/W/58；泰国 TN/DS/W/60，8 December 2003；泰国代表印度尼西亚和泰国 TN/DS/W/61，12 December 2003。

② 详见余敏友、陈喜峰："WTO 争端解决机制的改革谈判和我国的因应策略"，《国际经济法学刊》2004 年第 10 卷。

以便它们能够更好地利用 WTO 争端解决机制。而在 DSU 谈判中，逐渐形成了一个由阿根廷、巴西、加拿大、印度、新西兰、挪威和墨西哥等组成"七国集团"（Group of Seven）或"墨西哥集团"（the Mexican Group）。此外，非洲国家集团和最不发达国家集团在 DSU 谈判中也很活跃。

2006 年 7 月多哈回合谈判中止。由于 DSU 谈判不是多哈回合统一承诺的正式组成部分，在多哈回合谈判中止期间，各代表团围绕 DSU 的非正式讨论仍在继续。2007 年 2 月多哈回合谈判恢复后，DSU 改革谈判也有了较大进展。据 2007 年 7 月 26 日 DSB 特别会议主席向多哈回合贸易谈判委员会的报告（TN/DS/20）①，2007 年 1 月到 7 月，WTO 成员举行了 7 次非正式协商，讨论了与下列问题有关的各种提案：补偿与中止减让，灵活性与成员控制，专家组组成，报复后问题（post-retaliation），发回重审（remand），适用顺序（sequencing），发展中国家成员的特别而有区别的待遇，严格机密信息（strictly confidential information），第三方权利，节约时间（time-savings），透明度等。尽管如此，但离达成最终协议仍有相当大的距离，仍需要花大量的时间。

普遍认为，虽然 DSU 谈判不是多哈回合统一承诺的正式组成部分，但是事实上与多哈回合具有密不可分的政治联系，没有一个成功的多哈回合，DSU 谈判便不可能真正取得成功。因此，DSU 改革谈判前景最终取决于多哈回合能否成功结束。

五、主 要 问 题

1995 年以来 WTO 争端解决机制 12 年多的运行，与 WTO 成员

---

① WTO: Dispute Settlement Body, Special Session - Report by the Chairman, Ambassador Ronald Saborío Soto, to the Trade Negotiations Committee（TN/DS/20, 26 July 2007）, http://docsonline.wto.org/GEN_ highLightParent.asp? qu = % 28 + % 40meta% 5FSymbol + TN% FCDS% FC% 2A + and + % 28%40meta% 5FTitle + Report + and + Chairman% 29% 29 + &doc = D% 3A% 2FDDFDOCUMENTS% 2FT% 2FTN% 2FDS% 2F20% 2EDOC% 2EHTM（2007 年 8 月 13 日访问）.

自 1997 年以来围绕审查 DSU 以改进 WTO 争端解决机制近 10 年的谈判，既表明 WTO 成员由于经历不同而看法各异，又表明下列矛盾或问题事关全局，应从长计议、慎重考虑、认真对待。

（一）维持 WTO 争端解决机制四大职能之间的平衡

如前所述，WTO 争端解决机制四大职能是：1. 向世贸组织多边贸易体制提供安全及预见性（制度性目标）；2. 维护世贸组织各成员依据世贸组织协定所享有的各项权利和所承担的义务（具体目标）；3. 按照国际公法解释的习惯规则，澄清世贸组织协定的各项现行规定（具体目标）①；4. 积极解决争端（具体目标）。而在实践中，WTO 争端解决机制如何处理下列平衡问题：（1）满足 WTO 成员强行维护权益的要求与积极解决成员之间争端的平衡（例如，如何防止滥用与慎用攻击性法律主义），（2）澄清现行规定与避免"争端解决机构造法"的平衡（如，WTO 内"立法机构"与 DSB 及其附设专家组和上诉机构、WTO 秘书处等之间的权力分工及平衡问题②，DSB 决定的效力问题），（3）向世贸组织多边贸易体制提供安全及预见性与适当扩大争端解决机构权限的平衡（如，适用法律的扩大，适用争端的扩大，贸易与非贸易政策的协调问题，开放贸易与其他政策目标的矛盾）等。实际上，这不仅涉及如何维持 WTO 争端解决机制具体目标与制度性目标之间的平衡，也涉及如何解决 WTO 争端解决机制的合法性问题。

（二）统一争端解决制度与发展中国家成员特殊待遇的平衡

保持对所有成员一视同仁的统一争端解决制度，与具体落实对发展中国家成员的特殊待遇，以便 WTO 争端解决机制能为它们所用（例如，创立法律辩护基金，强制补偿，金钱补偿，集体报复，

---

① 但在行使职权时，世贸组织争端解决机关不得损害各成员根据世贸组织协定或诸边贸易协定通过决策程序谋求权威解释各该协定条文的权利，而且其所作的各种建议和裁定也不得增加或减损世贸组织协定所规定的各项权利和义务。

② Thomas Cottier, *DSU Reform: Resolving Underlying Balance-of-power Issues*, in the WTO at Ten The Contribution of the Dispute Settlement System edited by Giorgio Sacerdoti, Alan Yanovich and Jan Bohans, Cambridge University Press 2006, pp. 259-265.

等等）的平衡。也就是说，一方面，如何解决发展中国家成员参与不足或使用率不高的问题，使发展中国家成员的参与真正有效，所获救济真正有用；另一方面，如何防止发达国家成员的滥用问题和不执行或执行难问题。实际上，就是如何解决 WTO 争端解决机制的有效性问题。

（三）争端解决机制的封闭性与开放性的平衡

维持现行争端解决机制的封闭性（秘密环境下的政府对政府程序 government-to-government process in confidential setting）与使之改革成为一个较为开放的争端解决机制（如：公众有权诉诸 WTO 争端解决程序，民间团体以法庭之友身份参与，口头作证，进一步加大透明度，通过网络直播专家组和上诉机构有关活动，等等）的平衡。换言之，是坚持 WTO 争端解决机制的国家间特性还是使它向跨国家性、全球性演变，如何把握 WTO 争端解决机制发展变化过程中的"演变"与"革命"的平衡，从而加强 WTO 争端解决机制在全球范围内的正当性和使之获得更广泛的政治支持。实际上，就是如何在一定程度上解决 WTO 争端解决机制的民主问责性问题。

（四）WTO 成员的控制与争端解决机制进一步司法化的平衡

加大 WTO 成员对争端解决机制的控制（例如，加强协商，确定解释 WTO 协定及其他相关法律规范的指导方针和证据规则，专家组报告的部分通过，上诉机构临时审查报告，等等）与促进争端解决机制的进一步司法化（judicialization）（例如，减少临时专家组，增设常设专家组成员；专家组程序规则的进一步具体化和统一化，等等）的平衡。也就是说，如何在 WTO 争端解决机制（一体）中维持"司法性"与"外交性"（两面）的平衡，不仅使WTO 争端解决机制在更大程度上尊重 WTO 成员的主权，而且使WTO 成员之间贸易争端的解决更加职业化、专业化和非政治化，更重要的是，保持远大的法治期望和贸易政治现实之间的动态良性平衡。实际上，就是如何在一定程度上解决 WTO 争端解决机制的可靠性问题。因此，DSU 改革谈判，应正视 WTO 争端解决机制的局限性，探索其现实可行性，确保其可靠性。

六、结　　论

（一）独特的解决国际争端的多边制度

建立在 DSU 基础上的世界贸易组织争端解决机制，以 GATT40 多年的经验与教训为鉴，对于与世界贸易组织协定有关的争端，根据处理"违法之诉"为主和"非违法之诉"为辅的准则，遵照和平解决国际争端和在世界贸易组织成员之间的贸易关系中，禁止单方面使用贸易报复或贸易报复威胁的原则，以谋求争端当事方自愿达成的相互满意解决为首要目标，以专家组调解为中心，以争端解决机构审议、批准专家组和（或）常设上诉机构的建议或裁定为常规，以在特殊情况下争端解决机构授权和监控的贸易报复威胁或报复为强制实施的最后手段，按照以实际履行义务（通过撤销违法措施）为通例和中止义务或承诺为例外的方针提供救济，同时以向发展中成员提供最低法律援助，来保证世界贸易组织成员解决争端的平等机会。世界贸易组织争端解决机制，不仅体现了解决国际争端的和平方法（外交与法律手段）和非武力的强制措施（报复或反措施）的有机统一，而且反映了争端当事方、职业专家、国际公务员与 DSB（由世界贸易组织全体成员政府代表组成）之间的合理分工和协作。它是国际多边贸易体制半个多世纪以来管理多边贸易争端的经验教训的结晶，是一种新型的、复杂的、独特的和平解决国际贸易争端的多边制度。

（二）外交方法与法律方法的组合

世界贸易组织争端解决机制，把一般国际法上两种不同性质，甚至不易相容的和平解决争端的外交方法和法律方法组合起来了。一方面，它既有外交方法解决争端的最本质的特征，如最大可能地求得争端当事方相互满意的解决办法；另一方面，又具有很强的司法色彩，这是和平解决争端法律方法的固有属性，如仲裁、专家组、上诉机构等程序。此外，它还具有世界性国际经济组织由全体成员组成的政治机构对争端作最终决定的特点。因此，如果不从整体上看，而只观察其局部，就很可能产生对其性质的片面看法，若只观察其各个阶段明确的程序规则及时间表，特别是专家组和上诉机构审查阶段，就很容易产生它是一种司法性质的争端解决程序的感觉；如只观察其强调争端当事方的自愿解决，则容易得出它仍是一种政治或外交解决争端方法的结论；若只观察其要求任何争端解决结果均应通知所有成员和世界贸易组织秘书处，以及争端解决机构对专家组或上诉机构的裁定或建议、授权报复等的最终决定权，则容易认定它是一种国际制度化谈判的新形式。世贸组织争端解决机制是一种由各种方法组成的纵向机制，即，在严格的时间表内可以连续使用各种方法直至争端得到解决的制度。① 从全局和整体来看，世界贸易组织争端解决机制，是一种新的、独特的、高度民主制度化的解决争端制度。从实质上看，这种争端解决机制是与世界贸易组织这个国家间组织所管理的各项多边贸易协定的对等、互利、平衡、有序的内在要求休戚相关的。

（三） 贸易报复与和平解决的结合

贸易报复虽然被视为强制执行法律的可接受措施，但有任意滥用的危险性。与联合国国际法委员会国家责任法条款中的有关条文相比，世界贸易组织争议解决机制，对报复权的授予、行使及其适用范围，都规定了非常严格、具体的规则和程序。它不仅规定了争议解决机构授予成员国报复权的先决条件，而且也对报复权的行使提供了明确的监督机制。

WTO 多边贸易体制，以授权胜诉方采取贸易限制措施来逼迫拒不悔改的加害方遵纪守法，是迫不得已的无奈之举，还是精心设计的制度安排？有必要根据 GATT/WTO 法的历史和实践做更进一步地分析。

第一，关贸总协定立法史表明：第 23 条第 2 款代表了《哈瓦那宪章》拟定者在国际经济关系中所引入的一项新的原则，即要

---

① 因为未解决的贸易争端易于迅速引起重大损害，这使达成公平合理的解决成为一个十分紧急的问题；尽管贸易争端常常十分复杂但没有海洋争端那样多变，因此易于达成解决贸易争端的统一程序。它现在被大量使用，表明世贸组织成员对世贸组织体制的信心。参见〔英〕梅里尔斯著：《国际争端解决》，剑桥大学出版社 1998 年英文第 3 版，第 197～220、286～287 页。

求各缔约方授权国际组织限制其报复权。具体而言，就是谋求通过总协定驯服"报复"并绳之以法，使之受国际多边条约调控，控制其扩展与成长，最终使它从发动经济战争的一种武器转变为维护国际秩序的一种工具。利用"报复"具有建设性作用的积极方面，而限制它具有破坏性作用的消极方面。因此，这项原则排除了缔约方在总协定范围内采取单方面的报复措施。①

第二，在关贸总协定 48 年的历史中，缔约方全体或理事会授权采取报复仅有一次，不仅从未发生过因受报复而退出总协定的情况，反而要求加入总协定的国家和实体越来越多。实际上，总协定在授权报复方面一向非常谨慎。据认为，其主要原因是：（1）充当调解人而非仲裁员的心态使缔约方全体或理事会谋求尽可能晚地实施总协定的最后手段；（2）对于争端双方而言，报复只会两败俱伤，更严重的是，报复可能引起报复与反报复的恶性循环，直至贸易战或政治对抗，最终可能导致总协定体制的崩溃；（3）报复是以各国的经济实力特别是其国际贸易实力作后盾的，一国报复能力的大小是与该国在受报复国进出口贸易中所占份额或地位成正比的。据说制裁的效力依赖于"经济体的规模"和"报复国的进口依赖性和被报复国的出口依赖性"。② 贸易小国的报复能力十分有限，这正是荷兰没有采取总协定授权的报复措施的原因。另外，报复威胁常常会具有很大的威慑力量，从而使它可能成为施加政治压力的一种有效的贸易外交手段。在这方面，总协定的某些缔约方（如美国、欧盟）制订了通过报复解决国际贸易争端的国内法。鉴于在实际运行中，有关国家（如美国）没有处理好其国内法手段与总协定多边争端解决机制的关系，不仅没有很好地补充和支持总协定多边争端解决机制，反而成为阻挠甚至取代总协定多边争端解决机制的手段，和任意对其他缔约方进行恐吓或威胁的强权政治工具。因此，如何对报复进行更严格的多边控制，一直是关贸总协定

---

① WTO, *Analytical Index Guide to GATT Law and Practice*, Vol. 2, 2003, p. 692.

② Charnovitz, *Rethinking WTO Trade Sanctions*, American Journal of International Law, Vol. 95, No. 4, October 2001, p. 794.

面临的一个重要问题。

第三，乌拉圭回合期间，DSU 的拟定者，为了最大限度地实现寻求迅速救济的投诉方与时刻警惕单方面报复性行动的应诉方之间的平衡，制订了新的执行规则，并设计了在执行阶段解决争端的手段和方法。乌拉圭回合结束后生效的 DSU，从原则和程序等方面，对有关成员的报复权及其行使做出了重大改进。不仅强化了报复措施的力度（允许采取"交叉报复"），改进了报复的授权程序（DSB 的消极协商一致决策程序）；而且也对胜诉方实施报复规定了一系列原则、程序、条件和标准，设立了对报复措施进行审查的仲裁程序；还规定了 DSB 和 WTO 成员对报复的监督制度。虽然WTO 争端解决机制没有创立一种不受限制或者毫无节制的报复权，但是与关贸总协定相比，受害国更容易获得报复权。

第四，历史表明，报复只有在经济实力相当的国家之间才是有效的，对于弱国来说通常是毫无意义的。WTO 争端解决实践不仅没有推翻这一点，反而提供了新的证据。在 WTO 争端解决机制执行阶段的绝大多数争端主要发生在美国、欧共体、日本、加拿大、巴西之间，报复制度看来主要是贸易大国之间相互较量的一个重要工具。因此，这种制度明显对贸易大国有利。显然，WTO 争端解决机制中的报复，仍然没有从根本上解决在权力不对称的国家之间报复的公平性问题，它不仅提高了强势成员违法的成本，但也突出了弱势成员与强势成员之间实力的不平等。

对此，有学者提出，发展中国家成员可以将《与贸易有关的知识产权协定》作为执行的工具。① 然而，厄瓜多尔在香蕉案中的情况表明，从发展中国家谋求促进遵守来说，在知识产权领域的交叉报复不大可能提供更有效的救济。② 为此，在学者中，有人建议引入"团结措施"（solidarity measures），把联合国国际法委员会

① A. Subramanian and J. Watal, *Can TRIPs Serve as an Enforcement Mechanism for Developing Countries in the WTO*? Journal of International Economic Law, Vol. 3. (2000)，pp. 403-416.

② 该案仲裁员指出，厄瓜多尔实施所授权的报复是不可行或不可能的，然而 DSU 对此没有解决办法。WT/DS27/ARB/ECU, 24 March 2000, para. 177.

《国家责任法草案》和《维也纳条约法公约》第 61 条所规定的集体反措施与 WTO 争端解决机制结合，① 把现行单独报复改为集体报复②，以便向集体救济体制转变。③ 甚至有人认为，集体制裁在现行体制下本来就是可行的。④ 在 WTO 成员对 DSU 改革的谈判中，墨西哥提出可以拍卖或转让贸易报复权⑤，赞比亚代表最不发达国家集团提议增加"集体报复"。⑥

拍卖或转让贸易报复权虽然很有新意，集体报复却是老调重弹，二者都不是有效的解决方案。国际实践表明，无论是在联合国还是其他多边合作体制中，"集体制裁"是例外，并且执行难。而且，如何防止集体报复或制裁被滥用并对无辜受害者予以补偿，是联合国集体安全体制 60 多年来一直没有解决的重大难题。在现在国际社会仍然没有集体经济安全意识和建立有效的集体经济安全制度的情况下，集体报复也好，转让贸易报复权也好，难以适应全球化时代民族主义潮流及强化国家主权的要求与倾向，各国对外贸易政策，无不以"本国利益"为最高目标。WTO 各成员虽说在贸易方面具有各自的比较优势，不仅是相互合作的伙伴，更是彼此竞争的对手，各种离心力，尤其是贸易大国的利己主义，使尚未遭到违

---

① Yenkong Ngangjoh H.: *Collective Countermeasures and the WTO Dispute Settlement*: '*Solidarity Measures Revisited*', Nordic Journal of Commercial Law, Issue 2004 # 2.

② RODRIK, DANI: *The Global Governance of Trade as if Development Really Mattered*, Oct. 2001, p. 33. available at http://www.undp.org/mainundp/propoor/docs/pov_ globalgovernancetrade_ pub.pdf（2007 年 8 月 26 日访问）.

③ Pauwelyn Joost, *Enforcement and Countermeasures in the WTO*: *Rules are Rules- Toward a More Collective Approach*, American Journal of International Law, Vol. 94 No. 2, 2000, pp. 335-347.

④ B. Hoekman and P. C. Mavroidis, *Enforcing Multilateral Commitments*: *Dispute Settlement and Developing Countries*, The WTO/World Bank Conference on Developing Countries in a New Millennium, Geneva: WTO Secretariat, 1999, p. 10.

⑤ Mexico TN/DS/W/40, http://www.law.georgetown.edu/iiel/research/projects/dsureview/documents/W40.doc（2007 年 8 月 22 日访问）.

⑥ TN/DS/W/17, 9 October 2002（2007 年 8 月 26 日访问）.

反 WTO 法的行为的直接损害的成员，以及报复该违法行为对自己没有直接好处的成员，对集体制裁或集体报复可能不感兴趣而采取某种消极的态度，它们可能不愿在眼下做出现实的牺牲来积极参加统一行动。况且，即便集体报复被增补为一种救济手段，恐怕也得改变有关授予报复权的现行决策程序而不可能像现在这样如此容易获得报复权。

因此，WTO 争端解决机制中的贸易报复制度，是 WTO 成员在现今国际社会结构制约下精心选择的次优安排。在国际社会的无政府结构决定下，即便集统一性、强制性、排外性于一体的 WTO 争端解决机制，在执行争端解决机构的决定方面，也未能建立统一而集中的强有力执行制度，而只能继续依赖贸易报复这种传统非集权的自力救济手段，尽管 WTO 在 GATT 数十年试验的基础上，根据贸易全球化的新情况更新和改进了贸易报复权的获得与行使规则，但并没有实现国际贸易关系从权力政治向法治的质变，还只是新的量变。任何改革方案都不能忽视国际社会的无政府结构的限制作用，但也不能因此就不继续推进国际贸易关系法治化。广大中小发展中国家，只有不仅通过区域自由贸易协定加强合作，而且通过不断改革开放提高自身贸易实力，同时进一步加强 WTO 体制，才能提高正确行使贸易报复权的能力，减少成为 WTO 贸易报复制度无辜受害者的风险，遏制贸易大国滥用贸易报复权的单边主义倾向，真正使贸易报复从发动贸易战的一种大规模杀伤性武器，转变为维护国际贸易秩序的一种建设性工具。

（四）涉及面广，内容复杂

各国政府及学者均从不同角度对其性质提出不同看法。有人认为，世界贸易组织争议解决机制仍是一种政治主导型的偏于外交色彩的和平解决争端制度。也有人认为，它是一种迈向"世界贸易法院"征途中的一种准司法性的争议解决制度。实际上，围绕其性质的争论，不仅关系到科学地探讨如何处理多边贸易体制中权力政治与法律调控的复杂关系的理论问题，而且也涉及在一个相互依存和变化多端的国际贸易领域各主权国家，如何善意有效地利用国际法和国际组织预防和消除国际贸易争端的现实问题。因此，世界贸易组织争议解决机制，实质上是一个涉及政治与经济、文化与法律、理论与实践、理想与现实等诸多因素的极为复杂的和平解决国际贸易争端的制度。①

（五）实用性强，有待完善

与其他国际争端解决制度相比较，世界贸易组织的争端解决机制可能是世界上最富实用性的一种制度。前世界贸易组织总干事麦克·穆尔（Mike Moore）2000 年在一份声明中指出："…… 各世界贸易组织成员的政府，不论大小，如此经常地借助我们的组织寻求解决各种难题，这是对世界贸易组织争端解决制度的一张具有共鸣效果的信任票。各世界贸易组织成员政府坚信，一种能够保证小心谨慎谈判达成的各种贸易规则，得到尊重和实施的坚实可靠的争端解决机制，是它们自己创立的多边贸易体系的中枢和支柱。世界贸易组织争端解决机制旨在维护和支持国际贸易规则，据此也间接地向广大工人和消费者提供更优质的服务。而且，世界贸易组织争端解决机制在国际组织方面是独一无二的。各世界贸易组织成员保证接受专家组和必要时上诉机构的报告结果。这就是世界贸易组织引起希望利用这一机制促进利益的各种团体如此多关注的原因。当然，谋求争端的完满解决是世界贸易组织争端解决机制的一项主要原则。……没有这一机制，实质上将不可能维持国际权利与义务的微妙平衡。争端将会拖延更久，国际贸易将会动荡不安，反过来，整体国际关系将可能受到破坏甚至于毒化。本机制特别强调通过谈判解决争端，对于世界贸易组织成员而言，在国际关系其他领域，这也可能同样合理可行。…… 尽管没有人主张世界贸易组织争端解决机制可以对世界不平等的经济权力分布进行补偿，但必须强调这一制度给予小国一种在其他场合将不存在的捍卫其权利的公平机

---

① 见［德］欧内斯特-乌·彼特斯曼：《总协定/世贸组织争端解决体制》，克鲁沃公司 1997 年英文版；［德］欧内斯特-乌·彼特斯曼主编：《国际贸易法与总协定/世贸组织争端解决体制》，克鲁沃公司 1997 年英文版。

会。"① 但是，WTO 争端解决机制还是一种未完全成熟的国际争端解决制度，需要不断改进。

参考文献

[1] Abbott, Frederick M.. *WTO dispute settlement and the Agreement on Trade-Related Aspects of Intellectual Property Rights*. International trade law and the GATT/WTO dispute settlement system / ed. by Ernst-Ulrich Petersmann. London; The Hague [etc.]: Kluwer Law International,1997, pp. 413-437.

[2] Abi-Saab, Georges. *The Appellate Body and treaty interpretation*. The WTO at ten: the contribution of the dispute settlement system / ed. by Giorgio Sacerdoti, Alan Yanovich and Jan Bohanes. Cambridge [etc.]: Cambridge University Press, 2006, pp. 453-464.

[3] Ahn, Dukgeun. *WTO dispute settlements in East Asia*. KDI School of Public Policy and Management, 2003, p. 39.

[4] Ala'i, Padideh. *Judicial lobbying at the WTO: the debate over the use of amicus curiae briefs and the U. S. experience*. Fordham international law journal, 2000, pp. 62-94.

[5] Alavi, Amin. *On the (non-) effectiveness of the World Trade Organization special and differential treatments in the dispute settlement process*. Journal of World Trade, 2007, pp. 319-349.

[6] Alben, Elissa and Timothy Reif. *Homage to a bull moose III: striking the correct balance between political governance and judicialization in the WTO*. The WTO at ten: the contribution of the dispute settlement system / ed. by Giorgio Sacerdoti, Alan Yanovich and Jan Bohanes. Cambridge [etc.]: Cambridge University Press,

---

① WTO. Press/180 (5 June 2000). http://www.wto.org/english/news_ e/pres00_ e/pr180_ e. htm.

2006, pp. 111-124.

[7] Alemanno, Alberto. *Judicial enforcement of the WTO hormones ruling within the European Community: towards EC liability for the non-implementation of WTO dispute settlement decisions?* Harvard International Law Journal, 2004, pp. 547-561.

[8] Alvarez, José E.. *The new dispute settlers: (half) truths and consequences.* Texas International Law Journal, 2003, pp. 405-444.

[9] Andersen, Scott. *Administration of evidence in WTO dispute settlement proceedings.* Key issues in WTO dispute settlement: the first ten years / ed. by Rufus Yerxa and Bruce Wilson. Cambridge [etc.]: Cambridge University Press, 2005, pp. 177-189.

[10] Anderson, Kym. *Peculiarities of retaliation in WTO dispute settlement.* The WTO and international trade law/dispute settlement / ed. by Petros C. Mavroidis and Alan O. Sykes. Cheltenham: Edward Elgar, 2005, pp. 235-246.

[11] Antoniadis, Antonis. *Unilateral measures and WTO dispute settlement: an EC perspective.* Journal of World Trade, 2007, pp. 605-627.

[12] Appleton, Arthur E.. *Amicus curiae submissions in the Carbon Steel case: another rabbit from the Appellate Body's hat?* Journal of international economic law, 2000, pp. 691-699.

[13] Araki, Ichiro. *Beyond agressive legalism: Japan and the GATT/ WTO dispute.* WTO and East Asia: new perspectives / ed. by Mitsuo Matsushita and Dukgeun Ahn. London: Cameron May, 2004, pp. 149-175.

[14] Arup, Christopher. *Perspectives on WTO dispute settlement: the role for negotiated solutions.* Ten years of WTO dispute settlement: Australian perspectives / ed. by Amanda Gorely... [et al.]. Barton ACT: Office of Trade Negotiations of the Department of Foreign Affairs and Trade, 2006, pp. 72-88.

[15] Ascensio, Hervé. *L'amicus curiae devant les jurisdictions internationales.* Revue générale de droit international public, 2001, pp. 897-930.

[16] Babu, R. Rajesh. *Review of the WTO Dispute Settlement Understanding*: *progress and prospects*. AALCO Quarterly Bulletin, 2005, pp. 50-74.

[17] Bacchus, James. *Appellators*: *the quest for the meaning of and/or*. World Trade Review, 2005, pp. 499-523.

[18] Bagwell, Kyle. and Robert W. Staiger. . *Enforcement*. The WTO and international trade law/dispute settlement / ed. by Petros C. Mavroidis and Alan O. Sykes. Cheltenham: Edward Elgar, 2005, pp. 3-20.

[19] Balás, Péter. *Chairing the DSU negotiations*: *an overview*. Reform and development of the WTO dispute settlement system / ed. by Dencho Geogiev and Kim Van der Borght. London: Cameron May, 2006, pp. 15-35.

[20] Baptista, Luiz Olavo. *Interpretation and application of WTO rules*: *Florentino Feliciano and the first seven*. Law in the service of human dignity: essays in honour of Florentino Feliciano / ed. by Steve Charnovitz, Debra P. Steger, Peter van den Bossche. Cambridge [etc.]: Cambridge University Press, 2005, pp. 127-135.

[21] Bartels, Lorand. *The separation of powers in the WTO*: *how to avoid judicial activism*. The International and Comparative Law Quarterly, 2004, pp. 861-895.

[22] Becroft, Ross. *The standard of review strikes back*: *the US-Korea DRAMS appeal*. Journal of International Economic Law, 2006, pp. 207-217.

[23] Bhala, Raj. and Lucienne Attard... *Austin's ghost and DSU reform*. International lawyer, 2003, pp. 651-676.

[24] Bhala, Raj. and David Gantz. . *WTO case review* 2005. Arizona Journal of International and Comparative Law, 2006, pp. 107-345.

[25] Bogdandy, Armin von. *Legal effects of World Trade Organization decisions within European Union law*: *a contribution to the theory of the legal acts of international organizations and the action for damages under Article 288(2) EC*. Journal of World Trade, 2005,

pp. 45-66.

[26] Bohanes, Jan. and Andreas Sennekamp. . *Reflections on the concept of "judicial economy" in WTO dispute settlement.* The WTO at ten: the contribution of the dispute settlement system / ed. by Giorgio Sacerdoti, Alan Yanovich and Jan Bohanes. Cambridge [etc.]: Cambridge University Press, 2006, pp. 424-449.

[27] Boisson de Chazournes, Laurence. and Makane Moise Mbengue... *The amici curiae and the WTO dispute settlement system: the doors are open.* The law and practice of international courts and tribunals, 2003, pp. 205-248.

[28] Boisson de Chazournes, Laurence. *Transparency and amicus curiae briefs.* The Journal of World Investment & Trade, 2004, pp. 333-336.

[29] Bond, Eric W.. *The economics of international trade agreements and dispute settlement with intellectual property rights.* International public goods and transfer of technology under a globalized intellectual property regime / ed. by Keith E. Maskus and Jerome H. Reichman. Cambridge [etc.]: Cambridge University Press, 2005, pp. 831-851.

[30] Bourgeois, Jacques H. J.. *Sanctions and countermeasures: do the remedies make sense?* Reform and development of the WTO dispute settlement system / ed. by Dencho Geogiev and Kim Van der Borght. London: Cameron May, 2006, pp. 37-42.

[31] Bourgeois, Jacques. *The umpire needs better rules of the game.* The WTO at ten: the contribution of the dispute settlement system / ed. by Giorgio Sacerdoti, Alan Yanovich and Jan Bohanes. Cambridge [etc.]: Cambridge University Press, 2006, pp. 235-245.

[32] Bree, Axel. *Harmonization of the dispute settlement mechanisms of the multilateral environmental agreements and the world trade agreements.* Erich Schmidt Verlag, 2003, pp. XXI, XX, 517.

[33] Brewer, Thomas L.. and Stephen Young.. *WTO disputes and*

developing countries. Journal of World Trade, 1999, pp. 169-182.

[34] Kim, Hyun Chong. *The WTO dispute settlement process: a primer*. Journal of international economic law, 1999, pp. 457-476.

[35] Kingery, John. *Operation of dispute settlement panels: commentary*. Law and Policy in International Business, 2000, pp. 665-673.

[36] Kong, Qingjiang. *Can the WTO Dispute Settlement Mechanism resolve trade disputes between China and Taiwan*. Journal of International Economic Law, 2002, pp. 747-758.

[37] Kongolo, Tshimanga. *The WTO Dispute Settlement Mechanism: TRIPS rulings and the developing countries*. Journal of World Intellectual Property, 2001, pp. 257-270.

[38] Kouris, Steven. *The WTO's dispute settlement procedures: are they up to the task after 10 years?*. Journal of World Investment and Trade, 2006, pp. 235-255.

[39] Kozawa, Sumio. *Depoliticization of international dispute settlement: a comparison of the dispute settlement provisions of the WTO and the Energy Charter Treaty*. The journal of world investment, 2002, pp. 793-829.

[40] Krikorian, Jacqueline D.. *Planes, trains and automobiles: the impact of the WTO "Court" on Canada in its first ten years*. Journal of International Economic Law, 2005, pp. 921-975.

[41] Kuijper, Pieter Jan. *From initiating proceedings to ensuring implementation: the links with the Community legal order*. The WTO at ten: the contribution of the dispute settlement system / ed. by Giorgio Sacerdoti, Alan Yanovich and Jan Bohanes. Cambridge [etc.]: Cambridge University Press, 2006, pp. 266-281.

[42] Kumar, Mohan. *Dispute settlement system in the WTO: developing country participation and possible reform*. Reform and development of the WTO dispute settlement system / ed. by Dencho Geogiev and Kim Van der Borght. London: Cameron May, 2006, pp. 177-190.

[43] Lacarte, Julio. and Fernando Pierola... *Comparing the WTO and*

GATT Dispute Settlement Mechanisms: *what was accomplished in the Uruguay Round?* Inter-governmental trade dispute settlement: multilateral and regional approaches / ed. by Julio Lacarte and Jaime Granados. London: Cameron May, 2004, pp. 33-62.

[44] Lacarte, Julio A.. *Trade and economic justice according to law*. Law in the service of human dignity: essays in honour of Florentino Feliciano / ed. by Steve Charnovitz, Debra P. Steger, Peter van den Bossche. Cambridge [etc.]: Cambridge University Press, 2005, pp. 22-26.

[45] Lacarte-Muro, Julio. and Petina Gappah... *Developing countries and the WTO legal and dispute settlement system*: *a view from the bench*. Journal of international economic law, 2000, pp. 395-401.

[46] Larouer, Christophe. *WTO Non-violation Complaints*: *a Misunderstood Remedy in the WTO Dispute Settlement System*. Netherlands International Law Review, 2006, pp. 97-126.

[47] Lawrence, Robert Z.. *Crimes and punishments? retaliation under the WTO*. Institute for International Economics, 2003, pp. XIII, 108.

[48] Layton, Duane W. and Jorge O. Miranda.. *Advocacy before the World Trade Organization dispute settlement Panels in trade remedy cases*. The art of advocacy in international arbitration / ed. by R. Doak Bishop. Huntington, NY: Juris, 2004, pp. 75-129.

[49] Lee, Donna. *Understanding the WTO dispute settlement process*. Trade politics / ed. by Brian Hocking and Steven McGuire. 2nd ed.. London [etc.]: Routledge, 2004, pp. 120-132.

[50] Leebron, David W.. *Better reconciliation of interests in WTO law*: *an American position*. Free world trade and the European Union: the reconciliation of interests and the review of the understanding on dispute settlement in the framework of the World Trade Organization / ed. by Antonio Pérez van Kappel and Wolfgang Heusel. Köln: Bundesanzeiger, 2000, pp. 121-129.

[51] Lewis, Meredith Kolsky. *The Lack of Dissent in WTO Dispute Settlement*. Journal of International Economic Law, 2006, pp. 895-931.

[52] Lim, C. L.. *Law and diplomacy in world trade disputes / C. L. Lim*. Singapore journal of international & comparative law, 2002, pp. 436-497.

[53] Lim, C. L.. *The amicus brief issue at the WTO*. Chinese Journal of International Law, 2005, pp. 85-120.

[54] Lin, Tsai-Yu. *Compliance proceedings under Article 21. 5 of DSU and Doha proposed reform*. The International Lawyer, 2005, pp. 915-936.

[55] Lindroos, Anja and Michael Mehling. . *Dispelling the chimera of "self-contained regimes" international law and the WTO*. European Journal of International Law, 2005, pp. 857-877.

[56] Lo, Chang-fa. *Dispute settlement under free trade agreements: its interaction and relationship with WTO dispute settlement procedures*. The WTO in the twenty-first Century: dispute settlement, negotiations, and regionalism in Asia / ed. by Yasuhei Taniguchi, Alan Yanovich and Jan Bohanes. Cambridge [etc.]: Cambridge University Press, 2007, pp. 457-471.

[57] Lockhart, John. *Assessing the "succes" of the Appellate Body over the first ten years*. The WTO at ten: the contribution of the dispute settlement system / ed. by Giorgio Sacerdoti, Alan Yanovich and Jan Bohanes. Cambridge [etc.]: Cambridge University Press, 2006, pp. 285-288.

[58] Loungnarath, Vilaysoun. and Céline Stehly.. *The general dispute settlement mechanism in the North American Free Trade Agreement and the World Trade Organization system: is North American regionalism really preferable to multilateralism?* Journal of World Trade, 2000, pp. 39-71.

[59] Luan, Xinjie. *Dispute settlement mechanism reforms and China's*

411

proposal. Journal of world trade, 2003, pp. 1097-1117.

[60] MacGivern, Brendan. *Retaliation revisited: compliance and implementation issues in WTO dispute settlement*. Reform and development of the WTO dispute settlement system / ed. by Dencho Geogiev and Kim Van der Borght. London: Cameron May, 2006, pp. 225-245.

[61] MacLean, Robert. *The urgent need to reform the WTO's dispute settlement process*. International Trade Law and Regulation, 2002, pp. 137-141.

[62] MacMahon, Joseph A.. *Clear and present danger? dispute resolution in agriculture*. Trade and agriculture: negotiating a new agreement? / ed. by Joseph A. McMahon. London: Cameron May, 2001, pp. 249-276.

[63] MacNamara, Kathleen R.. *The institutional dilemmas of market integration: compliance and international regimes for trade and finance*. International law and organization: closing the compliance gap / ed. by Edward C. Luck and Michael W. Doyle. Lanham, MD [etc.]: Rowman & Littlefield, 2004, pp. 41-59.

[64] MacNelis, Natalie. *What obligations are created by World Trade Organization dispute settlement reports?* WTO jurisprudence and policy: practitioners' perspectives / ed. by Marco C. E. J. Bronckers and Gary N. Horlick. London: Cameron May, 2004, pp. 183-215.

[65] MacRae, Donald. *Treaty interpretation and the development of international trade law by the WTO Appellate Body*. The WTO at ten: the contribution of the dispute settlement system / ed. by Giorgio Sacerdoti, Alan Yanovich and Jan Bohanes. Cambridge [etc.]: Cambridge University Press, 2006, pp. 360-371.

[66] Magnus, John. *Compliance with WTO dispute settlement decisions: is there a crisis?* Key issues in WTO dispute settlement: the first ten years / ed. by Rufus Yerxa and Bruce Wilson. Cambridge [etc.]: Cambridge University Press, 2005, pp. 242-250.

[67] Mahncke, Hans. *US steel tariffs and the WTO dispute resolution mechanism*. Leiden Journal of International Law, 2004, pp. 615-624.

[68] Maki, Peter C. . *Interpreting GATT using the Vienna Convention on the Law of Treaties*: *a method to increase the legitimacy of the dispute settlement system*. Minnesota Journal of Global Trade, 2000, pp. 343-360.

[69] Malkawi, Bashar H. . *Arbitration and the World Trade Organization*: *the forgotten provisions of Article 25 of the Dispute Settlement*. Journal of International Arbitration, 2007, pp. 173-188.

[70] Marceau, Gabrielle. *Consultations and the Panel process in the WTO dispute settlement system*. Key Issues in WTO Dispute Settlement: the first ten Years / ed. by Rufus Yerxa and Bruce Wilson. Cambridge [etc.]: Cambridge University Press, 2005, pp. 29-45.

[71] Marceau, Gabrielle. *The WTO dispute settlement and human rights*. International trade and human rights: foundations and conceptual issues / ed. by Frederick M. Abbott, Christine Breining-Kaufmann, and Thomas Cotter. Ann Arbor, MI: University of Michigan Press, 2006, pp. 181-258.

[72] Martha, Rutsel Silvestre J. . *Capacity to sue and be sued under WTO law*. World Trade Review, 2004, pp. 27-51.

[73] Matsushita, Mitsuo. *A review of some appellate decisions*: *law, policy, and economics in dispute settlement*. The WTO in the twenty-first Century: dispute settlement, negotiations, and regionalism in Asia / ed. by Yasuhei Taniguchi, Alan Yanovich and Jan Bohanes. Cambridge [etc.]: Cambridge University Press, 2007, pp. 282-293.

[74] Maucher, Helmut O. . *The place of dispute resolution in globalization and free trade*. Global reflections on international law,

commerce and dispute resolution: liber amicorum in honour of Robert Briner / ed. by Gerald Aksen... [et al.]. Paris: International Chamber of Commerce (ICC), 2005, pp. 501-518.

[75] McRae, Donald. *What is the future of WTO dispute settlement?* Journal of international economic law, 2004, pp. 3-21.

[76] Meagher, Niall. *So far, so good: but what next? the Sutherland Report and WTO dispute settlement.* World Trade Review, 2005, pp. 409-417.

[77] Meier-Kaienburg, Nils. *The WTO's " toughest " case: an examination of the effectiveness of the WTO dispute resolution procedure in the Airbus-Boeing dispute over aircraft subsidies.* Journal of Air Law and Commerce, 2006, pp. 191-250.

[78] Meltzer, Joshua. *State sovereignty and the legitimacy of the WTO.* University of Pennsylvania Journal of International Economic Law, 2005, pp. 693-733.

[79] Mengozzi, Paolo. *The European Union balance of powers and the case law related to EC external relations.* The Global Community, 2007, pp. 817-835.

[80] Mercurio, Bryan. *The WTO Dispute Settlement Understanding: how a rules based system benefits Australia.* Ten years of WTO dispute settlement: Australian perspectives / ed. by Amanda Gorely... [et al.]. Barton ACT: Office of Trade Negotiations of the Department of Foreign Affairs and Trade, 2006, pp. 105-122.

[81] Mitchell, Andrew D.. *A legal principle of special and differential treatment for WTO disputes.* World Trade Review, 2006, pp. 445-469.

[82] Mitchell, Andrew D.. *Proportionality and remedies in WTO disputes.* European Journal of International Law, 2006, pp. 985-1008.

[83] Miyagawa, Manabu. *Japan's perspectives on the present Dispute Settlement Understanding negotiations.* The WTO in the twenty-first

Century: dispute settlement, negotiations, and regionalism in Asia / ed. by Yasuhei Taniguchi, Alan Yanovich and Jan Bohanes. Cambridge [etc.] : Cambridge University Press, 2007, pp. 267-281.

[84] Monnier, Pierre. *Working procedures: recent changes and prospective developments*. Reform and development of the WTO dispute settlement system / ed. by Dencho Geogiev and Kim Van der Borght. London: Cameron May, 2006, pp. 265-291.

[85] Morrill, Jackson F. . *A need for compliance: the Shrimp Turtle case and the conflict between the WTO and the United States Court of International Trade*. Tulane Journal of International and Comparative Law, 2000, pp. 413-446.

[86] Mosoti, Victor. *Africa in the first decade of WTO dispute settlement*. African Yearbook of International Law, 2006, pp. 67-103.

[87] Movsesian, Mark L. . *The Sutherland report and dispute settlement*. International Organizations Law Review, 2005, pp. 201-208.

[88] Mueller-Holyst, Bozena. *The role of the Dispute Settlement Body in the dispute settlement process*. Key Issues in WTO Dispute Settlement: the first ten Years / ed. by Rufus Yerxa and Bruce Wilson. Cambridge [etc.] : Cambridge University Press, 2005, pp. 25-28.

[89] Mulvena, Michelle M. . *Has the WTO gone bananas? how the banana dispute has tested the WTO dispute settlement mechanism*. New England Journal of International and Comparative Law, 2001, pp. 177-192.

[90] Naiki, Yoshiko. *The mandatory/discretionary doctrine in WTO law: the " US-section 301 " case and its aftermath*. Journal of international economic law, 2004, pp. 23-72.

[91] Stoler, Andrew l. . *The WTO dispute settlement process: did the negotiators get what they wanted?* World Trade Review, 2004, pp. 99-118.

[92] Stostad, Timothy. *Trappings of legality: judicialization of dispute settlement in the WTO, and its impact on developing countries.* Cornell International Law Journal, 2006, pp. 811-845.

[93] Sutherland, Peter. *The Doha Development Agenda: political challenges to the world trading system: a cosmopolitan perspective.* Journal of International Economic Law, 2005, pp. 363-375.

[94] Suzuki, Yoichi. *"Sequencing" and compliance.* Reform and development of the WTO dispute settlement system / ed. by Dencho Geogiev and Kim Van der Borght. London: Cameron May, 2006, pp. 367-391.

[95] Swacker, Frank W. and Kenneth R. Redden. *WTO and ADR.* Handbook on international arbitration and ADR / ed. Thomas E. Carbonneau. Huntington NY: JurisNet, 2006, pp. 299-319.

[96] Tanaka, Shigehiro. *Japan's approach to the "use" of the WTO: how can we achieve an effective link between business and the WTO.* The WTO in the twenty-first Century: dispute settlement, negotiations, and regionalism in Asia / ed. by Yasuhei Taniguchi, Alan Yanovich and Jan Bohanes. Cambridge [etc.]: Cambridge University Press, 2007, pp. 303-316.

[97] Timura, Christopher T.. *Cross-examining expertise in the WTO dispute settlement process / Christopher T. Timura.* Michigan journal of international law, 2002, pp. 709-732.

[98] Villalpando, Santiago M.. *Attribution of conduct to the state: how the rules of state responsibility may be applied within the WTO dispute settlement system.* Journal of International Economic Law, 2002, pp. 393-420.

[99] Volcansek, Mary L.. *Courts and regional trade agreements.* Courts crossing borders: blurring the lines of sovereignty / ed. by Mary L. Volcansek and John F. Stack, Jr.. Durham, NC: Carolina Academic Press, 2005, pp. 23-41.

[100] Von Hoff, Carrie Anne. *Avoiding a nuclear trade war: strategies*

for retaining tax incentives for U. S. corporations in a post-FSC world / Carrie Anne Von Hoff. Vanderbilt journal of transnational law, 2002, pp. 1349-1385.

[101] Voon, Tania. and Alan Yanovich. . *The facts aside: the limitation of WTO appeals to issues of law.* Journal of World Trade, 2006, pp. 239-258.

[102] Voon, Tania. *To Uphold, Modify or Reverse? how the WTO Appellate Body Treats Panel Reports.* The Journal of World Investment & Trade, 2006, pp. 507-518.

[103] Vranes, Erich. *Jurisdiction and applicable law in WTO dispute settlement.* German Yearbook of International Law, 2005, pp. 265-289.

[104] Waincymer, Jeff. *Evaluating options for dispute settlement reform.* Reform and development of the WTO dispute settlement system / ed. by Dencho Geogiev and Kim Van der Borght. London: Cameron May, 2006, pp. 405-422.

[105] Walders, Lawrence R. . *Citation by U. S. courts to decisions of international tribunals in international trade cases.* Albany Law Review, 2006, pp. 817-826.

[106] Wallach, Lori. *Transparency in WTO dispute resolution.* Law and Policy in International Business, 2000, pp. 773-778.

[107] Wallet-Houget, Julien. *La participation des ONG au mécanisme de règlement des différends de l'OMC: une perspective environnementale.* Revue québécoise de droit international, 2005, pp. 127-169.

[108] Walsh, Thomas W. . *Dispute settlement at the World Trade Organization: do municipal laws promoting private party identification of trade disputes affect state participation?.* Journal of World Trade, 2006, pp. 889-908.

[109] Weckel, Philippe. *Chronique de jurisprudence internationale: Organe de règlement des différends (OMC).* Revue Générale de Droit International Public, 2002, pp. 183-196.

[110] Weekes, John. *The external dynamics of the Dispute Settlement Understanding: an initial analysis of its impact on trade relations and trade negotiations.* Inter-governmental trade dispute settlement: multilateral and regional approaches / ed. by Julio Lacarte and Jaime Granados. London: Cameron May, 2004, pp. 75-102.

[111] Wei, Hu. *The reconstruction of a retaliation system under WTO.* International Trade Law and Regulation, 2003, pp. 31-34.

[112] Weiler, J. H. H.. *The rule of lawyers and the ethos of diplomats: reflections on the internal and external legitimacy of WTO dispute settlement.* The WTO and international trade law/dispute settlement / ed. by Petros C. Mavroidis and Alan O. Sykes. Cheltenham: Edward Elgar, 2005, pp. 677-693.

[113] Weiss, Friedl. *Additional negotiation proposals on improvements and clarifications of the DSU.* The WTO dispute settlement system 1995-2003 / ed. by Federico Ortino and Ernst-Ulrich Petersmann. The Hague [etc.]: Kluwer Law International, 2004, pp. 91-98.

[114] Weiss, Wolfgang. *Reform of the Dispute Settlement Understanding.* Manchester Journal of International Economic Law, 2004, pp. 97-112.

[115] Westin, Susan S.. *World Trade Organization: US experience in dispute settlement system: the first five years / statement of Susan S. Westin, Associate Director, International Relations and Trade Issues, National Security and International Affairs Division.* United States General Accounting Office, 2001, p. 9.

[116] Wethington, Olin L.. *Commentary on the consultation mechanism under the WTO Dispute Settlement Understanding during its first five years.* Law and Policy in International Business, 2000, pp. 583-590.

[117] White, Gillian. *Treaty interpretation: the Vienna Convention*

"code" as applied by the World Trade Organization judiciary.
Australian Year Book of International Law, 1999, pp. 319-339.

[118] Wiers, Jochem. *The WTO's rules of conduct for dispute settlement.*
Leiden Journal of International Law, 1998, pp. 265-274.

[119] Wilson, Bruce. *The WTO dispute dettlement system and its operation: a brief overview of the first ten years.* Key Issues in WTO Dispute Settlement: the first ten Years / ed. by Rufus Yerxa and Bruce Wilson. Cambridge [etc.]: Cambridge University Press, 2005, pp. 15-24.

[120] Wolfe, Robert. *See you in Geneva? pluralism and centralism in legal representations of the trading system.* [Queen's University], 2004, p. 31.

[121] Yang, Guohua. and Bryan Mercurio... *WTO dispute settlement understanding: a detailed interpretation.* Kluwer Law International, 2005, pp. XIII, 592.

[122] Yanovich, Alan. *The evolving WTO dispute settlement system.* The WTO in the twenty-first Century: dispute settlement, negotiations, and regionalism in Asia / ed. by Yasuhei Taniguchi, Alan Yanovich and Jan Bohanes. Cambridge [etc.]: Cambridge University Press, 2007, pp. 248-257.

[123] Yen, Ching-Chang. *Flexibility and simplicity as guiding principles for improving the WTO dispute settlement mechanism.* Reform and development of the WTO dispute settlement system / ed. by Dencho Geogiev and Kim Van der Borght. London: Cameron May, 2006, pp. 423-442.

[124] Yenkong, Ngangjoh H.. *World Trade Organization dispute settlement retaliatory regime at the tenth anniversary of the organization: reshaping the "last resort" against non-compliance.* Journal of World Trade, 2006, pp. 365-384.

[125] Yerxa, Rufus. *The power of the WTO dispute settlement system.* Key Issues in WTO Dispute Settlement: the first ten Years / ed.

by Rufus Yerxa and Bruce Wilson. Cambridge ［etc.］: Cambridge University Press, 2005, pp. 3-6.

［126］Young, Alasdair R.. *Punching its Weight? the EU's Use of WTO Dispute Resolution*. The European Union's Roles in International Politics: Concepts and Analysis / ed. by Ole Egström and Michael Smith. Abingdon, Oxon ［etc.］: Routledge, 2006, pp. 189-207.

［127］Zang, Dongsheng. *Textualism in GATT/WTO jurisprudence: lessons for the constitutionalization debate*. Syracuse Journal of International Law and Commerce, 2006, pp. 393-444.

［128］Zdouc, Werner. *The reasonable period of time for compliance with rulings and recommendations adopted by the WTO Dispute Settlement Body*. Key issues in WTO dispute settlement: the first ten years / ed. by Rufus Yerxa and Bruce Wilson. Cambridge ［etc.］: Cambridge University Press, 2005, pp. 88-97.

［129］Zeitler, Helge Elisabeth. *"Good faith" in the WTO jurisprudence: necessary balancing element or an open door to judicial activism*. Journal of International Economic Law, 2005, pp. 721-758.

［130］Zekos, Georgios I.. *An examination of GATT/WTO arbitration proceedings*. Handbook on international arbitration and ADR / ed. by Thomas E. Carbonneau. Huntington NY: JurisNet, 2006, pp. 321-329.

［131］Zhang, Xin. *Implementation of the WTO Agreements: framework and reform*. Northwestern journal of international law and business, 2003, pp. 383-431.

［132］Zhu, Lanye. *The effects of the WTO Dispute Settlement Panel and Appellate Body reports: is the Dispute Settlement Body resolving specific disputes only or making precedent at the same time?* Temple International and Comparative Law Journal, 2003, pp. 221-236.

［133］Ziedalski, Bozena. *The World Trade Organization and the transatlantic banana split*. New England Journal of International and Comparative Law, 1999.

[134] Zimmermann, Thomas A.. *The DSU review （1998-2004）: negotiations, problems and perspectives.* Reform and development of the WTO dispute settlement system / ed. by Dencho Geogiev and Kim Van der Borght. London: Cameron May, 2006, pp. 443-472.

[135] Zonnekeyn, Geert A.. *EC liability for non-implementation of WTO dispute settlement decisions: are the dice cast?.* Journal of International Economic Law, 2004, pp. 483-490.

欧美环境法前沿问题研究[*]

秦天宝　赵小波[**]

（武汉大学法学院，武汉，430072）

前　言

　　欧美环境法体系庞杂、领域众多，要想在浩如烟海的环境法法学理论与法律实务中发现"前沿"与"热点"问题，实非易事。其实，这一问题非唯海外环境法学研究所独有，其他学科之学人在追踪海外相关领域前沿问题时亦难回避。所幸，已有先行者在此方面做出过有益的尝试，并总结出了大量心得。正如有学者认为的那样，前沿问题的追踪研究应该立足两个维度：一是时间纬度，即以21世纪以来的前沿为关注焦点，向前延伸到20世纪末的一些研究成果；二是空间纬度，即把握住海外相关学科中"最为引人注目的若干领域，探讨其前沿进展"。同时也指出权威期刊杂志、有影响的工作论文、重要的年会、重要学者近年的研究成果以及研究过

---

　　[*]　武汉大学环境法研究所的研究生饶丹、姚婷、赵晓芸参与了前期资料收集整理工作。其中，饶丹同学收集整理了大量欧美环境法期刊并负责整理了本文的参考文献；姚婷同学负责美国气候变化案例判解部分初稿的整理，赵晓芸同学协助收集了大量欧美气候变化政策方面的资料。在此致谢！
　　[**]　秦天宝，武汉大学环境法研究所副教授，法学博士；赵小波，武汉大学环境法研究所2006级硕士研究生。

程中的重要问题，都是我们探寻海外学科前沿问题的重要资源和路径。① 他山之石，可以攻玉。在人文社会科学研究的方法上，我们认为很多时候方法论的契合也能导致结果的殊途同归。鉴于此，本文在对40余种欧美环境法期刊近5年来大量论文进行统计梳理、对欧美近年来重大的立法问题进行追踪研究、对欧美媒体关注的问题进行比较分析的基础上，确定了作为本文研究对象的若干个话题。本文对欧美国家环境战略计划的特点与发展近况、美国气候变化政策演变与发展、美国环境公民诉讼的发展趋势、欧盟气候变化政策前沿发展动态、欧盟"第六个环境行动计划"以及欧盟《关于化学品注册、评估、许可和限制法规》的最新发展等欧美环境法律和政策中意义重大、影响深远的6个问题分别进行了阐述。上述有些问题之间存在着极为密切的联系。欧美作为世界上最具影响力的发达国家地区，在对待全球气候变暖问题上采取了截然不同的态度，反映出了与气候变化相关的环境政策在不同利益导向下的功能差异。伴随着欧盟东扩步伐的加快，欧盟期望在全球气候变化领域能够一直充当领头羊的角色，而事实上欧盟在应对全球变暖上所采取的政策措施也确实是积极而富有成效的。美国退出京都议定书，自行采取替代方案抵制温室气体减排的国际义务，其背后的原因值得我们做深入的探讨，但是，2007年2月美国联邦高级法院判定二氧化碳作为"空气污染物"应该被限制排放的判决以及以总统换届选举为契机对环保政策的重新关注与调整，似乎让人们看到了美国下一阶段在气候变化政策上可能发生的一些变化。针对上述问题，本文将逐一展开讨论。

一、欧美国家环境战略计划的特点与发展趋势前瞻

温室效应、臭氧空洞、酸雨沉降、水体污染、耕地减少、土壤沙化、植被破坏、生物种类减少、噪声增多、白色污染等环境问

---

① 参见邹薇. 海外经济学若干前沿研究进展述评. 载《海外人文社会科学发展年度报告（2006）》，顾海良主编，武汉大学出版社2007年版，第2页。

题，正困扰着全世界的人们。世界各国的环境机构和组织也越来越关注环境与人类健康的关系。制定国家环境战略计划是各国或者国际组织保护人类赖以生存的环境、贯彻可持续发展的重要手段。美国联邦环保局、欧盟、英国自然环境研究委员会和联合国经济合作与发展组织在 21 世纪初制定了环境战略计划，2007 年，其中一些计划已届终止期限，或者已经临近尾声。回顾欧美国家环境战略计划的内容、特点和执行情况，可以从宏观上把握欧美国家环境法律、政策变化的现状和发展趋势。

（一）环境战略计划的基本内容回顾

1. 美国联邦环保局 2003～2008 年环境战略计划草案

美国联邦环保局于 2003 年 4 月提出了 2003 年的环境战略计划草案。① 该战略计划确定了联邦环保局今后 5 年使美国获得一个清洁、健康的环境的 5 个奋斗目标：清洁的空气、清洁和安全的饮用水、保护和恢复土地、健康的群落和生态系统、建立自然环境协调发展的环境服务体系。这些目标将指导美国联邦环保局今后 5 年每年的工作，并帮助调整其方法和策略，以实现预期的 5 年目标。在每个目标下，又制定了子目标和附属目标，并对如何达到这些目标的手段和策略进行论述，还提出了达到目标的人力资源战略、如何对计划的目标进行评估等。该战略计划反映了美国联邦环保局新的工作前景，更加关注达到环境成果的手段：加强合作；获取准确、及时、有效的环境信息；方法和管理上的创新；人力资源的建设；科学技术的应用；注重国家安全。美国联邦环保局在制订这个战略计划时，恪守这样的指导原则：致力于最高的管理标准，同时致力于确保发展强大、经济有效的环境和人类健康保护系统。在为此而努力时，联邦环保局将继续与中央政府、各州和各部落密切合作，尽量把计划取得的进展清楚且有效地传达给公众。② 美国联邦环保

---

① http：//www. epa. gov/adminweb/budget-goals. htm，http：//www. epa. gov/ocfo/plan/2003sp. pdf.

② 参见李延梅、赵晓英. 欧美国家的环境战略计划及其对我国的启示. 载《环境保护》，2004 年第 6 期。

局认为，该计划的成功将取决于：（1）确立正确的保护环境和人类健康目标；（2）加强与中央政府、各州和各部落的合作与交流；（3）正确地应用科学技术；（4）获取环境信息；（5）探索能达到目标的创新性的方法；（6）技术过硬、适应性较强、以成果为主的工作者和经验丰富、有领导能力的技术专家。

2. 英国自然环境研究委员会"可持续未来的科学"计划

英国自然环境研究委员会（NERC）于 2002 年 4 月提出了"可持续未来的科学"（Science for A Sustainable Future）计划。该计划经过对 80 个组织 200 多人的广泛咨询后确定，接受咨询的有科学家、企业家、决策者和普通民众。该计划旨在组建一支科学团队，形成一种新的合作模式，使环境领域的科学家与物理学家、经济学家和其他科学家联合开展研究。该计划注重学科交叉研究，通过自然科学与社会科学的结合，认识不同时空尺度上地球系统内各种复杂的相互作用和反馈，同时，应用所取得的研究成果、环境数据和资料确定英国所面临的最严重的环境问题，并提出可持续的解决方案，从而预防其发生。

该计划为期五年（2002~2007 年），确定了国际上环境科学领域的战略重点及优先研究领域，其战略重点为：（1）科学研究：确定了世界环境科学的优先研究领域。地球的生命支持系统——水、生物地球化学循环和生物多样性；预测并减少气候变化的影响；提供可持续解决能源、土地利用及减灾问题的办法。（2）知识的应用：应用 NERC 资助获得的科研成果确定所面临的环境问题，提出可持续的解决方案。（3）高素质人员的培养：培养高素质的科技人员，以满足英国的需要。（4）学术带头人的培养：为国家和世界培养环境科学领域有影响力的学术带头人。（5）组织协调：确保 NERC 的灵活性和针对性，以便在该计划的实施中做好服务和组织协调工作。该计划还提出了衡量计划成功的 6 个标准。

3. 欧盟的第 6 个环境行动计划

欧盟 30 年的环境政策造就了一个全面的环境控制系统。这主要表现为其地位在不断上升，内容也逐渐完善。第五个环境行动计划（1992~1999 年）采取了新的措施，并且更加致力于将环境问题纳入其他政策之中。该计划指出了欧盟存在的环境问题：环境压力正在加大，必须应对气候变化、水土流失、废物增多和食品、空气、水中农药增多的问题。欧盟在对此计划进行全面评估后得出的结论是，尽管部分领域在降低污染水平方面有所进展，但问题依然严重。这个背景决定了第六个环境行动计划的战略重点。这项计划为未来 5～10 年确立了环境政策的主要优先领域和目标，并细化了要采取的措施。优先研究领域为：气候变化、保护自然资源和生物多样性、环境和健康问题之间的关系、自然资源的可持续利用和废物管理。提出了应对环境挑战的方式：实施法制；把环境问题作为决策的核心；与商业界和消费者一道找到解决环境问题的办法；让人们更加容易获得环境信息；慎用土地资源。鉴于欧盟第六个环境行动计划的特殊重要性，下文将单独对其加以讨论。

4. 联合国经济合作与发展组织（OECD）2001～2010 年环境战略

2001 年 5 月 16 日召开的 OECD 环境部长会议上通过了 2001～2010 年环境战略计划，2001 年 5 月 17 日在部长级理事会上得到批准。① 该计划是 OECD 范围内可持续发展行动的重要组成部分。战略要求遵守 4 个原则：再生、可持续性、同化作用和避免不可逆转过程。基于上述环境可持续性标准，并考虑《OECD 环境展望（2001）》中对 OECD 国家环境状况的分析，② 该环境战略提出了在可持续发展方面中强化环境政策的成本有效性和可操作性的 5 个相互关联的内部目标：（1）通过有效的管理自然资源保持生态系统的完整性。（2）将经济发展与环境压力相协调。（3）提高决策信息，制定能测量环境改善的指标。（4）社会和环境界面：提高生活质量。（5）全球环境的互相依赖：提高管理方法和合作。其中通过对自然资源的有效管理来维持生态系统的完整性是 OECD 成

① 参见《OECD21 世纪前 10 年环境战略》，（*OECD Environmental Strategy for the First Decade of the 21st Century*），http：//www. oecd. org/dataoecd/33/40/1863539. pdf.

② OECD Environmental Outlook（2001）（Organisation for Economic Co-operation and Development, Paris）.

员国未来 10 年的关键目标。

战略要求 OECD 国家的政府能够达到以下要求：（1）将生物多样性考虑整合到实际的计划活动和相关的经济、部门和财政政策中。（2）增强经济工具的应用，以提供生物多样性可持续利用和保护的动力，包括开发生物多样性服务市场。（3）支持并加强国家政府和地方层面上的自然保护措施，包括保存和恢复栖息地，保护及提高庄稼种植和牲畜养殖的多样性。（4）确保政府和世界范围的生物安全，包括预防侵略性物种和疾病的引进，评估生物技术（转基因）带来的影响。（5）促进有关生物多样性的了解，包括通过收集和传播信息、使利益相关者参与生物多样性管理以及发展科技能力。（6）促进公平公正分享资源利用（特别是通过基因资源和相关技术转移），使收益全球化。（7）通过能力培养和技术转移帮助发展中国家减轻对生态系统、物种和基因资源，特别是森林生态系统的威胁。（8）到 2010 年通过实施地区和国际合作，消除渔业过度捕捞。

该环境战略应当在 2010 年前予以实施。OECD 的环境行为评估（Environmental Performance Reviews）和环境指标计划（Environmental Indicator Policy Committee）将被用来监测该环境战略的进展情况。环境战略明确提出了成员国可以采取的解决最紧迫的环境问题的国家行动、可以用来监测环境状况的指标以及 OECD 可以进行的工作以支持其成员国的这些行动。该环境战略计划为 OECD 成员国的环境可持续政策指出了明确的方向，并指导 OECD 在环境领域的未来工作目标。它不但是 OECD 成员国内部及成员国之间进一步发展促进可持续发展的环境战略的需要，而且也影响了非成员国的可持续发展。2004 年对计划执行状况所做的回顾表明，计划的执行状况良好，但是为了实现战略目标，各国仍需付出长期艰苦的努力。①

————————————

① 参见《经济合作与发展组织环境战略：2004 年度进展回顾》（*Oecd Environmental Strategy: 2004 Review of Progress*），http://www.oecd.org/dataoecd/57/22/31440951.pdf.

（二）欧美国家环境战略计划的特点分析

1. 战略步骤清晰，目标划分细致

这些战略计划力求计划的目标、目的和诸多的指标、措施尽可能地具体、明确，有些战略计划的每个目标下面又有子目标和附属目标。这些目标还具有可度量性和可核查性。如美国联邦环保局2003 年环境保护战略草案不但确定了 5 个长期奋斗的目标，还提出了子目标和附属目标及相应的策略和行动。欧盟的第 6 个环境行动计划在主张遏止气候变化时，还确定了温室气体减排的中期和长期目标。中期目标是：2008 ~ 2012 年，温室气体的排放与 1990 年相比，减少 8% 以上（《京都议定书》）；长期目标是：到 2020 年，全球温室气体与 1990 年相比，减少大约 20% ~ 40%。

2. 明确了环境科学方面的优先研究领域

美国联邦环保局 2003 ~ 2008 年环境战略计划草案将关注室内和室外的空气质量、饮用水的质量和安全、土地的保护与恢复。欧盟第 6 个环境行动计划的优先研究领域为：气候变化、自然资源与生物多样性的保护、环境和健康问题之间的关系、自然资源的可持续利用和废物管理。英国自然环境研究委员会"可持续未来的科学"计划关注水、生物地球化学循环和生物多样性、气候变化、能源、土地利用等。OECD 2001 ~ 2010 年环境战略计划关注气候、淡水资源、生物多样性等。他们共同关注的优先研究领域为：气候变化、水资源、土地资源、生物多样性、废弃物。

3. 注重部门、人员间的协调与合作

这些战略计划强调环境目标的实现不是某个部门的工作，而是各部门的协调与合作。如美国联邦环保局 2003 年环境战略计划草案将关注如何加强与中央政府、各州和各部落合作与交流；英国自然环境研究委员会"可持续未来的科学"计划将形成一种新的合作模式，使环境领域的科学家与其他领域的科学家联合开展研究；经济合作与发展组织 2001 ~ 2010 年环境战略计划将通过改善管理、加强合作更好地管理全球化带来的环境影响。因为这些战略计划的制定者们都认识到，环境问题多是跨越国界的，任何一个国家或国家集团单单依靠一己之力难以切实解决环境问题，不足以保护地球

生物多样性和全球生态系统的整体性。因此部门间的通力合作才是问题的解决之道。

4. 注重环境信息的互动与交流

这些战略计划的制定者意识到，可靠、及时、准确的环境信息对决策者和公众来说，有很重要的意义。一方面，决策者在制定战略计划时，尽可能多地获得准确和可靠的数据，就可以了解本国和本区域内及世界现有的实际环境状况，制定切实可行的有关指标和政策。另一方面，政府、媒体等通过各种渠道，发布环境信息，使公众了解自己生存的环境状况，提高了环境保护意识，更多地参与环境保护、环境管理的活动。

5. 注重人类与环境的协调发展

人类只有合理地、高效地、有限度地利用自然资源，自觉地、有效地保护自然环境，协调和改善与地球表层环境的关系，才能保证人类社会持续地、健康地发展。欧盟国家的环境机构和组织越来越关注环境与人类健康的关系，思考如何改善生活环境、提高生活质量，并采取实际行动保护我们赖以生存的地球。他们在环境战略计划中提倡清洁的生产、资源的高效利用、有节制的消费、利用绿色能源、发展绿色科技。

6. 注重市场机制手段的运用

欧美国家的环境战略计划提倡利用市场机制手段解决环境投资、环境管理和环境保护的问题。实践表明，没有稳定的投入，环境保护目标将难以实现。市场机制中的排污收费、环境税收、环境基金等不但补充了环境投资经费不足的问题，还推动了企业积极参与环境保护，促进了消费者购买绿色产品。

二、美国应对气候变化的政策演变及发展

（一）美国的政策演变及布什政府的新战略概况

1997 年克林顿政府签署了《京都议定书》，承诺美国在 1998～2010 年期间每年温室气体排放量在 1990 年水平上削减 7%。推动了温室气体国际减排政策的制定；在国内，克林顿总统每年都通过

"行政命令"拨款 10 亿美元，采取一系列措施鼓励使用清洁能源、提高能源利用率、减排温室气体。然而，在 2001 年 3 月，布什政府宣布退出《京都议定书》。并于 2002 年 2 月 14 日提出《京都议定书》的替代方案——《清洁天空与气候变化行动》。① 以退出《京都议定书》为标志，美国开始了为保护国内经济发展的应对气候变化政策的演变。

尽管乔治·W. 布什仍然承认《联合国气候变化框架公约》的基本原则，但对《京都议定书》大加责难。布什政府退出《京都议定书》的理由主要有三：一是美国实现《京都议定书》减排目标成本大，会给美国造成 4000 亿美元的经济损失，减少 490 万个就业岗位；二是中国、印度等发展中大国没有以某种有效方式参与减排，对美国来说不公平；三是在气候变化问题上尚存在不确定性。

美国在《清洁天空与气候变化行动》中设定的目标是将每百万美元的温室气体排放强度在 2002~2012 年削减 18%，从 2002 年每百万美元国内生产总值排放 183 吨碳下降到 2010 年的 151 吨。按照美国自己的估算，实现美国新方案的目标，2002~2012 年期间总共削减 5 亿吨碳，其中最后一年 2012 年削减 1 亿吨。美国政府认为，这一目标是与《京都议定书》对其他国家减排数量的要求是吻合的。②

布什政府应对气候变化新方案战略是以维护美国利益并满足其政策和外交需要为出发点。战略制定的基点主要包括四个方面：对于全球变暖的科学认识目前尚不充分，有必要从各方面重新审议气候变化政策；《京都议定书》对美国不公，因协议并没有要求中国、印度等发展中大国减排二氧化碳；履行《京都议定书》将对美国利益造成直接经济损失；以市场为基础的经济手段，是实现温

① The White House, *Global Climate Change Policy Book* (2002), available at http：//www. whitehouse. gov/news/releases/2002/02/climatechange. htm.

② The White House, *Global Climate Change Policy Book* (2002), available at http：//www. whitehouse. gov/news/releases/2002/02/climatechange. htm.

室气体减排行之有效的途径。

美国应对气候变化的新战略基本框架包括以下几个方面：重点寻找有关全球变暖及不确定性方面的新证据；在气候政策方面，将在开发新技术、利用市场机制和加强碳汇三个方面继续努力；在公平和责任分担方面，将突出"效率"优先原则，按单位 GDP 或单位产品分配排放权。

（二）新战略综合措施

为了实现布什的气候变化新战略，美国政府采取一系列综合措施，包括研究气候变化新技术；促进可再生能源的利用；敦促产业部门采取减排行动；降低交通部门的碳排放；鼓励生物固碳和工程存储碳；支持发展中国家进行气候观测与温室气体减排等。①

1. 国内具体措施

（1）为再生能源和工业联合发电提供税收优惠。美国政府将在今后 5 年提供 40 亿美元税收优惠，主要用于太阳能、风能和生物能等再生能源，用于氢能、燃料电池汽车、联合热电系统、土地的碳吸收等。

（2）促进政府和企业有关温室气体减排的自主协定。

（3）建立各企业减排量登记制度，允许企业之间进行登记量转让。

（4）呼吁商业和工业界继续减排温室气体。目前政府已经与铝制造业、半导体制造业等签订了减排协议。

（5）加强碳吸收。美国农业化肥的使用、动物粪便处理和农场燃料消耗等释放 14800 吨碳当量，占美国温室气体排放总量的8%，美国政府增加碳吸收拨款，鼓励农业对二氧化碳的自然储存。

2. 国际合作措施

美国在国内大力开发高新技术的同时，还继续同友邦、盟国和发展中国家合作，以确定气候变化的程度和动态。

（1）对保护热带森林进行投资，对保护热带森林的国家可减免对美国的债务。

---

① Global Climate Change Policy Book，p. 315.

（2）资助对发展中国家有关减缓气候变化的技术转让和帮助发展中国家加强应对气候变化能力建设，但资助数额呈减少趋势。

（3）加强双边、多边的国际合作。美国将加强在气候变化问题上的双边和多边国际合作，与欧盟、日本、英国、加拿大、中美洲等国家和地区签订了合作协议。合作领域涉及全球和地区气候模式、温室气体减排技术、碳循环研究、降低碳技术研究、能源的合理利用、环境立法、可持续发展等。

3. 对气候变化的科学研究 ①

布什政府为减少气候科学的不确定性，以满足相关决策的需要，加强了对气候变化的科学研究。主要措施如下：

（1）强化组织建设。①建立美国气候变化科学办公室：2002年2月布什总统宣布建立美国气候变化科学办公室，其任务是协调和指导美国在气候变化问题上的国内、国际活动。②成立气候变化科技综合委员会：委员会由商务部、能源部等14个政府部门、机构的决策者组成。委员会主要职能是向总统提供气象科学和技术的建议、讨论各部门项目的资助、协调应对气候变化的预算、审查气候变化的有关建议等。

（2）实施气候变化科学计划（CCSP）。为了缓解国际社会对布什退出《京都议定书》的批评，试图树立美国关心气候变化的形象，布什总统2002年2月将13个联邦局的气候变化研究计划整合成一个 CCSP，CCSP 是对过去实施的气候变化计划的全面更新。CCSP 由三部分组成，第一部分为气候变化倡议。主要研究内容是气候变化关键不确定性的专项研究、气候观测与监视及数据管理、决策支持；第二部分是美国全球变化研究计划。主要包括气候变率和变化、水循环、土地利用/土地覆盖变化、碳循环、生态系统、人对环境变化的贡献与响应、模拟与观测及信息系统的挑战；第三部分是交流、合作与管理。包括有关制度和公众宣传、国际计划与

---

① 《美国全球变化研究新计划——气候变化科学计划与北美碳计划》，中国科学院资源环境科学与技术局、中国科学院资源环境科学信息中心、CNC-IGBP全球变化研究信息中心主编，2004年1月，第16页。

合作、计划管理和评估。CCSP 的重点研究领域主要是提高对气候变化驱动因子的认识水平，包括太阳活动等自然强迫和人类活动产生的强迫；在受不同气候强迫因子影响下的大气及其作用；气候系统；碳循环、自然和人为生态系统，全球变化对人类活动和健康的影响以及趋利避害对策分析；新技术在减排温室气体方面的应用等。

（3）气候变化技术计划。布什政府实施气候变化技术计划，投入 13 亿美元用于应对气候变化的有关技术研究，重点研究对长期减排温室气体有效的清洁能源技术和碳吸收技术。气候变化科学计划（CCSP）由原来支持长期研究项目的全球变化研究计划（GCRP）和支持短期研究项目的气候变化研究计划（CCRI）于 2002 年合并而成。气候变化技术计划（CCTP）于 2001 年开始实施，主要进行应对气候变化的有关技术研究，重点研究对减排温室气体长期有效的清洁能源技术和碳吸收技术。CCTP 支持有关减少可再生能源、化石能源及核能排放的温室气体，并开展用以提高碳吸收技术效率的研究、开发与规划等。CCTP 战略计划和综合协调的六个战略目标分别是：降低能源消耗和基础设施中的排放；降低能源供应中的排放；捕集和储存二氧化碳；减少非二氧化碳温室气体的排放；提高温室气体排放检测与监控能力；支持对技术开发具有重要意义的基础科学。CCTP 利用若干核心途径激励各方的参与，并确保这一重要领域的进程以便努力达成上述目标，这些路径包括帮助在研活动的协调与优选、为合作和国际协作创造新的机会、提供支持性政策建议等。①

（4）CCSP 战略蓝图

2003 年 7 月 24 日，布什政府公布了一份长达 364 页的《CCSP 战略蓝图》，这是继 2002 年推出 CCSP 之后，布什在气候变化研究方面又一大动作。这份战略蓝图不仅列出今后 10 年 CCSP 的重点研究项目和运作思路，而且还提出了未来美国气候变化研究的五大

---

① U. S. Clilmate Change Technology Program Strategic Plan，September 2006. 参见：www. climatetechnology. gov/stratplan/final/index. htm.

目标：

第一，增进对包括地球自然可变性在内的地球气候与环境的认识，加深对导致气候变化原因的了解；第二，进一步量化导致地球气候及相关系统变化的因素；第三，减少地球气候及相关系统未来变化预测的不确定性；第四，了解人类及各种天然或人工生态系统对气候变化和全球变化的敏感性与适应性；第五，探索新知识在气候可变性、气候变化风险与机遇管理方面的用途及局限性。

（三）对美国气候变化新战略的综合评价

1. 美国政府的声音

前美国商务部长唐纳德·埃文斯（Donald Evans）认为：布什总统的气候变化新战略是一个以市场为基础的现实的寻找解决方案的途径。它不像《京都议定书》那样会使经济和环境对立起来，并造成美国人民大量失业，而是调动合理的科学和最新技术力量，从而带来真正的发展。美国新战略侧重于客观的、有充分记载的科学探索；能够提供必须的、全面的全球信息；开发能为做决定提供依据、包括探索各种可能结果的能力。然而，美国政府推出的 CCSP 以及 CCSP 战略蓝图，强调气候变化在科学上的不确定性，并将其确定为未来相当长一段时间内的气候变化科研指导原则。这就使美国政府在气候变化问题上有更多的回旋余地。包含着"先进行 10 年研究，再决定如何行动"的潜台词，是借加强研究之名，拖延在气候变化问题上采取实际行动，显然是一种"拖延战术"。

2. 学者们对美国气候变化战略及其目标的质疑

对美国推出京都议定书而另起炉灶制定替代方案这一行为本身，许多学者对此都提出了指责。① 因为对美国而言，执行自己气候变化行动中设定的温室气体减排任务相对于履行议定书中的减排任务要轻松很多。首先，美国温室气体排放量自 1990 年以来已经增加了 13%，要在 2012 年前完成《京都议定书》规定的义务，将

---

① See Barry G. Rabe, Pew Center, *Greenhouse & Statehouse*: *The Evolving State Government Role in Climate Change*, pp. 36-39 （2002）, available at http://www.pewclimate.org/docUploads/states%5Fgreenhouse%2E.pdf.

温室气体排放量在 1990 年排放水平的基础上减少 7%，难度显然大于新方案中相对于 2002 年排放量的减少；其次替代方案与 GDP 直接挂钩，是不妨碍美国经济发展的相对减排（强度减排）方案，其减排力度依赖于其经济状况（与 GDP 增长状况密切相关），而《京都议定书》是一种排放量绝对减少的减排方案。① 估计美国未来 10 年 GDP 增长率与过去 10 年增长率（GDP 年均增长率 3.43%，美国联合经济委员会数据）持平的情况下，其温室气体实际排放量不仅不需降低，而且还可以在 2002 年的基础上增加排放 14.9% 的温室气体。只有在美国未来 10 年 GDP 年均增长率低于 2% 的情况下，美国才需"绝对减排"。而实际上，美国在近些年来 GDP 增长很少低于 2%，也就是说，在新方案下，美国基本可以不需要降低温室气体的实际排放量。②

　　对于战略目标，学者们也提出了自己的不同看法。辛辛那提大学环境法研究学者 Cinnamon Carlarne 认为，所有这些目标，包括执行一系列新的国内政策在内，都显得含糊其词。这些目标没有将重点放在强制减排或其他法定义务的履行上，而是使用了"计划改善"（proposing improvements）、"推荐革新"（recommending reforms）、"挑战美国的商业" 以及 "促进发展" 等模棱两可的措辞。③ 举例而言，在讨论目标实现进展时，美国政府的政策宣称："如果……我们发现我们没有沿着实现目标的方向进发，并有充分的科学依据应该进一步采取政策实施，美国将采取范围更加广泛、以市场为基

---

① Greg Kahn, *Between Empire and Community: The United States and Multilateralism 2001-2003: A Mid-Term Assessment: Environment: The Fate of the Kyoto Protocol Under the Bush Administration*, 21 Berkeley J. Int'l Law 548（2003）; Steven Sorrell, *Who Owns the Carbon? Interactions Between the EU Emissions Trading Scheme and the UK Renewables Obligation and Energy Efficiency Commitment*, 14 Energy & Env't 677（2003）.

② 《美国温室气体减排政策变化及其分析》，中国科技信息研究所加工整理。参见：http://www.sciencetimes.com.cn/col116/col143/article.html? id = 6562.

③ Global Climate Change Policy Book, p.3, 4, 21.

础的计划，以及其他富有激励性和自愿性的额外措施……"因此，学者认为无论是当前的政策还是将来的气候变化计划，在很大程度上仅仅是取决于政府和工业界的真诚和善意而已。让人更加不可思议的是《美国气候变化政策书》在讨论执行新的、拓展后的国内政策时，竟没有为政府、工业界或是其他公共部门规定任何的义务。

学者们还将美国和欧洲的气候变化政策从整体到地方层级进行了对比研究。学者们在对比研究了美国和欧洲气候变化政策后指出，美国与欧洲不同，它不是京都议定书的成员国，因此，尽管它是世界上最大的温室气体排放国，但是它并不承担任何国际气候变化方面的义务。布什总统仍然在质疑气候变化的准确性，并一直声称京都议定书的基础是"未经证实的"全球变暖。① 而这种差异一方面取决于美国对国际环境公平责任原则的背离，另一方面是美国环境政策与国内政治气候密切关联的结果。② 上述视角甚至很早就受到了欧美以外学者的重视。③

尽管美国退出了京都议定书，但是部分州自觉地采取了一些措施来实现议定书的目标。④ 例如，2003 年，纽约发起并参与实施了有九个美国东北部州参与的二氧化碳排放限制和交易计划。此后，这些州在布什总统京都议定书政策的反对者——纽约市长 George Pataki 的带领下，同意减少发电厂的温室气体排放。⑤ 另一项潜在

① See, e. g. , Patrick Parenteau, Anything Industry Wants: Environmental Policy Under Bush II, *14 Duke Envtl. L. & Pol'y F.* 363 (2004) . p. 366.

② 14 Cinnamon Carlarne, *Climate Change Policies an Ocean Apart: EU & US Climate Change Policies Compared*, Penn St. Envtl. L. Rev. 435 (2006), pp. 442, 445.

③ ［日］畠山武道，《アメリカ合衆国の環境法の動向》，载ジュリスト増刊《環境問題の行方》(1999 年)。作者系日本北海道大学法学部教授。

④ Kirk W. Junker, Conventional Wisdom, De-emption and Uncooperative Federalism in International Environmental Agreements, 2 Loy. U. Chi. Int'l L. R. 93 (2005) .

⑤ Anthony DePalma, 9 States in Plan to Cut Emissions by Power Plants, N. Y. Times, Aug. 24, 2005.

的排放贸易计划包括荷兰从新泽西州的垃圾掩埋场的甲烷发电项目购得二氧化碳排放额。[①] 该协议的主管方，新泽西州前环保部专员 Robert Shinn 和环保部的法律顾问 Matthew Polsky 报告称："各方实施本计划的目的在于，在将来全球变暖时使排放贸易成为普遍使用的手段，并为之积累经验。"与此同时，德国国际法学会主席 Michael Bothe 认为京都议定书的排放贸易体系也从为贸易提供优先权转向了为私营企业提供优先权。将两种体系加以比较可以发现，这一机制只有在州成员同意建立传统的贸易许可制度时才能发挥作用。[②]

3. 本文对美国气候变化战略的简要评述

气候变化问题本身是需要通过国家间的合作才能取得成效的，而气候政策往往是国家间进行政治博弈的重要工具。美国作为当今世界唯一的超级大国，在运用这一工具上更显纯熟。美国的气候变化政策层次复杂，大体上可以从四个层面加以分类。即联邦、州、司法判决和学术研究。

从联邦层面上看，布什政府的气候变化政策总的来说是缺乏积极性的，但是这在很大程度上是受到了利益集团政治诉求的影响。美国大的能源企业不愿意看到美国受到国际减排义务的约束，因此通过政治途径以求最大限度地维持本利益集团的利益。

美国部分州在气候变化政策方面表现得十分积极，甚至直接绕

---

① Robert C. Shinn, Jr. & Matt Polsky, The New Jersey Department of Environmental Protection's Non-Traditional Role in Promoting Sustainable Development Internationally, Seton Hall J. Dipl. Int'l Rel. 93（Summer/Fall 2002）.

② Michael Bothe, *Tradable Emission Certificates as a Mechanism for National Compliance under the UNFCCC*, in Implementing International Environmental Law in Germany and China 121, 131（Tao Zhenghua, Rudiger Wolfrum, eds. 2001）. Michael Bothe 教授是德国法兰克福大学教授。他曾先后担任法兰克福大学外国与国际经济法研究所所长、环境法研究中心主任和北美研究中心理事、欧洲环境法协会主席、世界自然保护同盟环境法委员会副主席等职，现为德国国际法学会主席。曾先后于 2003 年 9 月和 2006 年 11 月访问国家环保总局武汉大学环境法研究所并做重要演讲。

开联邦政府而主动承担减排的义务，施瓦辛格领导的加州就是典型代表。① 美国学者也认为，自下而上的方法，即重视州自身努力的方法，是减缓气候变化的重要进路。②

科学家在气候变化方面做出了卓有成效的研究，在探索气候变化的形成机制和全球气候变化的影响方面取得了很多令人信服的结论。③ 这些结论有力地回应了布什政府认为气候变化的科学依据不足的托辞。但是，即便是"铁证如山"，也不能改变美国政府顽固坚持不减排的立场。在联合国政府间气候变化专门委员会第四次评估报告梗概公布后，美国政府出于保护本国经济的考虑，仍不准备采取强制性的温室气体减排措施。美国能源部长博德曼认为，如果对由燃烧化工燃料（煤、石油和天然气等）所导致的二氧化碳排放进行限制，那么可能会对国民经济造成不良后果。博德曼还辩解说，即便美国开始强制减排，对气候的积极影响也不会大，因为美国的温室气体排放量只占全球的"一小部分"，完全忽视了美国目前每年的温室气体排放量占全世界的 1/4 的事实。④

直到 2007 年 4 月，美国联邦高院对"马萨诸塞诉联邦环保局"

① 2006 年 8 月 31 日，加州共和党州长阿诺德·施瓦辛格与民主党掌控的立法机构在全球变暖问题上达成了一致，通过了美国历史上第一个温室气体总量控制法案——《全球温室效应治理法案》（Global Warming Solutions Act）。这份法案规定在 2020 年，加州二氧化碳气体的排放量要减少 25%，控制在 1990 年的排放水平。

② Kirsten H. Engel, *Mitigating Global Climate Change in the United States: A Regional Approach*, 14 N. Y. U. Envtl. L. J. 54（2005）.

③ 2007 年 1 月 29 日至 2 月 1 日，政府间气候变化专门委员会第一工作组在巴黎召开了第十次全会，会议通过了第四次评估报告第一工作组报告《气候变化 2007：自然科学基础》的决策者摘要，并于 2 月 2 日正式发布。政府间气候变化专门委员会第四次评估报告第一工作组报告中，阐述了当前对气候变化主要原因、气候变化观测事实、气候的多种过程及归因以及一系列未来气候变化预估结果的科学认识水平。报告认为，全球变暖已成不争的事实，而"自 1750 年以来，人类活动对气候的影响总体上是增暖的"。这一结论无疑有力地回应了布什政府一直认为全球变暖缺乏科学依据的说法。

④ 载《人民日报》，2007 年 2 月 4 日第 3 版。

（下文将详细论及）一案宣判，布什政府才首次表态将减排温室气体。2007 年布什总统 5 月 14 日指示联邦机构，要求其制定措施，在未来 10 年内将美国的汽油消费量减少 20%，并降低美国的汽车尾气排放量。这是拒绝签署《京都议定书》的布什政府首次表态要采取措施减排温室气体。美国联邦最高法院 4 月在对"马萨诸塞诉联邦环保局"一案作出了"环境保护署应该限制温室气体排放"的判决，该判决驳回了环保署关于自己没有这方面权力的主张。布什要求环保署、能源部、交通部等联邦机构在 2007 年秋天之前制订出减少汽车尾气排放的措施，并在 2008 年底其任期届满之前开始实施。布什任期届满之前对气候变化问题的态度的变化，或许是下一届美国政府调整其国内气候变化政策的信号。

三、美国环境公民诉讼起诉资格问题的新发展

（一）环境公民诉讼起诉资格问题的背景与沿革

环境公民诉讼是一种允许与案件无直接利害关系的原告出于公益目的向法院起诉的新型诉讼制度，该制度在美国起源于 20 世纪 70 年代。其时，尼克松签署了被后人称之为自然环境大宪章的《美国环境政策法》，该法不仅规定建立隶属于白宫的环境质量委员会，而且在世界范围内首创了环境影响评价报告制度，藉此对环境实施有效的监管。自全国环境政策法生效以后，美国国会在 70年代又通过了同环境问题相关的 16 项重大法案，其数量之多在美国历史上是空前的①。这些立法和后来通过的很多环境法案使传统上根据普通法来处理的环境争议进入了成文法和公法的领域。此

---

① W. Douglas Costain and James P. Lester, *The Evolution of Environmentalism*, in James P. Lester, ed., Environmental Politics and Policy: Theories and Evidence (Durham: Duke University Press, 1995), Table 2.2: New National Laws for the Environment, 1890 ~ 1990, p. 29; Norman J. Vig and Michael E. Kraft, Environmental Policy: New Directions for the Twenty-First Century (Washington, D. C.: CQ Press, 2003), Appendix 1: Major Federal Laws on the Environment, 1969 ~ 2002, pp. 409-415.

后，联邦政府在环境保护上的作用大大加强，联邦标准和条例成为主要的政策工具，公民就环境问题诉诸行政程序和法院的途径日益增多。这在当时也催生了美国的环境公民诉讼制度。①

进入 20 世纪 90 年代以来，美国国会的环境立法从 1970 年代获得的几乎是众所一致的支持变得举步维艰。作为一个保守的共和党人，布什在环境问题上倾向于林业、矿业、农业、石油业和美国大公司的利益。他上任后的惊人之举包括让美国单方面撤出有关全球温室效应的《京都议定书》，并试图通过以所谓自愿、灵活、合作为基础的种种政策举措对环境保护进一步放松管制。2001 年的"9·11"恐怖袭击和伊拉克战争又把美国人民的注意力以前所未有的速度转向了国家安全问题，环境保护似乎已不再是公众关注的中心。这样，美国的环境法规和政策在进入 21 世纪以后就像一位美国学者所说的一样，来到了"一个重要的十字路口"。

环境保护主义者及其团体在 20 世纪 70 年代曾有意识地将他们的大部分要求诉诸法院，成功地促使有关联邦机构加强环境法规的执行。与此同时，政府部门对违反环境法规者的起诉也持续增加。工业界和反对环境政策的人士及团体则在此后不久对政府的环境管制提出了愈来愈多的挑战。环境法律师兼锡拉丘兹大学教授的罗斯玛丽·奥利里在 20 世纪末曾对 2000 多项联邦法院判决进行研究，根据其文章所做的统计，联邦环保局制定的法规条例中有 80% 要被迫诉诸法院。② 因此，法官的态度对环境保护运动的影响显得极为重要。

就 20 世纪 70 年代而言，法官们在以环境公民诉讼为代表的环境保护问题上大多是以同情的态度做出了积极的司法回应。到了 80 年代，美国法院，尤其是最高法院，在政治上日趋保守，但在

---

① Michael S. Greve, *The Private Enforcement of Environmental Law*, 65 Tul. L. Rev. 339,（1990）. 转引自：于方. 美国环境公民诉讼研究.《行政法论丛》第 6 卷，法律出版社 2003 年版。

② Marianne Lavelle, *Taking about Air*, The National Law Journal, June 10, 1991, p. 30, 转引自 Switzer and Bryner, Environmental Politics, p. 63.

环境保护问题上做出的司法反弹还比较有限。进入 20 世纪 90 年代后，最高法院在一系列重大判决中力图扭转 70 年代以来美国环境法规和政策的新走向，① 以至有学者在这种努力中看到了"环境保护主义在美国法律中的死亡"。②

（二）环境公民诉讼起诉资格要件的变迁

起诉资格（standing to sue）是在 20 世纪中期才在美国成了一个宪法问题。美国宪法第三条在论及司法权力用于何种"辩讼"和"争议"时并未就起诉资格作任何具体规定。据芝加哥大学法学院教授卡斯·R. 森斯坦研究，在 20 世纪乃至第二次世界大战之前，只要法律（普通法和成文法）授予了一个人以起诉权，这个人就有了起诉资格。宪法从未限制国会通过立法创造起诉资格的权力，起诉资格也很少引起争议。而据统计，从 1965 年往后，起诉资格的判例呈逐年减少的趋势。③ 环境保护在美国法院所遭遇的重大法律挑战首先是起诉资格问题，即环保团体或个人有无资格或权利将环境争议诉诸法院。关于起诉资格问题，主要经历了以下几个阶段的变迁。

1. 紧扣行政程序法——资格法定说

1946 年通过的美国行政程序法规定，"一个人如果由于机构的行动而在法律上受到侵害，或者在有关法规的含意内由于机构行动受到不利影响或委屈，便有资格就此诉诸司法审查"。森斯坦教授

---

① Lawrence S. Rothenberg, *Environmental Choices: Policy Responses to Green Demands* (Washington, D. C. : CQ Press, 2002), pp. 91-92.

② Michael S. Greve, *The Demise of Environmentalism in American Law* (Washington, D. C. : The AEI Press, 1996).

③ 根据森斯坦的研究，到 1992 年 7 月 11 日为止，最高法院共计有 117 次根据宪法第三条讨论了起诉资格，其中 55 次发生在 1985 年以后；71 次，即 2/3 以上，发生在 1980 年以后；109 次，即接近全部，发生在 1965 年以后。参见 Cass R. Sunstein, *What's Standing after Lujan? Of Citizen suits*, "*Injuries*", *and Article III*, Michigan Law Review, Vol. 91, 1992, pp. 177, 169, 181. 转引自：韩铁. 环境保护在美国法院所遭遇的挑战——"绿色反弹"中的重大法律之争.《美国研究》2005 年第 3 期。

认为，这项有关起诉资格的成文法规定确定了具有起诉资格的三个条件：（1）普通法规定的利益在法律上受到侵害；（2）成文法规定的利益在法律上受到侵害；（3）即便没有利益受到法律侵害，只要有关法规授予了在受到不利影响或委屈时起诉的权利。显然，起诉资格的关键是有法可依，而不是侵害本身。这是和美国过去在这个问题上的司法惯例相一致的。

2. 从法律走向事实——事实伤害说

公民诉讼在森斯坦教授看来，和只要法律授权就有起诉资格的美国司法传统并无矛盾，但有很多学者和法律界人士却提出了异议。他们认为被告只有清楚地表明个人受到了伤害才有资格起诉。① 其所以如此，在很大程度上是因为 1970 年最高法院就"数据处理组织协会诉坎普案"作出的判决。法院在该判决中一反森斯坦教授所说的司法传统，在判定有无起诉资格的标准上从法律走向了事实，即不再考虑有无法律授权，而是专注于是否受到"事实上的伤害"。② 在 1972 年有关起诉资格的著名案件"谢拉俱乐部诉莫顿案"判决中，最高法院承认，内政部长罗杰斯·莫顿授权沃尔特·迪斯尼公司在矿王谷建设滑雪胜地，对自然和历史景物以及野生动物造成了不利影响，可以被视为"事实上的伤害"。然而，谢拉俱乐部并不是以代表广大公共团体寻求提高环境质量的名义提起诉讼，最高法院认为"事实上的伤害"不能仅仅就一般的社会利益而言，而要涉及具体利益，于是判定谢拉俱乐部未能满足"事实上的伤害"这一要求，所以不具备起诉资格。

表面上看，谢拉俱乐部败诉了，但实际上环保团体在"起诉资格"上取得了重大胜利。首先，最高法院承认对环境的破坏，甚至于对环境美学价值的破坏，都可以构成"事实上的伤害"。其次，法院还提醒谢拉俱乐部，只要能证实它的某些使用矿王谷地区休闲的成员个人受到了伤害，就可以获得起诉资格。这就为后来环

---

① Andrews, *Managing the Environment*, *Managing Ourselves*, p. 241; Greve, The Demise of Environmentalism in American Law, pp. 43-44.

② Association of Data Processing Organizations v. Camp, 397 U. S. 152 (1970).

保人士和团体以这样或那样的个人伤害为由成功起诉打开了大门。① 其中最典型的案件是 1973 年的"美国政府诉挑战管制机构程序学生协会案"。尽管最高法院承认原告列举的"因果关联性不强",在判决中还是认定不能拒绝这些事实上受到伤害的人的起诉资格。②

3. 宪法的回归——保守主义抬头

20 世纪 90 年代,最高法院开始在上述对"起诉资格"所作的自由主义宽泛解释上后退得更加明显。③ 在环境公民诉讼案中就此作出保守主义的重大判决。其中最有代表性的就是大法官安东尼奥·斯卡利亚在 1992 年的"卢汉诉野生动物保护者协会案"中所做的判决。此案也是迄今为止美国有关起诉资格的案件中最重要的一个。该案源于 1973 年《濒危物种法》的一项规定,即任何联邦机构都要征求内政部长的意见,以确保其授权、资助或采取的行动不得有害于任何濒危物种的继续生存。由于里根政府内政部在 1986 年发布的有关条例将政府部门在海外的活动排除在这一规定的适用范围以外,野生动物保护者协会将内政部长告上了法庭。为了取得起诉资格,该协会两名成员称她们受到了这一条例造成的"事实上的伤害",因为她们曾分别到过埃及和斯里兰卡观察濒危动物尼罗河鳄鱼和亚洲象、豹的出没栖息之地,并准备重返这些地方作进一步观察。④

最高法院就此案作出的判决否认原告具有起诉资格。它首先对美国宪法第三条作出解释,称"根据宪法不可降低的最起码的起诉资格"必须具备三要素:(1)事实上的伤害是具体的、实际的

---

① Lindstrom and Smith, *The National Environmental Policy Act*, pp. 105-106; Sierra Club v. Morton, 405 U. S. 727 (1972).

② United States v. Student Challenging Regulatory Agency Procedure (SCRAP), 412 U. S. 669 (1973).

③ Allen v. Wright, 468 U. S. 737 (1984); Heckler v. Chaney, 470 U. S. 821 (1985).

④ Sunstein, *What's Standing after Lujan?* pp. 197-198; Lujan v. Defenders of Wildlife, 112 S. Ct 2130 (1992).

或迫近的，而不是推测的或假设的；（2）伤害可以追根溯源到被告而不是第三方的行动；（3）有利于原告的判决可以补救其所受的伤害。在这种宪法解释的基础之上，法院得出了三点结论。

其一，原告没有证明自己受到了事实上的伤害。有重访濒危动物栖息地的打算而无具体计划和行程说明没有"实际的或迫近的"伤害，仅仅靠生态系统的相互联系和研究观察濒危动物的兴趣是不能证明具备起诉资格的，一定要有"以事实证明的可以察觉的伤害"。

其二，原告未能证明可补救性。法院认为，即便原告胜诉让有关政府机构就其海外资助活动是否危及濒危动物征求内政部长意见，提供资助的机构仍可能自行其是，且美国机构在有关海外资助项目中只提供了部分资金，其他资金来源如国际开发署根本不会受到胜诉判决的影响。

其三，《濒危物种法》的公民诉讼条款允许任何人以自己的名义起诉，控告任何人包括美利坚合众国和政府机构违反该项法律的行动，是违反宪法的。

三项结论中最后一项是最重要的，因为它以宪法的名义否认了1970年美国进入环境保护新时代以来通过的众多环境法律授予公民的起诉资格的合法性。在此后近十年里，下级法院虽然根据1992年"卢汉案"在起诉资格上作出了一系列不利于环保团体和人士的判决，但最高法院在2000年的"地球之友诉莱德劳环境服务公司"一案中又以7比2的多数否决了斯卡利亚在"卢汉案"判决中有关起诉资格的限制性标准。斯卡利亚和克拉伦斯·托马斯两位保守的大法官自然对此判决持异议，但值得注意的是，态度居中的安东尼·肯尼迪大法官在赞成这一判决的同时，对公民环境诉讼也有所保留。因此，在保守主义占有一定优势的今日美国，公民环境诉讼中的起诉资格之争将向何方发展，仍有待观察。①

---

① Percival, "*Greening*" *the Constitution—Harmonizing Environmental and Constitutional Values*, pp. 848-850; Friends of the Earth v. Laidlaw Environmental Services (Laidlaw), 528 U. S. 167, 171, 197 (2000).

4. 最新发展——自由派的胜利

因地球变暖、海平面升高，美国马萨诸塞州损失了约 300 公里的海岸线。以马萨诸塞州为首的美国几个州和环境组织共同向美国最高法院提出诉讼，要求最高法院强制联邦环保局将小汽车和卡车释放的尾气作为温室气体进行管理。2006 年 11 月 29 日，最高法院对这一引起广泛关注的事件举行了听证会。听证会暗示，案例将以技术标准的方式来解决，除非环保局采取行动赔偿马萨诸塞州受到的损失，否则，马萨诸塞州将起诉环保局。在这个案例上，形成了两派相反的意见，一派是支持环保局的保守型法官，以罗伯茨法官为代表；另一派则是支持马萨诸塞州团队的自由型法官，以史蒂文森法官为代表。2007 年 4 月 2 日，最高法院对马萨诸塞州诉联邦环保局一案（Massachusetts, et al., Petitioners v. Environmental Protection Agency, et al.）① 宣判，判决原告一方胜诉，被告联邦环保局应该将小汽车和卡车释放的尾气作为温室气体进行管理，即将二氧化碳也视为大气污染物加以规制。本案的影响已经远远超出了案件本身。因为本案法官所认定的关于原告起诉资格的标准，会对今后类似案件带来极为深刻的影响。鉴于此，本文将此案单列出来加以简要的介绍。

（三）马萨诸塞州诉联邦环保局案

1. 案情简介

2003 年，美国马萨诸塞州等 12 个州、3 个城市和一些环保组织向美国联邦坏保局提出，大量排放的二氧化碳和其他温室气体已对人体健康和环境造成危害，据《清洁空气法》第 202（a）（1）条之规定，联邦环保局有义务制定温室气体排放规章，对其进行管制。② 美国联邦环保局拒绝了请求者的申请。认为按照法律规定，

① Massachusetts, et al., Petitioners v. Environmental Protection Agency, et al., 127 S. Ct. 1438.

② 参见苑宣. 美国最高法院做出里程碑式环境判决 美国政府必须管制汽车排放二氧化碳. 载中国环境网，http://www.cenews.com.cn/news/2007-04-13/28372.php.

其没有管制机动车排放的二氧化碳和其他温室气体的法定职责；即使有规定，他们也不会在当时执行，因为温室气体的环境效应具有科学不确定性。此后，以马萨诸塞州为代表的请求者就联邦环保局的不作为向法院提起诉讼。此案历时 4 年、经三级法院审理，原告最终胜诉。

　　2. 审理过程

　　（1）地区法院、上诉法院的审理

　　原告向美国联邦地区法院起诉，要求法院裁决联邦环保局履行制定规章的职责，对二氧化碳的排放进行控制。初审法院驳回了原告的诉讼请求。原告不服，于 2005 年 4 月向美国联邦上诉法院哥伦比亚地区巡回法庭提起上诉。同时，美国另外 10 个州、一些汽车制造商和民间社团也参加了诉讼。法庭审理中，被告认为：①二氧化碳不属《清洁空气法》中的空气污染物，联邦环保局无权监管；②原告声称所受健康和利益损害与联邦环保局未制定排放标准规章间无因果关系，且原告所受损害并不会因制定规章而获救济；③据美国宪法第 3 条之规定，原告无起诉资格。

　　（2）上诉法院审理

　　上诉法院认为：①联邦环保局没有对新车制定温室气体排放标准的法定责任；②目前的证据不足以科学地证明全球变暖和机动车排放的温室气体间的因果关系，现在要求其制定规章时机不成熟，且机动车排放的二氧化碳仅是温室气体来源之一，制定的规章无法解决其他温室气体的减排问题，若今后证据充足，联邦环保局则有义务采取措施；③原告具备起诉资格。

　　2005 年 7 月，上诉法院裁决美国联邦环保局胜诉。法院支持联邦环保局据《清洁空气法》不对机动车进行二氧化碳气体排放控制的决定。此次争论焦点在于《清洁空气法》是否应该应对全球变暖问题，但环保局发言人未予回应。

　　（3）最高法院的审理

　　原告依然不服，上诉至美国联邦最高法院。最高法院审理时的争讼点有三：原告是否具有起诉资格；依据《清洁空气法》，美国联邦环保局是否有权管控二氧化碳和其他温室气体；联邦环保局拒绝管控是否合理。

美国联邦环保局辩称：①温室气体不属《清洁空气法》第202条规定的空气污染物；该法并未授权其发布强制性的温室气体排放标准，以解决全球气候变化问题；②即使属于第202条规定的空气污染物，即使其有权设定温室气体排放标准，现在也不是适当时机，因为温室气体和全球变暖间的因果关系目前仍不明确。

值得一提的是，联邦最高法院的9名法官意见不尽一致。多数人认为：①二氧化碳属法律规定的空气污染物；②联邦环保局应当设置温室气体排放标准，一旦发现对公共健康与福利等有损害就应当管理；③如果联邦环保局不予执行，应当给出拒绝执行的适当理由。而包括首席大法官约翰·罗伯茨在内的4人持异议：①二氧化碳不属于《清洁空气法》规定的空气污染物；②联邦环保局也没有发现温室气体危害的法定义务。

2007年4月2日，美国联邦最高法院的9名大法官以5票对4票的比例通过判决，法院认定：①原告具备起诉资格；②二氧化碳属于空气污染物；③除非联邦环保局能证明二氧化碳与全球变暖问题无关，否则就得予以监管；④联邦环保局没能提供合理解释说明为何拒绝管制汽车排放的二氧化碳和其他有害气体。基于此，美国联邦最高法院裁决：美国联邦环保局须管制汽车污染。

最高法院在认定损害事实时肯定了未来可能发生的损害。气候变化带来的损害是严重的而且也是众所周知的。NRC报告本身也被联邦环保局视为"在相关科学方面是独立而客观的"①，并认为为数众多的环境变化已经造成了严重的损害，包括"全球冰山的消融，雪域覆盖面的减少，20世纪以来，较之于过去数千年时间海平面的上升等"。虽然气候变化专家 Michael MacCracken 认为，在此诉讼的结果中，气候变化的风险"大量分担"并没有减少曼

---

① 68 Fed. Reg. 52930.

447

彻斯特的利益。① 然而根据原告确信无疑的书面陈述，因为全球变暖的缘故，20 世纪海平面已经上升了 10 厘米～20 厘米。而这一上升的结果已经侵蚀了曼彻斯特沿海岸线的土地。因为联邦实质上拥有州海岸财产的部分所有权，它作为土地所有者的地位已经遭受到了具体的损害。这一严重的损害只会发生于下个世纪。如同马萨诸塞一位官员所说，如果海平面持续上升的话，马萨诸塞大量的海岸将会被洪水吞没，为了救济灾害，必须花费庞大的资金。② 所以法院认定，本案中存在损害的事实，虽然现实的危害诚如原告所称，将在很久之后才会出现。

（4）本案的意义

美国联邦最高法院的最终裁决，解决了自布什总统上台以来一直悬而未决的气候变化争议，此案被广泛认为是具有里程碑意义的环境诉讼案件。

首先，本案确定了州在全球变暖问题上的起诉资格。1992 年卢汉诉野生动物保护者协会案（Lujan v. Defenders of Wildlife）③中，美国联邦最高法院对美国宪法第 3 条作出解释，称"根据宪法不可降低的最起码的起诉资格"④ 必须具备三要素：①法定利益遭受了事实上的损害，且该损害是具体的、实际的或迫近的；②该损害与被告而非第三方的行为间存在因果关系；③该损害具有可救济性。本案中，美国联邦最高法院审理后认为，在认定起诉资格时只要原告方代表之一具备起诉资格即可。因此本案强调了马萨诸塞州的特

---

① *Federal Election Comm'n v. Akins*, 524 U. S. 11, 24, 118 S. Ct. 1777, 141 L. Ed. 2d 10（1998），因为普遍认为，大量分担损害的实质，是法院认为存在"事实上的损害"。

② Hoogeboom Decl. p. 4, at 171.

③ *See* JUDICIAL REVIEW——MORE ACCESS ISSUES, *Lujan v. Defenders of Wildlife*, *504 U. S. 555*（1992），p. 775. NR&E Summer 2002, *Where Do We Stand Now? Standing in Environmental and Resources Litigation*, p. 15.

④ 韩铁. 环境保护在美国法院所遭遇的挑战——"绿色反弹"中的重大法律之争.《美国研究》2005 年第 3 期.

殊地位与利益，州作为原告具备起诉资格就此确立。这将对未来美国联邦各州在环境诉讼中的作用产生巨大影响。

其次，进一步明确了美国联邦环保局的管理职能。最高法院的判决指出联邦环保局有权且应当管理温室气体，如不采取措施，就应当给出拒绝执行的适当理由。

再次，本案进一步唤起了美国国内对全球变暖问题的认识。伊拉克战争表明了美国属于石油依赖型社会，从卡特里纳飓风到美国前副总统戈尔获奥斯卡奖的环保电影，美国民众都意识到了温室气体效应的巨大威胁。联邦各州已对温室气体进行了管理控制，本案要求政府管制汽车二氧化碳污染，将温室气体管理和控制统一到了联邦层面，必将有利于温室气体减排的宏观调控。

四、欧盟气候变化政策前沿发展动态

20 世纪 90 年代以来，虽然没有刻意地减排温室气体，但由于其他经济和政治原因，欧盟仍是 OECD 国家中唯一减少温室气体排放的国家集团。欧盟的各级机构，从欧洲委员会到部长理事会、欧洲议会、欧洲经济与社会委员会和地区委员会均普遍展开对话，共同迎战气候变化问题。在应对全球气候变化问题上，欧盟一直以最积极的态度突出于其他国家和集团，强调自己在保护全球环境领域中的领导地位，这不仅表现在其国际表态、宣言和计划上，还体现在实际行动中。2000 年欧盟温室气体排放量比 1990 年降低了 4%，在减缓温室气体排放方面处于全球领先地位。2002 年 5 月 31 日欧盟正式批准《京都协议书》，前联合国秘书长安南发表声明说，欧盟批准《京都协议书》将极大地推动这一重大协议的生效，对全球可持续发展是福音。欧盟希望应对气候变化能够成为其增强经济发展和竞争能力的新契机。作为实现京都议定书减排目标的核心手段，欧盟在世界范围内率先推行国家间排放交易制度。同时，欧盟十分重视在应对气候变化问题方面与发展中国家的合作，在向发展中国家提供援助和支持的同时，也要求发展中国家积极参与全球气候变化的国际合作。

总的说来，欧盟气候变化战略的特征是通过市场机制，尽可能降低成本，完成《京都协议书》所承诺的目标。欧盟在应对气候变化方面采取了如下三个方面的政策和措施：第一，通过出台法规、指令、决定和建议，要求欧盟各成员国在不同水平上制定和实施应对气候变化的政策和措施。第二，积极采取排放贸易、实施标准、财政手段等应对政策。第三，针对能源、民用和服务业、工业、交通等领域和其他减排潜力大且成本低的领域内的主要排放源，实行减排措施。而在欧盟诸多应对气候变化的政策当中，最引人注目的当属欧盟完善的温室气体排放交易体系（EU ETS）和不断发展更新的环境行动计划。这两项政策彼此关联、相互促进。迄今，欧盟已经建立起较为完善的温室气体减排贸易机制，并于2006年制定了关于"国家分配计划"（NAP）新导则。由于《关于欧盟国家内部建立温室气体排放权交易许可体系的指令》和《欧盟排放交易体系2008～2012年期间国家分配计划新导则》反映了欧盟气候变化政策的最新成果，它们在指导欧盟温室气体减排方面具有十分重要的意义，故本部分将对这两个指令的发展近况作出简单的介绍。

（一）《关于欧盟国家内部建立温室气体排放权交易许可体系的指令》

根据《京都议定书》的规定，2008～2012年期间欧盟二氧化碳的排放量应该在1990年的基础上削减8%。这一目标得到了欧盟过去15个成员国的认同，并就减排任务的分担问题达成了一致。① 为了实现此目标，2001年10月，欧盟委员会草拟了一个欧盟内部温室气体排放体系法令。2003年欧盟委员会通过了《关于欧盟国家内部建立温室气体排放权交易许可体系的指令》（2003/

---

① Council Decision（2002/358/CE）of 25 April 2002 Concerning the Approval, on Behalf of the European Community, of the Kyoto Protocol to the United Nations Framework Convention on Climate Change and the Joint Fulfillment of Commitments Thereunder（Official Journal L 130, 2002.5.15）.

87/EC)①，简称《排放贸易指令》，规定于 2005 年 1 月 1 日开始启动欧盟排放贸易体系（EU ETS）。该系统下，欧盟各成员国根据二氧化碳排放权"国家分配计划"（National Allocation Plan/NAP）实行对工厂等设施的排放权许可（EU-allowance），实现了欧盟 25 个成员国之间、欧盟和存在排放权交易的第三国之间（京都议定书缔约国）温室气体排放权的自由交易。EU ETS 制度是"排放贸易机制"在欧盟的具体实施。规定了温室气体排放许可、配额管理、排放监督和报告以及处罚等多项制度，并在联盟内部和世界范围内积极利用清洁发展机制，节省成本，兑现承诺。排放贸易机制是一个国家超额完成了其所承诺的减排任务后，可以将其多余的减排限额部分出售给某个排放量超过减排目标的国家。这样既可以使国家之间的边际减排成本趋于平衡，达到国家总减排成本的最小化，又可以促使国家实现其减排任务。欧盟通过批准京都议定书同各成员国达成减排承诺，以实现温室气体减排的目标。鉴于此文件在欧盟气候变化政策中的特殊重要性，下面将对该指令作详细的介绍。

1. 作用期间

EU ETS 的作用期间可以分成三个阶段，第一阶段从 2005 年 1 月 1 日至 2007 年 12 月 31 日，第二阶段从 2008 年 1 月 1 日至 2012 年 12 月 31 日，2013 年以后还设定了 5 年的作用期间。EU ETS 规定的第二阶段与京都议定书的承诺减排期间正好重合。这一期间只针对电力部门等高能耗工业的 CO_2 减排，这一部门的排放量占欧盟温室气体排放总量的 44%。第一阶段 CO_2 排放上限为 63 亿吨（排放许可，即 EUA），平均每年为 21 亿吨。其中，德国（4.8 亿吨/年）、意大利（2.5 亿吨/年）、波兰（2.5 亿吨/年）、英国（2.5 亿吨/年）以及法国和西班牙（共 1.5 亿吨/年）等 6 个国家获得的排放许可占总量的 71%，第二阶段的排放许可上限还未公

---

① Directive 2003/87/EC of the European Parliament and of the Council of 13 October 2003 Establishing A Scheme for Greenhouse Gas Emission Allowance Trading within the Community and Amending Council Directive 96/61/EC（Official Journal L 275，2003.10.25，P0032-0046）.

布。但是，在 2013 年之前新加入欧盟的成员国不分担欧盟的减排份额。

2. 作为管制对象的温室气体

在第一阶段，在产生温室效应的六种温室气体中，仅仅只将二氧化碳作为交易对象。但是从 2008 年起，如果需要扩大交易对象，成员国可以向欧盟委员会提出申请。

3. 规制部门或设施

EU ETS 在附件一中规定，适用的对象主要限定在高耗能设施范围内，如热输出在 20 兆瓦以上的燃烧设备，石油精炼、钢铁生产、水泥、玻璃、石灰生产企业等。约有 12 000 个工业设施排放的 CO_2 受到排放贸易体系的管制，覆盖的行业主要有电力和热力（占 55% 的排放许可），水泥、玻璃和陶瓷（共 12%），钢铁生产（占 12%），石油天然气、造纸和纸浆等部门（各占 10%）。有 92 个大型设施得到的第一阶段排放许可超过 1000 万吨 CO_2，设施数量占总量的 0.9%，而排放许可占总量的 34%。9000 个左右的小型设施（超过总数的 90%）得到的排放许可只占总量的 19%。而中等规模的工业设施（排放量 100 万～1000 万吨 CO_2 之间）得到的排放许可占总量的 47%。

4. 排放权国家分配计划（NAP）

各成员国政府应根据排放贸易指令附件Ⅲ的要求，分别制定出第一阶段和第二阶段的排放权国家分配计划，详细地规划分配额度和分配方法。统计表明，各国在第一阶段的减排总量为 65 亿 7240 万吨，各成员国提出的国家分配计划中约有 2 亿 9000 万吨得到了削减。[①] 由于对各种设施而言，排放权的过剩会导致交易的市场价格下降，企业减排的经济刺激力度就会被削减，因此 NPA 就成了 EU ETS 制度的重要支柱。然而，如果 EU ETS 制度对企业限制过

---

① "Questions & Answers on Emissions Trading and National Allocation Plans, 8 March 2005 Updated Version as of 20 June 2005（MEMO/05/84）"，"Emission Trading: Commission Approves Last Allocation Plan Ending NAP Marathon, 20 June 2005（IP/05/762）"

于严厉的话，无疑会为企业增添沉重的经济负担，进而削弱企业的竞争力。因此，如何在减排与合理限制之间形成平衡仍然是欧盟面临的一个难题。

5. 对超额排放的惩罚措施①

EU ETS 规定，在第一阶段内超额排放的企业，应该对其课以每吨二氧化碳 40 欧元的罚金；进入第二阶段，罚金将增至每吨 100 欧元。同时，头一年超额排放的企业，第二年必须实现减排的任务，否则所属国应该将其名单予以公示。在第一阶段内，因为不可抗力导致需要追加设施排放配额的，在追加申请得到确认后可予追加，但是追加的排放量不得用于交易。

6. 同 "京都三机制" 的关联

根据排放贸易指令的修正案——《关于欧盟国家内部建立温室气体排放交易体系的指令修正案指令》（2004/01/EC）②（以下简称《"链接"指令》）的规定，依《京都议定书》确认的 "联合履约机制"（JI）和 "清洁发展机制"（CDM）进行的国外排放权交易中，所削减的排放量可以算入本国的义务减排量。清洁发展机制的减排信用（Certified Emission Reductions/CER）已经于 2005 年启动，而联合履约机制的减排额度（Emission Reduction Unit/ERU）制度将于 2008 年启动以促进 EU ETS 目标的实现。在排放量中碳额度所占的份额由各成员国自行确定。在第二阶段，各成员国政府通过排放权国家分配计划划定减排信用或减排额度的实际利用率。根据《"链接"指令》，根据《京都议定书》和《马拉卡什回合》的规定，上述减排信用和减排额度应该作为各成员国国内的减排措施的补充。③

---

① Directive 2003/87/EC，Article 16.

② Directive 2004/101/EC of the European Parliament and of the Council of 27 October 2004 Amending Directive 2003/87/EC Establishing A Scheme for Greenhouse Gas Emission Allowance Trading within the Community, in Respect of the Kyoto Protocol's Project Mechanisms（Official Journal L 338，2004.11.13）.

③ Directive 2003/87/EC，Article 30.

7. 排放权交易的登记

欧盟为了加强对各企业之间排放权交易的管理，要求各成员国政府设置电子登记簿，对所有实施交易企业的交易记录进行登记。① 各国的登记由欧盟委员会负责的"欧盟交易登记"进行互联（Community Transaction Log）。2006 年后每年的 5 月 15 日，各成员国都应该将各自国家交易的登记情况在登记网站上进行公示。迄今，已经有 19 个国家部分启动了登记工作。②

（二）《欧盟排放交易体系 2008～2012 年期间国家分配计划新导则》

2005 年 12 月底，欧盟委员会在总结第一阶段相关经验教训的基础上，制定了第二阶段国家分配计划（2008～2012）导则，其全称是《欧盟排放交易体系 2008～2012 年期间国家分配计划新导则》，③ 并于 2006 年 1 月 9 日正式公布。该导则在以下方面做出了新的规定。

第一，导则确立了各国排放限额的计算方法。根据这一方法，第二阶段计划的排放限额是在第一阶段的基础上减排 6%（20 亿吨），以保证不超过第一阶段的排放限额。

第二，导则界定了联合履约机制和清洁发展机制的适用条件。在第二阶段计划中，为了实现 EU ETS 制度的减排目标，联合履约机制的 ERU 和清洁发展机制的 CER 仍被继续使用。但是同第一阶段相区别的是，这一阶段各成员国政府在制定国家分配计划时，可以自行确定 ERU 和 CER 的在减排中的利用比例。而不再适用 EU ETS 指令附件规定的第一阶段应当适用的基准。

第三，导则对规制对象设施重新进行了定义。导则在附件中重新定义了燃烧设施（Combustion installations），这一定义同原指令

---

① 截至 2007 年 5 月末，欧盟 25 个成员国已经有 19 个部分启动了登记工作，其余 6 个国家尚未开始运行（这六个国家是保加利亚、塞浦路斯、卢森堡、马耳他、波兰和罗马尼亚），各国登记网址详见本文附件。

② http：//europa. eu. int/comm/environment/ets/registrySearch. do.

③ *Communication from the Commission - Further Guidance on Allocation Plans from the 2008 to 2012 Trading Period of the EU Emission Trading Scheme*, Commission of the European Communities, Brussels, 22. 12. 2005 COM（2005）703 Final.

附则中对燃烧设施的解释有所不同。欧盟委员会考虑到了各国市场竞争力的差异，在导则附件中明确定义了燃烧措施。不仅将作为其他生产设备一部分的独立的能源发生装置作为规制对象，容量超过20兆瓦的全部设备也都被作为指令调整的对象。

第四，由于年二氧化碳排放量较少的"小规模设施"在成员国的分布极不均衡，导则在附件中重新定义了"小规模设施"，同时还对是否应修正 EU ETS 指令，在第二阶段中针对排除小规模设施的问题开展讨论。特别是出于对小规模设施削减成本的考虑，欧盟委员已经将改变继续对小规模设施依 EU ETS 指令实施监管和履行报告义务的想法贯彻到了导则当中。导则还重新确认了成员国向欧盟委员会提交国家分配计划的期限。规定成员国向欧盟委员会提出 NAP 的最后期限为 2006 年 6 月 30 日，欧盟委员会对所提交计划加以确认的期限为 2006 年 12 月 31 日。

第五，为了增加国家分配计划的透明度，欧盟委员会在第二阶段的导则中，在附件中以样表的形式形象细致地说明了国家分配计划应该涵盖的基本信息。第一阶段中能够共用的表格在第二阶段仍得继续沿用。

（三）2008～2012NAP 导则在国家分配计划问题上的发展

在第二阶段的国家分配计划导则中，欧盟委员会对第一阶段的国家分配计划执行情况进行了总结，得出以下几点经验教训为成员国第二阶段计划的贯彻提供参考。这些经验教训主要集中在五个方面。①

第一，为了实现《京都议定书》的减排目标，更多地利用排放贸易机制是十分必要的。部分成员国的减排在很大程度上是依赖于非交易门类或由政府购买碳额度来实现议定书的减排目标的。这种做法在第一阶段起到了缓冲的作用，这也有可能导致更多的政府趋向于通过非交易门类的减排来实现减排目标，这样将使得履行《京都议定书》义务的成本极为昂贵。所以鉴于排放贸易手段的成

---

① COMMUNICATION FROM THE COMMISSION COM(2005)703final, *Further Guidance on Allocation Plans for the 2008 to 2012 Trading Period of the EU Emission Trading Scheme*, Brussels, 22. 12. 2005, Annex 4: Summary of Experience Gained from Allocation Plans for the First Phase (2005-2007) and General Lessons for the Second Phase (2008～2012), p. 16.

本效益性，欧盟决策者认为在第二阶段应该更加注重贸易排放机制的运用。

第二，对发电企业的配额限制较之于体系涵盖的其他部门要严厉得多，而对发电企业的配额，就其项目自身的需要来讲，显得太过苛刻。

第三，实际排放量在可以接受的范围内超过《京都议定书》规定目标值的成员国，趋向于购买额外的排放量；成员国希望在顾及《京都议定书》减排目标的基础上，通过购买额外的碳额度，使实际排放量在合理的范围内有所超出。欧盟已经有 8 个成员国政府在第一阶段声称意欲购买额外的碳额度，购买总量达到了 5 亿 ~ 6 亿吨。考虑到根据联合履约机制和清洁发展机制，正面增加配额的可能性已经不大，况且《"链接"指令》会让私人企业分流部分政府的碳额度，所以欧盟在第二阶段会优先考虑革新这一机制。

第四，有些分配计划太过灵活且缺乏透明度。有些成员国自行创设了更加复杂的分配规则，例如，有的成员国为新的进入者（负有减排义务者）预留份额，或者对设施关闭情形下做出某些行政规定（例如，一旦某处设施关闭，在交易持续期间不再为其他的主体批准该配额），这些规则在细节上存在差异。这样会导致国内交易市场的过度灵活以致丧失透明度，并导致国内市场竞争的扭曲。因此，欧盟建议下一阶段，成员国应该考虑简化他们自身添加的规则，增强分配计划的透明度。

（四）公平原则视角下欧盟气候变化政策的应然取向

学者们就欧洲在全球气候变化中应该如何承担责任问题开展了广泛的讨论。葡萄牙环境部国际事务资深顾问 Nuno S. Lacasta 等编著了《一致的声音：欧盟在气候变化中的地位，欧洲和全球气候变化》，香港岭南大学教授 Paul G. Harris 编写了《全球气候变化：本土政策、海外政策与区域间合作》①，Toke Aidt 和 Sandra

---

① Paul G. Harris ed., *Global Climate Change: Politics, Foreign Policy, and Regional Cooperation*, 2007.

Greiner 合著了《分担气候变化政策的负担》①，Sven Bode 编写了《欧洲气候变化政策：2012 年后的负担分配》②。有学者认为，纵观欧盟的气候变化政策，已经明白无误地表明公平原则是应对气候变化挑战的根本原则，原因主要有四点③：

第一，贯彻公平原则是法律的要求，它是以联合国《气候变化框架公约》"公平但有区别"原则为基础的；

第二，贯彻公平原则是道德的要求。地球村的公民面临着致力于公平的道德驱动力，全球化和国际交往的增加以及环境和地缘政治所致挑战的分享，使得道德的驱动力更加的强烈。

第三，贯彻公平原则是政治力量使然。因为全球气候变化问题的属性要求一些国家充当领头羊的角色，因为只有看到气候变化应对机制是公平的时候，其他国家才会参与到中间来。

第四，贯彻公平原则也是受实践驱动的结果，因为全球气候变化和南部地区的可持续发展目标紧密相连。

气候变化带来的问题只有在实践中最大程度地强调公平原则才能得到解决。解决气候变化的两大支柱措施——减缓和适应——取决于对公平和可持续发展原则的认同。因此，公平原则得以贯彻在现今的气候变化政策机制中，并开始对一些主要国家的气候变化政策产生影响，尤其对欧盟和欧盟成员国更是如此。

五、欧盟环境第六个环境行动计划运行综述

无论是从其制定程序还是法律地位考察，环境行动计划在欧盟

---

① Aidt Toke; Greiner Sandra (2002), *Sharing the Climate Policy Burden in the EU*, HWWA Discussion Paper No. 176.

② Sven Bode, *European Climate Policy: Burden Sharing after 2012*, HWWA Discussion Paper No. 265, 2004, http: //www. hwwa. de/Publikationen/Discussion_Paper/2004/265. pdf.

③ Climate Protection Programme (CPP), South-North Dialogue on Equity in the Greenhouse: A Proposal towards an Adequate and Equitable Global Climate Agreement 15 (2004), available at http: //www. wupperinst. org/download/1085_ proposal. pdf.

的环境政策中有着特定的法律意义。按照 1972 年秋天在巴黎召开的 "欧共体成员国的国家或政府首脑高峰会议" 的要求和同年年底在波恩召开的 "欧洲共同体环境理事会第一次会议" 的决定，委员会在 1973 年 4 月 17 日向理事会提出了一个名为《欧盟环境行动计划》的建议。随后分别于 1973 年、1977 年、1983 年、1987 年、1993 年制定了 5 个环境行动计划。欧盟的环境行动计划采取了一系列新的措施，并且更加致力于将环境问题纳入其他政策之中。其地位在不断上升，内容也逐渐完善。现行的第六个欧共体环境行动计划制定于 2002 年，并将一直运行到 2009 年。欧盟的环境行动计划的发布年份和持续时间参见表 1。

表 1　　　　　　　　　　**欧盟环境行动计划**

环境行动计划名称	发布年份	有效期
《欧盟第一个环境行动计划》	1973	1973 ~ 1976
《欧盟第二个环境行动计划》	1977	1977 ~ 1981
《欧盟第三个环境行动计划》	1983	1982 ~ 1986
《欧盟第四个环境行动计划》	1987	1987 ~ 1992
《欧盟第五个环境行动计划》	1993	1993 ~ 1999
《欧盟第六个环境行动计划》	2002	2000 ~ 2009

（一）欧盟第六个环境行动计划概要

欧盟的第六个环境行动计划①是在欧盟扩大的背景下实施的。欧盟理事会在 1999 年赫尔辛基会议上（COM（1999）543），对第五次环境行动计划的成果分组展开了讨论。会议认为，"第五次行动计划在实际推动可持续发展方面进展有限"，主要是因为 "缺乏

---

① Decision No 1600/2002/EC Laying down the Sixth Environment Action Programme, http://europa. eu. int/eur-lex/pri/en/oj/dat/2002/l_242/l_24220020910en00010015. pdf.

有效的目标和监测机制".① 其后于 2000 年末向欧盟委员会提交实施第六次环境行动计划的申请的同时，还提出将于 2001 年 7 月提交适应环境保护、经济、社会可持续发展的长期战略方案。而第六个环境行动计划起草建议提出之时，也正是《里约宣言》制定 10 年，需要全面回顾宣言落实情况的关键时期。在此背景下，欧盟第六次环境行动计划明确提出了下一个 10 年欧盟的环境目标和实施纲领。和以往的环境行动计划不同，它关注那些需要更多行动的领域，并认为欧洲和全世界长期繁荣的关键是"可持续发展"。该计划指出了欧盟存在的环境问题：环境压力正在加大，必须应对气候变化、水土流失、废物增多和食品、空气、水中农药增多的问题。第六个环境行动计划提出了应对环境挑战的新进路，包括：（1）健全法制；（2）将环境问题置于决策的核心；（3）与商业界和消费者一道寻求解决环境问题的办法；（4）使人们更加容易获得环境信息；（5）慎用土地资源。

行动计划还特别支持和鼓励企业在以下方面的发展，在强化自主管理的基础上通过法律手段进一步加强环保——改善效率提高生产能力，在扩大的市场中繁荣。行动计划确立了欧盟未来 5 到 10 年内四个主要优先领域和涉及这些优先领域的一些具体措施。这四个优先研究领域为：

第一，气候变化。2008 ~ 2012 年，温室气体的排放与 1990 年相比，减少 8% 以上；到 2020 年，全球温室气体与 1990 年相比，减少大约 20% ~ 40% 以上。

第二，保护自然资源和生物多样性。保护《自然 2000 计划》（The Natura 2000 Scheme）中确立的网络工程已经覆盖了欧洲 12% 的领土，认为"为了维护当代人和子孙后代的利益，有义务保护自然资源"；应该在新地域内开展生物多样性行动计划，保护自然景观和海洋环境。计划同时提出三个方面的目标："保护自然生态

---

① Marc Pallemaerts, *Drowning in Process? The Implementation of the EU's 6th Environmental Action Programme -An IEEP Report for the European Environmental Bureau* (EEB), p. 2.

系统的结构和功能；阻止欧洲和全球范围内生物多样性的流失；防止土壤退化和污染。"①

第三，环境和健康问题之间的关系。提出从根本上对化学物品的管理实施改革，提出了减轻农药所致风险、保护水质、防治噪声污染和大气污染等战略方案。

第四，自然资源的可持续利用和废物管理。通过促进环境友好型产品的回收利用以及最终填埋，抑制废弃物的产生，实现垃圾产量同 2000 年相比，至 2010 年下降 20%，至 2050 年下降 50%。

（二）环境行动计划在实现《京都议定书》减排目标方面可证实的发展

第一，欧盟实现《京都议定书》减排目标的步伐积极稳健。欧洲环境局所做的年度评估报告表明，欧盟正在逐步实现减排 8% 的承诺（波兰和匈牙利减排 6%）。2003 年，欧盟 25 国已经实现减排 5.5%，过去的 5 年平均比 20 世纪 90 年代降低 2.9%，预计到 2010 年欧盟 25 国将比 30 世纪 90 年代平均降低 9.6 个百分点。但是对于旧的欧盟 15 国，因为它们联合承诺的是实现减排 8% 的目标，依靠现行措施仅仅只能实现减排 2.5%。新添加的措施将帮助欧盟 15 国实现减排 6.3%，在《京都议定书》灵活机制的配合下可以实现比 20 世纪 90 年代排放水平降低 8.8% 的目标。这些结果是以当前和添加的措施得以有效执行为前提的。而且，部分成员国要实现其减排目标还有相当的困难，尤其以意大利为甚，意大利当前的减排任务和目标值之间存在 9.27 亿吨的差距；其次是西班牙，存在的缺口是 7.33 亿吨。

第二，温室气体排放监测已经得到了改善。欧盟温室气体监测规则最早规定在 1993 年（93/389/EEC）号指令中。第六次环境行动计划声称的新监测指令规定在 2004 年（280/2004/EC）号指令中。在 2005 年（2005/166/EC）号指令规定了更加详细的监测条

① European Commission 6th EU Environment Action Program. Environment 2010: Our Future, Our Choice. http://www. europa. eu. int/comm/dgs/environment/index_en. htm.

款，但是仍有待作进一步地解释。当前，欧盟理事会正在着手研究成员国未来排放监测的技术问题，以期对其加以改进。

第三，欧盟根据"欧洲气候变化计划"（ECCP）① 所采用的政策和措施正在成员国进一步落实。欧洲气候变化计划是根据《京都议定书》第3条第2款制定的，它要求缔约方，包括欧盟在内，必须先向缔约方大会或成员国大会（COP/MOP）报告可经证实的进展。欧盟气候变化计划2000年6月启动，旨在具体落实《京都议定书》的减排目标。在 COM（2005）615报告中，欧盟委员会强调，ECCP 及其所做的努力包括排放贸易指令、节能建筑、废弃物再生和填埋，以及欧洲智能能源项目（Intelligent Energy for Europe/IEE Programme）等。报告指出，当前已经生效的措施有35种，而且其他措施正在筹划过程当中。这些措施连同前面所举的数据共同表明，欧洲能够如期履行议定书规定的减排目标。报告认为，欧盟已经在温室气体减排方面取得了良好的进展，而未来的进展则进一步取决于成员国对欧盟立法和国内措施的贯彻执行。

第四，欧盟排放贸易体系（EU ETS）的建立和健康发展。欧盟排放贸易体系是根据欧盟2003/87/EC 号指令建立的，于2005年1月1日起正式启动。它的第二个阶段和京都议定书的第一个承诺减排期间正好重合（2008～2012年）。研究声称，EU ETS 是"一项切实的成就和推动欧洲气候变化向前发展的具体举措"，它广泛涵盖了多个利益主体，如金融机构、交易主体以及工厂的经营者，等等。欧盟排放贸易体系的建立和完善，是欧盟在实现《京都议定书》目标过程中取得的最重要的成果。

（三）第六个环境行动计划的修正与完善

欧盟部长理事会于2001年6月7日就第六个环境行动计划的

---

① 欧盟于2000年6月启动了欧盟气候变化计划，2004年11月22日通过了该计划，成立了7个工作组，制定了能源、民用和服务业、交通部门和工业部门等的减排措施。ECCP 引出了许多对应政策和措施，其中最关键的是温室气体排放贸易体系。

目标、时间表、实施战略等问题形成了合意。在 2002 年 1 月 17 日二读会议中，提出了调整温室气体减排目标、在欧盟范围内导入环境税等建议；2002 年 3 月 19 日，欧盟部长理事会和欧洲议会两机构历经调停、在对计划的修正问题上形成合意并共同发文，最终于 2002 年 5 月 30 日于欧洲议会三读通过。在新的方案中，增加了导入环境税的内容，提出了 2012 年以后强化温室气体减排的建议，同时还确立了建设可持续发展的交通系统的目标。在 2005 年对计划进行评价，并规定如果有必要，将根据发展进行更新。

（四）欧洲各界对第六个环境行动计划的评价

欧盟第六个环境行动计划迄今开展已逾 5 年，作为欧盟环境政策的重要组成部分，欧盟各界十分重视对计划的总结和适时评价。本文收集了来自欧盟各方的看法和意见，下面着重介绍近两年来欧盟内部比较有代表性的观点。

1. 欧洲企业联盟（UNICE）

欧洲企业联盟认为，第六个环境行动计划应该被纳入更加广泛的可持续发展的政策构架中。同时，在今后的环境政策中，应该引入系统的经济影响评价和透明的成本效益分析制度。同时新制度实施以前既往的制度应该得到充分的贯彻。企业自愿和政府管理相结合应对气候变化问题十分重要，在环境和人体健康问题上，必须建立科学的风险评价政策。另外，在自然资源的可持续利用方面，除了必须考虑回收利用以外，还必须考虑产品的循环周期。在政策制订上不欢迎生态税，在研发方面希望获得更多的支持，希望保留实践中的"替代"和"举证责任倒置"的政策原则。

2. 欧洲手工业与中小企业联合会（UEAPME）

该组织认为，只有新的立法成为最佳工具时才倾向于启动新的立法，中小企业应该成为判断新法"可适用性"的标准；在导入环境税等政策时，务必将自主协商和符合市场需求的手段结合起来，必须在中小企业环境保护的要求和商业环境之间进行适当的平衡；在推动落实第六个环境行动计划的过程中，应该在技术上和资金上给予中小企业以必要的支持。

3. 欧洲环境局 (EEB)

欧洲环境局认为，计划在目标数量和目标定性上缺乏力度；应该采取诸如征收环境税、取消不恰当的补贴、延伸生产者责任和环境责任等更富激励性的基本手段；在气候变化方面，到 2020 年削减 20% ~40% 的目标提法过于模糊，而且对欧盟不具有约束力；在资源利用效率方面，需要设置更高的目标；对于未来成员国和其他部门的综合环境缺乏足够的关注。

4. 欧盟委员会环境专员斯塔夫罗思·迪马斯 (Stavros Dimas)①

塔夫罗思·迪马斯认为，第六个环境行动计划突出了气候变化和生物多样性的优先地位；计划表明，在欧盟多项环保政策被指责给工作机会和经济增长造成影响的背景下，欧盟不会降低其"环境激励的水准"；希望能在欧盟环境立法中加入新的工具，如包括环境财政改革在内的市场工具等。

5. 非政府组织对第六个环境行动计划的评价②

欧洲环境局 (EEB) 委托欧盟环境政策研究所 (IEEP) 针对欧盟第六个环境行动计划的中期执行情况给予了重要的评价。③ 所有这种受委托的研究都被声明"不代表欧洲环境局的观点"，所以我们认为这种研究报告代表非政府组织对欧盟第六个环境行动计划

---

① Stavros Dimas, *Review of the 6th Environmental Action Programme*, Environment Council, Informal Meeting in Turku Finland, 15 July 2006. 参见：http://europa. eu/rapid/pressReleasesAction. do? reference = SPEECH/06/461&format = HTML&aged = 0&language = EN&guiLanguage = en.

② *EU Environmental Action Programme Is Unambitious and Risks Losing Control of European Environment Protection*, 15 May 2006, http://www. eeb. org/press/pr_eeb_position_6EAP_review_150506. htm. 关于 EBB 的立场参见文件:《EEB position on the 6EAP review based on IEEP study 5 May 2006》, http://www. eeb. org/activities/env_action_programmes/eeb-position-final-6EAP-120506. pdf.

③ 欧盟环境政策研究所 (IEEP) 是从事欧盟环境政策研究的著名独立研究机构，其总部设在英国伦敦和比利时布鲁塞尔，主要关注欧盟环境政策的发展、执行和在农业、渔业、区域发展和交通等领域的评估。

的态度。在欧盟环境政策研究所 2006 年 4 月份提交的名为《半路夭折·欧盟第六个环境行动计划》的研究报告中，对第六个环境行动计划中气候变化行动的目标作出了全面评估。① 评价结果如图 2 所示。

第六个环境行动计划	主要结果	评价
批准并加入《京都议定书》	●欧盟及其成员国于 2002 年批准加入《京都议定书》 ●在国际社会持续呼吁并支持《京都议定书》的批准和生效 ●2005 年《京都议定书》正式生效	☺
在实现议定书减排承诺方面作出的努力	●建立了二氧化碳排放交易体系（EU ETS） ●在欧盟及其成员国改善 GHG 排放监测与减排政策 ●旧欧盟 15 国通过预期的国内措施并借助《京都议定书》的灵活机制，正在接近《京都议定书》的减排目标	☺
在能源领域减少温室气体排放	●在发电和综合供热功能领域使用可再生能源的指令 ●生物群落措施计划（Biomass Action Plan） ●欧洲综合能源计划支撑的高效能源措施 ●出版公共援助资源清单，但未采取行动逐步消除有害环境的补贴	☺

---

① Marc Pallemaerts. Drowning in Process. The Implementation of the EU's 6th Environmental Action Programme -An IEEP Report for the European Environmental Bureau（EEB），pp. 7-8.

续表

第六个环境行动计划	主要结果	评价
交通领域减少温室气体排放	●交通工具适用生物燃料的指令 ●计划在 EU ETS 中涵盖航空领域但未在涵盖全球排放领域取得明显进展 ●计划通过指令鼓励公众获取清洁的交通工具 ●调整了交通工具和收费指令，但未允许成员国彻底地将外部成本内部化 ●交通带来的排放持续增长 ●为实现可持续交通开展对话方面，在达到良好的环境目标和摒弃欧盟可持续发展战略退耦目标上失败了	☹
工业领域温室气体减排	●确立了二氧化碳排放交易体系 ●就氟化气体立法达成协议 ●欧洲环境局项目促进了中小企业能源利用效率目标的实现 ●工业领域同非欧盟国家就 GHG 减排达成了协议	😐
其他领域温室气体减排	●一系列的共同农业政策（CAP）改革促进了温室气体减排 ●垃圾填埋指令帮助固体废弃物温室气体排放管理 ●节能建筑物指令 ●能源效率与服务指令 ●能源消耗产品节能标准框架指令	😐
推动实施财政措施	●形成了能源产品和电力征税一致框架，但是征税标准底线设置过低，对除了少数成员国外的大多数成员国的能源消费未能产生重大的影响 ●提出了就汽车二氧化碳排放相关的化石燃料消费与循环征税建议，但未被欧盟委员会采纳	😐

续表

第六个环境行动计划	主要结果	评价
保证将气候变化作为欧盟及其成员国家研究、发展与示范（RD&D）项目的主要课题	●对气候变化的管制已经纳入了第六个环境行动计划，并建议纳入第七个计划当中 ●通过环境技术措施计划（ETAP）促进并协调各成员国研究、发展与示范（RD&D）项目	 ☺

图 2 图示说明：☺—目标已实现；☺—进展中，但目标尚未完全实现；☹—无明显进展。

IEEP 认为计划执行过程中存在一些关键性的延误，并对欧盟委员会对计划的强制执行提出了质疑。例如，在第六个环境行动计划四大优先领域中的 41 项主要目标中，仅仅只有 6 项如期完成，其中 23 项稍有进展，而另有 12 项毫无进展；框架指令作为一种立法形态在实现环境目标方面的效力正在削弱；环境政策面临的一个最大的挑战，是环境行动计划将环保要求整合到环境政策中的规定几乎未得到落实；市场工具运用方面未取得任何的进展；当前也没有迹象表明，欧盟成员国对欧盟环境方面的法规给予了足够的重视。因此，鉴于目前欧盟第六个环境行动计划的种种不尽如人意之处，IEEP 提出了以下建议：

（1）从本质上改革欧盟在环境政策引导和协调方面扮演的角色；

（2）重新确认环境政策的基本条约原则；

（3）通过设定具有法律约束力的目标的方式支持环境规则，防止破坏环境规则，适当地增强环境规则的执行力；

（4）发挥环境财政改革等经济工具的激励作用，同意在欧盟环境政策中取消有害补贴；

（5）跟踪环境政策的执行情况。

6. 其他学者对欧盟应对全球气候变化的评价

关于欧盟在全球气候变化中的实践和作用的问题，学者进行了大量的研究。① 总体而言，欧盟在应对全球气候变化的政策方面是积极而富有成效的。欧盟在分担减轻气候变化的责任上，学者们都注意到了欧盟的积极姿态。关于在气候变化国际合作方面，欧盟是否充当着领导者的角色问题，学者们展开了讨论。Regina S. Axelrod 等人认为，欧盟和它的部分成员国似乎已经堪称领袖，尤其是在美国拒绝加入《京都议定书》的情况下仍然主动加入了该议定书。与此同时，欧盟在应对气候变化方面还进行了大量的国际方面的努力。② 在京都缔约国会议上，在受到某些"消极国家"的触动后，欧盟试图"将自己定位成全球气候变化方面的领袖"。③ Gareth Porter、Janet-Welsh Brown 和 Pamela Chasek 等人将欧盟定义为气候变化事务方面的"领袖国家"，因为它始终在其他国家之前呼吁采取措施减少温室气体排放。④ 另外，Hermann E. Ott 和 Sebastian Oberthur 认为，并非每个人都视欧盟为全球气候变化方面的领袖，但是相对于其他国家而言，这样认为也是不为过的。⑤

① 这方面，如 Nuno S. Lacasta et al. , *Articulating a Consensus*: *The European Union's Position on Climate Change*, in *Europe and Global Climate Change*; Toke Aidt & Sandra Greiner, *Sharing the Climate Policy Burden* (HWWA Discussion Paper No. 176, 2002); Sven Bode, *European Climate Policy*: *Burden Sharing after 2012*, (HWWA Discussion Paper No. 265, 2004), 参见 http: //www. hwwa. de/Publikationen/Discussion_ Paper/2004/265. pdf.

② Regina S. Axelrod et al. eds. , *The European Union as an Environmental Governance System*, in *The Global Environment*: *Institutions*, *Law and Policy* 200, 208 (2005) .

③ Miranda A. Schreurs, *The Climate Change Divide*: *The European Union*, *the United States*, *and the Future of the Kyoto Protocol*, in *Green Giants*?: *Environmental Policies of the United States and the European Union* 207, 222 (Norman J. Vig & Michael G. Faure eds. , 2004) .

④ Gareth Porter et al. , Global Environmental Politics 114, 119 (3d ed. 2000).

⑤ Hermann E. Ott & Sebastian Oberthur, *Breaking the Impasse*: *Forging an EU Leadership Initiative on Climate Change* 25 (2001), 参见 http: //www. boell. de/downloads/oeko/PapersNr3en. pdf.

六、《关于化学品注册、评估、许可和
限制的法规》（REACH 法规）

REACH 法规即 2006 年 12 月 18 日欧盟议会和欧盟理事会正式共同通过的《关于化学品注册、评估、许可和限制的法规》，REACH 是英文词头的组合缩写，其全称是 Registration, Evaluation and Authorization of Chemicals（（EC）No. 1907/2006）。① 与此同时还通过了一项与此密切相关的法规修正指令，其正式名称是：《指令 2006/121/EC，为了适应法规（EC）No. 1907/2006（REACH），修改理事会指令 67/548/EEC 有关危险物质分类、包装和标签的有关条文》。

REACH 规则草案②中指出，制定 REACH 法规的目的在于维持欧盟化学品产业的竞争力，提高技术革新的能力并强化对人体健康

① 全文名称为 REGULATION（EC）No. 1907/2006 OF THE EUROPEAN PARLIAMENT AND OF THE COUNCIL of 18 December 2006 Concerning the Registration, Evaluation, Authorisation and Restriction of Chemicals（REACH），Establishing a European Chemicals Agency, Amending Directive 1999/45/EC and repealing Council Regulation（EEC）No 793/93 and Commission Regulation（EC）No 1488/94 as well as Council Directive 76/769/EEC and Commission Directives 91/155/EEC, 93/67/EEC, 93/105/EC and 2000/21/EC. 参见：OJ L396, 30. 12. 2006, p. 48-49.

② Proposal for a REGULATION OF THE EUROPEAN PARLIAMENT AND OF THE COUNCIL Concerning the Registration, Evaluation, Authorization and Restriction of Chemicals（REACH），Establishing a European Chemicals Agency and amending Directive 1999/45/EC and Regulation（EC）{on Persistent Organic Pollutants}, And See Proposal for a Directive of the European Parliament and of the Council amending Council Directive 67/548/EEC in Order to Adapt It to Regulation（EC）of the European Parliament and of the Council Concerning the Registration, Evaluation, Authorization and Restriction of Chemicals［COM 2003 0644（03）］http://europa. eu. int/eur-lex/en/com/pdf/2003/com2003_0644en. html, 34 Council Directive 67/548/EEC of 27 June 1967 on the Approximation of Laws, Regulations and Administrative Provisions Relating to the Classification, Packaging and Labeling of Dangerous Substances.

和环境的保护。REACH 法规出台以后，新的单一的 REACH 法规将取代欧盟过去 40 余种化学品管理规范。在 REACH 法规下，生产化学物品达一定数量的企业，负有就该物质的属性和特殊危险性进行登记的义务。使消费者、化学品生产企业的从业人员等整个供应链中的所有参与者都参与到化学物质的安全使用中来。

（一）制定背景和审议经过

目前全球已为人所知的化学品共有 700 万种之多，在市场上流通得已经超过 8 万种，而且每年还有约 1000 多种新化学品问世。全球化学品的产量从 1930 年的 100 万吨增加到今天的 4 亿吨。仅在欧盟市场注册的化学品就有约 10 万种，其中 1 万种的销售量超过 10 吨，另外 2 万种销售量在 1 吨～10 吨之间。1998 年，世界化学品产值估计为 12440 亿欧元，其中欧盟化学工业占 31%，带来了 410 亿欧元的贸易顺差。1998 年，欧盟的化学工业占全球第一位，第二位是美国，占 28% 的产值，贸易顺差为 120 亿欧元。化学工业是欧洲的第三大制造业，直接雇用了 170 万人，间接提供多达 300 万个工作岗位。除几家主要的跨国公司外，还有大约 36000 个中小企业。这些中小企业占企业总数的 96%，占化学品产量的 28%。化学品的生产与发展确实极大地改善了现代人的生活，但其固有的危险性也给人类的生存带来了极大的威胁，引起了世界各国的高度重视。面对有毒化学物质的包围，在环保领域向来态度积极的欧洲在化学品安全使用方面再一次走在了前列。

REACH 法规出台以前，欧盟的既存化学物质的登记与风险评价体系很不健全。欧盟 67/548/EEC 号指令①和其他相关指令曾数度修改，拟定了有害物质的分类、包装和标识等规则，规定新化学物质在进入市场流通前必须向成员国政府提交申请。随后，将 1981 年 9 月 18 日前在市场上流通的称为既存化学物质，其后流通的物质称为新规化学物质，约 4300 中新规化学物质的制造者根据

---

① Council Directive 67/548/EEC of 27 June 1967 on the approximation of laws, regulations and administrative provisions relating to the classification, packaging and labeling of dangerous substances.

67/548/EEC 号指令履行了登记义务，但是对超过十万种的既存化学物质而言，却没有法规对其进行系统的规制。1993 年（EEC）No.793/93 号指令开始施行，要求在市场上流通的化学物质超过 10 吨者应该提交安全数据，超过 1000 吨时应该提交风险评价相关的信息。该指令还规定了特定化学物质名单的导入以及特定化学物质风险评价的决定和实施规则。但是，化学品安全保障的责任仍局限于政府当局，这一做法已经为多方所诟病。1998 年，欧盟决定重新审视化学物质管理办法，以期尽量减少盲点和空白。2001 年 2 月，欧盟委员会通过了《未来化学物质政策战略白皮书》。它的核心思想共有 3 点：一是确保对人类健康和自然环境实施高标准保护；二是保证欧盟内部化学制品市场的有效运行；三是激励革新并提高欧盟化工企业竞争力。2003 年 5 月 17 日，欧盟委员会又在该白皮书的基础上，出台了《关于化学品的注册、评估、许可和限制法规（REACH）》（草案），并于 2003 年 5 月 15 日到 7 月 10 日将草案上网，接受公开评议。2003 年 10 月 29 日，欧盟委员会正式通过了这一草案。2006 年 12 月 18 日欧盟议会和欧盟理事会正式共同通过的《关于化学品注册、评估、许可和限制法规》，自 2007 年 6 月 1 日起 REACH 法规将开始生效。

（二）REACH 法规的结构、基本内容和主要特点

1. REACH 法规的结构和基本内容

2006 年 12 月 30 日《欧盟官方公报》全文刊载了 REACH 规则，这是一份长达 849 页的法律文件。规则共计 15 章 141 个条款和 17 个附则。第 1 章《一般规定》规定了规则的目的、范围和适用。第 1 分章规定，规则的目的在于"高水平地保护人体健康和环境，包括推动运用有害物质替代方法，在促进化学物质在欧盟市场内部的循环的同时增强化学物质产业的竞争力和技术创新"。① 第 2 章规定了化学物质的注册。要求生产商和进口商对其生产或进口的化学品进行检测，并向"中央机构"（如扩大的欧洲化学品管理局）提供有关信息。应在注册文件中表明它们正在安全地经营着其

① OJ L396，30.12.2006，p.47.

化学物质。注册对象主要为：（1）所有年产量在 10 吨以上的物质；（2）现有物质（即《欧洲现有化学物质目录》中列出的所有物质）；（3）在欧洲生产或者进口到欧洲的物质。提供的信息包括：每种化学品的固有特性以及危害程度；化学物质的预期用途，说明物质与人和环境的接触程度，即物质的暴露性；对人体健康和环境影响的风险分析等。第 3 章规定了数据分享和不必要测试的避免。注册资料应由各成员国的主管机构审核。对于上市量在 100 吨以上的物质，标准评估是强制性要求，主要目的是减少动物试验，以达到在不增加试验动物量的同时从试验中获得更多的信息。第 4 章规定了申请环节中需要提交的信息情况；第 5 章规定了下游使用者（Downstream Users）的权利和义务；第 6 章规定了与评估的相关内容。新法规要求通过授权来管理最危险的化学品。它将适用于在评估过程中确定的具有极高关注度的那些物质（SVHC），即致癌物质和某些特别具有环境耐久性的物质。例如根据指令 67 /548/EC 分类为致突发性或生殖毒性的化学品（CRMs）；持续性、生物蓄积性和剧毒的化学品（PBTs）；持续有机污染物（POPs）等物质可以取得授权。欧盟委员会在对物质进行社会经济评价的基础上，并充分考虑其替代品之后，对物质进行授权。第 7 章规定了授权的相关内容；第 8 章规定了对危险物质制造、投放市场和使用标准的限制和准备；第 9 章到第 15 章分别规定了收费、代理、分类和标签目录、信息、适合的授权者、强制措施以及过渡期和最终规定等内容。附则的内容主要是化学物质限制相关的标准和名录。

　　2. REACH 法规的新发展

　　（1）REACH 法规重新界定了调整对象的范围

　　规制对象的变化是 REACH 法规有别于以往化学品法规的重要特征，故此处单列出来进行简单的介绍。REACH 法规涵盖了在欧盟制造、进口或投入市场的全部化学物质，既包括化学物质本身、配制品中的物质，也包括物品中所含的化学物质，范围极广。法规对三类产品的定义如下：

　　第一，化学物质（Substance）。定义为自然存在的或人工制造的化学元素和它的化合物。包括加工过程中为保持其稳定性而使用的添加剂和生产过程中产生的杂质，但不包括任何一种在不影响其稳定性或改变其成分的情况下就可被分离的溶剂。其中，金属也属化学物质。

第二，配制品（Preparation）。是指所有两种或两种以上的化学物质的溶液或混合物。合金被归类为配制品。

第三，物品（Article）。是指由一种或多种物质和（或）配制品组成的物体。在生产过程中，它被赋予了特定的形状、外观或设计，比它的化学成分有更多的最终功能。例如纺织品、汽车、电子芯片、轮胎、胶鞋、不干胶贴、玩具、PVC 洗澡垫、记号笔，等等。

（2）列举式地规定了不适用 REACH 法规及豁免注册的范围

以列举的方式规定不适用 REACH 法规及豁免注册的范围是 REACH 法规的一项新做法。法规规定，凡现有其他法规已经覆盖或者另行规定的化学品（例如：放射性物质、农药、食品添加剂、饲料添加剂、动物营养素、医药及植入或直接与人体接触的医疗器械、兽药、化妆品、调味料等）不适用本法规。每个制造商或进口商年产量或进口量在 1 吨以下（小于 1 吨/年）的化学物质，或配制品、物品中所含化学物质的数量在 1 吨以下的均可豁免。现行普遍认为低风险的物质如：水、空气、氢气、氧气、氮气、惰性气体或纸浆等无需注册。未经化学改性处理的自然存在的物质，如矿物质、矿石、精矿、水泥熟料、天然气、液化石油气、压缩天然气、原油、煤等无需注册。受海关监管的物质和废弃物（如根据指令 2006/12/EC 的规定）无需注册。由其他行为者再进口与自欧盟出口的已注册的同一物质，可不再注册，但需要提供是同一物质的依据和证明。再进口者被视为下游用户。在欧盟内回收再生所得与已注册的物质相同的物质，可豁免注册，但需要提供是相同物质的依据和证明。另外，欧盟成员国可以对国防需要的物质豁免注册。聚合物在尚未建立起实用、省钱的鉴别聚合物危害性的科学技术基准之前，可全部豁免。但在聚合物中尚未注册的单体和其他物质，含量超过 2%并且每年总量超过 1 吨/年的则要求注册。仅用于产品或过程科研开发的化学物质，可申请豁免注册，豁免期限最多 5

年。申请豁免时要向管理局通报规定的信息。在一定条件下可申请延长最多 5 年，对专门用于开发医药或兽药产品的物质，或如果该物质不被投入市场，可申请延长最多 10 年。REACH 规则规定，约有 4 万种中间体需要注册，但是一方面不分离出的中间体可豁免注册；另一方面对就地分离的中间体和分离后外运的中间体，大于 1 吨/年的需要进行注册，但可简化要求。最后，已经根据 67/548/EEC 指令作了通告，并已列入欧洲新化学物质名录（ELINCS）中的物质，可视为已注册。其有关的制造商或进口商无需再重新注册，但有义务要保持更新注册数据资料，当数量达到下一个吨级范围，还应提交相应要求的信息。列入 ELINCS 名录的该物质的其他制造商或进口商，没被包括在通告内的应按非分阶段物质进行注册。

（3）在 REACH 法规中贯彻了三个理念和原则

预防原则：即在对某种化学物质的特性和将产生的风险不了解的情况下，该物质被认为是有害的。有可能对人的安全与健康、动植物的生命与健康以及环境带来风险，因此要做实验研究和风险分析，取得证明该物质无害的证据时，该物质才被认为是安全的。

谨慎责任：化学物质本身作为配制品或物品的成分的化学物质，其制造商、进口商和下游用户在制造、进口或使用该化学物质（或投入市场）时，应保证在合理可预见情况下，不得危害人类健康或环境。应尽一切努力预防、限制或弥补这种影响，对其风险提供信息和技术支持。

举证倒置原则：REACH 法规改变了现行制度中由政府举证的规定，转向由产业部门举证，不仅化学物质的制造商或进口商，而且整个供应链中的所有参与者都有责任来保证安全使用化学物质。

（4）根据具体内容富有层次性地设置了不同的生效时间

REACH 法规自 2007 年 6 月 1 日起生效，但是在生效日期的规定上，REACH 对不同的条款设置了不同的生效期日。涉及生效日起的法规分布在第 II，III，V，VI，VII，XI 和 XII 篇，分别涉及注册、数据共享和避免不必要的试验、下游用户、评估、许可、分类与标签目录、信息等主题；第 128 条（涉及欧盟内部各成员国的规

473

定）和 136 条（有关现有物质的过渡措施）自 2008 年 6 月 1 日起实施；第 135 条（涉及通告物质的过渡措施）自 2008 年 8 月 1 日起实施；法规第 VIII 篇和附录 XVII（两项均涉及限制的规定）自 2009 年 6 月 1 日起实施。指令 2006/121/EC 在正式公布后第 20 天开始生效，从 2008 年 6 月 1 日起实施。本指令第一条第 6 点"原指令 16 条撤销"从 2008 年 8 月 1 日起实施。设置不同的生效时间的原因主要在于，REACH 取代了以前诸多法规，集众多的规定于一体，不同的生效时间更加具有科学性，能够提高法律的可执行性。

（5）严格强调了申请主体的规定性

按 REACH 法规规定，只有以下几种身份的自然人或法人可以提交注册申请：制造商，是指在欧盟国家内定居并制造物质的自然人或法人；进口商，是指在欧盟国家内定居并对进口负有责任的自然人或法人；非欧盟的制造商指定的在欧盟境内定居的"唯一代表人"。

任何欧盟境内的制造商、进口商或相关的下游用户，在保证他们对本法规规定的全部义务负责的同时，可聘请第三方代表人与其他制造商、进口商或相关的下游用户讨论处理法规第 11 条、19 条（两条都涉及联合提交数据）、第 3 篇（数据共享）和第 53 条（分摊费用）的事务。欧盟化学品管理局不会向其他制造商、进口商或相关下游用户公开已聘请第三方代表人的制造商、进口商或相关下游用户的身份。

不在欧盟国家内定居的制造商，将制造的物质、配制品或物品出口到欧盟国家内，经双方协议可指定欧盟内的自然人或法人为"唯一代表人"。能承担作为本法规中的进口商的其他义务。该代表人在实践处置该物质方面应具有足够的背景和信息，按照第 31 条规定能提供及更新进口的数量与销售给顾客的信息，以及按照第 36 条规定能提供安全数据表（Safety Date Sheet）的最新更新信息。非欧盟出口商应通知相同供应链中的其他进口商谁是他的"唯一代表人"，这些进口商可被视为下游用户对待。

（6）用数据说话，无数据则无市场

对每个年生产量或进口量等于或大于 1 吨/年的物质，除法规规定不适用或可豁免的以外，每个制造商或进口商都有义务向欧盟化学品管理局进行注册，须按照法规规定的要求提交与该化学物质相关的全部数据和资料，并要求注册人对其提交的数据资料按规定及时更新。欧洲化学品管理局通常须在登记后 3 周内完成资料完整性的检视，如果管理局未要求制造商或进口商提供更进一步的资料，则制造商或进口商可于登记三周以后开始制造或进口该化学物质，或者继续制造或进口该化学物质。注册成功，欧洲化学品管理局将会给每个注册者授予每一个注册物质的注册日期和注册号，并收录在欧洲化学品管理局将要建立的 REACH 名录之中。如果制造商或进口商未能按规定提交完整的资料，则注册失败，该化学物质就不能被制造或进口。当然，事先不提交资料进行注册，也就同样不能在欧盟内制造或进口该化学物质。因此，用数据说话，没有数据就没有市场是 REACH 制度的一个重要特点。

（三）欧盟成员国对 REACH 的反应

REACH 将于 2007 年 6 月 1 日生效，2008 年 6 月 1 日全面实施。目前，REACH 制度已经在英国、德国和荷兰开始启动，这几个国家将各自化学物质管理相关的制度做出了大幅调整。

1. 2003 年对 REACH 影响的预测①

为了弄清 REACH 的实施对欧洲社会、经济和环境等各方面带来的影响，欧盟从 2003 年就开始委托一些知名的政策研究机构对 REACH 的影响进行评估。在欧盟通过 REACH 之前，欧盟委员会发布了名为《扩大的影响评估》（COM（2003）644）的报告，②全面预测 REACH 颁行后对各个领域可能造成的影响。报告重点研究了 REACH 对健康保护带来的有益影响以及将给工业带来的高额成本，同时还对计划成立的欧洲化学品管理局的前景进行了规划。报告认为 REACH 在今后 11 年和 15 年给工业界可能带来的成本分

----

① http://ec. europa. eu/environment/chemicals/background/eia-sec-2003 1171. pdf.

② *Extended Impact Assessment*, Brussels, 29/10/2003, SEC（2003）.

别是 28 亿和 52 亿欧元。报告估计未来 30 年内 REACH 可能带来的健康利益将达到 500 亿欧元。这些数据是在世界银行和世界卫生组织等机构的支持下取得的。同样，在欧盟的资助下，一些研究机构针对这一问题还联合开展了一系列的研究。例如 2003 年 5 月，英国"风险与政策分析有限公司"（PRA）向欧盟委员会提交了题为《新化学品对职业健康的影响评估》的研究报告①；同年 6 月该公司向欧盟委员会提交了题为《新化学品对人体健康和环境的影响》的研究报告，报告指出了 REACH 带来的重要影响，却没有将影响量化。② 通过对社会、经济和环境等方面影响的评估，欧盟委员会认为 REACH 的颁布将符合欧盟的可持续发展战略。

2. 化学品安全说明书制度的变化

REACH 颁布后，欧洲化学品一个显著的变化体现在化学品安全说明书制度的变化上。③ 在欧盟 REACH 生效后，原化学品安全说明书（MSDS）已经变更为安全的数据说明书（Safety Data Sheet /SDS），以前自上而下的单向信息传递模式已经转变成互逆的传递模式。同 MSDS 制度相比，REACH 制度关于化学品安全信息说明的规定更加严格、苛刻且更具稳定性。其中，荷兰已对现行制度的调整表现出了积极的态度，在国内化学物质相关政策中会优先导入 REACH 制度，希望藉此要求企业提供更加准确的信息。英国不久

---

① *Assessment of the Impact of the New Chemicals Policy on Occupational Health*, Final Report, March 2003, Prepared for European Commission- Environment Directorate-General, By Risk & Policy Analysts Limited, UK. 参见 http：//ec. europa. eu/environment/chemicals/pdf/finrep_ occ_ health. pdf.

② *The Impact of the New Chemicals Policy on Health and the Environment*, Final Report, June 2003. http：//ec. europa. eu/environment/chemicals/pdf/envhlthimpact. pdf.

③ 化学品安全说明书（Material Safety Data Sheet，简称 MSDS）是由化学品生产商和进口商随化学商品一起提供给用户的用来阐明化学品的理化特性（如 PH 值，闪点，易燃度，反应活性等）以及对使用者的健康（如致癌、致畸等）可能产生的危害的一份文件。同时也是一份关于危险化学品的燃、爆性能，毒性和环境危害，以及安全使用、泄漏应急救护处置、主要理化参数、法律法规等方面信息的综合性文件。

也会对现行的制度作出调整。①

3. REACH 的综合效益分析

德国研究机构 Ökopol 研究了 REACH 对商业、环境和人体健康的影响。② 主要对健康影响进行了定量的分析，但是对商业和环境影响的研究相对薄弱。究其缘由，是因为在对 REACH 给环境带来影响方面的研究的资助相对不足，很难对与此相关的利益进行估计。例如，给工业部门的行为带来的影响，缺少因果关系等方面的数据，缺乏当前化学品造成的相关损害或企业层面基准值方面的信息等。研究建议企业尽早采取措施，提高供应链产品质量的管理，从而促进 REACH 的执行。最新的报告是该机构于 2007 年 1 月③和 2 月④分别作出的。

4. 对 REACH 的环境效益的研究⑤

利益相关者组织了一些研究，对 REACH 的影响进行评估。其中，对 REACH 成本进行评估的研究有很多，欧盟委员会在同利益相关者进行讨论后，同意进行进一步的评估工作，以补充先前所做的扩张评估。两项主要的研究是以欧盟委员会和 UNICE 与 CEFIC 达成的谅解备忘录为基础的。⑥ 其中，研究机构 KPMG 的咨询者详

---

① 关于欧盟各国及世界其他国家化学品安全说明书制度的建设发展状况，可以参见《平成 17 年度特定化学物質の環境への排出量の把握等及び管理の改善の促進に関する法律に基づく MSDS 制度と海外の MSDS 関連制度との比較等に関する調査報告書》，日本产品评价技术基准机构化学物质管理中心编，2006 年 2 月。

② http：//ec. europa. eu/environment/chemicals/pdf/reach ＿ benefit ＿ studies. pdf.

③ Ökopol, *Analysis of Studies Discussing Benefits of Reach*, February 2007. See http：//ec. europa. eu/environment/chemicals/pdf/reach＿ benefit＿ studies. pdf.

④ 报告全文参见 http：//ec. europa. eu/environment/chemicals/pdf/reach＿ benefit＿ studies. pdf.

⑤ 报告全文参见 http：//ec. europa. eu/environment/chemicals/pdf/report＿ announcement＿ effect. pdf.

⑥ http：//ec. europa. eu/environment/chemicals/background/memorandum ＿ of ＿ understanding. pdf.

细介绍了无机物、高科技电子等方面的案例。另一项研究是欧盟联合研究中心（DG JRC/IPTS）对新成员国的情况所做的研究，对波兰、爱沙尼亚和捷克共和国的商业案例进行了研究并开展了问卷调查。环境专员 Stavros Dimas 和企业工业专员 Günter Verheugen 联合组织了高级别小组讲座，讨论了 REACH 对未来的影响并得出了详细的结论。①

参考文献

［1］68 Fed. Reg. 52930.

［2］Allen v. Wright, 468 U. S. 737 (1984).

［3］Association of Data Processing Organizations v. Camp, 397 U. S. 152 (1970).

［4］Andrews, Managing the Environment, Managing Ourselves, p. 241; Greve, The Demise of Environmentalism in American Law, pp. 43-44.

［5］Anthony DePalma, 9 States in Plan to Cut Emissions by Power Plants, N. Y. Times, Aug. 24, 2005.

［6］Directive 2004/101/EC of the European Parliament and of the Council of 27 October 2004 amending Directive 2003/87/EC establishing a scheme for greenhouse gas emission allowance trading within the Community, in respect of the Kyoto Protocol's project mechanisms(Official Journal L 338,2004. 11. 13).

［7］EU Environmental Action Programme is unambitious and risks losing control of European environment protection, 15 May 2006, http://www. eeb. org/press/pr_eeb_position_6EAP_review_150506. htm.

［8］EEB position on the 6EAP review based on IEEP study 5 May 2006, http://www. eeb. org/activities/env _ action _ programmes/eeb-

---

① 参见 http：//europa. eu/rapid/pressReleasesAction. do? reference = IP/05/495&format = HTML&aged = 0&language = EN&guiLanguage = en.

position-final-6EAP-120506. pdf.

[9] European Climate Policy: Burden Sharing after 2012, HWWA Discussion Paper No. 265, 2004, http://www. hwwa. de/ Publikationen/Discussion_ Paper/2004/265. pdf.

[10] European Commission 6th EU Environment Action Program, 《Environment 2010: Our Future, Our Choice》, http://www. europa. eu. int/comm/dgs/environment/index_en. htm.

[11] Federal Election Comm'n v. Akins, 524 U. S. 11, 24,118 S. Ct. 1777, 141 L. Ed. 2d 10 (1998).

[12] Gareth Porter et al. , Global Environmental Politics 114, 119 (3d ed. 2000).

[13] Greg Kahn, Between Empire and Community: The United States and Multilateralism 2001-2003: A Mid-Term Assessment: Environment: The Fate of the Kyoto Protocol Under the Bush Administration, 21 Berkeley J. Int'l Law 548 (2003).

[14] Hermann E. Ott & Sebastian Oberthur, Breaking the Impasse: Forging an EU Leadership Initiative on .Climate Change 25 (2001) .

[15] Heckler v. Chaney, 470 U. S. 821 (1985).

[16] http://ec. europa. eu/environment/chemicals/background/eia-sec-2003_1171. pdf.

[17] Kirsten H. Engel, MITIGATING GLOBAL CLIMATE CHANGE IN THE UNITED STATES: A REGIONAL APPROACH,14 N. Y. U. Envtl. L. J. 54(2005).

[18] Lawrence S. Rothenberg, Environmental Choices: Policy Responses to Green Demands (Washington, D. C. : CQ Press, 2002), pp. 91-92.

[19] Lindstrom and Smith, The National Environmental Policy Act, pp. 105-106; Sierra Club v. Morton, 405 U. S. 727 (1972).

[20] Marc Pallemaerts, Drowning in Process? The Implementation of the EU's 6th Environmental Action Programme -An IEEP Report for

the European Environmental Bureau (EEB), p. 2.

[21] Marc Pallemaerts,《Drowning in Process? The Implementation of the EU's 6th Environmental Action Programme -An IEEP Report for the European Environmental Bureau (EEB)》, p. 7-8.

[22] Marianne Lavelle, Taking about Air, The National Law Journal, June 10, 1991, p. 30, 转引自 Switzer and Bryner, Environmental Politics, p. 63.

[23] Massachusetts, et al., Petitioners v. Environmental Protection Agency, et al., 127 S. Ct. 1438.

[24] Michael Bothe, Tradable Emission Certificates as a Mechanism for National Compliance under the UNFCCC, in Implementing International Environmental Law in Germany and China 121, 131 (Tao Zhenghua, Rudiger Wolfrum, eds. 2001).

[25] Michael S. Greve, The Demise of Environmentalism in American Law (Washington, D. C. : The AEI Press, 1996).

[26] Miranda A. Schreurs, The Climate Change Divide: The European Union, the United States, and the Future of the Kyoto Protocol, in Green Giants?: Environmental Policies of the United States and the European Union 207, 222 (Norman J. Vig & Michael G. Faure eds. , 2004).

[27] NR&E Summer 2002, Where Do We Stand Now? Standing in Environmental and Resources Litigation, p. 15.

[28] Nuno S. Lacasta et al. , Articulating a Consensus: The European Union's Position on Climate Change, in Europe and Global Climate Change.

[29] OECD Environmental Outlook(2001) (Organisation for Economic Co-operation and Development, Paris).

[30] Patrick Parenteau, Anything Industry Wants: Environmental Policy Under Bush II, 14 Duke Envtl. L. & Pol'y F. 363 (2004). p. 366.

[31] Paul G. Harris ed. , Global Climate Change: Politics, Foreign

Policy, and Regional Cooperation, 2007.

[32] Percival, "Greening"the Constitution—Harmonizing Environmental and Constitutional Values, pp. 848-850; Friends of the Earth v. Laidlaw Environmental Services (Laidlaw), 528 U. S. 167, 171, 197 (2000).

[33] Questions & Answers on Emissions Trading and National Allocation Plans, 8 March 2005 updated version as of 20 June 2005 (MEMO/05/84), "Emission Trading: Commission approves last allocation plan ending NAP marathon, 20 June 2005 (IP/05/ 762)"

[34] Regina S. Axelrod et al., The European Union as an Environmental Governance System, in The Global Environment: Institutions, Law and Policy 200, 208 (Regina S. Axelrod et al. eds., 2005).

[35] Robert C. Shinn, Jr. & Matt Polsky, The New Jersey Department of Environmental Protection's Non-Traditional Role in Promoting Sustainable Development Internationally, Seton Hall J. Dipl. Int'l Rel. 93 (Summer/Fall 2002).

[36] Steven Sorrell, Who Owns the Carbon? Interactions Between the EU Emissions Trading Scheme and the UK Renewables Obligation and Energy Efficiency Commitment, 14 Energy & Env't 677 (2003).

[37] Sunstein, "What's Standing after Lujan?" pp. 197-198; Lujan v. Defenders of Wildlife, 112 S. Ct 2130 (1992).

[38] Sven Bode, European Climate Policy: Burden Sharing after 2012, (HWWA Discussion Paper No. 265, 2004), 参见 http://www. hwwa. de/Publikationen/Discussion_ Paper/2004/265. pdf.

[39] Toke Aidt & Sandra Greiner, Sharing the Climate Policy Burden (HWWA Discussion Paper No. 176, 2002).

[40] U. S. Clilmate Change Technology Program strategic Plan, September 2006.

[41] United States v. Student Challenging Regulatory Agency Procedure (SCRAP),412 U. S. 669 (1973).

[42] 韩铁,环境保护在美国法院所遭遇的挑战——"绿色反弹"中的重大法律之争.《美国研究》,2005 年第 3 期。

[43] 于方,《美国环境公民诉讼研究》,《行政法论丛》第 6 卷,法律出版社 2003 年版。

[44] 苑宣,《美国最高法院做出里程碑式环境判决 美国政府必须管制汽车排放二氧化碳》,载中国环境网 http://www. cenews. com. cn/news/2007-04-13/28372. php,2007 年 5 月 13 日访问。

[45]《人民日报》,2007 年 2 月 4 日第 3 版。

[46] 李延梅、赵晓英,《欧美国家的环境战略计划及其对我国的启示》,载《环境保护》,2004 年第 6 期。

[47] 邹薇,《海外经济学若干前沿研究进展述评》,载《海外人文社会科学发展年度报告:2006》,顾海良主编,武汉大学出版社 2007 年版,第 2 页。

国外马克思主义学者视域中的当代资本主义[*]

何　萍　谭丹燕^{**}

（武汉大学哲学学院，武汉，430072）

　　在国外，对资本主义的研究始终是马克思主义者、激进左派和社会主义者①的事业。这些学者的观点和立场尽管存在着一定的差别，但他们都是从批判的角度看待资本主义的发展，结合资本主义在不同时期和不同阶段的新变化，提出新的课题加以研究。这就使资本主义研究日益广泛和丰富，而他们的研究成果也具有前沿性和代表性。

　　自21世纪开始，随着资本主义的剧烈变化和在全球范围内的经济、政治和文化扩张形式的更新，国外马克思主义者、激进左派和社会主义者极大地拓展了研究资本主义的对象和领域：在研究对象上，涵盖了当代资本主义社会的各个领域，从资本主义政治、经济、文化制度到全球一体化的资本主义进程，从以资本主义利益为趋导的科技革新到资本主义迅速发展所引起的生态危机，从都市白

　　＊ 2006年武汉大学海外前沿追踪计划，项目名称：国外马克思主义学者视域中的当代资本主义（The Contemporary Capitalism in Foreign Marxist Field of Vision）。

　　＊＊ 何萍，武汉大学哲学学院，教授、博士生导师；谭丹燕，武汉大学哲学学院2007级博士生。

　　① 在国外，马克思主义者、激进左派和社会主义者是三个有区别的概念。马克思主义者是坚持马克思主义思想体系的学者，激进左派和社会主义者主要是指他们主张社会平等的政治立场，在思想体系上，他们并不一定认同马克思主义的思想体系。在这里，我们主要介绍马克思主义者的资本主义批判动向。

领们面临的知识经济带来的压力到移民劳工、黑人劳工以及妇女所处的非正常的经济地位；在研究领域上，贯通了哲学、经济学、政治学、生物学、地理学等几乎所有社会科学和相关的自然科学学科。这些研究成果主要发表在国外左派的期刊上和出版的著作中。其中，最能反映国外资本主义研究动态的主要有 8 种期刊：《资本主义，自然，社会主义》（Capitalism，Nature，Socialism），《国际社会主义》（International Socialism），《每月评论》（Monthly Review），《自然，社会与思想》（Nature，Society and Thought），《新左派评论》（New Left Review），《激进哲学》（Radical Philosophy），《反思马克思主义》（Rethinking Marxism），《社会主义与民主》（Socialism and Democracy）①，这 8 种期刊都是国外马克思主义者主办的、被国外学者公认为最有影响力的、也最具有代表性的核心期刊。刊登在这些期刊上的论文不乏激进左派和社会主义者的成果，但主要的还是马克思主义者的成果。鉴于此，我们以这 8 种期刊为主，参考相关的国际社会主义网站的成果，综述 2006 年国外马克思主义者研究当代资本主义的动向。

综合上述 8 种期刊，2006 年共 41 期（本），其中有关资本主义研究的专题论文有 170 篇，书评 64 篇②。这些论文的主题，大体分为五大类：

第一类：当代资本主义的新形势研究。在这一研究中，占主流的是对新自由主义思潮及其影响下的资本主义全球化进程的研究和批判，主要涉及政治、经济、文化方面的新形势。

第二类：对已有资本主义理论的重新论述与创新。主要是左翼、马克思主义、激进派对于资本主义阶级理论、国家理论以及社会主义、帝国主义、霸权理论的重新阐释与创新。

第三类：对在全球一体化背景下对全球图景的把握，包括

---

① 除《新左派评论》与《反思马克思主义》采用纸本刊物，《国际社会主义》采用官网（http：//www.isj.org.uk/）电子刊物以外，其余刊物皆采用 Proquest 数据库电子版，相应引文注脚将提供对应出处。

② 限研究性、观点性的文献。

"南北关系"、新殖民主义、发达资本主义国家间及内部的矛盾等。这已经成为最突出的主题。

第四类：当代资本主义发展为科技、生态、政治环境等带来的一系列的新问题和人们应对的措施。

第五类：女性主义研究成为资本主义批判的一个不可或缺的方面。近年来，女性主义研究日益深入、影响逐步扩大，到 2006 年，国外期刊出现越来越多的女性主义的文章。这些文章的特点是把女性主义问题与当代的生态学、政治学结合起来，展开对资本主义的批判。

当然，以上的分类只是大致的划分，在实际上，这些论文的主题存在着很大的交叉性。

从论文的分布情况看：涉及第一类主题的论文有 55 篇，第二类主题的论文有 48 篇，第三类主题的论文为 57 篇，第四类主题的论文为 52 篇，第五类主题的论文则有 14 篇，其中《反思马克思主义》在 2006 年第 3 期发表有关女性主义研究的系列论文，集中展现了女性主义与马克思主义理论的新结合及其对资本主义已有理论和现实的批判。这些数据表明，当代国外马克思主义者对资本主义的研究集中在 5 个问题上。这 5 个问题是：新自由主义全球化的研究和批判、阶级理论、新帝国主义理论，"南北关系"、生态问题。

下面，我们将分别介绍上述几个方面的研究进展情况。

一、关于新自由主义全球化的性质与影响的研究

1. 新自由主义经济政策批判

新自由主义经济政策兴起于 20 世纪 70、80 年代，经由美国及其伙伴的推行，在近 10 年间呈现出遍地开花的局面，各国都在不同程度地接受新自由主义的信息和影响。当然，新自由主义给各国的经济和政治发展带来的消极的影响也引发了一波又一波的抵制风潮。近几年来，欧洲、拉美、亚洲政府以及经济组织纷纷出台各种政策，迎合或应对新自由主义的全球化发展。这就使新自由主义的经济政策取代凯恩斯社会政策而居于全球化舞台的中心位置，也使

485

新自由主义成为当今学界、政界和金融界讨论的热点。在这样的现实情况下，国外马克思主义者对新自由主义展开了新一轮的批判。他们批判的主要论点是：新自由主义经济政策的核心原则是"给予经济以至高无上的地位"①。这一原则在理论上存在着巨大的缺陷，而在实践上也并非新自由主义者所描绘的那样，能够为人类社会带来了巨大的利益，更谈不上能够彻底改善发展中国家贫困人群的生存状况，即使是对于发达国家，新自由主义也带来了越来越多的难以克服的障碍。为此，国外的马克思主义者从理论和实践上对新自由主义的经济政策展开了批判。

在理论上，国外马克思主义者对新自由主义经济政策的自由贸易理论进行了深入的分析和批判。

《每月评论》2006年第4期刊登了马丁·哈特-兰斯伯格的论文《新自由主义：神话和现实》。在这篇论文中，马丁·哈特-兰斯伯格对新自由主义的本质及其理论作了深入的剖析。他认为，新自由主义本质上是在其宣传的"它是发展中国家及其人民得到更好生活的方式"外衣下行资本积累手段的实质。②新自由主义之所以能在全球广泛推行，就在于它极力鼓吹"自由贸易的优越性"这一对各个国家都极具诱惑力的论点。许多新自由主义经济政策的拥护者提出，自由贸易，尤其是在消除了贸易壁垒的条件下的国际自由贸易，能够带来巨大的经济利益。作为对这一观点的论证，那些新自由主义经济政策的拥护者建立了一系列精密的模拟来证明，随着全球一体化，商品低壁垒的实现，贸易的自由化将为发展中国家带来巨大的收入利益。如布朗（Drusilla Brown）、迪尔道夫（Alan Deardoff）和斯登（Robert Stern）发表了他们的模拟经济模式，证明，世界贸易组织对贸易壁垒消除的支持将为2005年的世界经济

---

① Maria Mies："War Is the Father of All Things"（Heraclitus）"But Nature Is the Mother of Life"（Claudia von Werlhof）, *Capitalism*, *Nature*, *Socialism*. Vol. 17, Iss. 1; p. 18.

② Martin Hart-Landsberg：Neoliberalism：Myths and Reality, *Monthly Review*, Apr 2006. Vol. 57, Iss. 3.

生产增加 1.9 兆美元。这项研究是基于可计算的大体均衡模式。在这一模式中，经济被定义为由一系列相互联系的市场组成的整体经济体系。当价格改变时（由于关税的改变），国内生产市场就会相应地调整，最后恢复到平衡状态。这就是说，经济自身与贸易相连，价格的改变也应该在新的平衡结果形成之前，产生自身更为复杂的全球调节。这个模式是推测贸易自由化的根据。马丁·哈特-兰斯伯格指出，布朗、迪尔道夫和斯登提出的这个模式是很冒险的，因为，（1）对不同市场以及不同国家的市场中的消费者和生产者，必须要专门的进行分析预测，不仅要分析他们自身的调节效率，还要考虑具体国家的进出口比例；（2）也是更重要的，布朗、迪尔道夫和斯登只设定了一种唯一的平衡模式，即假定只存在资本和劳动力这两种资本投入，而这两种投入都只在各国的生产中流通，并不跨越国境线。换句话说，布朗、迪尔道夫和斯登创造了一个不会产生失业、资本冲突、贸易不平衡的自由化模式，强调如果一个国家放弃了其贸易限制，市场力将迅速且无效率地刺激资本和劳动力转向新的、更具利益的生产方面，并且，如果贸易总是平衡的，这样的重组将是一美元价值的出口带来一美元价值的进口。这种平衡模式的错误在于，它的模拟是建立在政府能够自动调节并能用新的收入来源填补其产生的赤字这一假定之一上的。但是，这一假定是不实际的。因为关税缩减并不能缓解政府赤字，亦不能解决贸易平衡的问题，因而，不能够简单地依靠关税的调节来解决所有生产以及贸易等环节的问题。此外，这一模式假定零失业率，这显然是不现实的。既然布朗、迪尔道夫和斯登的平衡模式不能成立，那么，新自由主义的经济政策就不足以作为当今世界经济政策的指导。①

除了揭露新自由主义的经济模式外，马丁·哈特-兰斯伯格还进而批判了支持新自由主义贸易自由理论的原理论——大卫·李嘉

---

① Martin Hart-Landsberg: Neoliberalism: Myths and Reality, *Monthly Review*, Apr 2006. Vol. 57, Iss. 3.

图的"比较优势"理论（comparative advantage）①。他指出，李嘉图的"比较优势"理论本身就是存在着与现实不符的理论预设：（1）公司间存在理想性竞争；（2）生产中每一个环节都有足够的劳动力；（3）劳动力和资本在一个国家内能彻底地流通而不越过国境线；（4）人民能够享有其国家从贸易中得到的收益，并在本国消费市场中使用；（5）市场价格完全反映真实的（或社会的）产品消耗。按照"比较优势"理论，两国间可以根据自己的包括能源、技术等因素在内的相对优势而实现双方的最大利益。既然各国的相对优势是由它的能源基础而形成，那么，资本贫乏的第三世界国家就应该集中于劳动密集型生产。因素-价格平均化理论认为，自由贸易会将所有集中因素的价格升高，直到所有集中因素（第三世界的非技术型劳动力）价格达到世界范围的平等。马丁·哈特-兰斯伯格指出，这些预设是庞大而不实际的。既然这些预设不能被满足，那么，我们就没有理由接受主张自由市场政策会促进国际利益的理论。比如，第二个预设：工人一旦由于自由贸易所产生的进口而失业，也能迅速在不断膨胀的出口的经济区域找到工作。这个预设是毫无根据的。因为，在现实中，工人不可能是不同岗位上的劳动力。此外，关于价格反映耗费也是有问题的。许多生产市场是被垄断的，许多公司要接受相当的政府协助，这些都会影响到公司的生产和价格的确定，并且许多生产活动会产生显著的负面外部经济效应（如环境问题）。因此，基于市场价格的贸易专门化所能够轻松产生的国际经济活动结构，其结果是低下的整体效率。这也会损害社会利益。

在实践上，国外马克思主义者对新自由主义经济政策的实施对于世界经济所带来的积极的和消极的影响进行了多方位的批判性考察。

首先，国外马克思主义者考察了新自由主义经济政策实施对区域经济，尤其是对东亚地区的经济发展所带来的积极和消极的影

---

① Martin Hart-Landsberg: Neoliberalism: Myths and Reality, *Monthly Review*, Apr 2006. Vol. 57, Iss. 3.

响。马丁·哈特-兰斯伯格还在他和保尔·伯凯特合著的《中国、社会主义改革和阶级斗争》一书中分析了新自由主义经济政策对于区域经济形成，尤其是对东亚经济发展的影响。他们指出，在新自由主义经济政策的推行下，东亚成为了第三世界中最大的外国投资、产品出口的接受区域，也是经济发展最快的地区之一。这在很大程度上是因为其政府采取了给予私人企业和跨国市场以特权的政策。为了响应这样的策略，FDI（世界银行）在东亚的投资从 1990 年的 350 万美元增加到 2004 年的 6060 万美元。以中国制造业为例，近年来国外制造业的整体销售只是中国制造品销售的三分之一。与此同时，中国的高新技术出口也呈现逐年提高的态势，其出口 GDP 从 1990 年到 2003 年增长了 36%。这表明，中国的发展越来越依赖于跨国公司组织的出口活动。然而，这样的快速发展却也带来相应的问题。在新自由主义经济政策引导下的经济国家，正付出越来越大的社会和政治代价，即渐渐由外国掌控了其发展方向；快速的经济发展和与之相伴的市场改革并不是得益于有效的收益，而是得益于社会基层所付出的代价；市场的变革正以失业率上升、能源过度开发、健康和教育服务下降、政府负债暴增和物价的不稳定等为代价换回其发展的动力。①

其次，国外马克思主义者对新自由主义经济政策实施所产生的新的劳资关系进行了批判性的分析。《每月评论》2006 年第 7-8 期刊登的理查·沃格尔的论文《困难时代：无证件的工人和美国的非正式经济》对自由市场下的某些不受约束的部分进行了分析。理查·沃格尔指出，非正式经济越来越成为美国等发达资本主义国家经济的重要构成部分。所谓非正式经济，是指经济中的"不稳定"和"未登记的雇佣关系"，其劳动力主体主要由移民、有色人种、妇女等弱势群体构成，主要从事劳动密集型产业以及家政服务等。当代全球经济理论讨论非正式经济时多用"重构"这个词。这显示了非正式经济对世界整体经济的越来越重要的作用。对此，

---

① Martin Hart-Landsberg and Paul Burkett: *China and Socialism-Market Reforms and Class Struggle*, Monthly Review Press, 2006.

新古典主义和新自由主义提出的理论是，全世界所有劳动者是在一个零和对局（zero-sum game）中竞争，即无论是哪一个经济区域，各方效益总和恒为零。一方决策人的收益正是其他决策人的损失，因此，非正式经济正是在一个经济区域的工人由于该经济区的矛盾和崩溃而被迫转移到另一个区域时出现的。根据这一理论，非正式经济是为了填补经济真空区域，而其结果则最终会由自由市场机制进行衡量。以美国本土为例，有自由主义经济学家认为，从墨西哥和中亚来的移民到达美国后与本土工人在这个后工业经济社会中竞争职位，是受"自由市场"的"无形的手"的指挥的。对于这一观点，理查·沃格尔的驳斥是：现在无论是世界经济或国家经济其实质都是政治经济，而不是自由市场所形成的全球、国内以及地方的经济。海外工业和服务业的活动由于其廉价劳动力的优势，必然要求本国和外国政府达成彻底合作的承诺，这不可避免的是一个政治活动。政治由于诸如此类的利益因素广泛地颠覆了《移民法》和《劳动法》，使得后者在政府推行下的自由经济渐渐失去约束力。在这样的情况下，已经不是"无形的手"可以解释一切的了。事实上，推动了美国的非正式经济是政治，而非无形的手。在批判了非正式经济推行的政治实质基础上，理查·沃格尔进一步考察了美国非正式经济形式中的剥削方式，指出美国非正式经济的萌生正在为历史上所存在的剥削模式增添新的内容。美国经济在历史上就得益于移民劳工，但是现在的劳工情况却是没有料到的。虽然历史上也有大量东西欧公民搬往美国工作（在过去这是要为他们所冒的风险而给他们颁奖的），但是我们却决不奢望墨西哥和中亚的移民能够得到同样的待遇。美国经济得益于这些非正式的移民工人，美国政府却似乎并不打算给予他们以报答，而似乎还要更加长久地利用这些工人。①可见，美国资产阶级对新移民劳工的剥削为传统的剥削形式增添了新的内容，而其实质却是惊人的相似。在新自由主义全球化愈演愈烈的今天，并非高新技术，而是非正式经济这种

---

① Richard D Vogel: Harder Times: Undocumented Workers and the U.S. Informal Economy. *Monthly Review*: Jul/Aug 2006. Vol. 58, Iss. 3; p. 29.

基本经济形式成为了全球经济的主要增长点，这不能不说是一种绝大的讽刺。理查·沃格尔指出，正是通过自由化、反常规以及私有化产生的巨大的利益，并以同样的模式无数次地重复，使人们对包括非正式经济在内的新自由主义经济的非人道和非法性熟视无睹，并将其视为理所当然。在这样的情况下，世界贸易组织在美国和其他发达资本主义国家的商业和政治的推动下得以扩张，并确保了新的协定的成立，比如，把美国自由贸易区作为一个"世界人民的明朗未来的保证"，并扬言"对生活在贫困线上的人们而言，更是如此"。要挑战这样的新自由主义全球化进程，我们必须付出双倍的努力去赢得这场"意识的战斗"，而要赢得这场战役，我们必须能够证明，新自由主义其实是以一种意识形态掩盖真实的资本主义利益的增长，而不是依靠科学成果来修饰资本主义运动的经济和社会后果的。同时我们必须揭示作为国际体系的资本主义破坏而非寻求第三世界和发展中国家劳动阶层利益的全过程。

再次，国外马克思主义者考察了新自由主义经济政策的实施对于国家组织和国际金融体系形成的作用，并以此分析了世界经济格局的新变化及其所产生的消极影响。文森特·纳瓦罗指出：新自由主义者依据他们所主张的"给予经济以至高无上的地位"的原则，提出了三个主要观点：（1）国家（或者按照通常的错误说法是"政府"）需要减少它在经济和社会活动中的干预；（2）劳动力和金融市场必须放松规制（deregulated），从而解放大量的市场中有创造力的能量；（3）商业和投资必须通过消除界限和壁垒，允许大量的劳动力、资本、商品和服务的流动才能刺激经济发展。①这三个观点在世界范围内的实施，一方面带来了经济活动的全球化，从而引起了世界经济的巨大增长，另一方面推动了国际组织的新变化，这就是，国家在丧失它的力量，被以跨国公司为中心的世界市场所取代。这种跨国公司正是今天世界上经济活动的主要联合方式。这两个方面向我们展示了当今世界历史进程的新特点：（1）

---

① Vincent Navarro：The Worldwide Class Struggle, *Monthly Review*：Sep 2006. Vol. 58, Iss. 4；p. 18.

跨国公司的空前强盛；（2）在美国及其同盟的极力推行下，新自由主义全球化指导下的一系列国际贸易组织出现。与冷战时期的阵营性质不同，这些国际组织带有浓厚的新自由主义色彩，它们寻求自由贸易以期加强有效和最大化的经济利益。对于这一新的特点，森特·纳瓦罗的批判是：国际贸易组织的出现使贸易在世界交往中占有中心位置，从而掩盖了实际上更为庞大的政治经济日程：共同利益的扩张与加强以创造更大的机会。以世界贸易组织（WTO）为例，一系列的协议已经阻止甚至取消了以往对经济活动的公共限定，而这些协议的内容却与贸易无关。比如《与贸易有关的知识产权协议》（TRIPS）就限制了国家拒绝或控制某些产品专利在自己领土上的使用的能力（包括为了确保危险药品的安全性的强制特许权的使用）。《与贸易有关的投资措施协议》限定了国家对外商直接投资（FDI）的能力，而要求国家将重心放在国内投资（包括劳动力）和技术转化之上。除了对国际贸易组织形式的批判外，国外马克思主义者还对整体国际金融体系提出了质疑。比如，罗布特·维德认为，尽管现在对于新自由主义下的全球化运动的批评主要集中在几大国际组织——国际货币基金组织、关贸总协定、世界银行，而不再像之前那样集中于整个国际金融体系，但是在后布雷顿森林货币体系时代，整体国际金融体系所发挥的效用似乎成为了发展中国家弱势的主要根源，人口带来的巨大压力使得这些国家的实际收入大打折扣，国民收入增长率让人沮丧。当然，想缓解国际金融体系给发展中国家带来的压力是一个相当艰难的过程，这样一个体系同时也阻碍了发展中国家将自己的产业链加入到那些高附加值产业中去。国际金融体系的上述影响结合到一起，就直接造成了发展中国家人均收入增长的缓慢。在一系列貌似合理的评价量化标准下，国际人均收入分布已经变得越来越不平衡。很多时候，国际金融体系的有害影响也主要是对发展中国家发生效用，尤其是在布雷顿体系瓦解之后，私人资产的过分自由流动以及作为最主要的货币供给者的美国的强大金融能力使得发展中国家的财政状况长时间地处于赤字状态；再加上汇率、股票市场、利率的反复波动，就使得发展中国家金融领域结构性的弱点更为突出，因此我们必须呼吁国际货币基金组织与关贸总协定强制要求其成员国政府加大对私人资产流动的监控和规范，从而使发展中国家能够像在布雷顿森林货币体系时代那样，成为享有经济高增长率的国家之一。因此，我们仍然应该寄希望于几大国际组织的力量。①

最后，国外马克思主义者论述了新自由主义经济政策对于美国经济发展及其国际地位的影响。塔加特·墨菲在他的《东亚的美元》一文中指出：发展中国家并非唯一的经济高增长率的追求者，近年来令美国政府头疼的问题之一，便是国内经济增长的持续放慢。新自由主义经济政策并不能够给美国带来预期的经济刺激，因此，美国不得不一方面通过军事行动刺激经济增长点，另一方面，它的巨额的财政压力使它不得不不断增加外债。长期以来，美国一直面对着这样的警告：持续的高额赤字会招致灾难。正如美国前副总统沃特·蒙代尔所说的那样："我们以借来的金钱和借来的时间为生"，而当时美国政府的累计赤字比现在还要少将近七万亿美元。无论是老布什政府，还是克林顿政府，都没能遏制住美国政府财政赤字与贸易赤字的持续走高，以至于赤字高到一种在很多经济学家看来简直是不可思议的地步，于是，有人预测美国的金融市场将面临一场严重的美元危机，并随之产生来自美国之外的美元储备对美国的货币市场造成的严重冲击。但是，直到 2005 年底，这样的预言似乎都没有成真，当然，美国政府的双赤字依然在不断增长。由于赤字与美元之间紧密的联系，美元市场上的局势也受到越来越多的关注，尤其是来自美国境外的美元持有者的关注：东亚地区的各个国家和地区的中心银行和主要金融机构成为最大的美元持有者，已经不再是什么秘密了。一旦美元发生振荡，上述这些国家和地区中的一部分势必要调整对美国货币的态度，尽管这些国家看上去像是反射性地坚持持有美元。正如有些评论所说：当今全球金融一体化的秩序可以称之为"布雷顿森林体系二期"，依然是一种类似于战后盛行的美元中心制的金融货币体制。不管出于什么样的原因，东亚地区仍然对能够置身于以美国为主导的国际金融体系抱

① Robert Wade：Choking the South，*New Left Review*：Mar /Apr 2006. Vol. 38.，p. 115-127.

有既定的兴趣。①

2. 新自由主义政治批判

国外马克思主义者认为，新自由主义绝不是单纯的经济现象，而是包含着政治的内容。所谓新自由主义的政治，指的是适应新自由主义经济而建立政治体系。这就是新自由主义政治结构。②

迈克尔·D. 耶茨将新自由主义锁定在政治性质层面上。他认为，新自由主义在根本上就是当代全球资本的政治规划。新自由主义之所以能够在全球范围加速发展，绝非简单的自由贸易的力量，而是借助政治的强力。这就是新自由主义的政治政策。这种政治政策在国内表现为大幅削减社会福利、法律保护、健康保障和养老保险等开支，在国际上体现为美国及其同盟对全球一体化的强力推行。以美国为例，美国在国内的政治政策上，从里根政府开始便大力推行新自由主义，但这种新自由主义并不是针对美国的。在美国，里根政府实际推行的是凯恩斯主义，实行的是阶级政策。这可以从联邦政策的财政政策中看出：在里根时代，联邦政府给予自身大量的公共开支，并带来了大量的联邦赤字。为了缓解政府财政压力，联邦政府积极地干预国家的工业发展。这是典型的凯恩斯主义，它所伤害的是大多数工人阶级。可见，美国并不是一个严格意义上的新自由主义社会，自由主义在美国经济中越来越起不到作用，而联邦政府对经济、政治、文化和安全的干预在过去 30 年内实际是增加了。这表现为：在经济领域，保护主义不仅没有下降，反而随着对农业、军事、空间、生物药品等方面的支持不断上升；在政治上，美国的对外政治政策呈现出不断升级的扩张和侵占：美国和欧盟在贫弱国家使用了大量的经济和政治统治力量。比如，最近美国发起的一系列战争：南斯拉夫、阿富汗和伊拉克战争。这些战争并不像之前的独立战争等一样是出于自卫而具有合法性，而是

---

① R. Taggart Murphy: East Asia's Dollars, *New Left Review* Jul /Aug 2006. Vol. 40. , pp. 39-64.

② István Mészáros: The Structural Crisis of Politics. *Monthly Review*: Sep 2006. Vol. 58, Iss. 4; p. 34.

因为一些所谓的"道德理由"：比如制止种族清洗，废黜独裁，引入民主，杜绝大规模杀伤性武器的使用，反恐，甚至是解放遥远国度里的妇女。众所周知，布什提出来的标准都是谎言，他们的目的不外是推行一个"帝国主义的美国"，保证美国在下个20年的全球统治。这个新的帝国主义计划在"9·11"之后，在美国入侵阿富汗和伊拉克之后变为现实，也最终被记录在2002年白宫的"国家安全计划"之中。

约翰·贝拉米·福斯特认为，伴随着新自由主义政治政策的推行，一个政治联盟也在相应建立。这个政治联盟就是帝国。他说："一个政治联盟已经在军事领域中形成了压倒性优势，能够利用这一力量影响其他国家，这就是帝国。但由于它并没有试图控制恐怖主义或管理海外公民，所以，我们看到的是一个间接的帝国，却毫无疑问仍是帝国。如果这是事实，那么，美国的目标就不是与对手竞争，而是保持帝国的地位、帝国的秩序。为帝国战争做计划与为以往的国际战争做计划是不同的。帝国战争之后的秩序恢复并没有以往那么容易。大量的力量必须能够也应该用于精神方面——帝国不能被任意的言论或行为攻击。帝国主义战略还要集中防止对自身怀有敌意的强大挑战的出现：所以必须要采取战争武力，可能的话还要采取帝国同化策略。"①这样，对新自由主义的政治批判就进入了对新帝国主义的批判。

3. 新帝国主义批判

新自由主义的经济和政治政策全球实施的结果是新帝国主义的出现。这是一个公认的事实。但是，如何评价这一事实，是赞扬，还是批评？这就有一个立场问题。非马克思主义者对新帝国主义的出现持肯定和赞扬的态度。2000年，迈克尔·哈特（Michael Hardt）和安东尼奥·奈格里（Antonio Negri）出版《帝国》一书，盛赞资本主义新时代的创造力，称这个新时代与过去的国家结构已经彻底决裂，并建立了一个新的国际秩序。他们把这个新的国际秩

---

① John Bellamy Foster: A Warning to Africa: The New U. S. Imperial Grand Strategy, *Monthly Review*. New York: Jun 2006. Vol. 58, Iss. 2; p. 1.

序定义为帝国主义秩序。他们认为，这一新秩序维护着没有一个国家占统治或霸权地位的国际状态。在迈克尔·哈特和安东尼奥·奈格里看来，全球化演变成了一个国际体系，该体系正在刺激着一种不由任何一个国家领导的世界范围的运动。这种对全球化和新自由主义的欢呼和赞赏使《帝国》一书得到了广泛的赞誉①，而迈克尔·哈特和安东尼奥·奈格里的国际新秩序的理论也得到了大多数新自由主义者的拥护，因为，超越国境线的全球秩序正是新自由主义所极力追求的。然而，西方左翼和马克思主义者却对此持批判态度。

著名经济学家约翰·威廉姆森就指出，"我们必须认识到，美国政府在海外推行的策略，并不是在国内所推行的那一套"②，美国构想的"宏大策略"（giant tragedy），即全球范围内的一体化，有着一个一致的目的：跨越以往的国家体系，建立一个真正意义上的新时代。如爱德华·米德·厄尔和李德哈特等军事策略家和历史学家就主张"宏大策略"带有宏大的政治经济目的，并为了给国家带来巨大潜力而发起战争。这就是保罗·肯尼迪在他的《战争与和平中的宏大策略》中所说的："一个真正的宏大策略是将和平和战争作同样的考虑，是关于开拓新时代的政策的革新。"这就是说，美国所宣传的跨越国界的国际体系绝不是超越国家的，而是力图把整个世界置于美国之下。约翰·贝拉米·福斯特准确地指出：宏大策略在地缘政治上也是有方向性的，即是要寻求整个地缘政治区域的统治——包括战略资源，如矿产、河流、经济资产、人口、军事要塞。过去的成功的宏大策略就是那些常胜帝国，它们能够长时间地在一个大的地缘政治范围内保持自己的势力，因此，宏大策略历史学家都将目光集中在 19 世纪的大不列颠帝国甚至是古罗马

---

① Vincent Navarro: The Worldwide Class Struggle. *Monthly Review*. New York: Sep 2006. Vol. 58, Iss. 4; p. 18.

② Vincent Navarro: The Worldwide Class Struggle. *Monthly Review*. New York: Sep 2006. Vol. 58, Iss. 4; p. 18.

帝国。①对于今天的美国，重要的已经不是控制地球的某一部分，而是一个真正的全球的美帝国。虽然也有评论指出布什政府已经在变成一个新保守主义，但事实是，美国仍在扩张自己的帝国。当然，尽管美国已经在全力达成其帝国理想，但这种合作式帝国却越来越难以达到，因为很明显，霸主的力量正在变弱。这不仅因为美国饱受经济竞争的影响，也因为苏联的解体使北约联盟遭到削弱：欧洲不再听从其领导，虽然也不与其正面冲突。当代的帝国进程已不复当年一马平川之势，变得复杂而举步维艰。

当然，当代帝国主义扩张采取了不同于以往帝国扩张的新手段，即不再用武力，而是用经济干预手段与世界市场争夺。我们可以看到，一个世界范围的一体化地图已经展开，美国及其同伴对世界每一个角落的争夺也如火如荼地进行着，其中，不仅仅有直接军事性的争夺，更多的是对市场的争夺。美米特·欧德康在《全球化与劳动力》一文中对新帝国主义的市场扩张作了批判性的分析。他指出，正是新自由主义确立了全球资本对劳动力市场的控制。美米特提议建立一种民主式的贸易联盟，以促使工人阶级成为强大的反霸权力量，从而与全球资本抗衡。他分析了当前全球化的处境，探讨了公有制基础经济的主动权及生存能力，指出，这样一种体制也可以成为合作制引领全球化未来发展的选择之一。文章的最后介绍了一种对沃勒斯坦的核心/外围模型的扩展型版本，以求论证通过一种强大、民主的区域与国际联合的贸易联盟运动，将工人阶级从资本主义霸权的核心与外围中解放出来。②

从对新自由主义的经济政策和政治政策的批判发展到对帝国主义的批判，国外马克思主义者对当代资本主义的发展进行了总体性的批判，这一批判成为 2006 年国外马克思主义者批判资本主义的基调，决定着它的其他理论研究的走向。

---

① John Bellamy Foster: A Warning to Africa: The New U. S. Imperial Grand Strategy, *Monthly Review*. New York: Jun 2006. Vol. 58, Iss. 2; p. 1.

② Mehmet Odekon: Globalization and Labor, *Rethinking Marxism*: Jul 2006. Vol. 18, Iss. 3; p. 415-431.

二、资本主义研究主题的重述和创新

在揭露美国推行新自由主义的经济和政治的实质中，国外马克思主义者重提马克思主义的阶级理论、帝国主义理论和资本主义、社会主义理论。不过，国外马克思主义者不是机械地照搬原来的理论，而是广泛地吸收了当代历史学、政治学、经济学和哲学等多学科的新成果，从内容和形式上更新了原有的理论，使其成为当今马克思主义批判和对抗新自由主义的新理论。

1. 阶级理论

自 20 世纪 90 年代以来，阶级就成为分析马克思主义关注的重大课题。但是，那时的研究主要是在抽象的意义上展开的，并未涉及社会结构的变化所带来的阶级分化问题。在 2006 年，国外马克思主义者针对新自由主义经济、政治政策实施所引起的全球阶级结构的变化，重新考察了当代阶级结构及阶级斗争问题。

在对当代阶级结构的分析上，马克思主义者首先扩展了马克思主义的阶级定义。厄休拉·赫斯提出，列宁从人们在社会生产体系中所处的地位、与产品分配的关系和占有财富的多少及占有财富的方式来定义阶级，把阶级看作是一个个彼此差别的巨大的群体。这只是一种狭义的阶级定义。在今天，社会的生产体系及其相关的组织形式、分配方式只是引起阶级分化的一个方面，除此之外，由于知识经济的介入和科技统治的形成，阶级分化已经从经济、社会范畴延伸至文化、科技领域。这就使阶级概念有了更为广泛的内涵与外延：在内涵上，它指一切彼此差别的巨大群体，在外延上，它包括了新自由主义经济和政治政策下形成的不同社会阶层和群体。[①]比如，发达国家中的移民劳工就是一个新的阶级。这一部分人从事最为繁重和低廉的工作，数量越来越多，成为了一种新的劳动市场，其地位远低于本国工人，因而构成了发达国家的一种新的经济

---

① Ursula Huws: What Will We Do? The Destruction of Occupational Identities in the "Knowledge-Based Economy". *Monthly Review*. Jan 2006. Vol. 57, Iss. 8; p. 19.

组成部分。理查·沃格尔把这种新的经济组成部分称作边缘经济或非正式经济。①除此之外，还有因对外投资或生产外包到不发达国家的非物质性商品和服务行业中形成的新的社会阶层，他们中有编辑、教师和歌手等，由于他们是非物质性服务的雇佣劳动者，所以，成为了一个新的工人阶级群体。②

其次，厄休拉·赫斯还注意到了技术革新和全球化对于工人阶级变化所带来的影响。他指出，技术革新和全球化为工人的主体构成、工作方式、工作场所和时间、工作的类型等都带来了根本的变化。技术革新和全球化不仅与工作的本质、与工人相对立，同时与城市的本质也有着深深的矛盾：一方面，本应具有地缘性的工作变得空前地不受束缚，另一方面，出现了庞大的迁徙潮，因为人们都想兼顾工作机会与个人安全，因此出现了双向的互动：工作移向工人，工人移向工作。在两者间，这些动荡也正改变着发达国家和发展中国家城市的特质。在这一过程中，劳动者的社会身份和结构也在发生变化。多数传统的对于社会阶层的统计都把重心放在职业身份上，而这样的职业身份传统上是需要慢慢地从世袭或特定技能的学徒或学生的培养过程中形成的。劳动者社会身份和结构的改变使许多传统的职业身份崩塌：与特定工具或机械联系在一起的特殊技能让位给了更为一般性、更具变化性的技能，而与后者相联系的是信息的运用和交流技术的使用，甚至就是新的劳动力的产生。③不仅如此，在知识经济时代，以往以职业身份作为评判社会地位的标准也受到了一定的冲击。资本主义为了防止技术专人化导致工人与雇佣者之间形成平等谈判的机会，所以开始要求工人非专业化。而在社会团体中的情况却正相反，社会团体中成员的职业身份都是围

———————————

① Richard D Vogel: Harder Times: Undocumented Workers and the U.S. Informal Economy. *Monthly Review*: Jul/Aug 2006. Vol. 58, Iss. 3; p. 29.

② 刘元琪:《全球化向马克思主义提出的若干理论问题》, http://www.southcn.com/nflr/xssc/200609121032.htm.

③ Ursula Huws: Fixed, Footloose, or Fractured: Work, Identity, and the Spatial Division of Labor in the Twenty-First Century City. *Monthly Review*: Mar 2006. Vol. 57, Iss. 10; p. 34.

绕着特殊技能、知识或经历而建立的，只有以特殊的职业身份为基础才能形成各自的基础组织、形成自己的特殊的阶级意识；又由于团体内部的相容性形成坚强的内部团结和排外性，它们有着清晰的划界和对于进入团体之中的成员的严格甄别；而在一个更为复杂的技术分工层面，雇佣者也仍然需要专门的特殊人才，这使得工人内部也产生了分层，由于非技术性或低技术型行业要求其工人非专业化，故这些行业内的工人的地位、利益都无法得到保障。相对而言，技术型岗位上的工人则会成为较高阶层的劳动者，他们能够得到相当的地位与利益的保障。劳动者阶层不仅在国内劳动力市场中出现分化，在大的范围内也出现了二元结构：一是基本的国际化市场，二是次级的国内市场。在国际市场，由于存在国际标准，市场的结构更为高级，多数情况下，大部分劳动者必须依靠牢靠的专业知识。在这样的国际市场中，雇佣者不得不投入大量人力物力在企业培训上。换句话说，国际市场上的工资水平和环境与单纯国内市场的水平有着相当大的差异，而劳动力市场的多元化也使得阶级划分呈现越来越模糊、复杂的趋势。劳动力市场的多元化受多种因素的影响：国内的教育体系、工业结构、文化传统、劳动保障的合法化以及工人的组织形式。而这些越来越多地成为决定国与国、行业与行业、个人与个人之间差距形成的重要依据。[1]

最后，马克思主义者考察了阶级分化所产生的不平等现象。威廉·K. 塔布（William K Tabb）在《富人的权力》中指出：两种态势支配了今天的世界政治经济，一种是日益加剧的不平等状况，另一种是不断放慢的经济增长。两种趋势都有严重后果，都源自全球化世界资本不断增长的力量。资产阶级的霸权已经不是个新鲜的说法，但是在任何场合，无论资产阶级的权力如何，它都要依靠科技的调配、依靠工人阶级（广义）的意识形态的统一和统治阶级的党派政治活动。这一点是非常明确的。而美国富人的权力却并不

---

[1]　Ursula Huws: What Will We Do? The Destruction of Occupational Identities in the "Knowledge-Based Economy", *Monthly Review*. : Jan 2006. Vol. 57, Iss. 8; p. 19.

是我们所说的结构性的权力，而是自布什总统任期以来在短时间内膨胀起来的权力。富人所占有国家财富的比例已经翻了一番。2002年，美国个人收入塔尖上的千分之一的富人享有的是全国 7.4% 的收入，布什表示他第一个任期里的减税主要针对中低收入的美国人，事实上，一半以上的税收减免是由上层阶级享受了，而低层 90% 的民众的收入并没有增加。由于收入越来越不平等，政治也越来越由少数精英富人所决定。①约翰·贝拉米·福斯特考察了造成社会不平等现象的诸因素。他指出，阶级不平等并不仅仅是收入问题，各阶层的子女的教育等机会也存在着严重不平等：父母与父母间一定范围内的收入区别与孩子们获得公平机会的可能性并不相冲突。更为不平等的是其他一些没有被明确定义的因素：一个良好家庭教育的优势、不同的受教育机会、与握有特权、具有威望和权力的名流交际圈接触的机会、从父母那里得到的与生俱来的自信。这些因素不易把握，但在资本主义社会中，收入和财产的差异是相互影响的，而这些差异又是可以量化的，加上阶级分化又都与收入和财富有关，因此特权阶级才能够长期保有他们在经济中的地位和力量，即使是在一个表面上看有很多知识精英（代表尊重知识）的社会里，只有精英群体才能得到更好的教育、享受更好的健康服务、有更多旅游的机会、得到更好的私人服务等，而这些都能转化成阶级优势传给他们的子女，从而形成了下一代中无法逾越的阶级鸿沟。②

在阶级斗争的分析上，国外马克思主义者多方面地分析了当代阶级斗争的新形式。

其一，现代的福利国家制度、代议民主制度作为国家行使职能的有效组成部分，有效地帮助国家协调了资本与劳工的关系，为资本主义再生产提供了较为扎实的社会经济基础。奥菲指出，福利制

---

① William K Tabb: The Power of the Rich. *Monthly Review*: Jul/Aug 2006. Vol. 58, Iss. 3; p. 6.

② John Bellamy Foster: Aspects of Class in the United States: An Introduction. *Monthly Review*: Jul/Aug 2006. Vol. 58, Iss. 3; p. 1.

度是当代资本主义世界一种重要的非市场化的支持系统，其功能在于维持资本再生产所需的劳动力队伍。福利计划的制度化改变了战前的工业阶级斗争的模式，并且带来了"更加经济主义的、以分配为中心的、日益制度化的阶级冲突"。他认为，福利国家通过对资本家阶级和工人阶级作出让步，消除了它们进行斗争的动力。工人必须接受资本主义的合法性，因为充足的利润率和投资水平保证了支持用于福利项目的经济剩余的产生，而资本家也接受了基本工资要求和福利国家开支，因为后者确保了一个健康顺服的工人阶级的存在。①

其二，反对新自由主义运动正在成为当今阶级斗争的新形式。雷默·赫里拉分析了 2005 年的 5 月和 10 月、11 月以及 2006 年的 4 月在法国连续发生的三次反对新自由主义运动，认为这是当今新的阶级斗争形式。他指出，2005 年 5 月 29 日，以 55% 的反对率，法国通过全民投票拒绝了加入欧洲组织的申请。这一申请是为了将新自由主义或零壁垒的全球资本主义政策写进组织的法律条文。新自由主义梦想将欧洲作为一个整体组织体系来运行，使欧洲各国抛弃国家最本质的主权部分，受一个巨大的资本主义的调配。法国政府和跨国巨头极力促成这一事项，而选举结果反映了阶级的分化：它提醒我们人民还是存在的，大众阶层还是有反对力量的，世界的劳动者还是可以调动起来的。②这三个运动可以被看作法国反对新自由主义的一个整体斗争，虽然接下来就会有一个安静的时期，却没有一个法国人认为斗争结束了。受经济压迫的新一代社会边缘化群体表明，他们准备好加入到阶级斗争中，以反对新自由主义资本主义。现在的问题已经不是针对新自由主义资本主义的猛烈的阶级斗争是否存在，而是怎样组织这些斗争，怎样团结和发动社会底层人

---

① 周穗明. 德国后马克思主义的西方阶级和社会结构变迁理论述评.《国外社会科学》2005 年第 1 期。

② Rémy Herrera: Three Moments of the French Revolt. *Monthly Review*: Jun 2006. Vol. 58, Iss. 2; p. 13.

民，一个新的革新将从哪里发起？①

其三，发展中国家的阶级斗争问题。发展中国家中的动乱，也多起因于阶级问题。玻利维亚近来的局势动乱正是如此。阿尔瓦罗·加西亚·列恩纳认为，就国家内部而言，三个关键的因素决定了一个国家的各种职能是否能够正常运作及其社会是否稳定：首先是社会力量的总体框架结构，它关乎社会不同阶层之间的联系，无论主流还是非主流阶层；第二是完整的政治机构系统以及一套协调不同层次的社会力量之间的关系的规则；第三是公众的共同感受和一系列处于不断变化之中的社会道德信仰。当然，这样的信仰是建立在这个国家的文化和宗教的基础之上的。在一个国家的政治生活中，当这三点同时处于一种健康的、有效的状态时，我们就可以说，这个国家是处于一种政体与社会最为融洽的时期。反之，当其中的任何一点处于失效或者分裂的状态时，整个国家就会面临危机，国家的政治体系与社会力量之间就会陷入一种对抗之中。最近几年玻利维亚所发生的一切就说明了这一点。2000 年以来，接连不断的起义与民众暴动动摇了整个玻利维亚，这个国家所表现的就是一种深刻的国家危机的症状。②

2. 新帝国主义理论

约翰·贝拉米·福斯特是当代生态学马克思主义和马克思主义帝国主义理论创造中最有影响力的人物。在帝国主义理论方面，他反对"地缘政治学"，主张从当今世界经济体系上理解新帝国主义的实质。在 2006 年，他发表了《关于帝国的新地缘政治学》一文，指出，"地缘政治学只是帝国主义扩张的意识形态"；这种理论的根本缺陷在于，只谈论帝国主义与版图、人口、战略区域和自然资源的关系，而没有看到当今帝国与新自由主义的经济体系之间的关系。他主张返回马克思的有关帝国主义的经济基础的理论，以

---

① Rémy Herrera: Three Moments of the French Revolt. *Monthly Review*: Jun 2006. Vol. 58, Iss. 2; p. 13.

② Alvaro Garcia Lienra: State Crisis and Popular Power. *New Left Review*, Jan/Feb 2006; pp. 73-85.

当代自由主义的经济体系来说明今天的帝国主义问题。他提出，马克思理论更多关注经济而非地理政治，因此没有一个资本主义的联合是可以只依靠政治地理或军事方式的；帝国主义是不稳固的，它的演化将一直朝着更多的大规模破坏性威慑武器的武装方向发展。在这样的环境下，我们唯有希望建立一个新的社会和平进程，最终要摒弃的不是某个帝国或战争，而是整个世界经济体系，正是后者培育了军事主义和帝国主义。[①]

3. 资本主义与社会主义理论

2006 年，国外马克思主义者对资本主义和社会主义理论做了进一步的研究和阐释。

约翰·F. 曼勒要求为日益边缘化的马克思主义理论正名，指出，大量的史实证据向我们证明，福利国家正在经历着一种阶级恐慌，这样的状况不仅发生在西欧国家，在美国也同样真实存在。他以美国工人运动、民众运动以及进步主义运动质疑了"美国例外论"的观点，同时也质疑了斯科克波尔（Theda Skocpol）提出的资本主义国家的自治已经将马克思主义的国家理论转变为次要理论的观点。约翰·F. 曼勒认为，只有结合对阶级冲突的分析，才是理解福利国家的扩展与收缩的最好途径，这种认识使得马克思主义理论在对于资本主义国家的解读过程中从边缘又重回中心。[②]

有趣的是，对于新自由主义条件下的资本主义本质的重新思考以及对马克思资本主义理论的反思不仅为经济、政治理论提供了新的理论支持，也为哲学中的此岸性与历史性带来了新的解释。由于资本主义的整体一贯性，新自由主义从最初的理论构想，逐步通过政府推行的政策，跨国公司的运行，经济体系、价值取向的影响，将资本主义话语体系与文化体系同时推向全球每一个角落。经济政策的现实性加上经济与文化的同源性，使得研究者对资本主义本质

① John Bellamy Foster: The New Geopolitics of Empire. *Monthly Review*: Jan 2006. Vol. 57, Iss. 8; p. 1.

② John F. Manley: The Unexceptional U. S. Welfare State: Class Analysis or State Autonomy?, *Rethinking Marxism*, Jan 2006. Vol. 18, Iss. 1; pp. 153-173.

的讨论也必然采用历史主义的视角。奇亚里娜·寇德拉在《资本：至少需要时间》① 中指出，关于此岸性与历史性的理论目前还处于讨论阶段，这一讨论通常是基于这样两个基本论点：首先，在长期的资本主义历程中，其话语体系与经济体系是在价值上同源的；其次，时间与社会实在之间存在着一种斯宾诺莎式的内在因果性，在时间上占先的原因就是其经验事实的影响因素。这样一种因果性不仅体现在幻想和欲望之上，同样体现在那些所谓的演绎逻辑以及发展历史学之上。此种理论选择使得马克思主义研究向历史学靠近，比如对资本主义发展过程阶段性理论的研究与新斯宾诺莎主义以及解构主义左派等。作者认为，从此种意义上我们将需要对未来的概念做根本的改变，而那种物理学意义上的时间就留给一本专门将现世的此岸性与生态政治学联系起来研究的书去探讨。

与此同时，研究社会主义理论以及社会主义国家的理论成果也颇为丰富。丹尼尔·芬恩在《在社会主义斗争中保存平等与正义》② 中提出了在资本主义全球化时代对社会主义的期望。他指出，社会主义者要以追求公平和公正取代不切实际的乌托邦构想。这才是社会主义的实际追求。在以往的社会主义运动中，尤其是其主体——工人运动，由于任何工人运动的核心都只是工人中的少数人，这些少数人必须下决心放弃一些自身的福利与安逸，要有明确而坚定的信仰，这样才能将社会主义的信仰传达给大多数人。因此，在社会主义运动中，保证公正与公平是很困难的。许多情况是，运动的胜利在最后换来的是由运动的核心成员组成的新贵族阶层，而大多数人仍然只是贵族阶层以外的大多数。虽说运动的宗旨是为了大多数人的利益，但是在具体的疏通中却有些扑朔迷离。然而，我们如果坚信资本主义一定会被取代，就必须在少数人思想的领导之下，因此，社会主义的最重要的任务并非推翻现有的社会形

① A. Kiarina Kordela：Capital：At Least It Kills Time, *Rethinking Marxism*：Jul 2006. Vol. 18, Iss. 3；pp. 415-431.

② Daniel Finn：Sustaining Equality and Justice in the Struggle for Socialism. *Monthly Review*：Mar 2006. Vol. 57, Iss. 10；p. 52.

势，建立一个新的贵族社会或者乌托邦社会，而是要追求公平与公正的社会秩序。这种"先锋"理论在右派的激进分子中很受欢迎。以往斯大林主义的经验也使左翼开始质疑独裁主义这种捷径。对民主社会主义者而言，目标是赢得大多数人的支持而不是去取代他们。因此对于极左派而言，非常重要的一个任务就是要消除一切与大多数民众或社会运动本身产生隔阂的行为。这一任务中至关重要的因素有三个：第一，知识分子。由于知识分子喜欢运用专业的术语将马克思本来说得很通俗的理论变得生硬而艰涩，从而使理论与人民之间产生了巨大障碍；第二，现存政治结构的干预。社会主义政党组织对现存政治结构的干预也很容易使以往的错误再次发生；第三，具有领袖气质的领导的存在。正如上文所提到的，领袖的存在也会阻碍公平的发展。我们不需要英雄或伟人，因为真正的胜利应该是人民自己取得的。

对于社会主义这一理想社会形态的构想，一部分研究者从社会主义体系内部存在的问题入手，更多的研究者是基于对资本主义的批判。

玛丽娅·麦尔斯（Maria Mies）对理想社会提出了自己的设想：我们要建立的新的社会和经济必须是没有父权制，没有资本主义，没有帝国主义，没有军事主义的社会。一个人不能依靠侵略、压迫和剥削他人与地球环境而生活幸福，因此，我们所要构建的新社会的原则必须是与构建资本主义工业社会相反的原则：

（1）经济必须重新回归社会。资本主义将经济从社会中分离出来，给了它独立的统治地位。新自由主义则给予了经济以极权、上帝般的地位。在新的社会中，经济只能是帮助人类达到更好生活的某一项活动，而并非全部的人类生活。

（2）对幸福生活必须重新定义。幸福的生活不再意味着有充足不断的廉价商品充斥我们的超级市场，并不代表欧洲人可以同时吃到荷兰的草莓和肯尼亚的绿豆，或从法兰克福飞到伦敦只需要 20 欧元；越来越多的人能认识到这种消费生活模式是基于对于自然、妇女和其他阶级、对外国人的殖民和剥削得来的。新的幸福生活的定义不能基于已有的生产和消费体系，我们要问的是，"人们真正需要什么？在这个有限的星球什么才是对所有人可能的?"

（3）所有占统治地位的社会关系要改变。这些关系包括了人类对自然，男人对女人，城市对乡村的关系，也包括了不同国家如殖民和殖民地之间的关系。新的关系必须建立在理性之上，必须建立在知识分子和手工劳动者之间，生产者和消费者之间。所有的剥削、统治、殖民关系都将被互惠（reciprocal）、互敬（respectful）、互通（mutual）的关系所取代。

（4）新的社会必须消除父权制、暴力和军国主义。这就意味着首先要把男人和女人一样从结构和意识形态中解放出来，因为一切关系的核心就是男女关系。

（5）以生活为核心的经济和社会只允许科技服务生活。资本主义的其中一个幻想（也是传统社会主义的幻想）就是其体系的中立性，即体现为一个人能够运用资本主义产生的科技既造福资本主义社会同样也可以造福社会主义社会。而中立体系是不存在的，意识形态体系并不是外在于科技本身的，所以并不能将科技排除出既有的社会形态之外而独立成为一个中立的体系。①

在全球一体化的今天，既然不存在中立体系，资本主义或社会主义都无法"独善其身"，各国间的交往与相互影响也在日益深化。

三、发达资本主义国家间的矛盾与"南北关系"

除了在理论上批判新自由主义，探索马克思主义的新理论外，国外马克思主义者还高度关注现实问题，研究新自由主义所引起的发达资本主义国家内部的矛盾和发达资本主义国家与发展中国家的关系。在这一方面，2006年最突出的成果集中在三个方面：第一，思考欧洲的反对新自由主义的斗争；第二，考察美国与拉美、非洲

---

① Maria Mies："War Is the Father of All Things"（Heraclitus）"But Nature Is the Mother of Life"（Claudia von Werlhof）. *Capitalism*, *Nature*, *Socialism*: Mar 2006. Vol. 17, Iss. 1; p. 18.

国家的关系；第三，评论古巴的社会改革问题。下面，我们主要介绍这三个方面的成果。

第一，思考欧洲的反对新自由主义的斗争。

在 2005 年接近尾声的时候，法国爆发了大规模的暴力骚乱，国内很多城镇的郊区在骚乱中被焚烧。这场骚乱迫使法国总统希拉克在 11 月 14 日发表电视演说。他在致辞中强调，那些来自于社会底层的"问题街区"的青少年同样是法国的儿女，他们同样需要良好的社会保障，同时，他也强烈谴责了社会歧视所带来的巨大危害，尽管当时很多地方还在实施宵禁并仍然处于突发事件的应急状态。事实上，法国这次骚乱不过是欧盟通过"里斯本战略"实施新自由主义所引发的现实的社会问题的反映，集中体现了发达资本主义国家的人民大众反抗新自由主义的运动。因此，2006 年，国外马克思主义者着重考察了欧洲人民大众和社会民主党的反抗新自由主义的运动。

克斯·范·德·皮尔考察了法国的三次暴动：第一次是 2005 年 5 月 29 日，以 55% 的反对率，法国通过全民投票拒绝了加入欧洲组织的申请；第二次是从 2005 年 10 月底到 11 月的"近郊暴动"或称"城市游击战"。由于法国的资本主义社会没有为年轻人提供任何条件：无论住房、教育还是工作机会，抑或是社会晋升机会或社会认同。这使法国的年轻人充满疑问与恐惧，并使矛盾最终激化为暴动形式，成为法国近郊地区的不安定因素。年轻人反对最多的是前内政部长现任总统萨科齐①，因为他曾发表演说，称要从城市中把污染城市的人清除出去，他的发言充满了对穷人的仇恨，将劳动阶层作为一个整体，视为反对新自由主义的力量。于是，这些年轻人感到自己成为了这位部长的靶子，开始了反政府的活动；第三次是 2006 年 2～4 月反对 CPE（*contrat première embauche* or first hiring contract）"第一雇佣合同"的动员。该合同为了使大公司从过去的社会安全负担中脱离出来，允许大公司的所有者在年轻人工作的第一年或第二年时毫不费力地将其辞退，而无须通过任何手

---

① 萨克齐于 2005 年 6 月出任内政部长，于 2007 年 1 月当选法国总统。

续、不受法国劳动者拥有的法律追索权的约束。CPE 的一个目的是：促进劳动者之间的竞争，运用这些工作不稳定的年轻人破坏整个工薪阶层的状态，打击过去法国工人在工人运动中取得的成果。政府给年轻人的选择只有两个：越来越多的不稳定的工作或者监狱。通过对这三次暴动的考察，克斯·范·德·皮尔指出，这三次暴动体现了新时期成长起来的法国公民的觉悟与行动力，同时，也反映了欧洲尤其是法国民众对于新自由主义阶级压迫的反抗。①

欧洲对于新自由主义全球化的抵制一方面来自民间的自发，而更多的则来自于民主主义和共产主义的政党组织的运动。在政党的反对新自由主义运动方面，国外马克思主义者着重考察了意大利党的情况。《国际社会主义》第 111 期刊登了丹尼罗·科拉蒂对意大利左翼民主党领导人和意大利重建共产党领导人的采访文章。该文分析了意大利共产党分裂后的状况：意大利共产党中的大多数建立了意大利左翼民主党。这是意大利新的政党。该党放弃了意大利共产党传统的思想意识形态、组织结构、政治策略，成为了一个奉行民主社会主义政策、具有社会民主党性质的政党。意大利左翼民主党帮助意大利中左翼联盟取得了大选的胜利。但是，意大利的情况表明，单纯的运动是不够的，左翼民主党应该把逐步实现政治、经济和社会的民主化作为自己的目标，并根据形势的变化及时调整自己的认识、观念和政策。另一方面，意大利重建共产党则是由意大利共产党中少数派组成的，重建共产党本来有机会建立一个取代新自由主义的机制，却因为始终坚持以往的理念而无法达成。②

第二，考察美国与拉美、非洲国家的关系。

2006 年，"南北关系"依然是国外马克思主义者研究的热点，而美国与拉美、非洲等殖民地国家的关系又是国外马克思主义者研究"南北关系"的一个最重要的视角。

① Kees Van Der Pijl: A Lockean Europe?, *New Left Review*: Jan/Feb 2006; pp. 9-37.

② Danilo Corradi, Brune Seban, Barbara de Vivo: Italy: An Uncertain Victory. *International Socialism*, Jul 2006, Issue: 111, Posted: 3.

　　美国将工业尤其是港口运输业转移至墨西哥，成为了如今"南北关系"的一个新的热点。里查·沃格尔以此分析了美国和墨西哥之间的关系：世纪末美国的反工业化加上从远东通过西海岸进口的廉价商品大量充斥美国市场使历史上的东-西贸易模式被整个颠倒过来。为了缓解国内压力，美国建立了洛杉矶和长海岸两大国内最大的港口，廉价进口商品的国际运输成为了美国经济的命脉。2004 年，洛杉矶港口的集装箱吞吐量增加到 730 万吨。长海岸也达到 580 万吨。这两个港口的收入则占到了西海岸港口总收入的 68%，除了进口运输和分配的工作以外，大量的制造产业被转移到海外，因而美国形成了相对安全的国内形势。为此，里查·沃格尔指出，美国对墨西哥大量新的进出口贸易的输出将墨西哥纳入到了美国经济的内部命脉之中，成为其经济命脉中的运输线及劳动力市场。资本对廉价劳动力、土地和资源的贪婪的追求，使我们相信墨西哥不会是唯一的资本扩张的对象。①

　　马丁·哈特-兰斯伯格在他的《新自由主义：神话与现实》中分析了美国与中东的关系。他指出，布什在 2006 年国家报告中用了一个历届总统都不会使用的词"受制"。布什称：美国已经"受制于"石油，其结果是美国不得不一直依靠中东的石油供应。对此，他的分析是：美国在二战后就形成了它的全球石油战略——1945 年罗斯福会见了沙特阿拉伯的国王，并缔结了"特殊关系"公告，从此以后，石油战略成为了美国国外政策的核心。现今的世界图景则是：拉美和南亚成为劳动力市场的主要来源，非洲则是粮食的原产地；美国、欧洲则拥有并支配着全球的劳动力资源与自然资源，并将霸权通过军事、文化、跨国企业、国际组织等形式推行至全球。主流理论通常把国际贸易、金融和投资分别作为独立的过程。事实上，这几个方面具有内在的联系，其中的各个环节都环环相扣，形成一个整体的资本主义金融发展模式。这同样也是资本主义向第三世界国家施加压力的模式。它表明，资本主义寻求效益性

---

　　① Richard D Vogel: The NAFTA Corridors: Offshoring U. S. Transportation Jobs to Mexico. *Monthly Review*. : Feb 2006. Vol. 57, Iss. 9; p. 16.

已经迫使第三世界国家进入一个膨胀的自由主义化和反常化时期。为了吸引 FDI 的投资，第三世界不得不陷入愈发激烈的竞争之中，而跨国公司却只将其投资集中在少数国家中。总体而言，美国资本着重北美、日本资本集中东亚、欧洲资本集中欧洲中心，而其余国家只能被迫采取严峻节俭的方法解决财政和贸易问题。①

　　约翰·贝拉米·福斯特在他的《对非洲的警告》一文中分析了美国与非洲的关系。他指出，帝国主义是坚定不移的资本主义。它经历了长时期的发展，现今正经历着一个新的帝国主义时代。这一时代是以美国的庞大阴谋，即全球统治为标志的。这个标志就是：散布全球的美国军队已达到常驻每一个大陆的目标，其中也包括非洲。目前，一场新的围绕石油的争夺已在那里上演了。美国在非洲的军事建设有两项目的：反恐和应对原油供应区域政局的越来越不稳定，比如撒哈拉区域。2003 年苏丹在经历国内战争和种族冲突之后，大量的与政府有关的军事屠杀造成对人权的严重破坏，美国以此为由对非洲采取了不间断的"人道主义干涉"。但美国所做的一切绝不是为了非洲人民的利益，而是为了追求能源和力量。美国的目的是运用其军事力量建立一个庞大的统治区域，跨越所有大陆，无人能敌。这是针对资本主义国家以外人民的战争，也是美国为了确保第三世界国家成为其战略步骤的棋子的战争。对于这种控制非洲的形式，福斯特指出，历史表明：任何想要依靠军事手段成为世界霸主的，不可避免要依靠资本主义，它除了能带来一些新的战争以外，注定是要失败的。因此，我们要批判它的宏大策略以及它的根基：资本主义本身。②

　　与福斯特相比，里查·皮特豪斯更注意非洲做出了相应的回应。他十分关注 2006 年非洲杜班的暂住民运动的升级。他指出，自 1993 年 11 月 9 日以来，非洲民族议会（African National

① Martin Hart-Landsberg: Neoliberalism: Myths and Reality, *Monthly Review*, Apr 2006. Vol. 57, Iss. 3.

② John Bellamy Foster: A Warning to Africa: The New U. S. Imperial Grand Strategy, *Monthly Review*. New York: Jun 2006. Vol. 58, Iss. 2; p. 1.

Congress）（ANC）、南非政党和黑人民族主义组织不断发表声明，称南非的住房危机已经"摆在了民族党政府及其代理人的门前"，非正规收容地的环境已经不仅仅能用"恶劣"来形容，他们呼吁那些住在非正式居留地的人们站出来让世界听到他们的声音。①

第三，评论古巴的社会改革问题。

2006年，国外马克思主义关注"南北关系"的另一个热点是古巴近几年的整治措施和科技发展。《自然》（2005年7月刊）发表了当代国外马克思主义者对古巴改革的权威说明：古巴建立了可观的（科学）研究的能力——也许比任何发展中国家的科研更为发达，尤其是古巴成功建立了生物技术工程。古巴是怎样做到这一点的呢？事实上，古巴的例子是令人惊奇的。因为它不仅是一个贫困的国家，也是一个几十年来一直受到美国的经济封锁制裁的国家，这种封锁甚至已经扩散到科学知识领域。尽管如此，古巴的科学进程却在苏联解体后的短短15年时间里发展起来，给它的经济和技术带来了巨大的辅助作用。根据《自然》的观点，古巴的这种成就得益于在提高教育水平上的巨额投入，包括提高人口素质。更为突出的是，古巴对科学研究"毫无保留的投入"，而其目的是为了解决社会问题。"古巴的政府对科学的支持就像建立一个合作实验室，不同的是，它的最终成果是社会成果，而非经济产品。"由于免受经济束缚（这通常是资本主义放置在科学发展之上的），古巴可以发展一个与资本主义国家中的科学组织不同的科学组织。这个科学组织不以追求经济产品和附加值为目的，而是以科学本身的发展、以人的发展为目的。这就形成了古巴科技发展特有的优势。作者认为，古巴的科学发展给当代人以一种启示：科技本身并不一定要在资本主义的社会条件下才能发展，如果排除了经济利益的目的，科技重新还原为以人为本的本质，它就能够像发达资本主义社会里的科技一样得到飞速的发展。全球一体化中，各国强调只

---

① Richard Pithouse：Struggle Is a School：The Rise of a Shack Dwellers' Movement in Durban, South Africa. *Monthly Review*：Feb 2006. Vol. 57, Iss. 9；p. 30.

有追求经济发展速度才能带给国家以福利、才能给国民以福利的盲目想法，而古巴科技的发展模式，为国家与人民追求福利的方式提供了一种新的可能。

与此同时，古巴在公共卫生医疗方面也取得了可观的成绩。在《社会主义和科技》① 一文中，维克多·瓦利斯（Victor Wallis）指出：我们从全球视野中看到，资本，已经如马克思所描述的那样，将财富集中于一端却将不幸集中于另一端；它前所未有地控制住了政治机器，包括控制以 "终极武器" 为基础的军事扩张；它以自身的（经济）形象为蓝本创造了庞大的文化霸权；它严重破坏了公共领域的服务；并且，为了追求毫无节制的经济增长，它牺牲了全球范围内的土地与工人，并带来了生态灾难，从而使我们种族的持续生存变得岌岌可危。而古巴的措施却打破了由资本造成的这一不幸的循环，使我们重新看到了希望。以医疗服务为例，古巴计划已经建立一个比较彻底的公共健康体系：基础服务，并且由家庭医生组成日常家庭呼叫服务。这一措施的结果是古巴的公共健康状况已经达到了发达国家的标准。虽然脑力或精神层面更为复杂，但是毫无疑问，在一个社会中，如果每个人的基本需求都能在公众领域层面得到反映，也能在公共政策的意愿中得到反映，人民就能够消除 "失败者" 的压力，而这一 "失败者" 的形象只是在资本主义社会中才产生的。

面对古巴取得的可喜的成绩，也有担忧者。克里斯·哈曼在《神话后的古巴》② 中指出，我们如果要谈到 "21 世纪的社会主义"，就要涉及 20 世纪的社会主义者没有达到的目标，即具有民主和参与性的 "真实存在的社会主义"。这恰恰是古巴本不存在的东西。因为古巴仍然处于一种独裁的统治之下，一旦首领失去支持度，那么由政府推动的一系列措施就会受到来自外部和内部的压力

---

① Victor Wallis: Socialism and Technology: A Sectoral Overview. *Capitalism*, *Nature*, *Socialism*: Jun 2006. Vol. 17, Iss. 2; p. 81.

② Chris Harman: Cuba behind the Myths, *International Socialism*, Jul 2006, Issue: 111, Posted: 3.

而无法运行下去。同时，古巴政府自身已经插手了许多拉丁美洲的革命运动，比如在委内瑞拉，古巴控制了大量委内瑞拉的运动以反对本地的资本主义和任何跨国势力的入侵，这使得委内瑞拉国内形成了社会民主与家庭式经济的混合局面。如果真是如此，那么，"21世纪的社会主义"就似乎离我们越来越远了。

四、资本主义全球化下的生态、科技问题

人类与自然的关系这一永恒的话题，在现代的资本主义全球化条件下，变得更为重要。资本主义条件下科技、工业的发展驱使这个世界向着无法预测的方向发展，作为自然存在物的人却越来越发现自身在自然中无法自处的处境。2006年，国外马克思主义学者围绕这一问题展开了全方位的研究和批判。

克雷格·康德拉发表了《论将我们在自然中的位置概念化》①一文，从生态学的角度阐发了人化自然的观念。他指出，将我们在自然中的位置概念化，指的是一种猜测。这种猜测把人类当作一种特殊的存在来理解，即"将自己让与自然……从而形成保存真理的瞬间的基础。这一对真理瞬间的保存的基础即是对自然的生态保护，也是对'自然'的后现代批判"。将我们在自然中的位置概念化，换句话说，便是通过对自然生态的保护使人自身从主体地位中回到自然的客体之中，以这种类似去蔽的方式达到对人化"自然"的一种后现代主义的批判，而实现对真理的暂时的把握。然而，值得进一步思考的是，我们如何"辨别这些与自然世界相互作用的人为形式，哪些对人类和其他生物是必要的，而哪些则是多余的"?②

特里斯坦·西普莱提出"环境异位"一词，说明基因工程将

---

① Craig A Condella: On Conceptualizing Our Place in Nature. *Capitalism*, *Nature*, *Socialism*. Jun 2006. Vol. 17, Iss. 2; p. 119.
② 这种"基本的"和"多余的"同自然的异化的说法，是从马尔库塞对"基本的"和"附加"的形式的区别中得来的。

给人类带来的负面效应。他说：无论如何，人类对于自然的某些干预不仅是多余的，甚至是有害的。如今基因工程已经开始将生物作为可收割可生产的原材料进行研究，例如"pigoon"（类猪生物）的生产，就是将像猪一样拥有器官的动物的器官进行培植，然后可以像收割粮食一样被运用到人的身体上。科学家甚至正在培植一种没有脑袋、没有腿的鸡，从而产更多的肉。这种带有巨大讽刺性的实验却是真实存在的。这种"环境异位"所带来的负面效应已经远远超出所能带来的经济利益。这不仅是一出荒诞的科学剧，更暴露出其中的人类中心主义取向。①

《资本主义、自然、社会主义》连续在 2006 年第一辑和第二辑登载题为《房子器官》② 的文章，从国家权力、个人与集体间的形而上学矛盾的角度，审视生态这一基本的人类生存问题。

2006 年生态研究的一大特点，就是联系各个学科的发展，多视角地思考生态问题。

艾哈迈德·阿拉瓦拉结合政治学的发展思考生态问题。他指出，现有社会生产性劳动已经延伸到交流、知识领域，打破了以往生活领域和生产领域的区分，生态的破坏与平衡也已经不再是生产领域独有的内容，而是生活领域、人们的社会交流等方面越来越多地涉及了生态的主题。这些都迫使我们重新思考并发展马克思主义政治经济学，特别是其中对劳动力、社会再生产和价值创造的考察。当代政治经济学批判提出以全球整体的流动取代以往先破坏后补救的调节方式，认为，社会拥有一种调整自身对自然的影响的功能，这种调整功能应被看作是生产在空间和时间上发展的必要部分。由于有了这种调节功能，政治与生态环境不再采取以往破坏后再补救的方式，而是在动态中追求平衡。③

① Tristan Sipley：Capitalism and the "Environmental Dystopia". *Capitalism*, *Nature*, *Socialism*：Sep 2006. Vol. 17, Iss. 3；p. 118.

② Joel Kovel：House Organ. *Capitalism*, *Nature*, *Socialism*：Jun 2006. Vol. 17, Iss. 2；p. 1.

③ Ahmed Allahwala：Investigating Biopolitics：Promises and Limitations, *Capitalism*, *Nature*, *Socialism*. Mar 2006. Vol. 17, Iss. 1；p. 50.

著名生态女性主义学者莎雷联系经济学来思考生态问题。她在《处在北边的我们是南边的最大问题》一文中提出了"重塑生态经济学"的观点。她认为，环境经济学最大的意义是，通过计算环境破坏带来的经济利益和相应的自然资源耗损来调整主流经济学，以符合保护生态系统的要求，但是，它却无法在现有经济学体系中再建立另一个体系。针对这一缺点，她提出要从家庭事务的角度看待经济，把以下三个部分作为经济的三大部件：（1）无货币的"自由"经济，即家务中的自愿劳动；（2）以国家公共利益为核心的"保护"经济；（3）针对国际市场进出口的"约束"经济。她认为，只有这样，才能从根本上缓解国家经济、全球经济本质上对生态环境的压迫。①

凯文·J.欧布莱恩把文化霸权主义的批判拓展到生态领域，实现了霸权研究与生态研究的结合。他的基本观点是：霸权不仅存在于政治、意识形态中，也存在于生态的话语中。他提醒我们，美国在极力推行和鼓吹植树的巨大的生态意义中确立起一种有关生态保护措施的话语霸权。因为美国的这一宣传是要我们相信，植树可以最终改善我们的生存环境，而无视政府以及我们自己所做的其他一些环境破坏的行为，或者让我们相信只要通过植树便能最终弥补犯下的错误。② 修·E.科恩在他新出版的《种植自然：树木和美国的环境管理职能》中指出，树木以及植树被运用来服务于"政府—工业化森林的体系"③的利益。政府—工业化森林的体系必然会劝说民众接受其思想，并相信这种植树行为即能给他们带来最大的利益，同时也对生态体系有益。霸权也就借由这样的宣传得以建立。对植树不加批判地欢呼赞美和大量的种植行为，使我们无视了对其他环境的破坏，甚至不自觉地成为了环境破坏的帮凶。如在历

---

① Ariel Salleh: "We in the North are the Biggest Problem for the South". *Capitalism, Nature, Socialism.* Jun 2006. Vol. 17, Iss. 2; p. 44.

② Kevin J O'Brien: Environment, Economics, and Hegemony, *Capitalism, Nature, Socialism.* Jun 2006. Vol. 17, Iss. 2; p. 111.

③ Shaul E. Cohen: *Planting Nature: Trees and the Manipulation of Environmental Stewardship in America*, University of California Press, 2004, p. 150.

史上国际劳动节的活动中，美国森林组织、美国森林服务组织、森林工业都将注意力集中在对树木的利用上。这些团体不停地宣扬树的重要性，宣扬树木在缓解全球变暖问题上的功用。这些组织的网站上还教导公民如何为了种植一棵树花费 1000 千瓦/小时的电量。对此，网站的解释是"我们到处都在用电，所以将电用在种树上也无可厚非"。① 科恩提醒人们，为了达到与自然更为健康的关系，我们必须做的是"对社会与政府力量的重新认识"，因为简单的植树活动并不能改变生态-社会这一基础结构，我们只有通过"社会重组与资源重置"的过程，才能建立生态-社会结构。可见，任何简单化的答案或行动都会被霸权所利用，因而也都无益于环境保护。

《饥饿公司：跨国生物技术公司在食物链上的殖民》一书把基因技术在改造农作物上的运用纳入了生态研究。该书的基本观点是：生物基因技术不过是跨国公司实行殖民统治的手段。该书的作者以"绿色革命"为题，指出，基因技术在食品上的利用已经有超出控制的趋势。这是"绿色革命"的一个巨大失败，因为它没有发挥预期的作用，也没有达到预期的影响范围，却增加了农产业对工业种植方法的依赖，造成了本地作物的逐渐消失。跨国生物技术公司的殖民行为甚至已经渗透到贫弱国家人民的基本生存条件中，它们大量向第三世界国家输出转基因食品，实际上，这种转基因食物的运用仍然是殖民关系式的。这些公司忙于"对那些曾经沦为殖民地的地区进行再殖民化，对一些过去没有被殖民过的地区进行殖民开发，而这些被殖民的地区有些仅仅因为技术或法律权利得不到保障就不得不接受这样的殖民侵略"。作为一种新的殖民侵略方式，跨国公司控制食物的生产与供应，以工业化生产的种植技术将本土的传统种植方式和本地作物排挤出了本土地区。所以，作者呼吁南部地区要抵制转基因食物，北部农民也应该重新学习如何不用工业技术、生物技术进行传统种植，要废除旨在解决饥饿和土

① Shaul E. Cohen. Planting Nature: Trees and the Manipulation of Environmental Stewardship in America: University of California Press, 2004, p. 100.

地荒漠化的全球化技术方案，停止一切全球性工业技术性的援助，让农民们学习通过传统的种植方式进行自救。

这种去技术的观点也存在弊端。因为，要迅速解决全球一体化条件下的饥饿、土地问题，市场和科技无论如何都是一个中坚力量。澳大利亚"地球禁猎区有限公司"① （ Earth Sanctuaries Limited（ESL）） 的做法便是一例。该公司是一个自给自足的非官方环保团体，它提出了将环保与市场密切结合的观点，认为拉近生态保护与市场之间的距离可以使环保成为一种主动而非消极的行为；"地球禁猎区" 建立的动物自然保护区是世界上最成功的野生动物保护工程。它们通过调查与旅行的方式筹集资金，维持组织的开支，并已使无数稀有物种重归自然。它们试图向世界证明：将生态系统整合到市场中是可行的且有效的；将保护区整合到市场中最终将是保护濒危动物的唯一的出路。首先，ESL 对物种保护的其中一个方法是 "将大片土地买下来圈起来，消灭外来物种，诸如兔子、狐狸和野猫，并在需要的地方重新种植本地的蔬菜，将本地的动物重新引回来"。其次，ESL 的所有者已经达成了一种共识，即组织的一切活动都是依靠自身的，与政府没有关系。因此，他们需要依靠市场才能得以继续运营下去，在他们看来，市场必须成为自然保护区的朋友。

除了上述这些积极的态度外，也有研究者采取以退为进的生态理念。蒂莫西·卢克在他的《可持续退化体系》② 一文中提出了一种不与后代争资源的观点。他指出，这个可持续退化体系对 "资本主义生产环境" 提出了要求：资本主义生产环境有三个部分，第一，作为 "外在的物理条件" 存在的自然基础；第二，工人获得个人环境；第三，作为 "社会生产的公有的、一般的环境"。其

---

① Jasmin Sydee, Sharon Beder. The Right Way to Go? Earth Sanctuaries and Market-based Conservation, *Capitalism*, *Nature*, *Socialism*: Mar 2006. Vol. 17, Iss. 1; p. 83.

② Timothy W. Luke: The System of Sustainable Degradation. *Capitalism*, *Nature*, Socialism. Mar 2006. Vol. 17, Iss. 1; p. 99.

中"外在的物理环境"已经被纳入到生态系统中考虑：比如适当的大气臭氧标准、稳定的海岸线和水位、土地、空气和水的质量，等等，这些标准是为了确保后代还有足够的必要资源，而"劳动力"的生存环境则必须从工人身心利益出发来考虑。从这一点出发，我们可以看到当今全球化的类型和尺度，工人间的竞争、工作关系实际是有害的，因为现今的资本主义全球化并没有将人类这一社会生产力和生物有机体作为劳动力的出发点，却只是把它们作为资本主义生产的有机工具。

五、女性主义对资本主义的批判

在当代对资本主义的批判理论中，有一个部分非常引人注目，那就是女性主义对资本主义的批判。这些批判创造性地引入了家庭经济视角、再生产（生育）问题、女性视角，从而在经济、生态、政治等领域为其他学者打开了新气象。

其中，生态女性主义是非常活跃的一部分。许多的经济学家、政治学家、哲学家都是在采取了女性主义视角之后进入到生态女性主义的学术研究领域。经济学家西卡·皮埃蒂拉（Hikka Pietila）是生态女性主义的开创者之一。她指出："我对经济学的批判是从家庭中无以计数的无薪劳动和生产开始的。劳拉·哈玛雅（Laura Harmaja）在 1929 年提出了这一说法。我的观点是，如果一个人从家庭的角度观察整个经济，那么，他就会看到与主流经济学完全不同的东西。"①环境经济学最大的意义是，通过计算环境破坏产生的经济利益和相应自然资源的消耗对主流经济学进行调整，以符合生态系统的保护要求。而女性主义则是以女性的眼光和女性的体验为基础的生态学、和平主义和人道主义。因此，劳拉·哈玛雅（Laura Harmaja）提出了"地球母亲的女儿"的说法，认为，将女性排除在外的劳动、文化、活动和思想，将是空洞自大而独断的，

---

① Ariel Salleh: "We in the North Are the Biggest Problem for the South". *Capitalism*, *Nature*, *Socialism*. Jun 2006. Vol. 17, Iss. 2; p. 44.

而如果要将家庭引入经济领域，其中一个需要解决的问题便是，如何界定基于自愿的无偿家庭劳动。从家庭的角度的考虑，经济只需立足于小范围的必要性的发展，以满足家庭所需为目标，这就避免了经济在资本主义驱使下的无限扩展和对生存环境的侵夺。女性主义因女性在传统政治哲学二元对立体系中被认定为更倾向于自然、与自然间有着非进攻性的融合的方面而与生态学达到了某种高度的融合，并一起对资本主义的生态问题形成批判。①

玛丽娅·麦尔斯在她构想理想社会的第四条中提出：我们必须消除父权制、暴力和军国主义。这就意味着，我们必须将男性和女性同样从结构和意识形态中解放出来。父权制、暴力和军国主义不仅为女性，也为男性带来了深深的不幸。这一点是必须承认的。多数女性主义相信，"女性的问题"将会在女性得到和男性同等的合法平等地位的时候得到解决，社会主义运动也是一样会在达到平等的时刻得到实现。而事实上，女性的问题却往往被以往的社会主义者称为"次要矛盾"，德国妇女运动领袖克拉拉·蔡特金（Clara Zetkin）说，在革命取得胜利之后，这一"次要矛盾"自然会得到解决。新的妇女运动虽然批评了次要矛盾这一概念，强调了妇女运动的战略目标——性别平等的意义，然而，除去妇女运动组织的大量的追求性别平等的任务以外，针对女性的犯罪或暴力却始终没有被阻止，在这种情况下，即使引进再多的新术语也没有改变这种非正常的男女关系。比如，现在人们避开"妇女"一词，采用"性别"的术语，这不过再次使女性透明化、妇女身份模糊化，并不能从根本上解决问题。这说明，如果不能把男性从家长制、军国主义、自我概念中解放出来，妇女运动就不可能达到它的目标。②因此，我们必须同时谈到男性和女性以及他们之间的关系，如果将两

① Ariel Salleh："We in the North are the Biggest Problem for the South". *Capitalism*, *Nature*, *Socialism*. Jun 2006. Vol. 17, Iss. 2；p. 44.

② Maria Mies："War Is the Father of All Things"（Heraclitus）"But Nature Is the Mother of Life"（Claudia von Werlhof）. *Capitalism*, *Nature*, *Socialism*. Mar 2006. Vol. 17, Iss. 1；p. 18.

性泛化为性别，或者只谈一边，都会使妇女运动陷入停滞、女性主义理论陷于空洞与偏执，更重要的是为我们建立一个理想社会带来巨大的阻力和不可逾越的沟壑。

与这种观点所不同的是，马克思主义女性主义结合"异化"概念，对资本主义条件下的女性以及人的身份进行了批判，指出，女性并不是一个特殊独立的身份，它是与男性中心文化同时产生并存在的。玛西娅·克劳斯（Marcia klotz）在《马克思 1844 年手稿中的异化、劳动与性别》中指出，在资本主义条件下，性别已经与我们相异化、相分离，然后以异化的形式将"社会性别"重新兜售给我们。这种异化了的性别本质与商品的本质相类似，而不是与人类的本质相近。资本主义条件下的人类行为以及人类需求在很大程度上是与身份的多样性有关的，因此，我们不必在每一篇文献中查找"女性"一词，以证明女性曾经存在，并且曾经是理论家讨论的主题。"女性"在各种男性中心文化建立的同时、在人建立自己的身份的同时，便已经成了大多数理论的核心部分。既然如此，那么，质疑女性主义批判的合法性也就真正地成为了一个假问题。

再生产概念是女性主义考察资本主义生产方式的一个主题。苏珊娜·舒尔茨（Susanne Schultz）在《边界消失和"情感劳动"：关于再生产活动的消失和女性主义对帝国主义的批判》中指出，娱乐工业关注得更多的是人们情感、肉体的接触。生产与再生产的集合很少反映劳动关系的本质，而更多的是反映正在发展中的对女性主体性的霸权。在帝国中，劳动和生产/再生产的关系是放在"生命政治学"的镜头下考察的。生命政治学意义下的生产是一个没有中心的网络，劳动个体或生命个体成为这一网络中的连接点以及生发点，再生产被置于资本主义规则下与付薪工作等同，生命体将取代第一生产，再生产就将成为第一生产。在这个意义上，女性运动已是经济运动而非文化、个别或第二等级层面的运动，因此，性别关系也将成为第一生产的关系。现在，生产与再生产的边界业已消失，资本主义将生产缩小到"付薪劳动"，① 劳动力的价值也被缩小到等同于商品的价值，并且使工人相信只有这样才能得到工作。反观与再生产密切相关的家务劳动，由于时间与具体任务的随意性以及情感与家庭忠诚等因素，不可能成为"付薪劳动"。简单来说，再生产与第一生产之间界限的消失，在资本主义这样的残酷环境下，为家庭尤其是妇女带来的已经不仅是文化或精神层面的伤害，而是最基础的经济层面的损失。②

此外，女性地位的意识仍然是女性主义批判的立足点。里查·沃格尔的《困难时代：无证件的工人和美国的非正式经济》一文在论及非正式经济下的妇女状况时指出，非正式经济中的非正式劳工已经是最底层的劳动者，然而，相对于男性的非正式劳工而言，女性移民非正式工人受到的剥削更为严重。女性移民劳工甚至被完全排除在视线之外，特别是公众视线以外。总的来说，女性倾向于在家里工作、或从事私人服务工作、轻工业制造、传统的低报酬工作等，男性却拥有在运输、建筑以及大多数相对高薪行业的蓝领工作。1999 年在对特定行业的性别问题的考察中，"经济圆桌"的研究者注意到了洛杉矶非正式经济中的女性工作者。比如，在各种服务行业中，虽然性别分布很平等，但是，男性平均收入是 13308 美元，而女性的则是 6869 美元，即使是在私人住所、美容沙龙、杂货店和健康护理服务行业这种主要由女性工作者从事的行业中，男性也会得到更多的报酬，其中女性从事 75％ 的相关工作，却只得到 66％ 的报酬。这说明即使女性在资本主义全球化的影响下全面加入到经济生产中去，她想要得到与男性同等的地位也是非常困难的。所以，一方面女性主义视角为资本主义的改善与改革提供了可供参考的方式与数据，另一方面，更为重要的是，女性主义必须将

---

① Susanne Schultz Dissolved Boundaries and "Affective Labor"：On the Disappearance of Reproductive Labor and Feminist Critique in Empire. *Capitalism*，*Nature*，*Socialism*. Mar 2006. Vol. 17, Iss. 1；p. 77.

② Silvia Federici Capital and the Body：A Rejoinder to Salvatore Engel-Di Mauro. *Capitalism*，*Nature*，*Socialism. z.* Dec 2006. Vol. 17, Iss. 4；p. 74.

消除不平等始终作为目标与任务。

上述研究表明,当代女性主义对政治哲学的二元世界观的批判已经融入了现今全球化、政治多元化、种族主义等方面的内容,呈现出繁荣的局面。当代女性主义者提出:无论这个社会的政治压迫是如何产生的,我们都必须以多元化的角度来考察。普遍的"平等"只是二元论和本质主义的世界观,并不适合作为女性主义的理论武器,只有每个独立的个体形成联盟,形成一个跨越性别、种族、阶级的联盟,才能走出困境。

六、小 结

从以上综述中,我们可以看到,2006年的国外资本主义的研究大多集中在对国际时事、国际格局等最新的世界形势的分析上,其中提出的新观点、新问题,针对性强,已经远远超出了纯粹学术研究的意义,而具有强烈的现实性。这一方面表明,国外马克思主义对资本主义的批判性研究已经开拓出了许多新的领域,及时地反映出了各个学科发展的新动向,其中,种族研究、生态研究(基因生物技术)、女性主义研究以及各种跨学科的结合成为了2006年国外资本主义研究的一个重要特征;另一方面也表明,现实性和批判性始终是国外马克思主义开展资本主义研究的共同特点。在2006年,这种现实性主要表现为联系新自由主义的全球扩展研究资本主义社会出现的新问题,这种批判性则主要从批判的角度审视资本主义社会的每一个问题。正是这种批判性的研究,向我们展示了当今世界经济、政治、文化一体化的新图景。

参考文献

[1] Martin Hart-Landsberg and Paul Burkett: *China and Socialism-Market Reforms and Class Struggle*, Monthly Review Press, 2006.

[2] Shaul E. Cohen: *Planting Nature: Trees and the Manipulation of Environmental Stewardship in America*, University of California

Press, 2004.

［3］ Helena Paul and Ricarda Steinbrecher with Devilin Kuyek and Lucy Michaels: *Hungry Corporations*: *Transnational Biotech Companies Colonize the Food Chain*. New York: Zed Books,2003.

［4］ John McDermott. Ann Arbor: *Economics in Real Time*:*A Theoretical Reconstruction*, University of Michigan Press, 2004.

［5］ Suzanne Bergeron. Ann Arbor: *Fragments of Development*: *Nation*, *Gender*, *and the Space of Modernity*: University of Michigan Press, 2004.

［6］ "1956 and the Rebirth of Socialism from Below", *International Socialism*, October 2006. http://www. isj. org. uk/index. php4? id = 248&issue = 112.

［7］John Bellamy Foster: A Warning to Africa: The New U. S. Imperial Grand Strategy, *Monthly Review*. New York: Jun 2006. Vol. 58.

［8］ John Bellamy Foster. Aspects of Class in the United States: An Introduction *Monthly Review*. New York: Jul/Aug 2006. Vol. 58, Iss. 3.

［9］David Roediger:The Retreat from Race and Class, *Monthly Review*. New York: Jul/Aug 2006. Vol. 58, Iss. 3.

［10］ Kevin J O'Brien: Environment, Economics, and Hegemony, *Capitalism*, *Nature*, *Socialism*: Jun 2006. Vol. 17, Iss. 2.

［11］ Michael D. Yates: Capitalism Is Rotten to the Core, *Monthly Review*, May 2006. Vol. 58, Iss. 2.

［12］Jasmin Sydee, Sharon Beder. The Right Way to Go? Earth Sanctuaries and Market-based Conservation, *Capitalism*, *Nature*, *Socialism*: Mar 2006. Vol. 17, Iss. 1.

［13］ Martin Hart-Landsberg: Neoliberalism: Myths and Reality, *Monthly Review*, Apr 2006. Vol. 57, Iss. 3.

［14］Richard D Vogel: Harder Times: Undocumented Workers and the U. S. Informal Economy. *Monthly Review*: Jul/Aug 2006. Vol. 58, Iss. 3.

[15] Maria Mies: "War is the Father of All Things" (Heraclitus) "But Nature is the Mother of Life" (Claudia von Werlhof), *Capitalism*, *Nature*, *Socialism*. Vol. 17.

[16] Vincent Navarro: The Worldwide Class Struggle, *Monthly Review*: Sep 2006. Vol. 58, Iss. 4.

[17] Robert Wade: Choking the South, *New left review*: Mar /Apr 2006. Vol. 38.

[18] R. Taggart Murphy: East Asia's Dollars, *New Left Review* Jul /Aug 2006. Vol. 40.

[19] Istvàn Mészáros: The Structural Crisis of Politics. *Monthly Review*: Sep 2006. Vol. 58, Iss. 4.

[20] Mehmet Odekon: Globalization and Labor, *Rethinking Marxism*: Jul 2006. Vol. 18, Iss. 3.

[21] Ursula Huws: What Will We Do? The Destruction of Occupational Identities in the ' Knowledge-Based Economy '. *Monthly Review*. Jan 2006. Vol. 57, Iss. 8.

[22] Ursula Huws: Fixed, Footloose, or Fractured: Work, Identity, and the Spatial Division of Labor in the Twenty-First Century City. *Monthly Review*: Mar 2006. Vol. 57, Iss. 10.

[23] John F. Manley: The Unexceptional U. S. Welfare State: Class Analysis or State Autonomy?, *Rethinking Marxism*, Jan 2006. Vol. 18, Iss. 1.

[24] Byeong-Seon Yoon: Who Is Threatening Our Dinner Table? The Power of Transnational Agribusiness. *Monthly Review*: Nov 2006. Vol. 58.

[25] William K Tabb: The Power of the Rich. *Monthly Review*: Jul/Aug 2006. Vol. 58, Iss. 3.

[26] Rémy Herrera: Three Moments of the French Revolt. *Monthly Review*: Jun 2006. Vol. 58, Iss. 2.

[27] Alvaro Garcia Lienra: State Crisis and Popular Power. *New Left Review*, Jan/Feb 2006.

[28] John Bellamy Foster: The New Geopolitics of Empire. *Monthly Review*: Jan 2006. Vol. 57, Iss. 8.

[29] Daniel Finn: Sustaining Equality and Justice in the Struggle for Socialism. *Monthly Review*: Mar 2006. Vol. 57, Iss. 10.

[30] Kees Van Der Pijl: A Lockean europe?, *New Left Review*: Jan/Feb 2006.

[31] Danilo Corradi, Brune Seban, Barbara de Vivo: Italy: an uncertain victory. *International Socialism*, Jul 2006 Issue: 111 Posted: 3.

[32] Richard D Vogel: The NAFTA Corridors: Offshoring U. S. Transportation Jobs to Mexico. *Monthly Review*. : Feb 2006. Vol. 57, Iss. 9.

[33] Richard Pithouse: Struggle Is a School: The Rise of a Shack Dwellers' Movement in Durban, South Africa. *Monthly Review*: Feb 2006. Vol. 57, Iss. 9.

[34] Victor Wallis: Socialism and Technology: A Sectoral Overview. *Capitalism, Nature, Socialism*: Jun 2006. Vol. 17, Iss. 2.

[35] Chris Harman: Cuba behind the myths, *International Socialism*, Jul 2006, Issue: 111, Posted: 3.

[36] Craig A Condella: On Conceptualizing Our Place in Nature. *Capitalism, Nature, Socialism*: Jun 2006. Vol. 17, Iss. 2. s. 2; p. 119.

[37] Tristan Sipley: Capitalism and the "Environmental Dystopia". *Capitalism, Nature, Socialism*: Sep 2006. Vol. 17, Iss. 3.

[38] Joel Kovel: House Organ. *Capitalism, Nature, Socialism*: Jun 2006. Vol. 17, Iss. 2.

[39] Ahmed Allahwala: Investigating Biopolitics: Promises and Limitations, Capitalism, Nature, Socialism: Mar 2006. Vol. 17, Iss. 1.

[40] Ariel Salleh: "We in the North are the Biggest Problem for the South". *Capitalism, Nature, Socialism*: Jun 2006. Vol. 17, Iss. 2.

[41] Kevin J O'Brien: Environment, Economics, and Hegemony, *Capitalism,*

Nature, *Socialism*: Jun 2006. Vol. 17, Iss. 2.

[42] Timothy W Luke: The System of Sustainable Degradation. *Capitalism*, *Nature*, *Socialism*: Mar 2006. Vol. 17, Iss. 1.

[43] Susanne Schultz Dissolved Boundaries and "Affective Labor": On the Disappearance of Reproductive Labor and Feminist Critique in Empire. *Capitalism*, *Nature*, *Socialism*: Mar 2006. Vol. 17.

[44] Silvia Federici Capital and the Body: A Rejoinder to Salvatore Engel-Di Mauro. *Capitalism*, *Nature*, *Socialism*. z: Dec 2006. Vol. 17, Iss. 4.

[45] Thomas Atzert: About Immaterial Labor and Biopower, *Capitalism*, *Nature*, *Socialism*: Mar 2006. Vol. 17, Iss. 1; p. 58.

[46] Chaone Mallory: Ecofeminism and Forest Defense in Cascadia: Gender, Theory and Radical Activism. *Capitalism*, *Nature*, *Socialism*: Mar 2006. Vol. 17, Iss. 1.

[47] Peter Geltze Hl: Mixing Ecology, Religion and Ethics. *Capitalism*, *Nature*, *Socialism*. : Mar 2006. Vol. 17, Iss. 1.

[48] Jeri Pollock: On Ecological Medicine. *Capitalism*, *Nature*, *Socialism*: Mar 2006. Vol. 17, Iss. 1.

[49] Philip Sutton: Sustainable Cities. *Capitalism*, *Nature*, *Socialism*: Mar 2006. Vol. 17, Iss. 1.

[50] Jesse Goldstein: Ecofeminism in Theory and Praxis. *Capitalism*, *Nature*, *Socialism*: Dec 2006. Vol. 17, Iss. 4.

[51] Ashok Kumbamu: Ecological Modernization and the "Gene Revolution": The Case Study of Bt Cotton in India. *Capitalism*, *Nature*, *Socialism*: Dec 2006. Vol. 17, Iss. 4.

[52] Richard Levins: On Sugar, Capitalism, and Socialism. *Capitalism*, *Nature*, *Socialism*: Dec 2006. Vol. 17, Iss. 4.

[53] Alan Rudy: On the Ecofeminist Editorial: "Moving to an Embodied Materialism". *Capitalism*, *Nature*, *Socialism*: Dec 2006. Vol. 17, Iss. 4.

[54] Salvatore Engel-Di Mauro: Reflections on "The Struggle for the

Rebel Body". *Capitalism*, *Nature*, *Socialism*; Dec 2006. Vol. 17, Iss. 4.

[55] Stuart Rosewarne: Socialist Ecology's Necessary Engagement with Ecofeminism. *Capitalism*, *Nature*, *Socialism*; Dec 2006. Vol. 17, Iss. 4.

[56] Ana Isla: Women, Enclosure, and Accumulation: A Rejoinder to Robert Chapman. *Capitalism*, *Nature*, *Socialism*; Dec 2006. Vol. 17, Iss. 4.

[57] Joel Kovel: Zionism and Empire. *Capitalism*, *Nature*, *Socialism*; Dec 2006. Vol. 17, Iss. 4.

[58] A. Kiarina Kordela: Capital: At Least It Kills Time, *Rethinking Marxism* Oct 2006 Vol. 18 Iss. 5.

[59] Kevin Floyd: Lukacs and Sexual Humanism, *Rethinking Marxism* Jul 2006 Vol. 18, Iss. 3.

[60] Marcia klotz: Introduction: Toward a Marxian Sexual Politics, *Rethinking Marxism* Jul 2006 Vol. 18, Iss. 3.

[61] Ken Byrne and Steohen Healy: Cooperative Subjects: Toward a Post-Fantasmatic Enjoyment of the Economy, *Rethinking Marxism* Apr 2006 Vol. 18, Iss. 2.

[62] Julie Graham and Jack Amariglio: Subjects of Economy: Introduction, *Rethinking Marxism*, Apr 2006 Vol. 18, Iss. 2.

[63] Robin Blackburn: Finance and The Fourth Dimension, *New left review* May/Jun 2006, Vol. 39.

[64] Chris Harman: China's Economy and Europe's Crisis, *International Socialism* Iss. 109.

[65] Chris Nineham: Anti-Capitalism, Social Forums and the Return of Politics, *International Socialism* Iss. 109.

[66] Joseph Choonara: Empire Built on Shifting Sand, *International Socialism* Iss. 109.

[67] Neil Davidson: There's No Place Like America Today, *International Socialism* Iss. 109.

[68] Gareth Jenkins: Marxism and Terrorism, *International Socialism* Iss. 110.

[69] Geoff Brown: Pakistan: on the Edge of Instability, *International Socialism* Iss. 110.

[70] Mike Haynes: Where It Came From, *International Socialism* Iss. 110.

[71] Sue Sparks: Actually Existing Capitalism, *International Socialism* Iss. 110.

[72] Annick Coupé & Marie Perrin: France's Extrodinary Movement, *International Socialism* Iss. 111.

[73] Christine Buchholz, Volkhard Mosler, Maya Mosler: Germany's Strategy Debate, *International Socialism* Iss. 111.

[74] Paul Blackledge: What Was Done, *International Socialism* Iss. 111.

[75] Mike Haynes: Hungary: Workers' Councils Against Russian Tanks, *International Socialism* Iss. 112.

[76] Paul Blackledge: The New Left's Renewal of Marxism, *International Socialism* Iss. 112.

[77] John Newsinger: Hidden Communities, *International Socialism* Iss. 112.

[78] Erich Hahn: Lukàcs on Socialist Democracy, *Nature, Society and Thought*. Vol. 19, No. 1 (2006).

[79] Ralph Barrett and Diane Meaghan: Globalization, Education, Work, and the Ideology of the "Self-Evident Natural Laws" of Capitalist Production, *Nature, Society and Thought*. Vol. 19, No. 1 (2006).

[80] Clare L. Boulanger: Revisiting Class in Yet Another Area of Globalization: A Dayak Example, *Nature, Society and Thought*. Vol. 19, No. 1 (2006).

[81] Hoang Ngoc Hoa: Environmental Protection: A Focus on Sustainable Development, *Nature, Society and Thought*. Vol. 19,

No. 1 (2006).

[82] Nguyen Van Manh: Interaction between Economic Globalization and Political-Judicial Institutions, *Nature, Society and Thought.* Vol. 19, No. 2 (2006).

[83] Kathleen Densmore: The Myth of Free-Market Education, *Nature, Society and Thought.* Vol. 19, No. 2 (2006).

[84] Kate Soper: The awfulness of the actual Counter-consumerism in a new age of war, *Radical Philosophy*, Jan/Feb 2006, Issue: 135.

[85] Wolfgang Fritz Haug: Commodity Aesthetics Revisited, *Radical Philosophy*, Jan/Feb 2006, Issue: 135.

[86] Harry Harootunian The future of fascism, *Radical Philosophy*, Mar/Apr 2006, Issue: 136.

[87] Peter Osborne: The Dreambird of Experience: Utopia, Possibility, Boredom, *Radical Philosophy*, May/Jun 2006, Issue: 137.

[88] *Peter Sloterdijk*: War on Latency: On some Relations between Surrealism and Terror, *Radical Philosophy*, May/Jun 2006, Issue: 137.

[89] Peter Waterman: An Enfant Terrible of Communist Internationalism. *Socialism and Democracy*: Mar 2006. Vol. 20, Iss. 1.

[90] George P Mason: Gangs and Society: Alternative Perspectives. *Socialism and Democracy*: Mar 2006. Vol. 20, Iss. 1.

[91] Michael Buhl: Speeding up Fast Capitalism: Cultures, Jobs, Families, Schools, Bodies. *Socialism and Democracy*: Mar 2006. Vol. 20, Iss. 1.

[92] Hobart Spalding: Superpower Principles: U.S. Terrorism Against Cuba, *Socialism and Democracy*: Mar 2006. Vol. 20, Iss. 1.

[93] Marcella Bencivenni: The New World Order and the Possibility of Change: A Critical Analysis of Hardt and Negri's Multitude. *Socialism and Democracy*: Mar 2006. Vol. 20, Iss. 1.

[94] Seth Sandronsky: American Labor and the Cold War: Grassroots

Politics and Postwar Political Culture. *Socialism and Democracy*:
Jul 2006. Vol. 20, Iss. 2.

[95] Saladin Muhammad: Hurricane Katrina: The Black Nation's 9/11!
A Strategic Perspective for Self-Determination. *Socialism and
Democracy*: Jul 2006. Vol. 20, Iss. 2.

[96] Alcena Madeline Davis Rogan: Alienation, Estrangement, and the
Politics of "Free Individuality" in Two Feminist Science Fictions:
A Marxist Feminist Analysis, *Socialism and Democracy* Nov 2006.
Vol. 20, Iss. 3.

[97] 刘元琪:《全球化向马克思主义提出的若干理论问题》,http://
www. southcn. com/nflr/xssc/200609121032. htm.

[98] 周穗明:《德国后马克思主义的西方阶级和社会结构变迁理
论述评》,《国外社会科学》,2005 年第 1 期。

[99] 靳辉明:《国际垄断资本主义的本质特征》,《马克思主义文
摘》,2006 年第 7 期。

[100] 徐崇温:《当代资本主义处于什么发展阶段》,《马克思主义
文摘》,2006 年第 7 期。

[101] 卡尔·翁格尔:《帝国主义理论》,《马克思主义文摘》,
2006 年第 7 期。

[102] 唐奞:《意识心态战争是"第四次世界大战"》,《马克思主
义文摘》,2006 年第 8 期。

[103] 徐则荣:《必须警惕并坚决抵制新自由主义思潮》,《马克思
主义文摘》,2006 年第 8 期。

[104] 肖枫:《古巴压不垮的奥秘在哪里》,《马克思主义文摘》,
2006 年第 8 期。

[105] 宋晓平:《古巴经济政策的调整与面临的挑战》,《马克思主
义文摘》,2006 年第 8 期。

英语世界的先秦道家研究*

丁四新　王巧生　夏世华**

（武汉大学哲学学院，武汉，430072）

一、《老子》的英译与解释

（一）《老子》英译本的研究与三种新近译本

在中国经典著作中，《老子》是对西方世界影响最为巨大的著作之一。据西方学者的估计，到 1993 年为止，《老子》的西语译本超过了 250 个；[1] 其中单是各种英语翻译本、改编本和传评本就超过了 100 个。[2] 大概在所有的东方经典中，《老子》得到了最为广泛的西语翻译。自 20 世纪 70 年代以来，由于马王堆帛书本和郭

　　＊ 这篇追踪文章的资料搜集与参考文献的整理，由夏世华负责，王巧生、夏世华和丁四新参加了具体译写工作，最后由丁四新统稿。本研究得到了教育部新世纪人才项目和武汉大学海外人文社会科学前沿追踪项目的资助。

　　＊＊ 丁四新（1969—），湖北黄陂人，武汉大学哲学学院教授，从事中国哲学教学与研究工作；王巧生、夏世华，武汉大学哲学学院博士研究生。

　　① Tony Swain 说："虽然直到 1993 年为止，Michael Lafargue 和 Julian Pas 估计超过 250 个译本以西方语言出版，但是无需搜索，我可以认为单单二十一世纪就超过了 10 个英译本加入了这个目录单。"参见 Tony Swain 为 Moss Boberts 的《老子》译本所做的书评，载 The Journal of Religious History, Vol. 29, No. 3, October 2005, pp. 343-345, p. 343。

　　② 见 Damian J Bebell, Shannon M Fera. Comparison and Analysis of Selected English Interpretations of the Tao Te Ching. *Asian Philosophy*. Abingdon：Jul 2000. Vol. 10, Iss. 2. pp. 133-147, p. 133.

店楚简本的相继发现，西方汉学界对于《老子》的翻译、解释与研究非但没有衰减，反而得到了一步的加强。

自从英国人 John Chalmers 于 1868 年所做的第一个《道德经》英译本产生以来，迄今已有 100 多个英文版本；而"道"及其微妙的哲学现在正被积极地吸收入主流的西方文化（mainstream western culture）之中，这可以通过其大受欢迎与卷帙众多的道家著作的出版得到证明。贝贝尔（Damian J. Bebell）与菲妠（Shannon M. Fera）在《〈道德经〉英文译释的比较与分析》一文中就分析了这一现象，他们通过对《老子》英译文本的研究，希望阐明以英语为代表的西方主流世界是如何理解和吸收这一经典的。这篇文章的研究意图乃是为了对于在众多《道德经》英文翻译（translations）、释译（interpretations）和改编（adaptations）本中所发现的文本歧异（variance）现象作分析，而不是为了评估这些翻译的精确性或有效性；同时，也是为了在方法和手段上对《道德经》英文翻译的系统研究做一个早期探讨。① 为了达到这一目的，研究者编制了一份包括出版时间在内的凡可搜集到的《道德经》英译本数据库，这个数据库包括了从 1868 年到 1998 年 130 年间出版的 93 个翻译本。② 为了便于分析，作者从其中挑选了 8 个样本，并选择了《老子》第 1、2、6、16、38、52 和 66 章共 7 章的英译文本，以便比较。这 8 个典型英译样本分别为：1891 年 James Legge 版，1934 年 Arthur Waley 版，1944 年 Witter Bynner 版，1963 年刘殿爵（D. C. Lau）版，1963 年陈荣捷（Wing-Tsit Chan）版，1988 年 Stephen Mitchell 版，1989 年 Robert Henricks 版和 1992 年 Michael LaFargue 版。在方法上，对于《老子》英译文本的歧异现象作者作了内容分析（content analysis）和整体分析（holistic analysis）。内容分析显示不同的译者们所反映的主题，许多是相似

① Damian J Bebell, Shannon M Fera. Comparison and Analysis of Selected English Interpretations of the Tao Te Ching. p. 134.

② Damian J Bebell, Shannon M Fera. Comparison and Analysis of Selected English Interpretations of the Tao Te Ching. pp. 140-141.

的；整体分析显示他们的译本有一些显著的分歧，其中最为重要的不同体现在如何修炼长生（the cultivation of Immortality）或修道（the cultivation of the Tao）的问题上。作者的这一研究也是为了展示在英语国家中道家的繁殖、吸收的广度与变异。为此，作者还列出了一些近年出版的英文通俗书目，它们都直接在标题中采用了"道"（Tao）这个关键词。在研究者看来，这一现象显示"道的哲学"已经被整合到现代西方文化中了。①

进入本世纪以来，新的《老子》英译本还在不断增加，其中罗伯茨（Moss Roberts）、艾文贺（Philip J. Ivanhoe）的两个译本引起了较多的关注。② 罗伯茨的译本非常学术化。虽然他没有直接翻译马王堆帛书本和郭店简本《老子》，但是它将出土文献中的一些优点带进了对传世本（received version）的翻译之中。托尼·斯威（Tony Swain）认为，罗伯茨的翻译时常令人耳目一新，"他显示了对原文诗性品质的忠诚"；然而有时候，他对英文术语的选择不够理想。例如，他将"天地"（heaven and earth）翻译为"sky and land"，未能体现"万物"的含义；将"仁"（humane, benevolent）翻译为"kin-kindness"（"亲恩"），有失水准；将"无为"（字面上的意思是"not doing"）或者翻译为"under-acting"，或者翻译为"without leading"，或者翻译为"not striving"等，将这个关键概念弄成了碎片。另外，斯威还特别批评了罗伯茨对于简帛本《老子》资料的利用不够。在译本的导言中，罗氏将《道德经》放在当时儒家学说（the Confucian doctrine）的对立面，斯威则认为这是不正确的，他接受了在郭店楚简出版之后曾经流行于学者之间的一个普遍意见，认为竹简《老子》在文本上的一个最为显著的特征是其缺乏传世版本中的反儒部分。并根据其他一系列的理由，

①　Damian J Bebell, Shannon M Fera. Comparison and Analysis of Selected English Interpretations of the Tao Te Ching. p. 145.

②　三个译本，分别见 Moss Roberts, translation and commentary: *Dao De Jing: The Book of the Way, Laozi*, Berkley, Los Angeles, and London: University of California Press, 2001; Philip J. Ivanhoe, translation and commentary: *The Daodejing of Laozi*, New York and London: Seven Bridges Press, 2002.

斯威认为当时的《老子》文本还是自由浮动而可以附着于不同的观念体系（ideologies）的。① 依笔者之见，他对于罗伯茨的这一批评其实未必正确。

Ruiqi Ma 在《解释道的方法》一文中，② 较为细致地叙述和比较了罗伯茨和艾文贺的《老子》翻译。在他看来，使这两个新译本变得突出的东西，是在语言学上的敏感性和哲学上的复杂性。考虑到《老子》文本翻译在语言上的挑战，看到罗伯茨和艾文贺二人对于同一部著作已经给我们提供了两个同样精确、然而风格对立的读物，这是令人惊奇的。罗氏在中国古典文学上训练有素，他能更好地保留原文的风格特征；而哲学家艾文贺的翻译则关注术语的精确性和明晰性。阅读二人的《老子》译本，就好像倾听对于同一部音乐作品的两位大师的演奏：不是曲调本身，而是他们的表达和解释增强了我们的欣赏与理解。③ 另一位评论人 Steven Shankman 同样指出："在两位译者和评论者中，罗伯茨更为雄心勃勃。其导言和注释比艾文贺的更长，且其翻译更为自由与大胆。艾文贺的评论见闻广博，具有哲学的敏锐性。在两者之中，他的翻译更为字面化。因而这两个译本给现代读者提供了非常不同的东西。"④

罗氏的翻译，非常熟练地运用英语语言，成功地传达了《道德经》的诗性质量；而通过忠实地跟随原著的结构，他给母语非汉语的读者提供了体验这部经典著作形式上之优美的机会，因而对于《道德经》的研究大有补益。罗氏的另外一个重要贡献，就是对于每一行《老子》文本都有仔细的评论。他的评论概括了文本要点，并大量引述了其他评论者的观点；同时，指出了传世文本与帛书本、竹简本之间的不同。罗氏将其注释和评论的背景放在孔子

---

① Tony Swain 的评论，载 *The Journal of Religious History*，October 2005，Vol. 29，No. 3，p. 344.

② Ruiqi Ma. The Ways of Interpreting Dao. *Philosophy East and West*. Honolulu：Jul 2006. Vol. 56, Iss. 3. pp. 487-492.

③ Ruiqi Ma. The Ways of Interpreting Dao. p. 488.

④ Steven Shankman 的书评，载 *Journal of Chinese Philosophy*. Oxford：Jun 2006. Vol. 33, Iss. 2. pp. 303-308, p. 303.

至秦统一中国之前；通过《道德经》对当时及其以后的先秦文本所产生之影响的检查，他不仅对其主要的概念作了清晰的阐明，而且对其他派系的中国古典思想也作了启迪性的解释。罗氏的《导言》最为吸引人的地方，是将中国古代哲学的文化巨人老子与孔子这两位人物作了比较。他说："通过使所有物体的自身变得客观和独立，老子突破了孔子思想的狭窄范畴：父系权威（paternal authority），祖宗崇拜（ancestor worship）和继承特权（inherited privilege）。这些范畴创立了依赖于单个人之存在（being）与意识（consciousness）的社会角色与统治的联结。"① 在他看来，老子通过提供"一个普遍的宇宙母亲"，代替了儒家的"父系祖先指向的永久所有权（the dead hand）"。在 Ruiqi Ma 看来，罗氏的评论将儒家复杂的思想系统简单化了；即便将儒家的哲学归纳为男性沙文主义的话语，但是在《道德经》中并不存在用"普遍的宇宙母亲"代替死亡的家长（the dead patriarch）。他同意安乐哲的意见，《道德经》中具有容忍、屈从和宽大等特性的理想人确实不是女性的，而是在追求宇宙和谐过程中，体现了雌雄同体，包涵与调和共存的"男性和女性两个方面"。因此，将老子与孔子的思想看作敌对的二分（rivaling dichotomies），这是有问题的。②

艾文贺的译本与罗伯茨不同，它爽利可读，而以精确与清晰为特征。③ 虽然《老子》文本的涵义比较暧昧和富有暗示性，但是艾氏在中国哲学上的造诣和专长对其清晰而富有洞察力的翻译是有帮助的。在"导言"中，艾文贺首先对许多道家的概念作了定义，比如"道"、"德"和"自然"。这些定义给予读者一些早期道家哲学的基本理解，但是必须指出，他将《老子》与许多当代问题联系起

---

① Moss Roberts, translation and commentary: *Dao De Jing*: *The Book of the Way*, *Laozi*. Berkley, Los Angeles, and London: University of California Press, 2001, p. 13.

② Ruiqi Ma, *The Ways of Interpreting Dao*. p. 489.

③ 书评人 Shankman 指出："让罗伯茨的翻译与其他现代翻译相区别开来的其中一个特性，是他频繁运用韵文。相对而言，艾文贺则在根本上试图传达老子的意义。"Steven Shankman 的评论，载 *Journal of Chinese Philosophy*. Oxford: Jun 2006. Vol. 33, Iss. 2. p. 303.

来,则显示其翻译的一个目的乃是为了更为广泛的普通读者服务。

艾氏的翻译简单而有效。为了维护整个文本结构上的完整性,他没有选择在每一章之后立即作注释和评论的方式,而是将其对于某些有争议的解释的个人洞见放在尾注之中。另外,书末有一个"语言附录(Language Appendix)",提供一些前人的不同英译,从而向读者显示了对于中国经典在翻译上的困难和复杂。

Ruiqi Ma 认为,艾文贺与其他译者最为根本的不同乃是对于第一行的理解。当大多数译者将第二个"道"字译作"说(to speak or tell of)"的时候,他则创新地将其译作"物质之道路(a physical path)"的动词形式。① 因此,他将第一行译作"A Way that can be followed is not a constant Way"。② 书评者不太同意他的此一翻译,特别指出动词化的"道"与其翻译为"to follow a path",还不如以"to track"代替之,因为在他看来,这一词既传达了"物质之道路"的意义,同时比起"to follow"来又更少令人困惑。③ 相比较而言,Shankman 的书评非常关注《老子》第一章的文本,通过此章文本的分析与比较,他赞同艾文贺的翻译,而认为"从总体上而言,罗伯茨的《道德经》译本抓取了原文的观念(the sense of the original),在组织、节奏和用韵上它是非常诗化的。……然而在这儿,罗伯茨英译本的逻辑是模糊的,而他的翻译缺乏原文在风格上的简明性"。④ 另外,他还批评了罗氏译本在一些英语用词上不够准确,有些听起来相当特别和怪异。如罗氏将"妙"译作"seed germs",而不是更为常见的"mystery"的翻译。⑤

---

① Philip J. Ivanhoe, translation and commentary: *The Daodejing of Laozi.* p. 107.

② Philip J. Ivanhoe, translation and commentary: *The Daodejing of Laozi.* p. 1.

③ Ruiqi Ma, *The Ways of Interpreting Dao.* pp. 490-491.

④ Steven Shankman 的评论, 载 *Journal of Chinese Philosophy.* Oxford: Jun 2006. Vol. 33, Iss. 2. pp. 306-307.

⑤ Steven Shankman 的评论, 载 *Journal of Chinese Philosophy.* Oxford: Jun 2006. Vol. 33, Iss. 2. p. 308.

安乐哲、郝大维的《〈道德经〉：一个哲学的翻译》，① 是另外一个新近的《老子》译本。这个译本除了正文《翻译与评论》（Translation and Commentary）外，还包括《历史的导言》（Historical Introduction）、《哲学的导言》（Philosophical Introduction）、《关键术语词典》（Glossary of Key Terms）和一个附录（Appendix：*The Great One Gives Birth to the Waters*）等内容。在《历史的导言》部分，安乐哲同意《老子》文本并没有提供给读者一个具体的历史背景或者哲学体系，相反要求听众提供从他们自身的经验中吸取的总是独特、具体与常常是戏剧性的脚本（dramatic scenarios），来产生他们所需的意义。而这种通过自身的生活经验对文本的见识获得一种独特的理解的不可逃避的过程，乃是永恒展开的一致性的一个重要因素。毫无疑问，安乐哲一方面看到了《老子》文本的特殊性，② 另一方面也认为文本的"一致性（coherence）"就存在于读者通过自身的经验对于文本的理解过程之中。他还认为《道德经》有一种更大程度的一致性，"围绕具体的主题（themes）与题目（subjects），一些章目有时候被成组编连在一起"，例如第1、2章集中在相互关系的主题上，第18、19章以自然与习惯的道德相对，第57至61章都以对于国家合宜统治的建议为开端，第67至69章都是有关控诉战争的内容，第74、75章处理政治压迫和普通民众的问题等。而《道德经》另外一个一致性的资源是其可以作双关性的阅读和挪用，这即是说，该文本包

---

① Roger T. Ames, David L. Hall, translated and with commentary：Daodejing "Making This Life Significant"：A Philosophical Translation. New York：the Ballantine Publishing Group. 2003.

② 在英语世界，《道德经》的文本被学者们常常描述为"破碎（fragmentation）"、"只有非常松散的文本一致性（there is only a very loose sense of textual coherence）"、"有韵的材料（rhymed materials）"、"格言式的智慧文献（'proverbial' wisdom literature）"。转见 Roger T. Ames, David L. Hall. translated and with commentary：Daodejing "Making This Life Significant"：A Philosophical Translation. pp. 4-5. 安乐哲对《老子》欲作哲学的翻译，就首先必要解决这个文本的"一致性"问题。

含了不断重复的字词（characters）和隐喻（metaphors），这将唤醒读者心中语义、语音相联系的扩展网络。不过，对于每一章后面所附的评论，安乐哲又认为"仅仅是一个提示性的脚注"，其目的在于激发读者参与到每一章的解读过程中去。①

在《哲学的导言》部分，安乐哲为《道德经》提供了一个非常宏观的解释语境（an interpretive context），认为古代中国是"相互关联的宇宙论（correlative cosmology）"。这个《导言》，还有两点值得注意。第一，关于《道德经》的翻译标题问题，安乐哲说："当然，对于书名《道德经》没有一个正确的翻译。设若我们以文本所提供的宇宙论洞见为优先，那么我们可以将《道德经》翻译为'The Classic of This Focus（de 德）and Its Field（dao 道）'。相反，如果我们依据此种宇宙论想要强调生存的结果，我们可以将其翻译为'Feeling at Home in the World'。但是经过悉心考虑，我们选择强调已促动道家宇宙论表达的人类设计，并为其所激励的方面。因此，我们将《道德经》翻译为'Making This Life Significant'。"② 第二，安乐哲对以"无"为字头形式的《老子》术语（the *wu*-forms）的理解，值得注意。他说："在儒学中，自我（self）被忠（sustained effort）所决定而存在于礼（ritually structured roles and relations）所指导的恕（deferential transactions）之中；恕将人向外投射入社会和文化之中。这样的一个人就变成了君子（a focus of the community's deference）和神（a source of its spirituality）。"紧接着又说："另一方面，道家通过我们所谓'*Wu*-forms'表达了它的恭敬活动。这种渗透性感觉的三个最为熟悉的表达是：无为、无知和无欲。"③

---

① Roger T. Ames, David L. Hall, translated and with commentary: Daodejing "Making This Life Significant": A Philosophical Translation. pp. 8-9.

② Roger T. Ames, David L. Hall, translated and with commentary: Daodejing "Making This Life Significant": A Philosophical Translation. p. 13. "Making This Life Significant"，中文直译为："使此生重要。"

③ Roger T. Ames, David L. Hall, translated and with commentary: Daodejing "Making This Life Significant": A Philosophical Translation. p. 38.

在《关键术语词典》部分，安乐哲给出了道、德、和、气、天、自然等概念的翻译，并对此作出了必要的解释。从总体上看来，他的翻译体现了他一贯的风格和主张，在摒弃传统的英译用语的同时，使用了大量在他看来达意更为准确，然而在其他学者看来时常比较怪异的英文翻译（更多的时候是多个英文单词的拼合）。

（二）方法论：《老子》的阅读与解释

克莱（Erin M. Cline）写作了一篇《〈道德经〉之"德"的两个解释》的文章，① 专门讨论了艾文贺（Philip J. Ivanhoe）和安乐哲（Roger T. Ames）对于《老子》"德"概念的理解及其方法论问题。艾文贺在《〈老子〉"德"的概念》一文中，回应了刘殿爵（D. C. Lau）所谓"德"的概念在《道德经》中"不是特别重要"的断言，认为"德"的理解对于《老子》哲学的全面理解而言是必不可少的。② 在《将"德"放回道家》一文中，安乐哲也驳斥了刘氏的断言，认为道家"德"的概念在后来的传评和目前对道家的理解中已被"严重低估了"。③ 然而两者之间的相同，随着他们对"德"的具体分析和理解的迥异，也不过到此为止而已。

---

① Erin M. Cline. Two Interpretations of De in the Daodejing. *Journal of Chinese Philosophy*. Oxford：June 2004. Vol. 31, Iss. 2. pp. 219-233.

② Philip J. Ivanhoe, The Concept of De（Virtue）in the *Laozi*, in Mark Csikszentmihalyi and Philip J. Ivanhoe（eds.）. *Religious and Philosophical Aspects of the Laozi*. Albany：SUNY Press, 1999. p. 293.

③ Roger T. Ames. "Putting the *Te* Back into Taoism", in J. Baird Callicott and Roger T. Ames（eds.）. *Nature in Asian Traditions of Thought*. Albany：SUNY Press, 1989. p. 123. "道"的翻译,西方学者基本相同;但是对于"德"的翻译,相差很大。刘殿爵认为"德（Te）意味着'virtue'……在道家的用法中,德（Te）指事物之德（virtue）（指从道获得的东西）。换一句话说,德（Te）是一物的本性,因为正是由于它的德（Te）,一物方才是其所是的。但是在《道德经》中,这个术语……时常在一个更为习俗的意义上被使用。"See D. C. lau（trans.）. *LaoTzu：Tao Te Ching*. Middlesex：Penguin Book, 1963. p. 42. 陈荣捷与刘殿爵相同,也以"virtue"翻译"德"。但是阿瑟·威利则不同,他将"德"翻译成"power",强调了含德的人有影响或有道德力量（moral force）的一面。理雅各布（James Legge）将"德"翻译为"attributes",并说:"比起'virtue'来使用任何其他的英语术语,在这儿都是不容易翻译它的,不过若用此解释将会有一个如此误导我们的危险。"See James Legge（trans.）. *The Tao The King*, in *The Sacred Books of China：The Texts of Taoism*, Part One. New York：Dover Publications, 1962. pp. 80-81.

克莱此文就是要分析两者所使用的方法，一方面告知人们他们对于"德"的解释，另一方面诊断他们在何种程度的一致性上遵循他们所宣称或暗含的方法论的。他认为艾文贺和安乐哲做比较哲学的方法不同，正是导致他们对"德"产生对立解释的根本原因。①

在《将"德"放回道家之中》的文章中，安乐哲将"德"描述为"道家的'特殊性'（particularity）的概念"。② 通过将几股哲学数据联结起来，安乐哲得出这样的结论："德""被重要地定义为一个事件（an event），'现起（arising）'或'在场（presencing）'"，"变化着（transforming）的内容和一个现存之物的布置：一个自动产生和自我解释的'现起'"。③ 克莱指出："在整篇文章中，安乐哲使用西方过程哲学的词汇来描述'德'的概念。"④ 安乐哲还说"德"既被用来表示"道"的个别方面（a particular aspect），又被用来表示其全体（the whole）。他将"道"、"德"看作"场域和焦点（field and focus）"，因为"道是定义的条件——上下文或环境——对于个别的德而言"。⑤ "德"统一了所有的个别，在每一个自我中都包含了所有其他的自我，在每一个别中，全体都包含于其中。安乐哲的论述毫无疑问也受到了中国佛学华严宗及新儒家唐君毅哲学的严重影响。

艾文贺将"德"翻译为"virtue"，并说道家是一特殊形态的伦理实在主义者（ethical realist）。他主张不是自我意识的策略或原理，而是前反思的倾向指导了道家的圣人，因为对于此圣人而言，在什么是伦理的和一个人将自然地做什么之间并没有冲突。在艾文贺看来，道家的视角是"以真实而正确的价值判断反映了世界的客观特征，而他们（道家）毫不犹豫地批评了那些不能够与适宜的东西相协调的人"。⑥ 艾氏还认为《道德经》的"德"与早期儒

---

① Erin M. Cline. Two Interpretations of De in the Daodejing. p. 219.

② Roger T. Ames. Putting the *Te* Back into Taoism. p. 123.

③ Roger T. Ames. Putting the *Te* Back into Taoism. p. 124.

④ Erin M. Cline. Two Interpretations of De in the Daodejing. p. 220.

⑤ Roger T. Ames. Putting the *Te* Back into Taoism. p. 127.

⑥ Philip J. Ivanhoe, translation and commentary: *The Daodejing of Laozi*. p. xx.

家具有一些共同的特性。第一是"德"的吸引力,第二是"德"对于其他人和本性自身的影响,第三是"德"与"无为"在治理民众上具有紧密的关系。① 此外,克莱还比较了艾文贺和安乐哲关于"赤子"、"水"这两个隐喻的解释,认为前者更加尊重原文,而后者则总是试图表达自己一贯的见解。

艾文贺和安乐哲都是在中西比较哲学研究上最为多产的哲学家,他们都有《老子》的新近译作和相关研究文章,然而为什么在像"德"这样的概念上他们之间存在根本的差别呢?应该讨论他们所使用的方法论问题。艾文贺将他的比较放在古典中国哲学的传统之内,而认为道家"德"的概念与早期儒家的同一概念相关,呈现出"一个真正的伦理的意义";对于儒道两个传统而言,"德"都应该翻译为"virtue",这个概念的合适应用都是在道德哲学的领域。安乐哲虽然承认儒家和道家的"德"有一定的关系,但是他突出了两者的区别,认为道家"德"的含义主要体现在社会和政治的方面,而伦理方面的含义应该被抽除掉。对于安乐哲,克莱评论道:"他使用了西方过程哲学的语言,也显现出使用了佛家的概念作为他解释道家'德'观念的概念框架。换一句话说,为了描述道家的概念,他挪用了其他传统的概念。"②

艾文贺的研究目的是为了通过参照《道德经》的文本来描述"德"的概念,他强调了文本和历史背景,提供了一个高度描述和紧密专注的分析。在此意义上,安乐哲的计划则不是一个描述性的,他为《老子》"重构了四个概念",并强调"道"、"德"、"无为"和"有为"四个概念具有"相互关联的性质"(correlative nature)。克莱认为他的方法是参考其他传统(如西方的过程哲学和佛家哲学)中的相关概念来"解释一个概念"的,他使用其他传统所使用的语言(如"inter-subjectivity"、"concrescence")描述"德",但是没有区别这些"德"的概念。③

① Philip J. Ivanhoe. The Concept of De (Virtue) in the *Laozi*. pp. 242-249.
② Erin M. Cline. Two Interpretations of De in the Daodejing. p. 226.
③ Erin M. Cline. Two Interpretations of De in the Daodejing. p. 227.

总之，"艾文贺和安乐哲的结论源自他们做比较哲学相对立的方法。艾文贺以围绕文化和历史的背景为优先，同时也以形成文本和概念的现有理解的传评传统（the commentarial tradition）为优先。艾文贺的分析显示：（1）对在同一个传统之内对立系统之间相比较之理由的信任；（2）愿意对在《道德经》和《论语》中什么构成了德（virtue）的重大讨论和在此古典的中国哲人正在做与西方哲人堪比的东西作基本的论证"①。相反，"安乐哲为了'重构''德'的概念而祈求其他传统之内的资源，这是一种在古典中国传统之内与以前的理解相分离的方法。这种方法论显示：（1）对使用在一个传统到另外一个传统中术语的可让渡性（transferability）的高度信任；　　（2）对于不同传统之间的终极可通约性（commensurability）的相信，甚至在例如法（dharma）、德和合生（concrescence）的哲学概念间也可以勾画连接；（3）具有做一个基本论证的意愿，即如果一个传统的概念参照另外一个传统的概念被重新描述，那么这个传统可以被另外一个传统加强"②。简而言之，艾文贺将"德"理解作"德性（virtue）"，而安乐哲则理解为"特殊性（particularity）"；安乐哲根据"合生"的西方过程观念和"主体间性"的佛学观念解释"德"，而艾文贺审查了仅仅在《道德经》中被讨论的"德"的三个特性；安乐哲声称他采用更早版本的《老子》文本，是为了"重建""德"这一概念，而艾文贺强调了王弼本的历史意义的重要。③ 他们的方法论是迥然不同的。

科勒（Alan Cole）的《简朴代替复杂：重读〈道德经〉——为安闲和天真辩论》这篇文章，④ 比较注重对文本阅读与理解方法的探讨。在西方世界，《道德经》虽然时常得到翻译，但是实际上关于怎样阅读这份文本几乎没有得到切实的讨论。在一个基本的水

---

① Erin M. Cline. Two Interpretations of De in the Daodejing. p. 228.

② Erin M. Cline. Two Interpretations of De in the Daodejing. p. 229.

③ Erin M. Cline. Two Interpretations of De in the Daodejing. p. 229.

④ Alan Cole. Simplicity for the Sophisticated: Rereading the Daodejing for the Polemics of Ease and Innocence. *History of Religions*. Chicago: Aug 2006. Vol. 46, Iss. 1. pp. 1-49.

平上，当我们更加细心地思考《道德经》在一系列关于伦理学和为政的复杂争论的时候，文本的各种讽刺、倒转、简朴和自然主义（naturalisms）却提示了普遍的复杂（a general sophistication），即建立与读者的关系及在争论的对话范围里成功地居处于文本-读者关系中的那种普遍的复杂。而且，设若在对简朴的文本使用中产生的此种复杂，让我们知道主体间性（intersubjectivity）的重要问题如何粉饰两种关键关系的文本结构化：（1）与读者的关系；（2）设计统治者-王（the ruler-king）建立与王国其余部分的关系，一个以单向的、组织管理严密的知识为基础并对相互承认有着微妙破坏的，然而至少在读者-统治者（the reader-ruler）的想象中乃是模仿母子互利共生的关系。科勒的阅读将这两种方式看作与简朴的主题（the motif of simplicity）相联系的，因为统治者-读者双方通过消除所有其他的对话和通过平行退入一个成熟的儿童时期（an adult childhood）的简朴，可以赢得所有的权力和安闲。同样重要的是，正如简朴可以成功地将国家与统治者、统治者-国家的二位一体（the ruler-state dyad）与"道"（the Dao）连接起来一样，简朴也可以将读者-统治者与文本所有对此的解释连接起来，甚至就像一个关于"读者的简朴"的提议消失在简朴自身的定义中。因此，通过激发水、云、寂静和婴儿的欲望的各种自然主义（naturalisms），《老子》文本起到了使简朴的教条显得根本没有教条，反而是对宇宙的真实（the Real of the universe）简朴而"无言"的阐明。因而，毫不惊奇，一些段落给人留下《老子》文本正在讲"道的话语"（the words of the Dao）的印象，好像道与有关道的文本在最终可能为一一样。①

在不去直接提及圣人的经验，而是在向读者确信圣人的实在及其完美的经验的努力中，通过对文本的"道德"与其定义道德的权威是如何被联结在一起的特别关注，科勒认为有好的理由去读《道德经》。《道德经》的作者如果被给予这种对读者诱惑的主要关

① Alan Cole. Simplicity for the Sophisticated: Rereading the Daodejing for the Polemics of Ease and Innocence. p. 46.

心，那么他具有每一个理由去创造一个非历史的圣人——被设想知道"道"，知道如何去知道"道"在管治中国的真实世界中施用到极致。以此来看，在文本中出现如此频繁的天真（innocence）与自然（naturalness），似乎具有一点文学的和论战的关心，而远非倡导与自然、他者或某些甘地式的非暴力作嬉皮士式的交流。①

如何设想作者-编者（author-editors）的系列，科勒认为，首先无论这些学者是谁，他们确实知道他们正在做什么。这即是说，设若《老子》文本以连续的方式被编辑和扩展，又设若有一些基本的主题和话题在整部著作中重复，特别在那些从郭店简的原始本开始出现扩张的部分，我们应该设想后来的文本作者-编者懂得由早前的作者所构筑的各种手法，并将它们与出现在原始本中的模版策略（the template-strategies）相协调。当然，这简直就是说作者-编者知道在文本起作用的主体间性的游戏，而能够即兴重复它。"这即是说，某些《道德经》的读者，可能在公元前四世纪后期或在三世纪前期，可能看到原始文本的议程。"这也为在读者、编者和作者都介入了阅读和思考阅读的相对复杂的模式。②

二、《庄子》文本及其思想研究

（一）《庄子》的翻译、文本研究与庄子学派

葛瑞汉（A. C. Graham）的英译本《庄子》在西方影响较大。Steve Coutinho 特地为 2003 年葛译版《庄子》写了一篇评论，③ 总结了葛氏相关成就。葛瑞汉对《庄子》翻译的理解及其文本分析影响巨大，但也有些不同的声音。林顺夫（Shuen-fu Lin）在《道

① Alan Cole. Simplicity for the Sophisticated: Rereading the Daodejing for the Polemics of Ease and Innocence. p. 47.

② Alan Cole. Simplicity for the Sophisticated: Rereading the Daodejing for the Polemics of Ease and Innocence. pp. 47-48.

③ Steve Coutinho 的评论，载 *Philosophy East and West*. Honolulu: Jan 2005. Vol. 55, Iss. 1. pp. 126-130.

的改变：葛瑞汉〈庄子·内篇〉翻译批评》① 一文中认为，葛瑞汉翻译的伟大成就我们必须承认，但《内篇》并不像他所认为的那样，是一系列不连贯的片段，而是包含了内在的逻辑与思想的展开，好似一支歌曲。此外，葛氏挪动一些篇章以复原《庄子》文本的尝试，林顺夫也认为缺乏很好的根据。而葛氏对什么是一般的文本及什么是中国古代的文本的理解也有问题。

Brian Hoffert 也在《早期庄学世系中"理性的"与"非理性的"辨别》一文中，批评了葛瑞汉对《庄子》一些篇章的作者与庄学发展的看法，而提出了不同的见解。② 葛瑞汉认为《内篇》是与庄子本人关系最为密切的材料，而现存的《庄子》一书是汉代学者根据一些与《内篇》思想和风格相似而程度参差不齐的材料缀编而成的。尽管如此，他又认为，大约在公元前二三世纪确实存在一个庄子风格的思想与写作传统。不过，他根本上就否定庄子死后存在任何有组织的庄子学派。Hoffert 认为，既然葛瑞汉否认真的有"庄子学派"存在，那么他把自己将近 1/3 的翻译置之于"庄子学派选集"的标题下就让人觉得有些奇怪。更让人觉得惊奇的是，葛瑞汉认为第 17 篇到第 22 篇的几篇文章才是"庄子学派的核心材料"，因为在它们之中随处可见《内篇》的思想和短语。但他没有解释为什么在没有系统的传承以保存、延续庄子学说的情况下，仍然有如此大量的作品受到了庄子写作的深刻影响。然而，最让 Hoffert 感到惊讶的是，即使在此最像庄子本人的六篇（17-22）著作中，葛瑞汉仍然认为存在着两种相互排斥的观点。一种是《秋水》"大人"（the great man）的"大方"（the great scope）观

① Shuen-fu Lin. Transforming the Dao: A Critique of A. C. Graham's Translation of the Inner Chapters of the Zhuangzi. in Scott Cook（eds.）. Hiding the World in the World: Uneven Discourses on the Zhuangzi. Albany: State University of New York Press, 2003. 参见 Eric Sean Nelson 的评论，载 *Journal of Chinese Philosophy*. Oxford: Sept 2005, Vol. 32, Iss. 3. pp. 529-537.

② Brian Hoffert. Distinguishing the "Rational" from the "Irrational" in the Early Zhuangzi Lineage. *Journal of Chinese Philosophy*. Oxford: Vol. 33, Iss. 1. pp. 159-173.

点，另一种是《知北游》的观点。前者把"道"理性化了，因其把"知"视为"无可置疑的善"（an unquestional good）；后者把"道"非理性化了，因其"言道就充分说明其未能得道"，从而拒绝了所有的"知"。针对这些观点，Hoffert认为，葛瑞汉所谓两种互相排斥的观点其实不矛盾，都是对庄子核心思想的阐扬。只是强调的重点不同。这种本质相同而侧重不同的现象，正暗示了可能存在学派的传承。借用葛瑞汉的用语，"大方"的观点在时间上应该更接近于庄子，为庄子学派传承之第一代。《知北游》的观点晚于前者，则为第二代。显然，这些看法与葛瑞汉的针锋相对。①

为什么Hoffert要批评葛瑞汉的观点呢？首先，他从用语、取喻与思想分析两方面指出，《秋水》中"大方"的观点是庄学固有的传统。从用语、取喻上来看，北海若云："天下之水莫大于海。……此其过江河之流不可为量数。"Hoffert认为，这个隐喻等于在宣称他的学派要高于当时所有其他的思想之"流"（stream）。战国时代的传统，通常用创始者的名字称呼其学派。虽然我们很难知道是否确有一个"大方"学派存在，但至少"大方"这个词一定是用来指称某一特定的学说,而《秋水》的作者认为它是其所传承的哲学核心。Hoffert指出,"大方"一词在《庄子》中还出现过三次，其学派的性质非常明显;而在其他战国文献中却极其少见。

Hoffert进一步认为，这个"大方"学派跟庄子联系在一起。以取喻为例，"北海"让人联想到《逍遥游》中的"北冥"。考虑到《秋水》对话与鲲鹏的故事都是在论"大"，"北冥"又常被解释为"北海"。我们可以认为《秋水》的作者在暗示"大方"学派的宗主与大鹏一样来自同一传统。显然，这就是庄子本人。除此之外，Hoffert还举了一些取喻的例子，以说明《秋水》中的"大方"学派与庄子的联系。从思想分析上看，Hoffert将《齐物论》中自"夫大道不称，大辩不言，大仁不仁"到"此之谓葆光"一节中"天府"、"圆"、"知止其所不知"看作所有庄子思想的核心要素，

---

① Brian Hoffert. Distinguishing the "Rational" from the "Irrational" in the Early Zhuangzi Lineage. pp. 159-161.

并认为它们与《秋水》的思想相呼应。①

总之，Hoffert 在作了详细的分析、比较之后认为，《秋水》中的对话不仅仅是陈述了《内篇》的关键思想，而且对这些思想的进展做了高度系统化的考察。这说明《秋水》的作者仔细消化了庄子的学说。特别需要注意的是，他没有像《庄子》一书中的其他作者，像原始主义者（Primitivsts）、杨朱派和调和主义者（the Syncretists）一样，在解释庄子思想时把它与当时的社会政治关注结合起来。这可能说明《秋水》的作者在时间上要比《庄子》书中其他多数作者更接近庄子。Hoffert 还认为，如果没有一批学生保护庄子的作品，它们很可能早就消失了，因此有理由认为"大方"的传统代表了庄子（学派）世系的第一代。② 所以葛瑞汉坚决否认庄子死后没有真正的庄子学派的看法，极有可能是错误的。

Hoffert 也批评了葛瑞汉认为《秋水》肯定"知"而《知北游》排斥"知"的看法。他认为，葛瑞汉称《秋水》对话主张"知是无可怀疑的善"时，没有考虑《秋水》实际上对"知"的态度有两种。《秋水》的作者反复强调了将"知"运用于特殊的事物（如它们的"大"、"小"）上面是无效的，他真正赞同的是"知止其所不知"之"知"。这也是庄子的核心原则之一。正因为没有注意到"知"有两种不同的区分（即"大知"与"小知"），葛瑞汉因此误解了《知北游》对"知"的态度，其实《知北游》所拒绝的"知"乃是"小知"，而非所谓"大知"，因此，《知北游》与《秋水》的观点不仅不相互排斥，反而相辅相成，是庄子核心思想的一体两面。③

---

① Brian Hoffert. Distinguishing the "Rational" from the "Irrational" in the Early Zhuangzi Lineage. p. 164.

② Brian Hoffert. Distinguishing the "Rational" from the "Irrational" in the Early Zhuangzi Lineage. p. 167.

③ Hoffert 举了一些证据，他认为《知北游》中泰清与无始的对话与"大方"传统中"知止其所不知"的观点明显是一致的。另外，《知北游》中东郭子与庄子的对话中既提到了"大知"，又提到了"当相与游乎无何有之宫"，这些都表明《知北游》同《内篇》及"大方"传统的紧密联系。

不过，Hoffert 认为《知北游》的看法应该略晚出于"大方"传统。首先，《知北游》开篇的第一个故事中引用了《道德经》的内容，而《道德经》对"大方"学派的影响却要小得多。Hoffert认为，虽然《道德经》可能在公元前 300 年左右已经流传起来（其时庄子的第一代继承者业已活跃），但它直到约前三世纪中叶时才开始对更广泛的中国思想传统产生较大的影响。因此，若假定《道德经》的声名在战国文化精英中的逐渐显赫会反映在《庄子》引用的增加上面，则有理由认为《知北游》的材料比"大方"传统晚出。其次，《知北游》的故事中提到了"大人"，而"大人"是"大方"传统称呼圣人的用词。Hoffert 认为，这是《知北游》晚出的最重要证据。①

经过上述一些详细的说明之后，Hoffert 总结道，《知北游》的立场与"大方"的传统（最接近庄子本人的传承）并非如葛瑞汉所认为的他们之间是互相排斥的，相反在本质上与庄子思想的核心要素相一致，只是两者强调的重点不同而已。与庄子思想高度一致的作品（尤其是"大方"的传统）的存在，这说明庄子思想在后来得到了系统的保存和发展。没有庄子学派的传承，这种情况就难以想象，因此葛瑞汉完全否认庄子死后仍存在庄子学派，这大概是不妥当的。从"大方"传统（《秋水》）与《知北游》的立场既内在一致，又有先后时间的不同来看，我们有理由认为，前者是庄学世系的第一代，后者是其第二代。

（二）《庄子》与相对主义、怀疑主义及视角主义

英语世界《庄子》研究的一个焦点，是《庄子》与相对主义、怀疑主义及视角主义（perspectivism）的关系问题。一方面，相对主义、怀疑论在西方哲学中具有长久的传统，在尼采之后视角主义的影响也日益增大；另一方面从这些角度分析、诠释《庄子》也能揭示其思想中颇为重要的一些内容。所以，《庄子》与这些理论的关系问题长期是英语世界讨论的热点。

---

① Brian Hoffert. Distinguishing the "Rational" from the "Irrational" in the Early Zhuangzi Lineage. p. 169.

其中，陈汉生（Chad Hansen）的观点较有影响，① 激起了学者们热烈的争论。他通过对《齐物论》的详细分析指出，庄子认为所有的言论方式、判断都出自特定的视角或视点（perspective），故由其特有的生活方式与视角来看，无论诸种言论、判断之间如何相互冲突，它们各自都是自然的、可能的。由此可以说："每个系统都内在地自我证明其为合理的"，所以"没有任何一个是优越的或绝对的。"② 从另外一面而言，任何不同、甚至对立的言论方式和判断（其本质为独特的生活方式）都没有必要为自己辩护。与此相应，陈汉生认为庄子之"道"不是某些人所谓的一个绝对的形上实体，而是一种能指导人类行为的"言说"（discourse）；而且现实中有很多的"道"，它们往往不同，但不是像儒家或墨家所说的只有唯一正确之"道"。在此基础上，陈汉生认为庄子是相对主义者，更确切的说是"视角相对主义者"（perspectival relativist）③。

赖蕴慧（Karyn Lynne Lai）在《〈庄子〉中的哲学与哲学推理：处理多元性》一文中从另一个角度表达了与陈汉生相同的观点，但她强调的重点有所不同。④ 她认为，《庄子》对知识的追求与对其他普遍性的判断所持的怀疑态度非常明显。与战国时代许多互相辩驳的学派相反，《庄子》似乎赞成视角的多元性（a plurality of perspectives）。但其怀疑主义是否会导致相对主义，仍在争论之

---

① Chad Hansen. A Tao of Tao in Chuang-tzu, Experimental Essays on Chuang-tzu. in Victor H. Mair（eds.）. Asian Study at Hawaii, No. 29. Honolulu: University of Hawaii Press, 1983. pp. 24-55.

② Chad Hansen. A Tao of Tao in Chuang-tzu, Experimental Essays on Chuang-tzu. p. 47.

③ 陈汉生对庄子为相对主义的理解后来又有重要发展。参见 Chad Hansen. The Relatively Happy Fish. Asian Philosophy. Abingdon: Jul/Nov 2003. Vol. 13. Iss. 2-3. 见本文"《庄子》与神秘主义"一节。

④ Karyn Lynne Lai. Philosophy and Philosophical Reasoning in the Zhuangzi: Dealing with Plurality. *Journal of Chinese Philosophy*. Oxford: Sept. 2006. Vol. 33, Iss. 3. p. 365.

中。她认为，战国时代社会动荡，许多学派为救世提出了自己的主张，并且都认为自己的主张是最好的。因此他们不可避免地开始了争辩。与此局势相反，庄子认为这种相互否定的争论没有意义。他甚至进一步反对这些学派背后的普遍性主张，即认为只有自己的理论才是普遍的、客观的。庄子不仅看到了他们都是普遍主义者这一共同特征，而且更点透了其普遍主义的核心原则：与现实或实在相应。一方面，他们认为判定某一学说优劣的原则是看其与现实或实在的相应程度。另一面，他们皆以自己的学说与现实最为贴切。庄子对此表示怀疑。首先，"道未始有封，言未始有常"，则诸多学说对现实的描画、解释是真的与实际相应，还是强加于现实之上的呢？庄子怀疑这些争论，还有其他三个原因：（1）解决争论不能靠参考"事实"；（2）那种检验理论与实在相符的方法假定了一个稳定不变的实在的存在；（3）即便存在这样一个稳定不变的实在，又如何可能知道我们对其特征的概括不是独断的？①

既然庄子怀疑、否定了判断言论优劣取决于其与现实的适合程度，并从根本上怀疑一个稳定不变的实在的存在，则可以说庄子关心的基本问题不是实在，而是实在之外评判言论的标准。《齐物论》里关于辩论是非的那一长段就是在讨论此问题。然而结论很明白，庄子否认有什么可以普遍使用的、客观的判断和区分标准。儒家、墨家及名家之流的天真之处，正在于假定存在着这样一个客观标准。但对庄子而言，标准的选择已受偏见左右；没有无偏见的、理想的观察者（observer）。换言之，每个观察者都有自己独特的视角。庄子应该如何处理这众多不同的视角呢？他的态度如何呢？

《庄子》书中举出了很多独特的视角，如鹏与蜩、学鸠，井蛙、夏虫等。它们都因其自身及环境的限制不能理解与之不同的视角，如蜩、学鸠难以理解鹏高飞南冥，而鹏因其大也不可能注意细小的东西。庄子似乎暗示没有"无所从来的观点"（view from

---

① Karyn Lynne Lai. Philosophy and Philosophical Reasoning in the Zhuangzi: Dealing with Plurality. pp. 366-368.

nowhere)，没有观察者不带有其特定的视角。赖氏设想庄子会不会承认一个优越的观察者？这个观察者的立场是所有其他观察者都应该采取的？比如井蛙的例子。井蛙的理想的位置应该是在井口，这样它既能看到井下，又能留意井外的开阔世界。但是这种推想是没有穷尽的，因为我们可以设想，它是否该站得更高更远一些？比如站在树枝上，甚至需要采用大鹏的视角呢？其实，在庄子看来，设想一个理想的观察者之所以成为问题，正在于我们仍然没有一套确定的标准以决定谁才具有优越的视角。赖氏又设想，我们能否把众多不同的视角综合起来解决这个问题呢？拿夏虫为例，我们或许能把可以四季存活的虫子的观点综合起来，组成一列全面的、贯彻四季的昆虫经验，然后告诉夏虫。但是，这种想法引发了更多困难：谁来做这种综合？夏虫能理解这个全面的经验吗？这套综合性的经验真的可能存在吗？

既然这些都是不可能的，那么庄子的态度是怎样的呢？庄子认为，所有的视角都不可避免地陷入其自身及环境之中，而努力使井蛙看到井外的东西，或使儒墨相互理解对方，都是没有意义。换言之，这些视角全是"陷溺的视角"（lodged perspective），陷入自身所处的立场，并受其限制。① 既然如此，则更没有优越可言。

赖蕴慧认为，若庄子是正确的，则每个观察者或视角的诉求从根本上来讲，是其自身的反映，而非对现实的表述。这种观点看上去似乎包含着相对主义者的弦外之音：若所有的观点根本上都沉陷在其自身的视角性参照框架（perspectival reference frames）之中，则评价他们的标准必须来源于每个视角内部。然而，赖氏认为，庄子不仅仅停留在对知识的相对主义观点上。他并没有声称，从儒墨各有其视角来看，两者都是正确的，也没有同时肯定大鹏、学鸠的视角，而是在不同视角的相互冲突中，指出了它们各自的缺陷。换言之，庄子的旨趣不在于承认各个不同观点各自的合理性，而在于指出这些观点的不足，与其他观点相比，它们各自陷入自身的局限

---

① Karyn Lynne Lai. Philosophy and Philosophical Reasoning in the Zhuangzi: Dealing with Plurality. p. 370.

之中。赖蕴慧进一步认为，庄子的智慧正在于使人们认识到任何特别的观点与理论最终来源于某个特定视角，因此都是有限的。庄子的哲学问题与智慧不在于探求知识、真理，而在于自我反思地发现个体知识论上的局限。

总之，赖氏认为，庄子虽然是怀疑主义者，但他既没怀疑多元性（plurality），也没有怀疑来自某一特定视角的判断的有效性。他所怀疑的是与知识诉求相伴的对普遍性与客观性的认定。庄子最关注的不是某个特定视角、观点是否与真理或实在相应，而是通过知识论的自我反思指出个体观点的局限性。赖蕴慧认为这种强调个人认识局限性的智慧能增加我们对自身的了解，使我们怀有朝向和解的开放心态，在一个伦理多元、价值义务多元的日益全球化的世界里有重大的意义。[1]

把庄子视为相对主义者的这种看法虽然影响较大，但也有人对此持不同的意见。Thomas Radice 在《〈庄子〉中的明与全生》即批评了陈汉生的观点，并提出了一些不同的说法。[2] 他认为陈汉生把庄子描绘成了一个极端的相对主义者，在庄子那里根本找不到道德的形上学基础。作为一种言说方式的"道"允许许多不同的"道"的存在，尽管儒墨都相信只有唯一正确的"道"，但陈汉生认为庄子视它们皆为平等的。Thomas 不同意此种观点，他指出陈汉生仅依据对《齐物论》的分析，而没注意到其他篇章中一些可以被解释为"非相对主义者"或"绝对主义者"（absolutist）倾向的材料。

接下来，Radice 分析了"明"（clarity）及"全生"（survival）的概念。他引用了《齐物论》中自"夫言非吹也。言者有言"到"是亦一无穷，非亦一无穷也"一大段文字，这段文本表面上看起来似乎支持陈汉生的看法，但是需要注意到庄子在此引入了"道

① Karyn Lynne Lai. Philosophy and Philosophical Reasoning in the Zhuangzi: Dealing with Plurality. p. 373.

② Thomas Radice. Clarity and Survival in the Zhuangzi. *Asian Philosophy*. Abingdon: Mar 2001. Vol. 11, Iss. 1.

枢"的概念。庄子在此虽然把众多视角和价值判断都视为相对的，但通过"明"的使用，可以认识到这些不同的视角、价值判断都源自一个更根本的统一，即所有对立、区别的根本统一。庄子认为，普通人忽视了所有差别的根本的统一，因此恒常执著于是非、美丑等的争辩与追求，但圣人把这些差别都融入"道枢"以"明"之。

Radice 认为，庄子以昭文、师旷、惠子三人为例，说明执著于是非、好恶的区别将使道有所亏损。三人皆欲明其所好，结果以"坚白之昧终"。他们的儿子继续追求父亲的事业，结果也是"终身无成"。这些人以其特有的才能追求他们各自不同的爱好，"彼非所明而明之"，却没认识到"道"之中根本的统一。圣人与之相反，圣人由"明"而承认这种统一，因此不再做分别，也没有了特别的喜好。

在此基础上，Radice 认为，尽管庄子赞成某种相对主义，但他仍然相信一种视角或视点（即圣人的视角）优于所有相互排斥的观点（如儒、墨两家的视角）。这种视角即"莫若以明"之"明"，通过"明"而达到所有对立、差异的根本的统一。所以从这个意义上看，庄子并不是陈汉生所谓的极端相对主义者。Radice 认为《德充符》中申徒嘉与子产的故事就能充分说明此点。申徒嘉为兀者，与郑大夫子产同师于伯昏无人。子产以其执政身份居高自傲，耻与申徒嘉同行，强烈要求申徒嘉不要跟他同止同行。申徒嘉批评子产虽与之同适圣人门下久矣，本该"游于形骸之内"（游于道德），其实却仍执着于"形骸之外"。关于这则故事，Thomas 认为，如果按照传统的、纯粹的相对主义来看，申徒嘉没有理由批评子产，正如庄子批评儒墨那些相互对立的观点一样。归根结底，子产没有看到各种对立、差异（是非、好恶等价值判断）的根本的统一，没有真正得道。Thomas 认为，这则材料非常明显地表明庄子并非主张一种陈汉生所谓的极端相对主义，而认为具有一种优越的视角或观点。①

---

① Thomas Radice. Clarity and Survival in the Zhuangzi. p. 36.

除了认为有一种优越的视角（"明"，根本的统一）外，Radice 还认为庄子强调了"全生"（survival）的价值。《人间世》中以不才得以保全壮大的栎社树，以及楚狂接舆对孔子的批评都说明庄子比较重视"全生"（survival）。《养生主》中庖丁的故事众所周知，但我们应该注意到其所暗示的"全生"的教诲，因为在本章一开始其实已经指明了全生的主题（"缘督以为经，可以保身，可以全生，可以养亲，可以尽年"）庖丁的刀用了十几年，解牛数千头，而刃若新发于硎，其原因在于"以无厚入有间"而游刃有余地。Radice 认为，如果我们把这个故事与其他地方讨论的"明"联系起来，这个故事就可以理解为不是在讲庖丁如何发现了正确行动之明，而是在说他（或他的刀）逃脱了人为的是非之分，因此他（或他的刀）得以保全。这种解释正与本章全生的主题一致。与庖丁相似，庄子也希望游过儒、墨争论之间的空隙，但不是通过再添上一种新的是非理论，而是绕开（by-passing）所有传统道德。这就是"明"。通过"明"，圣人看到儒墨观点的统一。如此，就不会受到传统标准的裁决，从而可以全生，可以尽年，如同栎社树一样。所以，庄子在承认"明"及根本的统一的优越性的同时，也强调了全生的价值。①

总而言之，Radice 认为，从上述两点来看，庄子思想确有相对主义的成分，但不是极端的相对主义。极端的相对主义无法理解《庄子》中一些明显为非相对主义的材料（如申徒嘉批评子产等）。在庄子那里，圣人"明"的视角是优越的视角，由"明"而来的对立、差异的根本统一是更高的观点。此外，庄子也强调了由"明"而来的全生的价值。

（三）《庄子》与神秘主义

《庄子》里有些说法看上去比较神秘，如"乘云气，御飞龙，而游乎四海之外"、"心斋"、"无听之以心，而听之以气"、"圣人之息以踵，众人之息以喉"、"坐忘"等。这些说法可以作神秘主义的解释。英语世界就有些学者尝试从神秘主义的角度研究庄子。

---

① Thomas Radice. Clarity and Survival in the Zhuangzi. pp. 37-38.

Harold D. Roth 在《〈庄子·齐物论〉中两种模式的神秘经验》一文中探索了庄子神秘主义维度。① Roth 认为，庄子有两种模式的神秘主义（a bimodal mysticism），包括内向时刻和外向时刻（introvertive and entrovertive moments）。这些神秘经验是内在修养实践的结果。他认为，庄子的神秘实践很像现时流行的内在修养手册中的东西。庄子的内在世界神秘主义（intra-worldly mysticism）没有让读者拒绝，而让他们接受日常世界。Roth 仔细检查了被认为是道家宗教实践，尤其是内在修养传统的材料。能认定为庄子的内在修养的东西，可以在关于心斋和虚己的对话、"真人之息以踵"、"坐忘"、"离形去知"以及"大知"批评"小知"等材料中找到。庄子的神秘主义是对环境的自然的开放与反应，是在与有差异存在的日常世界的联系中内在地体验"道"，而非与超自然的、超验的（transcendent）或形上的实体，或与静止的绝对（所谓"道"）的非理性的统一。庄子的怀疑主义也非教条，而是作为反对命题、概念僵化的方法。Roth 展示了庄子如何区分了"因是"与"为是"，并以此挑战人们局限在自我、自我的图式（schemas）和单一而有限的视角之上。其目的是在对道的平衡的全面的视角中获得"明"，这样人就可以"物来顺应"地生活在普通事物中。

普明（Michael J. Puett）在《无物能胜天：〈庄子〉中"神"的概念》一文中表达了与 Roth 不同的观点。② 普明认为，庄子对"神"的能力的看法与《管子·内业》中自我修养的概念有根本差异。庄子否认通过"气"的修养可以获取能力，因为真正的"神

① Harold D. Roth. Bimodal Mystical Experience in the 'Qiwulun' Chaper of the Zhuangzi. in Scott Cook（eds.）. Hiding the World in the World: Uneven Discourses on the Zhuangzi. Albany: State University of New York Press, 2003. 参见 Eric Sean Nelson 的评论，载 *Journal of Chinese Philosophy*. Oxford: Sept 2005, Vol. 32, Iss. 3. pp. 529-537.

② Michael J. Puett. Nothing Can Overcome Heaven: the Notion of Spirit in the Zhuangzi. 载 Scott Cook（eds.）. Hiding the World in the World: Uneven Discourses on the Zhuangzi. 参见 Eric Sean Nelson 的评论，载 *Journal of Chinese Philosophy*. Oxford: Sept 2005, Vol. 32, Iss. 3. pp. 529-537.

人"压根不关心能力。我们可以从庄子对列子的讽刺看出,"神人"可以不通过精神修养实践而吊诡地(paradoxically)获得精神自由。庄子既非怀疑论者,也非相对主义者,而是一个把自由设定在接受天的秩序和人在世界中的位置的宇宙论者。

传统上认为惠施是一个逻辑学家,庄子是一神秘主义者,然而陈汉生通过对《秋水》文末庄子与惠子关于鱼之乐的辩论的细腻分析,证明了一个完全相反的观点:庄子其实是一个更高超的辩者,一个更清晰、更具分析性的知识论者,而惠子倒是一个神秘主义者。[①]

陈汉生认为,《庄子》中的一些材料(如第 24 篇)看,庄子与惠子应该是一对有共同思想基础而又不尽相同的思想上的伴侣。从《天下》篇来看,我们甚至可以大胆推测,或许庄子的相对主义思想并非其原创,而是来自惠子。既然他们是这样一对思想伴侣,我们应该有理由认为他们之间的讨论、辩论具有建设性,而非内容空乏浅薄。陈氏认为,《秋水》结尾处庄子与惠子的对话大家耳熟能详,然而这次著名的对话通常被看作是神秘主义者(庄子)与逻辑学家(惠子)之间一场失败的交流,其中庄子用诡辩回应了惠子严谨的逻辑推论。若我们认为庄子、惠子是一对有思想深度的建设性的伴侣,则这种看法实在值得怀疑。而要想揭开这段有趣对话的真实意义,必须先抛弃过去的成见。这是一个重要的前提。另外一个重要的前提或出发点,是葛瑞汉对这段对话的分析。葛瑞汉注意到,对话中的问句使用的是很少见的"安……"的形式(如"安知鱼之乐?"),而非常见的"何以……"的句法(如"何以知……")。他认为,这表明对话的立场是庄子哲学的主题之一:视角主义(perspectivalism)。换言之,对话的中心是视角。[②]

上述两个基本点,是陈汉生分析的源头,接下来他仔细分析了这段寥寥数语的对话。庄子与惠子游于濠梁之上。庄子说:"儵鱼

① Chad Hansen. The Relatively Happy Fish. *Asian Philosophy*. Abingdon:Jul./Nov. 2003. Vol. 13, Iss. 2-3. p. 145.

② Chad Hansen. The Relatively Happy Fish. p. 146.

出游从容，是鱼之乐也。"惠子就问他："子非鱼，安知鱼之乐？"惠子问庄子是怎么知道鱼之乐的。葛瑞汉认为此处惠子用的是"安知"，而非"何以知"，说明惠子在追问庄子是从哪个视角（perspective）知道鱼之乐的。众所周知，庄子认为不同的事物因其不同的视角会有不同的善恶、美丑等观点。于是，惠子站在相对主义的立场上希望庄子能给出一个合理的视角来，说明他是怎么知道鱼之乐的。然而，陈氏认为，这里我们要特别留意惠子自己有个推论："子非鱼，安知鱼之乐？"换言之，惠子自己背后其实有一种主张，即如果要判断一物是否处于某种状态，正确的视角只能是此物自身。或者，只有自己才知道什么为美，什么为乐等，而他物因非此物，故不能对鱼之乐作任何判断。

惠子在追问庄子怎么知道鱼之乐，要求庄子给出一个正确的视角之时，我们应该注意到庄子其实已经说出了其理由："儵鱼出游从容，是鱼之乐也。"庄子是从鱼的从容自得中推出了鱼之乐。然而，惠子的那种直接的、非推论的知的原则使他必须拒绝庄子的理由。因为只有直接的、直觉的了解"乐"才算"知乐"，而不能从外在的观察推出。换言之，只有鱼自己知道自己乐与不乐，其他人都是无法知道的；我们也不可从任何外在的推理而知道。陈汉生认为，到此已经出现两种对立的"知"的标准：一种是庄子的可推理的、间接的、第三人式的标准（The inferential indirect third-person standard），另一种是惠子的直接的、不能推理的、第一人式的标准（The direct, non-inferential, first-person standard）。①

对于惠子的诘难，庄子回答道："子非我，安知我不知鱼之乐？"传统的观点把庄子的回答看成诡辩，看作神秘主义庄子对逻辑学家惠子逻辑的逃避。陈汉生认为，基于上面的分析，可以看到事实决非如此。庄子显然看到了惠子背后的那个原则，而且他似乎敏锐地发现了此原则可能导致的困难，因此，他用惠子的方式反问惠子，其实把讨论的中心从"安知"转到了手段、方式背后的原则上了。陈氏认为这是一种典型的哲学的"语义提升"（the

---

① Chad Hansen. The Relatively Happy Fish. p. 151.

'semantic ascent'），把焦点转到"第二层"或元主张（second level or meta-claim）上。庄子现在通过反问设下一个巧妙的陷阱，引导惠子承认其直接的、不可推的、第一人的"知"的标准，并推出与此标准或前提相矛盾的结论，从而证明他的那个标准是有问题的。庄子企图使用归谬法。

面对庄子的挑战，惠子自信地说："我非子，固不知子矣。子固非鱼矣，子之不知鱼之乐，全矣。"然而这正是庄子期望的回答。惠子的回答完全顺着庄子的思路，落入了陷阱。他如此回答等于再次明白地承认了其直接的、不可推的、第一人的"知"的标准。然而他作了危险的推论。先来看第一句："我非子，固不知子矣。"按惠子的"知"的标准，他自己当然清楚他不知庄子的"知"，然而在此惠子用了一个推论的方式表达此点，即从"我非子"推出"我不知子"。陈汉生认为，惠子的这种做法有违其"知"的原则。因为只有主体自身知道自己的状态，他人是无从得知的，而且"知"必须是直接的，推理也不可能知。所以，惠子在此直接说出他不知才符合其标准，而不能根据推理得出。尽管如此，但问题并不严重，因为毕竟结论都是"不知"（但其实若严格按惠子的标准，则根本不能有推论的"不知"）。不过当他再次推论道："子固非鱼矣，子之不知鱼之乐，全矣"时，陈氏认为问题就严重了。按照惠子"知"的标准或其内在视角（inner-perspective）的方法，他不能对自身以外的主体的内在状态作任何判断，也不能根据一些外在于彼主体的东西而推知其内在状态。任何一个"知"的主体所能做的，仅仅在于陈述其所知。因此，惠子不可能知道庄子知还是不知，更不能使用推论说明他知道庄子不知道鱼之乐。他一直这样做，就违背了其"知"的标准而陷入自相矛盾。到此惠子已落入了庄子的陷阱，庄子也用归谬法指出了问题之所在：惠子那个严格的直接的、不可推的、第一人的"知"的标准行不通。我们可以清楚地看到，惠子陷入了困境。他需要从他的原则做出推理证明庄子之不知，但这个原则又拒绝了所有的推论。

陈汉生认为，对话至此展现了实质性的意义。它决非是神秘主义者庄子与逻辑学家惠子之间的没有什么意义的语言游戏，而是在相对主义的基础上深入讨论"知"的标准问题或如何"知"的问题。庄子与惠子都承认不同视角有不同观念的相对主义。这种视角相对主义自然要求在"知"时应该有相应的、合理的视角。惠子一开始似乎坚持严格的、直接的、不可推的、第一人的"知"的标准，这是"知"的唯一正确的或可能的标准。但庄子没有采用这种唯一的、纯粹内在于主体的"知"的标准，而认为有两种"知"的途径。我知道自己快乐的知的方式与他人知道我快乐的方式不同，但两者皆为有效的知的途径。换言之，庄子既承认直接的、非可推的、第一人的"知"的标准，也承认间接的、可推的、第二人的"知"的标准。

惠子既想坚持自己的第一人的原则，又想推出庄子不知鱼之乐，结果必然地陷入自相矛盾之中。但陈汉生认为，从惠子充满自信之情的回答（"我非子，固不知子矣。子固非鱼矣，子之不知鱼之乐全矣！"）可以看出他坚信他认为庄子不知鱼之乐是正确的。换言之，他毫不怀疑自己知道庄子不知鱼之乐。从实质上说，他信任他在此所用的可推的、外在的、第三人的标准。所以，结合前后一起来看，惠子似乎对"知"的标准问题的关键不清楚，不透晓，在坚持绝对内在的第一人原则的同时，又自信地使用推知的外在原则，而丝毫不觉得有问题。惠子坚持两种相反的原则，一点也不像传统所谓的逻辑学家。相比之下，庄子倒敏锐得多，透彻得多。一开始即看到了更深的问题，并引导惠子走向自相矛盾。显然，庄子倒是一个更有分析性、更透彻的更一致的辩者。①

经过陈氏的分析，对话到此实际上已经将核心问题表露无遗。从惠子这一方来看，一方面他主张直接的、非可推的、第一人的标准，另一方面他希望知道并陈述其他主体的内在状态，而且对自己能知他者这一点坚信无疑。庄子因此从两个方面把他引向了矛盾。其实，庄子是在告诉惠子若要坚持推论，认为自己能知他者，就必须放弃纯粹的第一人的标准，同时承认可推的第三人的标准。这样

① Chad Hansen. The Relatively Happy Fish. p. 154.

一切问题都消失了。所以，他最后说："请循其本。子曰汝安知鱼乐之者，既已知吾知之而问我，我知之濠上也。"庄子的意思是说，如若我们放弃了单一的、纯粹内在视角的"知"的标准，而承认外在、可推的知的原则（即承认有两种不同的知的途径），则其实我知道鱼之乐，而你也知道我知道鱼之乐。你所询问我的，并非追问我怎么知道鱼自身所感受到的快乐是什么样的（此只有鱼知道，或只能用内在视角的知的原则），而是追问我是怎样知道鱼是快乐的或怎样知道鱼处于快乐的状态（此可以从鱼的出游从容推知）：追问我知的途径或方式。所以，庄子最后说："我知之濠上也。"言下之意，我是推知的。陈汉生认为，惠子其实也知道庄子知鱼之乐，他的问题在于坚持一种不现实的"知"的标准，因此才会对庄子的知的方式或途径产生疑问，进而追问庄子到底通过什么途径知道的。

通过上面一系列详尽的分析，陈汉生指出，过去对这则对话的解释是完全错误有害的。此对话的重大意义在于两人在相对主义的基础上更深入地探讨了"知"的问题。庄子指出惠子那种纯粹内在的发展方向是不现实且危险的，最终将导致"知"之不可能及反语言的结论。

庄子本人愿意持一种承认多种知的标准的立场（包括可推知）。这实际上是对其相对主义进一步的发展或澄清。另外，庄子不是像通常所理解的是一位神秘主义者，而是一个清晰的，分析性的辩者、知识论者、相对主义者，惠子也不是如通常所理解的为一位逻辑学家，因为他在此反倒表现得前后不一致。惠子因为主张直接的、非可推的、第一人的"知"的标准，他倒不仅是一个神秘主义者，而且是一个直觉主义者，或者，他的标准将引导他走向直觉神秘主义（intuitive mysticism）。

（四）《庄子》与伦理学

庄子不仅批判了世俗固定不变的价值区分，指出了价值的相对性，而且提供了一些他认为适宜、幸福的生活态度和生活方式。显然，其中包含了许多有伦理学意义的思想。葛瑞汉在《道家的自然和"是"、"应该"的二分》一文中认为,① 道家的"自然"（spontaneity）概念能解决一个古老的伦理学问题，即人如何从对世界的了解中引发出对什么是伦理意义的"善"的理解。葛瑞汉指出，古代中国的思想中不存在"是"（is）与"应该"（ought）的二分，而道家的自然而为的思想提供了一座连通全面的知识与善的行为的桥梁。葛瑞汉认为我们应该抓住道家以"以明"（Respond with awareness）的命令为至上这一点；在道家文献中，此命令会自动地成就自然的伦理行为。

他认为，至明（the greatest awareness）即能成就最明智的行为。因此，若扩展我们的"明"，我们就会相应地比原来更明智、更合宜。葛瑞汉相信单是此条"以明"的命令已足以保证伦理行为。而被称为"反理性者"（anti-rationalists）的道家，却恰恰不经意地建立了伦理学的理性基础。他进而认为，扩展了的"明"最终会使人们理解自身的利益未必优先于他人的利益。随着我们的理解不断增加，他人的幸福也成为与自身休戚相关的了。一旦我们的认同把他人也亲密地包括在内，我们就能自动地反应而为所有他人谋幸福，即便牺牲自己的。

Christian Helmut Wenzel 在葛瑞汉的基础上作了更远的发挥。② 他首先批评了陈汉生对庄子的视角相对主义（perspective relativism）的解读。陈汉生认为不同的观点都有其出自特定视角的合理性，因此不同的观点皆是平等的，没有任何一个更为优越。它们之间不存在必然冲突，也不必相互辩护自己的合理性。Wenzel认为，陈汉生的看法虽不无道理，但不是庄子的全部。庄子那里有

---

① Harold D. Roth (eds.). A Companion to Angus C. Graham's Chuang Tzu: The Inner Chapters. Monographs of the Society for Asian and Comparative Philosophy, 20. Honolulu: University of Hawai'i Press, 2003. Chaper 5: Taoist Spontaneity and the Dichotomy of "Is" and "Ought". 参见 Steve Coutinho 的评论，载 *Philosophy East and West*. Honolulu: Jan. 2005. Vol. 55, Iss. 1.

② Christian Helmut Wenzel. Ethics and Zhuangzi: Awareness, Freedom, and Autonomy. *Journal of Chinese Philosophy*. Oxford: Mar. 2003. Vol. 30, Iss. 1. pp. 115-126.

些积极的东西，而不仅仅认为"什么都是可以的"。否则，我们便可以反问：什么是职业杀手的道？他也有其道。换言之，难道庄子认为职业杀手也是合理的吗？陈汉生对庄子的解读存在着危险性：因为我正在做，我便是合理的。

Wenzel 还简要地回顾了一些认为庄子思想有伦理意义的观点。David Wong 认为，洞见到道德之理性证明的局限及道德的相对性，能为宽容与同情打下基石。庄子为我们提供了此种洞见，所以有助于我们培养对平等的价值的感受，培养我们与他人的认同。接受多元的伦理，是接受一个丰富、多元的世界的一部分，而庄子希望我们接受这个世界。Wenzel 认为，Wong 对庄子思想伦理意义的发现仍然有缺陷。因为我们可以再次追问：为什么我们不能宽容职业杀手的价值观呢？葛瑞汉注意到了"以明（客观上如此）"〔respond with awareness（of what is objectively so）〕暗示"明"有助于培养我们采用他人观点的能力。反过来，这对我们成为一个道德上更好的人有所助益。但 Wenzel 认为，葛瑞汉却不把这种对他人或时代的观点转变看作伦理行为，而看作认知行为。

《庄子》里有许多神奇的工匠故事，如庖丁、佝偻丈人、津人、丈夫、梓庆等。他们精通自己的艺业，达到了出神入化、令人瞠目结舌的地步。Wenzel 对这些故事一一作了分析。他认为，每个匠人都十分熟悉他所做的事情。他们训练自己的身体，最终在自己的技艺与事业中达到了身心合一的状态。于是他们工作时不假思虑，任凭自然，却能完满适应所处理的对象。Wenzel 认为，《庄子》里这样的故事很多，每个人的工作都不同（如庖丁解牛、佝偻承蜩、津人操舟、丈夫游水、梓庆为镶），但他们成功的方法都是一样的。归根结底，乃由于专注于其所职之事业，他们才做到了葛瑞汉所谓的"以明（客观上如此）"，而且达到了一种身心合一、自然而然的境界。换言之，实现了完全自然地"以明"。Wenzel 设想，既然不同目的的行为都依靠"以明"而成功，我们能否把此种"明"用于道德活动，从而对我们的道德实践有所增益呢？乍看之下是不行的。因为牛、蜩、舟等都是物质性的对象，而道德问题中面对的却为有感情、有权利的活人。处理前者时，我们可以逐渐加深、扩展对他们的客观状况的"明"，并"应之以明"，最终完全达到与其相适的、自然而然的"应之以明"；但在面对后者时，看起来没有办法"应之以明"。但 Wenzel 认为，若我们更仔细地分析"以明"的过程，情况就会不同。

匠人们在工作时随时都可能遇到新的情况，比如从未见过的牛骨结构、从未遇到的怪异水流等。所以，他们所需"明"的，其实是一个不断变化的过程。为了实现他的目标，他必须在关键时刻做出判断和选择。在一个复杂的、变化不居的过程中，这种判断、选择关涉到许多因素。比如他要达到的目的，现实的客观状况，他现有的工具、能力，以及对将来后果的预测等。由此可见"以明（客观上如此）"包含着"明"（了解）可能性，明（了解）过程，考虑到我们自身能力的"明"，及考虑到（了解）什么对我们为可能的，什么为不可能的"明"。总之，除了对外在客观的"明"外，一个熟练匠人的"明"还包括对可能性、对自身能力，甚至对自己的"明"。此外，割牛、操舟、游水等既包含了反映，也包含了解释的活动与过程。所谓反映，不仅反映外部，也反映我们的内在状态；不是没有解释的反映，而是必然伴随着解释的反映。这些特点都可以让我们把"明"扩展到精神领域，而不限于物质性的对象。因此，"明"对道德理论与实践也有启发、开拓。

"明"与道德领域联系的关键在康德的自律伦理学。康德认为人有自由意志，而所谓人的自由只可能是"自律"，即自我立法、自我遵守。既然如此，我们自己明白我们的行为是否出于普遍性的道德法则。只要我们愿意，我们就能够遵守道德法则行动。为了遵守法则，我们不能受个人爱好的左右。康德又认为我们每个人都有善良意志。善良意志能保证我们接受与敬畏绝对命令（道德法则）。Wenzel 认为，康德和庄子至少在承认有善的东西存在这一点上是一致的。前者认为善在我们自身，后者认为善在世界中。此外，两者都暗示不能仅凭我们的个人爱好行动，都希望保持善的东西（在我们自身或在世界）。如此，庄子的"明"究竟如何扩展到道德领域呢？康德希望我们明白人处于道德法则之中的思想（自律），希望我们接受它，而且最终诉诸我们自身中的善和能力（善良意志）去明了它。人处于道德法则之中的思想虽然不像牛、水等是客观的，而只是一种思想，我们不能用身体去回应（respond）它，但是，如若我们愿意接受它的话，我们可在心中回应它。而且，如果我们能够不受诸如欲望、名利等个人爱好的沾染，如果我们能够静如水、镜，就能更好地回应此无私的思想。其实，我们的内心是相信此种回应的。因为当判断一个人的行为是否正确时，我们总是要求他扪心自问。我们相信无论何种情形下，人总是知道什么是对的。Wenzel 总结道："明与自律是合拍的。"① 这就是庄子的"明"的道德价值。

很明显，Wenzel 在葛瑞汉的基础上作了更远的联想和诠释。不过，Steve Coutinho 对葛瑞汉的看法表示怀疑。② 他认为，葛瑞汉与道家都假定人们总是自然而然地倾向那些能带来更"盛"（flourishing）结果的东西。这或许是一般的、自然的人类倾向，但不是普遍的。无可否认的是，人总有些时候是破坏性的，而且某些人看上去还极具破坏性。在 Steve 看来，逐渐增加的对行为的破坏性后果的理解（明）能够促使他们改变行为，这一点并不是显而易见的。

Dan Lusthaus 在《〈庄子〉中的怀疑伦理学》③ 一文中认为，庄子不是一个极端的怀疑论者，而是一个"批判性的思想者"。他有选择地用怀疑主义清楚地表达其视角的、怀疑的伦理学。因为伦理的至上性（the primacy of the ethical），他拒绝知识。庄子的怀疑伦理学相应地接受了视角的态度，目的是用其高度的不确定性作为伦理学自身的内在的、无序的基础。这种开放的怀疑伦理学乐于接

---

① Christian Helmut Wenzel. Ethics and Zhuangzi: Awareness, Freedom, and Autonomy. p. 123.

② 见 Steve Coutinho 的评论，载 Philosophy East and West. Honolulu: Jan 2005. Vol. 55, Iss. 1. p. 129.

③ Dan Lusthaus: Aporetic Ethics in the Zhuangzi. 载 Scott Cook（eds.）. Hiding the World in the World: Uneven Discourses on the Zhuangzi. 参见 Eric Sean Nelson 的评论，载 Journal of Chinese Philosophy. Oxford: Sept. 2005, Vol. 32, Iss. 3. pp. 529-537.

受并利用了事物的矛盾性（paradoxicality）与问题性（questionability）。它促使庄子批判形形色色的立场。

（五）《庄子》中的自我及身心关系

在《〈庄子〉中的"自我"概念：概念隐喻的分析与比较思想》一文中①，Edward Slingerland 借用认知语言学与当代隐喻理论，把《庄子》中的"自我"概念与现代美国英语中的"自我"概念作了细致的比较研究，证明它们的基本结构是一致的。他指出认知语言学的方法（尤其是隐喻理论）是跨文化比较研究的较为合理的方法，能让我们看到不同文化在深层上一致的东西。

Slingerland 首先简要回顾了过去及当前比较思想研究的方法论问题。最早的研究方法是语词层次上的。即先从源语言（the source language）中选择一些重要的词汇，比如理性、真理、心灵等，然后从目标语言（the target language）中寻找与之相对等的词语。如果不能找到对等的词语，则说明此两种语言或文化是不可通约的（incommensurability）。这种语词比较的方法已被人们抛弃。目前比较常见的比较思想研究方法是在哲学思想层次上的。即先从源文化中抽出某些重要的、代表性的哲学理论，而后在目标文化中寻找与之相适的哲学理论。若不能找到相适的，则至少说明一种深层的认知不可通约性。以"自我"为例，西方近代以来的"自我"概念是笛卡儿式的。若以此种"自我"为标准在中国古代思想中寻找与之相应的理论，肯定找不到。这导致一些研究中国古代思想的学者认为中国人"无我"（Hall and Ames 1998）。Slingerland 认为，诸如"自我"这样的抽象概念依附于已存在的民间的自我理论，它可以由口语中的隐喻结构表现出来。尽管表面上存在差异，比如笛卡儿式的自我概念与庄子的自我概念。但这些哲学概念都源于并使用了更深层的形上学的语法，而此语法却扎根于普通的、具体的人类经验之中。因此，他认为，无论是在语词层次上，抑或哲

---

① Edward Slingerland. Conceptions of the Self in the Zhuangzi: Conceptual Metaphor Analysis and Comparative Thought. *Philosophy East and West*. Honolulu: Jul. 2004. Vol. 54, Iss. 3. p. 322.

学思想层次上，我们都忽视了更基本的人类共同经验，而导致了人们认为存在无法逾越的差异。

Slingerland 认为，要想克服此缺陷，需要注意认知语言学与当代隐喻理论的方法与成果。George Lakoff 与 Mark Johnson 的著作已使认知语言学与当代隐喻理论为学术界所熟知。就 Slingerland 关心的问题而言，他认为最重要的概念是"投射构图"（projection mappings）。"投射构图"中，一个更具体、组织更清晰的领域（源领域）的结构被用于理解、谈论一个常常为更抽象或组织比较模糊的领域（目标领域）。此种"投射构图"即通常所谓"隐喻"（metaphor）。当然它也包括明喻、比拟及隐喻一词的更传统的意义。简言之，我们用具体的、熟悉的语言和形象来说明一些结构相似、却难以理解的东西。此俗语所谓"打比方"，这样本来复杂难以理解的事情就变得浅显易懂。①

我们最主要、最熟悉的经验莫过于与物理环境打交道所形成的经验，比如搬动、控制物品，行走到某一目的地等。因为它是最根本、最熟悉的，所以常被用作"源领域"〔"隐喻"（打比方）所借用的浅显易晓的事象〕来帮助我们理解抽象的东西。认知语言学认为此种感觉运动结构（即与物理世界打交道而建立的经验）在塑造我们的概念与推理模式中占有关键地位。它们被称为"基本图式"（primary schema）。"基本图式"与抽象目标领域的联系就形成了一些"基本隐喻"（primary metaphor）。比如：目的就是目的地。行动就是自我推动的运动。

认知语言学关于隐喻的一个极为重要的看法是，这些被用来解释复杂、抽象、模糊事物和思想等的隐喻不仅仅是语言，并且在本质上是思想。这种概念隐喻是类似我们这样的生命必不可缺少的。它是我们思考、推理自身与世界，尤其是相对抽象或结构模糊的领域的不可或缺的工具。一旦我们面临抽象的、模糊的、难以把握的东西，比如时间、生命、生死等，就会自然地、无意识地用我们最

---

① Edward Slingerland. Conceptions of the Self in the Zhuangzi: Conceptual Metaphor Analysis and Comparative Thought. p. 324.

基本、最熟悉的领域中的东西（通常是物理世界中的日常经验，如控制、移动物体、行走等）去把握它们。这就是不自觉地使用了那些"基本隐喻"。因为人类身体十分熟悉周围的世界，而且人类所处的环境类型在很多方面都相同，所以不同的文化与语言的概念隐喻应具有很高的相似性。"基本隐喻"更是如此。例如，无论什么文化、什么语言、什么时期，人类都有一个共同的经验：为了实现某个目的，从 A 点移动到 B 点。因此，如果我们发现"目的是目的地"的基本隐喻普遍或近乎普遍地存在于所有人类文化，不该觉得奇怪。从抽象领域看，因为我们对它们的理解、推理借用了源自人类基本经验的首要隐喻，所以人类基本经验的相似性也会反映到抽象领域中。换言之，我们在不同文化的抽象领域中发现深层的、基本的共同性。当然它是通过隐喻的相似性表现出来的。

　　简而言之，认知语言学的隐喻理论就是：（1）人类的经验中有一些是具体的、组织清晰的、基本的，特别是那些与物理世界打交道形成的感觉运动经验。它们最为我们所熟悉。（2）人类面对抽象的、组织较为复杂的东西时，往往会借用其熟悉的、具体而清晰的基本经验来理解和推理。如此则形成概念隐喻。（3）人类的具体的、基本的经验都是相同的或相似的，因此反映抽象领域的概念隐喻也具有相似性。在这些认知语言学理论的前提下，Slingerland 以《庄子》中的自我概念隐喻与现代美国英语中的自我概念隐喻的比较分析为例，作了具体的说明。Lakoff 与 Becker 仔细而广泛地检查了现代美国英语中自我隐喻后，发现讲英语的人的基本经验里存在着一个主体（a subject）与一个或多个自我（one or more selves）的隐喻分裂。在主体-自我图式（Subject-Self schema）中，主体总是被认为好比一个人，而且具有独立于自我或众自我的经验。它是意识的核心、主体性经验及我们的"本质"。"自我"则包括除此以外的东西，如身体及器官、能力、情感、个人历史等。主体与自我之间常存在分裂。主体-自我图式是自我概念隐喻的基本图式或结构。① 在此基础上，我们可以对《庄子》与现代美

---

① Edward Slingerland. Conceptions of the Self in the Zhuangzi: Conceptual Metaphor Analysis and Comparative Thought. pp. 328-329.

国英语中的自我概念隐喻及其思想图式或结构做更细微的比较研究。首先，场所自我（the locational self）。即自我被理解为（或隐喻为）一个场所或容器，其中装着（容纳着、具有）品德、能力、知识等东西。这种图式显然源自我们与有限空间和容器相关的经验。此种图式在英语中十分普遍（如 "I didn't think he had it in him."），在《庄子》中也能找到，如 "古之至人，先存诸己，后存诸人。"（《人间世》），"吾见怪焉，吾见湿灰焉"。（《应帝王》）等。其次，本质的自我。在本质的自我的图式中，主体是带着本质的主体，即带着我们之所是的本质。自我1指真实的自我（与我的本质相合），自我2指不真实的自我（与本质相违）。此图式在英语中的例子，如 "I am sorry, I just wasn't myself yesterday." 显然，其中 "I" 对应着主体（带着本质）。"myself" 对应着自我1（与本质相合），而昨晚的我对应着自我2（与本质相违）。Lakoff 与 Johnson 注意到了三种不同的本质自我隐喻。Slingerland 认为，与《庄子》最相关的是内在自我隐喻（the metaphor of the inner self），其中本质自我隐喻与容器自我隐喻结合起来了。此隐喻中，容器的内部（inside of container）对应自我1（与主体或本质相合），容器外部表面（outside surface of container）对应自我2（与主体或本质相违）。这种隐喻在现代英语与古汉语中都十分常见，也易于理解。如英语中说 "she seems friendly"，但其实 "but that is just facade [concealing her real (i. e, internal) self.]." 《庄子》里也有相应的例子，如《人间世》中颜回称他将 "内直而外曲"。在《庄子》那里，"内" 的东西常与本质的自我有关。"外" 的东西常与假我（the false self）有关。前者包括：天、气、神、德、身与灵。与之一一相对，后者常常包括：人、实的心、知、名利、仁义礼智、好恶、生死、天下、形。由这种内在、外在自我隐喻可以引申出多种不同的形式，诸如外在的东西却在容器内（主体处于不好的状态），内在的东西却在容器外（主体处于不好的状态），外在的东西在容器外（主体处于好的状态）等。这些形式不同、本质相同的隐喻也很容易理解。Slingerland 在《庄子》里也都找到了例子。再次，物质客体自我（the physical object self）。操纵、控制、使用物质客体是我们最早学习的，而且终身都离不开。因此，它也是主体-自我概念隐喻的来源之一。反应在自我概念隐喻上，基本的图式或结构为"自我控制是客体控制"（Self-control is object control）。因为控制客体的最常见方式为施力于其上。基本图式就相应表述为：自我控制是一个客体在外力推动下的运动。显然，此隐喻中自我控制者指主体。客体或行动者指自我或自我的一些特例（如身体部分、器官、能力等）。外力推动下的运动则指主体对自我的操控。英语中这类隐喻的例子有：I lifted my arm. The yogi bent his body into a prezel 等。《庄子》里也有大量的例子，如"正汝身"、"轻用汝身"等。主体对自我的控制通常为人们所期望，但即使在英语中有时也从积极的意义说不控制自我。当然，这更是《庄子》中为大家所熟知的思想。故又有这样一种自我隐喻图式：施于一客体上的力等于对此客体的压抑或抑制。其中，施力者指主体，客体指自我或自我的特例，施于客体的力指对自我的压抑。因此可推知，如若没有此种力，则意味着自我的自由。Slingerland 认为在庖丁解牛的故事中，庖丁说："官知止而神欲行。"意味着自我的某些消极部分在被控制的同时，其他一些积极的东西却从控制中解脱了。此外，"无为"、"安"、"因"等都是这个隐喻的例子。自我控制的隐喻除上面几个外还有两种。一为"自我控制是拥有客体"，以为"通过抛弃客体，主体逃脱自我的控制"。他也做了分析，并在英语中指出了相似的例子。①

通过上面详细的比较研究，Slingerland 实质上以《庄子》与现代美国英语为例证明了认知语言学和当代隐喻理论的一些核心看法。即因为人类基本生活经验与环境相似，人类对抽象领域把握方式的相似，不同文化语言间有深层的、基本的相似性或共同性。而这种相似性或共同性通过隐喻的图式有所反应。正如业已证明的，《庄子》中的自我隐喻的图式及其反映的对抽象的"自我"的理解与现代美国英语是相同的。传统的研究（语词层次和哲学理论层

---

① Edward Slingerland. Conceptions of the Self in the Zhuangzi: Conceptual Metaphor Analysis and Comparative Thought. pp. 329-335.

次）认为两者存在不可通约性，这是不合事实的。

Slingerland 还认为，这充分表明认知语言学的方法不仅代表了跨文化比较研究中一种新的、具体而有力的方法论，而且为比较研究者的研究提供了一个确信的、一致的理论基础。此外，认知语言学强调隐喻分析的方法，一方面，因为隐喻不仅是语言的，而且是思想的，反映了现实的人类经验，所以我们不至于由此陷入后现代所谓的"语言的囚室"。另一方面，因为不同语言文化的隐喻图式有所差异，又能使在看到共同性的同时避免僵化的普遍主义。

Paul Rakita Goldin 在《〈庄子〉中的身心关系问题》一文中，从身心关系的角度探讨了《庄子》"心"的概念①。他认为，中国古代思想中，即便在《庄子》中，存在着身心关系的问题。他认为，既然"心"是恒常的，而身与世界是变化的，则必然存在一个脱离肉体的"心"。"心"是不变的，而物与气是变化的，这暗示心的平等性（equality）与恒常性（constancy）是独立于它们的。设若如此，那么这种身心二元论就要求我们从根本上重新解释《庄子》，因为此二元论消弱了所有事物的转换（"大化"），消弱了心的情感与身体性特征，还消弱了那种以平静、恒常（equanimity and constancy）为"大化"中的、贯通全过程的顺应的存在（a responsive being），而非与"大化"分离的存在的解释。Goldin 还认为，"神人"与巫的不同为我们提供了一条探索《庄子》精神问题的不同路径。

三、比较哲学视域中的老庄思想研究

（一）老庄对海德格尔思想的影响

《技术现象学：东方和西方》② 一文主要探讨了老庄思想对后

---

① Paul Rakita Goldin: A Mind-Body Problem in the Zhuangzi. 载 Scott Cook（eds.）. Hiding the World in the World: Uneven Discourses on the Zhuangzi. 参见 Eric Sean Nelson 的评论，载 *Journal of Chinese Philosophy*. Oxford: Sep. 2005, Vol. 32, Iss. 3. pp. 529-537.

② Wing-Cheuk Chan. Phenomenology of Technology: East and West. *Journal of Chinese Philosophy*. Oxford: Vol. 30, Iss. 1. pp. 1-18.

期海德格尔关于现代技术本质思想的影响。在超越现代技术思维之途中,后期海德格尔主张欧洲传统"与东亚世界不可避免的对话"。而陈荣灼(Wing-Cheuk Chan)认为海德格尔对技术本质的思考正是与东亚思想对话的成果。对海德格尔来说,技术时代的问题主要表现在本质关系的贫乏(poverty of essential relations),它主要反映为对存在的遗忘(forgetfulness of Being),为了超越这种遗忘,海德格尔敏锐地意识到技术本质(the essence of technology)问题。对海德格尔来说,现代技术如其在古希腊世界中一样,是一种揭蔽(revealing)①,但不同的是,现代技术里占统治地位的揭蔽是一种挑战(challenging/Herausfordern)。也就是说,在现代技术时代,一切都不再是物(object/Gegenstand),而成为持存物(something ordered/Bestand),从本体论上说,这种持存的揭蔽(ordered revealing)就是构架(Enframing/Ge-stell)。构架意指那些用以袭击人的装置的聚合。在此意义上,构架就是现代技术本质之名。但作为现代技术本质的构架自身却不是某物,也不是技术性的。构架使人去持存。由于对这一事实的无知,"人因为现代技术的发达而感觉自己就是宇宙的新主人"。② 这一无知正是现代技术时代的危险(Danger),构架的本质是危险,也就是说,现代技术的本质是危险。但对海德格尔而言,这种危机不是来自于现代技术的负面影响,而是对存在的遗忘。如此,"危险的本质化(essencing)就是存在自身,只要它由于遗忘其本质而藏于其本质的真理(the truth of its essence)之后"。③

---

① 当希腊人以为艺术(art)的主要特征是技术(teche),他们并不意指现代意义的技术或艺术,而是指揭示世界发生的方式(a manner of revealing the emergence of the world)。Wing-Cheuk Chan. Phenomenology of Technology: East and West. p. 2.

② Wing-Cheuk Chan. Phenomenology of Technology: East and West. p. 3.

③ Wing-Cheuk Chan. Phenomenology of Technology: East and West. p. 3. 本质(essence/Wesen)一词,在海德格尔的意义上不能被理解为实质(quidditas/whatness),它不再是一个名词(essentia 意义上),而首先是个动词。作为动词,它是持续(waehren/endure)的同义词,也与提供(gewaehren/grant)相关。

海德格尔是如何通过与老庄的对话来发展他关于技术本质的思考的呢？从哲学的立场来看，首先，海德格尔的四元（Fourfold，即 sky，earth，the mortal，the divine，天、地、人、神）观念可以追溯到《老子》二十五章的四大（道、天、地、王）观念，他用神和人代替了老子的道和王，陈荣灼以为这种替代有两个原因：其一，无限性属于神，而必死性是人有限性的象征；其二，只要道法自然，它就应被置入四元的交互游戏之中。通过这种替代，海德格尔给老子四大提供了一个更加复杂的说明，进一步推进了老子四大的观念。① 这种推进也受到了庄子的影响。② 而海德格尔用罐子做实例来阐明物之物性在于其空无，以回答"万物之所生恶起"的问题，这与老庄特别是庄子的思路非常接近。无使物生，这是物之物化或世界之世界化（thing's thinging or world's worlding）不能被解释或思考为任何其他东西的原因。当人因为技术的强大而视自己为宇宙主人的时候，技术成为人的工具，但当海德格尔用构架来表示现代技术的本质时，由于对存在的遗忘，人其实是技术的工具，现代人与技术的这种悖论关系貌似黑格尔式的主-仆关系，但其根本区别在于，在现代人与技术的悖论关系中，人从未真正成为主人。有趣的是，庄子也揭示了同样的一个悖论③，泽雉宁可觅食野外，也不愿饱食笼中。构架（Enframing）和筑笼（constructing a cage）意思完全匹配，都想求得安全最终却被束缚于其中。

———————

① 这主要表现在海德格尔关于四元之间镜子游戏（the mirror-play of the fourfold）、世界的生成（the emergence of the world）、世界之世界化和物之物化（worlding and thinging）等相关论述中。参阅 Wing-Cheuk Chan. Phenomenology of Technology：East and West. p. 5.

② 陈荣灼认为海德格尔镜子游戏观念受到"圣人之心静乎，天地之鉴也，万物之镜也"、"物物者非物"（《庄子·天道》）的影响。而且海德格尔在说明镜子的游戏之后指出：世界的镜子游戏是大道的圆舞（the round dance of appropriating/Ereignens），这里很容易使人想到庄子"万物皆种也，以不同形相禅，始卒若环，莫得其伦"（《庄子·寓言》）的话。参阅 Wing-Cheuk Chan. Phenomenology of Technology：East and West. p. 6.

③ 参见《庄子·养生主》：泽雉十步一啄，百步一饮，不蕲畜乎樊中。神虽王，不善也。

如何超越技术时代？海德格尔诉诸于艺术（art），在艺术如何带来挽救力量的问题上，我们又可以看到道家对海德格尔的影响。如前所言，人凭借技术把自己宣称为统治世界的超人，这是遗忘存在的必然结果，因而只有超越对存在的遗忘才能超越技术时代。在超越对存在的遗忘的途中，海德格尔发现存在的真理（the truth of Being）是一个双向的运动：既揭蔽又遮蔽（Unconcealment and Concealment），也就是说，存在既揭示自身，又隐藏自身。结果是，完全展现的事物（total and complete disclosure of things）在原则上是没有的。艺术作品的独特性在于它本质上蕴含的世界与大地的抗争（conflict between "world" and "earth"），即 "世界的设立（setting up）和大地的生产（setting forth）是作品本源（the work-being of work）两个根本特性。"① 在世界与大地的抗争中，存在的真理发生了。"诚然，海德格尔把艺术作为超越技术的拯救力量的思想是革命性的，但从道家的角度看，它可以说是庄子艺术理论的一个基本的现代应用。"② 在梓庆为镴的例子中，曹础基曾指出庄子把 "以天合天" 作为艺术创造的原则。陈荣灼在此进一步指出，正因为艺术是天之设入作品（the setting-into-work of Heaven），所以 "以天合天" 才成为艺术创造的原则。"以天合天" 要求艺术家返回自然。如果把天换成海德格尔的存在，我们很快就发现其间的相似性。而且在 1940 年不来梅研讨班的资料上，可以找到关于庄子梓庆寓言的摘录，这是证明海德格尔曾受庄子艺术思想影响的一条重要资料。但海德格尔受庄子影响还表现在更根本的地方。梓庆 "以天合天" 的原则是通过忘我（self-forgetfulness）达到的。对海

---

① Wing-Cheuk Chan. Phenomenology of Technology: East and West. p. 10.

② Wing-Cheuk Chan. Phenomenology of Technology: East and West. p. 10. 这主要涉及《庄子·达生》：梓庆削木为镴，镴成，见者惊犹鬼神。鲁侯见而问焉，曰："子何术以为焉？" 对曰："臣工人，何术之有！虽然，有一焉。臣将为锯，未尝敢以耗气也，必齐以静心。齐三日，而不敢怀庆赏爵禄；齐五日，不敢怀非誉巧拙；齐七日，辄然忘吾有四枝形体也。当是时也，无公朝，其巧专而外骨消；然后入山林，观天性；形躯至矣，然后成见锯，然后加手焉；不然则已。则以天合天，器之所以疑神者，其是与！"

德格尔来说，艺术能成为挽救力量，主要有两个原因：其一，艺术家在展示人类多么应该回报自然时，提供了一个角色模型（role model）；其二，艺术作品的神圣性可以提醒现代人，他们是有限的。要超越蕴涵在工业社会中的主体主义（subjectivism），重新激活庄子忘我的思想是有益的。"庄子的忘我不是要求我们自杀，而是提醒我们，作为一个人而活着，我们必须认识到天的存在（existence of Heaven）。简而言之，只有人不再以人灭天而以天合天，超越技术时代才有可能。正因为艺术是以天合天原则的化身，它才能成为拯救力量。在此可以看到海德格尔是如何借用庄子来宣称艺术是拯救力量的。"① 后期海德格尔还吸收了庄子"无用之用"的思想，而老子"祸兮福之所依"、"反者道之动"等观点对海德格尔关于危险是构架本质的思想也有明显影响。后期海德格尔关于物之物化等奇怪的语言是庄子"物物而不物于物"的逻辑结果。在这个意义上，人们可能提出一些刺激的观点：没有对道家文本的诠释学应用，后期海德格尔不可能发展他的技术现象学。从一个批判的角度说，后期海德格尔似乎把现代技术视为必然的罪恶，庄子则不同，他能接受关于技术的更加积极的态度。通过庖丁解牛的例子，庄子说明了人如何能把技与艺结合到完美以至见道。在这个意义上，庄子可以帮助我们解决后期海德格尔思想中隐含的技术与艺术间的紧张。毫无疑问，这种对话对后期海德格尔有益，但更重要的是，在海德格尔对老庄思想的诠释与运用中，我们也发现在现代技术时代重构道家思想的可行道路。

在另外一篇《海德格尔对亚里士多德的解释：一个中国的视角》中②，陈荣灼以海德格尔对亚里士多德的解释为基础，比较了亚里士多德和老庄在自然观念上的根本差异，并进而论及道家自然观念对海德格尔生成（Er-eignis）观念的可能影响。不同于西方传统进路，海德格尔把亚里士多德的《物理学》（physics）当作从未

---

① Wing-Cheuk Chan. Phenomenology of Technology: East and West. p. 13.

② Wing-cheuk Chan. On Heidegger's Interpretation of Aristotle: A Chinese Perspective. Journal of Chinese Philosophy 32: 4 (December 2005), pp. 539-557.

得到完全研究的西方形而上学的根源性著作来解读，因为在该书中，亚里士多德关于自然（Φύσις）的解释成为整个西方关于自然之存在（the Being of nature）的解释范式。亚里士多德自然观念根本之处在于：就被推动之状态（κίνησις /the state of being moved）而言对自然之存在的理解。于是物理学的关键问题就是定义运动的存在（the Being of movement）。但海德格尔坚持认为，对亚里士多德而言，运动只能被决定为一种存在性（beingness）。亚里士多德哲学的革命性在于：关于被推动（Being-moved）的问题第一次被明确提出并被理解为自然的存在（the Being of physis），它是西方哲学史中本体论追问的起点。在这个追问的展开中，亚里士多德从运动之物的领域开始，这导致了自然物（natural beings）和人造物（artificial things）的区分。对亚里士多德而言，自然（physis）一词仅用于自然物，一般而言，他把自然（physis）定义为原因（αἴτιον /cause）。但海德格尔提醒我们，这里的原因与现代意义上的因果关系根本无关，而是"确保一个存在者之为该存在者的事实"。① 在此意义上，自然物是自有根源（origin）、秩序的存在者。从本体论来看，自然（physis）对自立于自身者负责。于是，自然（physis）一词也被定义为ἀρχή，根据海德格尔的观察，其词义为同时开始和控制（simultaneously beginning and domination）。就在这个意义上，亚里士多德把自然（physis）定义为运动存在者的根源和命令（the origin and ordering of moved beings）。那么，一个存在者能够返回到它的ἀρχή成为区分自然物和人造物的标准。海德格尔在《物理学》中找到最具决定性的句子：所有那些从自然而来的存在者（beings from Φύσις）都有一种称为存在性的存在（Being of sort of called beingness）。由此，海德格尔强烈反对把οὐσία译为实质（substance）或本质（essence）的传统译法。他指出，亚里士多德把该词引入哲学时，其原意是某物在场（something lies present）或

① Wing-cheuk Chan. On Heidegger's Interpretation of Aristotle: A Chinese Perspective. p. 540. 该句英文为：what is responsible for the fact a being is that which it is.

在场之物（that which lies present），希腊人是在 ὑποκείμενον（意为在……之前在那里/lie there in front of）的意义上用 οὐσία 一词的。从方法论上讲，说"自然是（physis is）"是荒谬的。一般来说，存在者的存在已经先在那里了。由此，海德格尔得出了双重的结论："在现象学上，为了达到对自然之存在的正确的哲学定义，我们对作为存在的 οὐσία 必须有足够根源性的洞察；在本体论上，希腊人把 οὐσία 理解为持续的变得-在场（constant becoming-present）。"① 因此，亚里士多德把自然的存在理解为持续的变得-在场。海德格尔还提醒我们，在古希腊，存在也意谓着可见起来（coming into unhidden）。如果被推动是自然物的存在，那我们也可以相应的把它理解为 οὐσία。但海德格尔指出，"希腊人把被推动设想为静止（rest），静止扮演积极角色。静止不是指中止或停止运动，而是被推动（being-moved）最终使其自身聚集而至恒常之静（standing still）的事实。也就是说，被推动包含并进而揭示静止。静止正是被推动运动的本质，这种运动使其自身聚集于其终点，惟其如此，它成为自身"。② 同时，亚里士多德宣称，让某物进入出场的放置就是自然（the placing into appearance is Φύσις）。"让某物进入出场的放置总是以如下方式使某物在场，即在在场起来（becoming-present）时，不在场起来（becoming-absent）也同时在场。"③ 海德格尔对亚里士多德自然观念的阐述并非只是诠释性的，他更要批评、揭示其根本的局限性。这主要指两个方面：其一，自然在这里仅仅指·种存在者即自然物的存在；其次，作为自然物的存在，自然实际上被理解为存在性（beingness）而非存在自身（Being itself）。而前苏格拉底的希腊哲学则都首先把存在视为自然

---

① Wing-cheuk Chan. On Heidegger's Interpretation of Aristotle: A Chinese Perspective. p. 541.

② Wing-cheuk Chan. On Heidegger's Interpretation of Aristotle: A Chinese Perspective. p. 541.

③ Wing-cheuk Chan. On Heidegger's Interpretation of Aristotle: A Chinese Perspective. p. 542.

（Φύσις）。亚里士多德没有像赫拉克利特（Heraclitus）那样认识到
"存在喜爱隐藏自身（Being loves to hide itself）"。海德格尔强调：
在古老的意义上，自然就是既自我遮蔽又自我显现的存在（Being
as self-concealing revealing），但这始终外在于亚里士多德的自然概
念。

由于激活了自然的古义，后期海德格尔可以转向思考他的生成
（Er-eignis）观念。在此可以发现，后期海德格尔的生成观念和道
家的自然观念有惊人的相似。一般意义上，自然意指因其自身而
然。根据道家思想，就宇宙根源而言，万物皆因其自身而然。作为
一个哲学观念，自然指使事物发展为一个独特实体的道路，主要包
括自然而然和顺其自然两个方面。根据王弼和郭象的解释，自然主
要包括八个方面的根本特征：（1）"自然者，无称之言、穷极之辞
也。"①（2）郭象说："自己而然则谓之天然，天然耳，非为也。"
而王弼也说："天地任自然，无为无造，万物自相治理。"（3）万
物自然意指没有创造者。万物皆自然而生，"道不违自然，乃得其
性"。（4）自然指终极根基（ultimate grounding）之不可能性。郭
象说："物各自然，不知所以然而然。"（5）自然指隐匿的首要性
（primacy of concealment）的观念。②（6）道家无为观念不是消极
的，它指使万物顺其自然。③（7）自然指依自然而行，不使它物从
属于自己。（8）自然然后能与天地合德，而因顺自然不是宿命论
（fatalism）。初看起来，和亚里士多德一样，道家的自然也只关注

---

① 王弼指出："自然者，无称之言、穷极之辞也。"王弼有名和称的区分，
名主要基于符号和对象间的相似性，而称则主要依赖于言说者的意向。名和称在
可状之域（the realm of characterizable）而言，相对于此，有一种"无称之言、穷
极之辞"的可能，自然就是在此意义上的词，它既不是名，也不是称。

② 参王弼《老子·十章注》："不塞其原，则物自生，何功之有；不禁其
性，则物自济，何为之恃。物自长足，不吾宰成，有德无主，非玄如何。凡言玄
德，皆有德而不知其主，出乎幽冥。"

③ 郭象："无为者，非拱默之谓也，直各任自然，则性命安矣。"无为不是
指无作为和静默，而是告诉我们让万物顺其性而为，以使它们能实现各自的本
性。

自然物并局限于事物的存在性（beingness），但由于道家肯定无先于有（a priority to *wu* over *you*），所以可以"堵塞把自然设想为οὐσία的可能，这构成了道家和亚里士多德之间的根本区别"。① 道家仅在使事物存在的意义上说自然是万物的根源，在道家自然观念中隐含着与海德格尔在本体论上区分存在和存在者相似的含义。

那么，海德格尔的生成（Ereignis/appropriation）与道家的自然概念之间的相似表现在哪些方面呢？首先，他对什么是生成这个问题的回答是：生成生成（Das Ereignis ereignet/Appropriation appropriates），但这个回答并没有指出"什么是"的任何信息，又是逻辑上恒真的。但海德格尔回答是必然的，负面地说，是因为我们不能用"什么（whatness）"来描写生成，通过这个奇怪的回答，海德格尔试图超越"什么"的尺度，惟其如此，才可能接近生成的本性。但从"如何（howness）"的角度，他却给我们提供了对生成非常丰富的描述。事实上，海德格尔要求我们用动态的方式接近生成，生成对他来说是一种由自身而起的本体之运动，我们不能通过"什么"来接近时间和存在。从语言学的角度，海德格尔的生成和王弼的自然都是"无称之言、穷极之辞"，它们都没有提供"什么"的信息，仅指事物之"如何"。由于逻辑只适用于有称之言，这种"无称之言、穷极之辞"就可以超越德里达意义上的逻各斯中心主义（logo-centrism）。另外，海德格尔的"生成生成"和道家的自然一样，都把万物何所生的问题归结为万物自生（all things spring forth spontaneously）。"生成生成"还试图超越西方形而上学传统，莱布尼兹的形而上学基本问题（为什么有有而非有无？/why is there something rather than nothing）预设了充足理由（sufficient reason）原则，但"无没有根基（Nothing is without ground）"，藉此宣称，海德格尔试图表达"原初的无（the

---

① Wing-cheuk Chan. On Heidegger's Interpretation of Aristotle: A Chinese Perspective. p. 545.

primordial Nothing），它属于存在自身，因而属于生成"。① 因为同样宣称无根基，海德格尔的"生成生成"和郭象的"物各自然，不知所以然而然"非常相似。与既遮蔽又显现的真理（a-letheia）相应，隐退（withdrawal）必然属于生成之独特性。从道家立场看，海德格尔的观点不过是对老子"为道日损"的回忆，对老子而言，这种损在使事物自然时是必要的。相应的，海德格尔用无本质（non-essence）概念也不是偶然的，无本质属于存在自身。只要生成是存在的本质，那么内在于它的无本质就被表述为自损（Ent-eignis），没有这种自损（auto-decrease/Ent-eignis），道家的自然或海德格尔的生成都不可能。而这种自损并非消极概念，它的积极之处表现在使存在（letting-be/Anwesenlassen）。而且，后期海德格尔用存在之命运（Destiny of Being）来说明嵌合（Fug），与郭象主张顺命之自然一致，海德格尔强调适应（adaptation）和顺从（compliance），和道家一样，人的本质只可被设想为这种适应和顺从，在此意义上，"此在即在生成中生成者（Da-sein is that which appropriates in Appropriation/Das Da-sein ist das im Ereignis Ereignete）"，这暗示了生成在本质上要求此在的参与。总起来说，就适应和顺从而言，后期海德格尔能展现人与自然相关的方式。所有这些相似表明："从自我完满（auto-upsurgence）的角度，海德格尔的生成和道家的自然之间有结构上的相关性（structural affinity）。"② 最后，通过早期海德格尔和晚期海德格尔对生成的不同理解③的分析，表明后期海德格尔对无的优先性的肯定也和道家思想之间有深刻的关系。

Guenter Wohlfart 在《海德格尔和老子：无——关于〈道德

① 转引自 Wing-cheuk Chan. On Heidegger's Interpretation of Aristotle: A Chinese Perspective. p. 547.

② Wing-cheuk Chan. On Heidegger's Interpretation of Aristotle: A Chinese Perspective. p. 550.

③ 在海德格尔的早期思想中，生成一词主要与实体的揭蔽（disclosure of entity）相关，基本意指生活经验的事件（an event of Erlebnis），而其转向之后，生成一词主要指存在的本质（the essence of Being）。

经·十一章〉》① 中主要讨论了《道德经·十一章》可能对海德格尔思想的影响。文章首先分析了该章几个"无有"并列的断句和理解问题，包括中国学者在内的很多人都在无有之间断句，进而把无理解为在对立统一体（coincidentia oppositorum）中相对于有的对立面。Guenter Wohlfart 认为这里不断句更合适，并引W. Ommerborn 对庄子"无有"观念的理解②为证，试图把无和有解释为互补互足的关系（complimentarity），而非矛盾（contradiction）、无有对立或体用的关系。而老子还提到"有生于无"的命题。在继续追溯了无的两种字源意义③后，作者认为，这两种可能的理解都隐含着灭和生的意义。从而，对无的字源的追溯再次印证了前面论及的无有关系。

文章接着比较了海德格尔林中空地（Lichtung/clearing）与老子无的观念。海德格尔在阐述林中空地的意义时，常常用森林来做比喻，这似乎与前面提到的无的第一种字源意义有很高的相似性。而海德格尔在其著作和演讲中多处用罐子的例子来说明物的意义，"容器的物性（thingness）根本不在于构成它的材料，而在于它的

---

① Guenter Wohlfart, Translated by Marty Heitz. Heidegger and Laozi：Wu（Nothing）—On Chapter 11 of the Daodejing. *Journal of Chinese Philosophy*. Oxford：Vol. 30, Iss. 1：pp. 39-59.《老子·十一章》：三十辐，共一毂，当其无，有车之用；埏埴以为器，当其无，有器之用；凿户牖以为室，当其无，有室之用。故有之以为利，无之以为用。

② W. Ommerborn 以老子为背景，认为庄子的"无有"可能有如下三种理解：（1）无和有都是经验世界的根源存在；（2）返回到根源之道处，无与有作为对立统一体同时发生，如此则称为"无有"；（3）有的负面，即没有。Guenter Wohlfart, Translated by Marty Heitz. Heidegger and Laozi：Wu（Nothing）—On Chapter 11 of the Daodejing. p. 41.

③ 其一意义根据德国汉学家 Ernst Schwarz 的叙述：无字原来由林和火构成，被烧的森林还可以再生，与无相关，空虚还可以再填满；另一意义则从"無"字代表早期"舞"字的写法，与巫舞致雩相关，其后期用法则代表胚胎，这种萨满舞蹈的显著特征是让风雨突然产生，无成为物生发的前提。Guenter Wohlfart, Translated by Marty Heitz. Heidegger and Laozi：Wu（Nothing）—On Chapter 11 of the Daodejing. p. 44.

空"。而物"从未能够在思想中显现为物"。① 海德格尔对物的意义的理解不可能来自西方传统，而与《道德经·十一章》之"埏埴以为器，当其无，有器之用……故有之以为利，无之以为用"的说法有密切关系，作者据此肯定《道德经·十一章》对海德格尔具有直接影响。②

（二）庄子和克尔凯郭尔——一个宗教的角度

《关于庄子和克尔凯郭尔》③ 一文是对《反理性主义的意义：庄子和克尔凯郭尔的宗教思想》④ 一书的内容简介和一些质疑。Carr 和艾文贺认为，庄子和克尔凯郭尔都是既有传统的批评者，他们在不同的时代都反对支持那些根深蒂固、过时的假信仰的哲学基础。从精神和哲学的态度来说，他们都是反理性主义者（anti-rationalist），但不是非理性主义者（irrationalist）或超理性主义者（superrationalist），因为他们都不是从整体上反对理性在人类存在中的地位，他们只反对那些认为惟有理性能使人选择和追求完满的

---

① 两段转引自 Guenter Wohlfart, Translated by Marty Heitz. Heidegger and Laozi: Wu (Nothing) —On Chapter 11 of the Daodejing. pp. 49-50.

② 本文作者仍然没有海德格尔明确引用第十一章的文献证据，但据张祥龙在《海德格尔论老子与荷尔德林的思想独特性——对一份新发表文献的分析》中指出：2000 年出版的《海德格尔全集》75 卷中有一篇写于 1943 年的文章，题为"诗人的独特性"，探讨荷尔德林诗作的独一无二的思想意义，涉及海德格尔前后期著作中的一些重要话题。就在这篇文章中，海德格尔引用了《老子》第 11 章全文，以阐发他最关心的一些核心思路。该文献是迄今为止被正式出版的海德格尔谈及道家的材料中最早的一篇（早于其他材料至少 14 年之久）。张氏论述参考学术中国网站 http://www.xschina.org/show.php?id=8983。

③ Hans-Georg Moeller, Leo Stan, On Zhuangzi and Kierkegaard, *Philosophy East and West*. Honolulu: Jan 2003. Vol. 53, Iss. 1; pp. 130-135.

④ Karen L. Carr and Phillip J. Ivanhoe. The Sense of Antirationalism: the Religious Thought of Zhuangzi and Kierkegaard. New York and London: Seven Bridges Press, 2000. 该书是两个不同领域的学者合作的成果，由研究宗教的 Carr 撰写克尔凯郭尔部分，研究东亚思想的艾文贺（Ivanhoe）撰写庄子的部分，他们的合作不是简单地把两种研究成果放在一起，而是通过对东西方两位思想家的宗教和哲学问题进行系统比较研究，最终得出一些共同的结论。内容可参看书评：王齐：跨越时空的心灵碰撞——读《反理性主义的意义：庄子和克尔凯郭尔的宗教思想》，《哲学动态》，2006 年第 3 期。

生活的观点。庄子让我们看到一切都是大道的一部分，大道自己运行，无需任何理性判断；而克尔凯郭尔则有一种庄子所完全没有的超越视域（transcendent horizon），悬置理性，构成恒常的动机，以激情去信仰神-人范型（God-man exemplar）之根本荒诞的存在状态。而且，庄子和克尔凯郭尔还被描绘成两位积极寻求救赎（salvation）的思想者。该书结论主要是：两位思想者的相同之处在于各自思想负的方面（negative aspects），而其差异主要表现在正的方面（positive prescriptions）。对庄子而言，我们仅是物中之一物，生活的目的就是顺其自然而不是上帝，并与道为一；对于克尔凯郭尔而言，人的生存主要被原罪（original sin）所染，要使自己同时与自己及神相关联。

虽然高度赞扬了 Carr 和艾文贺的成果，Hans-Georg Moeller 和 Leo Stan 还是对其中的一些问题提出了质疑。首先，他们不能确定把庄子作为与克尔凯郭尔一样的宗教思想家来诠释是否有益。在该书中，一些西方宗教的话语似乎渗入到了对庄子的理解之中，并歪曲了庄子，比如自我（the self）、救赎、精神性（spirituality）、形上安慰之终极目标（ultimate goal of metaphysical comfort）等等。Carr 和艾文贺把庄子的自我说成自然自我（natural self），但在 Hans-Georg Moeller 和 Leo Stan 看来，所谓自然自我实际上是无我（no-self）、完全被遗忘或弃绝的我（a totally forgotten or abandoned ego）。另外，该书作者不想把庄子归结为超越的尺度，而坚持救赎的目标，在这里，他们给庄子加上了本无必要的人文和宗教尺度。再次，他们把精神性和形而上的安慰看成庄子的精神信条，但对道家而言，与道合一并不包括任何喜悦之情，虚心和忘我所导致的不是拒绝情感而是无情；道家的圣人并不认为积极情感优越于消极情感，两者都不构成伤害，因为没有被伤害的实体的灵魂（substantial soul）。在庄子那里完全没有西方宗教意义上与物质性（materiality）相对的精神性观念，没有这样一个精神性的灵魂来体验形而上的安慰。可能作者把这些基督教词汇用在庄子身上是因为他们把庄子理解为和克尔凯郭尔一样高度个人的（highly personal）思想家，但实际上庄子是高度非个人的（impersonal）。"把庄子说成反理性主义者同样是有问题的。因为这暗中预设了古代中国哲学中已经有一个既成的理性主义传统或至少有一个明确说明的理性概念。"① 这一点至少是可以讨论的。

David Goicoechea 的《海德格尔·道家·克尔凯郭尔》② 主要是对陈荣灼《技术现象学——海德格尔和老子》一文及 Carr 和艾文贺合著的《反理性主义的意义：庄子和克尔凯郭尔的宗教思想》一书的进一步思考，文章试图通过对克尔凯郭尔的神-人（God-man）理论的阐发来评断海德格尔、道家和克尔凯郭尔关于克服构架（Enframing）的理论。文章肯定陈荣灼以令人惊讶和信服的方式证明了，海德格尔所关注的技术问题也是老庄的焦点问题，而且海德格尔某种程度上受到老庄的影响。海德格尔和道家一起，随着无实体、无因果关系之流，从现象学转入思考根源（thinking about origination），他们都跃入诠释学循环，跃入艺术可以使我们走出技术挑战的假设。海德格尔理论的焦点在于构架（Ge-stell）和四重整体（Ge-viert）之间的关联。而 Carr 和艾文贺的比较则把庄子和克尔凯郭尔作为宗教哲学家而非艺术哲学家，对他们而言，庄子和克尔凯郭尔都看到了理性主义的危机，而且都试图走出理性主义的构架（enframing of rationalism），但在宗教层面上，他们非常不同，克尔凯郭尔认为只有神-人可以拯救我们，他对道成肉身的理解中隐含着如何理解与技术、合理性（rationalization）相关的构架，它隐含着包含于其解决方式之中的关键点：根源、无、对立和诠释学循环。如果海德格尔和道家正如陈荣灼所展示的那样相似，那么他们都不同于 Carr 和艾文贺所展示的克尔凯郭尔。

克尔凯郭尔的疯癫或魔灵现象学（phenomenology of madness or the demonic）很像海德格尔和庄子的构架现象学（phenomenology of enfaming），他的理论是通过作为关系和过程的人来阐明的。他把人定义为"与己相关同时与他人相关的关系（a relation that relates

---

① Hans-Georg Moeller, Leo Stan. On Zhuangzi and Kierkegaard. p. 133.

② David Goicoechea. Heidegger—the Taoists—Kierkegaard. *Journal of Chinese Philosophy*. Oxford：Vol. 30, Iss. 1. pp. 81-97.

to itself and in relating to itself relates to the other)"。克尔凯郭尔用房子的比喻来说明处于过程中的相关的人格 (relational personhood in process)。"作为审美家,我只能住在地下室里,但也可以上到一楼,过伦理的生活,但还有更多可能,在我在美与伦理的生活之间挣扎的时候,还能发现二楼,当美的时间瞬间与伦理的时间链条互相碰撞、失效并使我沮丧时,我可以躲入永恒处。通过"无限"屈服于暂时、有限和相对的限制,我可以与永恒、无限和绝对相关"。① 但即便如此,我们仍然处于构架之中,"克尔凯郭尔的信仰是一个双向飞跃的运动,当跃入二楼(或宗教 A)的同时,我们要跃回并同时生活在一楼和地下室。当我们与绝对者绝对相关的同时与相对者相对相关,那么我们就有足够的内在激情而不再无聊"。② 为了更深入理解克尔凯郭尔对构架问题的解决,必须了解其关于根源 (origination) 的思考。

如同希腊人将根源归结为始基 (arche),道家将其归结为道,由于道家的根源既是存在论的 (existential) 也是宇宙论的 (cosmological),海德格尔明知此区分而倾向于存在论的生成(他称作生成/Ereignis),而克尔凯郭尔的宗教视角则指向道成肉身 (Incarnation),道成肉身是荒诞的、悖论的、攻击的观念。神-人是克尔凯郭尔理解人格的范型,信仰者视神-人是同时永恒又短暂、无限又有限的。神-人的道成肉身给了信仰者一个赐予 (gift) 和一个任务,此赐予即指完整人格 (full personhood),此任务即是要求信仰者模仿神-人以实现其完整人格。在美、伦理和宗教 A 的层面上,我们都是受限制的,只有仿效神-人那种双向飞跃的运动:既成道 (logos) 又成肉身,我们才能实现不受任何构架限制的完整人格,同时既永恒又短暂。道成肉身的瞬间就是根源的瞬间,它是一个不同于起源性 (archeology) 或谱系性 (genealogy) 的根源。克尔凯郭尔认为道成肉身揭示了一种新的再现的形而上学

---

① David Goicoechea. Heidegger—the Taoists—Kierkegaard. p. 83.
② David Goicoechea. Heidegger—the Taoists—Kierkegaard. p. 84.

（metaphysics of repetition）①。

考虑到技术现象学和根源思考之间的区分，一个现象学家像柏拉图那样追问根源的时候，他是停止追问还是不做现象学家呢？陈荣灼似乎忽略了现象学、思（thinking）和诠释学之间的本质区别。当把艺术作为走出技术构架的拯救力量时，海德格尔和庄子都跃入了根源之思，都跃入了诠释学循环，都在"万物皆出于种"的根源模型中来理解梓庆以天合天的艺术原则。对海德格尔来说，人是有限的这点很关键，在克尔凯郭尔强调人既永恒又短暂、既无限又有限时，海德格尔却拒绝了人的永恒性和无限性。另一方面，克尔凯郭尔却没有任何诠释学循环可以跃入，他相信一切都是客观上不确定的（objectively uncertain）。由于他相信受难的神-人的隐退，克尔凯郭尔可以投入到焦虑、绝望和侵犯（an anxiety, a despair and an offence）之中，这些远非海德格尔或道家可以想象的。他的信仰是对道成肉身和罪的信仰，克尔凯郭尔说明了四种罪："审美家因为侵犯自身而有罪，伦理人因为侵犯他人而有罪，宗教 A 的人因为侵犯上帝而有罪，宗教 B 的人有信仰，他可能因为侵犯神-人而有罪。"②

总体来说，在克尔凯郭尔关于房子的比喻中，克尔凯郭尔和道家都跃入了第二层，都对第一层（即伦理）的绝对化采取否定态度。"通过斋或其他神秘仪式，人可以绝对得爱绝对者，可以通过拒绝和间接沟通发现道，于是道被经验到，并被想成全能的无或无有（Nothing or No-thing），即道。这便形成了一个诠释学循环，在其中道成为绝对者，并赋予任何从它的种子中生出之物以意义。"③

---

① 它既不同于柏拉图的回忆的形上学（metaphysics of recollection），也不同于黑格尔中介的形上学（metaphysics of mediation）。柏拉图的回忆模型只是回到过去，而黑格尔继承希腊始基模型，一切都在精神的自我展现之中，按逻辑和理性的轨道展现，他们的模型中都没有新的东西出现。而道成肉身揭示了全能的收缩与隐退以便它物可以自由，因而它说明了一个真正新的时刻，那里有允许真正自由的未来。参阅 David Goicoechea. Heidegger—the Taoists—Kierkegaard. p. 87.

② David Goicoechea. Heidegger—the Taoists—Kierkegaard. p. 93.

③ David Goicoechea. Heidegger—the Taoists—Kierkegaard. p. 95.

但当克尔凯郭尔遇到神-人，他开始看到即便宗教 A 中最好的人（在道家中明显可以见到），仍然是处在构架之中的，是不自由的。"所以克尔凯郭尔跃出道家的诠释学循环但又肯定这个循环，他后退并走下来，肯定处于一楼的儒家和地下室的海德格尔那些相对在前的循环。"①

（三）庄子与康德的自由观念比较

Hyun Höchsmann 在《头顶的星空——庄子和康德的自由》②一文中比较了康德和庄子的自由观念在道德哲学中的同与异。康德试图调停现代科学关于自然的必然性与作为道德必要条件的自由的观念之间的矛盾。意志自由（the freedom of will）的理论在康德所有主要著作中都占有中心位置。在其伦理著作中，自由的设定（the assumption of freedom）是道德自律（moral autonomy）的先决条件。作为物理的存在，我们受必然性约束并从属于自然律（the laws of nature），但同时作为道德主体（moral agent），在意识到道德律（moral laws）的普遍有效性时，我们是自由的。道德律不从经验必然性，而只从理性导出。"道德所要求的自由观念不是理论的，而是实践的。自由无需被设立成一个形而上学的实体（metaphysical reality）。康德关于自由是伦理行为必要的先决条件的观点建基于人类行为中自由的实践设定。当理性意志能自律地发动行为时，它是自由的，这是作为道德存在的人是本体（noumena）而非现象（phenomena）的证据。"③ 能根据定言命令（categorical imperative）来行动就表明我们有自由意志来限制偏好（inclination）。认识到所有人都可平等地宣称自己的自由，我就愿意把我对自由的宣称普遍化，定言命令暗含着我们是自由的。康德区分了作为现象的人和作为本体的人，只有在人类存在的本体层面

---

① David Goicoechea. Heidegger—the Taoists—Kierkegaard. p. 95.

② Hyun Höchsmann. The Starry Heavens Above—Freedom in Zhuangzi and Kant. *Journal of Chinese Philosophy*. Oxford: Vol. 31, Iss. 2. pp. 235-252.

③ Hyun Höchsmann. The Starry Heavens Above—Freedom in Zhuangzi and Kant. p. 236.

上，人才能作出选择，这一点也是康德自由理论常常受到反驳的地方。自由意志和必然性的矛盾是否可以通过内在原因和外在原因的区分来调停呢？

"庄子对中国道德哲学的贡献在于所有生命都平等的概念和对自由的肯认。"① 庄子不仅为人的自由辩护，也为自然中所有有知觉之物的自由辩护。庄子不仅要求相对于传统和规范之限制的自由②，也要求对真的存在（authentic existence）和自我发展（self-development）至关重要的思想和行动的自由③。这与康德对积极自由（positive freedom）和消极自由（negative freedom）的观念有较多可比性④。对庄子和康德，自由的价值都在于意志的自律和培养自我发展。

庄子的自由也与自我的概念相关。当庄子主张物化时，他并非否认自我，而是说在不断变形之中有个连续体，人的同一性（personal identity）不是用实体（substance）或自然种类（natural kind）来解释的，它是一个持续的形化过程（a continuous process of transformation），"通过这个包含变化阶段的自我概念，庄子说明了

① Hyun Höchsmann. The Starry Heavens Above—Freedom in Zhuangzi and Kant. p. 238.

② 庄子不遗余力地勾勒什么是最好政府，正确的生活方式是要质疑一切并走出传统的礼仪、圣迹并支持一切平等。在此意义上，庄子的自由可初步视为消极的自由概念（negative conception of liberty）——戒绝外部障碍，这是当代政治哲学争论的重要问题。参阅 Hyun Höchsmann. The Starry Heavens Above—Freedom in Zhuangzi and Kant. p. 240.

③ 万物皆是有机整体中的一部分，皆内有真宰，须顺从而使其完全实现出来，从而成为真的存在。另外，我们也需要对践行自由对人类和万物造成的结果负责，只有在一个自由之邦才有个人的自由。参阅 Hyun Höchsmann. The Starry Heavens Above—Freedom in Zhuangzi and Kant. p. 239.

④ 对康德而言，说一个人行动是自由的，其消极意义为不被外在于主体（agent）的力量（agency）所决定，其积极意义为由理性决定。另外，康德还解释了消极义务（negative duty）和积极义务（positive duty），前者指禁止人违反他的自然目的而行，只能进行道德的自我保护；后者则指自我实现的义务。参阅 Hyun Höchsmann. The Starry Heavens Above—Freedom in Zhuangzi and Kant. p. 240.

自由的所在。在自由的行为中，我们可以发现自我。对庄子来说，关于自然的知识构成了自我的知识"。① 物化的伦理意义在于要求我们发展一种为了万物内在本性的通感（an empathy for the inner nature of all things）。如果我们把所有实在（reality）看作一个不断形化的过程，就会出现一个关于实在和知识之本质的重要的视域变化。

不同于康德把理性视为道德的先决条件，庄子认为道德在于让本性（nature）流露。庄子和儒家的本性观念不同。从庄子妻死与孔子在颜回死时的不同表现，作者以为庄子的道德观念比儒家更接近于康德②，儒道两家在完全展现道德本性的目标上是一致的，只是方法不同。什么对于人是自然的？儒家将其建立在关系上，而道家则将其建立在人作为万物聚散生灭的循环的一部分上。庄子对儒家的解释显示，他已经把发展道德本性（moral nature）放在一个更广阔的视域（与自然合一）之中了。"自由在于把被给予的人之本性完全发展到与整个自然日增其和谐的地步。"③ 对庄子而言，自然的道路在于发掘个体的内在潜力以便完全发展它，同时获得真的存在。

康德和庄子都肯定自由是道德生活的核心，并试图解决自由所带来的冲突，但他们的政治哲学则不同，康德转向了法（law）：只有通过法，个人可以被其意志所勉强。不同于康德，庄子既不赞成人有内在的恶的本性，也不相信为了共同利益而需要用法来限制个

---

① Hyun Höchsmann. The Starry Heavens Above—Freedom in Zhuangzi and Kant. p. 241.

② 因为儒家伦理使人在居丧时悲痛过度，这从康德的角度看是基于偏好而非理性的行为，而庄子的反应则是关于生命过程的理性思考，因而更接近康德。但庄子不像康德那样拒绝道德情感。Hyun Höchsmann. The Starry Heavens Above—Freedom in Zhuangzi and Kant. p. 243.

③ Hyun Höchsmann. The Starry Heavens Above—Freedom in Zhuangzi and Kant. p. 243.

人自由。① 最好的政府意味着最少的干预，从而让人们自由。

庄子让万物都顺其自然发展的观点把康德的人性原则（principle of humanity，即把人看作目的而非手段）扩展到一个更广阔的自然领域，而其"道通为一"的观点为普遍的伦理视角提供了道德和认识论的原因。庄子的伦理学使康德伦理学的两个核心主题（道德自律和定言命令的普遍性）都得到了强化。对庄子而言，自律是个人自由的第一阶段，第二阶段要把自由扩展到所有存在。从庄子作为连续体的自然概念中，可以导出普遍的伦理观点。庄子保护万物自由的观点把康德仅限于人类理性的定言命令扩展到一个更广泛的范围。

（四）庄子与古希腊的怀疑论者塞克斯都

《作为一种生活方式的怀疑主义：塞克斯都·恩披里可和庄子》② 一文从古希腊怀疑论者塞克斯都·恩披里可（Sextus Empiricus）的思想出发，对一些把庄子视为不可知论者（怀疑论在现代语境下常被如此理解）的观点进行批评，并探讨了庄子的怀疑论思想的内涵。作者首先从认识论上澄清早期怀疑论并不必然导致反智的立场。③ 进而通过对古希腊怀疑论的分析发现，怀疑论

---

① 当个人的自由与他人冲突时，康德不主张用道德情感（sentiment of morality）、慈善原则（principle of beneficence）或利他主义（altruism）而是用理性和法来限制个人的自由。另外，康德也认为人内在有恶的倾向。参阅 Hyun Höchsmann. The Starry Heavens Above—Freedom in Zhuangzi and Kant. p. 245.

② John Trowbridge. Skepticism As a Way of Living: Sextus Empiricus and Zhuangzi. *Journal of Chinese Philosophy*. Oxford: Jun. 2006. Vol. 33, Iss. 2. pp. 249-265.

③ 英文的怀疑主义（scepticism）一词源于古希腊语词 skeptikos，其字面意义为"在观看或检视的人"，与独断论相对。独断论者在不能确证一个假设为真时，常会相信其反面为真，而怀疑论者则会悬置判断（suspend judgments），以避免固执意见（belief/doxai）而导致混乱。悬置（epochē）一词在字源上与意见无关，仅意为悬搁（suspending）或保留（withholding）。名词 epochē 是从动词 epechein 表示限制、保留、检察或停留、停止、等待、暂停等意义引申而来。依此而论，怀疑论并不必然导致负面和反智的立场。参阅 John Trowbridge. Skepticism as a Way of Living: Sextus Empiricus and Zhuangzi. pp. 249-250.

不仅是一个认识论问题，也是过一种适宜生活的方式。① 皮罗主义运动（Pyrrhonist movement）发起者之一的埃奈西穆德（Aenesidemus of Cnossus）曾论及悬置（epochē）与安宁（ataraxia）间的关系，并把悬置作为怀疑主义的目标。塞克斯都则与之相对，他把"悬置判断看作获得安宁的一个原因和手段，获得安宁才是怀疑论者的目标"。② 当塞克斯都把怀疑的目标从悬置转到安宁后，一种怀疑的生活方式变得更为明显。对他而言，"怀疑论者已经放弃了肯定或判断，只以正常出场（appearance）的方式而活"③。后世对怀疑论的批评集中在"没有意见的生活不可能（Adoxastos is Impossible）"这句话上，塞克斯都回应时指出：怀疑论者并不是根据哲学理论，而是根据一般的社会风俗和规范或那些适合当下情境的方式生活。

在众多庄子研究者中，艾文贺（Philip J. Ivanhoe）、万白安（Van Norden）和陈汉生（Chad Hansen）是将庄子的怀疑论视为不可知论的三个代表。不同于这种消极的理解，一种积极理解则认为庄子与古希腊的怀疑论者相似。运用多视角的"明"（awareness of the plurality of perspectives），庄子并不倾向于对立双方中的任何一方，对立双方之间并无固定的区分。从宇宙论上看，世界是一个流动的过程，对立双方相互依赖和相关。通过心斋和坐忘，庄子也建议一种导向好生活的具体工夫。心斋使人的知性超越源于感觉、理

---

① 这可从动词 epechein 的丰富意涵中引出，当 epechein 被用于事物时，可意指占据（occupy）或关注（engage）它们。如此，在其认识论意义之外发现其伦理意涵：对世界万物的广泛关注，但是其认识论意义被关注更多。John Trowbridge. Skepticism as a Way of Living: Sextus Empiricus and Zhuangzi. p. 251.

② John Trowbridge. Skepticism as a Way of Living: Sextus Empiricus and Zhuangzi. p. 251. 本文作者在论及目标时指出了目标的设定对怀疑主义是有潜在问题的，因为目标观念与塞克斯都所说的安宁之间是矛盾的，遵循悬置的生活方式就如影随形。

③ John Trowbridge. Skepticism as a Way of Living: Sextus Empiricus and Zhuangzi. p. 252. 这种生活方式主要包括四方面：遵循自然指引，克制情感（pathē/feeings, affect etc），遵守传承下来的法律和习俗，接受技艺的教育。

性话语、思想甚至自我的同一性的材料，坐忘则使人超越感观和身体。"同于大通"则可视为自我观念（notion of an ego）的消除。在此意义上，道家"忘"的观念与古希腊怀疑论者的"悬置"具有同等功能。心斋与坐忘导致无知，无知最好理解为无中介之知（unmediated knowing or realization），它是一种精神境界。庄子的部分动机是为了不同视角的和谐与包容，只要包含如何行动的建议，这种多元主义就不仅有认识论意义，而且有伦理意义。"通过天钧和天倪这两个相关概念，圣人以包容和适应的方式使冲突的选择和谐。"① 所以庄子对实际行为的建议就包括"以明"、"因是因非"而"和之以天倪"、"休乎天钧"及使"道枢""得其环中"。

比较而言，庄子超越古希腊的怀疑论者主要表现在两个方面：第一，后者设想了一个目标，而庄子则无目标，目标对怀疑主义来说是有潜在问题的；第二，庄子注意伦理实践的同时，强调多元主义，而后者只是约略提及。

参考文献

[1] Alan Cole. Simplicity for the Sophisticated: Rereading the Daodejing for the Polemics of Ease and Innocence. *History of Religions*. Chicago: Aug 2006. Vol. 46, Iss. 1.

[2] Alan Fox. Effortless Action: Wu-wei as Conceptual Metaphor and Spiritual Ideal in Early China. *The Journal of Asian Studies*. Ann Arbor: Feb 2004. Vol. 63, Iss. 1. [Book Review]

[3] Brian Hoffert. Distinguishing the "Rational" from the "Irrational" in the Early Zhuangzi Lineage. *Journal of Chinese Philosophy*. Oxford: Jan 2006. Vol. 33, Iss. 1.

[4] Chad Hansen. The Relatively Happy Fish. *Asian Philosophy*. Abingdon: Jul/Nov 2003. Vol. 13, Iss. 2-3.

---

① John Trowbridge. Skepticism As a Way of Living: Sextus Empiricus and Zhuangzi. p. 259.

[5] Chris Fraser. On Wu-wei as a Unifying Metaphor. *Philosophy East and West*. Honolulu: Jan 2007. Vol. 57, Iss. 1.

[6] Christian Helmut Wenzel. Ethics and Zhuangzi: Awareness, Freedom, and Autonomy. *Journal of Chinese Philosophy*. Oxford: Vol. 30, Iss. 1.

[7] Chung-Ying Cheng. Dimensions of the Dao and Onto-Ethics in Light of the DDJ. *Journal of Chinese Philosophy*. Oxford: Vol. 31, Iss. 2.

[8] Damian J Bebell, Shannon M Fera. Comparison and Analysis of Selected English Interpretations of the Tao Te Ching. *Asian Philosophy*. Abingdon: Jul 2000. Vol. 10, Iss. 2.

[9] David Goicoechea. Heidegger—the Taoists—Kierkegaard. *Journal of Chinese Philosophy*. Oxford: Vol. 30, Iss. 1.

[10] Edward L. Slingerland. Conceptions of the Self in the Zhuangzi: Conceptual Metaphor Analysis and Comparative Thought. *Philosophy East and West*. Honolulu: Jul 2004. Vol. 54, Iss. 3.

[11] Edward Slingerland. Effortless action: The Chinese spiritual ideal of wu-wei. American Academy of Religion. *Journal of the American Academy of Religion*. Chico: Jun 2000. Vol. 68, Iss. 2.

[12] Eric Sean Nelson. Hiding the World in the World: Uneven Discourses on the Zhuangzi. *Journal of Chinese Philosophy*. Oxford: Sep 2005. Vol. 32, Iss. 3.

[13] Erin M. Cline. Two Interpretations of De in the Daodejing. *Journal of Chinese Philosophy*. Oxford: Vol. 31, Iss. 2.

[14] Graham Parkes. Lao-Zhuang and Heidegger on Nature and Technology. *Journal of Chinese Philosophy*. Oxford: Vol. 30, Iss. 1.

[15] Guenter Wohlfart, Translated by Marty Heitz. Heidegger and Laozi: Wu (Nothing)-on chapter 11 of the Daodejing. *Journal of Chinese Philosophy*. Oxford: Vol. 30, Iss. 1.

[16] Hans-Georg Moeller, Leo Stan. On Zhuangzi and Kierkegaard. *Philosophy East and West*. Honolulu: Jan 2003. Vol. 53, Iss. 1.

[17] Hyun Höchsmann. The Starry Heavens Above—Freedom in

Zhuangzi and Kant. *Journal of Chinese Philosophy*. Oxford: Vol. 31, Iss. 2.

[18] JeeLoo Liu. The Daoist Conception of Truth: Laozi's Metaphysical Realism vs. Zhuangzi's Internal Realism, In Comparative Approaches to Chinese Philosophy, (ed.) Bo Mou, Ashgate Publishing Ltd, 2003.

[19] Robert Ford Campany. Effortless Action: Wu-wei as Conceptual Metaphor and Spiritual Ideal in Early China. *History of Religions*. Chicago: Nov 2005. Vol. 45, Iss. 2. [Book Review]

[20] John Trowbridge. Skepticism as a Way of Living: Sextus Empiricus and Zhuangzi. *Journal of Chinese Philosophy*. Oxford: Jun 2006. Vol. 33, Iss. 2.

[21] Jude Chua Soo Meng. Nameless Dao: A Rapprochement Between the Tao-Te Ching and St. Thomas *Journal of Chinese Philosophy*. Oxford: Vol. 30, Iss. 1.

[22] Karyn Lynne Lai. Philosophy and Philosophical Reasoning in the Zhuangzi: Dealing with Plurality. *Journal of Chinese Philosophy*. Oxford: Sept 2006. Vol. 33, Iss. 3.

[23] Kim-chong Chong. Zhuangzi and the Nature of Metaphor. *Philosophy East and West*. Honolulu: Jul 2006. Vol. 56, Iss. 3.

[24] Koji Tanaka. The limit of language on Daoism. *Asian Philosophy*. Abingdon: Jul 2004. Vol. 14, Iss. 2.

[25] Lee H. Yearley. Daoist Presentation and Persuasion: Wandering among Zhuangzi's Kinds of Language. *Journal of Religious Ethics*. Vol. 33, Iss. 3.

[26] Norman Y Teng. The Relatively Happy Fish Revisited. *Asian Philosophy*. Abingdon: Mar 2006. Vol. 16, Iss. 1.

[27] Nuyen A. T. The Dao of Ethics: From the Writings of Levinas to the Daodejing. *Journal of Chinese Philosophy*. Oxford: Vol. 27, Iss. 3.

[28] Robert Cummings Neville. The Tao Encounters the West: Explorations in

Comparative Philosophy. *Journal of the American Academy of Religion.* Chico: Mar 2001. Vol. 69, Iss. 1.

[29] Robert E. Allinson. On Chuang Tzu as a Deconstructionist with a Difference. *Journal of Chinese Philosophy.* Oxford: Vol. 30, Iss. 3-4.

[30] Robert Elliott Allinson. The Sense of Antirationalism: The Religious Thought of Zhuangzi and Kierkegaard. *The Journal of Religion.* Chicago: Jul 2003. Vol. 83, Iss. 3. [Book Review]

[31] Roger T. Ames, David L. Hall. translated and with commentary: Daodejing " Making This Life Significant ": A Philosophical Translation. New York: the Ballantine Publishing Group, 2003.

[32] Ronnie Littlejohn. Readings in Classical Chinese Philosophy/ Classic Asian Philosophy: A Guide to the Essential Texts. *Philosophy East and West.* Honolulu: Oct 2006. Vol. 56, Iss. 4.

[33] Scott Cook (eds.). Hiding the World in the World: Uneven Discourses on the Zhuangzi. Albany: State University of New York Press, 2003.

[34] Steve Coutinho. A Companion to Angus C. Graham's Chuang Tzu: The Inner Chapters. *Philosophy East and West.* Honolulu: Jan 2005. Vol. 55, Iss. 1. [book review]

[35] Steven Shankman. The Daodejing of Laozi - Philip J. Ivanhoe, Dao De Jing: The Book of the Way - Moss Roberts. *Journal of Chinese Philosophy.* Oxford: Jun 2006. Vol. 33, Iss. 2. [Book Review]

英美哲学动向[＊]

朱志方　潘磊　周文华^{＊＊}

（武汉大学哲学院，武汉，430072）

当代，英美哲学是一个异常繁荣的领域，在哲学的所有分支学科里，如语言哲学、科学哲学、心灵哲学、政治哲学等，都有大批学者在大量的期刊和专著上发表新见解。由于学术资源的限制，这里主要对语言哲学、心灵哲学这两大领域在 2006 年的发展情况和一些热点问题做一个大体上的综述。科学哲学部分已经查阅了大量的资料，但没有找到特别有兴趣的材料，故没有出现在这个综述之中。最后一部分"热点话题"则属于心灵哲学、社会科学的哲学和行动哲学。

一、语言哲学

（一）概述

这一节是对 2006 年度英美语言哲学的最新动态的一个部分综述。主要材料来源于以下期刊。《哲学杂志》（ *The Journal of Philosophy* ）、《心灵》（ *Mind* ）、《哲学和现象学研究》（ *Philosophy and Phenomenological Research* ）、《 哲 学 季 刊 》（ *The Philosophical*

＊　语言哲学部分由周文华撰写，心灵哲学部分由潘磊撰写，热点问题部分由朱志方撰写，最后由朱志方修订定稿。

＊＊　朱志方，武汉大学哲学院教授；潘磊，武汉大学哲学院教师；周文华，武汉大学哲学学院博士生。

Quarterly)、《哲学述评》(*The Philosophical Review*)、《哲学研究》(*Philosophical Studies*)、《综合》(*Synthese*)、《分析》(*Analysis*)、《认识》(*Erkenntnis*)、《奴斯》(*Nous*)、《理论》(*Theoria*)、《哲学》(*Philosophy*)、《哲学逻辑杂志》(*Journal of Philosophical Logic*)、《英国科学哲学杂志》(*The British Journal for the Philosophy of Science*)、《澳大利亚哲学杂志》(*Australasian Journal of Philosophy*)、《美国哲学季刊》(*American Philosophical Quarterly*)。在这些期刊中,有 10.2% 的文章是直接关于语言哲学的,间接涉及语言哲学的就更多了。要说明的是,这些期刊都是哲学类期刊,我们还没有去涉及为数众多的语言学期刊。

2006 年度讨论的一些主要的语言哲学问题分为如下几类:(1)涵义与指称(Sense and Reference);(2)意义的可变性与不变性(The Invariance or Variance of Sense);(3)指称的固定性(Rigidity of Reference);(4)组合性问题(Compositionality);(5)直指词(Indexicals);(6)语义问题(The Problem of Meaning, Semantics);(7)真理问题(The Problem of Truth)。

在"论文论点"中,我们将以这些问题为线索,综述 2006 年度的研究这些问题的论文,指出其主要的论点和核心论证。我们关注的重点是前 5 类问题。关于后 2 类问题,我们只列出 2006 年度上述杂志中与这两类问题相关的部分论文,有兴趣的读者可以自己研读这些论文。

关于语义方面的论文:涉及可能世界语义学的有,代佛尔斯(John Divers)的《没有可能世界的可能世界语义学》①,皮塔林能(Pietarinen, A.)的《皮尔士对可能世界语义学的贡献》②,普劳福特(Proudfoot, D.)的《可能世界语义学与虚构》③。在 2006 年

① Divers, J., 2006: "Possible-worlds Semantics without Possible Worlds: The Agnostic Approach". *Mind*, 115, pp. 187-225.

② Pietarinen, A., 2006: "Peirce's Contributions to Possible-Worlds Semantics", *Studia Logica*, 82, pp. 345-369.

③ Proudfoot, D., 2006: "Possible Worlds Semantics and Fiction", *Journal of Philosophical Logic*, 35, pp. 9-40.

2 月出版的第 148 卷《综合》杂志的第 3 期则是证明论语义学（Proof-theoretic Semantics）的专号，其中值得特别关注的有，普拉维兹（Dag Prawitz）的《用证明来探索意义》①，坎勒（Reinhard Kahle）和施罗德海丝特（Peter Schroeder-Heister）的《证明论语义学导论》②，施罗德海丝特的《证明论语义学中的有效性概念》③，泰特（William W. Tait）的《经典数学的证明论语义学》④，尤斯伯提（Gabriele Usberti）的《走向基于确证概念的语义学》⑤。还有克拍兰（Herman Cappelen）和勒泼（Ernie Lepore）的《不敏感的语义学之纲要》⑥，肯因（Jeffrey C. King）的《单一论的语义学》⑦，李布（Leeb，H.）的《肯定自由逻辑的事态语义学》⑧，查拿多（Zanardo，A.）的《分支时间语义学中的可能世界集的量化》⑨，夏皮罗（Shapiro，L.）的《修正规则语义学背后的理性》⑩，布瑞几（Bridges，J.）的《信息语义学犯了游叙弗伦的

---

① Prawitz, D., 2006："Meaning Approached Via Proofs", *Synthese*, 148, pp. 507-524.

② Kahle, R., Schroeder-Heister, P., 2006："Introduction：Proof-Theoretic Semantics", *Synthese*, 148, pp. 503-506.

③ Schroeder-Heister, P., 2006："Validity Concepts in Proof-Theoretic Semantics", *Synthese*, 148, pp. 525-571.

④ Tait, W. W., 2006："Proof-Theoretic Semantics for Classical Mathematics", *Synthese*, 148, pp. 603-622.

⑤ Usberti, G., 2006："Towards a Semantics Based on the Notion of Justification", *Synthese*, 148, pp. 675-699.

⑥ Cappelen, H., Lepore, E., 2006："Précis of Insensitive Semantics", *Philosophy and Phenomenological Research*, 73, pp. 425-434.

⑦ King, J. C., 2006："Semantics for Monists". *Mind*, 115, pp. 1023-1058.

⑧ Leeb, H., 2006："State-of-affairs Semantics for Positive Free Logic", *Journal of Philosophical Logic*, 35, pp. 183-208.

⑨ Zanardo, A., 2006："Quantification over Sets of Possible Worlds in Branching-Time Semantics", *Studia Logica*, 82, pp. 379-400.

⑩ Shapiro, L., 2006："The Rationale Behind Revision-Rule Semantics", *Philosophical Studies*, 129, pp. 477-515.

错误吗?》①，肯特·巴哈（Kent Bach）的《被排除的中间路线：没有最简命题的语义最简论》②，科达和皮瑞（Korta，K.，Perry，J.）的《种种最简论语义学》③，尤其是帕里克（Parikh，P.）的重要论文：《基本语义学：一个关于意义的新理论》④，值得一读。

关于真理问题的论文有：罗德里格-佩里拉（Gonzalo Rodriguez-Pereyra）的《真值条件，推论和合取论题》⑤，施尼德（Benjamin Schnieder）的《没有真值条件项的真值条件》⑥ 和《真值条件的麻烦：必然化与投射》⑦，希尔（Hill，C. S.）的《思想与世界：关于真理、指称和语义一致的简单描画》⑧，查尔敦（Charlton，W.）的《善与真》⑨，菲尔德（Hartry Field）的《真理，一致性的不可证》⑩，托马西（Paul Tomassi）的《真理，许可

① Bridges, J., 2006: "Does Informational Semantics Commit Euthyphro's Fallacy"? *Nous*, 40, pp. 522-547.

② Bach, K., 2006: "The Excluded Middle: Semantic Minimalism without Minimal Propositions", *Philosophy and Phenomenological Research*, 73, pp. 435-442.

③ Korta, K., Perry, J., 2006: "Varieties of Minimalist Semantics", *Philosophy and Phenomenological Research*, 73, pp. 451-459.

④ Parikh, P., 2006: "Radical Semantics: A New Theory of Meaning", *Journal of Philosophical Logic*, 35, pp. 349-391.

⑤ Rodriguez-Pereyra, G., 2006: "Truthmaking, Entailment, and the Conjunction Thesis". *Mind*, 115, pp. 957-982.

⑥ Schnieder, B., 2006: "Truth-making without Truth-makers", *Synthese*, 152, pp. 21-46.

⑦ Schnieder, B., 2006: "Troubles with Truth-making: Necessitation and Projection", *Erkenntnis*, 64, pp. 61-74.

⑧ Hill, C. S., 2006: "Précis of Thought and World: An Austere Portrayal of Truth, Reference, and Semantic Correspondence", *Philosophy and Phenomenological Research*, 72, pp. 174-222.

⑨ Charlton, W., 2006: "Goodness and Truth". *Philosophy*, 81, pp. 619-632.

⑩ Field, H., 2006: "Truth and the Unprovability of Consistency", *Mind*, 115, pp. 567-605.

与超级可断定性》①，温斯伯格（Eric Winsberg）的《成功的模型与模型的成功：没有真性的可依赖性》②，侠（Nishi Shah）的《对证据主义的新论证》③，等等。

在第三部分"新著新说"中，我们选入的是 2006 年期刊书评所显示的近年有创新观点的专著。限于篇幅，我们只录入那些对 2003 年后出版的原创性的专著的评论，对论文集和史料研究类的著作的介绍和书评则不予考虑。

（二）论文论点

1. 涵义与指称

弗雷格（Frege 1892）提出区分符号（Zeichen）或表达式（Ausdrucks）的涵义（Sinn）和指称（Bedeutung）。名称有涵义和指称之分，这一观点已为学界的主流所接受。但其他词类或句子成分是否也有涵义和指称之分，以及它们的涵义和指称分别是什么，这些问题在学界有着激烈的争论。例如，克里斯平·赖特（Crispin Wright）④ 便认为弗雷格把涵义和指称之分推广到谓词以及其他的不完全的表达式是错误的。

卡伦·格林（Karen Green）着重讨论如何坚持弗雷格的关于谓词（predicate expressions）的涵义和指称的理论。⑤ 弗雷格认为，单称词项（singular term）如果有指称，那么它指称的是对象（object），而谓词的指称则是概念（concept）或函数（function），（弗雷格把"概念"定义为一种函数，其定义域由对象组成，而值

① Tomassi, P., 2006: "Truth, Warrant and Superassertibility", *Synthese*, 148, pp. 31-56.

② Winsberg, E., 2006: "Models of Success Versus the Success of Models: Reliability without Truth", *Synthese*, 152, pp. 1-19.

③ Shah, N., 2006: "A New Argument for Evidentialism", *The Philosophical Quarterly*, 56, pp. 481-498.

④ Wright, C., 1998: "Why Frege Did Not Deserve His *Granum Salis*. A Note on the Paradox of 'The Concept Horse' and the Ascription of Bedeutungen to Predicates", *Grazer Philosophische Studien*, 55, pp. 239-263.

⑤ Green, K., 2006: "A Pinch of Salt for Frege", *Synthese*, 150, pp. 209-228.

域则由真值组成。）在句法上，指称对象的表达式是饱和的（selbständig, saturated），指称概念的表达式是不饱和的。在本体论上，概念和对象也是不同的类，概念是不饱和的，对象是饱和的。既然概念和对象不同，就可以得出如下的悖论：

（1）马这个概念不是概念。（The concept horse is not a concept.）

因为"马这个概念"在句（1）中是单称词项，因而它指的是对象，而不是概念。同类悖论有：

（2）把每个数映射成它的倍数的函数不是函数。（The function which takes every number to its double is not a function.）

因为句（2）中的"把每个数映射成它的倍数的函数"是单称词项，不是函数。另一方面，把每个数映射成它的倍数的函数显然是函数。为解决这类悖论，弗雷格提出了两种措施：其一是，把"…是一个概念"与"…是一个函数"之类的表达式看成是自然语言中的有毛病的表达式，在适当的逻辑语言中将不会出现这类表达式。其二是"元语言策略"（meta-linguistic strategy），即在一个规定好的对象语言中，它没有相当于自然语言中的"…是一个概念"与"…是一个函数"之类的谓词，对于自然语言中的句子（3）：

（3）把每个数映射成它的倍数的函数是函数。

将用（3a）来表达：

（3a）"2x"表示一个函数。（"2x" indicates a function.）

句子（1）则用（1a）来表达：

（1a）"…是一匹马"表示一个概念。（"…is a horse" indicates a concept.）

近来，元语言策略被认为是无效的。卡伦·格林也认为，元语言策略归根到底还是用了第一种措施，因为它要求的规定好的对象语言正好是第一种措施所要的"适当的逻辑语言"。

达米特（Michael Dummett）就曾采用这种措施来消解上述的悖论（Dummett 1973, pp. 212-217）。

但克里斯平·赖特反对达米特的作法，他的主要理由有：概念作为函数其值域不一定只包含真与假，概念也不一定是全函数；更严重的是这种方法并不能保证指称原则 PR① 成立。对此，卡伦·格林给予了反驳。卡伦·格林首先在他的文章中建立了一个模型，即一种性质探测计（property detection device），它能登记任何对象是否具有某种特定的性质，因此它能产生弗雷格意义的函数，以便理解概念和对象在本体论上确实是不同的。然后，卡伦·格林指出赖特的论证中混淆了使用（use）和提及（mention），因而逻辑上是无效的。最后，为了消解上述悖论，卡伦·格林把句子（3）或（3b）

（3b）'2x' 是一个函数。（'2x' is a function.）

解释成逻辑语言中的句子（3g）：

（3g）（∃f）（x）（fx≡2x）.

对于自然语言中的句子（1），卡伦·格林认为，人们倾向于用表达式"马这个概念"来指称我们关于马的观念（the ideas that we have of what it is to be a horse），或者指称词"马"的涵义，因此（1）不是矛盾。但如果人们用表达式"马这个概念"来指称函数，（即指称概念），则（1）可以写成

（1c）'…一匹马'所指的函数不是函数。（The function referred to by '…a horse' is not a function.）

但是（1c）和（1）是得不出来的，相反，我们能得出的只是（4c）或（4），即

（4c）'…一匹马'所指的函数是函数。（The function referred to by '…a horse' is a function.）

用逻辑语言表达就是：

（4g）（∃f）（x）（（fx≡Horse x）& R（"Horse x"，fx））.

就是说，自然语言的表面形式与其逻辑形式并不总是一致的，表面看来是单称词项，也不一定指称一个对象，除非其逻辑形式也是单称词项。卡伦·格林把这看作是对弗雷格理论的一种修正，或者说给弗雷格理论加点盐。

---

① 指称原则 PR 说的是："指称相同的表达式可以相互替换而不改变整个句子的真值，至少在一切外延性的语境中是如此。"（Wright 1998，p. 240）.

弗雷格理论认为，一定的表达式在一定语境下只有一种涵义和指称。对此，近来有所突破，如皮可克（Christopher Peacocke）的多重指称说和罗森达（David Rosenthal）的双重指称说。德列克·布朗（Derek. H. Brown）①，该文也持双重指称观，但与皮可克和罗森达的不同。德列克·布朗指出，每个颜色名称有两个同样合法的指称，例如"红色"这个词，既指称红色的现象（appearances）或感觉性质（qualia），又指称红色物体反射光的那种方式，即红色物体的光谱表面反射特性。[spectral surface reflectance，简记为SSR。] 但颜色名词在使用时这两个指称并不重合，那怕是在正常的知觉条件下。例如，雪在晨光、日光和月光下分别显现为红色、淡蓝色和白色，但它的 SSR 总是某种白色。布朗认为，正常情况下的知觉相对性是支持他的双重指称理论的，而且使我们能够理解不正常情况下的知觉相对性，因此不必要像皮可克那样引入完全不同的知觉经验。同一颜色名词的两次运用，由于指称不同，在正常的知觉环境下也有着不同的外延，而不是外延相同。

弗雷格认为，谓词指称概念。但是谓词短语名词化后，便成了一种特别的单称词项，这种单称词项指称的是性质。施尼德（Benjamin Schnieder）专门讨论了这一类表达式的问题，尤其是抽象名词、动名结构式（gerundive constructions）。② 他的核心问题是：典范性质指称式的语义特性和地位是怎样的？因为，在非直指的单称词项（non-indexical kinds of singular terms）中，哲学家们讨论得最多的是限定摹状词和专名，有的哲学家甚至认为只有三种单称词项，即限定摹状词、专名和直指词（Indexicals）。因此，有这样两条建议：

（S-1）形如"其为 F 之性质"（"the property of being F"）的动名结构式是关于性质的限定摹状词。

① Brown, D. H., 2006: "On the Dual Referent Approach to Colour Theory", *The Philosophical Quarterly*, 56, pp. 96-113.

② Schnieder, B., 2006: "Canonical Property Designators", *American Philosophical Quarterly*, 43, pp. 119-132.

（S-2）抽象名词是关于性质的专名。

施尼德论证说，（S-2）是错误的，（S-1）虽然大体上是正确的，但还要考虑同位语式摹状词（appositive descriptions）。

对弗雷格的关于表达式有涵义和指称之分的理论最早的强有力的攻击当属罗素。罗素在他的著名论文"论指称"① 中，着重考察了摹状词这种特殊的表达式，即他当时所说的"指称型短语"（denoting phrase），其中一个重要论证是"格雷哀歌论证"（'Gray's Elegy' argument）。布罗伽德（B. Brogaard）指出②，罗素的格雷哀歌论证利用了这样一个前提，即"如果一命题中出现了指称性概念，那么，该命题不是关于那个指称性概念的命题"。布罗伽德论证说，这个前提是错误的。因为，罗素认为，人们若要亲知一个指称性概念，就必须要能理解一个直接关于该指称性概念的命题。但是，如果这个前提是真的，就不存在直接关于任何指称性概念的命题，这样，人们也就不能亲知任何指称性概念。如果人们不能亲知指称性概念，那么人们也就不能理解出现这些概念的句子。但事实上，人们能理解这样的句子。

罗素反对弗雷格所使用的另一个论证是，该理论没有很好地说明非唯一的指称概念。布罗伽德认为，虽然罗素在这一点上是正确的，但罗素的新理论并不能使指称概念不出现，因为它需要有变元，变元是间接地指称其值的。如果"格雷哀歌论证"失效，那么变元是指称概念便毫无疑问。

2. 涵义的可变与不变性

对于一个给定的名称，当其指称是一定的时候，它可以有多少种涵义？如露马科斯（Ruth Barcan Marcus）③ 说："一个词项的涵义就是说话者在使用该词项时所理解或把握的东西，因此使用的场

① Russell, B., 1905: "On Denoting", *Mind*, 14, pp. 479-93.

② Brogaard, B. 2006: "The 'Gray's Elegy' Argument, and the Prospects for the Theory of Denoting Concepts", *Synthese*, 152, pp. 47-79.

③ Marcus, R. B., 1978: "Review of Leonard Linsky: Names and Descriptions", *The Philosophical Review*, LXXXVII, pp. 497-504.

合不同，涵义会有所不同，说话者不同，相应的涵义也会有所不同。"持这种观点的还有努南（Harold Noonan）①、佛布斯（Graeme Forbes）②。佛布斯说："同一专名在不同的使用者那里有着不同的涵义。"努南说："不同的使用者把名称'亚里士多德'与不同的涵义联系起来。"而伯格（Tyler Burge）③、佩瑞（John Perry）④、克里普克⑤等人都认为弗雷格也是这种观点。但罗伯特·梅（Robert May）主张，弗雷格是涵义不变论者"⑥

　　罗伯特·梅论证说，通常我们把语言看做是句子的集合，若语言 L1 和 L2 是不同的集合，那么它们是不同的语言，否则便是同一个语言。弗雷格所考虑的语言不是现代逻辑学或计算机科学中的那种形式的字符（symbol）系统（这种系统需要解释才有意义），弗雷格谈的符号是指有意义的符号（signs）。因此对弗雷格来说，语言不是句子的集合，而是命题的集合。即弗雷格的语言是已经作过解释的符号系统，每个符号（sign）都是字符（symbols）和涵义（sense）的结合。若字符和涵义的结合改变了，那么符号也就成了不同的符号，相应的符号系统也就不同，从而属于不同的语言。就是说，可以有相同的句子集合，由于其中有同一字符串对应不同的涵义，因而是不同的命题系统，从而是不同的语言。涵义可变论者相当于认为："同一字符（串），可以改变其所联结的涵义，只要它对应的指称不变，就仍然是同一符号"。这不是弗雷格的观点。

---

①　Noonan, H., 2001: *Frege: A Critical Introduction*, Cambridge, UK: Polity. p. 179.

②　Forbes, G., 1987: "Indexicals and Intentionality: A Fregean Perspective", *The Philosophical Review*, XCVI, pp. 3-31.

③　Burge, T., 1979: "Sinning against Frege", *The Philosophical Review*, LXXXVIII, pp. 398-432.

④　Perry, J., 1977: "Frege on Demonstratives", *The Philosophical Review*, LXXXVI, pp. 474-497.

⑤　Kripke, S., 1979: "A Puzzle about Belief", in Avishai Margalit, ed., *Meaning and Use*, Boston: Reidel, 1979. pp. 239-283.

⑥　May, R., 2006: "The Invariance of Sense", *The Journal of Philosophy*, CIII, pp. 111-144.

对于同一名称不同的说话者"涵义"不同这种现象，罗伯特·梅是这样解释的：不同的说话者对同一符号的涵义可能有不同的意见，我们不能够把一个符号的整个涵义载入大脑，而只是把其涵义的某些部分载入大脑。因此，对同一个涵义，不同的说话者所接触、掌握的部分可能不同，这与他们个人在接触和掌握这些涵义时的偶然环境和条件有关，因为不同的人的环境条件是不同的。

罗伯特·梅还论证说，人们可以通过摹状词来有意识地刻画涵义，但摹状词至多只能部分地刻画某个涵义，说话者用摹状词来刻画的那些方面是涵义的呈现方式（its mode of presentation），不同的说话者对用什么摹状词来刻画某个涵义的意见可能并不一致。因此，涵义不是摹状词。对弗雷格来说，涵义是一种抽象的对象，它独立于任何说话者对它的把握而存在。所以，由涵义构成的思想（thought），既不属于我们的内心世界，也不属于外部世界，因此它属于第三领域，一个非感觉的可知（nonsensibly perceptible）领域。

布瑞斯科（Robert Eamon Briscoe）对意义作了更为细致的划分。[1] 任何自然语言都有相应的特定的语言共同体。当我们把这种语言共同体的概念缩小到极致，我们就遇到只由一个人组成的这种语言共同体，而这个人所说的话语和在思考时所用的语言可以自成一个体系，构成一个独特的语言，即个人习语（idiolect）。而当语言共同体是一个社会群体，不是一个单个的人时，相应地在这个社会群体中有效的语言便可称为社会方言（sociolect）。个人习语中某个词的意义与这个人所属的社会群体的社会方言中该词的意义便可能有区别，前者是个人习语性的意义（idiolectical meaning），后者是社会方言性的意义（sociolectical meaning）。

布瑞斯科特别考虑了个人习语中词的意义是否可能改变这样的问题。这就涉及语义学中的外部论（externalism）和内部论（internalism）之分，以及个人论（individualism）与非个人论

---

[1] Briscoe, R. E., 2006: "Individualism, Externalism and Idiolectical Meaning", *Synthese*, 152, pp. 35-128.

（anti-individualism）之分。外部论主张，说话者的个人习语中的某个词的意义可能改变了，而说话者的内在的物理的性质没有任何改变。内部论的主张恰恰相反。1970 年代以前，人们对于语义和词的意义的看法都是内部论的，自从普特南（Putnam 1975）用他的著名的孪生地球（twin earth）思想实验证明"意义不在头脑中"之后，外部论则成了学界的非常有影响的一种主张。普特南认为，任何一种语言意义概念（notion of linguistic meaning）不可能同时满足下面两条：（1）知道一个词项的意义即是处于一种特定的"狭义的"心理状态；（2）词项的意义决定其外延（指称）。

至于语义的个人论，布瑞斯科把它理解为这样的主张（Briscoe 2006，p. 111）：如果个人习语中对某词的理解不变，那么该词的个人习语性意义也不变。布瑞斯科还把他的个人习语性意义与伯格（Tyler Burge）的阐释性意义（explicational meaning）与翻译性意义（translational meaning）之分联系起来。伯格认为，一个词的阐释性意义展现说话者对该词的理解，而词的翻译性意义展现的是该词的说话者的个人习语性的意义的准确翻译。所以，布瑞斯科认为，个人论也相当于主张（Briscoe 2006，p. 100），在阐释性意义与翻译性意义之间没有区别。布瑞斯科指出，普特南对个人论的反驳是不恰当的。虽然非专家的说话者，对于在他的个人习语中的自然种类词项，根据他对该词项的用法的所有的理解，不一定能在知识论上确定该词项的指称。但这并不意味着，他对该词项的意义的理解，有时不足以在非知识论上确定该词项的指称。布瑞斯科指出，在这里，普特南从知识论的第一种意义滑向了知识论的第二种意义。非专家的说话者对自然种类词项的意义的理解不足以确定该词项的外延，这里的确定是知识论的第一种意义；非专家的说话者对自然种类词项的意义的解释不足以确定该词项的外延，这里的确定是非知识论的第二种意义。

在指出了普特南等人对个人论的反驳存在问题之后，布瑞斯科提出了一个重要观点，即语义学的个人论与外部论可以完全相容，从而建立了他的个人论和外部论的个人习语性意义的概念。在这种个人习语性的意义概念下，说话者当事人的内在物理属性没有变化，而所说的话语词项的意义和内容可以有变化，因为当事人与外部环境的具体关系发生了变化。但是，当对个人习语中语词的理解不变时，其个人习语性意义也不变。

3. 指称的固定性

指称的固定性（rigidity）这一概念首先由克里普克①引入。克里普克把在所有的可能世界中指称同一个对象的表达式称为固定指称式（rigid designator）。这样，专名就是固定指称式。而且，克里普克和普特南②还认为，许多谓词，尤其是自然种类谓词（natural kind predicates），和专名一样是固定指称式。

但是克里普克的上述定义只适用于单称词项，因为，他说的"同一个对象"（the same object）用的是单数，并且是从外延方面来定义的，即固定指称式的固定性在于它们在不同的可能世界中外延相同。而对其他类型的表达式，运用起来就有一些问题。例如，我们通常认为，像"马"这样的谓词是固定指称式。但"马"在不同的可能世界中外延是不相同的。因此用外延相同来定义指称的固定性是有问题的。克里普克的经典论证都是就专名这种固定指称式而做的。如何对一般的表达式定义指称的固定性？

拉波特（Joseph LaPorte）曾论证：种类词（kind terms）也可以有固定指称式。③ 施瓦茨（Stephen P. Schwartz）批评说，固定性这一概念不能有效地运用到种类词和其他普遍词项。④ 施瓦茨本人的主张正是：把"固定性"从单称词项推广到普遍词项是无意义的。施瓦茨说，如果用"性质"而不用"种类"来谈这个问题就会清楚，因为"种类"在形式语义学中没有形而上学的地位。

---

① Kripke, S., 1972: *"Naming and Necessity"*, Harvard University Press, Cambridge.

② Putnam, H., 1975: "The Meaning of 'Meaning'", in *Philosophical Papers 2: Mind, Language and Reality*, Cambridge University Press, Cambridge, pp. 215-271.

③ LaPorte, J., 2000: "Rigidity and Kind", *Philosophical Studies*, 97, pp. 293-316.

④ Schwartz, S.P., 2002: "Kinds, General Terms, and Rigidity: A Reply to Laporte", *Philosophical Studies*, 109, pp. 265-277.

对此，拉波特论证"性质"词项有固定指称和非固定指称之分。①
拉波特举了施瓦茨提到的一个性质——"与我的汽车颜色相同"
（being the same color as my car）这样一个关系性质（relational
property）为例。拉波特说，若我的汽车是红色的，但性质"红色
（redness）"仍是不同于性质"具有我的汽车所例示的颜色（being
the color instantiated by my car）"，表达式"具有我的汽车所例示的
颜色"在这种语境中指称红色，但不是固定地指称红色，在别的
可能世界中"如同我的汽车的颜色"可能指黑色。"红色"是固定
地指称红色，所以是固定指称式。人们可以把指称式的意义理解为
一个函数，其自变量是可能世界，而值为抽象的对象（如性质或
种类）。所以固定指称式就是常值函数。不过，拉波特强调
（LaPorte 2006, p. 30），他只提出关于性质的单称词项有固定性和
非固定性之分，而没有把固定性概念推广到普遍词项。

拉波特还指出，施瓦茨对他的另外两个责难也是没有根据的：
第一，他并没有把表达式在不同的可能世界中意义相同与其在不同
的可能世界中指称相同（即固定性）混为一谈。第二，推广的固
定性概念是有意义的。因为，存在含有种类的固定指称词的必然为
真的陈述，该陈述是后天（a posteriori）必然的，而这种陈述的必
然性有赖于其中的种类词的固定性。

贡梅芝-托轮特②（Mario Gomez-Torrente）认为，把单称词项
的固定性概念推广到普遍词项（general terms），应该满足两个克里
普克条件：第一，常规外延条件（Normal Extension），自然种类
词、质料词和现象词（stuffs and phenomena）应该具有这种固定
性，而大多数其他普遍词项则不具有这种固定性；第二，必然性条
件（Necessity），含有普遍词项的等式语句（identification
sentences）如果是真的，而该普遍词项具有这种固定性，则该等式

① LaPorte, J., 2006: "Rigid Designators for Properties", *Philosophical
Studies*, 130, pp. 321-336.

② Gomez-Torrente, M., 2006: "Rigidity and Essentiality", *Mind*, 115,
pp. 227-259.

语句是必然的。但是，如果这样地定义固定性：一个普遍词项是固定的，当且仅当它在所有的可能世界中指称相同的种类、物质、现象或性质，那么，所有的普遍词项（至少那些非词组的、单词型的普遍词项）都是固定的。因此这个定义不符合常规外延条件。

贡梅芝-托轮特指出，普遍词项在经典逻辑中是通过谓词来形式化的，这不仅仅是一个约定，实际上，每一个普遍词项都相应于一个适当的谓词或述谓性短语（predicative phrase）。因此，把普遍词项的固定性概念用与其相应的谓词短语的一些特征来刻画是适当的。这样，贡梅芝-托轮特就把述谓的本质性（essentiality）与专名的固定性（rigidity）相对照，认为本质谓词（essentialist predicate）是固定性概念的一个自然推广。

为了解决如何对普遍词项或谓词定义指称的固定性问题，郝克耀佳①（Jussi Haukioja）走了一条与贡梅芝-托轮特不同的路，不过也是对固定性的一种推广。郝克耀佳认为，目前解决普遍词项或谓词的指称固定性问题有两种方案。

第一种方案可称为本质主义的固定性观点（essentialist view of rigidity），该方案把固定性的谓词等同于本质性的谓词；认为一个谓词是固定的，当且仅当该谓词在某个可能世界 w 中适于对象 o，那么它就适于所有的有 o 的可能世界中的 o。问题是，一方面，本质主义观点可以把太多的谓词归入固定指称式，如词组"电视机"按本质观便属于固定指称式；另一方面，又把某些典型的固定指称式归入非固定的一边，如关系词项"比…热…"（hotter than）和颜色词。

第二种方案可称为种类固定观点（kind-rigidity view），该方案认为，一个具有固定性的一般词项在所有的可能世界中指称相同的种类或性质。问题是，种类观也把太多的谓词归入固定指称式，如词组"单身汉"和"那清澈无味解渴的、在河中流淌的、从天而降为雨的液体"。

种类观还有一个问题：它看来对"谓词的语义值是什么？"或

---

① Haukioja, J., 2006："Proto-Rigidity", *Synthese*, 150, pp. 155-169.

"谓词的指称是什么?"这个问题预设了某种肯定性的答案,但对这个问题的回答目前极不一致,所以最好不要预设什么。

因此,这两种方案都是不能令人满意的。郝克耀佳认为,一个适当的固定性概念应该满足以下三个条件:

(1)有关谓词的固定性概念应该是已经定义好的有关单称词项的固定性概念的一个自然而然的推广;

(2)应该是:几乎所有的自然种类谓词是固定的,而很多其他的谓词是非固定的;

(3)它应该在解释"'理论性的等式语句'(theoretical identification sentences)为必然的真"方面起作用。

郝克耀佳定义原生固定性(proto-rigidity)如下:

(PR)一个表达式是原生固定的,当且仅当:(1)这一表达式的正常运用是基于其显性性质(manifest properties),(2)它有一个稳定的隐性标准(non-manifest criterion),该标准使得它能正确地运用于各个可能世界中。

郝克耀佳进而说明,他的"原生固定性"概念能满足上述的三个条件。

关于本质主义与固定性的关系,哈格瑞斯特①从另一个角度对此进行了讨论。

根据罗卡②(Della Rocca)对本质主义的概括,它是以下两个主张的结合:(a)个体都必然有一些性质,(b)个体的模态性质独立于该个体是如何被描述的、被思考的或被指称的。罗卡认为,本质主义是无法得到有效论证的。因为,我们怎么知道某一个体有哪些模态性质?(这称为"认识论的困惑"),又由于什么这些个体有那些性质?(这称为"裁决上的困惑"),这两个困惑对本质主义

① Häggqvist, S., 2006: "Essentialism and Rigidity", *The Philosophical Quarterly*, 56, pp. 275-283.

② Rocca, M. D., 2002: "Essentialism versus Essentialism", in T. S. Gendler and J. Hawthorne (eds), *Conceivability and Possibility*, Oxford University Press, pp. 223-252.

来说是迫切的问题。因为反本质主义者可以说，模态判断是可知的，因为它们的真取决于我们如何去思考对象或如何指称对象，而这些是我们原则上可以达到的。对应（counterpart）理论的主张者可以说，模态性质主要取决于那些个体在不同世界中的相似性关系。为了对付本质主义的这两个困惑，克里普克有时要运用相似性的比较，有时要对某些模态直觉有选择性地运用无关判据 IrSm：例如"洪弗雷可能会赢"这种模态判断，对它的解释是不用"相似性"这一概念的。所以，用相似性来重构某些模态直觉，会引起对无关判据 IrSm 的疑问。克里普克要有选择地运用无关判据，就必须利用等式句的必然性，而要对等式句的必然性作有效论证，又涉及本质主义的主张。因此，对本质主义的辩护必然是循环论证。

哈格瑞斯特认为罗卡的上述论证是有问题的，因为在该论证中有这样一环：等同句的必然性依赖于"模态性质与指称无关"这个本质主义的主张。哈格瑞斯特认为，等式句的必然性可以不依赖于"模态性质与指称无关"。

哈格瑞斯特进一步认为，即使等式句的必然性依赖于本质主义，克里普克的论证看来比罗卡所想的要复杂，而不是循环论证。所以，罗卡的论证并不成功。

4. 组合性问题

语言哲学中的组合性（Compositionality）是指复合的表达式的意义（或指称）与其构成部分的意义（或指称）的这样一种关系：若我们知道了其各构成部分的意义（或指称），则我们也便知道了整个表达式的意义（或指称）。

福多尔（Jerry Fodor）是组合性研究方面的公认权威。2005 年《理论》发表了简孙（Martin. L. Jönsson）和宾克（Ingar Brinck）对福多尔的访谈录①，重点便是组合性问题。福多尔认为，对于组

---

① M. L. Jönsson and I. Brinck, 2005: "Compositionality and Other Issues in the Philosophy of Mind and Language, An Interview with Jerry Fodor", *Theoria*, 71, pp. 294-303.

合性可以作某种弱解释，即存在一个函数，它的自变量是复合表达式的各个构成部分的意义，以及这些部分如何结合的句法规则，它的因变量是该复合表达式的意义。组合性的强解释是，复合表达式的意义等同于用其构成部分的意义以某种方式构造出的东西，这种构造方式由相关的句法结构确定。组合性的强解释也称强组合性，弱解释也称弱组合性。福多尔认为，虽然不好对组合性作一般的定义，但可以对具体的语言或思想来描述这种函数或映射是怎样的。对于强组合性是否成立的问题，福多尔回答是，我们没有可以代替强组合性的东西，而且在许多情形下，复合表达式的语义与其构成部分的语义有很明确的关系。黄牛是黄色的，黄牛是牛。而对于"大蚂蚁"这样的"反例"，福多尔的回答是，对"大蚂蚁"之类的情形我们也能作组合性的分析，而且有很多种分析方法，问题是我们不知道如何从中选择。例如我们可以从"大蚂蚁"推出"作为蚂蚁来说它是大的"。

简孙和宾克认为，经典的可能世界语义学与强组合性是不相容的，但显然与弱组合性是相容的。但福多尔并不赞同，他认为这要看怎么做。福多尔对可能世界语义学持怀疑态度，因为所有的算术真理看来有着相同的外延，但它们并不意义相同。

弗雷格便是运用了组合性来反对指称论的意义理论①，福多尔曾用组合性来反驳当代语言学的许多主张，似乎倾向于一种基于指称的语义学。那么他如何反驳弗雷格呢？福多尔说：基于指称的语义学使人有两种担忧，其一是如何获得公共性的问题，即多个人如何能有同一个概念，或一个人在不同的时段上如何能有同一个概念。另一个就是弗雷格的论证。如果弗雷格的论证有效，那么语义学至少有两个因素，即涵义和指称，那么这些因素之间的关系就是个问题。他觉得那些论证过了头，在关于概念"水"和"H_2O"的通常论证中，有一个直接的答案：这两个概念的拥有条件

———————————

① 指称论的意义理论（referential theories of meaning）主张表达式的意义就是其指称，而弗雷格则主张意义和指称是不同的。弗雷格在论证中运用了同指替换原则，该原则与组合性是等价的。

（possession condition）不同，我们只有在拥有了概念"氢"之后才能拥有概念"H_2O"，但我们可以拥有概念"水"而不必拥有概念"氢"。所以"H_2O"和"水"这两个概念结构不同，故有些场合不能替换。

福多尔在 2001 年发表的"语言，思想和组合性"一文中说语言与思想不同，可能不是组合性的；而在一年后他又说语言和思想一样，是组合性的；那么，究竟哪个是对的？对此，福多尔的回答是：其一是圈外的说法，因为语言是系统性的，并且我们能不断生成新的句子，所以语言是组合性的。另一个是圈内的较深入的说。福多尔认为，应该区分语言和思想，像英语这样的自然语言有句法但是没有语义，而思想是有语义的。我们是用语言来表达我们的思想的，所以任何语言必须有一种表达语义的方法。因此在哲学的自然语言分析的传统中，哲学家们假定句子有着非常抽象的逻辑形式，这种句子的底层表达（逻辑形式或 LF）是组合性的。

简孙和宾克问道："过去你借用了思想的系统性（systematicity）来建立思想的组合性，而思想的系统性又是根据语言的系统性建立的。那么，为什么思想的系统性能表明思想的组合性，而语言的系统性则不表明语言的组合性？"福多尔回答说，"因为我们能明白，是思想的系统性带来语言的系统性，而不可能是别的样子。"

与组合性相对应，还有逆组合性（Reverse Compositionality）。蒋生（Kent Johnson）[①] 指出，就自然语言而言，这个论点（逆组合性，简记为 RC）是错误的。蒋生首先把逆组合性 RC 明确地叙述如下：

（1）一个人若是理解了她所用的语言中的一个复合表达式（非惯用语）的意义，那么，她就理解构成这个复合表达式的简单表达式和句法结构的意义。然后，蒋生用下面的（2）和（3）这两个例句构成 RC 的一个反例：

（2）Mary built the house.（玛丽建好了那房子。）

---

① Johnson, K., 2006："On the Nature of Reverse Compositionality", *Erkenntnis*, 64, pp. 37-60.

（3）Mary was building the house.（那时玛丽正在建那房子。）

人们可以理解句（3）的意义，却不理解"build"的意义。例如，人们可以把"build"理解为发生了某种建造活动，但"build"并不表明这种建造活动是否结束。这样理解的人在玛丽只是打好了屋基、只做了房屋的一面墙时就认为（2）是真的。即他可能把"build"理解为是和"watch（看）"一样的无终时（atelic）的动词。人们可以根本不知道"build"是有终时（telic）的动词还是无终时的动词便理解了（3），所以，（1）是错误的。

但是，RC 若作为一个经验中的统计概括，它成立的概率是非常之高的。蒋生认为，RC 作为一个经验上高概率的事实，应该从理论上加以解释。蒋生的解释是，这是由于我们的语言机制方面的一些偶然性的事实。当我们心灵中的语言处理器在处理一个复合的表达式时，它便存取各种词条以组装成该表达式的心灵表达。在正常情况下，在处理和试图理解一个复合表达式的时候，我们也在处理和试图理解该复合表达式的一些构成成分。所以，通过理解一个复合表达式的部分来理解整个复合表达式这种能力得到了发展。尽管如此，RC 不是一个先天的真理，人们的处理语言的机制有可能与实际的不同，从而有可能 RC 不成立。

以上的讨论是把 RC 作为认识性的论题。但 RC 也可以理解为形而上学的论题，即一个复合表达式的意义完全决定了其构成成分的意义，不过，蒋生认为，这种形式的 RC 也是不能接受的。而且，语形上是构成成分的，不一定在语义上也是构成成分，例如"it is raining"中的"it"对于复合表达式并无语义贡献。

与福多尔的看法相反，蒋生认为，语言的逆组合性并不是一个无足轻重的论题，而是一个关于语言的认知结构的重要的经验命题。逆组合性的最自然的形式（1）是错误的，因为，有的时候我们理解了整个的复合表达式，却没有理解它的所有的构成成分。但是，把逆组合性看作是人类语言活动认知方面的经验性的统计命题时，它又是正确的。

5. 直指词

专名的固定性表现为它们在不同的可能世界中指称同一对象，

与此对照，有的词项在同一可能世界中可以指称不同的对象，例如直指词（indexical）。这类词的存在起初是对弗雷格理论的一个挑战，因为回答这类表达式的指称是什么，要比回答专名的指称是什么要困难。卡普兰提出的直指词理论认为，所有的直指词都有其语义特性（character，或 linguistic meaning）。对于所说出的一定的文本，语义特性是作为一种确定指称的规则。卡普兰把直指词分为两类：纯直指词（pure-indexicals）和指代词（demonstratives）。在给定的文本或语境（context）中，仅其语义特性便足以确定其指称的是纯直指词，如"我"、"这里"、"现在"便是纯直指词。而指代词则不然，除了其语义特性外，还要加上一个意向（intention）或一个指示动作（a pointing），才能确定其指称。像"这个"、"那个"便是指代词。纯直指词是自动地指向其指称。所以，对于任何说出的文本，其中每一次出现"我"，都自动地指称该文本的说话者；每一次出现"这里"，都自动地指称该文本所发生的地点；每一次出现"现在"，都自动地指称该文本所发生的时间。这样，句子

（a）现在我在这里。

便是分析的，不可能为假。但是在生活中，我们常看到这样的电话留言：

（b）对不起，我现在不在这里。

而且（b）在一定场合被理解为真句子，但（a）与（b）是矛盾的。所以，这里一定有问题。很多人因此放弃了卡普兰理论。

阿特金（Albert Atkin）① 中探讨了"这里"和"现在"的一种用法，他考察了如下的两个文献上曾用过的案例：

（1）我注意到整个上午都有学生要见我的一位同事，而该同事看来并不在。为了不让学生们闲荡，我捡起了一个用于我办公室门上的我昨天写的便条，贴在该同事的办公室的门上。便条上写着："我现在不在这里"。

---

① Atkin, A., 2006: "There's No Place Like 'Here' and No Time like 'Now'", *American Philosophical Quarterly*, 43, pp. 271-280.

（2）2005 年的一天，一位历史学家在作一个关于拿破仑的演讲时说，"这是 1796 年。现在，作为法国军队的统帅，拿破仑迈向了奥地利。"

关于例（1），按照卡普兰的理论，便条上的"我"应该自动指称写这个便条的我，而不是我的同事；"这里"应指称我的办公室，因为该便条是在我的办公室里写的；"现在"应指称昨天，因为是昨天写的便条。但是看到该便条的同学却毫无疑问地认为其上的"我"指称我的同事，"这里"指他的办公室，"现在"指他们看到便条的时间。同样，关于例（2），按照卡普兰的理论，其中的"现在"应指 2005 年，但所有的听众都会认为这是指的 1796 年。所以（1）和（2）对卡普兰理论来说是问题案例。

语境决定论者（context-determination theorists），如普里德（Predelli），罗登罗鲁克（Romdenh-Romluc）等人，赞成保持卡普兰理论的基本部分不变，同时认为卡普兰理论对（1）和（2）中直指词的上述看法是错误的。不过，他们认为语义特性所应用的语境（文本）不一定是说话语境（the context of utterance）。他们认为，在例（2）中，历史学家所用的"现在"一词的指称，历史学家及其听众都不会把它等同于说出该文本的时间。因此，合适的决定指称的语境并不就是说话语境。语境决定论的解决上述问题案例的策略是，找到语义特性能运用于其上的适当的语境。普里德里把意向的解释语境（intended context of interpretation）作为适当的语境。就上述例（1）而言，该便条的意向解释语境是学生们来到我的同事的办公室的门口时的语境，而不是我写该便条时的语境。这种方法的确使（1）和（2）这样的问题案例得到解决。但是，阿特金指出，在下述案例（3）和（4）中，语境决定论者的方法不能奏效：

（3）我在当地的音乐厅中听演奏莫扎特的小品乐。在演奏过程中，一位朋友低声说："听，这第二对句和第三副歌是如何连续地重复。"他停了一会儿然后说，"这里莫扎特把副歌的部分交给了双簧管"。

（4）我看一个电视节目，其中有个人徒步旅行，并对他的旅行作评论。当他从一座山的山腰往下走时，他停了一下并对着镜头说："现在这座山是陡峭地向下直到大海。"

因为（3）和（4）的意向解释语境正是说话语境，再运用卡普兰理论，（3）中的"这里"便指称音乐厅，但实际的指称显然是双簧管开始演奏副歌的时间。同理，根据语境确定论，（4）中"现在"的指称是那个人对着镜头说话的时刻，而实际的指称显然是那山中该陡峭的斜坡开始的地方。因此，语境确定论不能把（3）中的"这里"和（4）中的"现在"作为纯直指词。首先，阿特金指出，像（3）和（4）中"这里"和"现在"的这种用法在日常中是很常见的，不是刻意造作出来的。其次，认为（3）中的"这里"确实指的是地点、（4）中的"现在"确实指的是时间的观点也是不能成立的。所以，语境确定论者把它们排除出纯直指词的最有前途的两种主张是，要么把它们作为指代词，要么把它们作为惯用语。

但把它们作为指代词也是有问题的。这类词有用作指代词的时候，但这时候它们也能分析为标准的指代词。

阿特金指出，如果把（3）和（4）中的"这里"、"现在"分析为指代词是正确的，因为指代词在使用中除了词义外，还要求有附加的突出说话人意旨的东西，那么，我们就能在其中分析出这种突出意旨的成分。在（3）中说话者说"这里"的时间、在（4）中说话人讲那句话时正站在山腰的那开始斜坡向下到海的地点，就是这种突出意旨的成分。但同样，（1）中的便条所贴的门、（2）中预备语"这是 1796 年"，也是这种突出意旨的成分，它们中的"这里"和"现在"有同样的理由被分析为指代词。这样（1）和（2）就不再是问题了，为了解决（1）和（2）之类的问题而提出的语境确定论就没有必要了。

阿特金的结论是，语境确定论者要么对于问题案例找到新的理由，而又不至于使他们自己变得没有存在的必要，要么承认他们的观点是有毛病的。阿特金文章的重点在驳斥语境确定论，却没有提出他自己的解决（a）与（b）之间的矛盾的理论。

罗登罗鲁克在他的题目为《我》的论文①中着重探讨了直指词"我"的用法，并批评了普里德里等人的看法。

罗登罗鲁克指出，传统的直指词理论认为：

[r1]"我"的任何单例（token）指称说出该词的说话者。

[r2]"这里"的任何单例指称说出该词的说话的地点。

[r3]"现在"的任何单例指称说出该词的说话的时间。

它们可以看成是如下的两个前提的推论：

[c1]"我"、"这里"、"现在"的语义特性分别把语境中的当事人、语境的地点、语境的时间作为这些直指表达式的指称。

[c2]决定指称的语境是说话语境。

但这种传统理论不能解决如下的问题案例（5）：

（5）考丽（Kaori）要彭尼诺普（Penelope）为她录制机器回答信息用于她的办公室的电话上。彭尼诺普在考丽的办公室的机器上录下了如下的信息：

（k1）我现在不在这里。

若给考丽打电话，听到（k1）这一信息，（k1）中的"我"究竟应该指谁？

对（5）可以这样分析：由于是彭尼诺普说的（k1）这句话且把它录了下来，所以根据[r1]，彭尼诺普应该是（k1）中"我"的指称。但是给考丽打电话的人听到这个信息，都会把它理解为考丽现在不在她的办公室。而且，（k1）的真值看来是相对于考丽而定的，而不是相对于彭尼诺普：如果考丽不在她的办公室则（k1）为真，（k1）之真假与彭尼诺普无关。这就有力地表明，这种情况下，考丽是（k1）中"我"的指称，而彭尼诺普则不是。但这与传统理论矛盾。

为了解决上述矛盾，罗登罗鲁克首先考察了赛德尔（Sidelle）的办法②，这种方法保留[c1]和[c2]。赛德尔认为，当某人录

---

① Romdenh-Romluc, K., 2006: "I", *Philosophical Studies*, 128, pp. 257-283.

② Sidelle, A., 1991: "The Answering Machine Paradox", *Canadian Journal of Philosophy* 21, pp. 525-539.

下了一段信息或写下了一个便条，她就是在作一个话语，但这个话语的时间是在以后，是在某个听者 A 听到这个信息的时候，或者 A 看到这个便条的时候。赛德尔把这种话语称为延迟话语（deferred utterances）。赛德尔认为，决定直指词指称的语境仍然是说话语境，只不过在延迟话语的场合下，说话语境是听者 A 听到这个信息或看到便条的时候，而不是 U 在录制信息或写便条的时候。赛德尔没有考虑（k1）中"我"的指称问题，但是，罗登罗鲁克说，借用赛德尔的延迟话语概念，把案例（5）理解为是考丽在安排彭尼诺普制作延迟话语，从而可以把考丽理解为该话语的说话者，这样，（k1）中的"我"指称其说话者，即考丽。这样就解决了（5）的问题。

这时，罗登罗鲁克提出了另一个问题案例（6）：

（6）巴达扎（Balthazar）在做一个关于佛陀（悉达多 Siddharta）的生平的电视节目，它是实况转播的，电视观众可以在巴达扎说话的时候同时听到他的话。巴达扎先给观众讲述了悉达多的出生和他早年的奢华的生活，这些都发生在公元前 534 年悉达多成为一个苦行修道者时之前。在作了这些介绍后，巴达扎说：

（k2）现在，悉达多离开王宫。

直观上，（k2）中的"现在"指称的是悉达多离开王宫的时间，即公元前 534 年；而巴达扎在说（k2）这句话时是 2003 年，按照传统理论中的 [r3]，它又应该指称 2003 年。显然（6）不能作为延迟话语来处理，也不属于"虚构的"用法。为了更清楚地说明赛德尔的方法不能处理这些问题案例，罗登罗鲁克还把案例（5）改造成（5a）：

（5a）考丽从日本来到英格兰的一所大学教日语。彭尼诺普是该大学的一位秘书，她在考丽来到该大学之前就录制好了机器回答信息用于考丽的办公室的电话上，而考丽并不知道此事。彭尼诺普在考丽的办公室的机器上录下了如下的信息：

（k3）我现在不在这儿。

若给考丽打电话，听到（k3）这一信息，（k3）中的"我"究竟应该指谁？

这时我们不能把案例（5a）理解为是考丽在安排彭尼诺普制作延迟话语，从而可以把考丽理解为该话语的说话者，这样由传统理论，（k3）中的"我"指称其说话者，即考丽。所以赛德尔的方法不能解决案例（5a）。

接着，罗登罗鲁克考虑去掉前提［c1］，比如说，认为每个直指词都有着若干个不同的语义特性，在具体的使用中由其中的一个决定该直指词的指称。但普里德里认为这样做是不妥的，因为它是特设的假说。罗登罗鲁克同意普里德里的这一看法，认为去掉前提［c2］更为可取。这时，罗登罗鲁克就开始考察普里德里的"所意图的解释语境"这一概念，它指的是说话者 U 有意相对于这一语境来解释其话语。因此，在（5）与（5a）这两个案例中，句子（k1）与（k3）的说话者 U 都是彭尼诺普，但 U 的意图都是把其中的"我"解释为考丽，所以，在意向解释语境中，这两个句子中的"我"的指称都是考丽。而在案例（6）中，（k2）的说话者巴达扎的意图是把（k2）解释为公元前 534 年发生的事，故其中的"现在"指称公元前 534 年。故普里德里的理论也能很好的解释（6）。

但是，罗登罗鲁克指出，用普里德里的理论分析下述案例（7）却得不到正确结论。

（7）本（Ben）斜靠在窗沿向外大声喊道：

（k4）我今天不在这儿。

本的意图是把这句话中的"我"解释为纠（Joe）。但认为（k4）中的"我"指称纠——这与我们的直觉极不一致。

对于这类问题，普里德里建议，应该区分所说出的表达式的指称（the reference of an uttered expression）与该表达式能用来传达什么（what that utterance can be used to convey），在意向解释语境中，（k4）中的"我"指称纠，但该表达式却不能用来传达这一信息，因为任何听到（k4）这句话的人都不会明白其中的"我"指纠。普里德里的另一条建议是，直指词的指称并不是在任何时候都简单地由 U 的意向来确定，而是在 U 的意向之外还要增加一些其他因素。罗登罗鲁克指出，普里德里的这些"其他因素"究竟是什么以及有什么作用是不清晰的。而且，还有普里德里的理论无法解释的案例：

（8）西蒙（Simeon）是一个新闻发言人，同时又在做一个历史节目。每个星期四的四点钟西蒙总出现在电视上，在他主持的这个时段上，如果某个星期是做新闻节目，那么下个星期就是历史节目，二者交替进行。在某个星期四，轮到他作新闻节目了，而他糊涂了，以为是轮到他作历史节目，在节目上，想到诺曼底人的军事征服这件事，他说：

（k5）现在，法国人侵入英格兰！

按西蒙的意向，他的话（k5）的解释时间是 1066 年，但所有的听这个新闻节目的人都会把当时即 2003 年作为（k5）的解释语境，认为其中的"现在"指的是 2003 年。

罗登罗鲁克认为，（k5）中的"现在"的指称是 2003 年，而不是"所意图的解释语境"的时间。所以，罗登罗鲁克的结论是，应该放弃普里德里的理论。

罗登罗鲁克还批评了柯拉扎（Corazza）等人的约定论①观点，提出了他自己的理论。罗登罗鲁克指出，普里德里的理论中，把 U 的意向解释语境作为确定指称的语境，这就给说话者 U 以太大的自由，使 U 想用直指词指称什么就指称什么；而柯拉扎等人则把话语发生时所设置的约定用来固定语境以确定指称，这就没有给 U 以足够的自由，使他不能用新的非约定的方式来使用直指词；所以这两种理论都是不对的。罗登罗鲁克指出，由于语言是公共的，直指词的指称理论必须考虑到听众或受者 A 必须能理解这一点。所以，罗登罗鲁克在他的理论中设置了一个合格的听众或受者 Ac，Ac 是有充分的语言能力的并且留心地注意地听着 U 的话语。注意，Ac 并不是一个碰巧的听众或旁观者，而是 U 的说话对象，U 可以根据 Ac 的信念、欲望、历史、兴趣、U 与 Ac 此前的谈话、U 与 Ac 之间的约定等等来提示 Ac 确定指称的语境是什么，Ac 能够认

---

① Corazza, E., Fish, W., and Gorvett, J., 2002: "Who Is I?", *Philosophical Studies*, 107, pp. 1-21.

识到 U 的提示并据之而找到相应的解释语境。因此，Ac 能够根据有关的信息和线索（来自 U）而确定的解释语境，而与这是否为 U 意向中的解释语境无关。罗登罗鲁克认为，他的这一理论可以解决所有的问题案例，对直指词的指称提供了一个统一的分析，无论有关的表达式是书写的便条、或是录制的信息，还是虚构的作品等等，这种分析都是行之有效的。

2006 年关于直指词的文章还有普里德里的《关于单例自涉性问题》①和《混合直指词与省略》②，巴腾（Tim Button）的《没有像现在这样的时间》③，罗伯特·梅（Robert May）的《弗雷格论直指词》④，克拉斯内尔（Krasner, D. A.,）的《史密斯论直指词》⑤，都很值得一读，有关直指词的研究是语言哲学中近年来的一个颇为活跃的领域。

（三）新著新说

1. 语义学和意义问题

挪威奥斯陆大学（University of Oslo）的克拍兰（Herman Cappelen）教授和美国拉吉尔大学（Rutgers University）的勒泼（Ernie Lepore）教授 2004 年合著了《不敏感的语义学：一个对语义最小论和话语行动多元论的辩护》⑥。

关于句子的语义性质与语境的关系，有人认为，在不同的语境

① Predelli, S., 2006："The Problem with Token-Reflexivity", *Synthese*, 148, pp. 5-29.

② Predelli, S., 2006："Hybrid Indexicals and Ellipsis", *Erkenntnis*, 65, pp. 385-403.

③ Button, T., 2006："There's No Time Like the Present", *Analysis*, Vol. 66 Issue 2, pp. 130-135.

④ May, R., 2006："Frege on Indexicals", *The Philosophical Review*, 115, pp. 487-516.

⑤ Krasner, D. A., 2006："Smith on Indexicals", *Synthese*, 153, pp. 49-67.

⑥ Cappelen, H. and Lepore, E., 2005："*Insensitive Semantics: A Defense of Semantic Minimalism and Speech Act Pluralism*". Oxford: Blackwell Publishing. Gauker, C., 2006: *Mind*, 115, pp. 399-403.

下，同一个句子所表达的命题也不同。但克拍兰和勒泼论证说，语境相对性远没有那么严重。虽然指代词和直指词的指称随着语境的变化而变化，并且也确实有少量的表达式的语义是相对于语境的，但量词和形容词（如"ready"）则是独立于语境的。说话者用一个句子以及说该句子时的语境所表达的命题，恰恰是所谓的最简命题（minimal proposition）。例如，说话者说了这样一个句子"没有法国女郎"，借此声明在 401 房没有法国女郎，但说话者的话所表达的则恰恰是命题"没有法国女郎"。

克拍兰和勒泼还区分了温和的语境论和极端的语境论。极端的语境论认为几乎所有的词和语法结构都有语境相对性，而温和的语境论认为具有语境相对性的东西是有限的。克拍兰和勒泼批评极端的语境论，因为它使语言的交流过程是不可理解的，并且是内在的不一致的。而导致温和语境论的论证同样导致极端的语境论，既然极端语境论是错误的，那么温和的语境论也是错误的。他们同意两种对温和语境论的论证：一种是语境转换论证（context-shifting arguments），另一种是不完全性论证（incompleteness arguments）。语境转换论证指出，同一句子在不同的语境下表达不同的命题。不完全性论证指出，一个句子在一语境下所表达的命题，如果不考虑该语境所提供的一些特征，则不能完全地确定该命题。

要证明语境相对性，就要证明：相应于多少种不同的语境，句子所表达的命题就有多少种。

克拍兰和勒泼还有许多其他的反对温和语境论的论证。其中一个涉及间接引语的例子是：假设尼娜说，

（1）约翰准备好了。

而在另一个完全不同的语境中，我们可以这样报道这一情况：

（2）尼娜说约翰准备好了。

而不必更确切地说

（3）尼娜说约翰准备好了参加考试。

克拍兰和勒泼得出，"准备好了"不具有语境相对性。有关"S 说 p"这类句子的最好的语义理论认为，这类句子的解释不仅是相对于说该句子的语境，而且还相对于 S 说话时的语境。就是说，我们

解释（2）时所相对的语境，包含着一个指向，即指向尼娜说（1）时的语境；所以对（2）的正确解释还依赖于这另一个语境。解释者若是不了解说（1）时的语境，就不能够完满地解释（2），但这并不是说根本不能解释（2）。

克拍兰和勒泼自己的正面主张是他们自己所谓的"话语行动多元论"（speech act pluralism）。他们承认，说话者的话语行动可能超出了在该语境中说话者所用的词的字面上所表达的命题，这种字面上所表达的命题只是最简命题。因为，他们觉得可以选作说话者的话语行动的内容总是有多个，所以，他们把其主张称作多元论。在报道一个说话者说了什么时，有很多东西可以说，而不失为正确的报道，每一个这样的报道所述的命题都是说话者的言语行动的一个内容。如果杰克说了"贾诗丁买了那照片"，那么，即使杰克不知道贾诗丁是法国人，我们也可以报道此事说，"杰克说一个法国女人买了那照片"。所以，"一个法国女人买了那照片"是杰克的言语行动的内容之一。

但是，听者如何确定说话者的话语行为的内容呢？语境论者的回答是：听者运用他（她）对说话者所说的语言的了解，从说话者的用词和说话时的语境来推断其内容。而听者对该语言所了解的正是说话者所用的词、句子的语法结构的意义，以及这些意义和语境相结合以产生命题的方式。确定了在一定语境中某句子所表达的命题之后，听者便可推断这个命题就是该句子的说者的意谓。

语言哲学家、马里兰大学彼德罗斯基（Paul M. Pietroski）教授目前的主要兴趣是组合语义学（compositional semantics），有关这个问题的一系列文章被收入了他的新著《事件和语义建筑学》。①

彼德罗斯基提出合取主义（Conjunctivist）的策略，以解释自然语言的语义学。自然语言中的每一复合表达式都是两个较简单的表达式的连合（concatenation）。彼德罗斯基找出了三种与复合表达

① Peitroski, P. M., 2004: "*Event and Semantic Architecture*". Oxford: Oxford University Press. 转引自: Turner, A. J., 2006: "*Australasian Journal of Philosophy*", 84, pp. 466-468.

式的意义相关联的特征项：即其中的两个较简单的成分以及该连合的意义。成分是一元谓词，连合等同于合取。这就得到结论"每个复合表达式都是谓词的合取"。

彼德罗斯基接受了弗雷格语义学，但认为我们不必接受关于谓词之值的函数主义假定（Functionalist hypothesis）。他相信，通过把一个谓词和若干个名称结合在一起就可以得到句子的合取主义的语义。函数主义可能看起来要简单一些，但彼德罗斯基相信它并不比合取主义更简单。两者都要解释添加（adjunction）和主目（arguments）的结合。两者都要设定存在的范围以解释句子的语义特征。从这一点看可能函数主义要简单一些，但彼德罗斯基相信，这种悄悄地设定存在的范围是有用意的，尽管合取主义运用这一范围要更多。所以，这种悄悄地设定存在的范围并不构成对合取主义的反对。

这本书的很大一部分内容是用来为该论题作辩护的。彼德罗斯基从基本的情形开始，然后试图推广他的弗雷格式的分析。他把论证严格地限定在函数主义的语义学和合取主义的语义学的争论上。

在推广时彼德罗斯基关注的第一个问题是多重情形（multiple cases）问题，或者说复数性问题。在简单理论提出的语义学中，把语法主语和宾语都解释为一元谓词。彼德罗斯基承认，他的理论能处理像"布鲁图斯刺杀恺撒"这样的句子，但不能处理像"每一个瓶子都倒了"或"大部分瓶子都倒了"这样的句子。第二节的很多地方就是用来处理这样的问题的。

彼德罗斯基宣称弗雷格的合取主义方法不一定会导致矛盾。可以这样来计算句子"每一个瓶子都倒了"的真值：把每个瓶子联系一个真值，即每一个倒了的瓶子赋值为真，每一个没有倒了的瓶子赋值为假；然后看是否每一个句子的赋值为真。

彼德罗斯基考察了两条弗雷格式的路径：第一条路径涉及在有序对的域上的量化，第二条路径处理在基本元素的域上的量化。他倾向于走第一条路径，认为像"瓶子"、"倒了"这样的谓词是有外延的。在假设有序对有外延的情况下，就可以用有序对来解释复数性。为此，彼德罗斯基把复数性和量化放在一起处理，这是因为

"每一个瓶子都倒了"展示了有序对（瓶子，倒了）并且处理每一个这样的有序对。这样，量词"每一个"就量化了这些瓶子的存在，以及它们的动作即倒了的存在。

彼德罗斯基考虑了函数主义的可能反应。尽管他想表明合取主义与函数主义是一样地适当的，但他力求证明函数主义所引起的某些基础性问题是合取主义没有的。

处理了量化和复数性问题之后，彼德罗斯基接着表明，合取主义是如何处理涉及单数的、非量化主目的问题，例如，像"希拉里把冰熔化了"这样的因果性陈述。他还试图处理动词陈述（verb statements），例如，"尼克怀疑是否狗吠了"。彼德罗斯基提出，在考虑复数性和量化时函数主义有弱点（例如，它会导致罗素悖论），这使我们选择了因果性语义学，因为这时合取主义并不更可取，而只是和函数主义一样好。彼德罗斯基力图表明，像"希拉里把冰熔化了"这样的因果性陈述，把"希拉里"和"冰"作为一元谓词来处理，再与因果性的词组连接起来。这一方法并不比函数主义的方法更为复杂，所以彼德罗斯基认为，应该根据以前关注的东西作决定。接着他就开始处理"that"从句，认为短语是由一个动词、一个主词以及一个连接这两者的"that"词组共同构成的，其语义式是"动词 that P"。其中，动词和"that"从句都是作为可以连接的一元谓词，而 P 不只是确定了一个论题，而且确定了由"that"词组引入的补语性的一元词组。

尽管把合取主义和函数主义视为平等的，彼德罗斯基仍然认为，在一个动词性词组中的因果性陈述和句子性补语是支持函数主义的最有力的事例。而在处理这些问题时，函数主义也不比合取主义处理得更好。

李卡那提（Francois Recanati）出版新著《本来意义》①，讨论形式语义学与用法语义学（use-based semantics）之间的争论。形式语义学一方倾向于称他们自己为"最简论者"（minimalists），最

① Recanati, F., 2003: *Literal Meaning*. Cambridge: Cambridge University Press. Borg, E., 2006: *Mind*. 115, pp.461-465.

简命题确定了本来意义。不同的最简论者，对于允许多少语境信息渗入到最简命题中，说法是不同的。不过，所有的最简论者有一个共识，即尽可能地限制语境对本来意义的影响。李卡那提要求我们排斥这一共识。他给出了一个例子，强有力地支持语境论者。语境论者主张，说话时的语境，尤其是说话者的意向，对本来意义有着不可忽略的贡献。没有什么意义既是命题的（即有真值的）又是最简的，即不受从上到下的因素的影响。语义内容被语用的因素所填充。

关于语用过程的性质和缺漏的成分（unarticulated constituents）的特性，李卡那提所持的观点凸显了他与其他语境论者之间的差异。斯拍伯和威尔逊①等相干论者主张单一统一的语用过程，李卡那提则设想有两种不同的语用过程，它们都在语言的理解中发挥作用。首要的语用过程决定说了什么（本来意义或所说的话的语义内容），次要的语用过程决定它意含什么。首要的语义过程发生在人心之下的（sub-personal）层次上，或者说在隐性的层次上，即当事人对该过程的输入没有意识，该过程的输出表示一个命题，即说了什么，当事人是有意识地把握这个命题，但这个命题却不是推理过程的结果。另一方面，次要的语用过程是可以有意识地通达的，当事人可以有意识地认知从输入命题到输出命题的推理路径。例如，A 询问有关 B 的自杀倾向的事情，C 回答说，"有一天他走到悬崖的边缘，就跳下去了"，在 A 对 C 的话的解释中，上述两种语用过程都发生了。首先，主要的语用过程发生作用，对"他"设定了指称。这里有一个填充（saturation）过程，即根据语境"给话语的逻辑形式上的直指词和自由变元取值"。其次，通过自由扩展，这两种语用过程发生作用，提供这样的信息，即 B 跳下了悬崖，而不是在悬崖边缘上跳动。所以，A 在听 C 说话时有意识地接收到的第一个命题（该命题告诉我们本来意义）是，"有一天，B 去了悬崖边，并跳下了悬崖。" A 可能在次要语用过程中根据所说的话推断出其含义，例如，推断 B 还没有从他的那次自杀

---

① Sperber, D., and Wilson, D., 1986: *Relevance*. Oxford: Blackwell.

冲动的严重后果中康复过来。

李卡那提主张，主要的语用过程是"非反思的"（unreflective），也就是说，它们类似于基本的知觉判断，不依赖于涉及说话者的意向推理过程。与之不同的是，次要的语用过程通过回答诸如"为什么说话者说那些话"之类的问题，而得到一些命题。在次要的语用过程中，我们不仅找到了主要语用过程无意识的运作时所说的话，我们还会反思说话者说那些话这一事实，并且运用这一事实和背景知识，推导出说话者没有明说的含义。

李卡那提区分了准语境论（把最简命题看成是在理论上无用的、在语言交流中没有作用的东西）和全方位语境论（认为不存在最简命题）。尽管在这一点上他没有明确表明他的立场，但有理由认为李卡那提持一种较弱的、准语境论的观点，李卡那提对缺漏的成分的讨论表明了这一点。语境论的一个关键论证是"语义的不充分决定性"（semantic underdetermination）：如果我们考察一下从一个句子的语形（syntax）中所获得的信息，并把它与说该句子时所表达的命题加以比较，在大多数、甚至在所有的情况下，前者不足以决定后者。这里标准的例子包括像"吉尔准备好了"和"下雨了"这样的句子，它们可能分别传达较丰富的命题，即"吉尔准备好了去电影院和伦敦下雨了"。大多数语境论者因此认为，这些句子含有缺漏的成分（即语义上相干但语形上却未表达出来的元素，其语义值由说话时的语境确定）。李卡那提主张，如果某一语境因素的作用不十分清晰，如果它们所产生的意义不是必需的，那么没有它们，所说的话仍然表达一个完整的命题。因此，上述的两个例句都没有为语境论提供论证，因为（要证明的是）没有语境的输入就不能表达命题。相反，有这样的情况，句子的语形中一定隐藏着对语境敏感的元素。对李卡那提而言，支持语境论的例句是"你不会死的"、"荷兰是平的"，或"那个苹果是绿的"之类的句子。这些例句能表示与语境无关的最简命题，但在大多数对话语境中，它们可以表达"你不会由于这样的伤口而死的、就一个国家而言荷兰是平的、那个苹果的皮是绿的"之类的扩展的命题。

可以认为，李卡那提赞同准语境论：在某些语境中，所讨论的句子能够生成与语境无关的最简命题（而不是只能生成命题片段），但任何这样的最简命题都不是该句子的说话者所说的东西。

高克尔（Christopher Gauker）在 2003 年出版了《没有意义的词》①，研究语言和思维的特性。它有正反两个方面的目标，反面的目标是要驳斥所谓"关于语言交流的已被接受的观点"，正面的目标是要描述代替该观点的观点。

关于语言交流的已被接受的观点包括以下几种不同的主张：（1）心灵状态（如信念）拥有命题性的内容。（2）自然语言中的表达式具有意义。（3）说同一种语言的人对这些意义有一种共同的理解，他们能够使用该语言相互之间交流着命题。（4）语言的核心功能是使一个说话者能把她（他）的思想传达给听者。

（1）~（3）或者类似的主张，构成了过去和现在的分析哲学的正统。至于（4），许多当代哲学家极力主张：断言的主要功能不是传达某人自己的心理状态，而是描述该断言的主题，而这是典型的超越语言和心灵的。

高克尔反驳（1）~（4）。他主要批评以下两点：（5）信念是含有命题性内容的心理表象（mental representation）。（6）思想在解释上是先于语言的·高克尔的讨论中很大一部分是关于他所说的"心理表象的绘图理论"。他论证说，绘图理论是没有希望的。

高克尔介绍了他的关于语言实践的正面观点。他提出了一个实质上是语用主义的理论：说话者意在断定这样的句子以产生所期待的结果。在高克尔的思路中，每一谈话都有一定的目标，一般说来，这些目标对参与谈话的各方来说是共同的。这些目标决定了高克尔所谓的说话语境（context of utterance）。说话语境是一个这样的最小的句子集合，它使得与该集合相一致的行动推进着谈话的目标。一个句子只有在它属于说话语境的时候才是可断言的。高克尔

---

① Gauker, C., 2003：*Words without Meaning*, Cambridge, MA：MIT Press. Rescorla, M., 2006：*The Philosophical Review*, 115, pp. 121-124.

拒绝对"命题性内容"和"意义"概念的真值条件式的理解。他持真理收缩论（deflationist），排斥弗雷格和塔斯基传统的指称语义学。不过，他认识到，我们需要找到句子的一种语义性质，能够对一种语言的所有的句子递归地定义它是否具有该性质。然而，他认为，不是真理或可满足性，而是可断言性（assertibility），才是这个所想要的语义性质。

高克尔阐述了他的逻辑后承理论。他还把他的语用主义框架运用于各种语言现象上，包括量词的辖域限制、预设和含义。高克尔论证，已被接受的语言交流观不如他自己的理论那样能令人满意地解释有关的语言现象。

最后，高克尔把他的理论从语言推广到心灵。高克尔否认心理活动涉及命题性的、有内容的心理状态之间的因果性的相互作用。他假定，一个关于心灵的完整理论将只假设非命题性的有内容的心理状态如心理图像。

高克尔一方面否认命题态度，同时又承认信念的存在。于是，他以如下的方式概述了关于信念归属的可断言性条件："X 相信 p"是可断言的，当且仅当从 X 的角度出发，p 是可断言的。因此，我们谈信念时，我们并不描述某个事先给定的、命题性的、有内容的心理状态的领域。我们只是在语言实践中作了某些动作，某些受高克尔的可断言性条件理论支配的动作。因此，与信条（6）相反，哲学家不要试图独立于语言实践来阐明信念。

2. 著名语言哲学家研究

洛克的语言哲学长期以来受到哲学家和语言学家的密切关注，研究者众多。沃特（Walter Ott）发表的新著《洛克的语言哲学》①便是近期成果之一。

洛克断言，"词，就其基本的或者说直接的意指作用（signification）而言，所表示的只是词的使用者心中的观念"。沃特描述了历代以来，在古代、中世纪、近代哲学家们的口中，词

---

① Ott, W., 2004: *Lock's Philosophy of Language*. Cambridge University Press. Stock, G., 2006: *The Philosophical Quarterly*. 56, pp. 134-137.

"sign"（符号、表示）的用法，例如，希腊文中的 sign 与拉丁文中的 sign 基本上是同义的。沃特最后回到霍布斯对"符号"（sign）的用法，以之作为洛克对此词的用法的原型。洛克的"符号"是一个可感知的东西，符号的出现便标示某种不同于该符号的东西，便证明有某种不同于该符号自身的东西，便有根据推出某种不同于该符号自身的东西。

为了更清楚，沃特引入了"技术性词汇"（technical vocabulary）。标示性符号（indicative sign）标示感觉不到的东西。流汗就是皮肤中的不可见的毛孔的一个标示性的符号，"因为没有毛孔人们就不可能流汗"（此例来源于亚里士多德）。回忆性符号（reminiscent sign）通过因果关系向人的心灵传递别的东西的信息，人们经验到这别的东西与该符号有着恒常联系，因此，冒烟是着火的回忆性符号。这类符号的意义一定是可感知的。工具性符号（instrumental sign）是符合奥古斯丁的定义的符号，即"其自身有意义，且向心灵指示着符号之外的某种东西"，所以工具性符号与形式符号不同，形式符号（formal sign）其自身没有意义。在沃特的理论中形式符号没有作用。

沃特说，技术性词汇的作用之一是使他理解洛克在观念性语境和言语性语境中都使用术语"符号"（sign）而不会有歧义。沃特宣称，对洛克而言，我们感觉到的观念，即"简单观念"，是"标示性的工具性的符号，它允许我们推断有关的对象和性质的存在，这些对象和性质是必然地隐藏起来躲着我们，简单观念便是由这些对象和性质引起的"①。

就词语来说，符号及其意义之间的联系的性质并不是天然就固定的，词依赖于约定。但对洛克来说，实词（categorematic words），如在演讲中所使用的，对听者而言，只是演讲者心中的观念的指示性的工具性的符号。沃特认为，洛克的这一结论来自于两个前提：第一个前提来自于意指过程的特性，第二个前提来自于这

---

① Ott, W., 2004: *Lock's Philosophy of Language*. Cambridge University Press. p. 22.

样一组偶然的事实，即什么样的事物能由词来指称。洛克认为——非观念（精神活动）的事物只要根据意指过程的定义就可以有符号表达，只要事物与词的联系符合这种定义——是错误的。

沃特总结说，根据洛克的观点，存在一个可能世界，在该可能世界中，说出口的"金子"这个词是作为物质的金子自身的工具性的指示性的符号，（即推理出"存在一块金子"的根据），而不同于作为观念的金子。只是碰巧现实世界不是这样的可能世界。

沃特批评了对洛克的断言的别的解释，而把他自己的解释与洛克的其他主张联系起来了。相对于词的基本的和直接的意指功能，相对于运用语言的人的不可侵犯的自由权利，洛克式的断言关系着有时间性的言语行为，即索绪尔所谓的"言语流通"（speech-circuits）。通过对比，洛克也承认，任何时候自然语言的词汇都是由他所谓的"该语言的运用和适当性"决定的。洛克主张，在有时间性的交流活动中，个人给予词以某些意义，这些意义应该在某种方式上被理解为基本的。

根据目前的适当性规则，语言的词汇表中词的意义会有交流缺陷：例如，作为其所在语言中的可以客观地描述和释义的词条，它们会或多或少有些模糊，或多或少有些歧义，等等。这些缺陷不可避免地出现在人们的日常语言的使用中，因而成为洛克的词语形态学中"滥用的词"中的一部分。如果某人对他自己当时所想的观念没有自我意识的反省，正如他没有意识到他所用的词在语言中的客观意义是什么一样，就会出现这些缺陷。而从问题的另一面看，这些缺陷也为洛克所倡导的要严格的科学地运用语言提供了语境或理由背景。

苏伦（Pieter Seuren）的《乔姆斯基的最简理论》① 属于近年来出现的反乔姆斯基的阵营。苏伦的目的是要说服读者，乔姆斯基自1995年以来所勾勒出的最简论纲领，是自大的、固执的、方法论上有欠缺的、既没有事实的支持也没有有力的论证。他不断地质

———————————

① Seuren, P., 2004: *Chomsky's Minimalism*. Oxford and New York: Oxford University Press. Fiengo, R., 2006: *Mind*. 115, pp. 469-472.

疑乔姆斯基的智力的完整性，要我们相信乔姆斯基在主宰着学术界中的邪教。乔姆斯基事业中的每一美德都掩藏着一种邪恶，而邪恶里面是更阴险的邪恶。

根据苏伦的看法，问题始于 60 年代关于句法或语形问题的研究。生成语义学主张的是"中介"观（mediational view），乔姆斯基则主张"随机生成者"观（random-generator view）。中介观把语形看成是思想和声音的中介；另一方面，随机生成者观把语形看做是无向导的句子生成器：随机的东西输向语义和发声系统，从此导出意义和声音。苏伦认为，各种随机生成者理论，包括目前的最简方案，都有致命的缺点：它们都不能给出一个可信的实在论的解释。

苏伦认为，随机生成观与任何一种正常的实在论是无法协调的。给定这样一种语言理论，其中各成分之间的关系都是用导出的术语来陈述的。苏伦似乎认为，实在论的解释要求，该理论的对象表现为一些模块，这些模块对应于因果系列中的成分。实在论应该能解释我们习见的用因果性术语表示的流程图。

苏伦攻击乔姆斯基的方法论，他斥责乔姆斯基没有遵循"正规的科学程序"。对乔姆斯基的方法论上的胡来有上百种指责，如他是马马虎虎的、轻率地对待反例的、不一致的。

苏伦论证说，对"最优语言设计"的信念、对任何人造模型的完善性的信念是一种自大，乔姆斯基在这一点上与柏拉图等人一样。苏伦在批评乔姆斯基的目标是虚幻的之后，还谈论最简论的一些细节，而这些论证与最简论并没有内在联系。苏伦在其第五章论证说，最简论的纲领不是最简的，他的意思并不是说有比乔姆斯基所提出的还要好的假设以利于最简论的目标，而是说最简论没有解释力。第六章论证最简论的"位移性质"所指的移动并不是由于概念的需要而得出的，乔姆斯基原来主张而现已放弃的 X 杠理论（X-bar theory），也早已经被驳倒。① 第七章论证说，中介论比最简

① Kornai, A. and Pullum, G. 1990. The X-bar Theory of Phrase Structure. Lg. 66: 24-50.

论能更好地说明后者所说的那些由于表层的因素所引起的各种语义现象。

3. 真理问题研究

一给定语句是否为真，这是语言与世界的关系问题的。毛德林（Tim Maudlin）在《真理与悖论：解迷》① 一书中提出了一种真理论，这种真理论是从语言的基础主义观而来的。从形式的角度看，这样的真理论正是克里普克的最小固定点理论（least-fixed-point theory）。不过，从哲学的观点看，毛德林的理论与克里普克的理论差别很大。

语言基础主义观是这样的：考虑一形式语言 L，L 除了有通常的逻辑资源（例如合取）外，还有一个真值谓词 T。L 的句子的真值直接依赖于某些其他的 L 句子的真值，如合取句子（A&B）的真值依赖于合取支 A 与合取支 B 的真值，T（'C'）的真值依赖于 C 的真值。我们把 L 的语义依赖关系画成一个有指向的图形，对任何句子 X，该图上面有箭头从 X 的每个直接的语义构成成分指向 X。这种图形称为语义关系图。没有直接的语义构成成分的句子是边界句子（boundary sentences）；它们位于语义关系图的边界上。为简明计，设每个边界句子恰有一个真值（为真或为假）。毛德林的基础主义观的核心思想是：

（*）真与假最终都源于世界的状态。就是说，（!）一个句子要么是真的，要么是假的；如果是这样，那么，这个句子要么是一个边界句子，即由非语义的事实的世界决定其真假，要么至少与一个边界句子有语义联系，其真值要追踪到与它有语义联系的边界句子。（第 49 页）

在语义关系图上，从其边界出发，人们就可以计算处于图形内部的某些句子的真值。某些句子不能用这种运算得到真值（例如：

---

① Maudlin, T., 2004: *Truth and Paradox*: *Solving the Riddles*. Oxford: Clarendon Press. Gupta, A., 2006: *Mind*, 115, pp. 163-165.

说谎者句子（Liar sentence）和说真话者（Truth Teller）句子 TT。根据边界的情况便能计算其真值的句子正是在克里普克意义上有根基的（grounded）句子，它们在克里普克的最小固定点上为真或为假。另一方面，说谎话句子和说真话句子与边界没有联系，它们是无根基的（ungrounded）。

克里普克的最小固定点结构所体现的基础主义观点，类似于（＊）中所表达的观点。而毛德林对（＊）的解读是强版本的且超出了克里普克的范围。在毛德林的解读中，（＊）所起的作用就如同恶性循环原则在罗素的理论中所起的作用：它把某些看起来有意义的资源认作是非法的。例如，考虑一元联结词"↓"，其语义是，↓A 为真，当且仅当 A 既不是真的也不是假的；否则，↓A 就是假的。一个语言可以有这种联结词，这在直观上是可能的。但根据毛德林对（＊）的解读，不可能有这种联结词。因为，如果存在这种联结词，则↓TT 的值就是真，尽管↓TT 的语义关系图与 TT 的一样，都是一个闭合的环路。这样，真作为真值就不能追溯到边界上，从而违犯了（＊）。其他的赋值方案、其他的可能的对真值的固定点解释也可以用类似的论证加以否决。例如，可以否决克里普克的最大内在固定点，因为它会把下述的句子（1）的真值定为真：

（1）要么是真的，要么不是真的。

但是（1）的语义关系图是由闭合环路组成，我们不能把真值之真追溯到边界上。因此，（＊）排除了把最大内在固定点作为 T 的一个可接受的解释。与克里普克突出固定点和赋值方案的多样性相反，毛德林通过采纳（＊）而削除这种多样性。

但这里有一个问题。毛德林说，根据（＊），说谎句不真（也不假），因为它与边界没有联系。但如果我们把（＊）运用于毛德林自己的陈述，那么它也不真（且不假），因为它与边界也没有联系。毛德林大胆地接受了这个结果，主张真理概念必须与他所谓的可允许的断言（permissible assertion）区分开。他的关于说谎句的断言——事实上他的整个理论——不是真理，而是可允许的断言。

毛德林认为，他至少在两个重要方面改进了克里普克。第一，克里普克给我们留下了很大的不确定性，即固定点和赋值方案的多样性，而毛德林给出的理论则是"完全确定和唯一的"（第 57 页）。第二，克里普克有着这样的负担，即要区分对象语言和元语言，而毛德林的理论"不需要作这样的区分"。毛德林宣称他"对这样的语言建立了一种真理理论，这种语言可以作为它本身的元语言"（第 191 页）。毛德林认识到他的理论有一些"极不直观"的后果（第 58 页），例如，根据他的理论，（1）蕴涵矛盾。另一个例子是，他的理论允许断言，对于 P 的某些赋值，P 与 "P" 都不为真。毛德林接受这些后果，因为他觉得（＊）是很有道理的，且免除做对象语言与元语言的区分对他来说是很基本的目标。

4. 命题与冗余性实体

命题以及其他我们所意指的事物的本体论地位如何？席弗尔（Stephen Schiffer）的《我们所意指的事物》一书对此作了开创性的研究。① 1972 年席弗尔出版的《意义》②，为一种基于意向的意义理论作了细致地辩护。十五年后，出版《意义的剩余》③，把他以前的观点作为陪衬，席弗尔论证：没有一种意义理论是可能的，也没有一种意义理论是必须的。

命题，以及书名中的"我们所意指的事物"，这些都被说成是冗余性的实体：它们的存在是由于语言的某种类型的转换。性质也是如此。如果某性质的存在是由于一个有效的长句子，而这个长句子可以很好地用一个短句子来重述，那么这性质就是冗余性的。例如，"拉西有着一条狗这样的性质"只是"拉西是一条狗"的另一种说法。冗余性的实体还有事件和虚构的实体。这些也是由于"某种东西来自于虚无"这种语言变换而进入存在之域的。命题来自于这样的变换，例如把"约翰是吸烟者"变成"约翰是吸烟者这是真的"。命题就是这样产生的从句的指称（即我们通常说的

---

① Schiffer, S. , 2003: *The Things We Mean.* Oxford: Clarendon Press. Barber, A. , 2006: *The Philosophical Quarterly.* 56, pp. 301-303.

② Schiffer, S. , 1972: *Meaning.* Oxford University Press.

③ Schiffer, S. , 1987: *Remnants of Meaning.* MIT Press.

"命题'约翰是吸烟者'是真的")。阿姆斯特朗把性质称为谓词的影子。席弗尔把命题称为句子的影子。这本书便是对这一思想的阐述和辩护。

席弗尔作了三个支持性的断言。首先，冗余理论可以免受来自命题的对手论（competitor theory）和命题的消除论（eliminativism）的批评。其次，冗余理论就其自身而言是有道理的：它没有明显的不一致之处，也没有严重的含糊不清，所有的人们可以合理地要求命题来做的事，冗余性的命题都能做到。第三，冗余理论可以用在解决许多难题和争论上，在这些问题上取得进展。

关于命题和态度，席弗尔对各种理论进行了反驳，并提出了自己的正面理论。他同意传统理论的这样一个假设：简单的态度陈述有着一个"表面值"（face value）的逻辑形式，它为真，当且仅当，态度陈述中的当事人与从句所指称的命题这两个相关项，彼此形成所指定的态度关系。这一假设引发了对命题理论的研究。要使这一研究继续进行下去，席弗尔认为，应该放弃 that 从句指称的组合性假设。

他的理由是，命题既是有结构的，又是无结构的。与组合性相容的唯一的命题无结构的理论，把命题看成是一个从可能世界集映射到真值集的函数。这样做有一个荒谬的后果，即必然真的命题不能相互区分：如果你相信了其中的一个，那么你就相信了所有的必然真的命题。为了得到更细致的结果，人们必须抛弃组合性或保持结构。席弗尔的选择是抛弃组合性。首先，赞同有结构的理论不能保留组合性。承认组合性，命题的构成成分就必须是从句中的子表达式的指称。但这些成分/指称不能轻易地看作是标准的指称或概念，又没有有效的能替代这些关于命题性成分的罗素式和弗雷格式的理论。其次，席弗尔宣称，他有一个独立的可取的理论，能把命题既作为没有结构的对象（因而没必要解释命题性成分），又能对之加以细致的区分。这样，不同的必然性真理能够加以区分。这就是上面简介过的冗余理论。

该理论的可信性一般地依赖于冗余性实体的可行性，席弗尔应

638

该对"某种东西来自于虚无"这种语言变换适当地加一些平衡性的约束。太容易获得的实体性就不那么值得理论的关注。但如果条件太苛刻，则命题（或者性质，等等）就会永远处在阴影之中。席弗尔通过使在某些概念之下的冗余性实体合法化而打破了平衡，这些概念的引入是通过"某种东西来自于虚无"这种语言变换。换句话说，任何可以表达而不可以证明的断言在引入了这些概念（指命题、性质等等）之后应该变成可以证明的了，任何可以证明的断言在引入了这些概念之后应该仍然是可以证明的。

为什么冗余性命题是无结构的？为什么冗余性命题是可仔细分辨的？前一个问题较容易回答。当我们放弃了组合性，命题就不需要有结构。从句不是由于组合性而指称一个命题，而是由于法令（fiat）：命题约翰是吸烟者，也就是占据句子"约翰是吸烟者是真的"的主语的位置的词组的指称。可仔细分辨这一点要更为微妙。席弗尔看来是把两个假设融合在一起。争论的双方都认为命题有构成成分，但对这些成分的特性意见不同时，经常把这两个假设作为武器用于他们的争论中。第一个假设是典型地与罗素的理论相关联的。它说的是，比方说，"约翰相信冬青树丛是一种灌木"和"约翰相信水冬青是一种灌木"的可断定性条件（assertability-condition）是不同的，因为在不同的话语环境中会说其中的这一句而不是那一句，它们间的差别是如此细微，以至于把从句中的单词与其指称（无论是标准性的指称还是概念性的指称）联系起来的任何组合性理论都不能有效地把握这种差别。罗素的理论与席弗尔的不同，是斥之于可断定性的这些语用方面，把上述两个句子的真值条件的看起来的不同解释为是一种表面的不同。这就扫清了通往从句内的指称与从句外的指称完全一致的道路。

席弗尔的第二个假设是弗雷格型的，即上述的可断定性条件的不同也就是真值条件的不同。给定表面值假设，由这第二个假设可以得出，这两个所相信的命题是同一之中有差别。与弗雷格不同，席弗尔放弃了组合性，所以这种可仔细分辨性不能做从下至上的解释，即不能由从句中被变换的词的指称性质的差别而得到解释。

二、心灵哲学

在当今英美世界，有关心灵哲学诸问题的研究越来越受到人们的重视。本综述的主要资料依据是以下几种期刊：《认识》（*Erkenntnis*），《探索》（*Inquiry*），《心灵》（*Mind*），《综合》（*Synthese*），《哲学研究》（*Philosophical Studies*），《哲学和现象学研究》（*Philosophy and Phenomenological Research*）。本文的重点是2006年发表在英美学术期刊上的创新成果。限于篇幅，对于史料性的研究，一般不纳入这一综述。

（一）基本走向

上述几种期刊2006年共发表心灵哲学论文103篇。根据讨论的热度，主题分布如下：①

（1）神经科学及其哲学问题。

（2）物理主义，与之相关的两个备受争议的论题分别是随附性论题（supervenience thesis）和同一论（the identity theory）。其中"感觉性质"（qualia）这一概念已引起越来越多的讨论。

（3）身心问题新论。当前的争论主要集中在还原主义、功能主义、"实现"和物理主义的二难困境等问题上。

（4）思想语言（mentalese）和心理表征。

神经科学是第二代认识科学的理论基础和核心。20世纪90年代以来英美哲学界对认知科学和心灵哲学高度关注，认知科学的重要经验发现使传统哲学的基本概念受到严峻挑战。《综合》2006年第三期第153卷第三号发表《神经科学及其哲学问题》专辑，共发表6篇论文。这是2005年第三期第147卷第三号《神经科学的哲学问题》专辑的继续。这足以突显出这一问题在当今心灵哲学

---

① 需要说明的是，这一统计是粗略性的，因为关于很多问题的讨论是跨学科的；因此，以上分类，只供参考，主要是为了说明当前心灵哲学的大致走向和当前心灵哲学界所关心的主要问题。对于一些重复观点，我们只选取一些比较有代表性的做介绍。

和认知科学中的重要性。2005 年专辑的主题围绕"感觉性质"展开。切梅罗和黑塞尔当时用神经科学、行为遗传学和心理药物学中的一个实验范式来论证心理概括不能还原为神经科学的概括。① 莫萨乔则主张感觉性质和心理都是物理性质，并试图说明为什么它们看起来不是物理的。② 基利（B. F. Keely）在 2002 年提出，神经科学家给感觉分类的方式有助于我们对感觉概念作哲学分析。对此，格雷用一些反例来论证：基利没有充分说明在神经科学和相关科学中感觉被个体化的实际方式，他试图改进基利观点，解决困难事例并为科学的感觉分类方式提供解释。③ 霍斯特用认知科学的案例研究论证，与现象学的感觉相关的说明缺口不能完全由认知科学来填补，但是科学能够说明部分现象学事实，例如为什么人类颜色空间采取了芒舍尔单色（the Musell color solid）形式，为什么有现象学单纯的黄色，而没有现象学单纯的橙色。④ 费卡辽致力于反驳取消论的唯物主义，主张认识论的世界或心理世界与神经世界一样具有客观实在性。⑤

为什么感觉性质和心灵看起来是非物理的？莫萨乔曾认为，这是一个高度复杂的问题，因为有关感觉性质和心灵的多数细节还没有弄清楚。尽管我们的知识还不完全，但是，大量的科学研究，如关于疾病的破坏性后果的研究、生物化学研究、神经生理学研究、大脑外科介入研究等，已经确立了心灵过程的物理性质。而且，现代关于大脑功能的神经成像研究也已经确立了大脑与心灵的同

① Chemero, Anthony & Heyser, Charles (2005): Object Exploration and a Problem with Reductionism, *Synthese* 147: 403-423.

② Musacchio, José (2005): Why Do Qualia and the Mind Seem Nonphysical? *Synthese*, 147: 425-460.

③ Gray, R. (2005): On the Concept of a Sense, *Synthese*, 147: 461-475.

④ Horst, Steven (2005): Modeling, Localiztion and the Explanation of Phenomenal Properties: Philosophy and the Cognitive Sciences at the Beginning of the Millennium, *Synthese*, 147, 477-513.

⑤ Vacariu, Gabrie (2005): Mind, Brain, and Epistemologically Different Worlds, *Synthese*, 147: 515-548.

一性。

既然如此，大脑和心灵的运作似乎就具有某种物理性的运作模式。因此，2006 年专辑围绕"神经科学中的计算说明"这一主题展开。

在本专辑的第一篇文章《神经科学中的计算说明》（*Computational explanation in neuroscience*）中，皮奇尼尼（Piccinini）对这一问题做了简要说明。① 在一些哲学家看来，计算说明（computational explanation）为心理学所独有，它并不属于神经科学。但是，神经科学家却一如既往地为认知现象提供计算说明。事实上，计算说明最初就是由神经科学家从可计算性理论引入心灵科学的，他们在神经生理学的基础上为这种转向提供辩护。确立神经科学中计算说明的合法性和重要性是一码事；阐明它则是另一码事。皮奇尼尼提出了与计算说明相关的一些哲学问题，并且列举了许多研究者所提出的一些有前途的答案。

克拉福（Carl Craver）区分了说明模型和非说明模型。② 在他看来，说明模型不仅可以概括大量的信息并且预测某一系统在不同条件下的行为，而且还可以提供机制：这些机制描述这一系统的构成要素及其行为如何组织在一起，从而显示出上述现象。伊甘（Frances Egan）和马修（Robert J. Matthews）指出，③ 认知神经科学的两种常见的方法——"自上而下"（top-down）和"自下而上"（bottom-up）的方法，并未提供一种成功的理论促使我们理解认识是如何在类似于我们自身的生物当中实现的。相反，他们提出了认知神经科学的第三条途径，即"神经动态系统"的方法。认知和脑科学中一个核心的有效假说认为，大脑是一种计算机，萨格

---

① Piccinini, G. (2006): Computational Explanation in Neuroscience, *Synthese*, 153: 343-353.

② Craver, C. (2006): When Mechanistic Models Explain, *Synthese*, 153: 355-376.

③ Frances Egan & Robert J. Matthews (2006): Doing Cognitive Neuroscience: A Third Way, *Synthese*, 153: 377-391.

里尔（Oron Shagrir）则论证了我们将大脑视为计算机的理由。① 在他看来，当我们想要说明大脑如何执行某一语义任务（即由表征内容说明的任务）时，我们就应用计算理论；并且，计算说明就在于假定一个信息过程机制作为其公设。从这一点可以推断，我们之所以接纳计算方法，是因为我们想说明某一语义任务如何才能被实现，而计算说明能够做到这一点。计算机制的说明力源于它符合被表征的对象和状态之间的数学关系。

有意思的是，过去10年间，很多研究者试图在当代计算认知神经科学和胡塞尔关于时间意识的现象学之间架构桥梁。格鲁什（Rick Grush）批判考察了前人的提议，然后提供了一种新的途径来架构神经科学和关于时间意识的现象学。② 格鲁什的模型建立在他的这样一种观点的基础之上：神经系统的表征是由自我和环境之间的动态相互作用的神经系统的竞争所实现的。

神经科学，尤其是认知神经科学是一个新兴的、极富挑战性的研究领域。很多学者认为，对大脑运行机制的研究有助于我们揭示出意识的一些奥秘。因此，越来越多的各行各业的学者投入到这一领域的研究当中。上述综述反映了这一趋势，也表明了英美2006年心灵哲学研究的"重头戏"。

除此之外，有关心灵哲学的一些基本问题的研究依然受到学者的重视。《哲学研究》（*Philosophical Studies*）2006年第一期第131卷发表了《阐明物理主义》的专辑，共8篇论文。这是一系列捍卫物理主义的论文。面临反物理主义者的攻击，他们试图重新阐明物理主义的核心论题——"物理实在之上别无他物"。道威尔（J. L. Dowell）对这一专辑的主题内容做了介绍。③ 直觉上看，与

① Shagrir, O. (2006): Why We View the Brain as a Computer, *Synthese*, 153: 393-416.

② Grush, R. (2006): How to, and How Not to, Bridge Computational Cognitive Neuroscience and Husserlian Phenomenology of time consciousness, *Synthese*, 153: 417-450.

③ J. L. Dowell (2006): Formulating the Thesis of Physicalism: An Introduction, *Philosophical Studies*, 131: 1-23.

物理主义相关的两个论题分别是伴随论和同一论。我们知道在我们这个现实世界中，一种感觉性质（qualia）Q 总是有一个相应的大脑物理特性 P 作为其产生的原因。伴随论声称 P 和 Q 的这种关系蕴含着一种必然性：即在任何一个可能世界中，如果 Q 出现，那么就一定有作为它在那个世界中的物理基础的 P 存在；更进一步，在任何一个可能世界中，一旦 P 存在，那么 Q 就必定伴随着 P 而产生和存在。同一论则断言 P 和 Q 的关系是一种更紧密的同一性关系：即 P 和 Q 在本体论上是同一个特性，它们是同一个实体以两种不同形式呈现出来而已。

反物理主义的哲学家则认为，这些论题与我们的直觉和通常理解非常冲突，于是历史上出现了几种主要的反物理主义的论证。限于篇幅，我们只做简要介绍。

1. 模态论证

以克里普克为代表。① 根据他的语义学理论，在现实世界中我们通过热的感觉这种现象来挑出和确定"热"这个自然种类词的指称。通过科学研究我们发现热是分子运动，所以根据克氏的固定指示词理论，"热"这个词在每一个可能世界中都固定地指称分子运动。作为推论，"热是分子运动"这个陈述（我们把它记为 S）是后天必然真的。

克里普克反物理主义模态论证的关节点是诉诸于我们强烈的语义学直觉：根据我们直觉理解的"疼痛"这个词的意义，一个人的疼痛存在于当且仅当这个人有疼痛的感觉时。克里普克认为这个直觉不言自明，无需进一步论证。

2. 杰克逊的知识论证

杰克逊知识论证的思想实验大致是这样的②：设想一位才华横溢的科学家（玛丽）由于某种原因被囚禁起来，只能通过一台黑

---

① Kripke, S. (1980): *Naming and Necessity*, Cambridge, MA: Harvard University Press, pp. 150-151.

② Jackson, F. (1982): Epiphenomenal Qualia, *Philosophical Quarterly* 32: 127-136.

白电视机来研究世界以获取物理信息。当她被释放以后，显而易见的事实是她将学到关于世界的某种东西，而且是关于我们视觉经验的某种东西。如果是这样的话，一个无法回避的结论就是她从前的知识是不完全的。但是她曾拥有所有的物理信息，因此存在比物理信息更多的信息，因此物理主义是错误的。

杰克逊的论证事实上是亨佩尔二难推论的拓展：如果作为物理的属性、种类、关系和个体是由当今的物理学（理论）所设定的，那么，物理学的历史告诉我们，未来的物理学将设定当前理论并未设定的属性、种类、关系和个体。这样一来，物理主义者必须对"属性、种类、关系和个体是物理的"是什么意思做出回答。在本专辑的系列论文中，作者都对这一问题给出自己的回应。

3. 列文的解释空缺论证

这个论证最近几年来变得非常有名，引起了许多争论。这一论证大致是这样展开的①：

P1：自然科学中的范例向我们表明，成功的解释必定是先天的、概念上的衍推（a priori, conceptual entailment）；

P2：物理主义不能给我们提供关于感觉性质的"先天的、概念上衍推"型的解释，所以在认识论上给我们留下了一个解释的空缺；

C：物理主义在形而上学上也许是正确的，但是这种理论在认识论上是让人困惑的和有严重缺陷的。

针对这种反驳，丘奇兰德（Paul Churchland）指出，② 即使是物理学中光被达原等同于电磁波这样的成功解释的范例，也存在"所谓的"解释空缺。因此，它并不能构成对物理主义的一个实质反驳。塔艾（Michael Tye）则论证说，所谓的解释空缺只是一种认

---

① Levine, J. (1993): On Leaving Out What It's Like, in M. Davies and G. Humphreys (eds), *Consciousness*, Oxford: Blackwell.

② Churchland, P. (1996): The Rediscovery of Light, *Journal of Philosophy* 93: 211-228.

识上的幻觉（cognitive illusion）。①

4. 可设想论证（Conceivability Argument）

P1：P & ¬Q 是可设想的；

P2：如果 P & ¬Q 是可设想的，那么就存在一个可能世界在其中 P & ¬Q 为真；

C：存在一个可能世界，在其中，所有现实世界的物理状态都存在但却没有相应的意识现象状态，因此物理主义的同一论及伴随论都是错的。

最近，查默斯（David Chalmers）又提出了一个新的版本：②

P1：P & ¬Q（P 且非 Q）是可设想的；

P2：如果 P & ¬Q 是可设想的，那么存在一个证实 P & ¬Q 的可能世界；

P3：如果有一个可能世界证实 P & ¬Q，那么就有一个可能世界满足 P & ¬Q 或者 F—型的一元论是真的。

P4：如果一个可能世界满足 P & ¬Q，那么物理主义是错的。

C：或者物理主义是错的或者 F—型一元论是真的。

为了深入其论证，查默斯提出了蛇神（zombie）（在物理上完全正常但缺少相应的现象意识状态）的概念，以支持一种新型的属性二元论。蛇神概念表明：关于意识（例如经验或感受性质）的事实是关于我们世界的真实的深层事实，在物理事实之上；意识同质量、电荷等一样，是世界的根本特征。如果蛇神是可能的，那么物理主义就是错误的。即：

（1）在我们的世界中，存在有意识的经验；

（2）存在一个逻辑上可能的世界，它在物理上与我们的世界等同。在其中，关于我们世界中的意识的肯定事实并不存在；

（3）因此，关于意识的事实是关于我们世界的真实的深层事

---

① Michael Tye（2000）: Consciousness, Color, and Content, Cambridge, MA: The MIT Press, pp. 21-42.

② Chalmers, D.（2002）: Consciousness and Its Place in Nature, in D. Chalmers,（ed.）, *Philosophy of Mind*, Oxford: Oxford University Press.

实，在物理事实之上；

（4）所以物理主义是错误的。

值得注意的是，有关蛇神概念的讨论（主要围绕它是否具有形而上学上的可能性）在 2006 年心灵哲学相关论文中多次出现。这反映出当今物理主义与反物理主义之争的发展方向。

英美 2006 年心灵哲学有关物理主义及其相关论题的讨论，大致是围绕上述争论展开。

提到心灵哲学，我们不得不提笛卡儿。尽管没有上述两个问题讨论热烈，但也不乏一些新的研究思路和观点。崔诺尔指出，[1] 笛卡儿运用我思（cogito）表明两种论点。首先，认识论上的论点是，内省为我们自身的存在提供绝对确实性；形而上学的论点是，主体是思维的东西，逻辑上与身体截然不同。大多数哲学家都接受笛卡儿认识论上的主张，而拒斥其形而上学的主张。崔诺尔则论证说，如果我思起作用，那么主体就是非物理的。从而支持一种关于心灵的形而上学的观点。

（二）论文主要观点

1. 神经科学及其哲学问题

皮奇尼尼提出了与计算说明相关的一些哲学问题，以及由大量研究者所提出的一些有前途的答案。[2]

计算说明就是根据计算进程对某一现象的说明。它通常被用来说明计算器和电子计算机的行为。就与心灵哲学的相关性而言，学者一般关心的是这样一种观点：认知能力可以根据计算进程得到说明。这种观点有时可以被称为"计算主义"的观点。以各种形式体现出来的计算主义在过去 50 年间，一直处于当代心灵科学的核心地位，并存在广泛的争议。计算说明是否适合神经科学以及如何与神经科学挂钩这两个问题，并未达成共识。

---

① Treanor, N. (2006): The Cogito and the Metaphysics of Mind, *Philosophical Studies*, 130: 247-271.

② Piccinini, G. (2006): Computational Explanation in Neuroscience, *Synthese*, 153: 343-353.

（1）计算至上论（computational chauvinism）

计算至上论在下述社会学方面是正确的。许多主流的认知科学家都将某种形式的计算说明置于心理学的核心地位，而几乎不关心大脑。① 他们假定，心理学家能够从神经科学中找到关于认知能力的正确的计算说明。在他们看来，神经科学家的任务只是揭示实施计算进程的神经机制。

例如，纽威尔（Allen Newell）就认为"心灵是一个物理符号系统"②。打个恰当的类比，一个物理符号系统就是一个一般的特制的存储程序的计算机。受到纽威尔的激发，神经科学家已经取得巨大进步：大量新技术已经出现，并且产生了许多有益的成果。然而，似乎并没有证据证明纽威尔所说的符号系统在神经系统中存在。如果心理学上的理论活动就是要与实际的神经机制联系起来，那么，就有必要对来自神经科学的证据做出更多的回应。

当然，一些心理学家试图阐明计算说明，认为它们是"受神经系统所激发"③。他们的成就不及20世纪80年代流行的新联结主义运动。其模型以在网络中联结起来的进程单元为形式，有点类似于神经元的网络。但是，他们用来限制其模型的数据纯粹是行为上的数据，而非神经系统的。因此，多数联结主义的说明和神经机制之间的关系依然是模糊的，并且大量联结主义者的工作依然保留计算至上论的"气息"。

---

① Fodor, J. A. (1975)：*The Language of Thought*, Cambridge, MA：Harvard University Press；Gallistel, C. R. (1990)：*The Organization of Learning*, Cambridge, MA：MIT Press；Johnson-Laird, P. N. (1983)：*Mental Models：Towards A Cognitive Science of Language, Inference and Consciousness*. New York：Cambridge University Press；Newell, A. & Simon, H. A. (1972)：*Human Problem Solving*. Englewood Cliffs：Prentice-Hall；Pylyshyn, Z. W. (1984)：*Computation and Cognition*. Cambridge, MA：MIT Press.

② Newell, A. (1990)：*Unified Theories of cognition*. Cambridge MA：Harvard University Press.

③ Rumelhart, D. E. & McClelland, J. M. (1986)：*Parallel Distributed Processing：Explorations in the Microstructure of Cognition*. Cambridge, MA：MIT Press, p. 131.

除去证据不足之外，计算至上论还面临另外一个问题：神经科学家已经提出了他们自己阐明各种说明（包括计算说明）的方式。计算说明最初就是由神经科学家从可计算性理论引入心灵科学的，他们已经在神经生理学的基础上证明了这种转向的合理性。

（2）计算的、认知的、理论性的神经科学

计算神经科学就是对关于神经系统进程的计算模型的构造和运用，与在别的学科中对其他进程的构造和运用是一样的。尽管多数计算神经科学家相信神经系统执行各种计算，① 但是某些计算神经科学家还是对计算主义持保留态度。②

认知神经科学是神经科学的一部分，研究大脑如何执行认知功能。认知神经科学包括浓厚的实验传统，同时还包括对计算和理论工具的运用。因此，它同计算神经科学交叉。一个认知神经科学家可能更具实验学家的气质，或者更具理论家的气质；可能也可能不建立计算模型，可能会也可能不会承认计算主义。

理论神经科学就是运用理论化的构造和数码技术来理解大脑。相关的技术和构造主要包括计算模型，所以"计算神经科学"和"理论神经科学"通常被作为同义语使用。但是，这并不促使理论神经科学家陷入计算主义的立场。理论神经科学家同样运用理论化的构造和数学上的技术，这些构造和技术同可计算性理论并没有直接联系。因此，严格说来，计算神经科学只是理论神经科学的一个构成部分。而且，许多学者拒斥或者不承认计算主义。

因此，尽管"计算神经科学"可以作为"计算主义"或"理论神经科学"的同义语使用，但这并不意味着下述观点：如果有人提出一种关于大脑的理论，他就必然建立关于大脑的计算模型；或者，只有弄懂了计算说明，某人才能理解认知性的神经功能；再

① Churchland, P. S., & Koch, H. (1990): What is Computational Neuroscience? In E. L. Schwartz (ed.), *Computational Neuroscience* (pp. 46-55). Cambridge, MA: MIT Press.

② Perkel, D. H. (1990): Computational Neuroscience: Scope and Structure. In E. L. Schwartz (ed.), *Computational Neuroscience* (pp. 38-45). Cambridge, MA: MIT Press.

者，只有当某人相信大脑执行计算时，他才能建立关于神经系统进程的计算模型。理论神经科学的涵义远比计算神经科学的涵义要广，理论神经科学和计算神经科学并不必然承认计算主义。

（3）计算和观察者依赖

计算性是心灵的真实属性，抑或只是它的投射？塞尔认为，①计算在强意义上依赖于观察者，我们可以随意将任何一种计算赋予任何一个进程；而且，我们所赋予的计算是否正确并非确实无疑的事实。如果计算依赖于观察者，那么公认的计算说明可能只是给事物"贴标签"（给事物添加它们自身并不具有的真实属性）的方式，只是假冒的说明。根据这种观点，计算主义不仅是错误的，而且是空洞的。

一种回应上述挑战的方式就是承认计算是依赖于观察者的，但同时坚持计算是说明性的这一主张。另外一个出路就是拒斥塞尔的论点，而主张计算真实地存在于世界中。许多研究者已经论证，②计算可以被视为理解世界因果结构的某些方面的一种方式。这又引起一个深层的问题：哪些物理进程有资格被描述为计算性的？

（4）泛计算主义

有些人认为一切事物都是计算性的。从泛计算主义的前提出发，很简单就能推出计算主义：如果一切事物都是计算性的，大脑当然也是。麦克库洛克（McCulloch）及其追随者通过研究大脑和计算机制之间的相似之处，以达到说明特殊的心理特征（比如合理性和意向性）的目的。如果同样的类推在计算机制和一切事物之间都存在，那么计算主义毫无疑问仍然保留其独特的说明力。

---

① Searle, J. R. (1992): *The Rediscovery of the Mind.* Cambridge, MA: MIT Press.

② Chalmers, D. J. (1996): Does A Rock Implement Every Finite-state Automaton? *Synthese*, 108: 310-333; Copeland, P. S. (1996): What is Computation? *Synthese*, 108: 224-359; Smith, B. C. (2002): The Foundations of Computing. In M. Scheutz (ed.), *Computationalism: New Directions* (pp. 23-58). Cambridge, MA: MIT Press.

萨格里尔回应说,① 在面临泛计算主义时,计算主义仍然是说明性的。皮奇尼尼认为②,泛计算主义可能是正确的或者近似正确,只是在下述微不足道的意义上而言的:一切事物都可以在某种接近的程度上根据计算模型得到说明。

(5)建模对说明(modeling versus explaining)

如果我们打算拒斥泛计算主义,我们就需要一种途径来区分计算系统和非计算系统,以至于我们能够洞悉大脑属于哪个系统。即使我们认为一切事物都是计算性的,我们依然会将说明性的计算模型同非说明性的模型区分开。因此,说明性和非说明性模型之间的区分与哪个系统是计算的这个问题并不相关。

克拉福在说明模型和非说明模型之间做了一般的区分。③ 他指出,无论是说明模型还是非说明模型,在许多方面都是有用的:它们能够概括大量的数据材料,并且预测一个系统在不同条件下的行为。但说明模型的作用远非如此。在克拉福看来,说明模型同样能够提供各种机制:它们描述这个系统的构成要素及其行为如何组织在一起。

机械论的说明有许多层次。多数心灵哲学家通常谈论两个层次:认知的层次和神经学上的层次。这种"二层次说"④ 十分符合泛计算主义的观点。因为,如果有两个层面的机械论说明,那么它们就可以在心理学家和神经科学家之间平均分工:心理学家依旧负责认知层面,而神经科学家则负责神经层面。

神经科学的哲学家则不这么认为。在他们看来,有更多层次的机械论说明。自上而下看,对环境有反应的动物包括神经系统,神

① Shagrir, O. (2006): Why We View the Brain as A Computer, *Synthese*, 153: 393-416.

② Piccinini, G. (2006): Computational Modeling vs. Computational Explanation: Is Everything A Turing Machine, and Does It Matter to the Philosophy of Mind? *Australasian Journal of Philosophy*.

③ Craver, C. (2006): When Mechanistic Models Explain, *Synthese*, 153: 355-376.

④ Lycan, W. (1987): *Consciousness*. Cambridge, MA: MIT Press.

经系统又包括神经元网络，神经元网络又由各种不同的细胞成分构成，这些不同的细胞成分又跨越多重层次。

我们对神经元以及细微的神经元网络已经了解甚多。但是，当我们从细微的网络转向大脑皮层和细胞核，或者最终转向对神经中枢系统的研究时，我们就很难构造明晰的说明。造成这个问题的部分原因在于缺乏材料和数据。尽管神经科学家已经发明多种技术来记录单个神经元的行为，但还是很难探测整个区域的行为是什么。

最近 10 年间，大脑成像技术已经出现。依靠这些技术，我们可以洞察神经元区域的行为以及它们所构成的系统。伊甘和马修指出，① 现在有足够的资料和技术供神经科学家构造关于神经中枢系统的模型，并且根据这种模型阐明关于认知能力的说明。而且，他们论证说，建立关于神经中枢系统的模型的计划可以脱离认知心理学和有关神经元及其网络的研究，自主地进行。他们提出，这种自主的研究是做认知神经科学的"第三种途径"，不同于一般的自上而下和自下而上的方法。

系统层次上的联结只是神经元网络与有机体的官能之间联结的一种形式。正如伊甘和马修所指出的那样，我们对联结神经元和发生行为的有机体的各种层次的属性知之甚少。神经科学面临的一大挑战就是弄清楚每个层次的属性，并且将它们整合为一个统一的机械论图画。

假定我们发现一种普遍的说明观——机械论说明，它对神经科学来说已经足够。那么，是否任何一种神经科学的说明都是计算性的？如果计算说明被界定为等同于机械论说明，那么答案也就微不足道。但是，如果我们简单地将计算说明和机械论说明等同，我们就疏忽了计算机制和非计算机制之间的区分。

相反，如果我们不承认两者之间粗略的等同关系，那么我们就需要说明它们之间的关系到底是什么。所有的神经科学的说明都是计算性的吗？计算说明的特征是什么？

---

① Egan, F. & Matthews, R. (2006): Doing Cognitive Neuroscience: A Third Way, *Synthese*, 153: 377-391.

(6) 带有或不带有表征的计算

计算通常被认为是处理表征的过程。如果表征被认为是计算的一个必要条件，那这也就成了一个关于计算的语义学上观点——"没有不带表征的计算"①。根据这种观点，为了界定与说明认知能力相关的计算概念，我们首先需要将拥有语义特性（表征）的特殊东西具体化。更有甚者，一些研究者论证说，计算上的状态至少部分地根据它们的语义属性而被具体化。②

关于计算的语义学观点有望实现计算主义的最初目的：有助于说明特殊的心理能力，比如合理性和意向性。因为，如果心理能力可以根据对内在表征的处理得到说明，并且计算恰恰就是与之相关的处理方式，那么，语义学的观点似乎最终提供了一个关于计算说明的健全观念，它可以满足计算主义的要求：计算说明作为说明，包含语义内容。而且，关于计算的语义学观点似乎也驱除了泛计算主义带来的恐慌。因为，只有很少的东西（包括心灵）具有真实的语义特性。倘若如此，那么只有很少的东西有待于计算说明，并且以语义学观点为基础的计算主义似乎也是关于认识的一个有持久说明力的理论。

但是事实远非如此。萨格里尔指出，哪种表征概念以及哪种关于表征处理的概念包含在计算说明之中并不完全清楚。如果我们把表征概念限定为心理表征，我们似乎获得了一个关于计算主义的健全观念，但是我们同时也抛弃了心灵和计算性人造物之间的类推关系。因为根据大量的解释，大多数计算机和计算器并不具有心理表征。而且，如果缺少这种类推，我们就无法独立地把握计算说明的

---

① Fodor, J. A. (1981): The Mind-body Problem. Scientific American, 244. In J. Heil (ed.), *Philosophy of Mind: A Guide and Anthology* (pp. 168-182). Oxford: Oxford University Press, 2004.

② Crane, T. (1990): The Language of Thought: No Syntax without Semantics. *Mind and Language*, 5 (3): 187-212; Peacicke, C. (1999): Computation as Involving Content: A Response to Egan. *Mind and Language*, 14 (2): 195-202; Shagrir, J. R. (2001): Content, Computation and Externalism. *Mind*, 110 (438): 369-400.

概念。

但是，如果我们拓展表征概念，使其包括计算机和计算器的状态，那么我们又转向泛计算主义。毕竟，计算可以不依赖于关于计算状态、输入和输出的语义解释而被界定。皮奇尼尼支持关于计算的非语义学观点。在他看来，计算说明是一种特殊的机械论说明。简单地说，是这样一种机械论说明：它将输入、输出，有时是一个机制的内部状态，概括为一系列符号，并且为产生输出提供某种规则。

假定这是一个令人满意的关于心灵的机械论说明的概念。那么，机械论说明又如何与心灵的"主观"层次相关？

（7）神经科学和内省

许多神经科学家和心理学家都对主观经验持怀疑态度。他们认为，科学理论应当只以硬的、第三人称的材料为基础。根据丹尼特（Dennett, D.）观点，科学家不应该相信内省报告。① 他们应该认为内省报告与任何一种别的行为一样，可以根据某种关于心灵的完善理论得到解释。

并非所有人都满意这种怀疑论的研究方法。主体似乎有办法得到关于他们自己心理状态的信息的宝贵资源。开发这些资源可能对一种完善的心灵科学有促进作用，甚至是必不可少的。最近，一些科学家和哲学家建议为我们的科学方法论添加第一人称的方法，亦即，以主体私人的、第一人称证据为基础的研究。②

一个突出的第一人称的方法就是胡塞尔意义上的现象学方法。值得注意的是，最近已有研究旨在融合神经科学和现象学。③ 这一

① Dennett, D. (2003): Who's on First? Heterophenomenology Explained. *Journal of Consciousness Studies*, 10: 19-30.

② Chalmers, D. J. (1996): *The Conscious Mind: In Search of A Fundamental Theory*. Oxford: Oxford University Press; Goldman, A. I. (1997): Science, Publicity, and Consciousness. *Philosophy of Science*, 64: 525-545.

③ Thomson, E., Lutz, A., & Cosmelli, D. (2005): Neurophenomenology: An Introduction for Neurophilosophers. In A. Brook, & K. Akins (eds.), *Cognition and the Brain: The Philosophy and Neuroscience Movement* (pp. 40-97), New York: Cambridge University Press.

传统中的一个活跃领域就是对"时间意识的现象学"的研究。简单地说，就是对与时间相关的意识经验的研究。

格鲁什批判地考察了前人的提议，然后提出一种全新的方式来架构神经科学和关于时间意识的现象学。其模型建立在这样一种观点之上：中枢神经系统的表征是由自我和环境之间产生动态相互作用的神经竞争来实现的。① 因此，格鲁什的研究是神经现象学的一个例子，也就是研究神经科学可以容纳主观经验的一种途径。

另外一种途径认为，内省报告可以被严格地认为是证据的来源，而不必包含第一人称观点。纽威尔和西蒙提出了草案分析法（protocol analysis），② 这种分析方法是他们的人类问题解决理论的重要资料来源。这种分析运用公共的（第三人称）方法，从内省报告中提取关于心理状态和进程的可靠信息。

2. 物理主义

《哲学研究》（*Philosophical Studies*）于 2006 年第 1 期第 131 卷发表了《阐明物理主义》（Formulating Physicalism）的专辑，共 8 篇文章，反映了英美 2006 年有关物理主义讨论的大致发展方向。

道威尔发文就有关物理主义的基本问题展开讨论。③ 物理主义的核心论题是：物理实在之上别无他物。大约 10 年以前，参与这场争论的研究者非常关心回答下列两个问题：首先，"一种属性、种类、关系或个体是物理的"是什么意思；其次，"一种属性、种类、关系或个体在物理实在之上什么都不是"是什么意思。过去 10 年间，许多心灵哲学家已开始思考第三个问题：从物理主义的真理中能推导出什么。大致说来，这场争论围绕物理主义的真理是否要求存在某种先天衍推关系（a priori entailment），即从物理真理

---

① Grush, R. (2006): How to, and How not to, Bridge Computational Cognitive Neuroscience and Husserlian Phenomenology of Time Consciousness, *Synthese*, 153: 417-450.

② Newell, A., & Simon, H. A. (1972): Human Problem Solving. Englewood Cliffs: Prentice-Hall.

③ Dowell, J. L. (2006): Formulating the Thesis of Physicalism: An Introduction, *Philosophical Studies*, 131: 1-23.

衍推出所有的真理。

（1）"物理实在"的特征

亨佩尔二难推论的寓意是，根据现行物理学阐明物理主义是不充分的。这种不充分性告诉我们，任何一种关于物理主义的说明要想是充分的，必须满足某种限制条件。诉诸现行物理学阐明物理主义的不充分的地方就在于，如果我们接受这种说明，那么我们似乎知道某种我们事实上并不知道的东西，即物理主义是错误的。即使根据现行物理学的阐明，物理主义是错误的，似乎仍然存在一个问题：物理实在之上是否存在某种东西。道威尔称之为"真实问题限制"（the Genuine Question Constraint）①。满足这个限制条件就要求，任何一种关于物理主义的阐明容许有关其真理的一个真实问题。

按另一个策略，我们要根据未来的、可能是理想的物理学概括物理实在的特征。这种策略的困难在于，要么它有可能使物理主义丧失确定的内容；要么它传达的内容使物理主义微不足道地为真。第一个困难起因于这个毋庸置疑的观察：我们并不知道未来物理学将精确地设定什么。倘若如此，诉诸未来物理学对物理主义的阐明与"在那个之上别无他物"（there is nothing over and above *that*）一样不明确。那么，这个困难就是，如果物理主义的内容是如此的模糊和不确定，其真值就不能被评价。问题并不仅仅是我们现在无法评价物理主义的真值，而是我们现在无法就"什么会或不会与其真理相容"这个问题谈论任何东西。

第二个困难起因于这样一种观点：关于物理实在的未来的或理想的物理学概括有可能使物理主义微不足道地为真。要引起这种关注，你就需要假定未来物理学将是关于一切事物的理论，或者至少是关于所有偶然或后天真理的理论。也就是说，凡是被发现不能还原为物理学设定的东西，最终都将被融入到物理学当中。但是，如果这样的话，就没有任何一种未来物理学的设定能够证伪物理主

---

① Dowell, J. L. （2006）: Formulating the Thesis of Physicalism: An Introduction, *Philosophical Studies*, 131: 1-23.

义。因此，物理主义为真不值一提。

威尔森（Jessica Wilson）认为，这些说明所面临的主要困难在于，原则上没有任何东西排除理想物理学的设定当中的那些"从直观上看物理上不可接受的……最有问题的……根本的心理性的东西"①。在威尔森看来，根本性的、心理属性无法与物理主义的真理相容。基于上述理由，她论证说，根据理想物理学的设定对物理实在的概括必须添加"没有根本的心理"（no fundamental mentality）（NFM）这一限制条件。她所捍卫的说明是

以物理学为基础的 NFM 说明：在某个世界 w 中存在的某个东西（entity）是物理的，当且仅当：

a. 它根据 w 中的现行的或未来（就研究的极限而言）形式的根本物理学得到近似精确的处理，并且

b. 它并非根本的心理性的东西。

相反，道威尔捍卫一种朴素的以理想物理学为基础的说明。②这两种说明的差异在于是否接受 NFM 限制。威尔森为 NFM 限制条件提供的理由是：（1）一个广泛的公认的直觉是，任何根本的、心理属性都将证伪物理主义；（2）物理主义要想作为物质论（materialism）公认的"先驱"，就需要这种限制条件；（3）说明传统的身心问题，需要这个限制条件；（4）保留物理主义与突现论、副现象论以及实体二元论的差异，需要这个限制条件。

道威尔认为，问题的症结在于，一个人是否主张根本的心理性和物理性之间的不相容是先天的或后天的。在道威尔看来，

只有在下述情况下才能先天地持有一个主张 c：并不存在任何

① Wilson, J. (2006): On Eharacterizing the Physical, *Philosophical Studies*, 131: 61-99.

② Dowell, J. L. (2006): The Physical: Empirical, not Metaphysical, *Philosophical Studies*, 131: 25-60.

一种方式，世界能够证明 c 是错误。后天地持有 c 要求承认，存在某种方式，尽管非常不可能，世界能够证明 c 是错误的。①

接受 NFM 限制条件的人坚持认为，根本的物理和心理之间的不相容是一个先天的事实。

根据道威尔的观点，物理属性、关系和种类是由完善的、理想的、科学的理论所设定的，这种理论是关于世界的相对根本的元素的理论。这种以理想物理学为基础的说明对什么可算得上是一种基本的物理属性、关系和种类有严格的要求。

一种属性称得上是基本的和物理的，必须很好地融入到关于相对基本的时空占有者的最完善和最统一的可能说明之中。其行为必须高度有规律。因此，一种属性的实例仅仅同由理想的和完善的物理理论所解释的事件相容，并不足够。它必须很好地融入到这种理论的全面的说明模式中。②

蒙提洛（Montero）认为，关于物理实在的概念不可能被赋予充分的内容，从而在一种关于物理主义的充分说明中起作用。他的策略是放弃界定"物理实在"的计划，并且用是否存在根本的心理属性这一问题，代替关于物理主义真理的问题。沃雷反对蒙提洛，捍卫下述主张：我们的确拥有一种关于具有确定内容的物理实在的概念，但是又论证说，那一内容部分上是由"与心理性东西的对比"构成的。③ 她以经验心理学为根据，指出我们的生物学天赋使我们产生了两种不同的关于行为的说明系统或模型：一种是对行动者的说明，另一种是对纯粹物理对象的说明。

发展心理学的研究表明，儿童在幼年时发展出一种关于物理实在的原理论（proto-theory），根据这种理论，物理的东西是"凝聚

---

① Dowell, J. L. （2006）: The Physical: Empirical, not Metaphysical, *Philosophical Studies*, 131: 25-60.

② Dowell, J. L. （2006）: The Physical: Empirical, not Metaphysical, *Philosophical Studies*, 131: 25-60.

③ Worley, S. （2006）: Physicalism and Via Negative, *Philosophical Studies*, 131: 101-126.

的、固态的……出于持续运动状态"。与之形成鲜明对比，儿童将对象解释为拥有心理性被认为是"机动式的"。

沃雷认识到，儿童关于物理实在的原理论中的第一种元素并不有助于提供一种在物理主义中有效的关于物理实在的说明。原因在于，存在着一些实体、种类、属性和力，由于我们最好的物理学理论告诉我们它们是物理的，所以我们认为它们是物理的。但是，它们是物理的并不具有儿童原理论的任何特征。沃雷由此推断，正是最后的自推进（self-propulsion）将心理的东西同物理的东西区分开。心理属性允许关于拥有这些属性的东西的自推进，而物理属性则需要外部力量来激活它们的因果力。

（2）"……之上"别无他物

物理主义者就需要一种扩展规则，这种规则将表明，最初并不是物理的属性如何与原始的物理属性相关。哲学家已设想了各种不同的扩展规则，比如，单例—事件同一（token-event identity）①、类型-类型同一（type-type identity）②、随附性③、物理实现论（physical realization）④。

梅尔尼克捍卫一种关于实现论的物理主义（realization physicalism）的说明，而反驳以基于实现的（realization-based）说明。⑤

基于实现的说明颇具吸引力，因为它们能够化解物理主义者所

---

① Davidson, D. (1970): Mental Events, In L. Foster and J. W. Swanson (eds.), *Experience and Theory*, Amherst: University of Massachusetts Press.

② Hill, C. (1991): *Sensations: A Defense of Type Materialism*, Cambridge: Cambridge University Press.

③ Jackson, F. (1998): *From Metaphysics to Ethics: A Defense of Conceptual Analysis*, Oxford: Clarendon Press.

④ Boyd, R. (1980): Materialism Without Reduction: What Physicalism Does Not Entail, in B. Bed (ed.), *Readings in Philosophy and Psychology*, Volume 1 (pp. 268-305), London: Methuen.

⑤ Melnyk, A. (2006): Realization and the Formulation of Physicalism, *Philosophical Studies*, 131: 127-155.

面临的一个难题，即某些高级状态和属性（尤其是心理属性）的多重可实现的难题。一种高级属性是多重可实现的，当且仅当下述事实是可能的：两样东西在低级属性上有别，却共有一个单一的高级属性。物理主义者处理这个难题的策略是他们以下述方式确认二者的关系：没有任何高级属性在低级属性之上。

基于实现的说明得益于计算机的硬件与其程序之间的关系。毫无疑问，两台计算机可以在硬件上有别，却共有某种运行相同程序的能力。而且，在这种情况下，程序似乎并不是外在于计算机硬件、处于之上东西。原因就在于程序是功能。两个物体可能在物理上有别，但却能够履行相同的功能。当它们执行功能时，这个功能似乎不是物理属性和关系之上的某种东西。

基于实现的说明具有如下特征 RBFP：一切存在的东西，要么等同于物理的东西，要么由物理的东西实现。梅尔尼克的说明之所以合理，部分原因在于这种说明似乎解释了我们直觉（一台计算机的程序不可能在其硬件的属性之上）背后的东西。它之所以做到这一点，是因为它为单例实现加了一个限制条件：被实现的属性是一种功能性属性。因此，根据这种说明：

RP-R：单例 x 实现单例 y（或者 y 由 x 实现），当且仅当（1）y 是某种功能类型 F（也就是说，这种类型的单例只是某一个满足特定条件 C 的类型的单例）的一个单例；（2）x 是某种事实上满足 C 的类型的一个单例；并且（3）第（2）条数量上与 y 等同，这一持有关系使得 F 类型的单例必然存在。

运用上述关于实现的说明来界定物理实现，就可以得到：

RP-PR：某一功能类型 F 的单例 y 在物理上被实现，当且仅当（1）y 是在 RP-R 意义上由某种物理类型 T 的单例实现的；并且（2）T 满足与 F 有关的特殊条件，即 F 只是（a）物理单例在世界中的分配并且（b）物理定律不变的情况下的一个逻辑推论。

这样一来，由 RBFP 导出：

RP：任一类型的所有因果或偶然单例，不论是一个对象、属性实例，还是事件，要么是（1）某一物理类型的单例；要么是（2）某一功能类型在物理上被实现的单例。

梅尔尼克的策略首先是确认所有关于物理主义的阐明必须满足的一系列条件。第一个条件是构成条件；要成为一个真正的物理主义者，那么关于物理主义的说明必须确认在何种意义上，所有现象都是由最基本的物理现象构成的。第二个条件是真值确立（truth-making）条件。这个条件要求，一种关于物理主义的阐明必须具体说明物理陈述的真值条件如何成为所有陈述的真值条件。第三个条件是必然性条件。即对任何一个对象而言，其物理属性、关系和规律一起使得它的所有属性成为必然。梅尔尼克论证说，相比其他的以实现为基础的说明而言，RP 更合理地满足上述条件。

霍根同样提出这个问题：如何最好地理解最基本的物理属性和所有需要物理真理的那些属性之间的关系。① 霍根捍卫一种以随附性为基础的说明，可以被认为是对富兰克·杰克逊（F. Jackson）随附理论的修改。根据杰克逊的观点，下述随附性论题既可以衍推出物理主义，也可以由物理主义衍推出：

MPD：任何一个世界，只要最低限度地从物理上复制我们的世界，就是我们世界的完全的副本。②

这种论题可以被称为“最低限度的物理复制论题”（minimal physical duplicate thesis）③。

M3：(1) 现实世界是其自身的一个最低限的物理复制；(2) 对于任何一个物理上的可能世界 w1 和 w2 而言，如果 (i) w1* 是 w1 的最低限的物理复制，(ii) w2* 是 w2 的最低限的物理复制，(iii) r 是 w1* 的时空域，(iv) s 是 w2* 的时空域，并且 (v) r 和 s 在所有物理方面具有本质的同一性，那么 r 和 s 在所有本质方面都完全一样；(3) 不存在关于形而上学必然性的原始的交互层次关系（brute inter-level relation）来联结物理的特殊性或属性与非物理的

———————

① Horgan, T. (2006): Materialism: Matters of Definition, Defense, and Deconstruction, *Philosophical Studies*, 131: 157-183.

② Jackson, F. (1998): *From Metaphysics to Ethics: A Defense of Conceptual Analysis*, Oxford: Clarendon Press.

③ Witmer, D. G. (2006): How to be A (Sort of) Priori Physicalist, *Philosophical Studies*, 131: 185-225.

特殊性或属性。

（3）先天的物理主义对后天的物理主义

过去 10 年间，围绕物理主义者是否承认某些条件陈述的真理，已引起一场激烈的争论。很容易表明，如果 MPD 是正确的，那么"物理主义的衍推论题"也是正确的，或者：

PE：必然地，如果 PT，那么 A。①

这里"P"是现实世界中所有物理真理的多重合取，"T"是所有使"P"为真的东西。（因此，"PT"在且仅在现实世界的最低限度的物理复制世界中为真。）"A"是对现实世界进行正确的充分描述的句子。最后，"必然地"是在中等强度的意义上使用的，也就是说，不存在这样的世界，在其中"PT"为真而"A"为假。如果这样解释，那么 PE 是理解物理主义主张（所有真理都必然地由物理真理决定）的一种中立方式，先天物理主义者和后天物理主义者都接受它。

先天物理主义者和后天物理主义者之间的争论集中在，物理主义者是否承认 PE 是先天的。先天物理主义者认为它们是的，而后天物理主义者则持相反观点。根据魏特马（D. G. Witme）关于这个问题的解构，要成为严格的先天物理主义者，必须接受两个补充假说。第一个关于必然性的可知性的假说，他称之为"关于必然性的先天可知性论题"（the a priori accessibility of necessity thesis）或者 APAN：②

如果 P 是必然的，并且"P 是必然的"是可知的，那么，要么（i）P 是必然的是先天可知的；要么（ii）存在真的非模态句子 E，E 为真在经验上是可知的，并且"如果 E，那么 P 是必然的"是先天可知的。

① Witmer, D. G. （2006）：How to be A （Sort of ）Priori Physicalist, *Philosophical Studies*, 131：185-225.

② Witmer, D. G. （2006）：How to Be A （Sort of ）Priori Physicalist, *Philosophical Studies*, 131：185-225.

因此，一旦 APAN 给定，那么 PE 的可知的必然性就意味着，要么 PE 自身是先天的，要么 PE 是一个条件句：E 是其前提并且 PE 作为其结论是先天的。如果我们另外还假定，"E"包含的所有信息都可知地包含在 PT 中，那么：

（L）：如果 E，那么必然地，如果 PT，那么 A

可以被简化为

（S）：如果 PT，那么 A。

（S）是 PE 的非模态的形式。因此，PE 的非模态版本本身是先天的。

在魏特马看来，摧毁这个论证的是错误的第二个假定：包含在 "E"中的信息可先天地从 PT 中获得。魏特马称之为"物理信息假定"。对这个假定的拒斥促发了他自己的观点。其核心观点是，对物理信息假定的拒斥并不意味着拒斥先天的物理主义，只是要对它进行修正。他将被修正的观点称为"自由的先天物理主义"。与杰克逊所捍卫的严格的先天观点相比，自由主义的观点是这样的：①

严格的先天物理主义者接受物理信息的假定……并且论证说"如果 PE，那么 A"是先天可知的。自由的先天物理主义者并不承认有关那种真理的先天可知性；他只承认一种较弱的论题，即存在某种关于实际世界的真陈述 "E"，"如果 E，那么必然地，如果 PT，那么 A"是先天可知的。

这么看来，自由的先天物理主义者在一个非常重要的方面是相当自由的：他承认，关于"什么是先天的"的信息可以容许在初始前提中运用物理学之外的术语。

魏特马提出了一种策略，表明，蛇神（zombie）如何在形而上学是不可能的，并以此阻止对物理主义真理的威胁。蛇神是物理上与我们自身完全等同但缺少意识的生物。如果蛇神在形而上学上是可能的，那么 MPD 就是错误的。而如果 MPD 是错误，那么物理主义也就是错误的。因此，为了击退二元论的挑战，物理主义者必须

---

① Witmer, D. G. （2006）: How to Be A (Sort of) Priori Physicalist, *Philosophical Studies*, 131: 185-225.

提供一些理由，认为蛇神是不可能的。

提供这些理由需要什么条件，就这个问题，已引起大量争议。先天的和后天的物理主义者都接受 PE。如果关于意识的事实是由 PT 衍推出的，那么蛇神在形而上学上是不可能的。先天和后天的物理主义者之间的一种不同意见是，要表明存在这样一种衍推关系到底需要什么。魏特马论证，只要表明存在某种先天的条件句就已足够。这个条件句以某个真语句为其前提，这个前提传达关于某种物理状态 P 的信息，而 P 起某种现象状态 S 的作用，在 S 中，相关的现象学的"角色"可以运用心理学的词汇得到具体说明。这样一来，结论就是说"S＝P"，因此，使物理真理为真的条件也使 S-真理为真。

先天的和后天的物理主义者之间的争论集中在关于什么是先天可知的争论上。杰克逊专注于确认一个独特的形而上学问题：将先天的物理主义者同后天的物理主义者区分开。① 认识论问题和形而上学问题之间的区分导致四种区分，即命题先天（*de dicto a priori*）和命题后天（*de dicto a poseriori*）的物理主义者，以及事实先天（*de re a priori*）和事实后天（*de re a posteriori*）的物理主义者。命题先天的物理主义者接受下述主张：一些特定句子或其非模态式的对应句（例如 PE）的真，在魏特马自由主义观点的情况下，是先天可知的。而事实先天的物理主义者承认杰克逊的一个形而上学的论题：最基本的物理事实先天地决定所有事实。A-事实先天地决定B-事实，当且仅当，A-事实和 B-事实的本质是这样的：对前者的理解提供了一个人理解后者所需要的所有经验信息。事实后天的物理主义者拒斥这一论题。

与先天的和后天的物理主义者之间的这些争论相关的一个争论是，物理主义者有什么理由要由物理状态确定现象状态。命题先天的和命题后天的物理主义者都承认，为物理主义辩护有必要表明，根据物理主义的观点，基本的真理是什么。要做到这一点，他们必

---

① Jackson, F. (2006): On Ensuring That Physicalism Is not a Dual Attribute Theory in Sheep's Clothing, *Philosophical Studies*, 131: 227-249.

须寻找那些使基本真理为真也就使非基本真理为真的东西。争议产生于要解决这种定位问题需要什么。先天的物理主义者承认，解决这种定位问题需要先天的衍推关系，即从基本真理加概念分析推出非基本真理；后天的物理主义者则拒斥这种主张。

在霍根看来，要解决定位问题，就需要关于我们的非基本术语的语义信息。但是，那种信息不必是先天可利用的。① 根据这种语义学的提议，一个陈述句 S 的语义值存在于其真值条件之中，而真值条件以可能世界的方式实现出来，也就是说，是 S 为真的世界集。其提议的创新之处在于他声称"相当大一部分的人类交谈是受语义标准支配的，在这种标准之下，真理是间接符合"②。以具有间接真值条件的句子 S 为例，以下两种情况都有可能：现实世界是构成 S 的真值条件的世界集中的一个；那些世界中没有一个符合 S 的单称的、肯定的或量词成分。

假设 S 是这个句子：

（S）"亚利桑纳州有三所公立大学。"

霍根的观点是，S 的真与物理主义的真之间的相容，不需要那些符合"亚利桑纳州"或"……有公立大学"的东西的存在。它们的相容真正需要的是，每一个世界，只要是现实世界的一个最低限的复制，就是 S 在其中在语义学上为真的一个世界。

（三）身心问题新论

崔诺尔提出一种核心主张：如果我思有效，那么主体就是非物

---

① Horgan, T. (1991): Metaphysical Realism and Psychologistic Semantics, *Erkenntnis*, 34: 297-322; Horgan, T. (2001): Contextual Semantics and Metaphysical Realism: Truth as Indirect Correspondence, in M. Lynch (ed.), *The Nature of Truth: Classic and Contemporary Perspectives*, Cambridge: MIT Press; Horgan, T. (2006): Materialism: Matters of Definition, Defense, and Deconstruction, *Philosophical Studies*, 131: 157-183.

② Horgan, T. (2006): Materialism: Matters of Definition, Defense, and Deconstruction, *Philosophical Studies*, 131: 157-183.

理的,并且为这个条件命题进行辩护。①

众所周知,心理的和物理的东西之间存在认识论上的差异。最近 10 年中,一系列新笛卡尔式的论证已经出现,这些论证以上述认识论差异为基础,并力图证明心-脑同一论是错误的;意识既不是由物理的东西实现的,也不随附于物理的东西。笛卡儿曾论证,他能够清楚明白地设想,心灵和身体是分离存在的。当代的反物理主义者坚持认为,世界的可设想性(在其中,现实世界将物理属性和现象学上的属性关联起来)并未表明这些相关性是偶然的,而不是逻辑或形而上学上必然的。由可设想性他们推出,同一论与强随附性一样是错误的。②

当代哲学家几乎没有人对我思起作用的方式产生怀疑。但是,崔诺尔论证说,如果我们不承认某种形式的实体二元论就认为我们可以接受笛卡儿的结论,那我们就是在自欺。具体说来,崔诺尔论证了一个条件论题:如果我思起作用,即一个人可以在内省的基础上确定其存在,那么,我们必须接受一种关于物理实在的奇怪的形而上学观点,即主体是非物理的。这个条件句的结论,即一种形而上学的观点:主体是非物理性的,是难以置信的。但问题是,我们同样认为这个条件句的前提——内省提供关于我们自身存在的确实无疑的知识——是毋庸置疑的。因此,崔诺尔认为,我们不得不要么否认内省提供给我们关于自身存在的确实无疑的知识,要么接受某种形式的实体二元论。崔诺尔通过可能世界的设想为这个条件命题提供了细致的论证。他的论证同笛卡儿的可设想性论证(conceivability argument)以及从可设想性论证引出的当代反物理主义的论证存在明显差异。可设想性论证和当代反物理主义的论证包

---

① Treanor, N. (2006): The Cogito and the Metaphysics of Mind, *Philosophical Studies*, 130: 247-271.

② Chalmers, D. (1996): *The Conscious Mind: In Search of a Fundamental Theory*, Oxford: Oxford University Press; Kripke, S. (1972): *Naming and Necessity*. Cambridge, MA: Harvard University Press; Putnam, H. (1967): The Nature of Mental States. Reprinted (1975) in Putnam, *Mind, Language and Reality: Philosophical Papers*, Volume 2. Cambridge: Cambridge University Press, pp. 429-440.

含两个前提：可设想性从逻辑上确保可能性；蛇神（或物理上与实际世界等同但现象学上有别的世界）是可设想的。因此，笛卡儿和可设想性论证的当代支持者都认为他们论证的结论是：随附性是失败的。而崔诺尔的论证则依赖于随附性假定：这个假定包含在这个论证的前提中，即 W1 和 W2 在主观上无法区分。之所以如此，是因为只要它们包含相同的意识底基，那么 W1 和 W2 就包含相同的主观经验。

因此，从我思出发，这个论证将推出非同一论的结论，但并不意味着随附性就是失败的。

有意思的是，关于蛇神的讨论已成为当前心灵哲学中的一个热门话题。这方面的文章大都以查默斯为靶子。蛇神概念一直被用来反驳物质主义并被用来支持一种新型的二元论（Chalmers，1996）①。查默斯曾提出一个基础论证：（1）在我们的世界中，存在意识经验；（2）存在一个逻辑上可能的世界，它在物理上与我们的世界等同。存在于我们世界中的关于意识的肯定事实在那个世界中并不存在；（3）因此，关于意识的事实是关于我们世界的更深层的事实，在物理事实之上；（4）所以物质主义是错误的。他说："如果一个物理上等同的蛇神世界在逻辑上可能，那么就可以推出，意识的出现是关于我们世界的一个额外事实（extra fact），并非只由物理事实确保。物理事实提供的特征不能穷尽我们世界的全部特征，存在着归因于意识出现的额外特征。"② 查默斯提出一种新型的属性二元论，它包含关于世界的根本的新的非物理性特征。

韦伯斯特论证人类蛇神在形而上学上是不可能的。③ 几年前他

---

① Chalmers, D. J. (1996): *The Conscious Mind*, Oxford: Oxford University Press.

② Chalmers, D. J. (1996): *The Conscious Mind*, Oxford: Oxford University Press. 123.

③ Webster, W. R. (2006): Human Zombies Are Metaphysically Impossible, *Synthese*, 151: 297-310.

就宣称①，他最近发现了两个身心同一的案例。正如列文所指出的那样，"如果物理属性实现感觉性质，那么就可以推出，蛇神在形而上学上是不可能的"②。维尔苏等人进行了一项关于余像（after-image AI）研究，研究表明了感觉或感觉性质的类型同一性以及视网膜上的大脑进程。③

通过对感觉性质与生理进程之间的同一性的研究，韦伯斯特以一种先天的方式解释了这种同一性，并且指出，意识或感觉（Q）逻辑上依附于物理的东西（P），原因在于：具有 P 且不具有 Q 在逻辑上是不可能的。而且，颜色空间中的惊人的不对称性克服和解释了意识的反向光谱问题。于是，我们推出：由于一些物理属性实现一些感觉或感觉性质，所以人类蛇神在形而上学上是不可能的。

卡里斯楚普则主张，"强必然性在心理物理领域之外也存在"④。物理主义者声称，所有事实（包括所有现象事实）在形而上学上都是由微观物理学上的事实使其成为必然。如果 P 是报告所有微观物理学事实的一个陈述，Q 是报告所有现象事实的一个陈述，那么所有的物理主义者都承认物理主义在我们的世界中是正确的，当且仅当

（衍推论题）P→Q 在形而上学上是必然的。

先天的物理主义者另外还认为，如果物理主义在我们的世界中是正确的，那么所有事实都可以先天地从物理事实中演绎出来。因此，物理主义在我们的世界中是正确的，当且仅当

（先天衍推论题）P→Q 是一个概念（分析）真理。

查默斯也认为，先天衍推论题是物理主义实际为真的一个必要

① Webster, W. R. (2002a): A Case of Mind/body Identity: One Small Bridge for the Explanatory Gap, *Synthese* 131: 275-287.

② Levine, J. (1998): Conceivability and the Metaphysics of Mind, *Nous* 32: 449-480.

③ Virsu, V. & Laurinen, P. (1977): Long-lasting Afterimages Caused by Neural Adaptation, *Vision Research* 17: 853-860.

④ Kallestrup, J. (2006): Physicalism, Conceivability and Strong Necessities, *Synthese*, 151: 273-295.

条件。但与先天物理主义者不同，他并不认为这种条件能够被满足，所以他拒斥物理主义。

来看一个例子。假设"水"的指称被"……是水"的属性固定下来，再假设孪生地球是一个不同的世界。那么在孪生地球上，"水"的初级内涵和二级内涵分别挑选出水的成分和 H_2O。"水是 H_2O"这个陈述的初级内涵在事实世界中为真，但在孪生地球上为假，因此是偶然的。如果孪生地球被证明是事实世界，那么"水"指称 XYZ，因为 XYZ 在孪生地球上是水的成分。但是这个陈述的二级内涵在事实世界和孪生地球上都为真。假设孪生地球是事实世界，那么"水"在所有反事实世界中都指称 H_2O。因此，这个陈述（水是 H_2O）的二级内涵是必然的，但是理解产生出关于初级内涵的知识，因而水的成分是 H_2O 是后天的。所有没有任何一个单一内涵既是必然的又是后天的。而且，"水不是 H_2O"这个陈述是初级可设想的，因为孪生地球被证明是事实世界是可设想的；但是，这个陈述是二级不可设想的，因为"如果水是 H_2O，那么水可能是 XYZ"是不可设想的。因此，"水不是 H_2O"这个陈述是初级可能的，因为它在孪生地球被证明是事实世界的条件下为真。但是，"水不是 H_2O"这个陈述是二级不可能的，因为，如果孪生地球未被证明是事实世界，那么它在所有反事实世界中都为假。所以，从这个陈述的初级可设想性推不出它的二级可能性。

基于上述思考，韦伯斯特详细考察了查默斯反物理主义的可设想性论证，并且指出后天物理主义者对这个论证的回应。韦伯斯特指出，如果后天物理主义者是正确的，那么微观物理属性由于没有表现出相关的表面实在（appearance-reality）上的差异而与现象属性相似。如果某物在各方面都看似一个电子，那么它就是一个电子；并且，如果某物从任何方面看都似乎不是一个电子，那么就不是一个电子。这并不是关于不可错性（infallibility）的观点：说某物从各方面都看似一个电子就是说它的确起电子的作用，说某物从各方面看都似乎不是一个电子就是说它的确不起电子的作用。

当然，就是否有某种属性起到电子的作用这个问题上，我们可能会犯错。但是如果它的确起到电子的作用，就没必要进一步追问它是否是一个电子。也许，"是一个电子"可以被后天地还原为一种底层的微观物理属性，但是倘若如此，那么这个电子的作用所赋予的明显特征将与这种属性发生本质联系。再者，还可能存在一种底层的微观物理属性，它的确与这些明显的特征偶然相关，倘若如此，"是一个电子"就不能被后天地还原为这种属性。"是一个电子"本身就是这个电子的作用特征所必需的一种微观物理属性。

（四）思想语言和心理表征

英美2006年心灵哲学对这一问题的专门讨论不多，部分原因在于纯哲学讨论似乎找不到出路；另外，有关这一问题的讨论多半与神经科学、物理主义（包括随附性和同一论）的讨论结合在一起，上文进行了综述。这里着重介绍奥蒂（O'Dea，J. W.）的观点。奥蒂论证，表征论者（representationalist）对随附性反例（跨模态问题）的回应不仅不令人信服，而且从根本上削弱了表征论者的立场。①

关于现象经验的表征论通常根据随附性论题得到陈述，如塔艾（Tye，M.）所言，"必然地，在表征内容方面相似的经验在现象特征上也类似"②。因此，关于表征论是否正确的争论集中于所谓的反例上。在塔艾看来，对这些所谓的反例的反驳大部分是成功的。③ 但是，塔艾认为表征论者对一类反例，即跨模态问题的回应并不成功。

要在表征内容的基础上确立关于现象的随附性理论，就有必要表明：必然地，所有具有相同内容的感觉的集合都是具有相同现象特征的集合；反过来，现象特征上的全部差异必然伴随着内容上的差异。于是，反表征论者试图在事实世界中找到所谓的反例。跨模态问题就是其中一类。

---

① O'Dea, J. W. (2006): Representationalism, Supervenience, and Cross-Modal Problem, *Philosophical Studies* 130：285-295.

② Tye, M. (2002): Representationalism and the Transparency of Experience, *Nous* 36：137-151.

③ Tye, M. (1995): *Ten Problems of Consciousness*, Cambridge, Mass：MIT Press.

最简单的一个跨模态的例子就是关于形状的视觉经验和触觉经验之间明显的现象差异；或者关于距离的视觉经验和听觉经验之间明显的现象差异。在此你可能认为，内容的同一伴随现象特征上的差异，与随附论的主张相悖。表征论者可以直接做出回应：严格说来，这些例子中并不存在内容的同一性。关于形状的视觉经验包含颜色，而触觉经验温度和光滑度等。因此，关于形状的视觉经验内容从整体上考虑的确不同于从总体上考虑的触觉经验。

奥蒂认为，表征论者的这种特殊策略扩大了现象特征的随附性基础，这在某种程度上破坏了表征论者的立场。因为根据表征论者的策略，不只是"蓝色"内容决定关于蓝色感觉的现象特征；而是一个人在那一刻的视觉经验的内容作为一个整体决定现象特征。以占星家的观点（一个人的个性依附于其出生环境）为例来考察扩大随附性的基础如何从根本上削弱随附性主张。为了捍卫这个主张，我们需要表明，两个在个性上没有差异的人必然在出生环境上也没有差异。在一种特定意义上而言，这个主张容易捍卫，因为对于任何两个具有不同个性的人而言，我们能够表明他们在总体理解的出生环境方面的某种差异，例如出生时间和地点的差异。但是这并非这样一种主张，我们可以从中推出一个人的出生环境可能真实地依附于其个性。在此，反例的缺乏，尽管与随附性一致，但并不支持它。原因在于，存在一种关于反例缺乏的充分说明，这种说明并不诉诸随附性。这个说明是：既然没有两个迥异的人共有从总体上理解的出生环境，那么单从这个事实就可以推出，没有两个现实的人在出生环境方面类似，但在个性上不同。

在奥蒂看来，似乎存在非常充分的进化论上的理由可以解释为什么不同的模态（modality）发现不同种类的属性：如果你拥有一种感觉，这种感觉挑选出属性 X，Y，Z，那么，进化出另一种感觉同样也挑选 X，Y，Z 就几乎没什么优势。当然，可能有某些优势（例如，第二种感觉更可靠地挑选 X，Y，Z 等），但这些优势至少为我们提供很好的理由认为，一种模态的知觉内容总是不同于另一模态的知觉内容。因此，这种意义上（现象依附于意向性）随附性反例的缺乏并未提供特别的理由使我们认为，现象实际上的确依附于意向性。

如果内容而非形状才是解释关于形状的视觉经验和触觉经验之间明显的现象差异所必需的，那么更深层的内容必然部分地决定关于形状的不同感觉的现象特征。也就是说，关于形状感觉的现象特征必然由形状内容加上某种更深层的内容一起决定，这种深层内容通常在同一个模态之内。

在这一点上，同一性论题不攻自破。如果关于正方形的视觉经验的现象特征就是总体上理解的视觉内容，那么可以推出，蓝色感觉的现象特征有时区别于关于正方形的感觉的现象特征，有时又没有区别。如果关于正方形的视觉经验的现象特征等同于总体上理解的视觉内容，那么，由于"蓝色"有时是那一内容的一部分有时不是，所以关于蓝色感觉的现象特征有时与关于正方形的感觉的现象特征等同，有时又不等同。

如果扩大随附性的基础会从根本上削弱表征论者的基础，那么留给我们的随附性论题是什么？一种为人熟知的意见是，随附性观点并不是关于某一目标现象的本质的观点，而只是关于某一现象所表现出来的变体模式的一种模态观点。①

任何一种认为"变体模式是必然的"的主张至少都需要一种伴随主张的支持，这种伴随主张关乎变体如何得到最好的解释——不仅解释这种变体，而且还要说明其必然性。这是表征论者肩负的一个重担。在这一点上，他们没有比"内容和特征就是同一样东西"更好的说明。但在奥蒂看来，同一论的各种明显备选几乎都是不可理解的。例如，某人可能试图证明表征内容构成现象特征。但是这又引起内容和特征之间的部分—整体关系问题。这些说明都没有表达一种合理的方式，来描述一种感觉经验"关于什么"和"与什么一样"之间的关系。

因此，如果关于现象经验的表征理论只关乎与知觉内容有关的变体，那么反表征论者没有特别的理由感到不安。表征论者关于实

---

① Kim, J. (1993): *Supervenience and Mind: Selected Philosophical Essays*, New York: Cambridge University Press; Heil, J. (1998): Supervenience Deconstructed, *European Journal of Philosophy* 6: 146-155.

际的相对变体模式的主张可能非常正确，但这种主张与变体本体论上的差异是相容的。我们之所以认为这种模式必然存在，是因为我们能够以某种方式来解释它，从而使这种必然性可理解。

三、热点问题

（一）集体意向性问题

主流的社会决策理论采取方法论的个人主义的立场，即把社会行动看作 strategic 个人行动，即个人在实现自己独立的目标时权衡他人的行为。集体意向性理论主张，这样的社会行动并不是真正的社会行动，真正的社会行动是基于集体意向性的我们型的行动。行动的目的是我们的目标而不是我的目标。持集体意向性立场的主要有吉尔伯特、塞尔和托米拉。① 塞尔主张，信念、欲望、意图等意向态度有时是我们样式的，不可还原为个人意向的集合。在这种情况下，个人是按照他所认同的集体的观点来判断局势的。集体意向性的形式是：为了达到我们的目标，我们要做 X，为了使我们做 X，我做 Y。因此，在囚徒两难局势下，合作选择是合理的。②

支持集体意向理论的最有力的例证是集体行动的两难问题。托米拉（R. Tuomela）认为，在方法论的个人主义框架内，这个问题无法解决，而集体意向性理论可以很好地解决这个问题。③ 而各社会普遍存在的集体合作的社会事实也给予集体意向性理论有力的支持。

但是，尽管集体意向性理论在解释社会合作方面看起来很成

————————————

① Gilbert, M. 1989. *On Social Facts*. Princeton, NJ: Princeton University Press. Searle, J. R. 1995. *The Construction of Social Reality*. London: Penguin. Tuomela, R. 1995. *The Importance of Us: A Philosophical Study of Basic Social Notions*. Stanford, CA: Stanford University Press.

② Anderson, E. 2001. Unstrapping the Straitjacket of "Preference": A Comment on Amartya Sen's Contribution to *Philosophy and Economics*. Economics and Philosophy (17).

③ Tuomela, R. 2000. *Cooperation: A Philosophical Study*. Dordrecht: Kluwer. Tuomela, R. 2002. *The Philosophy of Social Practice: A Collective Acceptance View*. Cambridge: Cambridge University Press.

功，但是它需要得到经验研究的证实。

1. 经济学的行为理论

在关于人类行为的经济学理论中，有两种不同的假说，一种是外显偏好假说（revealed preference hypothesis）①，一种是内隐偏好假说（discovered preference hypothesis）②。

外显偏好假说的基本思路是，关于人的行为的科学研究应该撇开人的内心过程，而致力于研究人的实际选择行为，在这种可观察的外部行为中，人的偏好直接显露出来。行为背后的偏好可以根据观察事实进行理论重构。这样，可以认为一个行动者的行为显示了他的偏好。因此，关于行动背后的偏好，行为和观察提供了直接的经验事实。但是，外显偏好假说可以是误导性的，因为他事先规定了所有的行为和意向。

于是一些经验学家转向内隐偏好假说。③ 这个假说认定，每个人都有逻辑上融贯的偏好，但这些偏好不一定在决策行动中直接显示出来。④ 每个人的偏好要求他在一种具体的处境下做什么，是需要去发现的事情。为此他要花很多时间和精力去搜集信息、权衡利弊、吸取经验教训。只有在这个过程完成之后，行动者的行为才真正地显示他的偏好。因此，他的偏好是内隐的，需要去发现。以为在这个发现过程完成之前行为显示偏好，那是一个严重的错误。这就是说，并非所有的行为都显示行动者的偏好。内隐偏好的一个典

---

① Hausman, D. M. 2000. Revealed Preference, Belief and Game Theory. *Economic and Philosophy* 16.

② Plott, C. R. 1996. Rational Individual Behavior in Markets and Social Choice Processes: The Discovered Hypothesis. In *The Rational Foundation of Economic Behavior: Proceeding of the IEA Conference Held in Turin, Italy*, edited by K. J. Arrow, E. Colombatto, M. Perlman, and C. Schmidt. Houndmills, UK: Macmillan.

③ Binmore, K. 1999. Why Experiment in Economics? *Economic Journal* 109.

④ Cubit, R. P., C. Startmer, and R. Sugden. 2001. Discovered Preferences and Experimental Evidence of Violation of Expected Utility Theory. *Journal of Economic Methodology* 8 (3).

型事例是关于 UG（ultimatum game）的实验研究。① 在 UG 中，真实的行动者的行动一般都是不合理的，全世界的人一般都不是追求他们的个人利益的极大化，而是遵循隐蔽的分配正义的规范。② 这种行为只有从集体的观点看才是合理的。但是，比因摩尔（K. Binmore）等人以一系列实验为依据论证说，如果 UG 重复许多次，使行动者有足够的时间考虑，那么他们的行为就会逐步接近理论模型的预测。③ 当然，比因摩尔的理论模型是个人主义的。

萨里斯托（A. Saaristo）认为，比因摩尔的实验研究的结果同样可以用集体意向性来解释。④ 集体意向性理论并不否认个人意向性的存在，它只是断定，行动者往往能够克服个人主义的观点并按集体合理性（我们样式）来行动。比因摩尔的实验设置可以这样解释：他们制造出一些与常规的社会环境完全不同的特殊环境，导致行动者放弃集体合理性模型而转向个人合理性模式。UG 一类实验表明，人们的行为一般与集体意向性理论相符，但他们通过足够的训练便克服其集体意向性并以个人样式行动。R. H. 弗兰克等人的分析表明，经济学的学生学习个人主义的经济理论趋于转变他们

---

① UG 是一种实验经济学博弈。两方进行匿名博弈并且只进行一次，因此不可能进行协商。第一方提出如何与第二方分一笔钱。如果第二方接受这个分配方案，那么双方按这个方案各得一笔钱。如果第二方拒绝，那么双方都得不到任何钱。在许多国家，人们一般提出"平分"方案（50:50），少于 20% 的方案一般被拒绝。参见 Joseph Henrich, Robert Boyd, Samuel Bowely, Colin Camerer, Ernst Fehr, and Herbert Gentis 2004. *Foundations of Human Sociality: Economic Experiments and Ethnographic Evidence from Fifteen Small Scale Societies.* Oxford: Oxford University Press. Hessel Oosterbeek, Randolph Sloof, and Gijs Van de Kuilen 2004. Difference in Ultimatum Game, *Game and Economic Behavior* 23（2）.

② Henrich, J., R. Boyd, S. Bowely, C. Camerer, and H. Gentis, R. McElreath, and E. Fehr 2001. In Search of Homo Economics: Experiments in 15 Small-scale Societies. *American Economic Review* 91（12）.

③ Binmore, K. 1999. Why Experiment in Economics? *Economic Journal* 109.

④ Saaristo, Antti 2006. There is no Escape from Philosophy: Collective intentionality and Empirical Social Science, *Philosophy of the Social Science* 36（1）.

的行为，其行为逐渐接近经济学理论的描述。① 社会科学理论特有的这种自我实现的性质，哈金（I. Hacking）称作自固效应（looping effect）。② 社会科学的理论不只是描述独立于心灵的社会实在。由于社会实在是由人的信念和态度构成的，社会科学理论可能通过修改个人的信念和态度来改变自己的研究对象。把哈金的自固效应概念应用到集体意向性问题上，我们就可以说，实验经济学不可能提供明确的事实证据来支持或反对集体意向性理论。

2. 社会心理学的社会认同理论

社会认同理论的核心观点是：个人感觉到他归属于一个群体，不论所属群体的大小和分布如何。这种心理状态完全不同于个人作为分离的单独个体的心理状态。对于某个人是谁、如何行动，群体归属感为他提供了一个社会身份（social identity）或共有的/集体的形象。因此，与社会认同相联系的心理过程也导致明显的"群体"行为，如群体的团结、遵守群体规范、群体内外有别等。③

J. 德鲁利（John Drury）阐述了社会认同理论的三个核心因素。④ 首先，社会认同理论主张，集体行动都涉及行动者的心理变化，即社会认同感的变化。霍格（M. A. Hogg）等人强调，个人对一个集体的认同产生一种心理状态，这种状态不同于个人主义样式下的状态。在社会行动中，行动者认同于一个集体，于是形成一个社会群体。这里发生了从个人到社会的转变。社会认同论者认为，社会认同和相应的社会行为是真实的社会现象，不同于个人样

---

① Frank, R. H., T. Ginovich, and T. Regan. 1993. Does Studying Economics Inhibit Cooperation? *Journal of Economic Perspectives* 7 (2).

② Hacking, I. 1999. *The Social Construction of What?* Cambridge, MA: Harvard University Press.

③ Hogg, M. A., and D. Abrams. 1988. *Social Identifications: A Social Psychology of Intergroup Relations and Group Processes*. London, Routledge. Brown, R. 2000. Social Identity Theory: Past Achievements, Current Problems, and Future challenges. *European Journal of Social Psychology* 30 (6).

④ Drury, J., and S. Reicher. 2000. Collective Action and Psychological Change: The Emergence of New Social Identity. *British Journal of Social Psycholoy* 39.

式也不能还原为个人样式下的现象。

布留威（M. B. Brewer）和施莱德（K. Schneider）论证，集体行动二难为社会认同论提供了有力经验支持。他们认证，个体主义的教条难以说明在实际和实验中发生的事实，即高水平的、自愿的社会合作。① 这种集体行动中的合作只能是由于个人认同他的集体。社会认同理论家对小群体（minimal groups）的经验研究的结果是：即使给人们提供一些微不足道的概念工具，如将行动者分成"我们"和"他们"，也足以提升行动者对"我们"群体的合作态度，而对"他们"群体的成员取对抗态度。一旦群体认同建立起来，群体内取向就表现出美好的人性特征，如互惠、合作，并为了群体的目标而牺牲个人利益。在实验经济学研究中，个体主义模式并不是事后的发现，而是事先定义的。这种把所有行为都定义为个人样式的做法不能用作反对集体意向性理论的经验证据。而社会认同论则与集体意向性理论高度相容。

但是，仅有相容性还不够。社会认同说还必须提供独立的经验证据来支持集体意向性理论。社会认同说只是一种社会心理学理论。在主流的合理性理论家看来，霍格等人提供的许多事例都可以用个体主义的合理性规范来解释。个体主义者可以把集体认同解释为一种基于更根本的个人样式的态度。因此，我们不能说社会认同理论发现集体意向性是一种真实现象。他们同实验经济学家一样，试图构造一种理论的、概念的框架来解释、说明和预测社会行为。集体意向性理论是多元的，既承认集体意向性也承认个体意向性；而个体主义者认为，用一种模式即个人合理性模式就足以说明一切社会现象和人的行为。

3. 戴维森主义的行动理论

意向行动的方式问题也许原则上无法由经验研究提供答案。动

---

① Brewer, M. B., and K. Schneider. 1990. Social Identity and Social Dilemmas: A Double-edged Sword. In *Social Identity Theory: Constructive and Critical Advances*, edited by D. Abrams M. A. Hogg. Hemel Hempstead, UK: Harvester Wheatsheaf.

机、理由、行动等有意义的事件并不独立于描述框架，不独立于那些用于描述行动的理论。① 戴维森认为，意向行动问题始终是一个哲学问题，一个规范问题，而不是一个科学问题。社会科学研究的对象是行动，即有意义的行为，不同于单纯的身体运动。行动总是有意图或意向的，行动者要通过行动达到某种目的。行动总是有一个描述，描述某人用他的行动实现什么意图。

哈金有两个基本概念，一个是社会科学的自固效应，一个是社会科学构建人。哈金提出，如果意向行为以一个描述为前提，那么我们只能有意向实施他们能够清楚地描述的行动。因此，当新的可能描述出现时，就会出现新的可能行动。概念构造形成新的行动可能性。所有的意向行动都依赖于可获得的概念内容，在一个概念框架之下，行动才是有意义的。而在戴维森看来，不仅意向行动的内容和类型是出于概念构造，而且意向行动的事件类型（event-type of intentional action）本身也是语言游戏的产物。在自然界，只有非意向的事件，它们处于自然主义的因果关系中，受因果自然律的支配。然而，其中有一些事件可以由行动理由（如欲望、信念、意向）和行动（有意义的事件）来重新描述。这样的意向类型由于相互之间处于规范的、合理的关系之中，从而具有独特性。合理性规则是构成理由和行动的要素。因此，如果物理事件可以通过意向性重构联接成一个规范性网络，本质上不同于因果律，那么它们就是意向事件。如果我们能够以可以理解的方式把身体运动看作行动，那么，我们理当在行动方式中看到信念、欲望的高度合理性和逻辑连贯性。

在戴维森看来，合理性规则，如一致性和自融贯性条件，构成追问和提供理由的合理性游戏，只有在这样的游戏中，才有信念、欲望、意向、行动，它们不同于单纯的大脑物理状态和身体运动。这样，关键的问题是合理性规则从何而来。戴维森坚持唯名论和一

---

① Davidson, D. [1974] 1980. Psychology as Philosophy. In D. Davidson, *Essays on Actions and Events*. Oxford: Oxford University Press.

元论的自然主义，因此否认合理性规则来自柏拉图的理念世界或笛卡儿的我思。它们终归是我们的构造，而不是自然律。由于连贯性、合理性和逻辑一致性条件在物理学中没有相应的东西，所以心理现象和物理现象之间只有大致的关联。

戴维森的构造主义认为合理性规则构成了行动的可能性，其依据是我们的社会实践。我们的社会实践把有些推理步骤看作可接受的，有些状态看作理由，有些行为看作行动。合理性规则基于社会实践，社会实践又基于什么呢？按维特根斯坦的说法，社会实践建立在盲目的趋向和支配趋向的社会系统之上。合理性规则隐含于社会实践之中，对这些规则的阐述使隐性的东西成为显性的。

成功的意向说明把行为确立为行动，把施行者确立为行动者。追问和供述理由的实践使我们有可能把某些物理状态看作命题态度，把某些物理运动看作意向行动，把某些物体看作行动者。用维特根斯坦的话说，实践确立可接受的实践推理的模式，这些实践构成人的生活形式。生活形式本质上由意向行动和行动者构成。行动者之为行动者就在于他们参与追问和供述理由和游戏。

这种维特根斯坦-戴维森式的行动理论是哈金的社会科学自固效应说的核心。哈金的案例研究主要是多重人格紊乱（multiple personality disorder）。① 按照戴维森的行动理论，物理生理条件不足以形成任何一种行动力（agency）包括具有多重人格的行动者。行动力概念同追问和供述理由的游戏有着概念上的联系。先要有一个要领框架阐明多重人格紊乱是什么，然后才会有多重人格紊乱这种现象。错误的观点认为，世上先有多重人格紊乱，只是未被发现。人格紊乱的描述构成了这种现象的可能性。这并不是说多重人格紊乱现象不真实，因为所有的意向行动力都是出于概念系统的构

---

① Hacking, I. 1995. *Rewriting the Soul: Multiple Personality and the Science of Memory*. Princeton, NJ: Princeton University Press.

造。因此，我们在社会实践中"构建人"。① 人就是意向行动者。我们不仅构建世界，而且构建人，而且后一种构建更强一些。我们可以对独立于我们并先于我们的物理世界做因果改造，而在构造那些可接受的实践推理的规则时，我们不仅使我们有可能实施新型的行动，而且构成了物体成为行动者的可能性本身。人之为人就是被赋予行动者的地位。

4. 集体意向性的哲学基础

萨里斯托认为，关于意向行动和行动力的真实形式是什么，并不存在独立于理论的事实问题。意向行动力是由我们谈论行动和行动理由的方式构成的。因此，有关理论既是描述性的也是规范的。它们产生自我实现的预言。例如，如果有足够多的人接受经济学家关于理由、行动、行动力的说法，那么人们的行动就证明经济学家的理论是真的。

实验经济学关于合作行动的经验研究、社会心理学的认同理论，都不能对集体意向性理论的直接支持。个人样式下的行动者用他们的个人偏好（包括仁慈的偏好）来对社会局势做概念描述，并试图通过策略选择使个人效用函数极大化。策略选择要考虑别人追求个人利益极大化时的预期行为。与此相反，集体的我们样式下的行动者从集体的观点来看待这种局势，并依据集体的共有目标来描述这种局势。尽管都能够说明合作，但一边是基于个人样式的合作，另一边是基于我们样式的合作。拿社会行动两难来说，集体意向性问题可以表述为以下实践推理问题。

A：这是一种社会两难局势，合作为集体最优。

B：所以我应该合作。

集体意向性理论认为从 A 到 B 的推理准确地把握了社会行动的深层心理过程。而个人主义者认为这样推理是不完整的，必须补充一个前提：

---

① Hacking, I. 2002. Making up People. In I. Hacking, *Historical Ontology*. Cambridge, MA: Harvard University Press. p. 40.

C：我（个人）想要实现集体最优结果。

从集体意向性观点看，从 A 到 B 的推理显性地陈述了隐含在常见的人类社会实践中的推理方式。一些哲学家认为，文化进化的方式可以预期，社会进化的方向是形成一种隐性的规范和实践，使从 A 到 B 的推理成为一个显性的信念。

但是，萨里斯托指出，个人主义也能对这些经验发现做融贯的概念描述。是直接从 A 到 B 还是经过了中间环节 C，这个问题没有独立于实践的答案。实践推理是受合理性规则支配的，这些规则将大脑状态构建成意向状态，将身体行为构建为有意义的行动，将物体构建为行动者。从本体论上说，这些规则寓于我们的集体实践之中。根本的问题是：在实践中我们是要求行动者为共同利益而合作，还是要求他们认清这种的社会合作能够真正提升他们的个人利益？哪一种合理性理论是真的，集体意向性理论是否成立，答案取决于前述两种推理模式的选择，取决于我们接受哪种概念框架。

在戴维森-哈金框架中，集体意向性真实性问题一方面是一个经验问题，集体意向性理论能够很好地通过社会生活的检验。① 另一方面又是一个规范的社会实践问题：是接受 A 到 B 的推理为一个有效的实践推理还是要求补充一些前提？两种敌对的社会行动理论之间的选择问题不只是描述的精确性问题。问题是我们必须提升哪一种行动力并使之为真。由于个人有能力把合理性规则内在化并趋于按照那些规则来行动，因此，根本的心理理论之间的选择也是选择我们的社会要由什么行动者来构成。

（二）心理因果性问题

1. 戴维森：心理因果性问题

因果性具有必然性和封闭性，而从现象学的角度看，人具有行动自由。这两个方面存在明显的冲突。戴维森提出了两个有关理

---

① Kerr, N. , and E. S. Park. 2001. Group Performance in Collaborative and Social Dilemma Tasks: Progress and Prospects. In *Blackwell Handbook of Social Psychology: Group Process*, edited by M. A. Hogg and R. S. Tindale. Oxford: Blackwell.

论。一个是始点解释（radical interpretation）：有意义的事物不能与其他有意义的事物孤立起来理解，而只能从整体上理解。当我们理解别人的话语和对别人的行为进行合理性描述时，我们需要设定一个共同的世界。而这个共同的世界不能离开一个共有的意向性网络。戴维森拒斥经验论的第三个教条，即概念图式与经验内容相分离。另一个理论是异态一元论（anomalous monism）：每一个心理事件与一个物理事件相同一，但心理事件的描述是规范的和整体性的，而物理事件原则上是个体的、原子论的、服从自然律的。戴维森的异态一元论包括以下三个基本原则。

（1）心理事件引起物理事件（心理物理相互作用原则）。

（2）凡有因果性的地方都有严格的定律将原因和结果联系起来（因果性的规律性［nomological］）。

（3）不存在严格的心理定律，也不存在严格的心理-物理定律（关于心理的异态一元论）。

这些原则表明，一个事件单例（token），它既例示一种物理事件类型（type），也例示一种心理事件类型，这就是所谓的心理物理同一性。假定我获得了一个新的信念，这个状态就是一个心理/物理单例。于是出现了这样的问题：我获得一个信念，也就是获得了这个信念的许多逻辑后承信念。于是获得一个信念这个事件从物理上描述只例示一个事件类型，而从心理上描述则例示许多心理事件类型。在戴维森看来，事件的同一性条件是因果同一性，而用于挑选这些事件的各种完全不同的词汇则无关紧要。对宇宙的一个完全的物理描述并不足以预测一个心理事件。那么单例同一性（token-identity）理论起什么作用呢？对于戴维森，有单例同一性而没有相应的类型同一性（type-identity），这就使我们在原则上把因果关系与因果说明分离开来。不论是心理事件还是物理事件，所有事件的同一性条件必须相同。只有这样，戴维森的事件一元论才能说得通。但他必须承认，这些同一性条件不依赖于我们选择什么样的词汇来描述事件和说明它们之间的因果关系。戴维森对因果关系的理解是外延的，即它们是事件之间的关系，而不是事件的描述之间的关系。但相反的说法对于因果说明、定律和规律说明是成立的。于是，他断言，有一些陈述虽然不是一个严格定律的产物，却能够真实地把握一个因果关系。这些陈述能够把握正确的事件就够了，不必纳入一个适合于规律说明的描述。提供关于某个事件的原因的不完全描述，不同于提供关于一个不完全原因的描述。

德皮内多（de Pinedo）的核心观点是，戴维森没有理由把因果说明与因果关系严格区分开来，这样会使因果关系离开我们的概念资源自由浮游而最终成为自在之物。① 当戴维森论证说明与因果的分离需要一个事件本体论时，这个困难已经出现了。戴维森在《因果关系》② 一文的结尾处说，需要用事件来阐明我们的普通话语（common talk），而普通话语是我们唯一拥有的用来说明什么存在的手段。所以图式/内容二元论是不可能的。但是，普通话语中有哪些因素使我们的说明实践与外延的因果关系截然分离开来，却是一个问题。按照戴维森对第三个教条的批评，在事物之间建立相互关系有赖于一个概念框架，但这个框架排除了把心理谓词和物理谓词联接起来的定律。因此，因果关系与因果说明之间并不存在明显的分界。如果拒绝二元论是对的，那么我们应该有办法把意向谓词与物理谓词联接起来。否则，因果同一性信念（以意向的方式描述的事件和以物理的方式描述的事件有相同的因果关系）就仅仅是一个信仰。如果我们所拥有的知识不足使我们说两个描述（一个物理描述，一个因果描述）是同一事件的描述，那么我们就没有理由说这两个描述实际上指称同一事件。戴维森的单例同一性是处于我们的概念资源之外的。因此，对于心理事件，我们无法提供原子论的同一性条件。识别心理事件的唯一方式是使用意向词汇，它们界定命题态度、信念、欲望、意向等心理状态方面的话语。由于事件的意向描述的存在是衡量该事件是否心理事件的标准，心理事件和行动就被置于整体的和规范的网络之中。戴维森试

---

① De Pinedo, M. 2006. Anomalous Monism: Oscillating between Dogmas. Synthese 148.

② Davsidson, D. 1967. Causal Relation, in Davidson, *Essays on Actions and Events*, Oxford: Clarendon Press, 1980.

图用命题态度的整体论来维护心理事件，又要求用因果和规律来阐明它们的同一性。但这种同一性的可能性违背了他对第三个教条的拒斥。

2. 霍恩斯比的反物理主义

霍恩斯比（J. Hornsby）在一系列论文①中批评了各式各样的弱物理主义，包括戴维森和富多尔（Foder）的物理主义。这种物理主义主张，我们可以拥有用行动和知觉描述的事件和用物理词汇描述的事件之间的同一性。

脑科学家提出的事件分类是物理的分类，与我们说明人类行为的目的并无直接关系。因此，脑科学家选取的事件与哲学家在谈论人的行动时选取的事件是不同的。问题不在于行动谓词所把握的东西与神经生理谓词所把握的东西相同。关键在于，一个行动谓词单例所把握的东西基本上不可能单义地等同于一个具体的物理描述单例。霍恩斯比区分了两种看待事件的观点。一种是人称观点（personal point of view），一种是非人称观点（impersonal point of view）。这种区分并不等同于主观与客观的区分。从人称观点看，行动就是人出于某种理由做一件事；而从非人称观点看，任何事件都是因果链条的一环，独立于人和理由。非人称观点不能理解行动，因为我们没有任何根据把行动置于非人称的因果世界中。要真正理解人的行动，就要把他看作合理的，即他的思想和行动服从逻辑一致性和融贯性的规范。

即使还原论者或非还原的同一论者有信心找出一种特定的神经生理事件，这个事件是因果链的开端，也是一个行动的起点，这种信心也很难因行动及其后果的分离而维持下去。也许可以说行动从某处开始，或者说从某一物理事件开始，但很难说它在何处结束。

---

① Hornsby, J. 1980/1. Which Physical Events are Mental Events? *Proceedings of the Aristotle Society* 81. 1995. Agency and Causal Explanation, in J. Heil and A. Mele (eds.) *Mental Causation.* Oxford: Clarendon Press. 1998. Dualism in Action, in A. O'Hear (ed), *Current Issues in Philosophy of Mind.* Cambridge: Cambridge University Press.

这不是一个经验问题，而是一个关于我们的常识和语言如何运转的问题，也就是一个哲学问题。如果承认常识和语言要依赖规范，那么规律说明就说明不了行动。也许我们可以干脆否定行动的存在。这是物理主义导出的一个结论，却是令人难以接受的。

单例同一性是一个本体论的论题。戴维森否定经验论的第三个教条，因此不能把事物同我们对事物的概念描述分开来。但单例同一性正是这样的分离。所以他的与说明实践相分离的本体论的论题与他的哲学思想的其他成分是不相容的。单例同一性的基本结构是以下五个论题。

    a. 没有严格的心理定律。

    b. 没有严格的心理物理定律。

    c. 由 a 和 b 可以得出，心理类型不可能与物理类型同一。

    d. 内容与图式的分离是不可能的，即没有无图式的单纯的事件等待这种或那种概念框架去把握。某种东西是一个类型的单例，并不先于有一个类型去把握它。如果一个单例例示几个类型，那么这几个类型原则上能够被一个定律连接起来。但异态一元论主张没有心理物理定律。所以

    e. 一个心理的（或物理的）事件单例只能相对于它们例示的心理（或物理）类型才能个体化。要维护一元论，我们需要一种无图式的方式来把事件个体化，这种方法使我们能够说某个事件既是物理学的规律词汇描述的事件，又是心理学的规范词汇描述的事件。这与 d 相矛盾。

戴维森的同一性标准是：两个事件是相同的，当且仅当它们有相同的原因和结果。戴维森反对经验论的第三个教条，又坚持心理的规范特性，所以没有理由坚持这样一个事件同一性标准。

按照戴维森的始点解释理解，语义学与认识论、意义与信念是交织在一起的，解释的两个方面，即信念的指派和语句的解释是相互依赖的。戴维森反驳第三个教条的论证是认识论的论证：并不存在着可以用作知识基础的纯粹的经验给予，因此，一个组织系统和

被组织的材料之间的二元论是不成立的。而这种被组织的材料，有人说是实在，如宇宙、世界、自然；有人说是经验，如瞬间知觉、表面扰动、感觉刺激、感觉材料、给予等。拒绝第三个教条，就是拒绝概念与实在的分离。语义学导向认识论，认识论导向形而上学。这是因为，交流要有一种语言，而共有一种语言时我们就共有一种世界图景，这个图景必须基本上是真的。因此在阐明我们的语言的主要性质时，我们同时也阐明了实在的主要性质。于是，探讨形而上学的一个主要方式是探讨我们的语言的基本结构。①

交流要求有共有的知识，即一幅真实的世界图画，本体论问题不能独立于知识来确定。心理事件是整体性的，单凭这一点还不能够断定心理事件比物理事件更多地依赖于相关的框架或模型。戴维森没有根据在物理方面持有更强的实在论。他从原则（1）～（3）推导出的同一性并适合于我们的合理的概念装置。这样的同一性是自在之物，而（d）是否认自在之物的。

（1）～（3）同样难以得到支持。如果因果性是规律性的并且没有心理-物理定律，那么（1）是假的。戴维森还提出了（1）的变形，叫做心理因果有效性原则（principle of causal efficacy of the mental）（1b）：理由就是原因，至少理由就是行动的原因。然而，由于没有单例同一性，也没有心理定律，再加上（2）和（3），所以（1b）是假的。德皮内多认为，唯一留下的选择是：要维护心理因果性和心理/物理相互作用，就必须拒绝（2），即拒绝因果性的规律性。抛弃（1）和（1b）、否认心理因果性的选择不可取。合理性是理解问题，而不是因果说明问题，这是许多大陆哲学的共同观点。它导致说明与理解、自然科学与人文科学的截然区分。

于是，德皮内多主张对因果性做不同的解释，即因果性并不是事件之间的规律性的联系。这样，（1）、（1b）和（1c）（物理事件引起心理事件）都能保留。因果与说明两个观念有内在联系；因果说明与因果关系也有内在联系。

---

① Davidson, D. 1977. The Method of Truth in Metaphysics, in Davidson, Inquiries into Truth and Explanation, Oxford: Clarendon Press, 1980. p. 199.

现代因果性概念出现较晚，它与行动、责任和说明等概念相关。德皮内多提倡的因果概念并不包含规律性，而且说明先于因果。亚里士多德有"四因说"，在那里"原因"是 aitia，其大部分涵义是现代原因概念所没有的。事物的原因就是该事物的说明。这样使用原因概念的如医学家希波克拉底和历史学家莎西狄德（Thucydides）。前者说，一种疾病的原因说是对病症的说明；后者认为，原因就是对某事（如战争的起源）负责任的因素和人物。现代原因概念仅仅相当于亚里士多德的四因中的动力因。目的和质料因素仍然有助于我们在追寻原因时将说明和责任置于优先地位。

并非所有的说明都是因果说明。用时间上在先的事件来说明某件事是因果说明。除此之外，还有定义式说明、制度说明、演绎说明等多种。原因说明也有多种，一种是合理性说明，一种是规律性说明。由于这两种说明把不同事件以说明的方式联系在一起，所以都是因果说明。然而，合理性说明既是因果性的，也是评价性的。而规律性说明则必须以覆盖律的形式来进行。

某些化学物质，如精神类药物，引起某人有某种信念，如"我是世界之王"，"生活没有意义"，"我床上有一条龙"。必须有某些物理生理条件才能有信念。要说"我的心属于你"，必须有舌头，也许还要有心脏。有眼睛才能看见某位演员美艳绝伦。然而，大脑、舌头、眼睛都不足以说明这些话语和视觉。我们必须把它们纳入一个更大的说明中，包括美丽与比喻、美丽、语言相关的许多因素。

心理物理因果性也是如此。我举起手臂引起酒洒了，酒洒了引起某些化学反应，弄脏了地毯。然而，如果心理事件并不等于物理事件，那么就可以说，我想要讲礼貌的念头干扰了定律领域的因果封闭性，我的念头引起了一个物理事件，即某种化学反应。然而，只有我对邻居说再见与某种身体运动能够等同起来，我们才能够说"我"引起了某种化学反应。我们也不能说有两条因果链平行地运行：在一条链上"我"引起酒洒出来污了地毯，在另一条链上某种肌肉运动引起某种化学液体与某种织物相接触。然而，如果某人主张因果链独立于说明框架，这才是一个问题。而对于德皮内多的原因概念来说，这里并无困难。一个规律关系只有在一个模型内才能阐明，这个模型把相联系的事件看作一个定律的实例。为此需要做大量的简化。没有进入考虑的有被说明者的意义。然而，那些被白化（disenchanted）的事件可以同有意义的意向和行动联系起来。

普遍的决定论是说不通的，因为规律性离开了我们的说明interests 就不能被理解，而说明含有自由，这就是说，不论保留物理学的因果封闭性（用物理词汇描述的事件不能由物理描述的事件领域之外的因素引起），但由此不能推出，任何发生的事件都是由物理的原因引起的。

因果性的规律是一个休谟教条。但休谟也考虑了因果性观念的另一个因素，即因果性是后验的。我们把某人的身体运动描述为行动。这是否意味着我们在说明行动时所使用的信念和欲望与行动具有先天的联系呢？任何推理的可能性都必须有经验知识参与。对结果的准确描述依赖于一个真实的因果说明。

（三）功能主义

1. 经典功能主义的主要论断

（1）把所有的认知生物统一起来的，不是它们拥有相同的计算机制（它们的硬件），而是它们都计算相同的函数（function，既有函数的意思，也有功能的意思，功能主义也含有函数主义的意思）或相同函数的一部分。这个函数就是，〈〈感觉输入、先前状态〉,〈运动输出,后续状态〉〉。函数就是一个输入/输出对，对于每一可能输入，有一个唯一的输出。这样的集合有许多可能输入/输出对，输入和输出的关系可能极为复杂。这要求相关的函数是可计算的，即对于任一输入，一个有穷系统（如大脑）能在有穷时间内递归地产生一个恰当的输出。

（2）认知心理学的核心任务是识别这个被计算的抽象函数。

（3）人工智能的核心任务是创造这个函数的新型的物理实现首先是一部分，最后是全部。

（4）常识心理学（folk psychology），即我们关于认知活动的因果结构的常识观点，已经包含着被计算函数的一个大略的描述。

（5）常识心理学到人脑神经科学的还原是双重不可能的。因为，第一，相关的函数的可计算性有无限多种方式，不只是人脑那种方式；第二，这种多样的可计算步骤可以潜在无限多的不同物理材料上实现，不限于特有的生物材料。因此，把常识心理学范畴还原为大脑活动特有的步骤和机制，就是把那个特征函数的无限多的其他实现方式都排除在真正的认识主体的领域之外。因此，心理学的种类名词只能做函数［功能］定义，不能做自然主义的或还原论的定义。

（6）对人脑或动物大脑作微观的经验研究是完全合理的。但是，对于复述那个总函数本身，这是一个贫乏的策略。整个函数要在所有认知生物的分子团层次（molar-level）的行为中去揭示。

（7）断定（5）（6）合在一起，要求我们尊重和维护认知心理学的方法论自主性，即不依赖于大脑解剖学、脑生理学、生物化学等更基础的科学。认知心理学有它自己的定律，自己的物理复杂性水平。

2. 切奇兰对功能主义的驳难

切奇兰（P. M. Churchland）论证，功能主义以上七种主张基本上都是错误的。①

神经生物学的启示。人工智能的经典的或"写程序"的研究传统是功能主义观点的一种重要表现。但20世纪80年代初，这个研究纲领遇到不可逾越的障碍。虽然运行速度惊人（台式机也达到了 10^9 Hz）存储量越来越大（台式机达到 10^{10} 字节），虽然机内信号传输速度越来越高（接近光速），虽然万能图林机原则上能计算任何可计算函数，但与人脑相比，在完成许多认知任务时，计算机的功能是非常低下的。关键的问题是，认知模拟方面的进展要求存储量、计算速度、程序复杂度呈几何级数增加。即使存储量大到足以容纳实际认知所需要的所有经验信息，从庞大的存储量中不多不少地调用所有相关的信息仍然是做不到的。存储量越大，调用越困难。生物大脑一眨眼就能做到的事，计算机要花数分钟甚至数小

---

① Churchland, P. M. 2005. Functionalism at Forty: A Critical Retrospection. *Journal of Philosophy*.

时去做。虽然人脑的时钟脉冲频率和信息传输速度远远比不上计算机，却比它有效得多。这是由于人脑采取了与现行计算机完全不同的运算策略。人脑是一架巨量的平行运算装置，它同时在 10^{14} 个微小突触联接上进行数万亿个计算转换。它每秒重复上十次甚至上百次这样的运算。

对于经典的人工智能，一个重大问题是如何获取所有并且只有与计算任务相关的信息，对此，大脑的巨量平行分布式处理方式提供了一个内置的解答。大脑的 10^{14} 个突触联接所获得的能力和份量体现了人所掌握的智慧和技能。这 100 万亿个突触联接也是大脑的基本运算单元。每一次一大组突触联接把一个输入表达转换成接受神经团上的输出表达，整个基干中的每个突触都参与这种换算。因此，不仅大脑的运算行为是平行的，它调取存储信息的过程也是巨量平行的。这并不是两个分离的过程。大脑进行运算时运用它积累起来的知识。经典人工智能的构架问题由大脑很好地解决了。

关于人和动物的信息处理的基本特性的研究取得了重大的进展，表明经典人工智能的宏伟目标无法实现。这些进展是两个下层学科内的理论与经验成果，即神经解剖学和神经生理学。从传统的观点看，它们对认知心理学的贡献是微小的，甚至侵犯了别国的领地。但是，结果表明那些常常受到嘲笑的"技术细节"不可忽视。它们使我们能够理解，勤劳的生物大脑何以胜过计算机，大脑何以能解决一个关键的、机器无法解决的认知问题，即有选择地利用相关信息的问题。因此，认知心理学并不是方法论上自主的。在这一点上，功能主义是错误的。

常识心理学是关于我们的认知方式的一个错误模型。关于大脑的基本反映模型，神经解剖学和神经生理学产生了一个全新的观念。新的反映单位是一个大神经细胞团上的激活水平模式，而不是"思想语言"中的内心语句。关于大脑的基本运算模式，也得出了一个全新的观念。新的运算单位是从一种激活模式到另一种激活模式的转换，这是通过突触联接巨阵（vast matrix of synaptic connections）实现的。在这个过程中，一个神经团投射到另一个神经团，而不是按"句法规则"对语句进行运算。常识心理学和人工智能关于人的认知活动都是语言式的。而关于我们的认知过程的新型的向量编码/向量处理模型，使常识心理学在整体上是值得怀疑的。常识心理学对于认知生物的反映和运算的基本形式做了错误的理解。人类似乎是这个星球上唯一运用句法结构的生物。在微解剖学上，人类大脑与其他哺乳动物只有边缘性的区别。人与其他哺乳动物是进化树上同一枝干上的近亲。对于认识活动来说，语言形式并不具有普遍性。因此，功能主义的第4条要受到严重怀疑。

3. 多重实现与心理学还原的可能性

分子团层次的认知活动是多重可实现的。然而，我们没有根据说，多重可实现排除了常识心理学理论还原的可能性，排除了常识心理学的任何科学后继者（认知心理学）的还原可能性。功能主义的反还原论的主要理由是：由于认知能力是多重可实现的，把它们还原为许多可能的物质基质中的一种所具有的深层定律，就预先排除了其他许多可能的物质基质可以实现相同的认知功能。

反还原论的基本假定是，不同的物质基质，如哺乳动物学、无脊椎动物学、外太空生物学、半导体电子学、干涉光子学、计算水文学等，是由不同的物理定律支配的。但这个假定并不成立。切奇兰举了三个例子。

第一个例子是声音。声音是分子团层次的现象。只有大量的微观粒子以某种方式相互作用时才有声音。它也是一种可多重实现的现象。在地球特有的大气中，在具有不同分子构成的气体、液体和固体中，声音都可以传播。不论是气体、液体还是固体，不论其分子构成如何，深层的物理定律是一样的。波传播速度等特有性质也许依赖于传导媒质的细节，但各种上层声学定律都可以还原为同样的力学定律。物质材料的多样性并不导致那些支配不同材料的深层定律的多样性。因此，声学并不是一种自主的科学。

第二个例子是温度。温度也是一种分子团层次的现象，也是一种可多重实现的现象。物质材料的多样性同样不导致深层定律的多样性。因此，经典热力学并不是一门自主的科学。它可以还原为统计力学。

第三个例子是偶极磁场。这也是一种分子团层次的现象。描述这种磁场的形状和因果属性的简单定律可以还原为下层定律，如麦克斯韦方程组。这些下层定律描述带电荷粒子（如电子）的运动所产生的电场和磁场感应。那些下层定律并不依赖于物质材料的细节。

众多的事例表明，从多重实现推导不出不可还原性。因此，功能主义的第 5 个论题是有严重缺陷的。

对于人、哺乳动物、类似于人的外星物种、人工智能机等对象的认知活动，如果我们期望常识心理或其他心理学提供准确的、包含自然种类的、规律性的、说明性的解释，那么，我们就应该希望存在着高度普遍性的深层定律，它们不依赖于不同物种之间的材料差异，而结合在一起能够说明心理学的范畴和定律。如果这样，心理学就被还原了。

4. 分子团层次的心理学还原的可能性

第一个可能的还原框架是非平衡态热力学。这个一般的框架描述远离平衡态、部分封闭的物理系统中能量和信息流动的定律。这个框架虽然建立不久，但已经能够统一和阐明所有的生物现象，不管它的物理构成是什么。基本思想是薛定谔（E. Schrodinger）提出来的。任何生命有机体都是一个概率极低的物理结构，其自然行为宜于利用它已含有的结构来产生新增的物理结构。它生长、自我修复和繁殖。这种系统处于一种特殊的环境，它所利用的能量流是从极低熵状态开始的能量，逐步耗散成高熵能量。生命物理系统在能量流经时"窃取"初始的低熵能量，然后以新增物理结构的形式纳入那种能量。在地球环境中，低熵能量源是太阳。从大约 4000°K 衰减到大约 3°K，这中间的生物圈的温度在 293°K 上下。没有这样在"上面"的低熵能量和"下面"的耗散后的高熵能量衰减，就没有生命，也不可能有生物进化。而且，任何物种的个体都含有其特殊环境的大量信息。漫长的进化压力使生物个体在结构和新陈代谢方面与环境相适应。认知现象只是上述热力学过程的一个新增事例。具体地说，认知的生物是利用它已经具有的低熵内部结构或信息，如果它处于一个具有丰富信息的能量流的环境中，它就会生长出适应环境的吸收信息的新结构，其主要形式是越来越精致的大脑。

在这里，能量流的起点是低熵的感觉信号（光、声、压力、滋味、气味等），它们含有关于周围物理环境的详细的信息。其终点是最初的低熵能量的耗散，在大脑的认知过程完成后，身体以红外长波形式辐射高熵热，其最初的信息"丧失了"，或者说留在大脑里了。主动的认知系统"窃取"它的感觉器官所提供的低熵能量，吸收成负载信息的新结构。我的生物身体在 6 岁时就载有关于自然环境的大量信息。而我的大脑在 6 岁时负载大量的新增信息，这些信息是人类的基因组无法遗传给我的。我必须在出生后获取这一大批信息。其他生物也是如此。认知生物就是一个体外信息增大器。与普通的热力机不同，大脑利用能量流产生神经和突触负载的信息。我们就是认识机器。

这幅自然主义图画依赖于这种或那种物质基质来支持这样一种能量和信息过程。所有的认知生物所共有的是它们的热力学的和信息增大的机制。全体神经元上的激活向量是基本的瞬时反映模式，向量到向量的转换是基本的反映运算模式（the basic mode of computation over those representations）。而加权的突触联接的具体配置（specific configurations of weighted synaptic connections）是基本知识或背景知识的基本模式。那些加权突触联接的值上的不断调整是基本的学习模式。

这幅向量编码和向量处理的图画是可以在多种物理材料上实现的：哺乳动物的大脑、章鱼大脑、外星人大脑、电子芯片、光学系统等。其底层的数学定律并不依赖于特定的物理媒质。这是一种用普遍的或深层的自然律做出的下层的说明，充分显示了认知心理学的还原的可能性。

人的统一性在于在硬件的抽象形式。人都是巨量平等的向量处理处理器，他的活动的向量转换阵形（数万亿突触联接）通过过滤来自感觉边缘的低熵能量流的信息而缓慢地更新和学习。这种运算模式比经典的冯·诺伊曼式的计算机要优越得多。因此，功能主义的第（1）点肯定是错误的。认知生物是在计算大量的各种不同的函数，但它们使用的是基本相同的运算硬件。功能主义的第

（2）必须被拒绝。认知心理学的中心任务是探讨地球上大脑何以能计算如此大量的不同函数。这是一项经验的研究工作，必须考虑非人类的神经系统的特质。因此，第（3）也必须重新思考。人工智能的核心任务不只是要建造人工的向量处理系统去计算某些动物种已经在计算的同样的函数。它的一个核心任务是探讨这样一些人工的函数计算系统的潜在能力，这样的能力是地球生物还不具备的。而在这方面，（6）和（7）所指示的方向是错误的。

参考文献①

［1］Berto，F.（2006）："Meaning，Metaphysics and Contradiction"，*American Philosophical Quarterly*，43，pp. 283-297.

［2］Bianchi，C.（2006）："'Nobody Love Me'：Quantification and Context"，*Philosophical Studies*，130，pp. 377-397.

［3］Camp，E.（2006）："Metaphor and that Certain 'Je ne sais quoi'"，*Philosophical Studies*，129，pp. 1-25.

［4］Campbell，J.（2006a）："Does Visual Reference Depend on Sortal Classification？Reply to Clark"，*Philosophical Studies*，127，pp. 221-237.

［5］Campbell，J.（2006b）："What is the Role of Location in the Sense of a Visual Demonstrative？Reply to Matthen"，*Philosophical Studies*，127，pp. 239-254.

［6］Chalmers，D.（1997）：Facing up to the Problem of Consciousness，in J. Shear（ed.），*Explaining the Consciousness—the Hard Problem*（pp. 9-29），Cambridge，MA：MIT Press.

［7］Chalmers，D. & Jackson，F.（2001）：Conceptual Analysis and Reductive Explanation，*The Philosophical Review* 110：315-360.

［8］Clark，T. W.（1997）：Function and Phenomenology：Closing the Explanatory Gap，in J. Shear（ed.），*Explaining the*

---

① 脚注中出现的参考文献从略。

Consciousness—the Hard Problem (pp. 45-59), Cambridge, MA: MIT Press.

[9] Collins, J. (2006): "Proxytypes and Linguistic Nativism", *Synthese*, 153, pp. 69-104.

[10] Copeland, P. S. (1996): What is computation? *Synthese*, 108: 224-359.

[11] Cresswell, M. J. (2006a): "Now is the Time", *Australasian Journal of Philosophy*, 84, pp. 311-332.

[12] Cresswell, M. J. (2006b): "Arabic Numerals in Propositional Attitude Sentences", *Analysis*, Vol. 66 Issue 1, pp. 92-93.

[13] Devitt, M. (2005): "Rigid Application", *Philosophical Studies*, 125, pp. 139-165.

[14] Devitt, M. (2006): "Intuitions in Linguistics", *The British Journal for the Philosophy of Science*, 57, pp. 481-513.

[15] Dummett, M. (1973): *Frege: Philosophy of Language*, Duckworth, London.

[16] Frege, G. (1891): "Funktion und Begriff", *Jenaischen Gesellschaft fur Medizin und Naturwissenschaft*, Jena: Hermann Pohle.

[17] Frege, G. (1892): "Über Sinn und Bedeutung", *Zeitschrift für Philosophie und philosophische Kritik*, NF 100, 1892, S. 25-50 (in A. Martinich 1996, pp. 186-198).

[18] Glanzberg, M., and Siegel, S. (2006): "Presupposition and Policing in Complex Demonstratives", *Nous*, 40, pp. 1-42.

[19] Gray, R. (2006): "Natural Phenomenon Terms", *Analysis*, Vol. 66 Issue 2, pp. 141-148.

[20] Gross, S. (2006): "Can Empirical Theories of Semantic Competence Really Help Limn the Structure of Reality"? *Nous*, 40, pp. 43-81.

[21] Hardcastle, V. G. (1997): The Why of Consciousness: A Non-issue for Materialists, in J. Shear (ed.), *Explaining the Consciousness—The Hard Problem* (pp. 61-68), Cambridge, MA: MIT Press.

695

[22] Halbach, V. (2006): "How not to State T-sentences", *Analysis*, Vol. 66, Issue 4, pp. 276-280.

[23] Hanks, P. (2006): "Scott Soames's *Beyond Rigidity*: *The Unfinished Semantic Agenda of* Naming and Necessity", *Nous*, 40, pp. 184-203.

[24] Hill, C. S. (2006): "Précis of Thought and World: An Austere Portrayal of Truth, Reference, and Semantic Correspondence", *Philosophy and Phenomenological Research*, 72, pp. 174-222.

[25] Hinzen, W., Uriagereka, J. (2006): "On the Metaphysics of Linguistics", *Erkenntnis*, 65, pp. 71-96.

[26] Heil, J. (1998): Supervenience Deconstructed, *European Journal of Philosophy* 6: 146-155.

[27] Henrich, Joseph, R. Boyd, S. Bowely, C. Camerer, E. Fehr, and H. Gentis (2004): *Foundations of Human Sociality*: *Economic Experiments and Ethnographic Evidence from Fifteen Small Scale Societies.* Oxford: Oxford University Press.

[28] Henrich, J., R. Boyd, S. Bowely, C. Camerer, and H. Gentis, R. McElreath, and E. Fehr (2001): In search of homo economics: Experiments in 15 small-scale societies. *American Economic Review* 91 (12).

[29] Johnson, K. (2004): "On the Systematicity of Language and Thought", *The Journal of Philosophy*, 0103, pp. 111-139.

[30] Korta, K., Perry, J. (2006): "Varieties of Minimalist Semantics", *Philosophy and Phenomenological Research*, 73, pp. 451-459.

[31] Koslow, A. (2006): "The Representational Inadequacy of Ramsey Sentences", *Theoria*, 72, pp. 100-125.

[32] Krasner, D. A. (2006): "Smith on Indexicals", *Synthese*, 153, pp. 49-67 LaPorte, J., 2000: "Rigidity and Kind", *Philosophical Studies*, 97, pp. 293-316.

[33] Krasner, D. A. (2006): "Rigid Designators for Properties", *Philosophical Studies*, 130, pp. 321-336.

[34] Linsky, B. (2006): "General Terms as Rigid Designators",

Philosophical Studies, 128, pp. 655-667.

[35] Egan, F. & Matthews, R. (2006): Doing cognitive neuroscience: A third way, *Synthese*, 153: 377-391.

[36] Martinich, A. P. (1996): *The Philosophy of Language*, Oxford: Oxford University Press.

[37] Matthen, M. (2006): "On Visual Experience of Objects: Comments on John Campbell's Reference and Consciousness", *Philosophical Studies*, 127, pp. 195-220.

[38] Moltmann, F. (2006): "Unbound Anaphoric Pronouns: E-Type, Dynamic, and Structured-Propositions Approaches", *Synthese*, 153, pp. 199-260.

[39] Oosterbeek, H., Randolph Sloof, and Gijs Van de Kuilen (2004): Difference in ultimatum game, *Game and Economic Behavior* 23(2).

[40] Peregrin, J. (2006): "Meaning as an Inferential Role", *Erkenntnis*, 64, pp. 1-35.

[41] Raftopoulos, A., Muller, V. (2006): "Nonconceptual Demonstrative Reference", *Philosophy and Phenomenological Research*, 72, pp. 251-285.

[42] Richard, M. (2006): "Meaning and Attitude Ascriptions", *Philosophical Studies*, 128, pp. 683-709.

[43] Ridge, M. (2006): "Sincerity and Expressivism", *Philosophical Studies*, 131, pp. 487-510.

[44] Saka, P. (2006): "The Demonstrative and Identity Theories of Quotation", *The Journal of Philosophy*, CIII, pp. 452-471.

[45] Schiffer, S. (2006a): "A Problem for a Direct Reference Theory of Belief Reports", *Nous*, 40, pp. 361-368.

[46] Schiffer, S. (2006a)(2006b): "Précis of The Things We Mean", *Philosophy and Phenomenological Research*, 73, pp. 208-210.

[47] Schirn, M. (2006): "Concepts, Extensions, and Frege's Logicist Project". *Mind*, 115, pp. 983-1005.

[48] Schirn, M. (2006b): "Attributing Properties", *American*

Philosophical Quarterly, 43, pp. 315-328.

[49] Schroeder-Heister, P. (2006): "Validity Concepts in Proof-Theoretic Semantics", *Synthese*, 148, pp. 525-571.

[50] Sider, T., Braun, D. (2006): "Kripke's Revenge", *Philosophical Studies*, 128, pp. 669-682.

[51] Soames, S. (2006a): "Precis of Beyond Rigidity", *Philosophical Studies*, 128, pp. 645-654.

[52] Soames, S. (2006b): "Reply to Critics", *Philosophical Studies*, 128, pp. 711-738.

[53] Speaks, J. (2006): "Is Mental Content Prior to Linguistic Meaning"? *Nous*, 40, pp. 428-467.

[54] Steward, H. (2006): "Could Have Done Otherwise, Action Sentences and Anaphora", *Analysis*, Vol. 66 Issue 2, pp. 95-101.

[55] Vilkko, R., Hintikka, J. (2006): "Existence and Predication from Aristotle to Frege", *Philosophy and Phenomenological Research*, 73, pp. 359-377.

[56] Voltolini, A. (2006): "Fiction as a Base of Interpretation Contexts", *Synthese*, 153, pp. 23-47.

[57] Weiner, M. (2006): "Are All Conversational Implicatures Cancellable"? *Analysis*, Vol. 66 Issue 2, pp. 127-130.

[58] Wolf, M. P. (2006): "Rigid Designation and Anaphoric Theories of Reference", *Philosophical Studies*, 130, pp. 351-375.

[59] Woodbridge (2006): "Dialetheism, Semantic Pathology, and the Open Pair", *Australasian Journal of Philosophy*, 84, pp. 395-416.

[60] Yi, B. (2005): "The Logic and Meaning of Plurals. Part I", *Journal of Philosophical Logic*, 34, pp. 459-506.

[61] Yi, B. (2006): "The Logic and Meaning of Plurals. Part II", *Journal of Philosophical Logic*, 35, pp. 239-288.

[62] Zanardo, A. (2006): "Quantification over Sets of Possible Worlds in Branching-Time Semantics", *Studia Logica*, 82, pp. 379-400.

[63] Zuber, R. (2006): "Possible Intensionality of the Verb Phrase Position", *Analysis*, Vol. 66, Issue 3, pp. 255-256.

西方跨文化传播研究进展述评[*]

单 波[**]

（武汉大学新闻与传播学院．武汉，430072）

一、西方跨文化传播研究的历史

不同文化的人与人之间的交往是从什么时候开始的？这是一个很难考证的问题。但有一点可以肯定，不同文化群体的人相互交往是一个漫长的历史过程，它以物质交换、旅行、战争、传教等形式，呈现了丰富多彩的、亦喜亦悲的跨文化传播历史剧，诸如文化的认同、冲突、交融、成长、扭曲、衰败等。在西方，与这一历史过程相伴随的是人们对跨文化传播的焦虑、争辩、思考与设计，特别是工业革命后，物质交往空间的扩大推动了精神交往的发展，历史向世界历史转变，西方人对跨文化的交往与交流的兴趣日益增加，逐步发展出一门研究来自不同文化群体的个人、组织、国家之间进行信息传播这一社会现象的学问，这就是跨文化传播学。

自 15 世纪航海活动起步以后，葡萄牙、西班牙、法国、荷兰和英国等欧洲国家不断进行发掘、征服和统治其他大陆的活动。在

＊ 本项研究得到武汉大学"海外人文社会科学前沿追踪"计划、教育部新世纪优秀人才支持计划的资助。笔者所指导的博士生纪莉、王冰、李加莉、刘学、罗慧、杨丹等同学在收集资料、讨论相关文献等方面付出了大量努力。特此感谢。

＊＊ 单波，1964 年生，湖北天门人，武汉大学新闻与传播学院教授，主要从事比较新闻学和跨文化传播研究。

与其他文化接触和交流的过程中，欧洲大多是以世界中心、理想家园、上帝的宠儿等优势身份进行文化交流活动的，欧洲在对外文化传播与交流方面也完全处于一种表述他者、俯视他者的状态。然而，这并没有完全遮蔽一些平等审视语言、文化、社会的观点。如19世纪的德国语言学家洪堡特（Wilhelm von Humboldt）曾在探讨人类语言结构的差异时指出，不同的语言，不同的民族，都是人类精神以不同方式、不同程度自我显示的结果，语言是精神的创造活动，或者说是"精神不由自主的流射"①。这一观点成为西方人讨论跨文化语言现象的一个基础。德国社会学家西美尔（Georg Simmel）在1908年提出"陌生人"（Stranger）概念，用以指那些不完全被社会系统的其他成员接受的人，并且认为不同文化群体的人彼此之间是陌生人，预示出跨文化传播的核心是个人与陌生人的交往关系，而且由于陌生人行为的不确定性和不可预知性，人们总是对陌生人带着疑虑，这种疑虑的极端后果就是仇外。在西美尔提出"陌生人"概念的同时，塞姆纳（W. G. Sumner）在《社会习俗》一书里提出三个重要概念：内集团、外集团、民族优越感。所谓内集团就是个体认同的集合，内集团通过夸耀自己和藐视外部的人来提升自己，个体不假思索地将内集团的价值视为完美的，并自动地运用它们去判断他人以及自己不熟悉的价值与行为，把具有这些价值与行为的人定义为外集团；所谓民族优越感就是个人判断其他文化比自己民族的文化低等的度，它是人们将自己归属于内集团的结果。其与欧洲中心论不同的见解是，民族优越感妨碍了我们对与我们不一样的人的理解。受"陌生人"概念的启发，芝加哥学派的代表人物帕克（R. E. Park）等人发展出社会距离（Social distance）、边缘人（Marginal man）、差异性（Differency）、世界主义（Cosmopoliteness）四大概念，其核心是来自不同文化群体的人之间的关系问题，从而为跨文化传播研究奠定了重要基础。其中，边缘人的研究主题被突显出来，到20世纪40年代，Milton M

① ［德］威廉·冯·洪堡特：《论人类语言结构的差异及其对人类精神发展的影响》，姚小平译，商务印书馆1999年版，第48页。

Goldberg在《边缘人理论的限定》①一文中对边缘人研究做了总结，认为其中心课题是要研究那些来自不同的文化背景、有不同的观念信仰的人们在互动的过程中如何说明和理解意义，并确立了三个研究目标，即描述特定文化之间传播的性质，揭示文化的异同；基于对文化异同的理解，研究消除人们由于文化屏障造成的传播差异的途径；最终更好地理解自己的文化，理解文化的创造和分野的进程。

真正说来，西方跨文化传播研究起步于批判现代性的后现代思潮，当时，后现代学者提出了欧洲重新认识自身文化的命题。从整体上讲，后现代学者反对对科学、社会进步和人类理性控制的普遍信念，理论倾向于认知的多元主义，对边缘的、外部的、本土的文化表现了极大的热情，也对欧洲文化内在理性和逻辑进行了反思。此外，他们还对被他们看作是文化帝国主义的观点予以批评，因为他们认为文化帝国主义是欧洲文化的普遍化，而不是真正的普遍理念。他们用边缘化的、感观的和本土的反抗权力的中心化、大都市化，反对高现代性②。一些欧洲思想家、学者将跨文化传播与交流上升为"人类的对话"，把跨文化问题看作人最本质的精神需求，从人文主义的高度关注跨文化交流的作用与地位，从而为当代欧洲跨文化传播研究奠定了思辨与宏阔的基调。

跨文化传播③研究在"二战"后终于成为跨学科的学术领域。

---

① Milton M Goldberg. A Qualification of the Marginal Man Theory, *American Sociological Review*, Feb,1941, Vol. 6,Issue 1, pp. 52-58.

② Toulmin, *Cosmopolis. The Hidden Agenda of Modernity*. New York: The Free Press, 1991.

③ "跨文化"有三个不同的英文概念，即 cross - cultural、inter- cultural 和 trans - cultural。这实际上包含着3种形态的跨文化研究方向。具体说来，这3个复合词是由同一词根"cultural"加上3个不同前缀"cross -"、"inter -"和"trans -"构成的。在这里"cross -"主要包含着"横过"、"穿越"或"交叉"等意思，"cross - cultural"一般表示"交叉文化或交叉文化地域"、"涉及多种文化或文化地域"；"inter -"一般包含"在……中间"，"在……之间"，或"在……内"等意思，"inter - cultural"一般表示"不同文化间的"；"trans -"主要包含"横穿"、"通过"、"贯通"、"超越"、"胜过"、"转化"等意思，"trans - cultural"通常表示"跨文化"、"交叉文化"、"涉及多种文化"、"适合于多种文化"和"超越文化"。

当时，美国推出一系列援助发展中国家的计划，但是，不少项目都以失败告终，美国人逐渐意识到，这些项目的失败，不仅仅是技术的原因，政治、经济以及语言与文化障碍等因素也对项目的实施产生了重要影响。针对这些问题，美国政府于 1946 年成立了外国服务所（Foreign Service Institute），对援外技术人员和外交官进行培训。作为人类学教员的爱德华·霍尔（E. Hall）将授课的重点转向微观文化知识，如声调、手势、表情、时间与空间的概念，即传授如何与不同文化背景的人沟通的知识。1955 年，霍尔在一篇题为"举止人类学"（The Anthropology of Manners）的论文中提出了跨文化传播的范式；1959 年出版世界上第一本跨文化传播著作《无声的语言》时，一开始就触及到了跨文化传播的心理问题。当时他发现，"理解和洞见他人心理过程的工作比我们多少人愿意承认的困难得多，而且情况也严重得多"①。于是，他所揭示的作为文化隐藏之物的无声的语言——声调、手势、表情、时间与空间等，无不蕴涵着跨文化交流过程中的文化心理，尤其是非语言传播的文化无意识特点。这种思考一方面是他与华盛顿学派精神病学的心理分析专家密切合作的结果，一方面又是那个时代的人们对民族优越感、文化偏见与歧视进行普遍反思的反映，特别是"二战"后人们发现具有高度偏见和民族优越感的个体有"独裁主义人格"，从而引发了人们对于民族中心主义的警觉。随后，美国民权运动的兴起、种族矛盾和地区冲突的加剧使得学者们更加关注跨文化传播问题，出现了一些有影响的著作，如奥利弗的《文化与传播》（1962），史密斯的《传播与文化》（1966）等，建构了文化与传播的关系，并从民族的文化差异出发，探讨了建立和谐国际关系的障碍。

此后，美国跨文化传播研究在至少三个层面上展开：其一，日常生活层面的跨文化传播，指分属于不同文化范畴的人们在日常的互动过程中彼此之间的沟通；其二，文化心理结构层面的跨文化传

① ［美］爱德华·霍尔：《无声的语言》，刘建荣译，上海人民出版社 1991年版，第 32 页。

播，指基于不同文化的符号意义系统的差异和类同的传播的可能性与可变性；其三，上述两个层面形成的实际传播过程的矛盾、冲突和戏剧性的变化，由此传播过程决定的文化的融合和变异。

20 世纪 60 年代开始，欧洲社会人类学出现一个新的领域——符号人类学。它的代表人物是被称为具有"欧洲头脑的美国人"克里弗德·吉兹（Clifford Geertz）和英国人维克多·特纳（Victor Turner）。符号人类学与其他社会人类学的不同仍然在于对文化概念的理解。符号人类学认为人之所以为人是因为有能力将事物"符号化"。随着"符号"概念的提出，人们开始用一种新的视角观察文化与传播的关系，也开始更多地从传播的角度考察文化。整个六七十年代，文化理论的讨论都充满了将文化看作是"符号和意义的系统"的观点。在符号人类学的理论探讨下，下列几个问题纳入了研究的重点之中：第一，信号（Sign）如何成为符号（Symbol）①；第二，符号如何在文化的传递中运作，以及文化自身如何被看作是符号的系统；第三，符号如何在实际过程中运作，以及他们如何代表和划分了某种文化；第四，符号如何被消费，或者在文化全球化和地方化的过程中运作。这些研究对跨文化传播的民族志方法研究和文本分析提供了良好的理论来源。人类学中另一分支文化人类学将文化看作是影响人类行为的一个独立的因素。对文化人类学家来说，文化是独立的概念，因而他们非常关注那些物质文化形式。在这种理论视角下，来自不同社会的不同文化元素进行比较有了合法的学术地位。

虽然欧美的跨文化传播研究各有特色，但美国在跨文化传播研究的制度化方面显然要先行一步。20 世纪 60 年代，美国匹兹堡大学、密歇根州立大学等学校开设第一批跨文化传播课程，随后有60 所大学将跨文化传播作为研究生课程开设。到 1979 年，几乎每所美国重点大学都开设了跨文化传播课程。20 世纪 70 年代则是美国跨文化传播学寻求得到普遍承认的年代，1970 年，国际传播协

---

① 符号（Symbol）包括主观意义，即内涵意义（Connotation），而信号（Sign）没有。

会（ICA）正式承认跨文化传播学作为传播学的一个分支学科，并在协会之下成立了跨文化传播分会，由 K. S. Sitaram 出任首届分会主席。与此同时，美国的另一个学术组织"言语传播协会"（SCA）在自己的协会之下成立了国际与跨文化传播委员会，由 M. H. Prosser 出任首届委员会主席，并将 1970 年定为"跨文化—国际言语传播年"，把跨文化传播设定为 1970 年学术年会的主题。相应地，各学术团体纷纷创办跨文化传播学术刊物，如言语传播协会跨文化传播委员会于 1974 年创办年刊《国际与跨文化传播年刊》（International and Intercultural Communication Annual），国际跨文化教育、训练研究学会于 1977 年创办季刊《国际跨文化关系杂志》（The International Journal of Intercultural Relations）。到 20 世纪 80 年代，当美国人已经把跨文化传播运用到国际商业、国际经济管理等领域的时候，欧洲才开始兴起跨文化传播培训班，如荷兰跨文化合作研究所、法国巴黎跨文化管理协会。直到 20 世纪 90 年代，欧洲跨文化传播研究才开始出现自己的刊物，专门的跨文化传播研究机构也开始在欧洲各大院校或学术组织中出现。1999 年 8 月，第一份名为《跨文化传播季刊》的专业期刊出现，该刊物的编辑大部分来自德国、丹麦、瑞典等欧洲国家，创刊号中发表了《跨文化传播中的误解观念》、《超媒体中的跨文化传播》等文章。除此之外，90 年代之后，还涌现出了《欧洲传播学季刊》、《跨文化关系国际期刊》、《语言与跨文化传播》等学术刊物。在欧洲的各大学中，英国的伦敦大学亚非学院（SOAS）、金史密斯学院、伯明翰大学、爱丁堡大学、拉夫堡大学、桑得兰大学以及开放大学等都有诸多学者对跨文化传播问题进行了相关研究。他们的研究可以看到明显的英国文化研究传统的影响。在德国，不来梅大学、富尔达大学、缅因茨大学都因为拥有专门的跨文化和跨国研究中心而成为这一领域在德国的中心。荷兰、瑞典和丹麦的跨文化传播由其语言学家开始渐渐形成规模和影响，但其著作由于语言的限制而未能广泛流传。

　　跨文化传播能在 20 世纪 70 年代以后取得突飞猛进的发展，还得益于传播学研究的思维方式的一些重大改变，其中，媒介中心主义向"受众中心主义"（从生产到消费）的转移，迅速带来了文化观的改变。由于讯息和受者都成为了解码过程的一部分，所以文化传播的线形模式被打破。这一点对跨文化传播意义深刻。欧洲学者意识到美国文化并不是简单地传递到其他国家里，接收方也根据自己的文化背景来解码这些电视节目。所以，随着研究视角向受众的转移，对文化语景视角（Contextual Perspective）的研究粉墨登场①，从而为跨文化传播学吸收对文化帝国主义批判的研究成果提供了理论根源。而英国的文化研究既不是受众中心也不是媒介中心，它倾向于将所有的传播过程看作是文化过程。这就意味着文化不仅被看作是情境，而且被看作是"文本"。文化研究用符号人类学关于文化的观点在很多方面将文化和传播整合起来。尤其是斯图尔特·霍尔（S. Hall）的《文化研究的两种范式》发表之后②，欧洲尤其是英国很多传播研究者开始将目标集中于文化，而不是传播③。不仅如此，霍尔在 CCCS 媒介研究系列中发表的《电视话语中的编码与解码》一文，为媒介的文化编码与不同文化群体的文化解码之间的关系建构提供了更加全面研究的视角。同时，霍尔特有的个人体验也使他的研究长期投注于民族、种族和身份问题的研究中，发表了《葛兰西与民族、种族问题研究的关系》、《新种族》、《什么是黑人流行文化中的黑人》、《种族主义意识形态与媒介》等一系列论文。在进入全球化阶段的文化研究和媒介研究中，霍尔这些关于媒介与种族问题的研究依然作为经典论文被一再收入各类读本之中，引起人们极大的关注。

在此基础上，西方跨文化传播的基本价值观得以集中于文化的差异性和多样性，它在精神分析学意义上的论点是，"他者"是根

---

① Rico Lie（2003）, *Space of Intercultural Communication：An Interdisciplinary Introduction to Communication，Culture，and Globalizing/Localizing Identities*, New Jersey：Hampton Press.

② Hall, S.（1980）. Cultural Studies：Two Paradigms. *Media，Culture and Society*. 2（1）：57-72.

③ Carey, J. W.（1975）. Communication and Culture（Review of *The Interpretation of Cultures*）. *Communication Research*，pp. 173 - 191.

本性的，无论对自我的构造，对作为主体的我们，对性别身份的认同都是如此；我们的主体性是通过向来不完整的无意识与"他者"的对话，才得以形成的①。确认文化的差异性和多样性的过程又是一个不断超越文化的过程，即不以自己所属文化群体的价值来判断其他文化群体的价值，反思自身的文化价值，民族中心主义向文化价值平等的方向转变。爱德华·霍尔在 70 年代出版的《超越文化》一书中提出，人类要走向跨文化传播，必须超越文化，而超越文化的重心在于"无意识文化"，也就是一种已潜入民族或个人的深层心理结构里的文化，一种"心中"的文化，一种已经与民族或个人行为模式混为一体的"隐藏着的文化"，它像一张无形的网，把一个民族、一个社会、一个团体、一个人死死地套住了。在他看来，要解构这种"无意识文化"，不能仅仅进行尊重文化差异的空洞说教，还必须从文化交流过程中的感知、语境与文化心理表现、文化印象与记忆、文化的非理性力量等方面，解开人们的心结。这样，心理学方法便直接切入到了作为人类精神表现的文化的内层，从而呈现出超越文化过程中的基本心理问题。

欧洲自 20 世纪 90 时代以来，在全球化的两个层面上都面临着新的问题和挑战。欧洲希望通过建立"在多样性中统一"的欧洲文化，摆脱美国文化对欧洲的影响。如果说过去欧洲的文化冲突和矛盾还只是某些有识之士或精英们反思、担忧的问题，那么现在跨文化传播的问题已经涉及到欧洲社会的每个成员。因此，在复杂的理论问题和现实考验下，保护文化多样性成为了欧洲理论界和欧洲委员会共同提倡的一个选择。在拥有全球化视角的跨文化传播研究中，在文化适应（Acculturation）、同化（Assimilation）、融合（Integration）等方面的研究基础上，又出现了一些新的概念，比如②：

---

① ［英］斯图尔特·霍尔：《表征——文化表象与意指实践》，徐亮、陆新华译，商务印书馆 2003 年版，第 239-240 页。

② Lie，R. (2003)，*Space of Intercultural Communication：An Interdisciplinary Introduction to Communication，Culture，and Globalizing/Localizing Identities*，New Jersey：Hampton Press.

接触区（Contact Zones）：普拉特在研究旅行笔记和欧洲扩张的书中，从殖民遭遇的情境定义了"接触区"："接触区是地理和历史都分隔的人们彼此接触对方的一个空间。在这个空间里，人们建立了往前发展的关系，通常都是在强迫、不平等和难以处理的冲突中进行的。……接触区是使过去在地理和历史上都分隔的主体在同一时空并存的尝试，这些主体的发展轨迹现在相交了。"① 而处于这个接触区的人最重要的特征就是一段时间内在文化上的"背井离乡"（Displacement）。

散居海外者（Diaspora）：萨弗朗对它的定义是：（1）"移居海外的少数群体"，他们从原有的"中心"位置分散到至少两个边缘位置；（2）他们怀有"对祖国的记忆、印象或梦想"；（3）他们"相信他们也许不能再完全地被自己的祖国接受"；（4）他们将祖先的家园视作最后的归宿，只要时机成熟；（5）他们怀有保护或者重建祖国的心愿；（6）作为一个群体，他们的意识和凝聚力都受到与祖国所保持的关系的重要影响。②此外，克里弗德还补充说，散居海外的人并不将自己定位在一个特定的地方，他们在各个不同的地方重建自己的文化。但是他们文化的根与所在地分离了（Delocation）。

多元文化主义（Multiculturalism）：多元文化主义和世界主义以及相关的多元文化社会或大都市国家等，都只有一种实用的社会目标。多元文化主义主要在国家（民族的）话语中使用。

世界主义（Cosmopolitanlism）：世界主义具有更多个人特征，而不是群体过程和群体特征。汉纳斯提出这个概念有以下特点：（1）有与他者交往的意愿；（2）有与他者交流的跨文化能力。它表现出一种对世界的开放，但又是一个比较精英的概念，总是出现

① Pratt, M. L.（1992）Imperial Eyes: Travel Writing and Transculturation. London: Routledge.

② Lie, R.（2003）, *Space of Intercultural Communication: An Interdisciplinary Introduction to Communication, Culture, and Globalizing/Localizing Identities*, New Jersey: Hampton Press.

在较高的社会阶层中，因为只有他们才有能力经常旅游，成为国际公民。

从跨文化传播中这些新概念中，我们可以看出跨文化传播研究者已经更多地将研究视角由帝国主义传播的单向流动转向世界范围的文化流动。对已经普遍出现的由移民等带来的文化的混合和共存有了更清醒的认识和更深切的关注。英国媒介研究学者斯拉伯里通过对散居海外者的媒介研究发现，在全球化的新范式下，旧有的研究范畴被新的所取代。例如过去对"少数族群的研究"和"移民研究"现在越来越被"散居海外者研究"取代。过去的研究是围绕文化适应的那些议题，以及在新的国家文化空间里新的文化身份形成问题，而新的研究则更关注双重国家文化空间——过去祖国的文化空间和新到国家的文化空间。"少数族群"是一个更抽象的、更与统计联系到一起的范畴，而"散居海外群体"则更强调文化的连续性。在欧洲，"少数族群"更多地是指欧洲内部流动的人口，例如在英国的希腊人，在奥地利的克罗地亚人等。而"散居海外的群体"更意味着对来自欧洲以外的人的关注：印度人、中国人还有非洲人等。在对这些群体的研究中，研究重点向电视和互联网等媒介倾斜，尤其是互联网。因为互联网是散居海外群体最好的传播工具，散居海外者可以通过这种不受地理约束的传播技术，建立和维护跨国的散居海外者的共同意识，在网络的虚拟空间中实现文化的重新本土化，从而使他们在新的居住地依然拥有传播自己民族文化和保持原有民族文化身份的文化空间。此外，在媒介受众研究方面，已经有不少研究开始关注这些"散居海外者"的媒介消费习惯和文化品味。研究已经注意到散居海外族群建立的频道和主流媒介针对他们制作的媒介节目之间有很大的差异。① 这些研究都表明欧洲在媒介中对移民群体和其他非主流群体的重视加大，并意识到要在尊重各群体文化身份的基础上满足所有群体的信息和文

---

① Sreberny, A. The Role of Media in the Cultural Practices of Diasporic Ommunities. In Bennett, T. (ed) *Differing Diversities: Cultural Policy and Cultural Diversity.* Council of Europe, 2001.

化需要，而不再是一味地为他们重建欧洲的文化身份。

如果说欧洲学者侧重于跨文化传播研究的价值理性层面，反思跨文化传播中的权力支配现象，建构文化多元主义价值观，那么，美国学者则注重跨文化传播的社会科学理论建设，到 21 世纪，已形成七类相互联系的跨文化传播理论：（1）文化传播理论（将文化纳入传播过程中的理论）；（2）解释文化变异性的理论；（3）侧重跨群体/跨文化有效传播的理论；（4）侧重适应或调整的跨群体、跨文化调适理论；（5）侧重身份认知管理或协商的跨群体、跨文化传播；（6）侧重传播网络的跨群体、跨文化传播；（7）侧重对新文化的移入/适应的跨文化理论①。这些理论表明，跨文化传播学这一庞杂的学术领域，已拥有自己的中心问题、主要概念和理论研究方向，进入常规科学发展阶段。

二、2006 年西方跨文化传播研究的背景与概貌

进入 21 世纪以来，全球化浪潮构成了对跨文化传播的更猛烈的冲击，2001 年发生的"9·11"恐怖事件突出呈现了全球化的内在矛盾，也使跨文化传播所内含的价值遭遇空前挑战。文化多样性的价值观在理论与行动上发生着严重冲突。一方面，欧盟抱持着"在多样性中联合"的政策，开始拥抱一个更为多样的文化方法；另一方面，在这个文化政策下的基本理论不是鼓吹"差异"，也不是拥抱"多元文化主义"，而是要通过多样性来提高欧洲的整体统一，民族的和亚民族的文化差异尤其被表述为同一"文明"的分支，它们的根被看作是来自古希腊、罗马和基督教地区②。欧洲委员会的文件在描述欧洲文化遗产时基本没有提到非欧洲后裔的作

① ［美］威廉·B·古迪昆斯特：《美国跨文化传播理论综述》，赵晶晶译，《中国传媒报告》2005 年第 2 期。

② Shore, C. The Cultural Policies of the European Union and Cultural Diversity In Bennett, T. （ed）*Differing Diversities：Cultural Policy and Cultural Diversity*. Council of Europe, 2001.

家、学者的贡献，同样将欧洲身份建立在希腊、罗马、犹太教和基督教的根上。对文化多样性文化政策的其他研究还显示，即使在"文化多样性"的鼓动之下，欧洲委员会的欧洲中心主义话语依然非常明显，其重要表现是"恐伊斯兰症"，以及右翼对穆斯林原教旨主义者、非法移民和避难者对欧洲的威胁的鼓吹。

此外，不仅黑人、亚洲人、穆斯林或第三世界国家的人被排除在了欧洲文化之外，美国人也是一样。欧洲委员会的官员认为，美国电视和好莱坞电影表现了一种文化帝国主义的形式，威胁到了欧洲文化的完整。因此，在官方的欧洲文化概念中，流行文化、多元文化主义、文化杂交都不是欧洲文化。只有莎士比亚戏剧、贝多芬的音乐等才是欧洲的文化遗产。

对于欧洲委员会的文化政策的这种双重性，学者的研究和批评是非常必要的。肖尔（C. Shore）认为，文化多样性现在存在于欧洲越来越多元的文化社会中，要让欧洲在共同的文化身份中整合，就必须注意不能边缘化或者排除那些在欧洲委员会的欧洲文化概念中"非欧洲"的人和文化。欧盟不能通过加强带有成见的"我们"和"他们"的二元对立，来巩固一种欧盟公民的爱国主义和归属感。要提高欧洲的文化多样性，还必须认识到欧洲文化不是静态的，它是一系列沟通、交流和汇合的过程，新的文化形式和身份从中形成。欧洲的印度人、穆斯林、亚洲的散居海外群体等都是欧洲丰富文化的一部分。他们对欧洲文化多样性的贡献应该被承认。欧洲的文化民主就是要让少数族群和多数人一样都发出自己的声音，是提高宽容和鼓励差异。

与此同时，文化帝国主义和媒介帝国主义以更猛烈的势头损害着文化多样性。根据麦奎尔的观察，美国输出的文化产品在情节剧方面（电影、电视连续剧）占有绝对份额，研究者总是强调这种输出对欧洲带来的负面文化影响；受众是倾向于观看自己民族的文化产品的，现在也有很多这样的产品被制作并在黄金时段播放；但是在情节剧方面，美国的文化产品依然比其他欧洲产品更受欢迎。从某种程度来看，美国文化产品是欧洲最受欢迎和广泛传播的文化。这样的结果之一就是电视根本就不是欧洲跨文化交流的媒介。

大量研究证明，受众可以清晰分辨出本土的和外国制作的文化内容，并对外国文化内容保持一定的距离，从而使其对"自己的"文化的影响力减少。欧洲出现了更多模仿美国模式的娱乐和情境喜剧片，不过在文化上更接近欧洲类型。欧洲肥皂剧倾向于更真实，也更以社区为中心。语言成为各种跨文化媒介产生影响的主要障碍。国际卫星频道因而无法与本土的频道形成强有力的竞争，泛欧洲频道也没能产生文化统一的影响。为此，国际频道的地方语言版不得不推出，以应付与本土频道的竞争①。

到 2006 年，构成跨文化传播研究的总体背景依然是全球化与文化多样性的消失，种族主义与文化冲突的加剧，文化帝国主义与媒介帝国主义的盛行。其中比较典型事件是，在"9·11"五周年纪念日，美国有线电视新闻网（CNN）重播当年对"9·11"的直播报道以示纪念，《时代》周刊则邀请了一位历史学家站在未来的角度来回望"9·11"。好莱坞适时推出了两部与"9·11"有关的电影《93 号航班》和《世贸中心》。当人们以为人性的光辉可以化解灾难的悲痛时，种族主义纠纷与文化冲突却依然如旧。"9·11"五周年纪念的第二天，美国驻叙利亚大使馆遭到恐怖袭击。

同时，被商业力量推动的全球化，在动荡的世界中不断地寻找新的确定性。原先担心的恐怖袭击阻碍国际贸易并没有发生。各国尤其是发展中国家提高和更新清关和货运环节的安检技术，国际贸易的速度反而有所提高。恐怖分子并没有阻碍货物、资本和人员在全球日益通畅地流动。五年间，全球贸易增长了 30%，美国用来对付化学与生物恐怖袭击的基础设施在控制 SARS 流行中发挥了很大作用。从华尔街到伦敦金融城，为了防范恐怖袭击、自然灾害及暴发的流行性疾病，各种风险管理工具和应急措施日益完善，使全球金融体系更具弹性。2006 年 7 月 11 日，印度金融中心孟买连环爆炸的当天，股市反而上升 3%。

① McQuail, D. The Consequences of European Media Policies and Organisational Structures for Cultural Diversity. In Bennett, T. (ed) *Differing Diversities: Cultural Policy and Cultural Diversity*. Council of Europe Publishing, 2001.

　　在这一背景下的另一典型事件是，2006 年 1 月在日本播出的日剧《西游记》再次以商业主义策略对中国传统经典进行改编：片中的唐僧变身一位靓丽的女性，身着洁白的袈裟，用哀怨的眼睛，时刻盯着她的爱徒孙悟空。身着"迷你裙"的孙悟空与美女师傅在西行途中彼此爱恋，而精瘦无比的猪八戒和一贯好色讲狠、精明冷漠的沙和尚依然像土匪一样一路行凶买醉。这部片子一经在戛纳电影节宣传，就受到很多中国人的关注和反对。在大众文化领域进行的跨文化传播，文化同质是唯一出路，似乎只有将经典的作品庸俗化、低级化的作品才能克服跨文化传播障碍，实现最大范围的传播。而暴力与性的符号显然就是这个领域的通用语。文化差异在这里只是用来包装同一性的外衣。因此，大众文化畅行必然会使得民族文化衰竭，失去原有的特征。以商业利益为目标的文化传播行为会使文化的同一性取代多样性，显示全球化文化的不归路。

　　这样的现实成为 2006 年的跨文化传播研究的隐喻。弗莱德·达尔梅尔曾在《超越东方主义》一书中将跨文化遭遇的几种模式概括为①：征服、转化、吸收与适应、部分的吸收——文化借取、自由主义与最小限度的参与、冲突与阶级斗争以及对话式参与。文化的认同、冲突、交融、成长、扭曲与衰败总是伴随着人们对跨文化传播的焦虑、争辩、思考与设计而写进人类的境遇中。于是，面对这一境遇并寻找超越之路依然成了 2006 年西方跨文化传播研究的主题。

　　目前，欧美跨文化传播研究主要集中在三类学术杂志中：一类是传播学杂志，如《人类传播研究》（Human Communication Research）、《传播季刊》（Journal of Communication）、《传播理论》（Communication Theory）、《欧洲传播杂志》（European Journal of Communication）、《全球媒介与传播》（Global Media and Communication）、《媒介、文化与社会》（Media, Culture & Society）、《传播调查杂志》（Journal of Communication Inquiry）；一

---

① Dallymayr. F. (1996), *Beyond Orientalism: Essays on Cross-Cultural Encounter.* State University of New York Press.

类是跨文化传播杂志，如《国际跨文化关系学报》（International Journal of Intercultural Relations）、《跨文化传播季刊》（Journal of Intercultural Communication）、《语言与跨文化传播》（Language & Intercultural Communication）；一类是文化与跨文化研究杂志，如《欧洲文化研究杂志》（European Journal of Cultural Studies）、《跨文化心理学报》（Journal of Cross-Cultural Psychology），《文化多样性杂志》（Journal of Culture Diversity），《跨文化研究杂志》（Journal of Intercultural Studies），《亚洲间文化研究》（Inter-Asia Cultural Studies）等。本文对上述杂志 2006 年的全年论文进行了全面搜索，并检索了 EBSCO HOST 数据库的相关文章，收集了相关主题的国际会议论文，共得到 394 篇论文。经过内容分析，本文发现，2006 年跨文化传播研究主要由以下学术图景构成：

第一，在重实践、重具体问题分析的基础上，实现了跨文化传播学的"理论化转身"，即总结并清理跨文化传播学的基本概念与基本理论。虽然跨文化传播的理论化工作可以追溯到 1983 年，那时，美国加州州立大学的著名跨文化传播学家古迪昆斯特（W. B. Gudykunst）编撰了首卷《跨国、跨文化传播年鉴》，开始收录跨文化传播研究的最初理论，以后又在 1988 年和 1995 年编撰过两本并不按年出版的"年鉴"，但真正实现跨文化传播学的"理论化转身"的，是他在 2005 年主编的《跨文化传播的理论化》（Theorizing about Intercultural Communication）。这本书第一次集合并全面修正了跨文化传播学的基本理论问题，如菲力普森（G. Philipsen）等人对言语代码理论进行了总结和实证研究，认为我们运用文化和言语代码以使自己和他人的传播有意义；我们的文化和言语代码影响我们自己的行为；我们言语代码的"修辞力度"的大小取决于我们如何连贯地、合法地、艺术性地运用代码。汀-图梅（S. Ting-Toomey）面子—协商理论（Face-Negotiation Theory）的理论假设前提和实证研究进行了总结，提出这一理论有必要对面子中感情的作用、环境因素的影响和面子如何改变等问题进行进一步的研究。古迪昆斯特继 1995 年之后，进一步修改了"焦虑/不确定性理论"（Anxiety/Uncertainty Management Theory），认为焦虑和不确定性管理（包括留意）是实现有效传播的基本因素，它调节有效传播的其他"表面"因素（如身份、移情能力、吸引陌生人、尊重陌生人）的作用；个体对自身行为的留意程度控制着焦虑和不确定管理对传播有效性的影响力以及在提高传播有效性实践中的应用，因此，当焦虑和不确定性介于最小和最大限度之间时，我们可以通过有意识地控制一种基本因素（如移情力）来提高传播质量或者有意识与陌生人协商信息内涵。奥泽尔（J. G. Oetzel）对"有效决策理论"（Effective Decision-making Theory）重新进行了阐释，认为"消极环境因素"越多（如群体间有过冲突的历史），群体越是异质性，群体成员就越少注重他人和彼此的脸面，群体传播的有效性就降低。此外，他还提出群体越是呈现个人主义倾向，越多成员采用支配式的解决冲突模式，轮流讲话；群体越是呈现出集体主义倾向，就有越多成员选择协调式的解决冲突模式，共同参与。最后，他还总结道，越多群体成员运用有效传播，那么他们取得的关系有效性和任务有效性就越大①。到 2006 年，跨文化传播理论研究进一步深化，西蒙·戴恩（Simon Dein）从健康研究的角度批评性考察了少数群体研究中的种族、文化和民族理念，变革了内涵其中的思维方法；里查德·伊万诺夫（Richard Evanoff）厘清了文化融合（Integration）、"第三文化"（Third Culture）、跨文化敏感性（Intercultural Sensitivity）、文化适应（Acculturation）等理论，并且在此基础上建构了跨文化批评模式（Models of Cross-cultural Criticism）；戈勒姆（Bradley W. Gorham）在实证与综合研究的基础上进一步完善了"群体间语言偏见"（linguistic Intergroup Bias）理论；多元文化主义理论则在众多学者的共同探索中拓展了思维空间，延伸出网上多元文化主义政治新思维。特别值得一提的是，在《国际跨文化关系学报》第 4 期所做的"移民专题研究"中，范·奥登霍温等人结合 7 个国家的移民情况和文化多样性，描述了文化适应的理论、模式及研究的发展，

---

① 参见 Gudykunst, W. B. （Ed. ）. *Theorizing about Intercultural Communication.* Thousand Oaks, CA：Sage,2005.

概述了社会心理学在研究移民和跨群体关系方面的应用，以及相关 10 个研究对这些方法的综合运用。

第二，进一步拓展了对文化多样性问题的探讨，主要从国际文化的视野，考察跨文化传播的社会背景，以某一国境内文化现象为断面，分析共文化（Co-culture）群体中的文化多样性，运用语言学、符号学的研究方法考察语言方式和非语言信息中的文化多样性对交流过程的影响；以文化规则的多样性为前提，考察不同文化群体成员在特定语境中的交流行为，以及从实践角度讨论改善跨文化交流的理念和方法；针对拉美人、美国黑人、亚裔美国人、同性恋、残疾人、妇女、聋哑人和老年人等群体，展现了不同文化群体之间的多样性形象。

第三，结合"9·11"五周年纪念活动，重新呈现了新种族主义背景下的跨种族传播问题，如波因廷与梅森（Scott Poynting & Victoria Mason）的《"宽容、自由、正义还是和平?"：自 2001 年 "9·11"之后，英国、澳大利亚与反穆斯林种族主义》（"Tolerance, Freedom, Justice and Peace"?: Britain, Australia and Anti-Muslim Racism since 11 September 2001），戈勒姆（Bradley W. Gorham）《新闻媒体与刻板成见的关系：针对犯罪新闻的群体间语言偏见》（News Media's Relationship With Stereotyping: The Linguistic Intergroup Bias in Response to Crime News），迈克尔·P. 博伊尔等人（Michael P. Boyle, Mike Schmierbach, Cory L. Armstrong, Jaeho Cho, Michael McCluskey, Douglas M. McLeod, Dhavan V. Shah）的《对极端组织新闻报道的表达性回应：一个框架实验》（Expressive Responses to News Stories About Extremist Groups: A Framing Experiment）、卡拉维塔（Marco Calavita）的《黄金时间的总统：〈白宫风云〉和美国的民族主义》（The prime-time Presidency: The West Wing and U. S. Nationalism）等。在反思新种族主义的语境下，"陌生人"研究不再仅仅局限于观察陌生人行为的不确定性和不可预知性，"边缘人"研究也不再仅仅描述文化群体间互动的心理焦虑，而是着重揭示跨文化传播过程中的权力支配关系，呈现了更为内在的社会危机。

第四，随着两年一次的国际跨文化心理会议于 2006 年在希腊召开，跨文化传播的心理现象研究重新成为热点问题。本来，在一般意义上讲，跨文化传播是触及人的心灵、表现人的文化心理的社会行为。所谓跨文化是指参与传播的人不只依赖自己的代码、习惯、观念和行为方式，而是同时也经历和了解对方的代码、习惯、观念和行为方式的所有关系，其中，自我特征和陌生新奇性、认同感和奇特感、亲密随和性和危险性、正常事物和新事物一起对人的行为、观念、感情和理解力起作用，跨文化包括了内含其中的所有心理关系。因此，跨文化传播研究一开始就注重心理学的研究路径。但是，过去的研究过分注重文化交流的单一模式和心理规律，忽略了随文化的多样性与文化传播活动的丰富性而律动的心理过程。自 20 世纪 90 年代以来，这一传统逐步被打破，心理学方法的导入就不再仅限于整理抽象的跨文化传播心理规律，而是使跨文化传播心理的深描成为可能；不是对跨越个体的心理体验进行概括，而是在具体的跨文化传播个案中进行概括。2006 年的跨文化传播心理现象研究进一步呈现了这一新特点，并集中呈现了二元文化身份融合的心理问题。

第五，针对文化帝国主义与东方主义话语的流行，着力于反思大众传媒在文化形象互构、贬抑、扭曲方面的问题。如帕克（Ji Hoon Park）等人的《喜剧中的自然化种族分歧：〈火拼时速 2〉体现的亚洲人、黑人和白人的种族成见》（Naturalizing Racial Differences Through Comedy：Asian，Black，and White Views on Racial Stereotypes in *Rush Hour 2*），奥利维亚·库（Olivia Khoo）的《讲述故事：澳洲电影中牺牲的亚洲人》（Telling Stories：The Sacrificial Asian in Australian Cinema），蒂尔尼（Sean M. Tierney）的《电影〈防弹武僧〉，〈杀死比尔〉和〈最后的武士〉中的白色主题》（Themes of Whiteness in *Bulletproof Monk*，*Kill Bill*，and *The Last Samurai*）等。这些成果的不同凡响之处在于，揭示了他者形象建构与商业主义合流后的效果：种族差异的自然化，展现了难以让人察觉的公共危机。

第六，在商业、亚文化群体交流、网络传播、谈判、咨询、健康和教育等领域讨论如何改善跨文化传播的问题，拓展跨文化传播的理念与方法，并重点研究跨文化传播的道德层面及发展趋向。

三、2006 年跨文化传播研究的若干创新

1. 跨种族文化传播的新探索

种族主义是一种"源自欧洲的现代现象"。它以近代科学产生时期西方的一些"科学"化了的人文研究为源头，例如从林耐、布丰等人建基于进化论的生物分类学扩展出来的人种进化论与种族分类学、贝尔尼埃的人文地理学等。种族主义所根据的标准是：人由于其自然归属于价值不等的种族（'进化度'不同），价值也不同，应当以不同的方式对待他们。当代种族主义往往不是以种族优劣论、而是以相对主义的种族（或"文化"）多元论为基础展开，从鼓吹"种族之间生物学的不平等"转向鼓吹"文化之间差异的绝对化"；从主要表现为种族的优劣，到主要表现为"对无差别或失去本性的惊恐"，又表现为"对差别的赞扬"。因此，尽管西方国家制度性的种族歧视与种族隔离已经消除，法理上的种族平等也似乎已经成为共识，但在观念上，传统的种族偏见和全球化背景下以敌视移民为主要诉求的新种族主义，仍然有所发展①。这无疑是跨文化传播所要面对的新问题。

英国皇家精神医学院院士西蒙·戴恩（Simon Dein）从健康研究的角度批评性考察了少数群体研究中的种族、文化和民族理念。他发现，在人们使用的概念中，种族（Race）大体上指一个人所属的社会团体，其考虑因素是一系列体型特征；民族（Ethnicity）也指一个人所属的社会团体，但是其考虑因素是共有的文化。在许多论及健康不平等的医护服务研究中，肤色可能是一个重要的历史与当下歧视的指针，而实际上健康不平等可能是包括贫穷、日常饮食、职业等等内容的社会因素的一个结果，只有在少量特殊的遗传

① 秦晖："差异权"，还是文化选择权？——评塔吉耶夫《种族主义源流》，《南方周末》2004 年 8 月 12 日。

疾病中生物因素才是重要的病因。针对一些研究者强调疾病的种族差异，他指出，在不同的群体中导致疾病的不是种族本身，而是种族主义的歧视遭遇。种族主义和根据人们的种族或者民族进行分类的种族化，二者都导致歧视和偏见的结果，这在当代英国是一个社会事实，也是一个需要将来的人类学和社会学进行研究的进程。同时，他还认为，不同群体的健康经验因一些标准而各不相同，这些标准我们可能粗略地标记为"种族"或者"民族"。任何深入的理解都要求超越这些本质主义的注记（比如"孟加拉人"），并检验这些群体中的个体如何依据种族和民族识别他们自己，以及这些经验如何与社会阶级、性别和其他描述信息相连接。在所谓的多元主义视野下把文化和宗教习惯概念化，这一做法可能合理化种族歧视。他提醒人们注意，在一个既定文化群体之内，可能存在许多影响健康的个体间行为差异，它们可能因个体主观性而偏离群体文化，人们并非总是依据他们的文化而举手投足。在健康研究中需要超越把民族和种族概念当作"中性"描述词来使用的情形，要审视民族和种族如何建构他们的经验，注意个人在不同的环境中如何定义他们的民族和种族身份，以及他们发展这些定义来反抗支配的意识形态的方式①。很明显，戴恩的研究呈现出这样一个事实：人们在"种族"、"文化"、"民族"概念上的僵化往往形成了通向新种族主义之路。而它在方法论上的启示在于，我们必须改变本质主义思路，回到人的经验世界，考察种族关系、文化关系以及权力关系的现实，思考群体间交往走向平等的可能性。

来自美国的医学博士伊森姆（Linda R. Easom）通过聚焦于一个更具体的问题，提供了跨种族文化传播的实践方法：理解把祈祷当作促进健康的手段这一行为中的文化差异和相似之点，从而在为不同文化背景的患者提供护理时消除差异②。此前的研究表明，在

---

① Simon Dein. Race, Culture and Ethnicity in Minority Research：A Critical Discussion. *Journal of Cultural Diversity*，Summer，2006，Vol. 13 Issue 2，pp. 68-67.

② Linda R. Easom. Prayer. Folk Home Remedy vs. Spiritual Practice. *Journal of Cultural Diversity*，Fall，2006，Vol. 13 Issue 3，pp. 146-151.

白人、非裔美国人和西班牙人居民的文化信念中，祈祷可能被当作一种民间偏方，也可能被当作精神性践行。精神性是一个宽泛的概念，可能包括研究圣经的修行、精神沉思、圣经阅读和去教堂以及祈祷。白人、非裔美国人和西班牙人居民都使用修行和民间偏方，但是健康促进中对修行和民间偏方的使用和信任程度在这些人中各不相同。伊森姆在总结这方面研究的基础上进一步指出，为了提供文化敏感的和充满意义的治疗，医护者必须认识祈祷的使用是民间偏方和修行的方式。医护者需要尊重与他们自己不一样的健康信念和行为。为不同文化背景的患者制定医护计划的时候，祈祷是应该考虑在内的一个可行的内容。拥有关于祈祷的概念解释的知识和使用祈祷促进健康的知识，这可以使医护提供者更好地依据个体的情况采取合适的治疗方法，也更好地满足患者的需要。

然而，面对现实，学者们感受到，跨种族文化传播是一件非常困难的事情。美国学者波因廷与梅森（Scott Poynting & Victoria Mason）发现，"9·11"之后，特别是那些以美国为首的英语国家入侵阿富汗和伊拉克后，少数穆斯林以"他者"的身份进入"西方国家"，起诉他们的"反恐战争"。社区的穆斯林都被作为"邪恶"的刑事犯和"第五纵队"的敌人，成为媒体、政客、安全机构和刑事司法系统眼中的异类族群。他们发出疑问，在国家的反恐怖主义措施和日常生活中的种族主义之下，是否还存在"宽容、自由、正义还是和平"？① 这里体现了的关于人类文化共同体的理想，关于文化对话、理解直至达成共识的浪漫期盼。

给这一疑问以深刻注解的要数 20 世纪 80 年代以来的一个重要理论发现，即群体成员在陈述群体内人员或者群体外人员的行为时所采用的不同的具体客观或者抽象评价的语言倾向。这便是所谓"群体间语言偏见"（linguistic intergroup bias）。美国学者戈勒姆（Bradley W. Gorham）重新进入这一理论，研究了 208 个成年白人

---

① Scott Poynting & Victoria Mason. "Tolerance, Freedom, Justice and Peace"?: Britain, Australia and Anti-Muslim Racism since 11 September 2001. Journal of Intercultural Studies, Nov., 2006, Vol. 27 Issue 4, pp. 365-391.

如何对待一个电视犯罪新闻中嫌疑人的种族身份，并探讨了种族身份如何影响用于描述嫌疑人的语言提炼①。他的研究证实了犯罪新闻引起群体间语言偏见，并表明媒介使用与群体间语言偏见的出现有着显著的关联。具体说来，即成年白人对非裔嫌疑人更可能使用更多的抽象描述，对白人嫌疑人更可能使用更多的具体描述词。而且，这一倾向与新闻媒介使用有关，更频繁地看电视新闻、阅读报纸的人更可能呈现群体间语言偏见。而且实验结果证明，种族相关的新闻报道将先入为主地主导种族刻板印象。而且这些刻板印象一旦触发，就会以可能帮助涵化占主导地位的种族观念的方式支配新闻理解。尽管这一研究不能说明长期的媒介使用与社会群体感知之间的因果关系，但是它的确发现了涵化的一个必要条件：媒介使用变量与支持占主导地位的意识形态的回答之间的关联。经常使用本地、网络和有线电视新闻，以及经常使用地方报纸，都与群体间语言偏见的出现有联系，其方式是支持负面的对非裔美国人的刻板印象。而且，所有电视使用都与群体间语言偏见有联系。这也许意味着，不管在今天的媒介环境中频道和选择是否过剩，认为非裔美国人是暴力性的符号化讯息仍难避免。社会心理学家常常认为，社会领域充满对非裔美国人的刻板化再现。这种观点得到了媒介内容分析（特别是新闻）的证明。比这种理论更为复杂的是，人们可以维持有同情心的、低度偏见的少数群体观念，同时他们又对少数群体怀有不安的感觉；或者，人们可以自觉地坚持平等主义的信念，同时又做出符合刻板印象的解释。既然存在这样的复杂性，那么就应揭示媒介影响我们的种族思想的微妙方式，逐步干涉媒介的负面影响过程。只有通过理解观看者赋予媒介种族内容的多种方式，我们才可以希望使用大众媒介来促进社会正义和平等。

大众传媒研究者和社会心理学家经常指出，大众传媒是刻板印象的重要来源之一，经常看电视的人容易相信现实社会与电视上描

---

① Bradley W. Gorham. News Media's Relationship With Stereotyping: The Linguistic Intergroup Bias in Response to Crime News, *Journal of Communication*, March 2006, Vol. 56, pp. 289-308.

述的世界是类似的。涵化理论的许多内容分析已揭示媒介文本可能扶持对种族、权力和社会的占主导地位的看法，但没有揭示这些信息是否真正在观众中产生影响，是否真正发挥了他们所说的意识形态的作用，也没有详细说明从接触电视到产生影响的具体的运作机制，甚至这一重要的研究流派遭到欺世盗名的质疑。为了更好地理解媒体协助维护刻板印象和偏见的方式，戈勒姆指出，需要仔细地考察人们如何在种族问题上与大众传媒之间的相互影响。他运用了社会心理学方法来揭示人们与有关种族的媒介内容互相作用的不同方式。考虑到人们会对符合刻板印象的含糊不清的信息作出反应，他认为关注观众如何加工处理媒体信息尤为重要，即便观众是在有意识地抵制偏见。再者，虽然在美国公开的偏执态度有了普遍的好转，但一些研究表明，它已被一种更为隐蔽的现代种族歧视所取代，其特点是白人对非裔美国人的困苦既表示同情又对黑人表示不安和不屑。这样，在一个大众传媒互相抵触地呈现非裔美国人形象的社会里，人们在新闻广播中既看到成功的新闻主播形象又看到危险的犯罪分子形象，他们就会对少数民族持相互冲突的看法，甚至受众本身并未意识到媒体形象使他们怀有微妙的种族歧视。按照戈勒姆的逻辑，团体间语言偏见在语言上以不同程度的抽象性为特征，并取决于这个人是否在谈论内群体或外群体成员，取决于这个成员在某种程度上是否与群体的刻板印象相符。正是在这个意义上，他提醒学者，只有更好地了解人们对种族问题相关新闻的不同诠释，我们才能想出办法使新闻制作人和受众避免加深负面的刻板印象。

与此同时，一些学者的研究发现，文化同化的作用并不能消除彼此的仇恨①；充斥在博客日志中的对"他者"的谈论，以语言符号为载体进行"文化的排他"和种族主义行为一样加深着彼此的误解，引发彼此的敌对；它依然反映了种族的不平等系统，并由社

---

① Seth J. Schwartz, Hilda Pantin, Summer Sullivan, Guillermo Prado, and José Szapocznik, Nativity and Years in the Receiving Culture as Markers of Acculturation in Ethnic Enclaves, *Journal of Cross-Cultural Psychology* 2006, Vol. 37, pp. 345-353.

会内部成员共享的话语体系来维持、复制和巩固①。另一方面，由于全球化的快速发展，人们正在日益走向一种混合形的、拼接性的、多面性的文化依存，对于交往中亲密关系结构、情感心理依恋、意象和意义分享、仪式和习俗效应、宗教或其他信仰的情怀、代际传承关系的探讨日益增加，努力为超越跨文化传播的内在障碍寻找着出路。如何应对这种矛盾，把学会欣赏和容忍多样性、复合性和文化差异真正落实到人的生活层面，这依然是摆在西方学者面前的一个重要问题。

2. 跨文化伦理的新视野

一般理论认为旅居者应尊重东道社群文化，并鼓励他们适应东道社群的道德准则（"入乡随俗"），或尊重东道社群规范的同时保持自己的道德伦理。里查德·伊万诺夫（Richard Evanoff）认为在跨文化对话中采取一种替代模式，其间有着不同道德伦理的人们可以积极建构他们的共同基础，批判现存的规范形成新的规范，即创造出协同的"第三文化"（Third Cultures）。其最终目的是融合不同文化的规范，指导跨文化情形中个人的交往②。

这一观点明显吸收了贝内特（M. Bennett）的"跨文化敏感"（Intercultural Sensitivity）理论③，该理论把个人应对跨文化差异过程中获得融合视角的过程分为六个阶段，即否认（在早期"种族中心主义"阶段简直没认识到差异）、防御（承认差异但认为一种文化比另一种文化优越）、简化（采取表面的普遍主义把差异估计得最小）、接受（在后来的"种族相对主义"阶段，以一种简化的相对主义的方式接受了差异）、适应（个人能够以其他文化作为参考框架）、融合（个人采用了双文化的视角，利用多种文化框架为

① Lena Karlsson. The Diary Weblog and the Travelling Tales of Diasporic Tourists. *Journal of Intercultural Studies*, Aug. , 2006, Vol. 27, Issue 3, pp. 299-312.

② Richard Evanoff. Integration in Intercultural Ethics, *International Journal of Intercultural Relations*, July 2006, Volume 30, Issue 4, pp. 421-437.

③ M. Bennet. Towards ethnorelativism: A Developmental Model of Intercultural Sensitivity. In R. M. Paige（ed. ）*Education for the Intercultural Experience*. Yarmouth: Intercultural Press, 1993, pp. 21-71.

参照）。而伊万诺夫认为，还应超越贝内特所说的六个阶段，达到第七个阶段——"生成"阶段，即新的文化形式创造性地产生出来。生成阶段超越了贝内特的种族中心主义和种族相对主义阶段。其目的并不是简单地说现存的文化是最好的（种族中心主义）或每种文化都一样的棒（种族相对主义），而是产生出一个不同的、更好的文化观。生成阶段使个人和社会都可能产生变化。它所生成的新的选择（有些或许失败，有些或许行不通）将同样有价值，因为我们需要不断地实验。其理论逻辑在于，融合并不是一种价值观完全取代另一种价值观，也不是把两种文化并置调和，它伴随着对两种文化的批评。融合并不是旅居者适应东道社群文化的规范而是一个相互改变的过程，旅居者和东道社群文化在彼此适应。许多跨文化交流者都遭遇到价值观念的失范现象。因为指导他们行为的规范还未存在，而它必须在对话的过程中创造出来。

跨文化对话能有效地融合表面上不相容的看法，甚至会产生处理新问题的全新的概念和规范。伦理上的跨文化对话是可能的，因为伦理原则如同其他文化形式是人为地产生、传播的。伦理原则既非天生固有，也非写进形而上学的图式之中。如果伦理规范是由文化缔造的，那么同样可以根据新的问题而得到修正从而在跨文化的交往中获得新的视角。在规范层面，寻求一套让所有人遵循的价值观念是无用的。首先，它将是一个铁板一块的社会体系，所有的个体特殊性会被摧毁。其次，摧毁了个体特殊性，批评体系的基础将荡然无存。没有批评就没有创新，没有创新我们的伦理体系就不可能与时俱进。

伊万诺夫还总结出跨文化对话的四种融合方式：第一，纯粹的种族中心主义的批评形式，它以文化的刻板印象为基础，简单地把一种文化和另一种对立起来看哪一种"优越"；第二，文化内部的批评形式，个人反思批判自身的文化规范和传统，试图区分它的积极面和消极面，这个阶段运用了更为辩证的推理；第三，跨文化的批评，把一种文化中积极的方面与另一种文化中消极的方面做比较；第四，综合性的批评，它努力创造一个全新的框架或图式，融合了双方传统中积极的方面而摒弃了消极的方面。

伊万诺夫论述的融合方法能否适用于跨文化实践，依然有待检验，可以肯定的是，文化的相对性（文化有着不同的价值观和规范）不同于文化相对主义（必须完全接受这些差异），因此，需要在跨文化交流中补充描述性的、实证性的方法来观察跨文化的价值观和准则如何在积极地协商。

3. 移民跨文化传播实践研究的新方法

以帕克（Park）为代表的芝加哥学派很早就关注移民融入新国家的文化历程。帕克从移民引起的社会问题出发，关注到传播和互动在社会分层及文化融合中的作用。人类学家霍尔（E. T. Hall）则更多的从行为科学着手，分析了分属于不同文化的人们的行为类型、学习特点、接受和反应方式。20世纪80年代后，美国的移民浪潮更见高涨，形成了紧迫的和更加普遍的跨文化传播问题。"陌生人"越来越被置于跨文化传播过程中进行考察，如古迪昆斯特（W. Gudykunst）的"焦虑与不确定性管理"理论（Anxiety/Uncertainty Management Theory）、汀-图梅（S. Ting-Toomey）的"面子—协商"理论（Face-Negotiation Theory）、菲力普森（G. Philipsen）的"言语代码"理论（Speech Codes Theory）等。

古迪昆斯特从"陌生人"的传播困境着手研究。在他那里，所谓"陌生人"，包括侨民、新到者、新成员、暂时逗留者、闯入者、边缘人、新移民、旅居者等。这是随着全球范围的人口流动，出现得越来越多的陌生面孔。古迪昆斯特发展出一套对"陌生人"进行描述的技术，集中研究他们的伦理认同、交游类型、话语类型、感知习惯、自我意识和自我训诫。古迪昆斯特发现，所谓陌生人现象，是跨文化传播的普遍规律的表现。对于陌生人传播困境的研究，不只是为了解决具体的社会问题，而是要发现在跨文化传播过程中，有效的传播是经由何种条件达到的。他指出，三组表面性的因素交互作用造成了陌生人的焦虑和未确定性。这三组因素是：动机因素（需求、吸引、社会义务、自我概念、对新的信息的开放程度）、知识因素（知识期待、信息网络的分享、对多种观点的知识、对可供选择的解释的知识、关于同一的和差异的知识）、技能因素（移情的能力、包容多种观点的能力、适应沟通的能力、创造新概念的能力、调适行为的能力、搜集适用信息的能力）。这些因素的非平衡交互作用，导致陌生人面临传播情境产生焦虑或未确定性。有效的传播是对焦虑和未确定性的管理的结果，是将误解降低到最低水平①。

康韦等人（Lucian Gideon Conway, Shannon M. Sexton, and Roger G. Tweed）通过对美国国家和民族的横向和纵向分析，剖析集体主义和政府限制的根源，使陌生人理论发挥对日常生活中意识形态过程的整合作用，挖掘出陌生人传播困境的社会政治意义，其中对符号与话语的政治策略的重视，弥补了陌生人理论研究中实证方面的缺失②。阿拉伯青少年的心理健康问题③，从中国到美国的夫妻间爱情观的对比④，加拿大华人移民母子之间文化交流的差距与冲突⑤等讨论共同展现了这一理论实证应用时的多样化取向。一些学者通过透视中国人六种基本情绪的面部表达回应了汀-图梅的"面子-协商"理论，指出面子是一个关于在公众中建立的自我形象的隐喻。面部表达蕴含一套操作，包括面子策略的扮演、语言和非语言的动作、自我表现行为、印象管理互动等。他们重申的一个重要结论是，中国文化中崇尚集体需求和目标，将它置于个体需求和

---

① W. B. Gudykunst, Anxiety/ Uncertainty Management Theory: Current Status, in Intercultural Communication Theory, R. L. Wiseman (ed.), Sage, Thousand Oaks, Calif., 1995.

② Lucian Gideon Conway, III, Shannon M. Sexton, and Roger G. Tweed, Collectivism and Governmentally Initiated Restrictions: A Cross-Sectional and Longitudinal Analysis Across Nations and Within a Nation, *Journal of Cross-Cultural Psychology* 2006, vol. 37, pp. 20-41.

③ Marwan Dwairy, Mustafa Achoui, Reda Abouserie, and Adnan Farah, *Parenting* Styles, Individuation, and Mental Health of Arab Adolescents: A Third Cross-Regional Research Study, Christine Y. Tardif and Esther Geva, *Journal of Cross-Cultural Psychology* 2006, Vol. 37, pp. 262-272.

④ Todd Jackson, Hong Chen, Cheng Guo, and Xiao Gao, Stories We Love by: Conceptions of Love Among Couples From the People's Republic of China and the United States, *Journal of Cross-Cultural Psychology* 2006, Vol. 37, pp. 446-464.

⑤ Christine Y. Tardif and Esther Geva, The Link between Acculturation Disparity and Conflict among Chinese Canadian Immigrant Mother-Adolescent Dyads, *Journal of Cross-Cultural Psychology* 2006, Vol. 37, pp. 191-211.

目标之上。个体的行为因而理所应当受到群体规范的控制，是
"我们"而不是"我"才代表最高的认同①。这里的自我认知，使
陌生人理论在跨文化的特质中走向心理学视角和多文化的融合。所
谓的隐性理论（Implicit Theories）假定文化是由决定行为的不同的
心理结构所决定的，强调行动者作为特定社会成员和文化分享者的
意义，在不断的解释意义的行为中，人们和陌生人之间彼此建立起
可以预期的信任关系②。然而，人们在观察陌生人并与其交往时潜
隐的意义和价值体系，依然是从自我的个体经验出发。

本来，在同一文化范畴内，人与人沟通时会发生正常的误解；
然而，当人们跨越文化产生互动的时候，尤其是试图跨越那些价值
体系差异较大的文化，正常的误解就会被夸大。这不仅给个人之间
带来意义读解的困惑、心理情感的隔膜、文化身份的疏离，而且引
起文化族群关系的失谐和冲突。这个问题随着全球化交往活动的日
益频繁，显得更加突出了。针对这种情况，韦斯伯格（Adam
Weisberge）在 1992 年就指出，边缘人研究和它的特殊视角所要解
除的是人们成长于其中的文化所带给他们的观念的绝对边界③。
2006 年跨文化传播研究正体现了这种意识。其在边缘人问题上的
研究对象涉及穆斯林的边缘人、戒毒中的年长者、异国的旅行者、
女政客、慢性肾功能衰竭患者、葡萄牙女移民、墨西哥裔美国人
等。而从总体上看，"陌生人"与"边缘人"研究的核心依然是移
民的跨文化传播问题，并且表现出方法上的创新。

自 20 世纪 80 年代以来，移民的文化适应研究经历了由单维模

---

① Kai Wang, Rumjahn Hoosain, Tatia M. C. Lee, Yu Meng, Jia Fu, and
Renmin Yang, *Perception of Six Basic Emotional Facial Expressions by the Chinese*,
Journal of Cross-Cultural Psychology 2006 37: 623-629.

② Fiona A. White, Lilia G. Miramontes, Jose Alberto S. Reyes, and Helena F.
Cabrera, Implicit Theories and Self-Perceptions of Traitedness Across Cultures: Toward
Integration of Cultural and Trait Psychology Perspectives Journal of Cross-Cultural
Psychology 2006, Vol. 37, pp. 694-716.

③ Adam Weisberger, Marginality and Its Directions. *Sociological Forum*, 1992,
Vol. 7, Issue 3, p. 425.

式向多维模式的转向。在单维模式里移民们摒除了原有文化身份逐步接受东道社群文化，接受它的文化规范、价值观、态度和行为。这种模式过于简单，视家乡文化和东道社群文化是一对抗衡的作用力。虽然该模式在同化和隔离之间发展出另一种平衡模式，但它认为继承文化和东道社群文化没有直角的维度而相互依赖。而且这一模式没有区分个体强烈认同两者文化或极不认同两种文化的情况。而在多维模式中，移民可以在态度、价值观、语言、文化身份等单独的方面不同程度地理解原有文化和东道社群文化。比如贝里（J. W. Berry）认为，移民的文化适应策略可以分为：（1）融合（保持文化身份并与东道社群社会保持良好关系）；（2）同化（只认为与东道社群社会保持良好关系重要）；（3）分离（只认为保持自身的文化传统重要）；（4）边缘化（结果两者都不重要）。贝里认为移民至少在 6 个心理层面经历着改变的过程：语言、认知模式、个性、身份、态度和文化适应压力。最初的改变以后，个体进入了矛盾的状态和适应阶段。贝里认为这 4 种文化适应策略不是分离的、静止的。个人也许从一种策略转到另一种策略，东道社群文化存在多种文化而不是只有单一的多数裔的文化①。在贝里的文化适应模式基础上，布尔黑斯等人（R. Y. Bourhis, L. C. Moïse, S. Perreault & S. Senécal）提出了交互式文化适应模式（the Interactive Acculturation Model）②。它既关注接受社区的文化适应的期望值又关注移民自己的文化适应倾向。根据这一模式，东道社群的社会成员对移民的文化适应有 5 种倾向：融合，隔离，同化，排斥和个人主义。后两者是边缘化的变异。在布尔黑斯等看来，融合代表一种容纳的态度，东道社群国民认为移民在吸收他国文化的同时有权保

---

① 参见 J. W. Berry. Acculturation as Varieties of Adaptation, In A. M. Padilla（ed.）Acculturation: Theory, Models and Some New Findings. Boulden, CO: Westview, 1980, pp. 9-25. J. W. Berry: Immigration, Acculturation and Adaptation. Applied Psychology: An International Review, 1997, 46, pp. 5-34.

② R. Y. Bourhis, L. C. Moïse, S. Perreault & S. Senécal. Toward an Interactive Acculturation Model: A Social Psychology Approach, International Journal of Psychology, 1997, 32, pp. 369-386.

留他们的文化遗产。赞成这种策略的人期待着社会向多元文化演变。那些拥护隔离策略的国民认为把移民文化从主流文化中分离出去是为了更大的社会群体的最大利益。那些赞成同化策略的国民希望看到移民摒弃自身文化。排他主义者认为移民对社会有危险，国家应关闭而不是放开移民政策。个人主义的主张者认为，没有什么方式能处理个人的身份问题，个人有权采取任何适合自己的策略。但东道社群的文化适应策略与移民的文化适应倾向并不总是一致。

荷兰学者、促进跨文化接触基金会（the Foundation for the Promotion of Intercultural Contact）主席范·奥登霍温（Van Oudenhoven）与两位新西兰学者（Colleen Ward & Anne-Marie Masgoret）认为，基于目前的移民气候，文化适应的研究不仅仅要考察移民的体验，同样要考虑两种文化群体互相接触时产生的相互变化；不仅要考虑移民的文化适应倾向，考虑接受国在这一过程中的期望值，也要综合考虑双方取向在人际间和群体间产生的后果。在许多情形中，这些过程应在跨文化的语境中考查①。

在《国际跨文化关系学报》第 4 期所做的"移民专题研究"中，出现了这样一些比较有价值的研究成果：

沃德和马斯格勒特（Ward and Masgoret）运用综合威胁理论和群体冲突的工具模式抽样测试了 500 名新西兰人对移民的态度。该研究运用了结构化的均衡模式表明频繁的跨文化接触会降低团体间的焦虑，反过来，这预示着威胁感的降低会改善对移民的态度。罗曼等（Rohmann，Florack and Piontowski）运用综合威胁理论（Integrated Threat Theory）考察了文化适应的倾向和理想的团体间交往。他们发现威胁感、文化的不一致、接触的交恶在德国人和移民（意大利和土耳其人）之间同样预示着对少数裔和多数裔移民

---

① Jan Pieter Van Oudenhoven, Colleen Ward and Anne-Marie Masgoret. Patterns of Relations Between Immigrants and Host Societies, *International Journal of Intercultural Relations*, November 2006, Vol. 30, 6, pp. 637-651.

群体的负面态度，与意大利人相比，对土耳其人的负面态度更为明显①。

格里菲斯和勒斯戴尔（Griffiths & Nesdale）的研究表明，多数裔团体的儿童表现出对自己团体一贯的喜爱而少数裔却不尽然。本项研究评估了多数裔（59 名盎格鲁澳大利亚人）和少数裔（60 名太平洋岛民）的 5 ~ 12 岁儿童的种族态度。研究表明多数裔参与者对自己团体的评价高于两个外团体。对土著外团体成员评价其次。相反，少数裔参与者对本团体和多数裔外团体的评价一样积极，而对土著外团体的评价最差。两组参与者都显示出对团体内邻居的偏爱，最不喜欢与土著外团体成员成为邻居。结果显示对于多数裔而言，年龄是个变量而少数裔则不是②。

越来越多的研究考察了移民对文化适应态度的个人因素，但是很少有研究关注多数裔成员的态度。凡·奥登霍温与霍夫斯特拉（Van Oudenhoven and Hofstra）考察了荷兰移民（177 人）和多数裔（243 人）的情感交往类型（attachment style）和文化适应的关系③。他们创造性地把情感交往类型和文化适应理论联系起来，在四种情感联系方式（安全无忧、拒绝考虑、先入为主和恐惧害怕）与贝里（Berry）对文化适应态度的分类之间建立了相关性。其研究结论是，安全类型的移民和多数裔成员对融合持积极态度，而拒

---

① Colleen Ward and Anne-Marie Masgoret. An Integrative Model of Attitudes toward Immigrants, *International Journal of Intercultural Relations*, November 2006, Vol. 30, 6, pp. 671-682. Anette Rohmann, Arnd Florack and Ursula Piontkowski. The role of discordant acculturation attitudes in perceived threat: An analysis of host and immigrant attitudes in Germany, *International Journal of Intercultural Relations*, November 2006, Vol. 30, 6, pp. 683-702.

② Judith A. Griffiths and Drew Nesdale. In-group and Out-group Attitudes of Ethnic Majority and Minority Children, *International Journal of Intercultural Relations*, November 2006, Vol. 30, 6, pp. 735-749.

③ Jan Pieter Van Oudenhoven and Jacomijn Hofstra. Personal Reactions to "strange" Situations: Attachment Styles and Acculturation Attitudes of Immigrants and Majority Members, *International Journal of Intercultural Relations*, November 2006, Vol. 30, 6, pp. 783-798.

绝考虑者则不然，他们更支持分离；安全类型移民和多数裔成员在情感类型和文化适应理论的相关模式上呈现出相似性；但当他们有着先入为主的态度时，反应则很不一样甚至相反。这些不同的反应有着相同的心理过程：先入为主者存在的矛盾性导致了不同的反应。

贝里（John W. Berry）重点研究了跨文化交往领域两组并行的现象——文化适应和种族关系①。通常，对它们的研究是分别进行的，但贝里认为，在多元社会中它们的相交之处对理解跨文化交往越来越重要。虽然早就有这样的共识，但实际研究却没有达到一个平衡：文化适应研究的对象大部分是非主导地位的团体，而种族态度则主要研究的是占主导地位的人群。作者强调运用多元文化思想意识的概念，考察占主导地位的人关于移民和种族团体的文化适应期待；运用安全感（文化和经济上的）、宽容度以及种族态度等概念，考察占主导地位的群体相对的变化。应该说，他们在方法论上更全面了。

帕法菲洛特和布朗（Pfafferott and Brown）对 415 名青少年（134 德国多数裔和 281 少数裔成员）完成了一项问卷调查，考察对文化适应的态度、生活满意度和团体间关系这几个变量，研究了文化适应和群体关系中的文化和谐问题②。德国多数裔成员倾向融合，同化紧跟其后（根据贝里的分类），但少数裔成员明显偏向融合。融合与团体间融洽的关系紧密联系，对少数裔而言，生活满意度而不是其他的文化适应取向与对融合的态度有联系。这项研究表明，在自己的文化适应态度和可察觉的其他团体的态度之间的差异，可能影响生活满意度和团体间的态度。

根据范·奥登霍温等人（Van Oudenhoven, Colleen Ward &

① John W. Berry. Mutual Attitudes among Immigrants and Ethnocultural groups in Canada, *International Journal of Intercultural Relations*, November 2006, Vol. 30, 6, pp. 719-734.

② Inga Pfafferott and Rupert Brown. Acculturation Preferences of Majority and Minority Adolescents in Germany in the Context of Society and Family, *International Journal of Intercultural Relations*, November 2006, Vol. 30, 6, pp. 703-717.

Anne-Marie Masgoret）对上述研究专题的评价①，在现有的跨文化文献中，"文化"（Culture）和"身份"（Identity）的使用很不明确有时甚至可以互换，这很成问题，应当在将来的理论建构和研究中予以修正。文化是个复杂的建构，它包括人类的产物，社会制度、语言、习俗、传统和分享的意义。文化身份则指归属某文化群体的自豪感。移民也许很容易接纳一种语言、服装或新国度的工作习惯甚至喜爱那里的食物——所有的外部装饰——但他们也许仍强烈认同自己的出生地身份。这意味着移民放弃了文化继承的某些部分，但没放弃自己的文化身份。因此，将来的研究应调查对移民而言哪些方面是保留其文化身份的基本方面。而且宗教是值得特别关注的领域。文化和身份定义的改进同样对社会包容具有意义。

此外，他们还注意到，全球化主要在两方面对移民和接受国产生影响：全世界移民人数的增加以及史无前例的跨国交往机会。这两个因素很少有人研究，应纳入将来的研究之中。他们指出，在全球化语境中，跨民族交往以不同的方式与四个核心文化适应策略结合起来。比如，融合的移民会看重文化的保持同时也与东道社群社会接触，并且通过与出生地的联系扩展文化保持的方式。另一方面，那些把分类和跨民族联系结合起来的移民会退避三舍，退回到种族的小团体内。这种种族小团体与祖国有着多种联系，如，贸易公司、旅行社等，特别是他们遭到种族歧视或感到被同化的巨大压力时。跨民族主义给移民在新国度的生活提供了更广的选择余地。当他们的身份受到威胁时，移民有更多的机会和东道社群保持距离。多种选择的可能性使移民在新的社会中更自在。他们预测，第二个影响将来研究发展的是人口统计的不断变化。移民慢慢成为既定社会的成员而改变了人口比例。这样一来，东道社群在文化上越来越异质化。这种多元文化的环境可能导致新的文化适应策略和结果，混合文化和多元主义是其中的两种结果。当各种各样的文化并

---

① Jan Pieter Van Oudenhoven, Colleen Ward and Anne-Marie Masgoret. Patterns of Relations Between Immigrants and Host Societies, *International Journal of Intercultural Relations*, November 2006, Vol. 30, 6, pp. 637-651.

存时社会就没有明显的支配群体，混合文化可能出现。这种杂合的文化现象在跨民族的年轻人身上特别容易找到。混合文化的意义在于移民通过加入自己文化的因素改变了东道社群的文化，他们从而觉得更容易、更喜欢发展中的民族文化。多元文化的社会另外一个结果是多元主义。它从许多不同群体的关系中产生形成一个新的民族（或社区）。虽然有着社会地位的不同，但每个群体都是社会重要的组成部分，没有明显的多数裔群体。

在他们看来，多元文化社会的民族身份问题值得更多关注。那些支持保留文化继承同时提倡更高级民族身份的国家显示出种族宽容的更高的水平。加拿大就是一个很好的例子。大部分加拿大人认同加拿大而不是种族群体，他们支持多元文化主义对他群体的宽容度较高。加拿大的移民对国家标签的认同比美国和澳大利亚的移民高。在日益全球化的时代，对多元文化主义的接纳以及多方面的、包容的民族身份的演变成为将来我们所期许的变化。

4. 大众媒介的多元文化生产策略新观察

多元文化节目在 20 世纪 60~70 年代的西欧还只是被看作为少数族群服务的节目，这种情况到了 80 年代之后就开始发生转变。尤其是英国的电视《Goodness Gracious Me》，以讽刺生活在英国的白人和亚洲人的偏见和成见为内容，成为英国的主流节目之后。多元文化节目在英国已经成为既受少数族群又受主流受众喜爱的节目类型。这一现象引起了欧洲传播学者的特别关注。其中，最有代表性的研究成果是荷兰学者勒迪（Andra Leurdi）的论文《寻找共同点：欧洲多元文化生产策略》①。作者调查了奥地利、比利时、德国、荷兰和英国等五个国家的公共广播编辑和节目制作者，探讨了"多元文化电视节目"的概念形成和多元文化节目的思想，以及这些思想带来的节目类型。从制作者对多元文化节目的视角入手，作者试图了解这些制作者如何定义多元文化节目？它们被生产的目的

---

① Andra Leurdi. In Search of Common Ground: Strategies of Multicultural Television Producers in Europe. *European Journal of Cultural Studies*, Feb. 2006, Vol. 9, 1, pp. 25-46.

是什么？而且更主要的是，这些节目如何努力传递给种族和文化多样的电视受众？以及欧洲多元电视节目不同策略的优势和劣势。

作者的调查显示，多元文化节目如同多元文化主义一样是个充满争议的概念。一方面体现出对符合多元文化社会现实的电视节目的需求；一方面又被看作是一个过时的做法，只是为了实现"政治上正确"。但是节目制作者对这些争论感到厌倦，他们只是想要制作高质量的电视节目，不管种族和文化的问题是什么。而如果政治上要求"提高多元文化主义"或者"介绍少数族群的观点"，那么制作者认为这是违反了职业标准和客观性。另一个争论包括，电视台是否有必要专门设定节目和时间来播放多元文化的节目。批评者认为与其专门设定个时间播放多元文化的问题，不如在各种常规的节目中多出现少数族群的演员、嘉宾和主持人。尽管多元文化节目是否必要存在有所争论，但是西欧各国都在制定政策要求公共广播机构以各种形式生产单独的多元文化电视节目，作为公共广播的一种公共服务义务。1990年以来，欧洲公共广播与商业频道的竞争开始激烈起来，多元文化电视节目的发展受到了很大冲击。多元文化电视节目的概念呈现多种面貌，在不同国家不同环境中表达不同的意义。根据勒迪的研究，欧洲电视在多元文化生产策略方面呈现五大特点：

其一，寻找少数和多数的共同空间。与早期的最大区别就在于：当前国家公共广播中的多元文化电视节目既瞄准少数群体又瞄准多数受众。也就是节目制作者在寻找一种节目形态吸引不同族群和不同文化背景的观众。早期常常使用的方法是介绍不同文化的食品、音乐和体育。但是现在编辑和节目制作者不愿意将展现文化多样性中的积极一面作为唯一目标，他们的视野、话题和方法都不断扩宽。他们的目标就是寻求既吸引少数族群又让主流受众感兴趣的节目类型。所以节目开始更多去寻找不同文化背景的人相似的地方，或者对同一个议题表现多样的观点。

其二，杂志类电视节目的多元文化节目引入幽默元素，呈现多元文化社会中的日常问题。多元文化电视节目依然采用传统上流行的电视节目形态，比如最常见的策略是报道成功个体，这一直是多元文化节目的重要方面。与此同时，一些节目制作者为了强调电视的娱乐和放松功能，注重在节目中使用幽默元素；为了减少多元文化主义说教的意味，注意关注日常生活，呈现多元文化社会中的日常问题，比如孩子上学等。编辑和制作者认为生死爱恨等题材是多元文化节目寻找的"普世"标准。在所有的采访中，电视节目制作者都强烈意识到节目类型的重要，并寻求通过对普遍的情绪和经验的表达来吸引不同文化背景的少数和多数人关注。

其三，从多元文化主义到跨文化。既吸引少数又吸引多数受众的策略使得多元文化节目逐渐转变为"跨文化"节目：一种既来自少数族群视角，又被更广大受众理解和接受的节目。英国的Channel 4 频道的多元文化节目编辑就认为：多元文化主义并不意味着节目中的黑人和亚洲人必须要谈论"种族"问题。他们在节目中出现是因为英国当代社会就是一个多文化多种族的状况。所以，多元文化主义被看作是一种社会现实，在媒介中进行正常的反映即可。英国的多元文化节目当下尽量避免多元文化主义中的负面意义，努力建立世界主义的多元社会形象。荷兰过去标识为多元文化的节目现在也被"跨文化"取代，以表示在荷兰一些过去被看作是亚文化的文化已经被吸收到荷兰的都市文化中，成为荷兰文化的一部分。而文化差异不再被看作是一个问题，而成为新闻、喜剧等节目中令人激动的主题，成为节目制作中灵感和资源的一部分。

其四，说唱乐成为跨越文化差异的音乐类型，喜剧是另一种跨文化的节目类型，尤其是以文化成见为素材的喜剧作品。

其五，BBC 和 Channel 4 都尝试用介入式记录片创新地反映文化和身份问题。突出的案例就是 BBC 制作的记录片《交换种族》，探索当一个人短暂地改变肤色之后会发生什么。这个节目在英国引起极大争议。但是显示了 BBC 让主流观众关注种族和文化差异问题的新尝试。而且不再以过去的多元文化节目方式对文化差异进行说教。这种尝试被称为多元文化节目的"跨文化趋势"。但是这种趋势也显示出只有当少数族群的文化成为都市文化的一部分时，才会成为多元文化节目中的一部分。那些文化更为封闭，不能融入到都市文化中的移民无法在这样的节目中受到关注。

勒迪最后得出结论，在多元文化节目中，关注人类共通的经验和情感将是一种普遍的趋势，以实现跨文化的目的。多元文化节目更多倾向于描述少数族群和多数族群的交流与接触，而不再是一味地描述文化的差异。不过，这种接触中存在着明显的"大都市风格"（Cosmopolitan，世界主义），尤其是青年文化中，可见的文化身份都是显现于现代都市中。而这种"大都市风格"也使得文化和种族身份不再是人们的固定特征，而成为一种复杂的建构，且带有自我建构和游戏的成分。一些跨文化的节目取得巨大成功，成为影响受众建构身份的文化一部分。

5. 大众传播的文化形象互构研究所展现的新问题

当今全球化的两个层面都面临尴尬。首先是移民数量的急增带来了身份冲突和文化冲突，其次是跨国媒介传播的迅猛发展。这带来了一个重要的研究路径，即某一文化群体对不同文化的行为差异和生活习惯的研究。在这种研究中，另一文化群体往往是被编辑和符号化的对象。通过文字或图像符号描述的他国或其他民族是历史和社会条件产生的文化形象，它随着社会历史条件的变化发生相应的改变，但同时又反映着形象制造者的社会和历史情形。格里菲斯等人（Sandy-Ann M. Griffith, Charles Negy & Derek Chadee）通过对特立尼达和美国公民对家庭暴力的态度差异的分析①，说明由此衍生并建立的他国或其他民族的形象不仅是一种"再现"（Representation），而且反映着生产这种"再现"的语境的历史的、社会的特征。它不是表象的累积，而是有着活生生的文化机制的图景和情境。西姆（Soek-Fang Sim）则试图在新闻报道中寻找这种情境的话语表达方式，复原神秘的亚洲价值观②。他所遵循的理论前提是霍尔（S. Hall）的观点，即"事件、关系和结构在话语领

① Trinidadian and U. S. Citizens' Attitudes Toward Domestic Violence and Their Willingness to Intervene: Does Culture Make a Difference? *Journal of Cross-Cultural Psychology*, 2006, Vol. 37, pp. 761-778.

② Soek-Fang Sim. *Demystifying Asian Values in Journalism*, pp. 429-432, *Journal of Communication*, March, 2006, Vol. 56, 1, pp. 1-234.

域之外都有其存在的条件和实际的效果，但是只有在这种话语之中，在那种特定的条件、限制和形态之下，它们才会也才能在意义中建构"。① 西姆重申误读是对文本所反映对象的误解、曲解，是跨文化传播中普遍存在的一种现象。传播学认为，"意义的交换有一个前提，即交换的双方必须要有共通的意义空间。共通的意义空间有两层含义，一是对传播中所使用的语言、文字等符号含义的共通理解，二是大体一致或接近的生活经验和文化背景"。② 由于人们只能以自身已有的经验范围和知识储备来接纳新信息，所以在传播的基本要素中，双方共同的经验范围构成传播必需的语境和背景，即"共义域"左右着接受对象对认知对象的理解。"共义域"越是广泛、完全，双方之间的了解和认识越是深刻、明晰、准确；而当"共义域"缺失或者不完全时，就会造成传播的不顺畅，误解和曲解也就由此产生。在跨文化传播中，由于传播者与所反映对象之间共同的文化背景和经验范围严重缺失，使得两者之间的"共义域"超乎寻常地偏狭和缺失，因此难免出现曲解，造成误读。可惜的是，西姆没有在文章中给出构建共通的意义空间的可能方式，所谓基于人类共享经验的普遍选择仍然没有找到现实的路径。

2006 年的跨文化传播研究中，亚洲人和澳洲人是两个受到普遍关注的群体。卡罗尔·坦（Carole Tan）运用文化人类学的方法来审视早期移民到澳洲的华人后裔，采用口述历史和访谈的形式，探讨华裔的澳洲人身份在澳大利亚主流社会遭遇的尴尬，尽管享有平等的公民权，但是在澳大利亚人眼中，仍然是异类，卡罗尔·坦称其为"暴政的浮现"③。他延续的是格尔兹（Clifford Geertz）以

---

① S. Hall. New Ethnicity in David Morley and Kuan- Hsing Chen（eds）Stuart Hall：Critical Dialogues in Cultural Studies. London：Routledge，1996.

② 郭庆光：《传播学教程》，北京：中国人民大学出版社 1999 版，第 53 页。

③ Carole Tan，"The Tyranny of Appearance"：Chinese Australian Identities and the Politics of Difference. *Journal of Intercultural Studies*，Feb-May 2006，Vol. 27，1/2，pp. 65-82.

来的深描法（thick description），反思处于文化交流场中的人们的现实处境，剖析文化差异与多元文化认同的心理障碍，努力展露出个人经验与群体经验之间的密切互动关系，从而暴露出潜隐的意义和价值体系。

电影一直是跨文化传播的主要符号呈现形式。帕克等人（Ji Hoon Park, Nadine G. Gabbadon & Ariel R. Chernin）通过对《尖峰时刻2》的文本和受众分析，考察了喜剧中种族的刻板印象所隐含的意识形态含义。虽然亚裔、黑人及白人观众对电影中的种族成见持不同的态度，但是大部分参与者，不管他是什么种族，都觉得电影中的种族笑话并不令人生厌。许多亚裔和黑人参与者从对他们种族形象的负面刻画中找到了乐趣，并没有产生对抗式的解读。他们的研究表明，文本的喜剧手法和人们的习以为常使受众不去挑战种族成见而将种族差异自然化①。而且越来越多由少数裔主演的喜剧片使人们对不同种族更加宽容，同时也接受了亚洲人，他们一直以来被边缘化，不能代表美国的主流文化。然而，如果说这些电影在种族曲解方面做了巨大的改变显然为时过早。调查表明，这些电影呈现的不仅是种族等级制度的叙事方式，而且片中人物与对少数裔的负面刻板成见相一致，这不能不算是种族歧视。帕克等人的研究提出了一个有趣的问题：如果电影展示的是明显的种族成见，人们为什么喜欢看？通过《尖峰时刻2》，他们考察喜剧中种族成见的意识形态含义，探讨喜剧形式如何获得如此豁免权，使人们认为种族成见并无害处，尽管这样的表现会带来可能的反面后果。他们从对《尖峰时刻2》的文本分析中识别出各种刻板成见。通过跨种族的接受分析，他们调查了亚裔、黑人及白人观众对片中种族笑话的反应，考察其是否对种族成见持不同的态度。虽然目前只对《尖峰时刻2》进行了具体的研究，其结果提供了有价值的见解，揭示

---

① Naturalizing Racial Differences Through Comedy: Asian, Black, and White Views on Racial Stereotypes in Rush Hour 2, Ji Hoon Park, Nadine G. Gabbadon, Ariel R. Chernin, Journal Of Communication, March 2006, Vol. 56, pp. 1-234, pp. 157-177.

了种族成见如何在喜剧中使种族差异自然化。

这一主题也体现在《防弹武僧》、《杀死比尔》和《最后的武士》等电影中。尽管不属于喜剧，但各自巨大商业成功掩盖了民族主义的主题，火爆场面背后是潜在的种族歧视以及超越种族界线与大众化之间似是而非的关系①。

6. 网上多元文化主义政治新思维

一般说来，多元文化主义研究多是在公共空间中考察，针对互联网这种私人空间的研究较少。但在英国学者尤金尼亚·斯帕拉（Eugenia Siapera）看来，对互联网作为日常政治空间的研究可以帮助我们讨论多元文化主义另类状态，以理解互联网与多元文化主义政治之间的关系。她的《在线多元文化主义：互联网和多元文化主义政治的尴尬》② 一文考察了多元文化主义政治运用在互联网上遭遇的问题，论文所设定的问题是：少数族群在网上进行的什么样的政治？如何理解多元文化主义的网络困境？

论文首先分析了多元文化主义面对的三个理论难题。其一，本质主义的思想将身份看作是固定不变的，显然有悖现实，但是流动的文化身份的问题在于，如果没有边界可言，那么又何来少数族群政治需要的实现和保护呢？其二，按照哈贝马斯看法，在多元文化社会中，某些普遍的价值观是民主政治得以实现的条件和必然，因为一个民主社会要有效运作，构成它的不同社群必须学习普遍的政治语言和规定，从而参与到政治公共领域之中。而事实上，与其制定什么普遍的价值超越这种多元文化社会，不如跟随在它前进的步伐之后制定需要遵循的原则。其三，文化不公平以及身份错误识别的问题要通过政治解放来对待，而平民政治用以解决经济不公平。前者要求解构文化策略，后者要求社会主义经济政策。所以，多元

---

① Sean M. Tierney. Themes of Whiteness in Bulletproof Monk, Kill Bill, and The Last Samurai. *Journal of Communication*, September 2006, Vol. 56 3 pp. 437-637, pp. 607-624

② Eugenia Siapera. Multiculturalism online: The Internet and the Dilemmas of Multicultural Politics. *European Journal of Cultural Studies*, Feb 2006, Vol. 9, 1, pp. 5-24.

文化主义既要使用社会主义平民政治实践又要具有解构主义视角。

在英国，最普遍的少数族群是亚洲人、黑人和宗教群体如穆斯林。尤金尼亚·斯帕拉考察了他们的网上实践后发现，上述矛盾都存在于这些少数族群的网上多元主义实践之中。第一，上述族群的门户网站忽略并隔绝非社区成员。如果将多元文化主义被看作是不同文化背景的人生活在一起的一种政治，那么这些网站并没有为这种政治服务。它们关注自己的群体，实现着一种分离的政治，对不同文化社群的对话不感兴趣，对社区内部的多样性和不同特性也不感兴趣。可以说，网络上建立的是一种本质主义的社区，并没有带来跨文化传播。第二，网络传播方式建立了一个网上的多元文化困境，带来了一个内向的社区。这个社区主要是分享相同的关注点、相同的背景和生活方式，以及相同的兴趣（如做生意）。第三，网络使用者的特点在于有很大的跨国构成部分，有非社区成员参与讨论，社区成员内部有分化。

斯帕拉得出的结论是，英国少数族群的网站主要关注自己的社区，网站显现出特殊性政治特点。而传播形式的多样又为突破这种特殊性和本质主义提供了潜在条件。而最重要的发现就是，网站使用者的多样化对突破网站的封闭状态带来了希望。网络显现了单向的、内向的传播特征，同时又因为突破地理界限而符合多元文化主义政治的需要。那些不同特征的显现正是多元文化主义政治存在的原因和方式。作者认为，这些矛盾的存在其实是多元文化主义政治中的存在方式，矛盾双方谁压倒谁都只是一种短暂的形式。这种复杂的图景其实保证了多元文化主义政治的民主特征。

参考文献

[1] Albert C. Gunther, Janice L. Liebhart. Broad Reach or Biased Source? Decomposing the Hostile Media Effect, *Journal of Communication*, September 2006, Vol. 56, pp. 449-466.

[2] Alexander A. Weinreb. The Limitations of Stranger-Interviewers in Rural Kenya. *American Sociological Review*, Dec., 2006, Vol. 71

Issue 6, pp. 1014-1039.

[3] Alexandra Schleyer-Lindenmann. Developmental Tasks of Adolescents of Native or Foreign Origin in France and Germany, *Journal of Cross-Cultural Psychology*, 2006, Volume 37, No. 1, pp. 85-99.

[4] Ana Maria Fernandez, Juan Carlos Sierra, Ihab Zubeidat, and Pablo Vera-Villarroel. Sex Differences in Response to Sexual and Emotional Infidelity Among Spanish and Chilean Students, *Journal of Cross-Cultural Psychology*, 2006, Volume 37, No. 1, pp. 359-365.

[5] Anette Rohmann, Arnd Florack and Ursula Piontkowski. The role of discordant acculturation attitudes in perceived threat: An analysis of host and immigrant attitudes in Germany, *International Journal of Intercultural Relations*, November 2006, Volume 30, Issue 6, pp. 683-702.

[6] Andra Leurdi. In search of common ground: Strategies of multicultural television producers in Europe. *European Journal of Cultural Studies*, Feb 2006, Vol. 9 Issue 1, pp. 25-46.

[7] André Jansson. The Media and the Tourist Imagination: Converging Cultures. *European Journal of Communication*, Jun 2006, Vol. 21 Issue 2, pp. 247-250.

[8] Andrew Smith. 'If I have no money for travel, I have no need': Migration and imagination. *European Journal of Cultural Studies*, Feb 2006, Vol. 9 Issue 1, pp. 47-62.

[9] Anesu N. Mandisodza, John T. Jost, and Miguel M. Unzueta. "Tall Poppies" and "American Dreams": Reactions to Rich and Poor in Australia and the United States, *Journal of Cross-Cultural Psychology*, 2006, Volume 37, No. 1, pp. 659-668.

[10] Anja Riitta Lahikainen, Inger Kraav, Tiina Kirmanen, and Merle Taimalu. Child-Parent Agreement in the Assessment of Young Children's Fears: A Comparative Perspective, *Journal of Cross-Cultural Psychology*, 2006, Volume 37, No. 1, pp. 100-119.

[11] Anjanie McCarthy, Kang Lee, Shoji Itakura, and Darwin W. Muir, Cultural Display Rules Drive Eye Gaze During Thinking, *Journal of Cross-Cultural Psychology*, 2006, Volume 37, No. 1, pp. 717-722.

[12] Ankica Kosic, Lucia Mannetti and David L. Sam. Self-monitoring: A moderating role between acculturation strategies and adaptation of immigrants, *International Journal of Intercultural Relations*, March 2006, Volume 30, Issue 2, pp. 141-157.

[13] Ankica Kosic and Karen Phalet. Ethnic categorization of immigrants: The role of prejudice, perceived acculturation strategies and group size, *International Journal of Intercultural Relations*, November 2006, Volume 30, Issue 6, pp. 769-782.

[14] Anthony Fung. 'Think globally, act locally': China's rendezvous with MTV, *Global media and Communication*, April 1 2006, Volume 2, No. 1.

[15] Arve Gunnestad. Resilience in a Cross-Cultural Perspective: How resilience is generated in different cultures. *Journal of Intercultural Communication*, Issue 11, April 2006.

[16] A. Timothy Church, Marcia S. Katigbak, Alicia M. Del Prado, Fernando A. Ortiz, Khairul A. Mastor, Yu Harumi, Junko Tanaka-Matsumi, José De Jesús Vargas-Flores, Joselina Ibáñez-Reyes, Fiona A. White, Lilia G. Miramontes, Jose Alberto S. Reyes, and Helena F. Cabrera, Implicit Theories and Self-Perceptions of Traitedness Across Cultures: Toward Integration of Cultural and Trait Psychology Perspectives, *Journal of Cross-Cultural Psychology*, 2006, Volume 37, No. 1, pp. 694-716.

[17] Ben C. H. Kuo and Gargi Roysircar. An exploratory study of cross-cultural adaptation of adolescent Taiwanese unaccompanied sojourners in Canada, *International Journal of Intercultural Relations*, March 2006, Volume 30, Issue 2, pp. 159-183.

[18] Bradley W. Gorham. News Media's Relationship With Stereotyping: The Linguistic Intergroup Bias in Response to Crime News, *Journal Of*

Communication, March 2006, Vol. 56, pp. 289-308.

[19] Bram Dov Abramson. Word matters: Multicultural perspectives on information societies - by Alain Ambrosi, Valérie Peugeot, & Daniel Pimienta, *Journal of Communication*, September 2006 - Vol. 56, pp. 627-628.

[20] Carel Jansen, Jos van Baal & Eefje Bouwmans. Investigating culturally-oriented fear appeals in public information documents on HIV/AIDS, *Journal of Intercultural Communication*, Issue 11, April 2006.

[21] Carla D. Washington. An Educator's Perspective on The Emerging Cuba and Multiculturalism. *Journal of Cultural Diversity*, Fall, 2006, Vol. 13 Issue 3, pp. 158-161.

[22] Carine A. Cools, Relational Communication in Intercultural Couples, *Language & Intercultural Communication*, Volume 6, Number 3-4, 2006.

[23] Carmit T. Tadmor and Philip E. Tetlock, Biculturalism: A Model of the Effects of Second-Culture Exposure on Acculturation and Integrative Complexity, *Journal of Cross-Cultural Psychology*, 2006, Volume 37, No. 1, pp. 173-190.

[24] Carole Tan. 'The Tyranny of Appearance': Chinese Australian Identities and the Politics of Difference. *Journal of Intercultural Studies*, Feb-May. , 2006, Vol. 27 Issue 1/2, pp. 65-82.

[25] Catherine L. Costigan and Daphné P. Dokis. Similarities and Differences in Acculturation Among Mothers, Fathers, and Children in Immigrant Chinese Families, *Journal of Cross-Cultural Psychology*, 2006, Volume 37, No. 1, pp. 723-741.

[26] Cathy J. Tashiro. Identity and Health in the Narratives of Older Mixed Ancestry Asian Americans. *Journal of Cultural Diversity*, Spring, 2006, Vol. 13 Issue 1, pp. 41-49.

[27] Chad Raphael. Interpersonal divide: The search for community in a technological age - by Michael Bugeja, *Journal of Communication*,

December 2006 - Vol. 56, pp. 864-866.

[28] Chan-Hoong Leong and Colleen Ward. Cultural values and attitudes toward immigrants and multiculturalism: The case of the Eurobarometer survey on racism and xenophobia, *International Journal of Intercultural Relations*, November 2006, Volume 30, Issue 6, pp. 799-810.

[29] Chi-Ying Cheng, Fiona Lee, and Verónica Benet-Martínez, Assimilation and Contrast Effects in Cultural Frame Switching: Bicultural Identity Integration and Valence of Cultural Cues, *Journal of Cross-Cultural Psychology*, 2006, Volume 37, No. 1, pp. 742-760.

[30] Christine Y. Tardif and Esther Geva. The Link between Acculturation Disparity and Conflict among Chinese Canadian Immigrant Mother-Adolescent Dyads, *Journal of Cross-Cultural Psychology*, 2006, Volume 37, No. 1, pp. 191-211.

[31] Christopher W. Bauman and Linda J. Skitka. Ethnic Group Differences in Lay Philosophies of Behavior in the United States, *Journal of Cross-Cultural Psychology*, 2006, Volume 37, No. 1, pp. 438-445.

[32] Cielo G. Festino, Writing Before the Letter: Reading Michael Ondaatje's Handwriting, *Language & Intercultural Communication*, Volume 6, Number 2, 2006.

[33] Colleen Ward and Anne-Marie Masgoret. An integrative model of attitudes toward immigrants, *International Journal of Intercultural Relations*, November 2006, Volume 30, Issue 6, pp. 671-682.

[34] Daniela Wawra. United in Diversity: British and German Minority Language Policies in the Context of a European Language Policy, *Language & Intercultural Communication*, Volume 6, Number 3-4, 2006.

[35] David Matsumoto. Are Cultural Differences in Emotion Regulation Mediated by Personality Traits? *Journal of Cross-Cultural Psychology*, 2006, Volume 37, No. 1, pp. 421-437.

[36] David Scott, Ian Lambie, David Henwood, Russell Lamb:

743

Profiling stranger rapists: Linking offence behaviour to previous criminal histories using a regression model. *Journal of Sexual Aggression*, Nov. , 2006, Vol. 12 Issue 3, pp. 265-275.

[37] Dina Birman, Acculturation Gap And Family Adjustment: Findings With Soviet Jewish Refugees in the United States and Implications for Measurement, *Journal of Cross-Cultural Psychology*, 2006, Volume 37, No. 1,pp. 568-589.

[38] Doobo Shim. Hybridity and the rise of Korean popular culture in Asia, *Media*, *Culture & Society*, January 1, 2006, Volume 28, No. 1.

[39] Edwin A. J. Van Hooft, Marise Ph. Born, Toon W. Taris, and Henk Van Der Flier, The Cross-Cultural Generalizability of the Theory of Planned Behavior: A Study on Job Seeking in the Netherlands, *Journal of Cross-Cultural Psychology*, 2006, Volume 37, No. 1,pp. 127-135.

[40] Elisa Maria Costa Pereira de S. Thiago, Indigenous Writing in Brazil: Towards a Literacy of Vision and Transformation, *Language & Intercultural Communication*, Volume 6, Number 2, 2006.

[41] Erin E. Hardin,Convergent Evidence for the Multidimensionality of Self-Construal, *Journal of Cross-Cultural Psychology*, 2006, Volume 37, No. 1,pp. 516-521.

[42] Eugenia Siapera. Multiculturalism online: The internet and the dilemmas of multicultural politics. *European Journal of Cultural Studies*,Feb 2006, Vol. 9 Issue 1, pp. 5-24.

[43] Evert Van de Vliert. Autocratic Leadership Around the Globe: Do Climate and Wealth Drive Leadership Culture? *Journal of Cross-Cultural Psychology* 2006, Volume 37, No. 1,pp. 42-59.

[44] Eyun-Jung Ki, Byeng-Hee Chang, Hyoungkoo Khang. Exploring Influential Factors on Music Piracy Across Countries, *Journal Of Communication*,March 2006,Vol. 56, pp. 406-426.

[45] Félix Neto. Changing intercultural attitudes overtime, *Journal of*

Intercultural Communication, Issue 12, August 2006.

[46] Fethi Mansouri, Michael Leach, Samantha Traies. Acculturation Experiences of Iraqi Refugees in Australia: The Impact of Visa Category. *Journal of Intercultural Studies*, Nov., 2006, Vol. 27 Issue 4, pp. 393-412.

[47] Fiona Barclay, 'L'Invisible Voyeur du Monde des Voyants': Critiques of French Society in Michel Tournier's La Goutte d' or and Guy Hocquenghem s ' L ' Amour en relief, *Language & Intercultural Communication*, Volume 6, Number 3-4, 2006.

[48] Frank Meyer. A Comparative Look at Scandinavian Cultures, *Journal of Intercultural Communication*, Issue 12, August 2006.

[49] Galina B. Bolden. Little Words That Matter: Discourse Markers "So" and "Oh" and the Doing of Other-Attentiveness in Social Interaction, *Journal of Communication*, December 2006 - Vol. 56, pp. 661-688.

[50] Galina V. Sinekopova. Building the Public Sphere: Bases and Biases, *Journal of Communication*, September 2006 - Vol. 56, pp. 505-522.

[51] Garry A. Gelade, Paul Dobson, and Patrick Gilbert. National Differences In Organizational Commitment: Effect of Economy, Product of Personality, or Consequence of Culture? *Journal of Cross-Cultural Psychology*, 2006, Volume 37, No. 1, pp. 542-556.

[52] Giorgia Aiello and Crispin Thurlow, Symbolic Capitals: Visual Discourse and Intercultural Exchange in the European Capital of Culture Scheme, *Language & Intercultural Communication*, Volume 6, Number 2, 2006.

[53] Glenn I. Roisman. The role of adult attachment security in non-romantic, non-attachment-related first interactions between same-sex strangers. *Attachment & Human Development*, Dec., 2006, Vol. 8 Issue 4, pp. 341-352.

[54] Graham Vaughan, Book Review. Understanding Social Psychology

Across Cultures: Living And Working In A Changing World, *Journal of Cross-Cultural Psychology*, 2006, Volume 37, No. 1, pp. 590-592.

[55] Hanna-Kaisa Desavelle & Saku Mäkinen. Addressing the Consumer in Standardised Advertisements, *Journal of Intercultural Communication*, Issue 12, August 2006.

[56] Heather Sykes. Strangers and Schooling: Living Alongside Im/possibilities in Meaning, Safety, and Community. *Curriculum Inquiry*, Fall, 2006, Vol. 36 Issue 3, pp. 241-250.

[57] Haruthai Putrasreni Numprasertchai & Fredric William Swierczek. Dimensions of Success in International Business Negotiations: A Comparative Study of Thai and International Business Negotiators, *Journal of Intercultural Communication*, Issue 11, April 2006.

[58] Hedwig Reuter, Danish Cultural Identity and the Teaching of Danish to Foreigners, *Language & Intercultural Communication*, Volume 6, Number 3-4, 2006.

[59] Heidi Keller, Bettina Lamm, Monika Abels, Relindis Yovsi, Jörn Borke, Henning Jensen, Zaira Papaligoura, Christina Holub, Wingshan Lo, A. Janet Tomiyama, Yanjie Su, Yifang Wang, and Nandita Chaudhary. Cultural Models, Socialization Goals, and Parenting Ethnotheories: A Multicultural Analysis, *Journal of Cross-Cultural Psychology*, 2006, Volume 37, No. 1, pp. 155-172.

[60] Herbert Jack Rotfeld. Depending on the Kindness of Strangers. *Journal of Consumer Affairs*, Winter, 2006, Vol. 40 Issue 2, pp. 407-410.

[61] Hong Cheng. Advertising and Hong Kong society, *Journal Of Communication*, March 2006, Vol. 56, pp. 432-433.

[62] Inga Jasinskaja-Lahti, Karmela Liebkind, Magdalena Jaakkola, and Anni Reuter. Perceived Discrimination, Social Support Networks, and Psychological Well-being Among Three Immigrant Groups, *Journal of Cross-Cultural Psychology*, 2006, Volume 37,

No. 1 , pp. 293-311.

[63] Inga Pfafferott and Rupert Brown. Acculturation preferences of majority and minority adolescents in Germany in the context of society and family, *International Journal of Intercultural Relations*, November 2006, Volume 30, Issue 6, pp. 703-717.

[64] Iver B. Neumann. Pop goes religion: Harry Potter meets Clifford Geertz. *European Journal of Cultural Studies*, Feb 2006, Vol. 9 Issue 1, pp. 81-100.

[65] Janet M. Roberts. Wearing the Hijab: An argument for moderate selective acculturation of newly immigrated Arab-American women, *Journal of Intercultural Communication*, Issue 11, April 2006.

[66] Jan Pieter Van Oudenhoven, Colleen Ward and Anne-Marie Masgoret. Patterns of relations between immigrants and host societies, *International Journal of Intercultural Relations*, November 2006, Volume 30, Issue 6, pp. 637-651.

[67] Jan Pieter Van Oudenhoven and Jacomijn Hofstra. Personal reactions to 'strange' situations: Attachment styles and acculturation attitudes of immigrants and majority members, *International Journal of Intercultural Relations*, November 2006, Volume 30, Issue 6, pp. 783-798.

[68] Jasmin Tahmaseb McConatha, Paul Stoller. Moving out of the Market: Retirement and West African Immigrant Men in the United States. *Journal of Intercultural Studies*, Aug. , 2006, Vol. 27 Issue 3, pp. 255-269.

[69] Jennifer B. Unger, Sohaila Shakib, Peggy Gallaher, Anamara Ritt-Olson, Michele Mouttapa, Paula H. Palmer, C. Anderson Johnson. Cultural/ Interpersonal Values and Smoking in an Ethnically Diverse Sample of Southern California Adolescents. *Journal of Cultural Diversity*, Spring, 2006, Vol. 13 Issue 1, pp. 55-63.

[70] Ji Hoon Park, Nadine G. Gabbadon, Ariel R. Chernin.

Naturalizing Racial Differences Through Comedy: Asian, Black, and White Views on Racial Stereotypes in Rush Hour 2, *Journal Of Communication*, March 2006, Vol. 56, pp. 157-177.

[71] Jing Chen, Chi-Yue Chiu, Neal J. Roese, Kim-Pong Tam, and Ivy Yee-Man Lau, Culture and Counterfactuals: On the Importance of Life Domains, *Journal of Cross-Cultural Psychology* 2006, Volume 37, No. 1, pp. 75-84.

[72] Jochen Peter, Patti M. Valkenburg. Adolescents' Exposure to Sexually Explicit Online Material and Recreational Attitudes Toward Sex, *Journal of Communication*, December 2006 - Vol. 56, pp. 639-660.

[73] Jochen Peter, Patti M. Valkenburg, Alexander P. Schouten. Characteristics and Motives of Adolescents Talking with Strangers on the Internet. *CyberPsychology & Behavior*, Oct., 2006, Vol. 9 Issue 5, pp. 526-530.

[74] Joe Grixti. Symbiotic transformations: youth, global media and indigenous culture in Malta, *Media, Culture & Society*, January 1, 2006, Volume 28, No. 1.

[75] John G. Oetzel, Stella Ting-Toomey (ed.). *The SAGE Handbook of Conflict Communication: Integrating Theory, Research, and Practice*, Sage Publications, Inc., 2006.

[76] John E. Richardson. Global War- Local Views. *European Journal of Communication*, Dec 2006, Vol. 21 Issue 4, pp. 533-536.

[77] Johnny R. J. Fontaine, Patrick Luyten, Paul de Boeck, Jozef Corveleyn, Manuel Fernandez, Dora Herrera, Andras Ittzés, and Theodora Tomcsányi. Untying the Gordian Knot of Guilt and Shame: The Structure of Guilt and Shame Reactions Based on Situation and Person Variation in Belgium, Hungary, and Peru, *Journal of Cross-Cultural Psychology*, 2006, Volume 37, No. 1, pp. 273-292.

[78] John W. Berry. Mutual attitudes among immigrants and ethnocultural

groups in Canada, *International Journal of Intercultural Relations*, November 2006, Volume 30, Issue 6, pp. 719-734.

[79] Jonas Stier. Internationalisation, intercultural communication and intercultural competence, *Journal of Intercultural Communication*, Issue 11, April 2006.

[80] Jordi Garreta Bochaca. Ethnic minorities and the Spanish and Catalan educational systems: From exclusion to intercultural education, *International Journal of Intercultural Relations*, March 2006, Volume 30, Issue 2, pp. 261-279.

[81] Joseph Benjamin Archibald Afful. Address Terms among University Students in Ghana: A Case Study, *Language & Intercultural Communication*, Volume 6, Number 1, 2006.

2006 年海外中国文学研究综述*

涂险峰　韩瑞亚 [美]**

（武汉大学文学院，武汉，430072；美国伊利诺伊大学东亚系）

近年来，海外汉学研究呈现出两个趋势：第一，伴随着公众领域里对中文和中华文化的兴趣的持续增长，汉学研究兴趣也相应增长。第二，这种研究兴趣的增长和研究成果的产生，呈现出特定的格局和不平衡的态势。这一格局，与西方世界自身的社会文化特征、当代国际交流的现实需要以及近年来西方学术发展动向、理论思潮和问题意识的分布状况密切相关。

在这样一个总体发展态势之中，海外中国文学研究体现出怎样的格局，其基本走向如何，有无值得关注的变化，对未来的发展可能具有何种影响，均值得探讨。本报告将通过对 2006 年度欧美世界的中国文学研究动态的具体考察，来予以描述和总结。考察范围包括该年度出版的重要学术著作、汉学刊物上发表的相关论文，以及相关学术机构所组织的较有影响的学术活动、大型学术年会讨论的议题以及提交的论文摘要等。

***** 本研究得到了武汉大学"2006 年度海外人文社会科学前沿动态追踪"项目的资助，在此谨表感谢。

****** 涂险峰，1968 年生，从事比较文学教学与研究，武汉大学文学博士，武汉大学文学院教授、副院长。

　韩瑞亚（Rania Huntington），1968 年生，从事中国文学教学与研究，哈佛大学文学博士，美国伊利诺伊大学东亚系副教授、副系主任。

一、研 究 成 果

在考察海外中国文学研究成果时，首先需要描述的是中国文学的翻译和注释。作品的翻译和介绍，对于中国文学在海外传播，意义颇为深远。在这些国家，中国文学的绝大多数受众都不通汉语。无论是主修中国文学或比较文学的在校大学生，还是学术圈以外越来越多的对中国文化感兴趣的读者，要了解、阅读及至喜爱中国文学，都必须经过翻译。一流水准的注译本所产生的影响，往往超过单纯的学术研究。

西方学者（通常是著名学者）在翻译、注释中国经典文学或现当代重要作品方面，进行了长期坚持不懈的努力，这些翻译往往伴以详细注解和深入扎实的研究。

2006 年，一些著名的大学出版社出版了由造诣深厚的汉学家翻译的中国文学作品。其中颇具代表性的有：夏威夷大学出版社出版的哈佛大学教授 Patrick Hanan 从《醒世恒言》和《石点头》中精选短篇小说而结集翻译的《一见钟情：中国明代短篇小说选》（*Falling in Love：Stories from Ming China*），普林斯顿大学出版社的《金瓶梅》第三卷注释本（*The Plum in the Golden Vase Volume 3：The Aphrodisiac*），芝加哥大学出版社的《西游记》缩写注释本（*The Monkey and the Monk：An Abridgement of Journey to the West*）（此为一卷本，译者为芝加哥大学著名汉学家余国藩教授，也是《西游记》最权威的英文全译本的译者。以一卷本代替四卷本，便于美国大学以之作为课程读本，也便于普通读者接受，因而传播范围可能更广。）

尤其值得一提的是 David Hinton 翻译的《王维诗选》（*The Selected Poems of Wang Wei*），这一高质量的英译本于次年获得美国笔会诗歌翻译奖。

该年度被译成英文的中国现代文学作品中，值得注意的有张爱玲的《倾城之恋》（*Love in a Fallen City*）（它被列入一批遭忽略而又不可埋没、值得出版的经典系列之中）和瞿秋白的《多余的话》

（*Superfluous Word*）等。

当代作品则有美籍华人学者与著名翻译家联合编辑出版的《喧闹的麻雀：中国当代小小说集》（*Loud Sparrows：Contemporary Chinese Short-shorts*）、刘宾雁的小说和报告文学集（*Liu Binyan：Two Kinds of Truth：Stories and Reportage from China*）、残雪的新作《天空里的蓝光及其他短篇小说》（*Blue Light in the Sky & Other Stories*）以及台湾作家平路关于宋庆龄与孙中山的历史小说《行道天涯》（*Love and Revolution：A Novel about Song Qingling and Sun Yat-se*）等。

2006 年出版的学术专著成果代表了学者多年持续努力的结晶。其中最显著的成果是哈佛大学出版社的一批汉学著作，包括《清初文学中的创伤与超越》（*Trauma and Transcendence in Early Qing Literature*）、《早期中国诗歌的形成》（*The Making of Early Chinese Classical Poetry*）、《绝妙好词：中国传统中关于诗歌技能的想象》（*Words Well Put：Visions of Poetic Competence in the Chinese Tradition*）、《精制诗集：文化背景与花间集的诗歌实践》（*Crafting a Collection：The Cultural Contexts and Poetic Practices of the Huajian ji (Collection from Amid the Flowers)*））、《王朝衰微与文化创新：从晚明到晚清及其后》（*Dynastic Decline and Cultural Innovation：from Late Ming to Late Qing and Beyond*）、《美女与书：十九世纪中国的女性与小说》（*The Beauty and the Book：Women and Fiction in Nineteenth Century China*）、《时代之心：二十世纪中国小说的道德作用》（*The Heart of Time：Moral Agency in Twentieth-Century Chinese Fiction*）七种。这是哈佛东亚研究系列丛书的一部分，至今已出版 250 种，体现了哈佛东亚研究的持续性，以及在这一领域里颇为雄厚的学术实力。

此外，夏威夷大学出版社和纽约州立大学出版社在这一年度也出版了相当数量的中国文学研究著作，例如，夏威夷大学出版社的《现代性的化身：肉身、表现及中国文化》（*Embodied Modernities：Corporeality，Representation，and Chinese Cultures*）、《纸做的剑客：金庸与当代中国武侠小说》（*Paper Swordsmen：Jin Yong and the*

Contemporary Chinese Martial Arts Novel)《文化资本的政治：中国对诺贝尔文学奖的寻求》（The Politics of Cultural Capital：China's Quest for a Nobel Prize in Literature）等，纽约州立大学出版社的《中国的小说理论：一个非西方的叙事体系》（Chinese Theories of Fiction：A Non-Western Narrative System）、《早期中国的洪水神话》（The Flood Myths of Early China）、《全球化、文化身份与传媒表达》（Globalization，Cultural Identities，and Media Representations）等。

其他著名大学出版社如普林斯顿大学、加州大学等，也出版了《小说：历史、地理与文化》（卷一）、《小说：形式和主题》（卷二）（全球范围内的小说研究，包括一些中国小说的研究，古代现代兼有）（The Novel，Volume 1：History，Geography，and Culture；The Novel，Volume 2：Forms and Themes）、《中国近期的腐败现象与现实主义文学：政治长篇小说的回归》（Corruption and Realism in Late Socialist China：the Return of the Political Novel）、《微妙的革命：清末及民初的"旧派"诗人》（The Subtle Revolution：Poets of the "Old Schools" in Late Qing and Early Republican China）等著作。

美国其他出版社出版的著作还有《歌剧的中国：跨越太平洋上演中国身份》（Operatic China：Staging Chinese Identity Across the Pacific）和《文学传记词典：中国小说家 1900～1949》（Chinese Fiction Writers，1900～1949. Dictionary of Literary Biography）等。

欧洲出版的中国文学研究成果，颇有代表性的有英文著作《爱、恨和其他激情：中国文明中的情感问题和主题》（Love，Hatred，and Other Passions：Questions and Themes on Emotions in Chinese Civilization）、《叙事：中国历史中的巫术与替罪》（Telling Stories：Witchcraft and Scapegoating in Chinese History）以及《中国大墙作家的重塑与抵抗：被规训与被惩罚》（Remolding and Resistance among Writers of the Chinese Prison Camp：Disciplined and Published）；法文著作《当代中国文学中的主体写作》（L'ecriture Subjective Dans la Litterature Chinoise Contemporain）、德文著作《文学的多样性：歌德的〈亲和力〉与中国古典小说〈红楼梦〉之比较》（Die Vielfältigkeit der Literatur：Ein Vergleich zwischen den Wahlverwandschaften von Johann

Wilhelm von Goethe mit den klassischen chinesischen Roman "Traum der Roten Kammer" von Cao Xueqin und Gao E)和《德国浪漫主义与中国明清文学中的梦境描写之叙事策略》(*Erzählstrategie in der Traumdarstellung der Deutschen Romantik und der chinesischen Literatur der Ming und Qing Dynastie*)和《中国戏曲的当代发展》(*Lebendige Errinerung-Xiqu: Zeitgenössische Entwickelungen in Chinesischen Musiktheater*)等。

在论文方面，2006 年中国文学研究涉及面广泛，硕果甚丰。这些论文主要发表在《哈佛亚洲学刊》 (*Harvard Journal of Asiatic Studies*)、《亚洲学刊》(The Journal of Asian Studies)、《位置：东亚文化批评》(Positions: East Asia Cultures Critique (Durham, NC))、《美国汉学杂志》 (American Journal of Chinese Studies (Columbus, OH))、《现代中国文学与文化》(Modern Chinese Literature and Culture (Columbus, OH))《中国季刊》(China Quarterly (Cambridge, England; New York))、《中国史评》(Chinese Historical Review 13, No. 1 (Spr 2006)) 、《现代亚洲研究》(Modern Asian Studies (Cambridge, England))、《现代中国》(Modern China (Thousand Oaks, CA) 32, No. 3 (2006) 385-408)、《亚洲研究评论》(Asian Studies Review (Abingdon, Oxfordshire, England))、《亚洲研究》(Asiatische Studien (Bern, Switzerland))、《宋元学刊》(Journal of Song-Yuan Studies (Berkeley, CA))、《男女》(Nan Nu: Men, Women and Gender in Early and Imperial China (Leiden; Boston))、《东亚文学杂志》Hefte fur ostasiatische Literatur (Munchen) 等期刊上（其具体分布情况见下文中对于研究格局的分类描述及参考文献目录）。

二、学 术 活 动

各国成立的汉学会或亚洲研究协会所开展的学术活动，大体上标志着海外汉学及中国文学研究的基本动态和走向。这些学会所举行的年会或两年一度的双年会，是汉学研究成果的一个集中检阅，也是这一领域研究新动向的一个指针。

美国亚洲研究协会年会（Annual Meeting of the Association for Asian Studies, April 6~9, 2006, Marriott San Francisco）于 2006 年 3 月在旧金山举行。这一会议是美国最大的全国性亚洲研究学术研讨会。其范围极广，涵盖对于亚洲各国的研究，涉及人文和社会科学诸多领域。与会人员从刚起步的青年学者到执该领域之牛耳的领军人物，不一而足。所提交的论文并非都是成品，其中一部分尚在过程之中，经过会议商榷切磋之后再付梓面世。正因如此，它比已经发表在权威期刊或正式出版的著述更能体现学术研究的最新动向，并能更为全面地反应某个领域里的学术全貌。

这次年会上与中国文学研究相关的议题范围极广，大约有 24 个专题研讨，几乎全方位地覆盖了中国文学研究各领域，其中的新锐问题和方法层出不穷。

欧洲汉学协会的双年会于 2006 年 8 月至 9 月在斯洛文尼亚首都卢布尔雅那举行。其中国文学部分设置 9 个专场研讨，议题分别为："中国现当代文学：小说与诗歌"（Modern and Contemporary Literature - Novels and Fiction）、"中国现当代文学：翻译和语言"（Modern and Contemporary Literature - Translations & Language）、"中国现当代文学：政治与社会"（Modern and Contemporary Literature：Politics and Society）、"跨文化研究方法和文化身份"（Intercultural Approaches and Cultural Identity）、"古代文学"（Ancient Literature）、"中古文学"（Medieval Literature）、"帝国晚期文学——明代和清初的（自我）意象"（Late Imperial Literature - Ming and Early Qing (Self-) Images）、"帝国晚期文学——翻译、跨民族主义、旅行"（Late - Imperial Literature - Translation, Transnationalisms, Travel）。

英国汉学协会于 2006 年 9 月在牛津大学举行以"持续与变化"为主题的年会。这次会议侧重于探讨中国近年的变化及其在文学和新的传媒之中的体现。提交的文学研究论文主要集中在中国当代文学，主题包括：20 世纪 90 年代中国文学的道德重建、中国当代的先锋文学等。

2006 年举行的其他专题学术会议还有：3 月在德国海德堡大学举行的"中国近代百科全书：晚清中国思想方式的变更"研讨会

（"Early Modern Chinese Encyclopedias：Changing Ways of Thought in Late Qing China"）；9 月在柏林举行的"中国的文化记忆"国际研讨会（"Cultural Memory in China" International Symposium），同月在莫斯科举行的欧洲汉学图书馆员协会大会（Meeting of the European Association of Sinological Librarians）；10 月在美国哈佛大学举行的"言词的力量：中国文学的阐释"研讨会（"The Power of Words：the Interpretation in Chinese Literature"）；5 月在芝加哥大学举行的资深汉学家余国藩教授退休纪念学术会议"对中国文学的深情投入与乐在其中"（"Passion and Pleasure in Chinese Literature：Symposium in Honor of the Retirement of Anthony Yu"）等。

三、研 究 格 局

对 2006 年度主要成果和学术活动的考察显示，该年度的研究呈现出与以往的某种连贯性，基本上延续了近年的学术趋势。

具体而言，研究成果可按选题范围及研究角度大体分为三类：

第一类是热点领域，指的是近年来颇受学术界关注，引起较多研讨、探究或争论的课题领域。当然，它们的出现，并非当年之内骤然暴涨，炙手可热。作为热门论题，其兴起繁盛也有一个逐渐积累的过程。

第二类是特色领域，指那些虽未构成热门话题，但却又别开生面、独具特色，具有一定规模，形成一定气候的研究领域。

第三类是传统领域，指的是具有持续、稳定的基本选题范围和研究方法，由过去延续至今，每年仍有不少学术实绩的领域。

（一）**热点领域**

对近年来西方文学批评理论发展趋势较为熟悉的人不难看出，中国文学研究的一些热点问题，如性别文化、传媒文化研究、文学中的历史记忆、文学的政治批评等，其实同样也是西方文学理论和研究中的热点。其中有些论题和方法在西方文学批评和研究领域里已如火如荼地盛行了十数年。所以，这一学术热点的分布格局，留下了西方学术潮流影响的痕迹。

1. 性别文化及女性作家研究

在这一年度发表的著述中，有关性别文化和女性写作的成果明显占有较大比重，成为引人注目的现象。当然，中国文学与性别文化研究并不是孤立的单一方法，它往往与其他研究角度交叉融合。

这一领域的研究成果，或者探讨女性与小说创作之间的关系，如 Ellen Widmer 的著作《美女与书：十九世纪中国的女性与小说》（*The Beauty and the Book*：*Women and Fiction in Nineteenth Century China*）；或将性别视角与地理、地域文化结合起来进行探究，如同一作者在《亚洲学刊》上发表的论文《女性眼中的异域旅行》（Foreign Travel through a Woman' Eyes）；或将性别文化与殖民政治相结合来予以考察，如《只有女性能将这个世界变成天堂：梅娘、男性沙文主义社会以及 1939～1941 年日本在华北的文化议程》（Only Women Can Change This World into Heaven'：Mei Niang，Male Chauvinist Society，and the Japanese Cultural Agenda in North China，1939~1941）；或以女性意识和目光审视经典文学作品，如 Kam-ming Wong 的《花园中的蝴蝶：〈石头记〉中的乌托邦和女性》（The Butterfly in the Garden：Utopia and the Feminine in The Story of the Stone）以及《评论与性，以及〈才子牡丹亭〉对于〈西厢记〉的注释》（Commentary and Sex，and the Caizi Mudan ting Notes to The Story of the Western Wing）等。

另一类别是研究古今女作家的文学创作，例如《合法化的修辞：宋代至元代女性诗集前言》（The Rhetoric of Legitimation：Prefaces to Women's Poetry Collections from the Song to the Ming）、《自己房间里发出的声音：当代中国女性诗歌举隅》（Voices from A Room of One's Own：Examples from Contemporary Chinese Women's Poetry）等。

这两种趋势也体现于 4 月在旧金山举行的亚洲研究协会年会上。这次会上与性别文化相关的两个文学研究议题是"多妻、纳妾与狎妓：19 世纪末至今的持续与后续效果"（Session 85，Polygyny，Concubinage，and Prostitution：Continuations and Aftereffects from the Late 19th Century to the Present）和"女性自传写作研究"

（Negotiation and Self-Invention：Our Studies of Chinese Women's Autobiographical Practice）。前者体现出颇为激烈、新锐和富有挑战性的理论特征，带有西方女性主义批评时尚话语影响的浓重痕迹。后者本属传统研究，但在对女性写作投注不同寻常的关注，从中亦可见出近年女性主义和性别文化思潮的影响。

2. 文学与传媒

从传媒文化的角度研究文学的出版、传播等，也是近年来海外文学研究的热门趋势。它吸引了一批文学研究者从传媒角度来分析文学，或者研究文学凭借特定的媒介形式在社会系统中传播的各种特征和表现。这一点在 2006 年的中国文学研究领域亦有所体现，相关研究涉及印刷文化、影视文化、网络文化等方面。在诸多成果中，有从理论上全面综合地研究媒体文化的，如《全球化、文化身份与媒体表达》（*Globalization，Cultural Identities，and Media Representations*）以及旧金山年会上的《民国时代西方对中国大众传媒的影响》（Session 234，Western Influence on Chinese Mass Media in the Republican Era）论文组等，也有侧重于其中某一传媒的，如下面列举的这些研究。

在与文学相关的传媒文化研究中，印刷文化备受青睐，成果比比皆是，如《印刷时代被重新包装的历史：〈三国志〉与〈三国演义〉》（History Repackaged in the Age of Print：the *Sanguo zhi* and the *Sanguo Yanyi*"）、《十七世纪中国的书信集市场》（"The Market for Letter Collections in Sevententh-century China"）、《异议与和解：杨炼作品从〈今天〉到今天的发表史》（Dissidence and accommodation：the publishing history of Yang Lian from Today to today）、《越风：一份 1930 年代的文人杂志》（Yuefeng：A Literati Journal of the 1930s）、"创立白话，较量白话：通俗语言的出版与生产"（Session 59，Creating Baihua，Contesting Baihua：Publishing and the Production of China's Vernacular Language）等，虽然彼此风格各异，但同属这一潮流。

影视文学研究在西方学界同样拥有持续热度，且有继续升温之势。对于中国文学的研究亦不例外。由旧金山年会所涉及的议题可见一斑：例如"理解中国黄金时间播出的电视剧：叙事形式与社会作用"（Session 16, Understanding Chinese Prime-Time Television Drama: Narrative Forms and Social Agencies）、"游移不定的真实域：中国电影现实主义的历史书写"（Session 106, The Elusive Realm of the Real: Historiographies of Chinese Cinematic Realism）、"中国大众传媒里的东亚主义"（Session 196, East-Asianism in Chinese Mass Media）等。

较之印刷和影视媒体研究，中国网络文学的研究发表于正式学术刊物为数较少一些，但已拥有越来越多的关注者和探讨者，这一方兴未艾的领域，已产生一定的研究成果［如《作为都市时尚的网络写作：安妮宝贝个案研究》（Cyber Writing as Urban Fashion: The Case of Anni Baobei)］，并且在可预见的将来会有更多成果涌现。

3. 文学与历史记忆

以文学见证时代、研究文学中的历史记忆与遗忘，近年来在西方学界颇为盛行。如对于纳粹大屠杀或其他人类灾难留下的创伤记忆的研究，成为西方学术的热门话语。怀旧文化，则构成了另一道特殊的记忆风景。用文学叙事来见证历史，并不意味着对于客观历史的真实记录，更重要的是这种记忆或遗忘的叙事方式，体现出一定的观念意识的真实，因此记录方式与记录的内容具有同等重要的意义。关于历史记忆，其价值取向可能截然不同，甚至相互对立，比如创伤记忆和历史怀旧便是如此。

在创伤记忆方面，颇有代表性的成果是《清代早期文学中的创伤与超越》（Trauma and Transcendence in early Qing Literature）（这是哈佛大学 2000 年和 2001 年两次相关研讨会的学术论文结集出版而成）、《叙事、创伤与记忆：陈染的〈私人生活〉、天安门广场与女性化身》（Narrative, Trauma and Memory: Chen Ran's A Private Life, Tiananmen Square and Female Embodiment）等。

文学怀旧研究方面，哈佛亚洲学刊发表的研究白居易诗歌怀旧意识的论文《记得曾几何时：白居易和元稹诗歌中怀旧的用途》（Remembering when: The Uses of Nostalgia in the Poetry of Bai Juyi and

Yuan Zhen）可谓代表；此外，关于"贾平凹的变态怀旧"的论文《蝇眼、壁上遗迹与贾平凹的变态怀旧》（Flies' Eyes, Mural Remnants, and Jia Pingwa's Perverse Nostalgia）也值得一提。

此外，还有价值倾向接近中性的记忆研究，如探讨关于中国文学对郑和航海的历史叙事（Zheng He's Travels in Traditional Chinese Literature）以及论述《红高粱》叙事者的记忆与幻想的论文（Memory or Fantasy? Honggaoliang's Narrator）等。

更能体现这一领域持续研究热度的事实是，历史记忆、创伤记忆仍成为旧金山年会上的热门话题，提交的相关成果十分丰富。会议议题侧重于 20 世纪中国文学中的历史记忆：其一是"作为权力的观念：毛泽东和后毛泽东时代中国的语言、思想和记忆"（Session 21, Ideas as Power: Language, Thought, and Memory in Maoist and Post-Maoist China），提交的论文涉及新中国成立后的意识形态、文革记忆、毛文体与新的中国文化、文革老照片和大众记忆等；其二是"改造（transmuting）创伤：中国文学对于二十世纪历史的表现"（Session 153, Transmuting Trauma: Representations of Twentieth-Century History in Chinese Literature），提交的论文探讨 20 世纪初、南京大屠杀、文革等留下的创伤记忆在中国文学中的表现。

从某种意义上讲，学术研讨会上的议题，比发表出来的著述更能表明这一论域受到关注的程度。

4. 文学与政治

从社会政治角度研究文学，是近年西方学术研究的一个主流趋势。美国亚洲研究年会包含两个专门的文学政治学议题：其一为"建构'知识分子'：二十世纪中国文学经典化的政治学"（Session 148, Establishing "Intellectuals": The Politics of Literary Canonization in Twentieth-Century China），提交的论文有《"上海道路"：夏衍和左翼电影的后革命政治，1949～1995》、《作为社会关系和社会行动的"情"：林纾、情感政治与小说翻译，1897～1908》、《打造鲁迅：中国的赞助、印刷和文化生产》；其二是从殖民性与现代性方面探讨中国区域文学的政治内涵，议题为"被缠住的修辞：台湾、殖民性与文学的现代性"（Session 87，Entangled Rhetorics：Taiwan，Coloniality，and Literary Modernity），从中可见近年后殖民主义政治话语的影响，论文包括《台湾殖民地现代小说的起源》、《战时台湾殖民地的通俗小说》、《描绘台湾：公共话语和文学中的岛屿变形，1945～2005》等。

值得注意的是，西方的文学政治学研究，对于当代中国给予了高度关注，由《文化资本的政治：中国对诺贝尔文学奖的追寻》（*The Politics of Cultural Capital：China's Quest for a Nobel Prize in Literature*）、《中国大墙作家的重塑与抵抗：被规训与被惩罚》（*Remolding and Resistance among Writers of the Chinese Prison Camp：Disciplined and Published*）、《中国近期的腐败现象与现实主义文学：政治长篇小说的回归》（*Corruption and Realism in Late Socialist China：The Return of the Political Novel*）等成果可见一斑。

文学的政治学研究远不止上面提到的这些方面。事实上，政治视角已渗透到大量的研究领域，在本报告中被划归到其他类别的许多项研究，如性别文化、跨文化研究、媒体研究、历史记忆等，往往兼含政治视角。

5. 跨文化比较研究

从某种意义上讲，海外学者对于中国文学的所有研究，本身就带有跨文化意味。但此处所归纳的则是就研究选题本身所具有的跨文化性质而言，而不考虑研究者本人的跨文化背景。

跨文化比较研究，既包括对于相互之间具有实实在在影响或传播、接受关系的异质文化的相关性研究，也包括相互之间并无直接接触关系的异国文学现象之间的平行比较研究。

前者往往侧重探讨中国与其他国家，尤其是与东亚各国之间的关系，如中日比较研究《中国左翼戏剧运动及其与日本的关系》（The Left-wing Drama Movement in China and Its Relationship to Japan）、中韩比较研究（《韩国人对于中国轶事类作品的思考》（A Koreanist's Musings on the Chinese Yishi Genre），以及研究中国戏剧在美洲上演及中国文化身份问题的《歌剧的中国：跨越太平洋上演中国身份》（*Operatic China：Staging Chinese Identity Across the*

Pacific）等。

美国亚洲研究年会的"现代中国戏剧及其日本他者"研讨组
（Session 39，Modern Chinese Drama and Its Japanese Other）提交的论
文有《文明戏的再思考：晚清中日悲剧的诞生》（"Civilized
Drama"（Wenmingxi）Reconsidered：The Birth of Sino-Japanese
Tragedies in Late Qing China，Natascha Vittinghoff-Gentz）、《萨乐美的
五副面孔：20 世纪 20 年代至 50 年代从东京、上海到北京的戏剧
变形》（Five Faces of Salome：Theatrical Metamorphoses from Tokyo，
Shanghai，to Beijing，1920s-1950s，Liang Luo）、《跨民族戏剧的景
象》（The Vision of a Transnational Theater：On the Production of Roar，
China! in Japan and China，Xiaobing Tang）、《作为战争剧的六部太
平天国悲剧：日本侵略者和他们的历史竞争者》（Six Taiping
Uprising Tragedies as War Dramas：Japanese Invaders and Their
Historical Competitors，Xiaomei Chen）等。

对作品、文类或流派进行中外平行比较的研究成果，主要发表
于欧洲。比如《旅行与文化解读：中国与维多利亚游记写作之比
较》（Travel and cultural understanding：comparing Victorian and
Chinese literati travel writing）、《文学的多样性：歌德的〈亲和力〉
与中国古典小说〈红楼梦〉之比较》（*Die Vielfältigkeit der Literatur*：
*Ein Vergleich zwischen den Wahlverwandschaften von Johann Wilhelm von
Goethe mit den klassischen chinesischen Roman "Traum der Roten
Kammer" von Cao Xueqin und Gao E*）以及《德国浪漫主义与中国明
清文学中的梦境描写之叙事策略》等（*Erzählstrategie in der
Traumdarstellung der Deutschen Romantik und der chinesischen Literatur
der Ming und Qing Dynastie*）。

（二）特色领域

1. 感性文化及文学空间研究

在普遍盛行的文化研究之中，一个别开生面、颇具特色的领域
是对于感性文化和文学想象空间的研究。

美国亚洲研究协会年会为此专门开辟了专题讨论，其一为
"十九世纪中国城市的感官风景"（Session 38，The Sensory

Landscape of the Nineteenth-Century Chinese City），包括对于都市视觉景观、嗅觉、听觉等感觉的文化研究，提交的成果如（《二十世纪初期北京的视觉和街头景象》（Visuality and Street Spectacle in Early 20th-Century Beijing)、《香味与感觉：在十九世纪的成都感知馨香》（Scents and Sensibility：Perceiving Fragrance（Xiang）in Nineteenth-Century Chengdu)、《解读帝国晚期北京街头的声响景观：十九世纪武侠小说和说唱之中的叫卖声与说书声》（Reading the Acoustic Landscape of Late-Imperial Beijing：Vendor Calls and Storyteller Voices in Nineteenth-Century Martial-Arts Novels and Drumsongs）等，皆富有特色；其二为"帝国晚期中国的空间移动与文化构成：地方场所、文类与地理知识"（Session 126, Spatial Mobility and Cultural Formation in Late Imperial China：Local Places, Literary Genre, and Geographical Knowledge），论文通过对游记的研究，探讨文学叙事中的地理和空间文化。

这类文化研究也体现于期刊发表的论文，如《牡丹有多危险？文本空间、〈才子牡丹亭〉和爱欲的惯常化》（How Dangerous Can the Peony Be? Textual Space, Caizi Mudan ting, and Naturalizing the Erotic)、《现代中国艺术中的图像与声音》（Echoes of Roar, China! On vision and voice in modern Chinese art）等。

2. 特色主题及特色文化研究

作品主题研究虽为常见角度，但其中不乏独具特色的选题，如《回收学者-美女叙事：鲁迅论机械复制时代的爱情》（Recycling the scholar-beauty narrative：Lu Xun on love in an age of mechanical reproductions)、《杨沫的〈青春之歌〉之中的美学、辩证法和欲望》（Aesthetics, dialectics, and desire in Yang Mo's 'Song of Youth')《色情的外国人：来自中国当代文学的五种叙事》（The erotic foreigner：five narratives from contemporary Chinese literature [novels by Li Shuang, Wang Anyi, Shen Dali, Wei Hui, and Pipi])、《杨家将的受挫的忠诚》（Something rotten in the state of Song：the frustrated loyalty of the generals of the Yang family）以及《身体、土地、迁移：张炜的〈九月寓言〉中的苦难诗学》（"Body, Earth, and

Migration: The Poetics of Suffering in Zhang Wei's "September Fable")等。

从独特的文化角度研究中国文学，使得这些具体研究形成别具一格的个体成果，如《叙事：中国历史中的巫术与替罪》（Ter Haar, Barend. *Telling Stories: Witchcraft and Scapegoating in Chinese History*. Leiden, Netherlands, and Boston: Brill, 2006）以及《〈水浒传〉与北宋的军事亚文化》（Shuihu zhuan and the military subculture of the Northern Song, 960-1127）《作为吃人暴行的资本主义转向：莫言小说〈酒国〉中的正直问题》（Chinas kapitalistische Wende als kannibalistischer Exzess: Zum Problem der Integritat in Mo Yans Roman 'Jiguo'）也值得一提。

（三）传统领域

1. 文学史研究

该年度的中国文学史方面的研究成果有《五四的再思考：战时重庆的通俗文学运动》（Rethinking May Fourth: the vernacular literary movement in wartime Chongqing）、《早期散曲历的再思考》（Rethinking the history of early sanqu songs）、《从复仇走向何方？〈赵氏孤儿〉的七百年转型史》（From revenge to what? Seven hundred years of transformations of The Orphan of Zhao），《元剧在晚明》（Yuan drama in the late Ming）《魏晋时期中国宫廷抒情诗史》（A history of court lyrics in China during Wei-Chin times）以及《书写台湾：一个新的文学史》（*Writing Taiwan: A New Literary History*）等。

2. 作家及传记研究

年会中涉及作家及传记研究的是"轨迹：现代中国作家、文本和主题的此生、再生和来世"（Session 105, Trajectories: The Lives, Rebirths and Afterlives of Modern Chinese Authors, Texts and Themes）、"现代中国诗歌如何安置其主体"（Session 130, The Contemporary Chinese Poet in the World: How Modern Chinese Verse Situates its Subjects）两个系列。发表的成果有《冯梦龙著作权之

谜的再认识》（A reconsideration of some mysteries concerning Feng Menglong's authorship）、《微妙的革命：清末及民初的"旧派"诗人》（*The Subtle Revolution：Poets of the "Old Schools" in Late Qing and Early Republican China*）等。另有学者致力于编撰作家传记辞典，如《文学传记词典：中国小说家 1900～1949》（*Chinese Fiction Writers*，1900-1949. *Dictionary of Literary Biography*）等。

澳洲学者 Mabel Lee 发表了高行健研究论文，在中国知识分子和文学史背景下探讨高行健的创作《中国知识分子和文学史背景中的高行健小说》（Gao Xingjian's Fiction in the Context of Chinese Intellectual and Literary History），也属于这一领域。

3. 文体和修辞研究

一部分成果仍采取传统方法，就文学本身的叙事方式、文体风格、创作手法、修辞技巧和审美特征等方面展开研究。这种传统研究路数，也相应产生了具有学术价值的厚重成果。

哈佛大学出版社的三部著作，均侧重于诗歌文体研究。它们分别是《早期中国古典诗歌的形成》、《绝妙好词：中国传统中关于诗歌技能的想象》、《精制诗集：花间集的文化背景和诗歌实践》。

较之诗歌，小说研究显得更为繁荣，以普林斯顿大学出版社的《小说：历史、地理与文化》（卷一）、《小说：形式和主题》（卷二）、纽约州立大学出版社的《中国小说理论：一个非西方的叙事体系》、夏威夷大学出版社的《纸做的剑客：金庸与当代中国武侠小说》，以及期刊论文《重述故事：唐代短篇小说的叙事变体》（Tales retold：narrative variation in a Tang story）等为代表。

戏剧和说唱文学方面的研究成果有《中国戏曲的当代发展》、《诸宫调中的文类与色情》（Translations from Wang Bocheng's Tales of the Tianbao Era（Tianbao yishi）：genre and eroticism in the Zhugongdiao）等。

此外，还有研究特定神话类型的成果《中国早期的洪水神话》（*The Flood Myths of Early China*）。

对于创作方法、修辞手法和文学技巧的研究也硕果甚丰，如

《很难不写讽刺：在一个邪恶愚昧的世界里》(It is hard not to write satire': in a world of vice and folly) 、《通过张爱玲的写作对现实主义进行再思考》(Rethinking realisms through the writings of Eileen Chang)、《作为作者境界的超自然世界：镜花缘对于红楼梦修辞策略的重复》(The supernatural as the author's sphere：Jinghua yuan's reprise of the rhetorical strategies of Honglou meng) 等。

美国亚洲研究协会 2006 年会上的议题，有不少是关于文体和修辞技巧的。扼要列举如下："中国小说和其他文体：理论性和批判性的思索"（Session 174, Chinese Fiction and Other Forms of Writing：Some Theoretical and Critical Considerations)、"清代的中国传奇剧：演化和惯常化"(Session 192, Chinese Chuanqi Drama in the Qing Dynasty：Evolution and Naturalization)、"中世纪初期中国文学中的音韵格律"(Session 197, Prosody and Metrics in the Early Medieval Chinese Literature：Perceiving the Generic and Linguistic Links)。

4. 考据研究

从考古和考证的角度研究中国文学，其方法并不新鲜，但由于考古工作的不断进展，新发掘的考古资料、出土文物，都可能给文学研究带来新的发现和突破。

年会议题专辟"关于'今本'竹书纪年近期著作和两项发现"(Session 107, Recent Work and Two Discoveries Concerning the "Modern Text" Bamboo Annals (Jinben Zhushu jinian)、"唐代文学的质料"（Session 151, The Material of Tang Literature Becoming Material：From Story to Object, Sarah M. Allen)、"模糊边界：出土文本与战国文类及学派的重新概括"（Session 239, Blurring Boundaries：Excavated Texts and the Reconceptualization of Genre and School in Warring States China) 等议题，可见这一领域在 2006 年度也颇有收获。

四、总结评估

从以上对于海外中国文学研究状况、格局、态势的考察，我们可以得出一些基本结论。

从总体上看，这一时期的海外中国文学研究，拥有开阔的学术视野、敏锐的问题意识和多样化的研究方法，并呈现出多学科交叉融合的强劲势头。其分布格局表明，无论是其中的性别文化、历史记忆、传媒文化、政治伦理、感性文化等热点问题或特色论题，还是文学史、作家传记、考据研究等传统路数，都打下多学科交叉融合的烙印。在文学研究中，遍布着从政治学、文化学、媒体学、伦理学、宗教学、历史学、考古学、人类学、社会学、心理学等角度切入文学的研究成果，而单纯的文学研究所占比例极小。

在多种研究方法和研究角度之中，所谓文学的外部研究（即分析文学在社会政治、宗教伦理、历史文化等方面的外部功能和意义）较之内部研究（从文体、修辞、风格、技巧等角度分析作品的内在审美意义）更受重视，成为主流。文学创作不再被视为独立自足的审美符号系统，而更易被当作社会、文化、历史现象的一部分，被置于更大的外部系统之中来阐发其意义。文学研究也不再侧重于作品内部的文本细读和技巧分析，文学审美价值的重要性让位于其社会、政治、历史、文化价值。海外中国文学研究领域的这一趋势，与近年来西方学术思潮走向表现出高度的一致性。由此说明，中国文学研究受到西方文学理论思潮和批评方法的强劲影响，甚至西方的某些学术时尚，也不可避免地进入了中国文学研究领域。

2006 年的研究成果也印证了近年来中国文学研究重心由古代逐渐向现当代偏移的趋势。尤其是当代文学较之过去受到越来越多的重视。从发表或提交到会议的成果来看，这一势头丝毫没有减弱。比如，英国汉学协会年会的议题几乎全部集中于中国当代文学。事实上，这一趋势与文学研究"向外转"的趋势之间并非毫无联系。对于文学的外部研究，由于不再强调文学作品的审美价值，不再把文学看成一个独立自足的小体系，而是视其为社会文化大系统的一部分，研究其在社会文化系统中的位置、功能、流通、传播等，于是文学研究便不必局限于讨论历经时代考验的伟大经典。作为社会文化现象，非经典的文学乃至通俗文学对于社会的功能意义并不亚于经典文学。在这一趋势中，尚未经典化的当代文学在研究领域已获得更多的合法性。此外，当代国际交流的现实需要，也促进了文学研究关注当下的趋势。

在传统研究领域，新方法和新视角也有着潜移默化的渗透。但新方法、新问题产生的影响是不平衡的。热点问题和新锐方法在自由开放的大型研讨会中更为常见，也体现得更为突出和直接，相对而言，在权威期刊和出版社发表的成果中，这种影响则稍显迟缓。这说明新的问题意识和研究方法在初涉学坛的年轻学者中拥有更大市场，有些可能会成为未来主流。我们所见到的趋势，仍处于一个动态的变化发展过程之中。

就海外中国文学研究的地域分布而言，总的说来，融合大于分化，国家、地域分布所带来的学术分野不太明显。研究特色往往以学科、研究方法分类，而在民族-国家之间，除语言界限之外，并未形成鲜明的地域特色或由地域文化来予以划分的学派。例如，无论是热点研究还是传统研究，在美、欧之间皆有区别不大的表现。这些说明了今天的全球化及文化交流与融合的强大趋势。虽然美欧之间的微妙差异不可避免，但不足以得出泾渭分明的结论。一般印象是，欧洲具有积淀深厚的语文学传统，而美国更侧重新方法、新观念的自由开放的运用，但对于 2006 年度的考察表明，这些并不足以构成欧美之间的明显分野。大体而言，美国拥有更为壮大的研究队伍，研究规模占据一定强势，这与英语在世界上的话语优势颇为相似。

海外的中国文学研究人员中，中国学者与外国汉学家各占一定比例。两者虽然出身的文化背景不同，却具有部分相同的教育背景，比如，往往都在西方大学接受过系统的学术训练，因而也不免受到西方批评理论潮流和问题意识的共同影响。他们之间在研究方法上的区别小于国内、外汉学研究的区别。这些研究多半是在中国文学研究领域中引入西方问题意识和批评话语，一定程度上使得中国文学成为西方新理论、新方法的一块试金石。如何从中国文学研究出发，提炼出更为普遍、更为锐利、更具有突破性的思想话语，从而有力地影响未来世界学术，这是一个需要继续努力而又可以期待的目标。

参考文献

[1] Button, Peter. Aesthetics, dialectics, and desire in Yang Mo's 'Song of Youth' [Qingchu zhi ge]. Positions: East Asia Cultures Critique (Durham, NC) 14, No. 1 (Spr 2006),193-217.

[2] Chan, Shelley W. It is hard not to write satire': in a world of vice and folly. American Journal of Chinese Studies (Columbus, OH) 13, No. 2 (Oct 2006),233-259.

[3] Chen, Fan Pen. Translations from Wang Bocheng's Tales of the Tianbao Era (Tianbao yishi): genre and eroticism in the Zhugongdiao. CHINOPERL Papers (Ann Arbor, MI) No. 26 (2005-2006),149-170.

[4] Chen, Xiaomei. Reflections on the legacy of Tian Han: 'proletarian modernism' and its traditional roots. Modern Chinese Literature and Culture (Columbus, OH) 18, No. 1 (Spr 2006),155-215.

[5] Cheng, Eileen J. Recycling the scholar-beauty narrative: Lu Xun on love in an age of mechanical reproductions. Modern Chinese Literature and Culture (Columbus, OH) 18, No. 2 (Fall 2006), 1-38.

[6] Daruvala, Susan. Yuefeng: a literati journal of the 1930s. Modern Chinese Literature and Culture (Columbus, OH) 18, No. 2 (Fall 2006),39-97.

[7] Edmond, Jacob. Dissidence and accommodation: the publishing history of Yang Lian from Today to today [case study of one poet]. China Quarterly (Cambridge, England; New York) No. 185 (Mar

2006), 111-127.

[8] Ellen Widmer. Foreign Travel through a Woman' Eyes: Shan Shili's Guimao lüxing ji in Local and Global Perspective. The Journal of Asian Studies, Volume 65, Issue 04, November 2006, 763-791. doi: 10. 1017/S0021911806001598, Published online by Cambridge University Press 02 Mar 2007.

[9] Genz, Natascha and Kramer, Steven, eds. Globalization, Cultural Identities, and Media Representations. Albany: State University of New York Press, 2006.

[10] Gu, Mingdong. Chinese Theories of Fiction: a Non-Western Narrative System. Albany: State University of New York Press, 2006.

[11] Hamm, John Christopher. Paper Swordsmen: Jin Yong and the Contemporary Chinese Martial Arts Novel. University of Hawaii Press, 2006.

[12] Han, Shelley W. "It is hard not to write satire": in a world of vice and folly. American Journal of Chinese Studies (Columbus, OH) 13, No. 2 (Oct 2006), 233-259.

[13] Hirsbrunner, Marco. Chinas kapitalistische Wende als kannibalistischer Exzess: Zum Problem der Integritat in Mo Yans Roman 'Jiuguo'. Asiatische Studien (Bern, Switzerland) 60, No. 4 (2006), 895-919.

[14] Idema, Wilt L. Something rotten in the state of Song: the frustrated loyalty of the generals of the Yang family. Journal of Song-Yuan Studies (Berkeley, CA) 36 (2006), 57-77.

[15] Idema, Wilt L. ; Li, Wai-yee; Widmer, Ellen, eds. Trauma and transcendence in early Qing literature. Cambridge, Mass. ; London: Harvard University Asia Center, 2006 (Harvard East Asian monographs, 250).

[16] Jin Siyan. L'ecriture subjective dans la litterature chinoise contemporaine: Denevir je. Maisonneuve Et Larose, 2006.

[17] Kinkley, Jeffrey. Corruption and Realism in Late Socialist China:

the Return of the Political Novel. Stanford Unviersity Press, 2006.

[18] Kowallis, Jon. The Subtle Revolution: Poets of the "Old Schools" in Late Qing and Early Republican China. Institute of East Asian Studies, University of California, China Series, 2006.

[19] Lackner, Michael; Yan, Xu. The erotic foreigner: five narratives from contemporary Chinese literature [novels by Li Shuang, Wang Anyi, Shen Dali, Wei Hui, and Pipi]. Asiatische Studien (Bern, Switzerland) 60, No. 1 (2006) 63-99.

[20] Lee, Christopher. Rethinking realisms through the writings of Eileen Chang. Amerasia Journal (Los Angeles, CA) 32, No. 3 (2006) 59-77.

[21] Lee, Mabel. Gao Xingjian's Fiction in the Context of Chinese Intellectual and Literary History. Literature and Aesthetics: the Journal of the Sydney Society for Literature and Aesthetics June 2006: 7-20.

[22] Lei, Daphne Pi-wei. Operatic China: Staging Chinese Identity Across the Pacific. New York; Palgrave MacMillan, 2006.

[23] Lewis, Mark Edward. The Flood Myths of Early China. Albany: Sate University of New York Press, 2006.

[24] Liang, Kan. Rethinking May Fourth: the vernacular literary movement in wartime Chongqing. Chinese Historical Review 13, No. 1 (Spr. 2006) 135-160.

[25] Liu, Ping; Van Fleit Hang, Krista, tr. The left-wing drama movement in China and its relationship to Japan. Positions: East Asia Cultures Critique (Durham, NC) 14, no. 2 (Fall 2006) 449-466.

[26] Lovell, Julia. The Politics of Cultural Capital: China's Quest for a Nobel Prize in Literature. University of Hawaii Press, 2006.

[27] Martin, Fran and Heinrich, Larissa, eds. Embodied modernities: corporeality, representation, and Chinese cultures. Honolulu: University of Hawai'i Press, 2006.

[28] Moran, Thomas, ed. Chinese Fiction Writers, 1900-1949. Dictionary of Literary Biography. Detroit: Thomas Gale, 2006.

[29] Moretti, Franco. Ed. The Novel, Volume 1: History, Geography, and Culture; The Novel, Volume 2: Forms and Themes. Princeton University Press, 2006.

[30] Owen, Stephen. The Making of Early Chinese Classical Poetry. Harvard University Asia Series, 2006.

[31] Pattinson, David. "The market for letter collections in sevententh-century China". Citation: Chinese Literature: Essays, Articles, Reviews (Bloomington, IN) 28 (Dec 2006) 125-157.

[32] Smith, Paul Jakov "Shuihu zhuan and the military subculture of the Northern Song, 960-1127" Harvard Journal of Asiatic Studies (Cambridge, MA) 66, No. 2 (Dec 2006) 363-422.

[33] Ptak, Roderich. Zheng He's travels in traditional Chinese literature [how his voyages and times have been perceived through the ages]. Citation: Chinese Cross Currents (Macau) 3, No. 1 (2006) 8-25.

[34] Rojas, Carlos. Flies' eyes, mural remnants, and Jia Pingwa's perverse nostalgia. Positions: East Asia Cultures Critique (Durham, NC) 14, No. 3 (Win 2006) 749-773.

[35] Sanders, Graham. Words Well Put: Visions of Poetic Competence in the Chinese Tradition. Harvard University Asia Series, 2006.

[36] Schaffer, Kay; Song, Xianlin. Narrative, trauma and memory: Chen Ran's A Private Life, Tiananmen Square and female embodiment. Asian Studies Review (Abingdon, Oxfordshire, England) 30, No. 2 (Jun 2006) 161-173.

[37] Shields, Anna. Crafting a Collection: The Cultural Contexts and Poetic Practices of the Huajian ji (Collection from Amid the Flowers). Harvard University Asia Series, 2006.

[38] Sieber, Patricia. Rethinking the history of early sanqu songs. CHINOPERL Papers (Ann Arbor, MI) No. 26 (2005-2006) 83-98.

[39] Shields, Anna M. "Remembering when: the uses of nostalgia in the poetry of Bai Juyi and Yuan Zhen". Harvard Journal of Asiatic Studies (Cambridge, MA) 66, No. 1 (Jun 2006) 233-254.

[40] Smith, Norman. 'Only women can change this world into heaven': Mei Niang, male chauvinist society, and the Japanese cultural agenda in north China, 1939-1941. Modern Asian Studies (Cambridge, England) 40, Pt. 1 (Feb 2006) 81-107.

[41] Stuckey, G. Andrew. Memory or fantasy? Honggaoliang's narrator [Red Sorghum, a novel by Mo Yan]. Modern Chinese Literature and Culture (Columbus, OH) 18, No. 2 (Fall 2006) 131-162.

[42] Ter Haar, Barend. Telling Stories: Witchcraft and Scapegoating in Chinese History. Leiden, Netherlands, and Boston. : Brill, 2006.

[43] Tian, Mansha and Odenthal, Johannes, eds. Lebendige Errinerung-Xiqu: Zeitgenössische Entwickelungen in chinesischen Musiktheater. Berlin: Theater der Zeit, 2006.

[44] Tong, Yao. Die Vielfältigkeit der Literatur: Ein Vergleich zwischen den Wahlverwandschaften von Johann Wilhelm von Goethe mit den klassischen chinesischen Roman "Traum der Roten Kammer" von Cao Xueqin und Gao E. Logos Berlin, 2006.

[45] Wang, David Der-wei and Wei Shang, eds, Dynastic Decline and Cultural Innovation: from Late Ming to Late Qing and Beyond. Harvard University Asia Series, 2006.

[46] Wang, Xiaolun. Travel and cultural understanding: comparing Victorian and Chinese literati travel writing. Tourism Geographies (Abingdon, Oxfordshire, England) 8, No. 3 (Aug 2006) 213-232.

[47] Wei Hua. How Dangerous Can the Peony Be? Textual Space, Caizi Mudan ting, and Naturalizing the Erotic. The Journal of Asian Studies, Volume 65, Issue 04, November 2006, 741-762. doi: 10. 1017/S0021911806001586, Published online by Cambridge

773

University Press 02 Mar 2007.

[48] West, Stephen H. Jin Shengtan, Mao Qiling, commentary and sex, and the Caizi Mudan ting notes to The Story of the Western Wing. CHINOPERL Papers (Ann Arbor, MI) No. 26 (2005-2006) 99-128.

[49] Widmer, Ellen. The Beauty and the Book: Women and Fiction in Nineteenth Century China Harvard University Asia Series, 2006.

[50] Williams, Philip F. ; Wu, Yenna, eds. Remolding and resistance among writers of the Chinese prison camp: disciplined and published London; New York: Routledge, 2006.

[51] Wong, Kam-ming. The butterfly in the garden: utopia and the feminine in The Story of the Stone. Diogenes (London) No. 209 (2006) 122-134.

[52] Wong, Lisa Lai-ming. Voices from A room of One's Own: examples from contemporary Chinese women's poetry. Modern China (Thousand Oaks, CA) 32, No. 3 (2006) 385-408.

[53] Xu, Jian. Body, Earth, and Migration: The Poetics of Suffering in Zhang Wei's "September Fable". Modern Language Quarterly 2006 June 67(2):245-264.

[54] Yang, Xin. Cyber writing as urban fashion: the case of Anni Baobei [wangluo xiaoshuo]. Southeast Review of Asian Studies (Staunton, VA) 28 (2006) 121-129.

[55] Yu, Shiao-Ling. From revenge to what? Seven hundred years of transformations of The Orphan of Zhao [zaju play Zhao-shi gu'er]. CHINOPERL Papers (Ann Arbor, MI) no. 26 (2005-2006) 129-147.

[56] Zhou, Jianming. Erzählstrategie in der Traumdarstellung der Deutschen Romantik und der chinesischen Literatur der Ming und Qing Dynastie. V&R Unipress. 2006.

国际经济社会学核心主题
前沿研究综述[*]

周长城　杨　敏等[**]

（武汉大学社会学系，武汉大学生活质量研究与评价中心，武汉，430072）

一、引　言

（一）前沿研究与问题意识的结合

本研究致力于对社会学一个重要分支学科——经济社会学的国际前沿研究成果进行追踪，一方面旨在引介国际社会学界新世纪以来对传统主题或新问题的最新研究趋势，另一方面在选取研究主题

　　[*] 本研究得到了武汉大学"海外人文社会科学前沿追踪"计划的资助，特此致谢。本课题名称为"国际社会学研究的现状及发展趋势"，课题组主持人为武汉大学社会学系周长城教授，参加者包括武汉大学社会学系杨敏博士，武汉大学社会学系博士研究生陈云、孟霞、张云霞，硕士研究生李成霞、李细香。具体分工如下：周长城教授确定研究主题和研究框架，统校全文。杨敏执笔第一部分，陈云执笔第二部分，张云霞执笔第三部分，李成霞执笔第四部分，第五部分由孟霞和李细香共同完成。周长城、杨敏和陈云对全文进行了修改和审校。另外，需要说明的是，由于这是首次增加社会学的报告，为了知识体系的完备性，本报告的内容不仅限于2006年或者2007年的，也包括对近期经济社会学的核心内容进行梳理与评价。

　　[**] 周长城，经济学博士，武汉大学社会学系教授、博士生导师、副系主任；武汉大学生活质量研究与评价中心主任，教育部哲学社会科学重大攻关项目首席专家。

　　杨敏，清华大学博士，武汉大学社会学系讲师。

方面也力图结合中国社会转型的实践过程，希望这些前沿研究的理论视角和研究方法能为研究中国社会问题时所用。国内学界，清华大学社会学系首开"面对中国社会的真问题，与西方社会学前沿理论展开有建设性的对话"之先河（《清华社会学讲义》总序），在学术研究和学生培育方面倡导一种"问题意识"，也即社会学的研究问题应该既超脱于经典理论的刻板片段，也独立于权力机构的长官意志，而产生于日常生活的实践运作之中，能够揭示和解释中国社会独特的实践运作逻辑。但这种具有强烈本土化色彩的问题意识和理论创新又绝不是闭门造车就能产生，它必须与国际社会学的前沿理论进行融汇与对话，方能在国际社会科学领域立足和做出贡献。本研究正是秉承这一宗旨，将国际前沿研究与面对中国社会真问题的"问题意识"相结合，选取国际经济社会学领域若干主题进行引介，为学界同仁抛砖引玉。

（二）研究主题的选取

首先，社会学研究内容丰富，分支学科众多，对其前沿研究进行全面介绍非作者力所能及，一者出于专业兴趣，二者也由于经济社会学在中国还处于亟待发展的阶段，且中国市场转型带来的大量社会问题、经济问题也急需新的理论视角进行分析，故仅撷取经济社会学的前沿发展进行综述。

其次，经济社会学研究主题也呈纷繁之势，在选取几个核心主题时主要做了以下两点考虑。第一，通过对几本国际社会学权威期刊近 7 年（也即 2000～2007 年）的研究主题进行了搜索、浏览和分类整理，列出新世纪以来西方经济社会学关注的热点问题，这些热点问题都有成熟的理论发展脉络。第二，在这些国际热点中，筛选出与中国社会现实问题密切相关（或者研究视角和理论切合中国问题研究，或者研究问题直接与中国社会有关），对推进中国经济社会学研究有指导和借鉴作用的主题和文章。最终选取的主题包括劳工研究、组织研究、网络与嵌入研究和中国研究等。

之所以将劳工研究也纳入本文的研究范围，是因为随着国际劳动密集型产业向第三世界国家转移使中国逐渐成为"世界工厂"，以及中国的工业结构转型，国企在岗工人、下岗工人和私企农民工的工作条件、社会保障、劳资关系、集体行动等成为转型社会的重大问题，引起海内外学者的广泛关注。这些问题同时也关涉中国社会和经济的稳定发展，故将之纳入经济社会学知识体系。国际劳工研究的思想渊源、现代劳工研究的转向（包括阶级形成、工人运动、集体谈判）以及当代劳工研究的新进展（产业工人研究的复兴、工人抗争、归属和话语等），都为了解中国劳工这支某种程度上决定中国历史进程的力量的集体行动及其与国家的互动提供了很好的理论启示。

组织和网络当属传统经济社会学和新经济社会学的经典研究主题。组织研究在中国日显重要与海外华裔学者（斯坦福大学的周雪光先生当属先驱）的努力是分不开的，他们将西方组织理论与方法系统地介绍过来（在清华大学开设《组织社会学》课程），培养和资助学者尤其是年轻一代学者对组织研究的兴趣（如连续几年在国内知名大学举办"组织社会学工作坊"研讨会）①。此外，中国的企业组织发展过程本身也日渐成为海外组织社会学的研究对象。20世纪80年代以来社会网络分析的异军突起自产生伊始就受到国内学界的关注，原因在于中国社会是一个特别适合用网络视角来研究的社会。从个人工具性行动的实现到企业的发展，无不受到关系网络的促进或制约。乃至有学者提出警告，中国社会的健康发展也许不在于倡导对非正式关系网络和社会资本的利用，而是正式制度的建设。本文对国际学术界相关组织与网络的最新研究成果进行了介绍，尽管文章的选取和概括难免有所缺失，但作者仍然尽其所能为读者提供研究线索和启示。

最后，值得一提的是本文有一项内容专门介绍近些年来国际经济社会学研究中的"中国研究"。前面已提到，引介国际经济社会学前沿研究的主要目的在于提出和分析中国社会的真问题。中国不同于资本主义社会的社会形态和运作机制以及中国社会转型过程使

---

① "组织社会学工作坊"近年分别在中山大学、上海大学、中国人民大学和北京大学举行，武汉大学周长城教授和杨敏博士，以及博士生谢颖等分别参加了在中国人民大学、北京大学举行的工作坊。

中国社会具有独特魅力,日渐成为国际学术界关注对象和推动社会科学发展的理论源泉。此部分关于市场转型的理论争鸣和中国市场转型过程中的社会问题、中国企业组织和农村组织的运作、社会分层体制及其变化趋势、政府和社会控制的研究等可让我们了解国际学界对中国社会转型的研究兴趣、理论视角和研究方法,将其与国内相关研究进行比较和交流,可推动我国经济社会学研究的纵深发展。

(三) 研究方法和资料来源

本研究主要采用文献法,在资料的搜集上有两个考虑。第一,对国际社会学界的权威刊物《国际社会学》 (International Sociology,国际社会学学会主办)、《美国社会学杂志》(American Journal of Sociology,芝加哥大学社会学系主办)、《美国社会学评论》(American Sociological Review,美国社会学会主办) 等杂志2000年至2007年以来的文章主题进行分类和整理,找出21世纪经济社会学最新的研究成果。第二,在整理出几个核心主题后,作者发现每一主题又有其自身的发展脉络,因此,仅仅阅读这几本期刊的文章是远远不够的。于是根据以上选取出来的文章的文献索引又继续搜索出相关的重要文献,既包括国外重要期刊的文章及专著,也包括国内权威期刊《社会学研究》上的精品文章和其他译著。具体刊物和著作见本文的参考文献。

从写作方式上,本文从横向和纵向两个方面展开,横向上选取了几个核心主题分别进行介绍,纵向上既涉及了最新的前沿研究成果,也综述了每个理论的发展脉络,以求让读者对每一主题都有一个相对全面的了解。

二、劳 工 研 究

劳工研究一直以来是西方社会学、政治学关注的重要领域。从一定程度上讲,近代资本主义的发展历史也是劳资关系曲折发展的历史。时至今日,劳资关系及与其相关的制度、法规已成为现代社会的中心,对其研究的重要性不言而喻。今日的劳工概念也不是

19世纪的无产阶级、20世纪的蓝领，它泛指社会中的工薪收入者，无论他们的雇主是政府、国有企业，还是股份制公司、私人企业。今天的工会会员中不仅有工厂工人，也有农场工人、教授、工程师、警察、公务员、体育明星、医务人员；不仅有全日工，还有临时工、半日工、钟点工，甚至失业者。传统意义上的劳工研究已经无法涵括这样的内容，它需要新的、更广泛的研究领域，更多学科的理论与方法，更丰富的研究内容。

（一）当代劳工研究的思想源流

劳工研究最初是关注劳资双方就生产控制权和收入分配权展开的斗争，以及这种斗争所引起的冲突。19世纪后半期到20世纪初叶，伴随着资本主义经济的发展，产业工人和资本家之间的矛盾日益加深。这一时期，劳资矛盾尖锐，劳资问题成为影响经济生活的一个重大因素，劳动制度、工资制度是否合理，以及劳动条件是否人道等都成了学者们研究的重要课题。马克思的劳工运动理论和韦伯夫妇的产业民主理论基本上奠定了西方劳工研究的基调，即对产业工人和工人运动持续关注并探讨如何通过管理理念和手段的改进缓和劳资关系。

20世纪70年代以后，由于第三次科技革命的迅猛发展，西方资本主义社会出现了两大变化——传统产业工人数量的下降和知识型雇佣劳动者阶层的兴起以及传统工人运动的萎缩和新社会运动的兴起——劳工研究也发生着重大转变。

一方面，西方学术界围绕"阶级消亡"的话题展开了激烈的争论。赞成者认为，在西方社会，"阶级"作为分析工具与作为社会历史实体都已结束了。反对者则认为，虽然后工业社会的社会结构发生了很大变化，但是阶级作为社会实体仍然继续存在，是导致社会不平等的重要因素，因此阶级分析在当代社会仍然是非常有用的工具。但是，争论双方都认为阶级形成是当时学术与政治关注的中心。

在阶级形成研究领域，争论的问题并不是阶级形成是否有研究的必要性，而是阶级是怎样形成的。汤普森在研究英国工人阶级的形成问题时，引入"阶级行动"的概念以突破传统马克思主义的经济决定论，并借用"阶级经历"的概念，强调文化与社会制度在阶级意识形成过程中的重要作用，确定了所谓的历史主义和建构主义视角，从而实现了将劳工史学从追求宏大和普遍意义的理论范式向微观或局部历史论证的理论范式的转变。霍布斯鲍姆与汤普森的争论并不在于英国工人阶级在 18 ~ 19 世纪是否形成，而是工人阶级形成的时间、途径以及条件。卡兹尼尔森、泽尔博格与汤普森的分歧也在于此，他们通过比较三个国家工人阶级的形成模式，得出 19 世纪西欧与美国工人阶级在形成模式上与汤普森的英国模式存在巨大差异。

斯波恩在总结 20 世纪 60 ~ 90 年代的阶级形成理论时指出，60 ~ 90 年代工人阶级形成的理论，在理论与方法上解决了两大核心问题：其一，阶级概念本身存在着问题，反对传统马克思主义经济基础决定上层建筑的模型，不仅阶级的概念、定义和方法问题被提了出来，而且工人阶级内部不同阶层的联结问题也被提了出来；其二，通过认识工人阶级的形成过程不仅是工人阶级内部的发展过程，而且也是依赖工人阶级与不同社会背景之间特殊关系的、变化着的过程，工人阶级的形成过程与社会背景的关系问题也被更加系统地加以考虑（Spohn，1998）。

另一方面，随着西方社会经济结构的变化和资本主义国家管理理念的更新，劳资关系得以更新，劳资矛盾得以缓和，工会组织也以社会改良取代了社会革命。工运自身失去了早期工人运动的方向感，演变成体制内争取社会再分配的一般角色。所以，劳资谈判的策略、方法，民主参与的方式、技巧都是工会所特别关注的问题。同时，资产阶级学者们也提出了通过管理控制消减工人抗争的理论观点，研究资本家或企业管理者如何化解工人抗争、协调劳资关系。这些研究成为当时"新社会运动理论"的重要组成部分。

（二）当代产业工人研究的复兴

随着后工业社会的来临，西方社会的工人阶级逐渐从政治舞台退隐而被认为是一个日益丧失历史意义的阶级。西方社会学界将此种状况称为"双重危机"：劳工运动本身的危机以及劳工研究的危机（Silver，2003）。但是，必须看到，在资本主义全球化的影响之下，产业工人阶级的"国际重组"正在进行。在西方发达国家中逐步消逝的产业工人阶级，却在一大批发展中国家和转型国家中迅速崛起。发展中国家和转型国家变成全球产业工人阶级的复兴基地（沈原，2006）。全球化时期对传统劳资关系和工人运动研究的继承和发展的最典型表现是"血汗工厂"和"反血汗工厂行为守则运动"研究的兴盛。

1. 血汗工厂

血汗工厂的出现是与资本在一定地域内"过度积累"（Harvey，2001）并向劳动力廉价、税收优惠的地区转移的过程相伴而生的。在亚洲、非洲、拉丁美洲的广大发展中国家和地区形成了前所未有的"全球性无产阶级化"的图景（余晓敏，2006）。

戴维·哈维从资本积累方式的角度研究了"血汗工厂"的出现。他将这种变化称为"弹性的积累"，即全球化的资本主义在过程和结构上都与"福特制"的"刚性"格格不入，新的经济秩序表现为一种"弹性的积累"——在劳动过程、劳动力市场、生产和消费模式上都表现出充分的"弹性"（Harvey，1990）。雷德森进一步指出，在这一过程中，资本主义生产组织方式的变化也表现为由"福特制"向"后福特制"或"弹性专业化"的转变。新的生产组织方式使用灵活多样的机械和高技能的劳动力，小批量地生产特殊化的产品，满足多样化且不断变化的市场需求，从而最终兼顾生产效率和规模经济效应（Nadesan，2001）。①

"血汗工厂"的出现也是资本主义国家资本追求利润最大化的方式由生产领域向市场领域扩展的结果。克罗斯认为，发达工业化国家的经济模式是典型的消费经济。作为资本主义固有的意识形态，"消费中心主义"在新自由主义全球化的过程中得以空前膨胀（Cross，2000），并对"全球化的资本主义"起着意识形态上的支撑作用（Sklair，2001）。面对"消费经济"带来的巨大市场，资

---

① 本文关于"血汗工厂"和"反血汗工厂行为守则运动"的相关内容，详细参考了余晓敏的《经济全球化背景下的劳工运动：现象、问题与理论》一文，详情可见《社会学研究》，2006年第3期，第188-246页。

本解决"过度积累"危机、实现利润最大化的活动逐渐由生产领域扩展到市场领域。

新自由主义的经济全球化对于劳动体制、劳工权益和劳工运动都产生了巨大冲击。穆涅斯在对于美国和墨西哥边界的工厂体制的比较性研究中发现，美国政府对于由两国边界进入美国的墨西哥移民的严格管制不仅限制了墨西哥劳动力向美国的自由流动，而且对位于两国边界工厂中"专制性"的工厂体制的形成有着直接影响（Munoz，2004）。

此外，资本在全球流动追求利润最大化的活动造成了工作条件和劳工利益的"向下竞争"。强迫性劳动、使用童工、工作时间过长、无报酬加班、职业伤害和职业病、体罚、性骚扰、工资过低等问题都是工人担心失去工作机会、降低工作条件要求的恶果。资本的全球流动性加剧了不同国家劳工对于有限工作机会的竞争，而劳动力市场、生产过程、产业关系的多元化致使工人阶级对于资本主义的反抗和对替代性制度的理解很难统一（Harvey，2001）。同时，工会作为传统劳工运动的组织主体，不仅表现为会员数量萎缩，而且表现为意识形态危机，即认为现有的社会制度是无法改变的（Lambert，2002）。

2. 反血汗工厂运动

20世纪90年代中期以来，血汗工厂、失业、贫富分化、环境污染、战争等反映经济、政治、社会不公正的问题引发了一系列"反全球化"的社会运动。"反全球化"社会运动关注的一个重要问题就是新自由主义全球化下的劳工问题，尤其是血汗工厂的再现。90年代初以来，全球"反血汗工厂/公司行为守则运动"围绕着三个主题不断推进：守则制定、守则监察、劳工赋权（余晓敏，2006）。

《公司行为守则》用于规范供应商工厂的劳动条件和劳工待遇。《大学生行为守则》用于规范生产带有大学标志产品的供应商的劳工状况。《大学生行为守则》通常严格要求供应商向大学公开其所有工厂的信息，要求尊重工人、组织工会的权利，要求提供高于法定最低工资的"生活工资"（Esbenshade，2004）。《多种利益主体守则》则是美国政府牵头成立的，由工厂、工会、宗教组织、人权组织共同参与的联盟组织制定的守则，用以消除服装业和制鞋业中的血汗工厂。

欧鲁克在此研究的基础上指出，守则的有效性必须以有效的监察机制为保障。他区分了三组监察机制："内部监察"和"外部监察"、"多种利益主体监察"、"独立性监察"，并分别指出其特点和适用范围（O'Rourke，2003）。监察机制的完善提高了守则实施过程的透明度和民主性，但是依然无法对全球性生产体系中所有工厂进行监察。如何向劳工赋权，增进工人在守则实施过程中的行动能力成为运动的关注点。发展出的具体手段由劳工培训、增强工人对手则监督机制的参与、建立"非工会性的员工代表机制"、通过守则监察推动工会组建和集体谈判等。（见表1）

表1　　　　　　　传统劳工运动与反血汗工厂运动的比较

	传统劳工运动	反血汗工厂运动
社会基础	产业工人	多种阶级，中产阶级的行动者和消费者或其与工人的联合
参与主体	工会、代表劳工利益的政党	工会与人权、学生、消费者、宗教组织结成的"行动者联盟"
对抗对象	生产领域里的制造商	品牌公司
运动场域和对象	生产领域 组织工人发动行动，争取劳工利益	市场领域 动员消费者，改造不道德资本的商业行为
运动目标	推翻剥削性的经济制度	改良社会，维护政治、文化、道德领域的民主、自治、正义原则
运动的范围	民族国家内部	跨国性战略和行动

说明：本表是对余晓敏《经济全球化背景下的劳工运动：现象、问题与理论》一文的相关内容进行归纳、总结而来。

3. 其他研究

（1）工人抗争的社会基础与个人形式

如前所述，工作组织、职工福利和抗争行为之间的关系一直是社会学理论的核心。但是罗斯格鲁和豪德森指出，社会学关于工人抗争和阶级运动的理论夸大了组织结构的重要性，而相对忽视了工作中的社会关系。在任何特殊组织形式内部都有社会和人际关系变量，这些实际情况是在发展关于工人行为和工作场所实际情况的理论模型时必须考虑到的。此外，已有的研究大多关注集体抗争策略，而非个人抗争策略。这些模型经常贬低企业基层代理人的重要性和可能性，这些人既可能被管理者利用，也可能被工人在反抗工作的苛刻时利用（Roscigno and Hodson，2004）。

他们通过使用一整套 QCA 还原技术和量化比较法揭示了非常有趣的组织构造，这些构造在集体抗争和个人抗争形式中都表现出差别。他们还发现了三种类型的工作场所。划分类型的标准是它们结构上的共性以及这些共性与各种抗争形式之间的关系。争论型工作场所的特征是在组织基层中存在与管理方系统性、持续性的冲突，工人们团结在一起，资源以联合的形式呈现，甚至有可能存在官僚结构。内聚型工作场所的特征是工人代表制，可能会有少许的冲突和滥用。无组织工作场所的组织基层非常薄弱，在当前和历史上几乎不存在工人代表制。每种工作场所对理解和解释工人抗争都有着独特的影响（Roscigno and Hodson，2004）。此外，集体抗争和大多数个人形式的抗争都不是相互排斥的。组织基层的社会关系在推动集体和个人抗争方面都有着积极意义，尤其是与管理者的系统而持续的冲突。

（2）工人身份归属研究

今日社会，资本主义组织生产的传统方式正日益衰落，工人的工作性质、工作场所和工作意义正发生变化。其中最明显的变化是工人参与管理。扩大工人职责的原因主要是出于两个考虑。其一，全球经济压力要求工人介入持续发展的生产方式中；其二，模糊工人与管理层之间的界限，进而协调劳资关系（Baugher，2003）。在这种新的雇佣关系下产生了一些有趣的问题：参与决策制定过程的工人其身份归属是怎样的？受到哪些因素的影响？

马克思主义者的一种观点认为，参与管理者的身份与管理层的利益联系在一起。参与管理是霸权控制的一种形式，在这种形式下，工人因为害怕工厂关门而同意自己来开拓。马克思主义阶级分析的另一种观点虽然也认为工人承担半监督的责任与管理层相关联，但是其核心关注不是意识形态，而是权力在多大程度上分散到企业基层。韦伯主义的观点认为工头以及扮演半监督角色的工人的阶级归属并不模糊。阶级地位是由代际之间和代际内部的职业流动的特殊模式决定的。迪尔凯姆主义者则关注产生雇佣关系的一种共享理解的工作形式的重要性。从这种观点来看，参与管理的工人的身份与公司利益相联系。在一定程度上，管理层的行为由互惠、信任、意见一致、组织公正等形式组成（Hodson，1999）。

鲍格通过一项大型的调查发现，从目前美国的情况看，参与管理的工人的身份不可能被界定为工人和管理层之间的中间阶层（Baugher，2003）。首先，大部分参与管理的工人其家庭背景都属于蓝领，而且其地位也不是对管理层的侵入。生活模式要素和向上流动的机会的结合对于构造工作身份至关重要。其次，在发达的工业社会，工人参与管理可被视为雇佣关系的"主观现代化"或"个体化"倾向。工业生产的沟通层面的扩张降低了工作系统的官僚作风，更有利于工人个性的展示，从而使传统的以阶级为基础的工作身份逐渐弱化。对工作身份的这种反传统化应当予以跨代际和跨区域的关注。在现实生活中，参与管理的工人身份的归属是由管理层和工人利益共同决定的。管理层的意识形态在决定工人的忠诚度方面的作用是有限的。对参与决策制定的工人的最好描述是"管理层的顾问"，因此也必须有一个真正的权力分享过程。只有当管理层公开表示尊重工人，愿意增强对话与沟通，参与管理的工人的身份才能与企业目标相联系。

（三）当代劳工研究的拓展

进入20世纪80年代以后，以资本和金融市场为主导的经济全球化的快速发展和跨国公司的全球扩张打破了"二战"以后逐渐形成的劳资力量的相对平衡。劳工研究也相应发生了一些新动向，研究的领域更为广泛。传统产业工人的数量在西方社会逐渐减小，工会组织逐步分裂，工会行动的影响力大幅度降低，劳工群体的组成不断扩充，工作性质、工作方式和工作时间也日趋多元化，工作机会和工作待遇在不同群体之中不平等的分配、国际移民工人的出现等问题推动了劳工研究的微观化、多元化和国际化。传统的结构主义和文化主义视角依然延续，解构主义、建构主义、女性主义、生态主义等视角也相继进入，以探讨新兴劳工问题的发展方向和特质。

1. 工作中的不平等

"工作中的不平等"这一主题是近年来西方劳工研究的重要领域，全球化进程下，工作时间、工作收入、工作条件、劳动保障等问题往往与弱势劳工群体密切相联，从而产生严重的不平等。而今，在国际劳工组织的官方网站上，可以看到几乎每一弱势群体都有相关的主题（女工、童工、失业工人、临时工、残疾工、老年工等）。由于篇幅所限，本节仅从该领域最传统的性别视角出发，介绍一些前沿性研究。

女性所做的工作一般都被认为不如男性所做的工作那么重要。经济学家将这种结果归因为两性在技术、工作条件、供需状况等方面的差异。社会学家则强调从文化的角度来理解女性工作意义的贬值。实际上，在一些关于性别不平等的社会学著作中，性别不平等就是一个反映歧视女性工作的通用概念。性别隔离对收入不平等的影响是最引人关注的研究主题之一。许多学者都对此进行了深入调查，并给出了两性工资收入差别的程度。

针对大量的性别不平等研究侧重描述职业和职位的性别隔离对两性收入的影响程度这一趋向，Baron 提出，要转变研究思路，考察某些与雇佣组织的特点相关联的变量如何影响对女性劳动的评价。循着这一思路，学者们深入研究了雇佣组织和劳动力市场在贬低女性工作价值方面所发挥的作用。CoHen 和 Huffman（2003）尝试分析了劳动力市场的性别隔离与性别构成效应的互动模式，而且也尝试回答了这样一个问题，即职业的性别隔离能否加剧妇女工作贬值的倾向以及在女性主导的工作部门中扩大性别收入差距。他们发现，女性占主导地位的职务平均工资比较低，而且在大量女性职位中同一工作岗位上的性别不平等更加严重。在女性主导的职位上工作的女性要遭受双重惩罚：不仅她们工作的岗位平均工资低于男性占主导的岗位平均工资，而且在同样的岗位上，她们赚的也比男性少。女性从劳动力市场的性别整合中确实有所获益。劳动力市场的整合还有其他益处，即使工作岗位完全隔离，女性也能从职业性别隔离较少的劳动力市场中获益。因此，他们认为性别贬值具有显著的局部活力。此外，他们还分析了职业整合如何影响局部性的贬值过程，其途径有多种。一种是通过改变具体的形式来影响女性工资收入，例如对雇主和管理者施加更大的压力来提升女性，强调女性在决策制定地位上的代表权等；另外可以借助职业整合推动制度环境的完善，其中无论是女性主导的职业还是男性主导的职业，其工资水平都是确定的。

总体而言，CoHen 和 Huffman 的研究至少在两个方面为性别不平等研究的发展提供了新的方向。首先需要进一步揭示那些支持性别贬值的过程，以及它们如何与局部劳动力市场互动。这些过程可能根植于制度或法律环境。其次，种族、民族要素也可能与性别效应发生互动，通过引入这些互动模式，就可以发展出新的理论与方法。

Tomaskovic-Devey 和 Zimmer（2003）等人正是沿着这一方向考察了 1996 年至 2003 年间美国工作领域中的种族、民族和性别隔离的变迁趋势。在他们看来，对工作场合隔离问题的分析能反映诸如工资和晋升等就业不平等问题。他们通过对工业和部门性隔离模式、区域和劳动力市场隔离模式、工作机会隔离的全国性趋势、1996 年以来工作场合中性别和民族—种族隔离趋势、主要工业部门和地区内的隔离趋势等数据的分析，揭示了男性—女性、黑人—白人和西班牙裔美国人—白人工作隔离趋势的走向。

2. 工作时间错位研究

工时研究一直是劳工研究的一个专题。在古典马克思主义看来，工时研究的意义在于它揭示了剩余价值产生的路径。在血汗工厂里，工作时间的延长和无报酬的劳动则构成了全球化资本剥削国际廉价劳动力的直接证据。因此，工作时间的长短是衡量工人劳动条件和报酬的重要指标。但是，随着劳工概念的不断扩张，工时研究与其他维度相结合，发展出了许多新的研究主题和方向。

传统的工时研究主要关注实际工作时间与行业、年龄、性别之间的关系。一般性研究的结论是，发达国家的工时结构对适当的工作时间的安排需要满足五个相互关联的标准：维护健康和安全，有助于家庭建设，增进性别平等，提高生产力，推进职工在工作时间方面的选择性和影响力（ILO，2007）。当然，这些研究普遍假设职工可以在一个特定工资水平上自由选择工作时间，人们能够根据自己希望的时间来工作（Blundell et al.，2005）。因此，很多学者都认为实际工作时间是期望工作时间的良好反映。但是，20世纪末以来，美国和其他国家都普遍存在实际工作时间和期望工作时间不匹配的问题。学者们在质疑原有假设的同时，也在从时间限制的视角发展新的解释。

工时错位是指人们实际工作时间和期望工作时间之间的错位。工作时间错位与企业运营、职工人身安全、个人福利、工作和家庭生活的冲突以及性别不平等均存在关联。在时间错位与组织运营的关系问题上，斯坦伯等认为实际工作时间长于期望工作时间的状况与较低的组织公民权水平是相联系的（Stamper and Van Dyne，2001）。鉴于组织运营越来越需要忠诚而尽责的员工，时间错位问题可能对组织成功形成日益严重的威胁。在格林斯基等人看来，如果雇员觉得工作繁重，他们就更容易在工作中犯错误，对雇主不满，与工友不合作，并且产生跳槽之心（Galinsky、Kim and Bond，2001）。戴蒙比也指出，实际工作时间过长更容易导致受伤（Dembe et al.，2005）。所有这些结果都暗示着一支团结的、忠诚的、高效的劳动力队伍对组织成功深远意义。

工时错位也会影响身体和心理健康。普罗斯和杜里发现，非自愿的兼职就业者的自尊心较低（Prause and Dooley，1997），并且有酗酒的习惯。与其他雇员相比，那些工作繁重的职员反映有更大的压力，更剧烈的工作—家庭冲突，更多睡眠问题和更糟糕的健康状况（Galinsky et al.，2001）。

此外，时间错位使员工更难以照顾家庭，也更难获得足够的经济支持。杰古伯斯和杰森发现，在过去的数十年里，双收入家庭和单亲家庭越来越普遍，很多男人和女人必须在没有全职的、无报酬的照顾者支持的情况下同时兼顾工作和家庭生活（Jacobs and Gerson，2004）。此外，时间错位与性别不平等也密切相关，男性的周工作时间和年工作时间仍然比女性多。辛格利和希恩斯指出，对组织和照顾家庭的男女分工形式的严格要求产生了两性在工作时间上的差别，并且妨碍了两性更平等地分配有报酬劳动和无报酬劳动（Singley and Hynes，2005）。

时间错位问题的研究还具有积极的理论意义。新古典主义经济学认为，人的偏好是稳定的，市场可以通过允许职工改变他们的实际工作时间来逐步消除时间错位。因此，在偏好和行动之间会存在一个紧密的对应关系。社会学家和其他对市场效用较为消极的学者则认为，社会结构经常会妨碍人们得到他们想要得到的东西。偏好是多元的、多变的，因此，时间错位问题是普遍的、难以解决的（Jacobs and Gerson，2004）。人们有时候会放弃内在的偏好，而根据实际情况重新确立偏好（Konrad et al.，2005）。两种视角的争论最终产生了一个全新的研究课题，即考察时间错位如何随着时间的推移而发生变化，以帮助揭示劳动力市场如何影响这两种视角的发展（Reynolds and Aletraris，2006）。

3. 无报酬劳动与性别分工

随着性别主义视角的介入，学者们越来越关注性别—工作时间—家庭建设之间的联系。一部分学者致力于探讨社会变迁与两性家庭劳动分工之间的关系。男女两性在家庭和社会、有报酬劳动和无报酬劳动领域地位和影响力的变更经历了两个阶段的发展。在工业革命时期，男性离开家庭从事有报酬劳动，从而转变了他们在家庭生活中扮演的角色（Coltrane and Galt，2000）。在 20 世纪中期，经济变迁激发了先进工业化社会的第二次转型，已婚妇女越来越多地离开家庭从事有报酬劳动。相应地，新的双收入家庭模式出现了（Hobson and Morgan，2002），又一次转变了男性的家庭角色，削弱了男外女内的家庭形态。

在第二次转变过程中，男性的家庭时间成为争论的议题。Gershuny（2000）总结了争议双方的观点。一方认为，尽管男人的无报酬劳动时间增加了，但是其增加的部分既无法弥补妇女家庭时间减少的部分，也无法与妇女们在家庭中投入的时间相等同。相反的观点则认为，男性和女性的无报酬劳动实践正在慢慢聚合。

进入 20 世纪 90 年代以后，制度主义者所关注的问题是福利国家与劳动力性别分工之间的关系。两项最近的研究发现关系资源、性别意识、时间限制的特征会因制度不同而有所区别。但是，总体而言，之前的研究基本都限于民族国家的概念范围，使用国内的数据。这样就无法在一个全球视野的高度来分析不同国家的政策差异对家庭劳动力分工的影响。

在个人层面，经济学家和社会学家发展出了很多理论来解释男性的无报酬劳动。针对贝克的"实现家庭效用最大化"的解释，很多反对的观点认为，个体并不总是为了家庭利益而行动。时间限制视角则假设讲究实用主义的个体会对从事家庭劳动的有效需求做出回应，而且伴侣们对工作量的贡献是趋于平等的（Hook，2004）。社会交换和经济交易模型假设夫妻具有潜在的相互冲突的利益，他们在婚姻之内对时间和资源的分配进行交易。最新的研究是探讨家庭之外的因素，例如社会经济状况和社会政策，如何影响家庭内的交易。例如性别意识／社会化视角就强调性别如何影响劳动分工。它假设两性中拥有更平等的性别态度的一方将会更公平的分配家务劳动。但是研究结果显示，社会化和态度并不是决定因素，而社会背景（例如就业形势）却能够替代性别意识成为关键变量。

总而言之，社会学劳工研究的发展是与时代变迁密切结合而不断向前推进的。在近百年的发展历程中，产业工人的工作福利和抗争行为始终是劳工社会学关注的核心，并形成了一个独立完整的脉络。随着全球化的推进，劳工研究关注的对象和问题早已超出了产业工人的范围（但仍以此为基本纽带），拓展到更广阔的领域。一方面，各个国家都密切结合全球化与本国社会的变迁，而突出劳工研究的区域性。例如，美国劳工研究突出移民在工人阶级中的特殊经验作用；俄国劳工研究强调工人阶级的经验与国土变化的联系；

中国劳工研究侧重社会急剧转型对下岗工人、农民工人的身份和地位认同的影响。另一方面，各国也展开了普遍合作，研究资本、市场、劳动力全球化流动带来的不平等和发展机遇问题。社会学应当与经济学、政治学、法学、人口学等学科广泛交流，以应对国际劳工研究的发展趋势。

三、组 织 研 究

20 世纪 50 年代以来，组织一直是社会科学一个公认的研究领域。关于组织的任何连续性的思想，在本质上都是跨学科的思想（费埃德伯格，2005）。经济人类学、新阶层经济学、政治经济学、劳动力市场和分层社会学、组织社会学等学科分支，组织和管理理论、制度理论、理性选择、社会网络分析等理论范式都按照自己的研究角度对各种经济组织以及它们之间、它们与其他组织之间的关系进行了大量研究，经济社会学的研究贡献与他们的研究成果不可分割。

本部分内容借鉴了大量经济社会学、组织社会学等方面的学术活动和文献，在总结学者们对组织涵义的认识和分类、概括经济社会学学科化过程中对组织研究的基础上，对当代一些学者最感兴趣的组织前沿研究——组织的特征、结构、公司治理等进行了重点介绍。

（一）组织的概念与分类

在组织的特征与分类这一研究领域，韦伯的研究是最具传统影响的。他关于科层制的论述和对"神赐的"、"传统的"和"法理的"权威所建立的组织类型的划分引起了人们对组织分类研究的极大兴趣。

受韦伯的影响，从 20 世纪 40 年代到 60 年代，美国社会学的主要成就就是对单个组织进行周密调查的个案研究（福武直，1982）。进行这一研究的学者，主要有 P. 塞尔兹尼克（如他的《田纳西河流域和农业区》），他强调的是组织表现出来的"矛盾性"。他认为，组织一方面是"服从于可算计操纵的正式结构"，另一方面又是"不可避免地嵌入在制度矩阵中"的社会结构。A. 古尔德纳提到了组织作为强制系统和同意系统的"两面"特征（如他的《产业官僚制的形式》）。P. M. 布劳集中关注科层制的"两难困境"。即它作为被设计为解决特定问题的正式结构又导致了其他问题的产生。这些研究多数只限于在一个组织内（布劳是在两个组织内）进行详细的研究，对个案进行实际分析。

斯科特认为在人们的研究中，对组织的理解有一个从依赖于实体主义的结构模式向依赖于关系的结构模式的转换（斯科特，2006）。依赖于实体主义的结构模式包括自我行动（ self- action）定义和互动（ interaction）定义。自我行动定义强调组织的独立性，强调将组织和社会结构的其他类型区分开来的那些特征。这种观念在其形成时期主导着组织研究，包括韦伯、马奇和西蒙、布劳和斯科特等人。互动定义尽管继续将组织看成是分离中一位，但认为它拥有随变化的环境——不管是技术的、政治的、交易的还是制度的——而变化的特征。依赖于关系的结构模式认识到组织是"不能与它们所嵌入的交易情境所分开的"。根据关系概念，行动者（包括集体行动者）的意义和身份产生于他们在正在发生的关系和遭遇中所扮演的角色。

法兰西学派著名组织社会学家埃哈尔·费埃德伯格（2005）则试图从组织现象中最广泛、最一般的属性出发，依据其动态本质把组织现象看成是对行动领域——集体行动得以发生的领域——进行构建和再构建的过程，以此去把握和分析组织。T. 伯恩斯和G. M. 斯托克在考虑了组织论的文献和他们亲自做了斯科特兰德电机厂的调查之后，用"机械的"和"有机的"这两个关系密切的形容词，提出了组织的两种分类法。所谓机械的组织，是从韦伯的合法的、合理的模型中，剔除以技术能力为基础的晋升提级这一特点的组织。有机的组织与此恰恰相反。

（二）组织结构研究

社会学家们研究了有关组织的各种各样的主题，但是他们最为独特和固守的关注点是组织结构的决定因素。理查德·斯科特2004 年在《社会学年鉴》上发表了《对组织社会学 50 年来发展的反思》一文，对组织社会学过去 50 年来的发展状况作了一个出色的总结。他认为，组织研究的历史，特别是组织社会学的历史在最近几十年都被开放系统的逻辑所支配，社会学家感兴趣的核心主题——包括权力和地位的分布——已经令人信服地与组织进程和组织结构联系起来。研究组织结构的主要有结构权变理论、资源依赖理论、制度组织理论、总体生态理论、组织网络化理论和组织经济学等。

研究组织结构最先出现的是结构权变理论（contingency theory）①，结构权变理论产生于 60 年代，在 70 年代中期以后受到各种新的组织理论的冲击，逐渐失去其支配地位。尽管如此，在 80 年代和 90 年代，它仍然为许多研究者所推崇，并有很大的发展。如权变要素的研究范围扩大，任务相互依赖和产品生命周期被作为权变要素加以研究。

另外还有帕弗尔和沙兰西克为主要代表的资源依赖理论（这种理论强调适应环境的益处，但是它认为环境同时包括经济系统和政治系统）、汉南和弗瑞曼的总体生态理论、迈耶尔和罗万以及祖克尔的制度理论等，这三个理论范式的一个共同观点是，组织环境是组织结构的主要决定力量，而不是管理者主导了组织结构的变革，因此，这三个理论范式属于环境决定组织结构理论的类别。

网络理论（network theory）长期以来就被心理学家和社会学家用来研究人际关系，但是在 20 世纪 70～80 年代期间，它被用于组织间关系的研究。网络理论对组织结构的研究有着巨大的推动作用。伴随经济全球化和信息技术革命，组织网络化已经成为一个引起人们广泛关注的新兴研究领域。组织在网络关系中的位置以及网络本身的结构，都被认为对组织的行为和结果具有重大影响。立足于怀特等人的基础性工作，学者们着手提出了适合于研究组织网络

---

① 权变理论的经典著作：弗里蒙特·E. 卡斯特、詹姆斯·E. 罗森茨维克：《组织与管理——系统方法与权变方法》，（李柱流、刘有锦、苏沃涛等译，李柱流校，中国科学出版社，1985）该书详细地研究了组织各系统之间的关系以及系统与环境之间的交换关系。

的测量技术和方法。如埃柯勒斯建立了一种高度稳定的网络类型——"准公司"理论；鲍威尔也对埃柯勒斯所研究的问题进行了探讨，鲍威尔称"准公司"为"混合组织排列"。William K. Carroll 和 Meindert Fennema 撰文试图回答两个问题。一是在世界范围内，资本家阶层是否正在形成；二是在 20 世纪后四分之一年代，什么样的公司管理组织正变得越来越有势力。他通过对 1976 年到 1996 年世界经济里的 176 家巨型公司中的连锁董事会网络的比较，分析提出从 70 年代到 90 年代当欧盟在真正创造一个欧洲商业社区时，日本的公司没有联合到这个网络里。这个研究推出支持假设：网络更少是一个统治和控制的设备，更多是一个建立霸权的设置。并进一步指出公司管理日益地基于现存的战略而不是在欧洲大陆情境内的已经成为一致的声音。

在 20 世纪 70 年代，经济学开拓了组织理论新的发展空间，并且在 80 年代和 90 年代，经济学对组织理论的影响进一步扩大。巴尼（Barney）和大内（Ouchi）在 1986 年出版的《组织经济学：理解和研究组织的一种新的范式》一书中，明确提出了组织经济学的概念，用来说明经济学对组织理论的贡献。经济学对组织理论的贡献，主要包括三个理论。一个是詹森（Jensen）和麦克林（Meckling）的代理理论，另一个是威廉姆森（Williamson）的交易成本理论，即所有的交易（商品和服务的交换）都是有成本的但是某些交易比其他交易成本更高。还有一个是波特（Porter）在 1985 年提出的比较优势理论。这三个理论中，代理理论对组织结构的研究影响最大，詹森曾宣称要以代理理论为基础进行"一场在组织科学中的革命"。社会学家也运用威廉姆逊的交易成本理论和查德勒（Chandler）的多头公司理论对经济组织进行了研究。如查德勒巨型公司的影响；多头公司的发展是否都是传统理性和经济理性的等。

20 世纪 90 年代初英国管理学会（BIM）做了一次题为"扁平组织"的调查，结果显示包括英国石油公司，英国电信电报公司在内的 90% 的英国企业正在进行组织结构精简和扁平化。企业的组织结构由传统的等级制发展到扁平式是信息技术和市场竞争发展的必然结果。

此时涌现了一大批相关研究代表人物：如管理学家彼得·德鲁克认为未来的典型企业应该被称为信息型组织。它以知识为基础，由各种各样的专家组成。这些专家根据来自同事、客户和上级的大量信息，自主决策、自我管理。彼得·圣吉（Peter Senge）则认为，要使企业能适应不断变革的未来环境，就要求企业的成员和企业本身要不断的学习，成为学习型的组织。他提出通过系统思考、自我超越、改善心智模式、建立共同愿景和团体学习的五项修炼的融合，把企业缔造成一个学习型组织。哈佛商学院的罗莎贝恩·莫斯·坎特（Rosabeth Moss Kanter）认为未来的组织变革应当恢复以人为本，他认为未来组织的变革将由六个重要的转变组成，这六个转变是：在人员配备原则上，从臃肿到精简的转变；在组织结构形式上，从垂直到水平的转变；在劳动力的使用上，从一统化到多样性的转变，即工作中使用越来越多的不同社会和文化背景的人；在权力的源泉上，从以职务或职位为基础向专家和专业知识为基础的转变；在员工的忠诚感上，从对公司的忠诚转向对价值流小组的忠诚；在企业成员的职业财产方面，从组织财富向名誉财富的转变，即个人的成功和对组织的适应不是依靠自己在制度化的企业中的经验和关系网，而是依靠可移动的技能及信誉。而每个转变都包括着重要的人文因素。关于未来企业组织结构变革具体的形式，从研究的结果看，认为未来的企业组织结构形式是战略联盟、虚拟企业，大脑型组织，顾客导向型的水平组织。而未来这些各不相同的企业组织结构形式的共同特征是：以顾客为导向的水平型组织。这些理论深深影响了西方企业尤其是大型工业企业，他们纷纷加强了组织结构变革的力度，并掀起了组织结构变革的一轮热潮。

时至今日，正如斯科特断言，社会学家已经不仅关注组织结构的决定因素，还关注组织结构的后果，考察组织结构对组织绩效和组织参与者的影响，以及在更广泛程度上的对权力和社会不平等的影响。

（三）公司治理研究

目前，随着市场研究的继续和深入，对经济组织的研究集中在公司的研究方面。公司研究的直接影响是自 90 年代以来组织理论发展为公司研究提供了理论基础，公司研究又集中在公司治理水平、模式和公司内外关系等。

如 R. M. 斯塔尔兹（2006）从全球化的角度指出，虽然金融资产的交易障碍已经消除了，但是资产却不能如我们所想象的那样自由流动。在理论上应该是全球化竞争使产品能在成本最低的地方生产，消费者能获得最新、最好的产品。但罗伯特·卢卡斯发现，工业化国家和新兴工业化国家的资产的边际产出相差太大。最近，大量资产又涌入美国，而不是进入人们期望中的新兴工业化国家。根据国际货币基金组织的资料，1996～2004 年，欠发达国家的资产净流入是 −674 亿美元。那么是什么导致金融市场障碍重重，以至于资本不能自由流动到边际收益较高的地方？答案是那些国家的公司治理水平差，从而使金融全球化大打折扣。由于公司治理水平差，公司价值在资本市场上被严重低估，公司在资本市场上的融资能力也受到了限制，结果制约了公司的成长。斯塔尔兹指出，其实公司治理具有两面性，一是在国家层面上有外部性。公司所在地的国家会影响投资者对该公司投资所获得的收益。一个国家的法律能够赋予投资者一定的权利，但是法律的执行力度决定着能否保证投资者权利真正得以实现。二是在公司层面上具有内部性。公司可以通过组织使治理更加完善。比如，公司可以更加完善披露机制，那样的话，内部人就很难通过掌握内部消息而获得额外收益。总之，一个公司的治理不仅取决于公司层面上的内部治理，还取决于国家层面上的外部治理。

曹富国（2007）注意到"世界经济一体化的发展激发了对公司治理模型优劣和未来取向的国际辩论"，并对这一辩论的基本学说和观点进行了评述。他认为，研究者对公司治理模型进行分类研究，并对政治、经济和法律的角度的公司治理趋同理论进行总结。他发现，美国学者几乎一致认为，公司治理的形式将以美国的公司治理模型为蓝本：分散股权的股东至上的治理模型。但是，公司治理在 20 世纪趋向于两种公司制度——分散所有制和集中所有制度之间的两极分化。因此曹认为，公司治理法律的改革必须面对自身的公司治理问题；在引入一种公司治理制度时必须非常审慎，法律移植只有在功能上与现有的公司治理模型和法律传统相一致的情况下才是有效的。

Andrej Rus and Hajdeja Igli（2005）通过调查不同信任形式对公司的表现绩效的直接影响和间接影响，考察了信任和控制之间的关系。他们用斯洛文尼亚（Slovenia）和波斯纳-赫择葛文尼亚（Bosnia-Herzegovina）的小型和中等规模的公司的调查，来描述组织里的企业管理者的信任程度如何，以及商业伙伴如何影响行动者对经济活动的平等的管理机制的选择。这篇文章显示了斯洛文尼亚的组织环境产生更多的信任，能让行动者把他们的商业联系建立在信任上而不是合同上，而且当行动者依靠信任时，这种信任是组织信任，而不是个人间的信任。相反，波斯纳在一个较弱的组织环境下，产生更少的信任，导致行动者把他们的经济关系建立在合同的基础上。然而在波斯纳当人们把信任当作一种商业关系基础来运用时，它更易于集中个人间的信任。这些结果有很重要的启示：由于组织在一套特定的伙伴交流形式下产生信任，就可以通过某种信任影响经济表现，来达到对过程的理解。文章最后，作者指出人际信任的使用也许会限制经济的潜力，是因为在具有内聚力的团体之内，它依赖于强关系嵌入。

四、网络与嵌入研究

近些年来，网络分析一直是国际社会学界的一个主要分析方法，被广泛用于地位获得、个人社会支持网、家庭、市场、分层、公司的变迁、商业群体、企业发展与管理等各大主题的研究。社会网络分析方法的盛行与社会网络学派的繁荣主要以格兰诺维特、科尔曼、博特（Ronald Burt）等人为代表。此外，林南（Lin Nan）、乌兹（Brian Uzzi）、波多尼（Jole M. Podolny）、贝克（Wayne Baker）、古拉蒂（Ranjay Gulati）、魁克哈特（David Krackhardt）等也是社会网络学派重要的学者，为社会网络学派自 20 世纪 80 年代以来的繁荣都做出了各自的贡献。

（一） 社会网络分析法的理论基础

"嵌入"是新经济社会学的核心概念，也是网络分析的基本视角。卡尔·波兰尼最初在《伟大的转折》一书中提出"嵌入性"（embeddedness）概念，旨在研究社会制度特征及社会网络对市场的影响程度。而后，格兰诺维特发挥了"嵌入性"的概念并明确提出"一切经济行为都是嵌入于社会关系之中"的观点，即他承认人存在经济理性，但也认为人存在非经济动机。社会性、赞同、地位和权力是人类的中心动机，所有这些动机的实现都离不开他人，离不开社会关系网络。他认为经济行为嵌入于社会结构，而核心的社会结构就是人们生活中的社会网络，从而展开对新制度主义学派的威廉姆森（Williamson）孤立看待组织或个人的批评，提出了组织间信任问题，指出嵌入的机制是信任。

格兰诺维特 1973 年在《美国社会学杂志》发表《弱关系的力量》一文，被认为是社会网研究的重要经典（Granovetter，1973）。在这篇论文中，他不仅提出了弱关系作为传递信息的有效的桥梁，更重要的是提出了从四个维度来测量关系的强弱：互动的频率、情感强度、亲密关系和互惠交换。通过对关系强弱的界定，他提出强关系是群体内部连接的纽带，而弱关系则是群体之间的纽带。群体内部由于身份地位的相同性，导致信息的重叠；而由弱关系联系着的不同群体则掌握着不同的信息，弱关系充当着信息桥的作用，桥在信息的传播过程中是不同群体间信息流通的关键。

美籍华裔社会学家林南在发展和修正格兰诺维特的"弱关系力量假设"时提出了社会资源理论。社会资源被定义为"财富、地位、权力和与个人有直接或间接联系的那些人的社会关系"（林南等，1999）。他把社会结构想象为按照某种规范的荣誉和报酬而分等的人构成的社会网络，社会结构呈现金字塔型，在同一等级中，接近和控制荣誉和报酬的机会相似，他们之间的联系是强关系；不同等级拥有接近和控制荣誉和报酬的机会就不同，他们之间往往是弱关系。弱关系将不同等级拥有不同资源的人联系在一起，并且，它的作用不仅仅是信息的沟通，资源的交换也是通过它进行的。弱关系之所以重要，就是因为弱关系是涉取社会资源的有效途径。林南推出了三大假设，"当人们趋求工具性行动时，社会职位越高则涉取社会资源的机会越多（职位强度假设）；通过弱关系涉取社会资源的几率越高（弱关系强度假设）；社会资源越多则工具性行动的成功率越高（社会资源效应假设）。"对于社会资源与社会资本，林南也做了区分：社会资源是在社会网络中嵌入的、可涉取的，社会资本则是从社会网络中动员了的社会资源。

边燕杰在《找回强关系：中国的间接关系、网络桥梁和求职》一文中，针对中国的特殊情况，提出了与格氏截然不同的强关系假设：由于中国社会的文化背景不同，是强关系而不是弱关系承担着桥梁的作用（边燕杰，1998）。在《社会网络与求职过程》（边燕杰，1999）一文中，边燕杰指出，在伦理本位的中国社会条件下，信息的传递往往是人情关系的结果，而不是原因。而谋职在中国的计划体制下不是一个自由的过程，在这种情况下，人情的强弱就会产生不同效果，因为："一是义务问题。人情的实质是情意、实惠的交换。强关系往往表明这种交换已经在主客双方长久存在，相互欠情、补情的心理，使得有能力提供帮助的人尽力在对方请求下提供帮助。二是信任问题。人情关系的交换是违背正式组织原则的，但如果是强关系，主客双方的信任度提高，就能降低由'东窗事发'所引来的不必要的麻烦。"

罗纳德·博特则认为社会资源、社会资本的多少取决于个体在网络中的位置，与关系的强弱没有必然的联系，并提出了"结构洞"的概念以作说明。结构洞是社会网络的两种类型中的一种，即"社会网络中的某个或某些个休与有些个体发生直接联系，但与其他个体不发生直接联系。无直接联系或关系间断的现象，从网络整体看好像网络结构中出现了洞穴（边燕杰，1999）"。结构洞的重要性并不与关系的强弱有关，因为在结构洞存在的时候，处于两者连接状态的第三者拥有两种优势：信息优势和控制优势。而为了保持这两种优势，第三者希望保持着结构洞的存在，不会轻易地让另外两者联系起来。在经济组织中，占有"结构洞"多的人更有地位与声望。显然，"结构洞"是"社会网"的一个部分。

与上述结构性研究取向不同，社会资本理论明确以功利取向来看待社会网络。科尔曼是社会资本理论的杰出代表。在他看来，社会资本就是个人拥有的、表现为社会结构资源的资本财产，它们由构成社会结构的要素组成，主要存在于人际关系和社会结构中，并为社会结构内部的个人行动提供便利。社会资本有以下几种表现形式：（1）义务与期望；（2）信息网络；（3）规范与有效惩罚；（4）权威关系；（5）多功能社会组织和有意创建的社会组织等（科尔曼，1999）。科尔曼将社会资本与物质资本、人力资本并列为组织拥有的三种资本，认为社会资本代表了与其他组织和个人的关系，是寓于人际关系之中的，反映了一个组织或个人的社会关系。科尔曼是在理论上对社会资本给予了全面而具体的界定和分析的第一位社会学家。

社会资本分析模式的建构和理论的完善功属林南。他在《建构社会资本的网络理论》（林南，2002）中对社会资本的概念表述和测量及其模式的建构做了详细的论述。在讨论了社会资本的核心要素、澄清了测量和抽样中的某些争端、识别了回报类型和简要地假设了因果影响的不同模型后，他提出了一种建立社会资本理论的模型：不平等代表资本的前提和先兆；资本化代表了社会资本要素；结构则表示社会资本可能的回报。从不平等向资本化的过程描述了结构中的结构要素和位置要素影响建立和维持社会资本的机会；在资本化中描述了存在一个把社会资本的两种要素——涉取社会资本和运用社会资本——连接起来的过程，即社会资本动员的过程；最后，连接社会资本和结果的过程描述了社会资本产生回报的过程。

在《社会资本：一种社会结构和社会行动的理论》一书中，林南又从资源、社会结构和个体行动三个基点出发，提出了社会资本研究的 4 大假设和 7 大命题（Lin, 2001）。其中最重要的几个命题是：（1）社会资本命题：成功的行动在于积极地联结社会资本。（2）地位力量命题：出身地位越好，越有利于行动者获取或利用更好的社会资本。（3）弱关系力量命题：关系越弱，行动者越有可能为了开展工具性行动而获得更好的社会资本。（4）位置力量命题：个体离社会网络中的桥越近，他们越容易为开展工具性行动而获得更好的社会资本。

（二）社会网络与嵌入分析——范式革命

一种分析范式的流行，除了理论的发展之外，势必离不开方法论和具体技术的完善与发展。经济社会学中网络与嵌入分析流行并成为显学，与社会网络分析方法的发展是有密切联系的。

社会网络作为分析社会结构和社会关系的一种方法，是在社会计量法的基础上发展起来的一种分析方法。这一方法是 20 世纪 60 年代来由社会学家怀特（Harrison White）及其后继者伯曼（Boorman）、布里格（Breiger）和弗里曼（Linton Freeman）等人通过数学图形理论推导出来的一套数学分析方法。自形成起就受到了诸多的关注，继承了社会学注重实证研究的传统的同时又创新了研究思路和分析方法。20 世纪 80 年代以来，以格兰诺维特、科尔曼、博特为代表的社会网络学派又获得了一次重要的发展契机，对社会学的主流研究工作产生了重要的影响。

社会网络分析方法以一种微观的视角去研究社会结构与网络关系，从具体的社会关系入手来分析社会结构以及人的行为，指出人的经济行动是嵌入社会结构之中的，而不是孤立的、片面的选择。注重研究社会结构与个人行为的相互影响，个人行为及其方式受到社会结构的制约，即受到行动者的社会背景和社会环境的影响，而个人行为的模式化过程亦即形成了一定社会结构，从而使得社会结构对行动者的行为方式能够进行持续性的影响和发生作用。

社会网络之所以能被作为一种新的分析工具，是因为这一概念的实用性和可操作性。作为一种新的研究范式，社会网络分析方法作为经济社会学的一种解释范式，有自身的基本原则：（1）结构化的社会关系较社会成员的特点是社会学解释更有力的源头；（2）规则源于社会关系结构体系中的位置；（3）社会结构决定二人关系的运作；（4）世界是由网络组成的，而不是由群体组成的；（5）结构方法替代和补充个体方法（张其仔，1999a）。同时，随着测量技术获得极大发展，社会网络分析方法在理论指导方面也获得了不小的进步，墨顿（Merton）的中层理论为社会网络分析提供了一个可靠的实证模型，从而对诸多的被测量变量提出了有效的解释。

在这一阶段，罗家德分析道，怀特用"机会链"的理论来解释内部劳动力市场的升迁现象；科尔曼（James Colman）和后来的传播理论大师罗杰斯（Rogers）以非正式关系来解释传染病流传以及信息流通问题，斯坦福大学的社会学教授格兰诺维特（Mark Granovetter）用"弱连带优势理论"对劳动力市场中的求职和转职现象进行了研究（罗家德，2005）。

这些进步使得社会网络分析得以充分发展，因而，社会网络分析方法也是使经济社会学成为一门显学的重要基础。它被广泛应用于对经济社会现象主题的研究，并扩展性的为其他学科应用。无论是传播学、政治学还是管理学，无不将网络分析和嵌入性视角作为一种新的问题解释范式，掀起了一场解释范式的革命。

（三）社会网络分析与嵌入性视角的具体应用

嵌入性的社会网络分析作为一种解释范式日益流行，可以说，经济社会学的经济学传统使它侧重微观领域的研究，但随着不断发展，中观领域和宏观领域都开始涉足，尤其是中观领域成为其主流研究领域。进入 21 世纪以来，一些特殊领域如犯罪、婚姻、生育、教育、歧视、经济史研究、性别研究、法律与经济的关系、制度、对世界各国的具体研究等先前被遗忘的主题，日益成为新的研究趋向。当前经济社会学中对网络分析和嵌入性视角的运用，无论从微观、中观和宏观各个层面都较以往的研究有了重大创新和突破。

1. 微观层面——传统研究领域的扩展

微观层面的创新，主要体现是传统领域的扩展，包含两大主题：地位获得与求职；社会支持网与日常生活。

地位获得与求职领域开创于格氏 1974 年《求职》研究。该研究领域主要运用格氏的弱关系优势理论、林南的社会资源理论、边燕杰的强关系理论来探讨社会网络在求职及职业流动、社会地位的获得及其社会分层中的作用。代表性文献如：《求职》（Granovetter，1974）,《社会网络与地位获得》（Lin，1999）,《社会网络与求职过程》（边燕杰,1999）,《社会资源和关系的力量：职业地位获得中的结构性因素》（林南、恩赛尔、沃恩,1999）,《找回强关系：中国的间接关系、网络桥梁和求职》（边燕杰,1998）,《社会网络资源在职业配置中的作用》(张文宏，2006)等。

社会支持网与日常生活领域则是运用相关的网络理论探讨社会网络在人们生活中的作用。代表性文献如：《社会网与基层经济生活》（张其仔，1999），《阶层地位对城市居民社会网络性质的影响》（张文宏，2005），《城乡居民的社会支持网》（张文宏，阮丹青，1999）等。

2. 中观层面——新经济社会学主流研究领域

鉴于之前经济社会学的研究领域主要在微观领域，20 世纪末以来研究者开始拓展中观层面的研究，主要是运用网络理论与嵌入视角对家庭、企业、市场、社团等群体或组织作为分析单位进行研究，开辟了新经济社会学研究的主要领域并取得重大进展。

企业发展与管理研究：探讨社会网络在企业发展中的作用，把社会网络的各种理论具体运用到企业内部的管理，企业之间战略的联盟，企业间关系合同的制定等问题上来。代表性文献为：《嵌入性与关系合同》（刘世定，1999），《企业的社会网络及其功效》（边燕杰，丘海雄，2000）等。

社团群体与组织嵌入性研究：这也是当前国际新经济社会学的主要领域，代表文献如《组织形态与管理哲学：叙述与分析》这类研究立足于正式盈利或制度化的组织，主要强调交易双方参与者潜入与组织网络来研究组织的嵌入性问题。进入 21 世纪以来，学者们呼吁对于非盈利性和非制度化的组织如自愿联盟——教堂、体育组织等日常生活中的自发联盟，同样进行组织的嵌入性分析。这对于组织嵌入性及网络理论发展具有重要的创新与完善意义。

考维尔（Benjamin Cornwell）和哈里森（Jill Ann Harrison）2004 年发表于《美国社会学评论》的《工会成员与自愿协会：成员关系的交叠作为组织嵌入性的一个案例》（Cornwell and Harrison，2004）一文便是对于非制度化与非盈利性的组织——工会和自愿协会进行嵌入性网络分析的弥补。文章通过对工会组织与自愿协会的组织嵌入性进行比较指出：自愿协会与私人联盟这类组织，具有加强成员交叠关系嵌入于组织网络里去的功能。这类组织能够提供一个平台使个人交换信息，达成共识，熟悉并嵌入于组织成员当中去。通过协会活动参与，个人便将他们隶属的正式组织嵌入于一个更广泛的自愿结成的组织文化当中去。而工会成员的嵌入性却日渐式微，导致工会组织也不断衰落。工会组织尽管成员间有强度关系联结，但是成员间以及成员与组织之间实际是在不断剥离的。长远影响表现在工会成员缺乏非工会的自愿组织成员的那种和谐关系，究其原因便是他们过低的组织嵌入性。

市场研究和价格形成研究：主要集中于社会网与经济行为中的市场与公司的关系研究，近年来对市场价格形成的研究得到关注。关于市场的网络研究以波多尼的《网络作为市场的传导器与折射镜》（Podolny, 2001）为代表，价格形成研究以乌兹等的研究为代表（Uzzi and Lancaster, 2004）。

波多尼在《网络作为市场的传导器与折射镜》（2001）一文在分析市场网络时，区分了市场网络中的两种不确定性——单中心的不确定性和多中心的不确定性。单中心的不确定性是指在市场中，一个位于网络结点的行动者，面对众多潜在的交换方，选择将众多资本转换为其产出的最佳方式。而多中心的不确定性是指各个交换参与者面对市场交易时，分别面对结点行动者与之交换，考虑结点行动者带给市场的产出量。基于这种区分，这篇文章分析了"结构洞"的价值并指出市场地位随着这两种不确定性而改变。得出两个命题："结构洞"的价值随着单中心的不确定性而增加，但不随着多中心的不确定性而增加。相反地，地位机制随着多元中心的不确定性而增加，而随着单中心的不确定性而衰减。所以，在网络中的行动者，如果发现市场网络富于结构洞，应该选择具有单中心的不确定性程度较高的市场或者市场环节；而地位比较高的行动者，应该诉诸单中心的不确定性程度较低的市场。这一发现在风险资本市场中尤其适用。

乌兹（Brian Uzzi）和兰卡斯特（Ryon Lancaster）发表于《美国社会学评论》（2004）的《法律市场中的嵌入与价格形成》一文，通过对律师事务所运作过程中客户与公司的博弈为案例来研究法律市场上嵌入对于价格制定或形成的影响。他们指出价格决定是市场的一个重要功能，然而社会学家近来刚开始注意研究这个问题。大部分的理论将价格看作是经济行为过程的一个结果，然而，乌兹他们考察的是社会结构如何形成价格。他们将其理论建立在嵌入性理论与对实地法律市场考场基础之上，指出嵌入性能够显著地增加或者减少市场中的参与变量的价格网。他们假设一个法律公司网络里的嵌入性关系影响着价格，通过刺激私人信息流动和非正式统治，从而给货物或者服务增加独特的价值。这一假设得以验证，在此基础上得出理论结果：嵌入性能够通过降低交易成本来影响价格；社会关系网能够有效而有力地改变市场。同时在这篇文章里，他们还区分了三种形式的嵌入性——嵌入结点、董事会成员关系和身份地位的嵌入，它们从不同层面影响着价格，并依据法律服务的复杂性发挥着不同的巨大作用。

家庭亲属关系研究：之前的研究往往强调家庭作为个人社会支持网的因素来研究，而最近将家庭亲属关系作为重要的独立主体开始对其进行网络与嵌入分析。理论的发展主要体现在将制度主义视角与社会网络分析相结合。代表文献如彭玉生发表于《美国社会学杂志》的《中国转型经济中的亲属网络与企业家》（Peng，2004）。该文从两大传统理论视角——新制度主义和社会网络分析出发，对中国转型经济中的企业家与其亲属关系网络进行了研究。新制度主义强调制度，包括正式的与非正式的，在经济增长中的重要角色；而社会网络分析的视角则强调人际关系在促进与产生非正式规范中的重要作用。将这两种分析视角综合产生一项新的议题：社会网络通过促进非正式制度的产生从而影响经济增长。这篇文章以中国转型期的农村工业化为例指出：中国农村工业化进程中，当正规法律制度无效或者市场机制不完善的情况下无法保护私人财产所有权时，亲属之间的团结一致与信任在保护私人企业家的财产权以及降低交易成本两方面发挥着重要作用。

3. 宏观层面——理论创新与拓展

宏观层面的研究实际上在 20 世纪末 21 世纪初才兴起，是社会网络分析和嵌入视角的创新与拓展应用。关注经济社会发展，具体涉及经济、文化、政治与社会等多方面，典型研究有国际贸易中的网络理论、政策网络理论、劳工及其他社会运动与网络的关系等。

代表性文献有：《繁荣的社区——社会网络与公共生活》（Putnam，1993），《独自打保龄球：美国下降的社会网络》（Putnam，1995），《社会网络与现代欧洲民主》（范戴斯、马拉菲等，1999），《身份地位、社会网络与社会运动的参与——罢工工人案例》（Dixon & Roscigno，2003）等。

国际贸易理论的社会网络理论，寻求通过社会网络理论解释贸易流失以及利用社会网络解除广泛存在的非正式贸易壁垒。其中，美国加州圣地亚哥分校的 Rauch 教授是该理论重要推动者，其中心观点是，国际市场上的交易需要卖者和买者相遇，必然面临信息成本问题，而国际贸易的社会网络则可以极大地减少国际贸易的信息成本。由于不同商品信息成本不同，社会网络因此成为决定贸易类型的重要因素（Rauch，1999）。

关于劳工及社会运动的社会网络理论，Marc Dixon 和 Vincent J. Roscigno 在《身份地位、社会网络与社会运动的参与——罢工工人案例》（2003）一文中，指出：个人的参与是关于社会运动的理论研究与经验研究的关键。但是却很少有人将注意力集中到研究劳工运动与个人罢工的参与度的关系这一方面。他运用社会网络分析的视角分析社会运动的参与，研究结果显现了种族、收入以及资源占有的差别是怎样影响罢工行为的。重要的是，工人在生产中的社会关系网络也影响着罢工中的参与。

五、转型中的中国社会

海外社会学研究中，有关中国社会的研究一直是热门领域。中国社会由计划经济社会向市场经济社会的转型，以及这一转型过程与前苏联和东欧相比不同的独特的运作机制引起了大批研究者的兴趣，以至近二十年来国际知名社会学期刊都为"中国研究"开辟专栏和专题讨论，进一步推动了中国研究的热潮。

（一）市场研究在中国

"市场"可谓经济学研究的根基，一切经济活动正是通过市场来完成。不过主流经济学将市场视为自发形成和自我调节的产物，具有凌驾于一切人类活动领域之上的内在品性，遭到了社会学家的质疑和批判，也因此为社会学开辟新的市场研究视角留下了空间。早在 1944 年，波兰尼就在《巨变》一书中开创性地提出，自由市场并非自然形成，而是国家干预的结果，市场也非自人类诞生伊始就处于支配地位，而是随着生产力和社会的发展通过一系列复杂的制度机制逐渐产生和不断再生产，获得对社会领域的控制霸权（博兰尼，1989）。自那以后，市场并非自然的经济现象，而是一种社会建构，这种市场的社会学视角影响经济社会学研究至深。格兰诺维特 1985 年提出嵌入理论，指出社会结构——体现为无所不在的人际交往和关系网络——不是市场行为得以顺利进行的可有可无的润滑剂，而是市场运作的必要条件（Granovetter，1985）。由此，经济社会学将市场作为一种社会结构来研究，打破了经济学独专市场领域的传统，提供了许多富有洞见的研究成果。本节将重点介绍市场转型理论的有关争论和最新发展，以及中国市场转型过程中遇到的问题，后者包括市场改革与社会心理健康、高等教育和不同企业运作之间的互动关系。

1. 市场转型研究

1989 年，倪志伟在《美国社会学评论》上发表了《市场转型理论：国家社会主义从再分配向市场的过渡》一文，明确提出了市场转型理论，社会学界关于市场转型理论的讨论因此被推向高潮。以倪志伟为代表的一类学者认为市场转型的最终动力在于市场，在市场为动力的市场转型过程中将会发生权力和机会的转移，即从以前精英阶层如官僚阶层转移到企业家阶层和受教育特别是高等教育者阶层。这样的转移是基于以市场为主要社会调整方式的社会经济运行模式（Nee 1989，1991）。从倪志伟的市场转型理论当中可以引申出两个理论假设，即补偿性优势假设和结构限定假设，这样的两个假设决定了倪志伟市场转型理论当中的精英阶层的归属。与倪志伟关于市场转型理论结果不同，另外一些学者对其精英阶层的形成理论提出了相反的观点，即精英持续命题。该命题可以概括为三种论断：技术官僚持续论、权力转换论和权力持续论。技术官僚持续论认为社会主义制度滋生了一类技术官僚，这些人可以利用他们的专长维持其地位。权力转换论的提出者斯坦尼斯基认为在向市场经济转型过程中，把持重要岗位的干部可能利用其位置便利攫取国家财产（何晓斌，2002）。权力持续论者认为在中国社会改革开放初期之所以不平等量有所减少并不是因为市场的作用而是因为当权者主动地有意识地将自己的权力作用于减少不平等，以使处于社会底层收入者能够支持其改革（Bian and Logan，1996）。

围绕以上关于市场转型原因及趋势的讨论，市场转型理论不断得到扩充和完善。目前市场转型理论正如它的提出一样，主要用于研究中国和俄罗斯在市场经济改革过程当中的社会问题。边燕杰在研究中国收入之间的性别差异问题时，分析了两个国内的样本，即 1988～1995 年中国家庭收入项目和 1995 年的城市之间的数据，认为中国市场转型过程中性别收入差距当中并没有纵向的变化或者城市之间的变化。性别之间的收入差距主要是归因于教育和职业隔离，并且这样的变化在城市间是不成比例的，往往在大城市和现代化程度比较高的城市比较明显。在这些较高现代化的城市，与市场相关的因素如教育和工业配置资源占有等在性别收入差距方面影响增加，而政府部门、事业团体的力量和资质年限的影响在减少（Shu and Bian，2003）。Theodore P. Gerber 和 Michael Hout 在分析俄罗斯社会阶层移动的现象和趋势时指出，在俄罗斯经济转型过程中，很少有人经历了向上阶层流动的机会，更多的人是体验了向下层阶层转变。政治和经济的转型加强了世袭家族身份对于个人所属社会阶层的影响。90 年代所经历的职业转换阶层流动同样是与门第出身和血统有很大的关系（Gerber and Hout，2004）。不同国家在面临市场转型的过程中都会面临各自的特殊情况和问题，呈现出与其他国家情况完全不同的特征，这些现象的出现引起了社会学学者的关注，目前的市场转型理论已经从 20 世纪的对于理论方面的研究转向实证方面的讨论。

2. 市场改革的社会影响

中国社会自 20 世纪 90 年代以来进行了深刻的社会变革。随着改革开放政策的实施，中国政府进行了一系列的政治体制、经济体制的改革，其中最为主要的改革措施就是经济体制从传统的计划经济体制向市场经济体制的转型。中国的经济发展成就举世瞩目，但是学者通过观察发现在经济飞速发展的同时，社会成员的心理健康问题也日益严重。香港学者 Gina Lai 和 RanceP. L. Lee 通过分析1991～2000 年间北京居民的心理健康数据发现，中国经济发展的同时居民心理健康问题也日益严重。经济的发展在某种程度上是以人们的心理健康的损失为代价的（Lai and Lee，2006）。这样的观点代表了一类认为市场经济发展对于居民精神健康问题的负面影响的主张。

目前在中国改革过程中，高等教育业进行了市场化的改革。不同学科的学者们关心的是高等教育是否就意味着高经济回报和社会回报的问题。吴晓刚和谢宇就中国市场当中高教育与个人高收入之间是否具有正向关系进行了研究。他们认为只是对于最近的市场进入者来说高收入来源于高的教育水平，这与传统观点认为高教育就意味着高回报的观点是有分歧的。并且他们通过研究中国最近的统计资料认为，教育在社会中对于个人收入的影响还同劳动力市场的分类有关系，并不能说教育市场的收入反馈功能仅仅是市场化的功能（Wu and Xie，2003）。这样的结论也与吴晓刚的另外一项研究，即不同企业类型与教育的回报率之间存在密切关系的研究相联系。他将中国的企业分成三种类型，即低利润国有企业，高利润国有企业和市场企业。在分析了两项国内统计数据的基础上，提出在低利润国有企业和高利润国有企业中，教育对于员工收入的影响与市场企业相比要低很多。这说明在国有企业中，教育对于个人的回报较少，这也是为什么在外资或合资或一些非国有企业中员工的教育水平普遍高于国有企业的原因（Wu，2002）。

教育水平与收入挂钩的研究结果可以用来解释不同教育层次的人员在不同类型企业之间分配的现状。但是就目前已经选择了当前职业的员工的再次就业选择意向的调查却发现，收入并不是影响人们进行第二次就业选择的唯一影响因素。吴晓刚在分析了1978～1996 年自主经营企业的数据后得出结论，接受高等教育和具有干部身份的人们不愿意从事自雇职业，还是喜欢工作于一定的组织当中，所以也可以由此看出，接受过高等教育的人对于从业的选择相对来说并不仅仅是从市场的角度出发寻找较高经济收益的企业，这类人往往会综合权衡各种因素，其中包括非市场性因素如身份地位等来选择自己的职业（Wu，2006）。另外目前在城市当中具有一定行政职位的人已经越来越倾向于从事一些自雇活动。

3. 不同企业主体与市场改革

企业作为市场的主体，对于市场的发展有决定性的作用，企业的发展和企业的效率从某种程度上决定着市场的发展和市场的效率。鉴于此，国内外学者在讨论中国市场效率的时候都会涉及到企业效益的问题。

对于不同类型的企业经营模式，效益的产生途径和产生过程不同，对不同类型企业的效益进行比较有益于在市场经济发展过程中企业形式的选择。乡镇企业异军突起，在中国企业发展过程中具有重要地位，乡镇企业的发展速度之快是我们在改革初期所没有想到的。对于乡镇企业高效率发展的原因，彭玉生在其文章《中国乡镇作为产业法人：所有权、治理和市场纪律》中指出，与国有企业相比，乡镇企业具有以下三个优点。一是乡镇企业代表了一些风险高或者是非规范化的个人财产权，所以在局部改革中具有更高效率。二是企业规模小的特点使得乡镇企业对于市场变化能够进行快速的反应。三是严格规范的市场规律对乡镇企业的间接管理可以充分发挥作用，有效地减少中介的介入（Peng，2001）。这样的三个优势造成了中国乡镇企业发展的斐然成绩。彭玉生从社会学角度对乡镇企业的分析也为国家制定规治企业的法律法规和企业优化自己的经营模式提供了新的参考视角。

另外在分析不同企业主体在市场经济发展中的状态时，还涉及到社会网络分析的问题，社会网络分析强调人际关系在产生和维持非正式规范中的重要作用，社会网络分析也同样可以运用于研究市场经济下人际关系在企业运行过程中的作用。彭玉生通过分析认为在市场改革的早期阶段，产权没有得到国家正式制度的有效保护，市场制度还未发展起来，宗族团结和宗族信任在保护私有企业产权和降低交易成本方面起着重要作用。来自 366 个村庄的统计数据显示，宗族网络的强度对农村私营企业的数量和劳动力规模有巨大的积极效应，而对集体企业的效应则不明显（Peng，2004）。这说明在私营企业当中还具有很强的社会网络因素，纯市场力量发挥的作用不大，这也提示在这样的私营企业当中，市场作用的发展空间较大，只要能够在保持社会网络对企业发挥其稳固产权和降低成本方面的优势作用的同时发挥市场高效信息广泛的作用，那么私营企业的经营效益一定会有较大的提高。这些对于不同企业主体在市场经济发展中状况的社会学分析，可以揭示不同企业主体在市场当中运作的特点和效率，这样做无论是为企业还是为社会都产生了很好的参考作用。

（二）社会组织研究在中国

现代社会是一个高度组织化的社会，对于社会组织的研究一直都是国际社会学界关注的焦点。回顾中国社会组织的研究，早期的一些学者从中国的单位制组织到中介组织再到组织变革都进行了一系列研究，这些研究也印证了中国改革开放带来的社会组织的变化。在当代，随着市场经济的引入且不断完善，企业组织与农村组织的研究也有了新的内容，国际社会学学者更多地关注于微观层面上，运用社会学的研究方法分析企业间以及企业内部关系。同时，对农村组织的重大变迁，国际社会学者也投入了极大的兴趣。

1. 企业组织研究：企业资本与社会网络分析

企业组织不仅仅具有经济属性，同时也具有社会属性。因此在企业组织研究当中，企业中的社会资本，即社会因素和企业行为在21世纪以来备受社会学学者的关注。企业行为研究把企业看作一个能动的主体，拥有理性选择合作经营的能力，而企业中的社会因素如企业的社会关系网络、企业内部的关系网络通常被看作是企业的社会资本，对企业组织的运行和行为方式都有重要影响。

（1）企业中的社会资本

关于社会资本，不同学者有着不同的定义。社会资本概念最早源自于汉尼范（Hanifan）的《乡村学校社群中心》中，他认为，社会资本是指"那些占据人们大部分日常生活的可感受的资产，即良好的愿望、友谊、同情，以及作为社会结构的基本单位的个体和家庭间的社会交往"，而对于社会资本概念的系统概括主要是来自于社会学的相关研究，如布迪厄认为社会资本由两部分构成：一是社会关系本身，它使个人能够涉取被群体拥有的资源；二是指这些资源的数量与质量（刘力，2005）。美国学者普特南将社会资本界定为信任、规范与网络，并认为社会资本与其他资本一样具有生产性（帕特南，2001）。而目前，国内外经济社会学学者关于社会资本的界定大多数倾向于认为"社会资本是嵌入社会关系网络中可以带来回报的资源投资"（林南，2005），社会资本的要素主要包括社会关系与社会结构、信任、规范与网络等。

对于企业组织而言，社会资本既包括企业家的社会资本，同时也包括企业间的借贷合作关系，以及企业内部的信任、合同关系。当代社会资本的概念本身就含有植根于社会网或社会关系之中的意义，要考察企业中的社会资本，就离不开企业中和企业间各种社会关系的探讨。

21世纪国际社会学者对企业社会资本的研究大多都立足于中国转型期的社会背景中，也就是在社会转型中，面对社会的急剧动荡和信用失调，企业在选择合作伙伴和调整内部关系时采用的决策变化。关于企业社会资本的研究，既有宏观层面上企业集团间投资、信贷、贸易关系研究；也有微观层面上企业内部成员关系，以及企业与成员之间的合同关系的研究。而两个层面上研究的共同点都是把企业间以及企业内部关系放入整个社会关系网络中来考察。

Keister（2001）在《转型期的交易结构：中国企业集团间借贷和贸易关系》一文中就探讨了在经济转型期间企业集团内部网络关系，通过研究中国企业的借贷和贸易关系来分析企业集团内部企业间交换结构的形成模式和影响因素。企业集团是政府与大型企业重构相互关系的一种方式（Keister，2000）。在2001年这篇文章中，主要关注点在于影响企业集团中决定卖方与买方角色的主要因素，这些因素表现在每个企业所拥有的社会资本，即企业的内部与外部社会关系，以及企业信誉和在行政中的地位。如企业的外部关系网络越强、改革前企业的行政地位越高以及企业信誉度越高，在企业集团中就越有可能成为供应商或卖家。

周雪光等（Zhou et al.，2003）在《中国转型经济中的嵌入性和契约关系》中就运用经济社会学当中的嵌入理论探讨了微观层面上的社会资本——社会关系密度及网络基础对企业间合同关系形成和变更的影响。转型社会中的企业所处的经济环境面临着巨大风险,各企业会采取各种策略来发展经济关系,这些策略中重点关注的也是企业拥有的社会资本。如社会关系越密切的企业间越容易订立合同关系;网络基础较好的企业在订立合同关系时有更多的选择和决定权。

(2)企业社会资本对企业发展的影响

企业的社会资本既包括企业家社会资本,也包括企业内部、外部的关系网络。企业家社会资本是指企业家在其所处的社会网络中所拥有可获得利益的无形资源,这些资源在企业决策和获取外界资源时将起到重要作用;同样企业与外界机构的联系,以及企业内部成员之间的协调关系也会对企业运行产生重要影响。在梳理了21世纪国外社会学者关于中国企业研究的文献后,对于企业社会资本对于企业决策和发展产生的影响我们总结以下几点:

①回避风险。在社会转型期,中国社会面临着巨大变化,许多规范和法律都不太健全,企业在决策时往往面临着巨大的风险。Keister(2001)在其研究中表明,中国企业集团的形成在某种程度上受社会转型的影响。企业集团由许多不同类型的企业组成,它们之间的相互关系使这个集团能够保持稳定而且回避一定的经济风险,它的形成也是应对经济转型期政府下放权力后企业实行自主经营的改革所带来的风险。企业社会资本中社会关系网络越广泛,就越容易获取需要的资源,企业改革前的行政地位越高,就越有能力整合各方面资源来抗拒风险。

②促进信息交流。企业社会资本中,企业家关系网络是企业家的信息通道。正如伯特的"结构洞理论"所论述的,企业家处于连接企业内部与外部的社会关系网络的结点上,也就是"结构洞"的位置,它带来了信息优势与控制优势。Keister(2001)运用最新和原始数据研究了改革早期中国企业集团中企业的选择行为与企业间的借贷关系的特征,表明企业间关系网络中外部信息的获得决定了交换关系的形成与方向。企业家拥有的这种社会资本既有利于获

取员工参与信息，也有利于通过其他社会关系网络获得企业发展的稀缺信息，从而有利于企业发展和企业间发展关系时的决策。

③节约交易成本。企业在市场交易过程中，会产生各种交易费用，如寻找合作伙伴、讨价还价、订立契约和执行费用等。如果企业的社会关系网络广泛，那么可以通过已有的社会关系迅速找到合作对象，从而节约成本。周雪光等在研究企业合同关系时也表明社会交往的密度，企业网络基础以及与外界机构的联系都对合同的订立产生影响。社会关系通常被用来保证企业在经济交易中减少不稳定性和复杂性；而企业与外界机构联系越密切，使企业越容易寻找合作伙伴。正因为如此，随着改革的深入，中国企业集团内的非贸易关系变得更为重要。

总的来说，国际上一些学者对中国企业组织间以及内部关系做了比较详细的研究，归纳起来可以得出几个重要的结论：（1）企业的外部环境的沟通与内部自身的协调对企业发展有重要影响；（2）在经济转型期，企业社会资本对企业发展有重要影响，企业为回避风险都倾向于同以前有过直接或间接联系的、企业信誉比较好的企业发展合作关系，即使所花费的成本较高；（3）强调社会关系嵌入到经济行为当中，企业组织的经济行为更多的有社会关系的烙印。

2. 农村组织研究：地位变迁与感性选择

对中国农村的研究，也是众多学者的一个特别关注点。虽然中国正致力于步入工业社会，但是大部分的人口还在农村，而且转型中的"文化滞后"使农村社会的变化有着与城市不同的特点。对于农村组织，不同的学者有不同的定义。有的研究者认为，农村组织主要就是指农民组织，也有研究者把农村组织的研究主要放在农村的基层组织上。而在这里，结合经济社会学的角度，我们对农村组织的界定更倾向于农村行动组织上，也就是把它看作是一个能动的社会体系或系统，其行为既包括政治行为，也包括经济、社会行为。农村组织社会学研究的重点是从群体行动层次出发，描述和解释中国现代化进程中的农村社会结构的变迁，了解中国农村组织的变化以及传统特征在转型期的表现。它的特点在于瞄准行动者和行动机制，以农民的组织行动为分析单位，从宏观角度研究农村组织在转型期中国的社会地位；从微观角度研究农村组织的社会关系以及所表现出来的传统特征——感性选择。

（1）农村组织的政治关系研究

对于当代中国农村组织的政治地位研究，在西方学者运用的理论中可以找到可利用的资源。例如"国家—社会"理论为研究国家与农民的关系问题提供了一个分析框架。该理论提供了一种有别于阶级分析视角和"政治—经济"分析的新视角，它与中国传统的"家国同序"格局或费孝通所说的"差序格局"不同，农村组织为了自身的生存和协作虽然离不开集权的国家机构，但农民个人和村落群体的自由和平等更依赖于那些培育局部自由并为个体性利益的积极表达提供条件的保护性类型的组织，即对于中国来讲就是各种乡镇企业组织和非政府组织（李远行，2004），这种观点可以很好地预示社会转型期，中国农村组织的社会地位的发展趋势——乡镇企业与第三方组织的重要性。

对当代中国农村组织政治关系的考察学者们大多集中于对国家与社会关系的讨论中。回顾早期研究，受吉登斯（1998）"民族—国家"理论的影响，许多学者曾经强调国家自上而下的管理形式，国家与社会高度融合，农村组织隶属于政府管理。近代中国"民族—国家"的建构过程就是国家政权不断对基层社会渗透与控制的过程。而另一方面也受格尔兹（2004）"地方性知识"观点的影响，它强调独立于社会之外的地方性知识的作用，而这些地方性知识往往是与传统的血缘格局、地方宗族、宗教等因素联系在一起的，是乡土社会实现地方自我治理的形式，因此它强调农村组织的完全独立性。转型中的"国家—社会"关系已经大大不同于传统中的"家国同序"结构，农村组织与国家的关系既不是自上而下的全面控制，也有别于完全的地方性自我治理。当代的农村组织在增强与国家的互动的同时，也逐渐融入整个社会的发展潮流中，积极寻找自身的社会地位。

（2）农村组织的感性选择

随着中国社会转型研究的不断深入，理性选择一直是政府和社会倡导追寻的准则，但对于中国来讲，其对立面——感性选择同样不可忽视。感性选择是现实生活中广泛发生的社会行为，因为人们无法做到总是按理性的方式去思维，特别是在"紧迫性"的情况下，习惯、经验、兴趣倾向起的作用将更为明显。而中国是一个重人际关系、重情感交流的伦理社会，尤其在中国农村，感性因素如亲情性、家族性、血缘性、圈子性和熟悉性直接影响着农村组织的社会行为，因此对于农村组织行为的感性因素的考察体现着转型期农村社会传统特征。

①乡镇企业中的亲属关系。中国的经济转型对乡镇企业的结构和发展产生重要影响，正如企业组织研究一样，乡镇企业组织的发展也强调其在所处的社会环境中所拥有的社会资本，即社会关系网络，但明显不同的是乡镇企业的社会关系网络更加强调的是亲属关系网络，其社会支持网的建立带有传统地方宗族色彩，体现着感性选择的特征。彭玉生（2004）在《中国转型经济中的亲属网络与企业家》一文就强调了转型期的农村企业中，农村的亲属关系网络在正式的产权制度法律建立以及市场机制发展完善之前，在保障农村私营企业的产权以及减少交易成本的方面的重要作用。文章从新制度主义和社会网络分析两个视角，分析了制度（包括正式的和非正式的）对于经济增长的作用，从而得出社会网络通过非正式机构的建立来影响经济的增长。

②乡镇企业经济发展模式的感性选择。对乡镇企业的研究也倾向于对企业发展模式的探讨，特别是在经济转型中，乡镇企业该如何应对政治经济体制的转变。Susan H. Whiting（2003）在《中国农村的权力与财富：制度变迁的政治经济学》一文中强调了转型时期的中国农村企业发展研究应立足于政治经济制度的变迁。Whiting阐述了为什么中国传统宗族体系可以更好地解释农村工业的私有化过程，他强调了农村当地政府的行政措施对乡镇企业的发展模式有重要影响。彭玉生（2001）在其研究中也探讨了乡镇企业改革与所有权、市场经济制度变革的相互关系，强调乡镇企业有自己发展模式。虽然理性选择是政府制定政策措施所追求的基本原则，经济社会学也强调理性选择在经济行为中的重要作用，但由于

地方性的独特特征，完全的理性化在农村地区不可能实现，中国传统的乡土文明要求感性选择的存在，因此乡镇企业发展模式的选择同样可以在坚持理性主导的同时，结合自身文化的感性特色。理性选择与感性选择同样都是新经济社会的新视野。

关于中国农村企业组织的研究，总体上而言，国际社会学界都强调从社会关系网络与应对新环境作出的变化来进行分析。农村组织社会地位的变化归因于政府权力的下放，乡镇企业和非政府组织自主力量加大，它们更多地融入经济发展的浪潮中，积极寻找自身的社会地位。另一方面关注中国农村组织的传统特征，即在追求理性选择的同时，不能忽视感性因素的客观存在，农村组织同样可以利用传统社会的感性因素来谋求自身的发展。

（三）社会分层研究的新动态

社会分层研究是社会学研究领域的一个重要议题，长期以来，社会分层研究的成果层出不穷，也出现了许多的分支。在社会分层理论中，一般有两种基本的理论模式。即卡尔·马克思和马克斯·韦伯分别提供的阶级理论和多元社会分层理论。随着社会的发展，人们也开始重新审视这两种理论，后来的学者也对它们做了修正和发展。社会分层研究的主题与理论动向往往与社会变迁及社会思潮的新趋势紧密相关，因而在不同时期它有不同的关注点和理论取向。近一二十年的社会政治经济变迁，使社会分层研究有了新的内容。

当代社会分层研究几乎涉及社会生活的各个领域和方面，其研究成果既有对宏观层面的社会问题（如社会变迁、社会结构等）进行的理论分析，也有针对微观层面的社会现象的经验研究。尽管研究论题越来越多样化，但绝大多数研究者关注的核心问题是当今社会存在的各种形式的不平等。正如格伦斯基所说：当代分层研究的任务就是描述不平等的基本轮廓和分布，并解释为什么在推崇现代平等主义和反分层价值的同时不平等现象仍然持续存在（李春玲，2004）。社会分层的实质，是社会资源在社会中的不均等分配，即不同的社会群体或社会地位不平等的人占有那些在社会中有价值的事物，例如财富、收入、声望、教育机会等。的确，在当今社会，各种各样的价值舆论和社会政策都在致力于消除社会经济不平等，但是，贫困和不平等现象仍然随处可见。当代社会学家考察中国社会不平等主要是通过分析市场和收入的关系来体现转型期的不同特征；另一方面，按照地位标准来划分的社会分层也备受研究者的关注，如对转型期中国农民、工人以及干部的研究。

1. 社会分层体制变迁

改革开放以来，中国社会各个方面都发生了重大变化，社会分层体制也不例外，最为明显的是从"身份指标"到"非身份指标"的转变。社会分层制度的核心，是在人与人之间，以及人与资源之间的关系建立起秩序。以往的"身份指标"通常指国籍、文凭、证书、民族、种族、社会出身、地域、宗教，等等。改革开放以来，由于劳动力流动的加大，国有企业改革，"官本位制"有所变化，人们通过后天努力获得的文凭、学历、技术证书等作为社会屏蔽和筛选的功能越来越突出。身份制开始出现了解体的迹象，身份分层的地位下降，经济分层的地位上升（李强，2004）。由社会分层体制的变迁，导致了社会众多方面的变化，也给社会学家带来了许多新的研究内容。如对中国劳动力流动的研究（Murphy，2002）；对教育、收入、社会关系在市场经济中对社会分层的影响研究（Walder，2002）；以及对于社会分层中的精英循环的研究（Cao and Suttmeier，2001）。Pearson（1997）在其《中国新一代商业精英：经济体制改革的政治结果》一书中就阐述了新一代中国企业家和私营企业主崛起的原因，他认为并不是市场经济体制导致的结果，而是企业获得自主权后自身的努力，对于商业精英的评价标准，现代社会更加注重经济地位和后天努力，地位变迁、精英的循环与后天努力的关系越来越密切，体现了一种公平竞争的倾向。分层体制的变迁也体现在学者们对市场经济中教育对收入、职业影响的研究中（如 Cao & Nee 2000；Nee 1996；Nee & Matthews 1996；Xie & Hannum 1996；Zhou 2000）。这类研究不仅仅局限于城市阶层研究，也扩展到其他地区社会分层的研究当中。

2. 市场收入不平等

经济转型中，市场经济体制的实行带来社会各个阶层的不同变化。社会学眼中的市场是作为社会结构的市场，市场的本质是嵌入于社会制度中的整合模式。因此，作为一种社会结构，通过市场可以分析整个社会的某些特征，如社会分层。收入是社会分层常用的划分标准，经济转型中的中国，市场经济体制的影响使收入呈现不同的等级，即收入差距。收入差距的扩大加剧了社会不平等，许多国际社会学者都立足市场经济的大背景，考察了影响收入的不同因素。

政治地位对收入的影响。魏昂德（Walder，2002）在《中国农村市场与收入不平等：经济扩张中的政治优势》一文中强调了中国农村政治地位在获取经济收入上的优势。市场体制改革影响着中国制度上的变革，但在中国农村，一些关键性的制度如政治地位却依然有着强大的力量。政治地位在农村经济收入上具有优势，正如文章中得出的结论一样：农村干部的净收入高于一般农民；而且干部收入不会随着市场化的加速而减少。许多学者也把社会地位作为导致社会不平等的一个因素，对于中国农村，在社会等级制度还比较严密的情况下，处于社会高层的阶层在市场经济中获得较高收入的几率较大，这一相关结论已经得到了大多数学者的认同。

经济转型中城市收入不平等。除了对农村的研究外，对城市的研究也非常普遍。如周雪光（2000）在《中国城市经济转型和收入不平等：从一组资料中获得的证据》一文中就分析了经济转型中的城市收入不平等。作者抽取了20个城市中的4730户城市居民来考察，改革前和改革后城市居民的收入因素的变化。研究表明，归功于教育和私营企业的增长，改革时代的中国城市居民收入发生了许多变化，地位权力和组织等级秩序也是这些变化的重要影响因素。在政治与市场的关系分析中，周认为中国的经济转型归功于政府发起的改革和自发形成的市场，政府与市场的关系从一开始就十分密切，因此政治地位在市场和城市居民收入中同样有着重要影响。

教育对收入的影响。教育对收入的影响历来是考察收入变化的一个重要标准。在诸多研究中，大多数学者认为市场经济以来，高教育群体收入水平较高，所以倾向于认为重视教育是市场经济发展的要求，但这一观点受到其他学者的质疑。吴晓刚和谢宇（Wu and Xie，2003）在《市场机制导致中国城市中教育的高回报？》一文中就指出高收入源于高教育不是归因于市场机制的引入，而是由于劳动力在不同部门自身发生的转变。国家经济转型，劳动力的类型也同样发生改变，并且教育对收入的作用并不一定是在销售部门更加明显，它只限于刚刚进入市场的成员。而对于早期市场投资者，其收入水平和教育投资回报与国有企业员工收入的变化没有太大差异。可见，并不能认为重视教育仅仅是市场经济发展的要求，同时也要考虑转型期其他社会因素的变化。

市场改革的社会作用。从中国市场体制改革对城市居民生活影响研究中也可以发现市场的社会作用。Lai 和 Lee（2006）在《市场体制改革与北京城市居民的心理挫折》一文中就研究了在将近10年的社会快速变革中，北京城市居民幸福感的重大变化。研究表明城市改革所带来的经济收益是以居民的幸福感下降为代价的。北京居民在10年的社会变革中经历了更大的生活压力和沮丧，原因主要来自于城市改革、社会调整所带来的压力。研究表明社会关系的保护作用，特别是来自家庭和朋友的人际关系支持在变革中在帮助他们应对压力或危机时起着重要作用。另一方面，市场改革在文化研究方面也有重要作用，Hui Huang（2002）在《当代中国海外研究与外国文化资本的兴起》一文中就阐述了当代海外研究的变化。社会转型和改革开放使中国海外研究受到重视，海外教育并不是从一开始就显示出其价值，而是经历了很长的转型期才变为积极的文化资本。随着市场经济体制的改革和对外开放，西方政策和生活方式逐渐被接受，西方的知识和技能也不同程度上影响着中国职业的转变。早期的海归群体促进了中国的西方教育，使海归学生成为了一个积极的社会符号。可见，市场经济体制改革带来的不仅仅是经济政治上的变化，其也影响着社会生活的方方面面。

3. 社会地位不平等

地位同样是社会分层的一个常用标准，马克思的阶级理论在某种程度上就说明了阶级地位在社会分层中的作用。对于中国而言，依据地位来划分的阶层主要有农民、工人、干部等。他们在地位上的划分通常被认为是导致他们社会不平等的主要原因，但在一些国际学者的研究中，社会分层中不平等的维度还可以通过经济资源、政治资源、声望资源和人力资源等方面来考察，而当今的社会分层研究者已经注意到了在文化资源、社会资源和公民资源等方面的不平等。

社会地位与经济资源。正如 Walder（2002）表明的那样，在农村地位分层中，干部阶层处于优势地位，其获得的经济收入相对于普通农民来讲要高很多。Khan 和 Riskin（2001）对全球化时代中国的不平等和贫困也做了相关研究。不同的社会阶层，获取的经济资源不一样，贫困状况也不一样，对于农民阶层也许还存在着绝对贫困的现象，而高收入阶层则存在着相对贫困的现象。Bramall（2001）在《研究报告：中国家庭收入质量调查》一文中就对中国家庭收入质量进行了调查，结果表明转型期的家庭收入不平等现象明显加剧，导致这种现象的原因，一是地区家庭收入的差距，不同的地区经济发展的资源不一样，家庭收入也会不一样；二是由于城乡差距的增大。中国社会明显的"二元"社会结构使城乡居民享有不同的社会资源，在收入上就体现出差距和不平等，由此可见，区域地位与政治地位一样影响着经济资源的获取，都是经济不平等的影响因素。

声望资源与社会地位。职业声望在分层中一直都占有重要地位，韦伯的"三位一体"即经济、权力、声望的社会分层标准依然适合当今的中国社会。在市场经济体制下，社会越来越关注职业特征，不同的职业有着不同的收入水平。声望资源分配逐渐摆脱意识形态的影响，社会成员在各个社会领域活动中具有的职业地位越来越成为社会资源分配的主要依据，不同职业的收入差距带来社会分层上的不同后果——高收入者比低收入者有更多的机会获得各方面的资源。正如 Kesiter（2001）表明的那样，在社会转型期，企业家的声望和信誉在企业选择合作伙伴和获取发展资源时有重要作用。正因为声望与社会地位、经济收入紧密相连，当代的企业在追求经济发展的同时，也在寻求社会地位的提高。

综上所述，当代社会分层的研究主要体现在社会不平等的研究上，而对导致不平等的因素的阐述中，许多学者都关注到了转型期中国市场经济体制的作用——收入因素在市场中体现的不平等；教育水平对收入影响的重新界定以及地位分层中，政治优势对经济收入的作用。

（四）政府与社会控制研究的新动向

综观诸多文献，一个很有趣的现象是许多国际学者对中国古代或近代社会进行了深入研究，特别是在政府和社会控制研究方面，他们倾向于以现代社会的理论视角来分析当时的社会控制手段以及政府的管理方式，获得了许多新的发现。

社会控制是指社会组织利用社会规范对其成员的社会行为实施约束的过程。有广义和狭义之分，广义的社会控制泛指对一切社会行为的控制；狭义的社会控制特指对偏离行为或越轨行为的控制。转型期的中国，社会结构发生重大的变迁，越轨行为也明显加剧，社会控制的手段也发生着重大变化。

法律一直被认为是社会控制的正式手段之一。社会学对社会控制手段有着广泛的研究，但结合中国社会转型的特殊背景，21 世纪的研究也有了一些新的特征。Robert M. Marsh（2002）在《韦伯对中国传统法律的误解》一文中就探讨了韦伯的理想类型对中国法律的误解。韦伯把当代西方欧洲法律视为正式合理性的，而把传统中国的法律视为非理性的。鉴于 20 世纪一些学者对中国法律的研究，可以看出韦伯的严重误解。中国政府官僚的决定权比韦伯设想的要小得多，限制他们的不是"神圣传统"即对君主或上级的忠诚，而是政府官员按照法律办事的义务。中国法律系统的合理性是韦伯所未能意识到的，在清王朝时期，中国的法理型体系已经接近韦伯所说的合理型统治类型了。法律是社会控制的正式手段之一，对于不同时期、不同国家的法律制度的对比可以帮助理解当代中国社会控制方式或制度的变化。

此外，一些学者也试图通过中国近代社会政策与西方对比来阐述中国社会政策的变化。如 Ho-fung Hung（2004）在其研究中就对比了中清时期政策与欧洲政策。中清时期中国经历着深刻的商业增长和政治中央集权，经过对一系列争议事件的研究，发现中清时期中国的社会政策从防卫性和平的政策逐渐转变到更加能动和暴力性形式，并且认为中国 20 世纪的革命是暴力性政策的延续。而社会政策的这种转变方式正好与欧洲相反，印证了西方现代化的经历并不是独一无二的，非西方国家现代化过程并不是西方国家现代化方式的复制，它们同样有自己的独特过程。

当代社会学对中国政府管理方式转变的一个有趣的研究动向是对政府科层制管理方式形成的历史过程的探讨。Edgar Kiser 和 Yong Cai（2003）在《探究一个反常现象——中国秦朝时期战争与科层制》中就创造性地把中国政府管理方式的演变与战争联系起来，即探讨中国古代战争对科层制的影响。文章阐述了科层制产生的原因，一方面源于封建等级制度的削弱；另一方面是由于半科层制模型的出现。战争首先使军队科层化，而且为了控制征服到的土地，统治者修建道路与交通运输工具，提高流动效率，从而促进了科技的发展。由于交通运输、文档记载的发展以及科层制逐渐被视为统治策略而受到统治者的极大关注，使得中国古代行政管理科层化至秦朝以来一直延续到今。关于战争与科层制的关系，得出的结论是战争对科层制的影响不是线性的，只有当战争削弱了等级制度，才有利于科层制的形成；科层制在中国早期形成，部分由于其有合法的哲学基础和文化联合体。因为古代中国社会许多思想家对政府、国家、社会关系进行了许多的思考，如孔子的哲学思想，以及韩非子的法家思想等。

另一方面，许多学者对社会改革后，政府控制力的变化进行了研究。Mary Elizabeth Gallagher（2002）在《改革开放：为什么中国的经济改革没有带来"民主"度的上升?》一文中就探讨了经济转型与社会民主之间的关系。一般的研究都在预示中国的改革开放会给政府权力带来冲击。经济越开放，社会民主会越高，政府的社会控制力会下降。但中国的改革成果表明，在经济迅速增长的同时，中国共产党的威望并没有下降，社会控制向更加科学化的方向发展。Mary Elizabeth Gallagher 解释了其中的原因，由于中国及时地对企业所有权进行了改革，并积极融入全球化的进程才使吸引的外资大大促进了经济的发展，提高了生活水平从而也就增强了社会对政府的信心。再者，由于中国的劳工组织并不像国外那样发展得比较完善，对于社会的管理还需要政府的重要作用，因此尽管在社会转型期，政府的社会控制依然会很重要。

　　总而言之，社会学界在社会控制方面的研究已经硕果累累，当代社会控制的研究也涉及到了众多领域，在这里便省去了一些传统的研究理论和成果，只考察了当代社会学者对中国社会控制方面研究的新动向，即更加关注对中国古代社会控制手段、政策、以及政府管理方式的研究，反思这些研究成果可以发现转型期中国政府的管理方式有着历史延续的痕迹；虽然体制改革削弱了政府的控制权力，但转型期的中国，政府在社会管理中依然具有不可替代的社会作用。

参考文献

[1] Baugher, John Eric. 2003. "Caught in the Middle？ Worker Identity under New Participatory Roles." *Sociological Forum* 18.

[2] Bian, Yanjie and John R Logan. 1996. "Market Transition and the Persistence of Power: The Changing Stratification System in Urban China." *American Sociological Review* 61.

[3] Blundell, Richard, Mike Brewer, and Marco Francesconi. 2005. "*Job Changes, Hours Changes, and Labour Market Flexibility: Panel Data Evidence for Britain.*" IFS Working Paper W05/12, Institute for Fiscal Studies, London, England.

[4] Bourdieu P. 1986. "The Forms of Capital," In Richardson(ed.), *Handbook of Theory and Research for the Sociology of Education.* Westport, CT: Greenwood Press.

[5] Bramall, Chris. 2001. "Research Report: The Quality of China's Household Income Surveys." *The China Quarterly* 167.

[6] Cao, Cong and Richard P Suttmeier. 2001. "China's New Scientific Elite: Distinguished Young Scientists, the Research Environment and Hopes for Chinese Science." *The China Quarterly* 168.

[7]Cao, Y. and V. Nee. 2000. Comment: Controversies and Evidence in the Market Transition Debate. *American Journal of Sociology* 105.

[8] Cohen, Philip N. and Mart L. Huffman. 2003. "Occupational Segregation and the Devaluation of Women's Work across U. S Labor Markets." *Social Forces* 81:881-907.

[9] Coltrane, Scott and Justin Galt. 2000. "The History of Men's Caring: Evaluating Precedents for Fathers' Family Involvement." pp. 13-36 in *Care Work: Gender, Class, and the Welfare State*, edited by M. H. Meyer. New York: Routledge.

[10] Cornwell, Benjamin, and Jill Ann Harrison. 2004. "Union Members and Voluntary Associations: Memberships Overlap as a Case of Organizational Embeddedness." *American Sociological Review* 69.

[11] Cross, Gary. 2000. *An All-Consuming Century: Why Commercialism Won in Modern America*. New York: Columbia University Press.

[12] Dembe, Allard E. , J. Biance Erickson, Rachel G. Delbos, and Steven M. Banks. 2005. "The Impact of Overtime and Long Work Hours on Occupational Injuries and Illnesses: New Evidence from the United States." *Occupational and Environmental Medicine* 62.

[13] Dixon, Marc and Vincent J. Roscigno. 2003. "Status, Networks and Social Movement Participation: The case of Striking Workers." *The American Journal of Sociology* 108.

[14] Esbenshade, Jill. 2004. "Codes of Conduct: Challenges and Opportunities for Workers' Rights." *Social Justice* 31(3).

[15] Fligstein, N. 2002. "Agreements, Disagreements and Opportunities in the 'New Sociology of Markets'." in Guillen (eds.), *The New Economic Sociology: Development in an Emerging Field*. 'New York: Russell Sage Foundation.

[16] Gallagher, Mary Elizabeth. 2002. "'Reform and Openness': Why China's Economic Reforms Have Delayed Democracy." *World Politic* 54.

[17] Galinsky, Ellen, Stacy S. Kim, and James T. Bond. 2001.

Feeling Overworked: *When Work Becomes Too Much*. New York: Families and Work Institute.

［18］Gerber, Theodore P. and Michael Hout. 2004. "Tightening up: Declining Class Mobility during Russia's Market Transition." *American Sociological Review* 69.

［19］Granovetter, Mark. 1973. "The Strength of Weak Ties." *American Journ al of Sociology* 78；中译本见《弱关系的力量》,《国外社会学》,1998 年第 2 期。

［20］Granovetter, Mark. 1974. *Getting A Job*: *A Study of Contact and Careers*. Cambridge: Harvard University Press.

［21］Granovetter, Mark. 1985. "Economic Action and Social Structure: The Problem of Embeddedness." *American Journal of Sociology* 91.

［22］Gulati, Ranjay and Martin Gargiulo. 1999. "Where Do Interorganizational Networks Come From?" *American Journal of Sociology* 104.

［23］Harvey, David. 1990. *The Condition of Post modernity*: *An Enquiry into the Origins of Cultural Change*. Cambridge: Blackwell Publishers.

［24］Hobson, Barbara and David Morgan. 2002. "Introduction: Making Men into Fathers." pp. 1-21 in *Making Men into Fathers*: *Men, Masculinities and the Social Politics of Fatherhood*, edited by B. Hobson. Cambridge, England: Cambridge University Press.

［25］Hobson, Barbara and David Morgan. 2001. *Spaces of Capital*: *Towards a Critical Geography*. New York: Routledge.

［26］Hodson, Randy. 1999. "Management Citizenship Behavior: A New Concept and An Empirical Test." *Social Problems* 46.

［27］Hook, Jennifer. 2004. "Reconsidering the Division of Household Labor: Incorporation Volunteerism and Social Support." *Journal of Marriage and Family* 66:101-17.

［28］Huang, Hui. 2002. "Overseas Studies and the Rise of Foreign

Cultural Capital in Modern China. " *International Sociology* 17.

[29] Hung, Ho-fung. 2004. "Early Modernities and Contentious Politics in Mid-Qing China, c. 1740-1839. " *International Sociology* 19.

[30] ILO. 2007. *Working Time Around the World: Main Findings and Policy Implications.*

[31] Jacobs, Jerry A. and Kathleen Gerson. 2004. *The Time Divide: Work, Family, and Gender Inequality.* Cambridge, MA: Harvard University Press.

[32] Keister, Lisa A. 2000. *Chinese Business Groups: The structure and Impact of Interfirm Relations During Economic Development.* New York: Oxford University Press.

[33] Keister, Lisa A. 2001. "Exchange Structures in Transition: Lending and Trade Relations in Chinese Business Groups. " *American Sociological Review* 66.

[34] Khan, Azizur Rahman and Carl Riskin. 2001. *Inequality and Poverty in China in the Age of Globalization.* Oxford University Press.

[35] Kiser, Edgar and Yong Cai. 2003. "War and Bureaucratization in Qin China: Exploring an Anomalous Case. " *American Sociological Review* 68.

[36] Konrad, Alison M. , Yang Yang, Caren Goldberg, and Sherry E. Sullivan. 2005. "Preference for Job Attributes Associated with Work and Family: A Longitudinal Study of Career Outcomes. " *Sex Roles* 53:303-315.

[37] Lai, Gina and Rance P. L. Lee. 2006. "Market Reforms and Psychological Distress in Urban Beijing. " *International Sociology* 21.

[38] Lambert, Robert. 2002. "Labor Movement Renewal in the Era of Globalization. " In *Global Unions? Theory and Strategies of Organized Labor in the Global Political Economy*, (eds.) by Jeffrey Harrod and Robert O'Brien. New York: Routledge.

[39] Lin, Nan. 1999. "Social Networks and Status Attainment." *Annual Review of Sociology* 25.

[40] Lin, Nan. 2001. *Social Capita, A Theory of Social Structure and Action*, Cambridge: Cambridge University Press.

[41] Marsh, Robert M.. 2000. "Weber's Misunderstanding of Traditional Chinese Law." *American Journal of Sociology* 106.

[42] Munoz, Carolina Bank. 2004. "Mobile Capital, Immobile Labor: Inequality and Opportunity in the Tortilla Industry." *Social Justice* 31.

[43] Murphy, Rache. 2002. *How Migrant Labor is Changing Rural China*. Cambridge University Press.

[44] Nadesan, Majia Holmer. 2001, "Post-fordism, Political Economy, and Critical Organizational Communications Studies." *Management Communication Quarterly* 15.

[45] Nee, Victor. 1989. "A Theory of Market Transition: From Redistribution to Markets in State Socialism." *American Sociological of Review* 54.

[46] Nee, Victor. 1991. "Social Inequalities in Reforming State Socialism : Between Redistribution and Markets in China." *American Sociological Review* 56.

[47] Nee, Victor. 1996. "The Emergence of a Market Society: Changing Mechanisms of Stratification in China." *American Journal of Sociology* 101.

[48] Nee, V. and R. Matthews. 1996. "Market Transition and Societal Transformation in Reforming State Socialism." *Annual Review of Sociology* 22.

[49] O'Rourke, Dara. 2003. "Outsourcing Regulation: Analyzing Nongovernmental Systems of Labor Standards and Monitoring." *Policy Studies Journal* 31(1).

[50] Pearson, Margaret M. 1997. *China's New Business Elite: The Political Consequences of Economic Reform*. University of California

Press.

[51] Peng, Yusheng. 2001. "Chinese Village and Townships as Industrial Corporations: Ownership, Governance, and Market Discipline." *The American Journal of Sociology* 106.

[52] Peng, Yusheng. 2004. "Kinship Networks and Entrepreneurs in China's Transitional Economy." *The American Journal of Sociology* 109.

[53] Podolny, Joel M. 2001, "Networks as the Pipes and Prisms of the Market." *The American Journal of Sociology* 107.

[54] Powell, Walter W. 1990. "Neither Market nor Hierarchy: Network Forms of Organization. " *Research in Organizational Behavior* 12.

[55] Prause, JoAnn and David Dooley. 1997. "Effect of Underemployment on School-Leavers' Self-Esteem." *Journal of Adolescence* 20:243-260.

[56] Putnam, R. 1993. "The Prosperous Community: Social Capital and Public Life", *The American Prospect* 13.

[57] Putnam. 1995. "Bowling Alone: America's Declining Social Capital", *Journal of Democracy* 6.

[58] Rauch, James E. 1999. "Networks Versus Markets in International Trade." *Journal of International Economics* 47.

[59] Reynolds, Jeremy and Aletraris, Lydia. 2006. "Pursuing Preferences: The Creation and Resolution of Work Hour Mismatches." American Sociological Review 71:618-638.

[60] Roscigno, Vincent J. and Hodson, Randy. 2004. "The Organizational and Social Foundations of Worker Resistance." *American Sociological Review* 69.

[61] Rose, Arnold. 1951. "Rumor in the Stock Market." *The Public Opinion Quarterly* 15.

[62] Rus, Andrej and Hajdeja Igli, 2005. "Trust Governance and Performance: The Role of Institutional and Interpersonal Trust in SME Development. " *International Sociology* 20.

[63] Shu. Xiaoling and Yanjie Bian. 2003. "Market Transition and

Gender Gap in Earnings in Urban China. " *Social Forces* 81.

[64] Silver, Beverly J. 2003. *Forces of Labor: Workers' Movements and Globalization Since* 1870. Cambridge, UK; New York: Cambridge University Press.

[65] Singley, Susan G. and Kathryn Hynes. 2005. "Transitions to Parenthood: Work-Family Policies, Gender, and the Couple Context. " *Gender and Society* 19:376-397.

[66] Sklair, Leslie. 2001. *The Transnational Capitalist Class.* Oxford: Blackwell.

[67] Smelser, Neil J. and Richard Swedberg eds. 2005. *The Handbook of Economic Sociology*, 2nd. New York: Russell Sage Foundation and Princeton University Press.

[68] Spohn, Willfried. 1998. "Toward a Historical Sociology of Working class Formation. " *Theory and Society* 42.

[69] Stamper, C. L. and L. Van Dyne. 2001. "Work Status and Organizational Citizenship Behavior: A Field Study of Restaurant Employees. " *Journal of Organizational Behavior* 22:517-536.

[70] Tomaskovic-Devey and Zimmer, Catherine. 2003. "Documenting Desegregation: Segregation in American Workplaces by Race, Ethnicity, and Sex, 1966-2003. " *American Sociological Review* 71: 565-588.

[71] Uzzi, Brian and Ryon Lancaster 2004, " Embeddedness and Price Formation in the Corporate Law Market", *American Sociological Review*, Vol. 69.

[72] Walder, Andrew G. .1995. "Local Governments as Industrial Corporations: An Organizational Analysis of China's Transitional Economy. " *American Journal of Sociology* 101.

[73] Walder, Andrew G. . 2002 "Markets and Income Inequality In Rural China: Political Advantage In An Expanding Economy. " *American Sociological Review* 67.

[74] Whiting, Susan H. . 2003. "Power and Wealth in Rural China:

The Political Economy of Institutional Change. " *Journal of Economic Literature* 41.

[75] Wu, Xiaogang. 2002. "Work Units and Income Inequality: The Effect of Market Transition in Urban China. " *Social Forces* 80.

[76] Wu, Xiaogang. 2006. "Communist Cadres and Market Opportunities: Entry into Self-Employment in China, 1978-1996. " *Social Forces* 85.

[77] Wu, Xiang Gang and Yu Xie. 2003. "Does the Market Pay Off? Earnings Returns to Education in Urban China. " *American Sociological Review* 68.

[78] Xie, Y. and E. Hannum. 1996. "Regional Variation in Earnings Inequality in Reform-Era Urban China. " *American Journal of Sociology* 101.

[79] Zhou, Xueguang. 2000. "Economic Transformation and Income Inequality in Urban China: Evidence from Panel Data. " *American Journal of Sociology* 105.

[80] Zhou, Xueguang, Wei Zhao, Qiang Li, and He Cai. 2003. "Embeddedness And Contractual Relationships in China's Transitional Economy". *American Sociological Review* 68.

[81] 边燕杰,1998,"找回强关系:中国的间接关系、网络桥梁和求职",《国外社会学》第 2 期。

[82] 边燕杰,1999,"社会网络与求职过程",《国外社会学》第 4 期。

[83] 边燕杰、丘海雄,2000,"企业的社会资本及其功效",《中国社会科学》第 2 期。

[84] 博兰尼,1989,"巨变:当代政治、经济的起源",台湾:远流出版事业股份有限公司。

[85] 范戴斯,马拉菲等,2000,转引自李惠斌、杨雪冬编《社会资本与社会发展》,社会科学文献出版社。

[86] 费埃德伯格,2005,《权力与规则——组织行动的动力》,上海人民出版社。

[87] 费孝通,2002,《乡土中国 生育制度》,北京大学出版社。

[88] 福武直,1982,《世界各国社会学概况》,原名《历史与课题》,北

京大学出版社。

［89］（英）吉登斯，1998，《民族——国家与暴力》，北京：三联书店。

［90］（美）吉尔兹，2004，《地方性知识》，中央编译出版社。

［91］纪廉等，2006，《新经济社会学：一门新兴学科的发展》，社会科学文献出版社。

［92］科尔曼，1999，《社会理论的基础》，社会科学文献出版社。

［93］（美）科斯，1994，《社会成本问题》，《论生产的制度结构》，上海三联书店。

［94］李春玲，2004，"社会分层研究与理论趋势"，http://www.sociology. cass. cn.

［95］李强，2004，《转型时期中国社会分层》，辽宁教育出版社。

［96］李远行，2004，"农村组织的研究路径"，《博士后文集——中国社会运行与变迁研究》，北京大学出版社。

［97］林南，2002，"建构社会资本的网络理论"，《国外社会学》第2期。

［98］林南，2005，《社会资本——关于社会结构与行动的理论》，上海人民出版社。

［99］林南，沃尔特·M·恩赛尔，约翰·C.沃恩，1999，"社会资源和关系的力量：职业地位获得中的结构性因素"，《国外社会学》第4期。

［100］刘少杰，2005，《经济社会学的新视野——理性选择与感性选择》，北京：社会科学文献出版社。

［101］罗家德，2005，《社会网分析讲义》，社会科学文献出版社。

［102］（美）诺斯，1995，"制度变迁理论纲要"，《经济学与中国经济改革——北京大学中国经济研究中心经济学前沿系列讲座》，上海人民出版社。